经纬络也
建德崇基
贺教育部
重大攻关项目
心王立项

李京桂
研究有八

教育部哲学社會科学研究重大課题攻關項目

农民工权益保护
理论与实践研究

THEORY AND PRACTICE
OF MIGRANT WORKERS' RIGHTS
AND INTERESTS PROTECTION

刘林平

等著

经济科学出版社
Economic Science Press

图书在版编目（CIP）数据

农民工权益保护理论与实践研究/刘林平等著．—北京：经济科学出版社，2014.12
教育部哲学社会科学研究重大课题攻关项目
ISBN 978 - 7 - 5141 - 5299 - 9

Ⅰ．①农…　Ⅱ．①刘…　Ⅲ．①农民－劳动就业－劳动法－研究－中国　Ⅳ．①D922.504

中国版本图书馆 CIP 数据核字（2014）第 289125 号

责任编辑：张庆杰　沈成宝
责任校对：杨　海
责任印制：邱　天

农民工权益保护理论与实践研究
刘林平　等著
经济科学出版社出版、发行　新华书店经销
社址：北京市海淀区阜成路甲 28 号　邮编：100142
总编部电话：010 - 88191217　发行部电话：010 - 88191522
网址：www. esp. com. cn
电子邮件：esp@ esp. com. cn
天猫网店：经济科学出版社旗舰店
网址：http：//jjkxcbs. tmall. com
北京季蜂印刷有限公司印装
787 × 1092　16 开　42.5 印张　800000 字
2015 年 6 月第 1 版　2015 年 6 月第 1 次印刷
ISBN 978 - 7 - 5141 - 5299 - 9　定价：106.00 元

课题组主要成员

（按姓氏笔画排序）

王春光　邓宇鹏　刘玉照　孙中伟　朱　力
郑广怀　黄　岩　梁　宏　曾　鹏

编审委员会成员

主　任　孔和平　罗志荣

委　员　郭兆旭　吕　萍　唐俊南　安　远
　　　　文远怀　张　虹　谢　锐　解　丹
　　　　刘　茜

总　序

哲学社会科学是人们认识世界、改造世界的重要工具，是推动历史发展和社会进步的重要力量。哲学社会科学的研究能力和成果，是综合国力的重要组成部分，哲学社会科学的发展水平，体现着一个国家和民族的思维能力、精神状态和文明素质。一个民族要屹立于世界民族之林，不能没有哲学社会科学的熏陶和滋养；一个国家要在国际综合国力竞争中赢得优势，不能没有包括哲学社会科学在内的"软实力"的强大和支撑。

近年来，党和国家高度重视哲学社会科学的繁荣发展。江泽民同志多次强调哲学社会科学在建设中国特色社会主义事业中的重要作用，提出哲学社会科学与自然科学"四个同样重要"、"五个高度重视"、"两个不可替代"等重要思想论断。党的十六大以来，以胡锦涛同志为总书记的党中央始终坚持把哲学社会科学放在十分重要的战略位置，就繁荣发展哲学社会科学作出了一系列重大部署，采取了一系列重大举措。2004年，中共中央下发《关于进一步繁荣发展哲学社会科学的意见》，明确了新世纪繁荣发展哲学社会科学的指导方针、总体目标和主要任务。党的十七大报告明确指出："繁荣发展哲学社会科学，推进学科体系、学术观点、科研方法创新，鼓励哲学社会科学界为党和人民事业发挥思想库作用，推动我国哲学社会科学优秀成果和优秀人才走向世界。"这是党中央在新的历史时期、新的历史阶段为全面建设小康社会，加快推进社会主义现代化建设，实现中华民族伟大复兴提出的重大战略目标和任务，为进一步繁荣发展哲学社会科学指明了方向，提供了根本保证和强大动力。

　　高校是我国哲学社会科学事业的主力军。改革开放以来，在党中央的坚强领导下，高校哲学社会科学抓住前所未有的发展机遇，紧紧围绕党和国家工作大局，坚持正确的政治方向，贯彻"双百"方针，以发展为主题，以改革为动力，以理论创新为主导，以方法创新为突破口，发扬理论联系实际学风，弘扬求真务实精神，立足创新、提高质量，高校哲学社会科学事业实现了跨越式发展，呈现空前繁荣的发展局面。广大高校哲学社会科学工作者以饱满的热情积极参与马克思主义理论研究和建设工程，大力推进具有中国特色、中国风格、中国气派的哲学社会科学学科体系和教材体系建设，为推进马克思主义中国化，推动理论创新，服务党和国家的政策决策，为弘扬优秀传统文化，培育民族精神，为培养社会主义合格建设者和可靠接班人，作出了不可磨灭的重要贡献。

　　自 2003 年始，教育部正式启动了哲学社会科学研究重大课题攻关项目计划。这是教育部促进高校哲学社会科学繁荣发展的一项重大举措，也是教育部实施"高校哲学社会科学繁荣计划"的一项重要内容。重大攻关项目采取招投标的组织方式，按照"公平竞争，择优立项，严格管理，铸造精品"的要求进行，每年评审立项约 40 个项目，每个项目资助 30 万～80 万元。项目研究实行首席专家负责制，鼓励跨学科、跨学校、跨地区的联合研究，鼓励吸收国内外专家共同参加课题组研究工作。几年来，重大攻关项目以解决国家经济建设和社会发展过程中具有前瞻性、战略性、全局性的重大理论和实际问题为主攻方向，以提升为党和政府咨询决策服务能力和推动哲学社会科学发展为战略目标，集合高校优秀研究团队和顶尖人才，团结协作，联合攻关，产出了一批标志性研究成果，壮大了科研人才队伍，有效提升了高校哲学社会科学整体实力。国务委员刘延东同志为此作出重要批示，指出重大攻关项目有效调动了各方面的积极性，产生了一批重要成果，影响广泛，成效显著；要总结经验，再接再厉，紧密服务国家需求，更好地优化资源，突出重点，多出精品，多出人才，为经济社会发展作出新的贡献。这个重要批示，既充分肯定了重大攻关项目取得的优异成绩，又对重大攻关项目提出了明确的指导意见和殷切希望。

　　作为教育部社科研究项目的重中之重，我们始终秉持以管理创新服务学术创新的理念，坚持科学管理、民主管理、依法管理，切实增强服务意识，不断创新管理模式，健全管理制度，加强对重大攻关项目的选题遴选、评审立项、组织开题、中期检查到最终成果鉴定的全过程管理，逐渐探索并形成一套成熟的、符合学术研究规律的管理办法，努力将重大攻关项目打造成学术精品工程。我们将项目最终成果汇编成"教育部哲学社会科学研究重大课题攻关项目成果文库"统一组织出版。经济科学出版社倾全社之力，精心组织编辑力量，努力铸造出版精品。国学大师季羡林先生欣然题词："经时济世 继往开来——贺教育部重大攻关项目成果出版"；欧阳中石先生题写了"教育部哲学社会科学研究重大课题攻关项目"的书名，充分体现了他们对繁荣发展高校哲学社会科学的深切勉励和由衷期望。

创新是哲学社会科学研究的灵魂，是推动高校哲学社会科学研究不断深化的不竭动力。我们正处在一个伟大的时代，建设有中国特色的哲学社会科学是历史的呼唤，时代的强音，是推进中国特色社会主义事业的迫切要求。我们要不断增强使命感和责任感，立足新实践，适应新要求，始终坚持以马克思主义为指导，深入贯彻落实科学发展观，以构建具有中国特色社会主义哲学社会科学为己任，振奋精神，开拓进取，以改革创新精神，大力推进高校哲学社会科学繁荣发展，为全面建设小康社会，构建社会主义和谐社会，促进社会主义文化大发展大繁荣贡献更大的力量。

教育部社会科学司

前 言

从 2009 年底"农民工权益保护理论与实践研究"（项目批准号：09JZD0032）立项以来到现在把这个作为结项报告的书稿呈现给读者，已经四年了。

在这段时间里，课题组最为艰辛的工作之一是 2010 年 7~8 月的问卷调查。在骄阳似火的烈日下，我们组织了中山大学、南京大学、上海大学、浙江工商大学以及其他学校的数以百计的学生调查员对几千位农民工进行问卷调查。时至今日，我还清晰地记得多位调查员忙碌的身影和接受调查的农民工的诚恳表情。由于人数众多，我不可能在此一一列举表示感谢，但我内心强烈的感激之情并未因时间的流逝而冲淡，更不可能忘记。

我能够列举并表示特别感谢的是组织调查的老师，他们同时也是我们课题组的成员：上海大学的刘玉照教授、南京大学的朱力教授、东莞理工学院的邓宇鹏教授和浙江工商大学的曾鹏副教授；还有我在中山大学的博士生陈小娟、孙中伟、党曦、雍昕，硕士生王兆军、刘洁、王茁、舒玢玢，以及汪建华、李送君、刘练、邢财堂、李晓明、蔡斌、毛水蓉、张炎婷、胡艳杰、黄嘉文、胡列箭和贺霞旭等人。参加过调查的学生大多已经离开了学校，他们中的一些人已经成为大学老师。我相信，这一段调查经历，对于他们的学术成长和人生历练，都不会毫无助益。

在进行问卷调查之前，我和郑广怀以及多位博士生、硕士生到广州、深圳、中山、韶关、顺德等地走访了政府劳动部门和一些工厂、企业，并召开座谈会，一为问卷调查做准备，二为积累个案材料并了解情况。因此，要特别感谢广东省人力资源和社会保障厅农民工处、劳动关系处的大力协助！感谢广州市、深圳市、中山市、韶关市及顺德区劳动部门的热情接待！感谢多家企业为我们介绍情况、配合调查！

在收集资料工作基本完成之后，我们进行了较为长期的研究。本书的许多章节，以论文的形式曾经在《中国社会科学》、《社会学研究》、《管理世界》、《中国农村经济》、《中山大学学报》、《社会》、《开放时代》等刊物发表，因而，上述刊物的相关责任编辑对本书的成稿也有贡献，特此感谢！

关于本书的基本内容和学术贡献，我们在《摘要》予以叙述和说明，此处不再重复。

我想进一步强调的有以下几点：

第一，农民工权益保护问题研究是中国社会相当长的一个历史阶段的重要课题，它应该贯穿于中国工业化、城镇化和现代化的整个过程之中。农民工权益保护问题异常复杂：既是经济问题、社会问题，也是政治问题；既有人的因素，更有制度因素；既要解决当前迫切的问题，也要立足长远进行制度变革；既要立法，更要执法；既要有顶层设计，更要有尊重农民工的底层呼吁；既要尊重市场规律，也要弥补市场缺陷。农民工权益保护问题既涉及农民工自身利益，也涉及执政党合法地位的稳固性，更涉及社会基本价值取向和社会发展方向。因而，农民工权益保护问题具有长期性、复杂性和重要性，是中国社会科学研究必须高度重视的基本问题。

第二，由于农民工权益保护问题的复杂性和长期性，任何研究都不可能一蹴而就、一劳永逸。我们的研究尽管对珠三角和长三角数千位农民工进行了大规模的问卷调查，但对这个庞大的群体来说，是远远不够的。由于经费的局限，我们不可能做长期的追踪调查。也由于这个群体的特殊性，问卷调查也难以做到随机抽样。这一方面表明了这样的研究非常困难，另一方面也说明了类似研究的局限性。当然，这些局限性并不能否定研究本身的价值所在。今后，我们将努力争取更多经费的支持，改进抽样技术，做出更好的科学成果。

第三，我始终认为，珠三角和长三角的世界工厂典型地表现了20世纪80年代以来中国经济改革开放的成就。长久以来，学者、社会公众以及国际舆论对这些成就的成因众说纷纭。但毫无疑问，外来农民工的辛劳是中国经济奇迹最重要的原因之一。而农民工所遭遇的苦难及所引发的社会问题，是中国社会必须面对的，是中国经济、社会转型必须解决的，是中国现代化成功与否的检验标准之一。进一步说，如果要了解、研究中国社会，就必须了解、研究中国的农民工；如果中国研究在国际社会科学研究中可以占有一定的位置，那么对中国农民工的研究就具有重要的战略意义，甚至可以说，农民工研究是重要的突破点。

各位作者为写作本书付出了巨大的劳动，这在每一章都已注明，在此，我就不一一提及。本书是我们一起共同研究的成果，它并不完美，却毫无疑问是我们学术研究中的一个重要节点，是我们继续前行的一个加油站。

在本项研究的过程中，参加开题会的多位专家，以及我们在2011年召开的学术研讨会的同行，都给予了我们许多有启发性的意见和评论，特此感谢！

教育部社会科学司和中山大学社会科学处的领导和工作人员对本项课题的管理做了许多工作，特此感谢！

3

摘　要

《农民工权益保护理论与实践研究》共分五编、十八章：第一编总论，包括"导言"、"文献回顾"和"权益概述"；第二编劳动权益，讨论工资、劳动时间、劳动合同、社会保险、工作流动和工伤问题；第三编市民权益，讨论消费与居住、子女教育和精神健康等问题；第四编维权与劳动体制，讨论群体性事件、新生代农民工和劳动体制；第五编政策设想，讨论权益谱系、赋权与赋能以及政策设想。

第一章"导言"阐述了研究农民工权益保障问题的意义与价值、研究框架和研究方法与过程。在论述了研究意义和价值之后，在研究框架方面，我们回顾了从马克思到葛兰西的理论发展，总结了中国共产党的相关理论论述，提出从社会学的学科视角出发，重视传统中国、经典社会主义体制、改革与社会转型以及全球化所赋予的制度背景，以个人、人际、企业、政府和社会等因素为自变量，力图发现它们对作为因变量的农民工权益及其保护状况的作用机制。本章还介绍了我们采用以定量研究为主，定性研究为辅的研究方法及研究过程。

在第二章"文献回顾"中，我们回顾了西方从工业社会学到组织理论、经济社会学以及新马克思主义学派的相关理论和西方学者对中国农民工的直接研究。在国内部分，回顾了关于农民工权益研究的一般性理论（权益概念、权益受损及其原因、政策研究等），以及工资、劳动力市场、劳动合同和劳动时间、社会保障、居住和教育、权益维护等专题研究。我们对国内外的研究进行了评论，指出了其成就和缺陷。

第三章"权益概述"对 2010 年问卷调查数据进行了较为全面的

统计描述，并着重比较了珠三角和长三角的地区差异。

从第四章到第九章，我们主要运用定量模型讨论了农民工劳动权益的一些最基本和最重要的方面：其一，农民工工资的基本状况和决定机制，最低工资标准的作用；其二，劳动时间的基本情况和影响农民工接受超时加班的显著变量和文化因素；其三，影响劳动合同签订的机制和劳动合同的功效；其四，社会保险的基本情况和影响农民工购买社会保险的显著性变量；其五，农民工工作的不稳定性和换工的影响因素；其六，珠三角农民工工伤发生的行业、企业和工种特征，工伤者的个体特征。

从第十章到第十二章，我们运用定量资料讨论市民权益的基本方面：其一，从消费和居住方式的角度描述与分析了农民工的日常生活；其二，影响外来农民工是否把子女带入城市的选择因素和流动子女在城市接受教育过程中出现的问题；其三，农民工的精神健康状况以及和劳动权益的关系。

第十三章"群体事件"以 2011 年"增城新塘事件"（对比"潮州古巷事件"）为案例，研究了农民工群体性事件，阐述了事件发生的社会基础和微观机制，进而论述了劳资矛盾、官民矛盾以及外来人与本地人的族群矛盾的错综复杂的关系，并对一些特殊地区的社区治理机制进行了深入解剖。

第十四章"新生代农民工"对比了"80 前"和"80 后"农民工的代际差异，描述和分析了新生代农民工的特点。

第十五章"劳动体制"接续从葛兰西到布若威等人的研究思路，在类似研究中首次提出了一个划分企业劳动体制的指标体系，给出了珠三角地区多种劳动体制的分布状况，并通过回归分析讨论了企业特征和劳动体制的关系，以及进入不同劳动体制的农民工的个体特征。本章还讨论了珠三角劳动体制存在和变化的社会基础，以及企业管理体制的合法性问题。

从第十六章到第十八章，我们用三章的篇幅讨论了有关解决农民工权益保护问题的政策设想：其一，从农民工自身出发，讨论了他们对各项权益的重要性和解决权益问题迫切性的认知，以及影响因素。其二，总结了多年来解决农民工权益保护问题的政策思路，提出了未来中国劳工权益保护，应该从个体赋权迈向集体赋权与个体赋能相结合的路径。其三，总体性探讨关于农民工权益保护的政策设想，论述了农民工权益保护的重要性、紧迫性和艰巨性，保护农民工权益的基本理念和基本目标，提出了制度设计的基本思路和若干政策设想。

农民工权益保护是当代中国最重要的课题之一。我们的研究具有一定的创新性，主要表现为：

第一，全面、系统、客观地研究了中国农民工的权益保护问题。所谓全面是指：既研究劳动权益，也研究市民权益；既研究权益状况，也研究权益保护；既研究实际状况，也进行理论探讨；既研究理论，也讨论政策。所谓系统是指：将劳动权益、市民权益、权益维护和理论总结与政策设想形成一个层层推进的结构，系统地而不是零散地讨论问题。所谓客观是指：一切讨论都建立在经验事实的基础上，用经验事实来检验理论命题和假设。根据我们对国内外文献的了解，类似我们这样全面、系统、客观地对中国农民工权益保护问题进行研究的还非常少见。

第二，扩展了研究内容。2010年"富士康事件"爆发，对农民工精神健康问题众说纷纭，我们从劳动权益角度进行实证分析，研究结果支持了劳动权益受损导致农民工精神健康问题的假设。我们也认为，精神健康问题也应该属于权益问题，从而扩展了对权益问题的研究。

第三，提出了一系列新的观点和看法：

其一，从制度视角比较了劳动权益的地区差异，提出"地域—社会—文化"的解释思路，并以地方公民身份等概念和企业中本地工人比例等结构性因素对地区差异进行了不同于以往国内学术界的解释。

其二，在对最低工资标准的研究中，提出提高小时最低工资标准比提高月最低工资标准更能有效地促进农民工工资增长，也可以降低农民工加班时间，保护其劳动权益。

其三，在对劳动时间的研究中，提出中国农民工具有不同于西方工人的价值观念和效益观念，中国农民工更能接受超时加班。

其四，在劳动合同的研究中，提出农民工劳动合同的签订，不仅仅是劳资关系市场力量博弈的结果，更是国家制度管理的产物，制度合法性机制是农民工劳动合同签订的决定机制。而劳动合同要真正发挥作用，就是要成为劳资双方平等协商和谈判的工具与结果，成为劳资双方处理其关系的真正的契约。

其五，在对农民工群体性事件的研究中，以定量和定性相结合的方式进行了案例研究，从引发事件的恶劣性、小贩与城管的冲突概率、非正式就业者的反抗性、老乡的联系纽带和地方政府缺乏危机应对能力等方面分析了事件的发生机制。提出事件发生的深层社会矛盾源于劳资矛盾与劳工政治的广阔背景，劳资矛盾容易转化为官民矛盾乃至外来人与本地人的族群冲突，某些地区形成了地方特殊的社区治理结构。

其六，在对劳动体制的研究中，以定量的实证资料检验了布若威等人的理论适用性，在类似研究中首次提出了一个划分企业劳动体制的指标体系，并通过数据分析给出了珠三角劳动体制的类型分布，发现了以往研究中未曾提及的中性体制。以回归分析发现企业特征对劳动体制的影响变量，以及农民工个体特征和劳动体制的关系以及劳动体制的后果。对劳动体制的研究是高度理论化的，它回答了企业管理权力的合法性问题，以中国经验回应了关于劳工研究的新马克思主义学派的理论。

其七，以自下而上的农民工视角回答了保护农民工权益的轻重缓急问题，构建了一个农民工对权益选项的重要性和解决问题的迫切性的"权益谱系"。

其八，系统总结了以往中国劳动政策和劳工权益保护的主要路径，尝试建立劳工权益保护的"权—能"模型，提出未来中国劳工权益保护，应该从个体赋权迈向集体赋权与个体赋能相结合的路径。

其九，系统论述了农民工权益保护的重要性、紧迫性和艰巨性，保护农民工权益的基本理念和基本目标。认为保护农民工权益要从农民工自身需求出发，将底层呼吁和顶层设计结合起来。制度设计的基本思路应该是：保障劳动权益，享受均等服务，参与社区事务，融入城市社会。具体来说，保障劳动权益是前提，动员社会力量是基础，解决子女教育问题是突破口，民主参与基层公共事务管理是途径，建立基层政府问责机制是关键。提出了若干具体的政策设想。

本项研究以定量研究为主，辅以定性的访谈资料和文献资料。具体来说，以大规模问卷调查资料为基础，以珠三角、长三角对比为参照，从群体而非个体、综合而非单一的社会学视角出发，以定量回归模型为基本分析方法，以访谈资料加以补充，大量搜集以往研究文献作为我们研究的基础并与之对话。

本项研究具有一定的学术价值和应用价值，主要表现为：

第一，系统、全面、客观地描述了珠三角和长三角农民工权益的基本状况，提供了大量数据资料，具有历史性的资料价值；

第二，提出了一系列新的观点和看法，回应了相关理论，与国内外类似研究相比，具有相当的系统性和创新性，因而具有学术价值；

第三，提出了一系列的政策设想，可以供有关部门参考，具有一定的应用价值。

Abstract

There are five parts including eighteen chapters in this book. The first part includes introduction, literature review and outline of rights and interests. The second part is about the labor rights and interests which discussed wage, working hours, labor contract, social insurance, work mobility and occupational injury. The third part is rights and interests of urban citizens, which analyzed consumption and residence, children's education and mental health. The fourth part is rights protection and labor regime, including mass incidents, new generation of migrant workers and labor regime. The last part is about the policy proposal, describing the genealogy of rights and interests, empowerment and capability and policy options.

Chapter 1 stated the significance of researching the migrant workers' rights and interests' protection, research framework, research methods and process. After discussing the research significance in the part of research framework, we reviewed the theoretical approaches from Marx to Gramsci, summarized the related discourses of the Chinese Communist Party. We suggested that we should base on the perspective of sociology and pay attention to the institutional background which was endowed by the traditional Chinese and classical socialism regime, economic reform and social transformation of the society and globalization. We tried to discover the influence of some independent variables, such as individual, social network, enterprise, government and society, to the migrant workers' rights and interests and the mechanism of their protection status which are the independent variables. In addition, this chapter introduced our research methods and process in which the quantitative method is primary and qualitative method is secondary.

In the chapter 2, we reviewed some related theories, from industrial sociology, organization theories, economic sociology to the school of neo-Marxism. We also reviewed several direct studies conducted by the western scholars which were about the Chinese migrant workers. For the local studies, we reviewed the general theories (including the concept of the rights and interests, the violation of the rights and interests and its reasons, the policy studies et al.) and some specific studies, such as wage, labor market, labor contract, working hours, social insurance, living, education and the protection of the rights and interests. We reviewed these domestic and overseas studies, pointing out their advantages and disadvantages.

In the chapter 3, we provided the comprehensive statistical description of the data of the questionnaire survey in 2010 and focused the regional difference between the Pearl River Delta and Yangtze River Delta.

From the chapter 4 to 9, we described the most fundamental and important aspects of the migrant workers' labor rights and interests with quantitative statistical model. In the first place, the overview of migrant workers' wage, its determining mechanism and the function of the minimum wage standard. Next, the general picture of working hours, the significant variables and cultural factors which influenced migrant workers would like to work overtime. Besides, the mechanism which led migrant workers would like to sign labor contracts or not and the function of the labor contract. Then, the general information of the social insurance and several significant variables which have an effect on the migrant workers' purchase for the social insurance. Moreover, the instability of migrant workers' job and the influence factors of their work mobility. Lastly, the characteristic of the industry, enterprise and occupation in which the industrial injury happened in Pearl River Delta and the individual characteristics of injured workers.

From the chapter 10 to 12, we discussed some basic information about the migrant workers' citizenship based on the quantitative method. Firstly, we analyzed the migrant workers' daily life from the perspective of consumption and living condition. Secondly, we discovered some factors which had effects on the decision that migrant workers would like to bring their children into the city or not, and some problems during their children's education process. Thirdly, migrant workers' mental health and the relationship between their mental health and labor rights and interests.

Chapter 13 is the case of "Incident of Xintang Town in Zengcheng" (compared to the "Incident of Guxiang Town in Chaozhou") which studied the mass incidents of migrant workers, explaining the social foundation and micro mechanism of the incidents, and then discussed intricate relationships which composed by industrial conflict, official-civilian conflict, and ethnic conflict. Besides, we deeply dissected the community governance mechanism in some special areas.

Chapter 14 is about the new generation of migrant workers which compared the intergeneration difference between the migrant workers born before and after 1980s. It also described and analyzed the characteristics of the new generation of migrant workers.

Chapter 15, Labor Regime, followed the approaches from Gramsci to Burawoy, and proposed an indicator system which divided the labor regime of enterprise. This is an innovation compared to other similar studies, which provided the distribution of the various labor regime in the area of Pearl River Delta, and analyzed the relations between the characters of enterprises and labor regime, and the individual characteristics of migrant workers who entered into different labor regimes according to the regression analysis. In addition, this chapter discussed the social foundation on which the labor regime of Pearl River Delta existed and changed, and the legality of the rights of enterprises' management.

From the chapter 16 to 18, we raised some policy alternatives to solve the problems of migrant workers' rights and interests' protection. To begin with, from the perspective of migrant workers themselves, we discussed their acknowledgement of the importance of rights and interests' protection and urgency to solve the rights and interests' problems, and their influence factors. Then, we summarized several policy ideas of solving the migrant workers' rights and interests' protection in these years, put forward an approach that we should protect migrant workers' rights and interests according to the combination of collective empowerment and individual capability instead of individual empowerment. Next, we had the overall discussion which is about the policy design of migrant workers' rights and interests' protection. We described the importance, urgency and arduousness of protecting migrant workers' rights and interests, indicated some basic concepts and goals, raised several basic thought of designing the institution and policy ideas.

Migrant workers' rights and interests' protection is one of the most important issues in contemporary China. This research has some innovations:

First of all, we comprehensively, systematically and objectively studied the problems of protecting Chinese migrant workers' rights and interests. The reason why it is comprehensive is that we studied both labor rights and interests and citizens' rights and interests, studied both the general status and protection status of rights and interests. We not only studied the actual situation, but also conducted theoretical discussion. We focused on the theory, and paid attention to the policy. The reason why it is systematic is that we combined the labor rights and interests, citizens' rights and interests, the protection of rights and interests, theory framework and policy design into a structure which is propulsive from layer to layer, discussing the problem systematically instead loosely. The reason why it is objective is that all of our discussions are based on the empirical facts. We tested theoretical propositions and hypothesizes with empirical evidences. According to our review of the domestic and overseas studies, we found that the studies which are similar with ours are very rare.

In the second place, we extended the research content. After the exposure of "Foxconn Incident" in 2010, opinions about migrant workers' mental health were popular. We analyzed from the perspective of labor rights and interests by the empirical data. Our research result supported the hypotheses that the violation of migrant workers' rights and interests would lead to their mental health disorders. We considered that the mental health problems also belong to the rights and interests problem, and then extended the understanding about rights and interests.

Furthermore, we presented a series of new opinions and ideas:

Firstly, we compared the regional difference from the perspective of institution, put forward an explaining method which is "region-society-culture". We also provided an explanation which differed from the domestic previous studies, that is based on the perspective of structural factors, such as local citizens and the proportion of the local workers in the enterprise.

Next, when we studied the minimum wage standard, we suggested that, compared with improving the minimum monthly wage, improving the minimum wage per hour is more effective to improve the migrant workers' wage. It can also prevent migrant workers working overtime and protect their rights and interests.

Thirdly, when we researched the working hours, we pointed out that, Chinese migrant workers' understanding of value and efficiency are extremely different from western workers. They are more likely to agree to work overtime.

Fourthly, as we studied the labor contracts, we considered that, migrant workers signing labor contracts, is not only the result of the labor-capital relationship of market forces' struggle, but also the result of the national institutional management. The institutional legality is the decisive mechanism of migrant workers' labor contracts signing. Only when the labor contracts become the instrument and consequence of the equal bargaining and negotiation of the labor and capital, become the real covenant which labor and capital will use to deal with their relations, can it ensure its own function.

Then, when we studied the migrant workers' mass incidents, we conducted several case studies using both quantitative and qualitative methods. The happening mechanism of those incidents were analyzed by following aspects: the viciousness of these events, the frequency of the conflict between the venders and city inspectors, the opposability of those informal workers, the social network among the fellow-villagers and local government's absence of dealing with crisis. We thought that the deep social contradictions which led to these mass incidents is the broad background of labor-capital conflict and labor politics. The labor-capital conflict is easy to transform into the official-civilian conflicts and ethnical conflict between outsiders and local people. Some communities have their own governance structures which trigger conflicts at any time.

Moreover, in our research of labor regime, we tested the applicability of Burawoy's theory with quantitative empirical materials. We firstly came up with an indicator system of division of the enterprise labor regime among the similar studies, analyzed the distribution of the labor regime's type in Pearl River Delta based on the data analysis, and found a neutral regime which had not been mentioned in previous studies. We discovered some influence factors of labor regime, such as the characters of enterprises, migrant workers' individual characters by the regression analysis. Our research of the labor regime is highly theoretical. It answered the legality problem of enterprises' management rights and responded the labor study of neo-Marxism with Chinese evidences.

In addition, we answered the priority of protecting migrant workers' rights and interests from the perspective of migrant workers themselves. We built a genealogy of rights and interests which is about the importance and urgency of protecting migrant workers' rights and interests.

Furthermore, we systematically summarized the past Chinese labor policies and major approaches of protecting workers' rights and interests, tried to build the "rights-power" model to protect workers' rights and interests, and suggested that we should protect workers' rights and interests by combining the collective empowerment with individual capability instead of individual empowerment in the future.

Besides, we systematically expounded the importance, urgency and arduousness of protecting migrant workers' rights and interests. We also stated some basic ideas and goals of this work. This work should be based on the migrant worker's own needs, and combine the underlying appeal with top-level design. The fundamental ideas of the institution design are: protecting the labor rights and interests, letting migrant workers en-

5

joy the equal service and taking part in the community affairs and integrate into the urban society. To be specific, protecting labor rights and interests is the premise, mobilizing social forces is the foundation, solving migrant workers' children's educational problems is the sally port, taking part in the public affairs at the primary level is the pathway, and building the basic-level government's accountability mechanism is the key point. In addition, we raised some specific policy designs.

In this research, the quantitative method is the major method, and the qualitative interview and literature materials are the secondary methods. To be specific, this research is based on the large-scale questionnaire survey, compared the situation of the Pearl River Delta with Yangtze River Delta, studied from the sociology perspective which is collective and comprehensive but not individual and single. The quantitative regression analysis is our basic analysis method, and the interview materials are the supplement. We also reviewed large amounts of previous research literatures.

The academic contribution and application of this research is mainly about:

Firstly, for the data, we described the basic situation of migrant workers' rights and interests in Pearl River Delta and Yangtze River Delta systematically, comprehensively and objectively. The large amounts of data we collected have historical significance.

Moreover, for the academic level, we came up with a series of new ideas and opinions, responded the related theories. Compared to the domestic and overseas similar studies, this research has certain systematicness and innovativeness, so it has academic values.

Last but not least, for the application, we put forward a series of policy design which can be used for reference by related governmental departments.

目　录

Contents

Contents

Part Two
Labor Rights and Interests   113

Part Four
Rights' Protection and Labor System　403

Part Five
Policy Design　495

第一编

总　　论

第一章

导　言[*]

本章阐述了研究农民工权益保障问题的意义与价值、研究框架和研究方法与过程。我们认为，研究农民工问题的意义在于：第一，农民工人数众多，是中国社会最重要的群体之一；第二，农民工权益长期、广泛受到侵害，由此引发的劳资冲突、官民冲突和族群冲突屡屡出现，成为中国社会的火药库；第三，农民工问题已经成为国内外社会科学最重要的话题之一，有关研究提出了种种问题，急需辨析和回答。对农民工权益保护问题进行研究的价值主要表现为：1. 农民工权益保护问题是农民工研究的核心。2. 可以为建立多学科、实证的、本土性理论做贡献。3. 大规模的、连续的问卷调查具有重要的学术资料价值。在研究框架方面，我们回顾了从马克思到葛兰西的理论发展，总结了中国共产党的相关理论论述，提出从社会学的学科视角出发，重视传统中国、经典社会主义体制、改革与社会转型以及全球化所赋予的制度背景，以个人、人际、企业、政府和社会等因素为自变量，力图发现它们对作为因变量的农民工权益及其保护状况的作用机制。我们采用以定量研究为主、定性研究为辅的研究方法，并较为详细地介绍了研究过程。

第一节　研究意义与价值

为什么要研究农民工问题？进一步说，为什么要研究农民工权益保障问题？

---

[*] 本章作者：刘林平。

这是本项研究必须要回答的首要问题。

我们认为，其理由主要有如下几点：

（1）农民工人数众多，是中国社会最重要的群体之一。改革开放以来，伴随着工业化、城市化和大规模的外资进入沿海地区，大量农民进城打工，涌现出了一个庞大的农民工阶层。有关统计资料整理见表1－1。

表1－1　　　　　　　　历年来全国农民工数量　　　　　　单位：万人

年份	农民工总量	外出农民工
2011	25 278	15 863
2010	24 223	15 335
2009	22 978	14 533
2008	22 542	14 041
2007	—	16 196
2006	—	13 181
2005	—	14 735（流动人口）
2004	—	11 823
2003	—	11 390
2002	—	10 469
2001	—	12 572
2000	—	11 340
1999	—	10 107
1998	—	9 546.5
1997	—	8 314.5

资料来源：

（1）2011年：全国农民工总量达到25 278万人，外出农民工15 863万人。中华人民共和国国家统计局：《2011年我国农民工调查监测报告》。见 http：//www. stats. gov. cn/tjfx/fxbg/t20120427_402801903. htm。

（2）2010年：全国农民工总量达到24 223万人，外出农民工15 335万人。中华人民共和国国家统计局：《2011年我国农民工调查监测报告》。见 http：//www. stats. gov. cn/tjfx/fxbg/t20120427_402801903. htm。

（3）2009年：全国农民工总量为22 978万人，外出农民工总量14 533万人。国家统计局农村司：《2009年农民工监测调查报告》。见 http：//www. stats. gov. cn/tjfx/fxbg/t20100319_402628281. htm。

（4）2008年：全国农民工总量为22 542万人，外出农民工总量14 041万。国家统计局农村司：《2009年农民工监测调查报告》。见 http：//www. stats. gov. cn/tjfx/fxbg/t20100319_

402628281. htm。

（5）2007 年：根据农业部调查数据，全国外出农民工总数 12 600 万人。《我国农民工工作"十二五"发展规划纲要研究》课题组：《中国农民工问题总体趋势：观测"十二五"》，载《改革》2010 年第 8 期。

（6）2006 年：全国农村外出从业劳动力 13 181 万人。国务院第二次全国农业普查领导小组办公室、中华人民共和国国家统计局：《第二次全国农业普查主要数据公报（第五号）》。见 http：//www. stats. gov. cn/tjgb/nypcgb/qgnypcgb/t20080227_402464718. htm。

（7）2005 年：全国流动人口为 14 735 万人。中华人民共和国国家统计局：《2005 年全国 1% 人口抽样调查主要数据公报》。见 http：//www. stats. gov. cn/tjgb/rkpcgb/qgrkpcgb/t20060316_402310923. htm。

（8）2004 年：全国农村外出务工劳动力 11 823 万人。国家统计局农调总队：《2004 年农民外出务工的数量、结构及特点》。见 http：//www. sannong. gov. cn/fxyc/ldlzy/200507110158. htm。

（9）2003 年：全国农村外出务工劳动力 11 390 万人。国家统计局农调总队：《2004 年农民外出务工的数量、结构及特点》。见 http：//www. sannong. gov. cn/fxyc/ldlzy/200507110158. htm。

（10）2002 年：全国农民工 10 469 万。章铮、杜峥鸣、乔晓春：《论农民工就业与城市化——年龄结构—生命周期分析》，载《中国人口科学》2008 年第 6 期。

（11）2001 年：根据国家统计局调查数据，2001 年全国外出农民工总数为 8 399 万人。《我国农民工工作"十二五"发展规划纲要研究》课题组：《中国农民工问题总体趋势：观测"十二五"》，载《改革》2010 年第 8 期。

（12）2000 年：全国农村转移劳动力约 11 340 万。劳动保障部培训就业司国家统计局农调队：《2000 年中国农村劳动力就业及流动状况》。见 http：//www. lm. gov. cn/DataAnalysis/content/2002 – 09/02/content_342379. htm。

（13）1999 年：全国农村劳动力转移人数约 10 107 万。劳动保障部培训就业司国家统计局农调队：《1999 年中国农村劳动力就业及流动状况》。见 http：//www. lm. gov. cn/gb/data/2002 – 05/13/content_2975. htm。

（14）1998 年：全国农村劳动力转移人数约 9 546.5 万。劳动保障部培训就业司国家统计局农调队：《1997 ~1998 年中国农村劳动力就业及流动状况》。见 http：//www. lm. gov. cn/gb/data/2002 – 06/07/content_2898. htm。

（15）1997 年：全国农村劳动力转移人数 8 314.5 万人。劳动保障部培训就业司国家统计局农调队：《1997 ~1998 年中国农村劳动力就业及流动状况》。见 http：//www. lm. gov. cn/gb/data/2002 – 06/07/content_2898. htm。

2011 年全国农民工为 25 278 万人，在长江三角洲（以下简称：长三角）地区务工的农民工为 5 828 万人，珠江三角洲（以下简称：珠三角）地区则为 5 072 万人，两者相加为 10 900 万人，占全国农民工的 43.12%。[①] 2011 年末，

---

① 国家统计局：《2011 年我国农民工调查监测报告》，http：//www. stats. gov. cn/tjfx/fxbg/t20120427_402801903. htm。

全国大陆总人口为 134 735 万人，农民工占总人口的 18.76%；全国就业人员 76 420 万人，农民工占就业人数的 33.08%；全国城镇就业人员 35 914 万人，外出农民工占城镇就业人数的 44.17%。[①] 这样一个 2.5 亿人的庞大群体，实在是社会科学无法回避的研究对象。

（2）农民工权益长期、广泛受到侵害，由此引发的劳资冲突、官民冲突和族群冲突屡屡出现，成为中国社会的火药库。农民工在中国经济社会发展中发挥了不可忽视、不可替代的作用。但是，一个基本的事实是：他们一直处于城市经济社会的边缘，其权益遭受了种种侵害，各种案例屡见于报端，引发广泛社会关注。比如，在珠江三角洲，2010 年发生"富士康外来工自杀事件"和"南海本田罢工事件"[②]；2011 年发生"潮州古巷事件"[③] 和"增城新塘事件"[④]；2012 年又发生"中山沙溪事件"[⑤]，这些事件都引发了巨大的社会震荡，造成严重的生命财产损失。当然，这些事件并不限于珠三角，2012 年 9 月 23 日太原富士康就发生数千工人群殴事件[⑥]等。

马克思主义认为，劳资关系是社会中最重要、最基本的关系之一，是决定其他社会关系的关系。劳资关系具有基础性、广泛性和持续性，处理不好劳资关系，农民工权益得不到有力的保护，中国社会就难以安定、和谐、持久发展，而农民工权益遭受严重侵害的现实和由此而引发的群体性事件就明明白白地彰显出这一问题的严重性，同时也凸显了研究这一问题的必要性和紧迫性。

（3）农民工问题已经成为国内外社会科学最重要的话题之一，有关的研究提出了种种问题，急需辨析和回答。

我们以"外来工"、"农民工"、"流动人口"和"农民工权益保障"等关键词对中国期刊网进行搜索，相关论文数量结果见表 1-2。

表 1-2　　　　1982 年以来有关农民工相关期刊论文统计数据　　单位：篇

年份	外来工	农民工	流动人口	农民工权益保障	流动人口权益保障
1982	0	1	0	0	0
1983	0	2	0	0	0

① 国家统计局：《中华人民共和国 2011 年国民经济和社会发展统计公报》，http://www.gov.cn/gzdt/2012-02/22/content_2073982.htm。
② 《本田深陷罢工门》，http://carschina.com/bentianbagong/。
③ 《维基百科：潮州市古巷事件》，http://zh.wikipedia.org/wiki/。
④ 《维基百科：增城新塘事件》，http://zh.wikipedia.org/wiki/。
⑤ 《维基百科：沙溪事件》，http://zh.wikipedia.org/wiki/。
⑥ 《富士康群殴溯源：员工住宿条件恶劣成祸》，http://www.enet.com.cn/ediy/inforcenter/enetz.jsp?articleid=20120928169386。

年份	外来工	农民工	流动人口	农民工权益保障	流动人口权益保障
1984	0	0	0	0	0
1985	0	1	7	0	0
1986	0	0	14	0	0
1987	0	0	6	0	0
1988	0	1	28	0	0
1989	2	2	33	0	0
1990	0	3	21	0	0
1991	0	1	21	0	0
1992	2	3	24	0	0
1993	0	4	34	0	0
1994	14	5	54	0	0
1995	20	16	88	0	0
1996	9	18	92	0	0
1997	17	16	96	0	0
1998	3	23	107	0	0
1999	16	20	109	0	0
2000	15	22	119	0	0
2001	21	23	143	0	1
2002	25	64	162	1	0
2003	38	262	191	2	0
2004	51	667	217	14	2
2005	50	1 052	272	28	0
2006	74	1 854	353	38	5
2007	74	2 283	389	51	1
2008	76	2 432	467	42	4
2009	51	3 047	434	34	1
2010	71	2 871	462	32	4
2011	44	2 963	524	23	0
2012	31	1 759	330	22	2
总数	704	19 415	4 797	287	20

注：以"外来工"为"篇名"检索得到的结果里，包含了外来务工者、外来务工人员、外来打工者等多个关键词。

资料来源：中国学术期刊网络出版总库，搜索时间：2012 年 9 月 25 日。

表 1－2 表明，自 2005 年以来，中国学术期刊每年发表的关于农民工问题的论文达到 1 000 篇以上，其中，2009 年更是突破 3 000 篇，到 2012 年 9 月，总数已经接近 2 万篇。这充分说明，农民工问题的确成了中国社会科学界最重要的一个论题。

在本报告的第二章中，我们回顾了西方文献和国内社会科学界对中国农民工问题的研究，并对此进行了总结。我们认为，国内外的研究已经产生了大量的成果，其中一些成果是非常富有启发意义的。但也产生了大量的论争，其中一些关键性问题也亟待回答：比如，对农民工权益保障问题，市场发挥了什么样的作用？政府又发挥了什么样的作用？市场的作用和政府的作用是否矛盾、冲突或互不相容？又比如，农民工权益保障究竟涉及哪些方面？从农民工自身来看，其权益保障的轻重缓急应该是怎样的？还比如，影响农民工权益受损的关键因素或显著变量究竟是哪些？解决农民工权益保障最根本的政策措施又是什么，或需要一个什么样的一揽子的解决方案？等等。

基于此，我们认为，必须对农民工问题进行较为全面、系统的，将理论、实证和政策结合起来的，充分了解现实又面向未来的研究。我们在本研究中力图实现这样的要求，但成败得失须由社会和时间来评价。

在我们看来，研究意义主要是解决为什么要研究的问题，研究价值主要回答研究能得到什么的问题，当然，这两者是相互联系或交叉的，并不能彻底分开。

对农民工权益保护问题进行理论和实证相结合的研究有着重要的学术价值和应用价值，主要表现为：

（1）农民工权益保护问题是农民工研究的核心。有关农民工的研究涉及劳动力市场、人口迁移、企业管理、生活方式、地方治理、非正式经济以及全球化等多个方面，但其中，农民工权益保护问题最为重要。对任何一个群体来说，基本权益保护是其核心利益所在。农民工与城市职业工人及其他社会群体不同，他们的基本权益保护存在种种问题，十分突出。这个问题的解决与否，关系到他们自身的生存与发展，也牵动中国经济、社会发展的大局，因而特别值得学术研究重视。

（2）为建立多学科、实证的、本土性理论做贡献。有关农民工权益保护问题的研究，对于认识中国国情，确立基本的经济社会发展思路，具有重大的、基础性的理论学术意义。农民工问题是复杂的、多元的，对这一问题的研究，涉及社会学、经济学、管理学、人口学、人类学、政治学等学科。一个全面的、多学科的、理论与实证相结合的研究，可以突破国内学术界以往研究视野较为单一、局部的缺点，建构起对于农民工权益保护问题的全面的、多角度的、而又较为统一的认知，提出关于农民工权益保护的本土性的、得到实证支持的理论体系，并与西方相关理论展开对话，检验西方理论对中国的适用性，修正其错误，提出新的理论命题。

（3）大规模的、连续的问卷调查具有重要的学术价值。我们历年来对珠三角（有时兼及长三角）的外来工（农民工）进行了多次问卷调查，其情况见表1－3。

表1－3　　　　　　　　　历年问卷调查基本情况

时间	调查对象	调查地点	有效样本（份）
2001 年	外来女工	珠三角	1 039
2005 年	外来工	珠三角、长三角和贵阳、成都、长沙、郑州	1 424
2006 年	农民工	珠三角	3 973（其中正式就业 3 086，非正式就业 887）
2008 年	外来工	珠三角	2 510
2009 年 4 月	外来工	珠三角（对 2008 年样本的电话追踪）	807
2009 年	外来工	珠三角	1 768
2010 年	外来工	珠三角、长三角	4 152

本研究在我们以往于 2006 年、2008 年和 2009 年对珠三角农民工问卷调查的基础上进行了较大规模的问卷调查，获得了有效问卷 4 152 份。我们历年进行问卷调查基本上采用了同样的抽样方法、较为稳定的问卷框架，尽管这些问卷调查不是严格意义上的追踪式问卷调查，但还是具有比较的价值。这些历年的问卷已经形成了一个小型的数据库（共有效问卷 15 673 份），对于描述和分析珠三角（及长三角）的农民工状况具有较高的学术资料价值。

（4）有助于相关社会政策的制定。有关农民工的社会政策涉及全国性相关法律、法规的制定和修改，涉及地方治理模式的形成或完善，具体来说，涉及劳动力市场的完善，劳资关系的基本政策取向，政府、企业和农民工的三方互动模式，农民工作为外来者和本地人之间的关系处理以及由此而来的利益协调机制，社会团体或组织在农民工权益保护上的作用及其发挥机制等。政策制定应该建立在扎实的社会调查和科学研究的基础上，才会具有科学性、可行性。我们的研究力图为相关政策制定提供基础和依据，并提出我们的一些政策设想。

第二节 研究框架

一、理论基础

(一) 从马克思到葛兰西

关于农民工权益保障问题的理论基础，必须从经典马克思主义理论出发，因为马克思关于劳工问题的理论仍然具有现代价值，这主要表现为以下三点：

其一，马克思的历史唯物主义认为，劳资关系是人类社会最重要、最基本的社会关系之一，是决定其他社会关系的关系之一。这一观点现在仍然具有重要意义。

其二，马克思的剩余价值理论揭示了资本对工人的剥削或剥夺，赋予了工人反抗资本行动的合法性和正当性。马克思在《资本论》和其他一系列著作中，充分阐述了剩余价值理论。尽管关于剩余价值理论仍然充满争议，但资本对劳动剥削的观念已经广为认可，并且被大量经验事实所证明。

其三，马克思从劳动价值论出发，高度评价了作为体力劳动的工人的社会价值，他对作为弱势群体的工人充满人道主义关怀，这在现代社会仍然是正确的价值观，具有普世意义。马克思在《1844 年经济学哲学手稿》等著作中，论述了工人的异化问题，对工人阶级满怀同情。①

但是，显然，以马克思、恩格斯为代表的经典马克思主义理论是早期资本主义时代的产物，在当时的历史条件下，马克思、恩格斯更多地看到了劳资关系的对抗性，而忽视了劳资关系的可调和性。经典马克思主义理论更多的是一种革命的理论，较少论述社会主义革命胜利之后的建设的理论。

在马克思之后，伯恩斯坦认为，在欧洲发达国家，资产阶级在政治上不断地向民主让步，同时劳工运动的愈益勃兴，导致了国家的民主化。工厂法的制定、地方行政的民主化、工会或职工会制度和合作制的发展，以及公共团体所办事业中对于劳动组织的照顾，促成国家民主向工业民主的发展。这样可能打破资本的

---

① 马克思：《1844 年经济学哲学手稿》，《马克思恩格斯全集》第 42 卷，北京：人民出版社 1979 年版，第 89～103 页。

专制主义，将劳动者塑造成工业公民和现代国家公民。①

与伯恩斯坦不同，安东尼奥·葛兰西从企业微观管理的角度提出了劳资关系变化的新问题。在对泰罗主义和福特主义的评论中，他认为，"适应新的劳动和生产方法不能仅仅通过社会强制来进行。必须考虑设法使强制同说服和自愿同意配合起来。""福特方法是'合理的'，也就是它应该成为普遍的，但是为了达到这一点，必须有一个漫长的过程，在这个过程之中，社会条件必定发生变化，个人的道德和习惯必定发生变化，这不能只用一种'强制性'来达到，而只能以强制的缓和（自我约束）和说服来达到，包括高工资的形式在内。"② 葛兰西还认为，新的劳动方法与一定的生活方式，思想方法和世界观是分不开的。因而，他提出了所谓"霸权"③ 的概念。

葛兰西的"霸权"概念成了布若威等人的理论出发点，从而形成了关于劳工研究的新马克思主义学派的传统。

（二）中国共产党的理论论述

在中华人民共和国建立之后，实行了对资本主义工商企业的社会主义改造，劳资关系发生了变化，毛泽东关于劳资关系的主要论述有三：其一，强调在社会主义条件下，工人阶级和其他劳动人民同民族资产阶级之间的矛盾是非对抗性的人民内部矛盾④；其二，在国家、企业和工人的关系中，必须兼顾国家、集体和个人三个方面的关系⑤；其三，在企业管理中，强调"两参一改三结合"，即实行干部参加劳动，工人参加管理，改革不合理的规章制度，工人群众、领导干部和技术员三结合。⑥

在社会主义改造完成后，到改革开放之前，中国的经济成分比较单一，劳资关系也比较单一，劳资矛盾并不突出，因而，并不是党和国家关注的重点问题，党和国家的领导人也较少就这一问题发表意见。

20 世纪 70 年代末改革开放之后，劳资关系日益复杂化，随着大量农民进城

---

① 伯恩斯坦：《社会主义的前提和社会民主党的任务》，北京：生活·读书·新知三联书店 1958 年版。

② 安东尼奥·葛兰西：《狱中札记》，北京：人民出版社 1983 年版，第 409、411 页。

③ 《布莱克维尔政治学百科全书》对霸权（Hegemony）做了一个简要的解释："主要为葛兰西及其追随者所用的词汇，他们以此术语指称阶级统治的非强制方面，即统治阶级利用社会化机构把其价值观和信仰加诸其余人的能力。"（见戴维·米勒、韦农·波格丹诺编：《布莱克维尔政治学百科全书》，北京：中国政法大学出版社 1992 年版，第 319 页。）

④ 毛泽东：《关于正确处理人民内部矛盾的问题》，见《毛泽东著作选读》（下册），北京：人民出版社 1986 年版。

⑤ 毛泽东：《论十大关系》，见《毛泽东著作选读》（下册），北京：人民出版社 1986 年版。

⑥ http://zhidao.baidu.com/question/142206779.html。

打工，农民工成了一个庞大的阶层或群体，他们的权益保障问题日益突出。中国共产党有关劳资关系和农民工权益保障的理论论述可以总结如下：

第一，强调中国处于社会主义初级阶段。党的十三大报告提出了"我国正处在社会主义的初级阶段"的论断。随后，在十四大、十五大、十六大和十七大报告中，都重复强调了这一论断。十三大报告指出，在初级阶段，尤其要在以公有制为主体的前提下发展多种经济成分，在以按劳分配为主体的前提下实行多种分配方式。尽管"私营经济是存在雇佣劳动关系的经济成分"，也是可以发展的。① 十七大报告则进一步指出，我国现阶段发展还具有粗放型增长方式尚未根本改变的特征。②

关于社会主义处于初级阶段的论断内涵了当今社会具有多种资本成分以及由此而产生的多种劳资关系，说明了劳资关系的复杂性和长期性。

第二，强调阶级斗争不是主要矛盾。十三大报告指出：阶级斗争在一定范围内还会长期存在，但已经不是主要矛盾。③ 十四大报告指出：我国社会的主要矛盾已经不是阶级斗争，经济建设已经成为我们的中心任务。④ 十七大报告指出：我国仍处于并将长期处于社会主义初级阶段的基本国情没有变，人民日益增长的物质文化需要同落后的社会生产之间的矛盾这一社会主要矛盾没有变。⑤

阶级斗争不是主要矛盾意味着劳资矛盾不是中国社会的主要矛盾，也意味着劳资矛盾不一定是对抗性的，是可以调和的。

第三，强调依法治国。十三大报告提出，政治体制改革的目标是要建立"高度民主、法制完备、富有效率、充满活力的社会主义政治体制。"⑥ 十五大报告则明确提出了"实行依法治国"。⑦ 此后，十六大、十七大报告都重申了依法治国的重要性。

依法治国意味着劳资矛盾、劳资冲突都应该在法律的框架里解决，劳资双方都应该尊重法律，用法律来规范其行为。

第四，强调扩大基层民主，保障劳动者权益。十六大报告提出，不论是体力劳动还是脑力劳动，不论是简单劳动还是复杂劳动，一切为我国社会主义现代化建设作出贡献的劳动，都是光荣的，都应该得到承认和尊重。完善就业培训和服务体系，提高劳动者就业技能。依法加强劳动用工管理，保障劳动者的合法权益。扩大基层民主，坚持和完善职工代表大会和其他形式的企事业民主管理制

---

①③⑥ 赵紫阳：《沿着有中国特色的社会主义道路前进——在中共十三大上的报告》，北京：人民出版社 1988 年版。

②⑤ 胡锦涛：《高举中国特色社会主义伟大旗帜　为夺取全面建设小康社会新胜利而奋斗——在中国共产党第十七次全国代表大会上的报告》，北京：人民出版社 2007 年版。

④⑦ 江泽民：《加快改革开放和现代化建设步伐　夺取有中国特色社会主义事业的更大胜利——在中国共产党第十四次全国代表大会上的报告》，北京：人民出版社 1992 年版。

度，保障职工的合法权益。① 十七大报告进一步提出，全心全意依靠工人阶级，完善以职工代表大会为基本形式的企事业单位民主管理制度，推进厂务公开，支持职工参与管理，维护职工合法权益。规范和协调劳动关系，完善和落实国家对农民工的政策，依法维护劳动者权益。②

社会主义初级阶段，阶级斗争不是主要矛盾，依法治国和扩大基层民主、保障劳动者权益的论述，从宏观到微观，从社会结构到社会政策，从矛盾判断到处理方针，较为完善地展现了中国共产党关于劳资关系和保障农民工权益理论认知的进展，是我们研究农民工权益保障问题和提出相应政策设想的重要基础。

二、学科视角和制度背景

（一）学科视角：社会学

对于劳动关系或农民工问题，可以从多种学科角度进行研究，如经济学（尤其是劳动经济学）关注劳动力市场的均衡和作为价格信号的工资波动，管理学关注劳资关系的和谐与工作效率，政治学关注劳资关系中的权力构成和运作机制等。一般来说，不同的学科有其自身的逻辑和视角，这些视角往往较为单一，主要从单一的因素出发来研究，比如，经济学就注重经济因素的作用，而很少顾及其他社会因素。

社会学的研究视角往往注重多重、复杂因素的分析，它研究经济问题往往注重非经济因素的影响。显而易见，农民工问题或农民工权益保障问题是一个综合性而非单一性的问题，因而，对这一问题的研究，社会学的综合性视角是适合并有效的。

迪尔凯姆对自杀问题进行研究时提出，社会学的角度应该是从群体的层次来研究群体（社会）现象。他特别注重社会环境或社会事实对人们行为的影响。③将迪尔凯姆的观点运用到农民工权益保障问题上来，那就意味着，农民工权益保障问题是一个群体性的或社会性的问题，也即不是单个人的问题，也就是说，对这个问题的解释要注重整体的社会因素。

弗兰克·道宾认为，和经济学认为自然法则支配着经济生活不同，社会学认

---

① 江泽民：《全面建设小康社会，开创中国特色社会主义事业新局面——在中国共产党第十六次全国代表大会上的报告》，北京：人民出版社 2002 年版。

② 胡锦涛：《高举中国特色社会主义伟大旗帜　为夺取全面建设小康社会新胜利而奋斗——在中国共产党第十七次全国代表大会上的报告》，北京：人民出版社 2007 年版。

③ 埃米尔·迪尔凯姆：《自杀论》，北京：商务印书馆 2001 年版。

为，绝大部分经济行为仅能被社会自身——社会环境所解释，而历史与比较研究阐明社会在塑造经济行为中的作用是其他任何东西所不能比拟的，历史与比较方法是社会学的相对优势之一。[1]

从群体而非个体的、综合而非单一的以及历史比较的视角出发，我们对影响或决定农民工权益保障问题的制度背景必须有所了解。

（二）制度背景

我们认为，决定农民工权益保障问题的制度背景主要有以下几个方面：

第一，农业中国。

中国自古以农业立国。数千年的农业发展出高度的农业文明，形成了以农民价值观和行为方式为代表的文化传统。对农民中国的种种特征，杜赞奇、黄宗智、李丹、李怀印、马若孟、彭慕兰、施坚雅、王国斌、赵冈等人都有较为深入的研究。他们讨论了中国的人口、土地、市场、社区、技术、产业等多种问题[2]，并且在恰亚诺夫对农民家庭经济组织特征分析[3]和斯科特关于农民的生存伦理论述[4]的基础上，提出了关于中国农民和农业文明特征的假设。

农民工是从农民中走出来的工人，他们成长的社会环境是农村，尽管1949年之后的中国农村并不是完全意义上的传统农业中国，但是，农民工的价值观念、行为动机和行为方式，还是传统中国农民的延续，带有农业生产方式、农业经济的组织方式和乡土中国的深深的烙印。传统农业中国给予农民工价值观念和行为动机的影响，我们将之概念化为农民工的效益观和剥削观。

农民（或农民工）的"效率观"或"效益观"表现为：家庭总体年收益优先，单位时间（比如工资/小时）效益不计，劳动强度可以到达身体许可的边际

---

① 弗兰克·道宾：《经济社会学的比较与历史分析方法》，见斯梅尔瑟、斯威德伯格：《经济社会学手册（第二版）》，北京：华夏出版社2009年版，第32页。

② 见杜赞奇：《文化、权力与国家》，南京：江苏人民出版社1995年版；黄宗智：《华北的小农经济与社会变迁》，北京：中华书局1986年版；黄宗智：《长江三角洲小农家庭与乡村发展》，北京：中华书局2000年版；李丹：《理解农民中国：社会科学哲学的案例研究》，南京：凤凰出版传媒集团、江苏人民出版社2008年版；李怀印：《华北村治——晚清和民国时期的国家与乡村》，北京：中华书局2008年版；马若孟：《中国农民经济》，南京：江苏人民出版社1999年版；彭慕兰：《大分流：欧洲、中国及现代世界经济的发展》，南京：凤凰出版传媒集团、江苏人民出版社2008年版；施坚雅：《中国农村的市场和社会结构》，北京：中国社会科学出版社1998年版；施坚雅：《中华帝国晚期的城市》，北京：中华书局2000年版；王国斌：《转变的中国：历史变迁与欧洲经验的局限》，南京：凤凰出版传媒集团、江苏人民出版社2008年版；赵冈：《中国传统农村的地权分配》，北京：新星出版社2006年版。

③ A.恰亚诺夫：《农民经济组织》，北京：中央编译出版社1996年版。

④ 詹姆斯·C·斯科特：《农民的道义经济学：东南亚的反叛与生存》，南京：译林出版社2001年版。

水平，副业（或外出打工）收益以家庭收益为参照。

农民的效益观和现代资本主义企业雇佣工人的效益观是有本质差异的：前者以家庭为收益单位，后者则是个人；前者以较长时段（年）为效率单位，后者则是较短的时间单位（小时、月）；前者对副业收益的参照系是农村农业，后者则是城市市场。

农民（或农民工）的"剥削观"或"被剥削观"表现为：在自己工作（或劳动）所获能够维持基本生存的前提下，不太在意雇主的所得，也就是说，他们对于资本的相对剥削并不敏感，而对于绝对剥削（拖欠工资和工资不足以维持基本生存）则极为敏感。

传统农民中国带给农民工的影响当然不止这些，我们在后面的章节中还会有所分析。

第二，经典社会主义体制。

中国自 1949 年至 20 世纪 70 年代末改革开放始，经历了一段以苏联为榜样的经典社会主义体制时代。这一段 30 年左右的时代，给中国社会和中国人带来了深刻的影响，成为一个我们现在改革与发展所必须面对的制度背景。

科尔奈对经典社会主义体制做了经典的研究。经典社会主义体制的一般特征是：公有制、计划经济、官僚协调、非市场价格、软预算约束、投资饥渴、强制增长、全面就业、市场短缺和忽视消费。[1]

中国的经典社会主义当然不完全等同于苏联和东欧社会主义国家，就如科尔奈所说，有一些因素在塑造中国的独特历史过程中发挥了作用。"这些因素包括：独一无二的历史和文化传统、广袤的国土面积、地理位置、伟人人物的个人品质（毛泽东或邓小平）以及其他一些因素。"[2]

经典社会主义给现代中国留下的、对农民工有深远影响的制度遗产之一是以户口为区隔的二元经济结构体系，这一体系区分了城里人和乡下人、本地人和外来者，进一步区分了城市工人和外来农民工。经典社会主义体制还有诸多其他遗产，我们在下面的章节里还会进行分析。

第三，全球化。

中国的改革开放进程同时也是一个大规模吸引外资、从事加工贸易将中国经济纳入世界经济体系的全球化过程。

外资企业进入中国，使得中国原有的社会主义劳动体制及其实践受到前所未有的冲击，外资企业提供的竞争压力，结合学习与示范效应，促使国有企业接受

---

① 雅诺什·科尔奈：《社会主义体制：共产主义政治经济学》，北京：中央编译出版社 2007 年版。
② 同上，第 14 页。

资本主义的劳动实践。慢慢地，中国境内的各种所有制企业的劳动管理体制和劳动实践趋同，社会主义的劳动体系及其做法被改变。[1] 同时，由于中国劳动法律体系的不完善和执行不力，也由于劳动力供过于求的市场压力，更由于国际资本以低劳动力成本竞争的市场策略，全球化带给中国工人（尤其是农民工）就业机会的同时，也带给了他们残酷的劳动压力。

当然，全球化并不是只给中国工人带来痛苦，它也带来发达国家法制化、更合适的劳动管理制度，带来企业社会责任运动和国际劳工标准。

我们认为，农民中国或传统中国的文化遗产、经典社会主义的制度遗产、改革和市场转型的制度变化和全球化的劳动管理体制及其实践就是研究农民工及其权益保障问题的主要制度背景。在上面，我们概要地说明了这些制度背景的一些要点，这些说明当然是不全面的，在下面的章节里，我们还有进一步的分析。

三、总体框架

（一）基本概念

在阐述我们的研究之前，下面的一些关键概念是需要说明或定义的：

（1）农民工：狭义的农民工是指具有农村户籍的外出或外来打工者，尤其是指从事制造业、服务业和其他工作的普通工人或工作人员，不包含企业老板和高级管理人员；广义的农民工包含具有城镇户籍的外来工。所谓外来工，是指跨县级区域流动的、非本地户籍的工人。

（2）权益：权力和利益的合称。对农民工来说，权益主要指劳动（工作）权益（劳权）和与打工所在地市民享受同等待遇的权利（市民权）[2]。在一定意义上，权益是权益保护的结果。

（3）权益保护：权益保护是对权益受损所采取的行动，它主要表现为：农

---

[1] 玛丽·E·加拉格尔：《全球化与中国劳工政治》，杭州：浙江出版联合集团、浙江人民出版社2010年版。

[2] 《中华人民共和国劳动法》第一章第三条规定：劳动者享有平等就业和选择职业的权利、取得劳动报酬的权利、休息休假的权利、获得劳动安全卫生保护的权利、接受职业技能培训的权利、享受社会保险和福利的权利、提请劳动争议处理的权利以及法律规定的其他劳动权利。在劳动权益之外，对农民工来说，还有市民权的问题，苏黛瑞认为，这表现在住房、医疗、教育、服务和社团等方面（见 Dorothy J. Solinger. China's Urban Transients in the Transition from Socialism and the Collapse of the Communist 'Urban Public Goods Regime'. *Comparative Politics*, Jan., 1995, Vol. 27, No. 2. Dorothy J. Solinger. Citizenship Issues in China's Internal Migration: Comparisons with Germany and Japan. *Political Science Quarterly*, Autumn, 1999, Vol. 114, No. 3）。劳权和市民权并不是完全并列、互相排斥的概念，在一定意义上，市民权包含了劳权。

民工个人维护权益的行动方式，企业针对农民工权益的合法的管理规则及其实际操作，政府针对农民工权益的法律、法规和政策，及其执行能力与实践等。

（4）绝对权益和相对权益：我们认为，农民工的权益可以划分为绝对权益（或底线权益）和相对权益。前者是指受到法律、法规保护的不容侵害的权益，后者则是在法律底线之上的相对利益分配。

（二）基本命题

我们认为，在农民工权益保护问题上，应该提出下列基本命题，作为我们认识的基础和出发点：

命题一：保护农民工权益是维护执政党合法性的重要举措之一；

命题二：农民工权益划分为绝对权益和相对权益，政府保护绝对权益，市场调节相对权益；

命题三：劳动权益保护是一个企业、农民工和地方政府的三方博弈过程；

命题四：权益保护与社会经济、政治和文化发展相适应；

命题五：经济增长不是直线式上升的，而是一个周期性波动的过程，权益保护力度也会随之波动。

（三）自变量和因变量

根据命题三，劳动权益保护是一个企业、农民工和地方政府的三方博弈过程。享受市民权是一个国家（政府）进行法律、政策改革或调整的过程，这个过程同时也涉及市民（本地人）和农民工（外来工）的利益博弈。这几方的博弈行动是在一定制度背景下进行的，制度背景可以一分为二：法律、法规等正式制度；伦理、习俗和社会舆论等非正式制度。

（1）自变量：决定农民工权益及其保护主要有五个因素：①个人因素（人力资本和权益意识）；②人际因素（社会网络或社会资本）；③企业因素（企业的基本特质和管理体制与实践）；④政府因素（政府的基本政策和执行能力）；⑤社会因素（市民和农民工的利益矛盾，伦理、风俗、惯例，传媒和大众对农民工权益保护的舆论取向及社会心理，企业社会责任的国际运动等）。

这五个因素涉及农民工、企业、政府和社会公众（市民等），他们有各自的行动逻辑，社会对其行动有一定的调节手段。

（2）因变量：劳权和市民权，权益保护。

（四）总体框架

本研究的总体框架总结见表1-4。

表 1 - 4　　　　　　　　研究总体框架

影响因素（自变量）		机制	调节手段	因变量
个人因素	人力资本	效率机制	市场	权益
	权益意识	合法性机制		权益保护
人际因素	关系网络	人情机制		权益及保护
	组织参与	合法性机制		权益及保护
企业因素	管理规则	效率机制	市场	劳动权益
	意见反馈机制	合法性机制	组织	劳动权益保护
政府因素	法律、法规和政策	合法性机制＋效率机制	政府	权益及保护
	执行能力	合法性机制	政府	权益保护
社会因素	伦理、风俗、惯例	合法性机制	舆论和道德	权益保护
	舆论压力	合法性机制		权益保护

对总体框架要做如下两点说明：

其一，因果关系的复杂性。上述五个因素对农民工权益及其保护的影响并不是完全直接的，其中，社会因素更多是农民工、企业和政府行动的社会环境，它给予行动者以社会压力或激励。有许多因素要通过中介环节才能起作用，比如，人力资本（如教育程度、工作经验等）对权益的影响可能是通过职业（或工种）来体现的，职业（或工种）是影响权益的中介变量。政府的法律、法规和政策是通过对企业的执法检查和农民工的投诉处理来体现的。

其二，机制的相对性。我们将机制简要地划分为效率机制与合法性机制，这种划分是相对的而不是绝对的，同样，对调节手段也应该如是理解。

这样，我们可以进一步将总体框架总结为图 1 - 1：

（五）研究目标

1. 研究问题

在本项研究中，我们主要要研究的问题如下：

（1）权益清单。我们将农民工的权益划分为绝对权益和相对权益，但是，具体来说，哪些属于绝对权益呢？或者换句话来说，农民工的权益中哪些应该受到绝对保护呢？而在绝对权益的保护中，应该怎样分出一个轻重缓急呢？

（2）实际状况。在现实生活中，农民工权益保护的实际状况怎样？

（3）行动方针。我们了解了对农民工权益保护应该怎么样，实际怎么样，进而就需要确定行动方针，这大约包括：保护手段、保护力度、先后顺序等等。

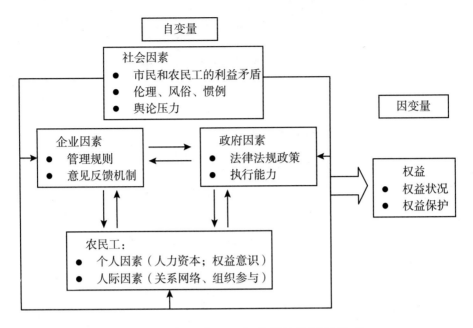

图1-1 关于农民工权益保护的因果关系

（4）核心问题。关于农民工权益保护问题的众多争议其实可以归结为这样一个问题：到底是应该用市场调节办法来解决农民工的权益问题，还是应该用政府政策来保护农民工的权益？其实，这并不是一个纯粹的理论问题，它更应该是一个实证问题。如果市场机制可以自动地解决农民工的权益保护（尤其是劳动权益），那么政府调节就是不必要的；如果市场机制不能解决问题，那么当然就需要政府干预；如果市场机制的解决是部分的，但是主要的，那么政府干预就必须是适度的；如果市场机制作用太小，那么政府干预的力度就必须要大。所以，我们必须回答的问题是：市场机制到底发挥了何种作用？这种作用有多大的效果？政府干预又发挥了何种作用？这种作用又有多大的效果？

2. 研究目标

我们的研究目标是：

第一，检验西方相关理论在中国的适用性，和西方理论对话，建构关于农民工权益保护的适合中国国情的、有实证支持的、融合多种视角的本土性理论。所谓本土性理论，主要是指应该找出在中国社会中不同于西方社会的关键性变量和这些变量的作用机制。

第二，通过实证调查，较为全面、客观地了解农民工权益及其保护的实际状况。

第三，提出相应的政策设想。

第三节　研究方法与过程

本课题的研究方法以定量研究为主，定性研究为辅。我们力图通过大规模的问卷调查，对农民工权益相关情况有较为全面的了解。在问卷设计之前，我们到一些相关单位召开了座谈会，对农民工进行了访谈，为设计问卷做准备。当然，我们也使用了大量的中英文文献。

一、问卷调查

2010 年 7～8 月，我们对珠三角和长三角地区的外来工进行了大规模的问卷调查。之所以选择珠三角和长三角是因为这两个地区是中国最为重要的经济区域，外来务工人员极多，农民工权益维护和所遇到的其他问题也极为突出。此外，由于我们的经费有限，不能铺开进行全国范围的调查，所以将有限的经费集中调查珠三角和长三角。

本次调查对象是珠、长两地跨地域（县、市、区）流动的大专学历及以下的外来务工人员，以两地城市外来人口比例作为样本分配根据，控制了性别、行业和地区分布，共发放问卷 4 254 份，回收有效问卷 4 152 份，有效回收率为 97.6%。

由于缺乏珠江三角洲和长江三角洲[1]外来工总体的抽样框，使得我们难以按照随机抽样的方式开展调查，这也是几乎所有的流动人口或边缘人群的抽样调查中曾经遇到的问题。[2] 为了弥补缺乏抽样框的缺陷，我们以城市外来人口的相对比例作为样本分配根据，将各省市政府部门公布的有关统计数据中性别、产业、地区分布作为参数[3]进行配额。具体而言，根据以上统计数据，计算出长三角和珠三角 19 个城市的外来人口总数，然后按照各城市占总体的比例分配样本，再

---

[1]　此次调查涉及珠三角九市：广州、深圳、珠海、佛山、肇庆、东莞、惠州、中山和江门；长三角十市：上海、南京、苏州、无锡、常州、南通、杭州、宁波、嘉兴和绍兴。

[2]　Salgani M. J. and D. D. Heckathorn. Sampling and Estimation in Hidden Populations using respondent driven sampling. *Sociological Methodology*, 2004, 34.

[3]　上海市统计局、国家统计局上海调查总队：《2007 年上海统计年鉴》，北京：中国统计出版社2008 年版。江苏省人口抽样调查领导小组办公室：《2005 年江苏省 1% 人口抽样调查资料》，北京：中国统计出版社 2006 年版。浙江省 1% 人口抽样调查领导小组、浙江省统计局人口和社会科技统计处：《2005年浙江省 1% 人口抽样调查资料》，北京：中国统计出版社 2006 年版。广东省 1% 人口抽样调查领导小组办公室：《2005 年广东省 1% 人口抽样调查资料》，北京：中国统计出版社 2008 年版。

进行微调，将低于 100 样本的城市调至 100，最终确定各城市样本配额；在城市内部，又根据分性别、产业和地区外来工的分布制订了配额表，每个城市的分配方法是一致的；而在企业样本的数额分配上，我们规定：企业规模在 30 人以下的，只做 1 份。企业规模在 30 ~ 299 人之间的可做 3 份。规模在 300 人以上的，则可做 5 份。多份问卷须选择不同性别、工种、年龄或来源地的外来工。本次调查的访问员由在读本科生和研究生①组成，根据配额信息与便利原则选择被访者。同时，在调查执行过程中，课题组与各地访问员之间每天汇总样本信息，随时调整使之符合配额分布。

最终，我们在两地区 19 个城市共获得有效样本 4 152 份，分布在 3 264 家不同规模、性质和行业的企业中。有关本次问卷调查所获样本基本情况，我们将在第三章介绍。

总之，我们的抽样方式是一种大样本、多地点、多机构合作的非概率抽样方式（nonprobability sampling）。相关研究表明，此种非概率抽样方式有助于克服抽样时的地理集中（geographic concentration）和隐藏的选择偏见（hidden selection bias），从而可以提高样本的代表性和推论统计的可靠性。② 因此，我们的数据尽管并非是一个严格意义上的随机样本，但仍然具有一定的代表性。

二、座谈会和访谈

2010 年和 2011 年，我们到广州、深圳等地党委、政府和其他相关部门及单位进行访问，了解农民工的相关情况。我们在这些单位召开座谈会，先将会议主题提前发给他们，然后由他们召集相关部门参与座谈。一般来说，座谈会气氛比较活跃，也比较能得到真实情况，整理座谈会记录共 65 000 多字。关于座谈会的具体情况见表 1 - 5。

表 1 - 5   课题组召开座谈会情况

受访单位	召开座谈会时间	记录整理字数（字）
深圳市人力资源保障局	2010 年 3 月 25 日	3 193
广东省国防科技高级技工学校	2010 年 3 月 26 日	1 926

---

① 本次调查由中山大学社会学系刘林平负责珠三角 9 市，上海大学社会学系刘玉照教授负责上海市，南京大学社会学系朱力教授负责江苏 5 市，浙江工商大学社会工作系曾鹏副教授负责浙江 4 市。本课题首席专家刘林平对整个调查负全面责任，并到南京、上海、杭州、宁波等地实地了解调查员的工作情况。

② Guo S. and D. L. Hussey. Nonprobability Sampling in Social Work Research. *Journal of Social Service Research*, 2004, 30 (3).

续表

受访单位	召开座谈会时间	记录整理字数（字）
东莞市打工族服务部	2010 年 4 月 2 日	589
韶关人力资源和社会保障局	2010 年 4 月 9 日	3 915
广州市人力资源市场	2010 年 4 月 24 日	508
中山市人力资源和社会保障局	2010 年 4 月 30 日	17 642
广州市人才市场	2010 年 5 月 20 日	4 097
东莞市委政研室	2011 年 12 月 22 日	12 959
顺德市委政研室	2011 年 12 月 29 日	20 921
广州市委政研室	2011 年 12 月 30 日	5 214

除了召开座谈会之外，我们还在广州、东莞、杭州、南京等地对农民工进行了深入的个案访谈，共计访谈农民工 67 人，整理了 120 多万字的访谈记录。这些访谈为我们的问卷调查做了很好的准备，也弥补了问卷的不足。具体情况见表 1-6 和表 1-7。

表 1-6　　　　　　　　珠三角个人访谈情况

地区	受访者个人基本情况				受访时间	受访地点	访谈记录字数（字）
	姓名	性别	年龄（岁）	职业			
广州市（共计20人）	谢阿姨	女	45	普工	2010 年 3 月 14 日	广州市白云工业区	18 833
	严××	男	33	技工	2010 年 3 月 20 日	广州永和经济开发区	22 681
	陈×	女	27	普工	2010 年 3 月 21 日	广州市	28 740
	李××	男	28	普工	2010 年 3 月 21 日	广州永和经济开发区	16 902
	聂××	男	37	普工	2010 年 3 月 21 日	广州市白云区	18 821
	黄××	男	49	包工头	2010 年 3 月 24 日	广州市受访者宿舍	10 464
	何阿姨	女	45	普工	2010 年 3 月 24 日	广州市中山大学内	15 097
	卢××	男	22	销售员	2010 年 3 月 25 日	广州市受访者工作地	21 533
	阿珍	女	24	技工	2010 年 3 月 27 日	广州市	15 950
	郑××	女	20	普工	2010 年 3 月 28 日	广州市海珠区	7 473
	周××	男	22	技工	2010 年 4 月 7 日	广州市番禺区	19 185
	李×	男	36	保安	2010 年 4 月 9 日	广州市	10 611
	小马	男	31	个体户	2010 年 4 月 9 日	广州市	8 718

续表

地区	受访者个人基本情况				受访时间	受访地点	访谈记录字数（字）
	姓名	性别	年龄（岁）	职业			
广州市（共计20人）	陈××	男	27	技工	2010年4月11日	广州市	14 755
	刘××	男	37	普工	2010年4月12日	广州市海珠区	14 645
	黄××	男	28	管理人员	2010年4月13日	广州市白云区	6 762
	××	女	22	会计	2010年4月21日	广州市	10 587
	廖××	女	29	设计师	2010年4月23日	广州市新塘镇	15 211
	李××	男	38	建筑工	2010年4月23日	广州市	20 641
	姜××	男	42	快递员	2010年5月3日	广州市中山大学内	20 838
	小李	男	29	技工	2011年10月21日	广州市	13 196
东莞市（共计7人）	文先生	男	37	技工	2010年3月19日	东莞厚街打工者服务部	47 698
	李××	女	26	营业员	2010年3月27日	东莞市厚街镇	20 453
	××	男	25	质检人员	2010年4月10日	东莞市石龙镇	17 492
	严××	男	29	普工	2010年4月23日	东莞市石龙镇	11 929
	徐××	女	21	XRF测试员	2010年4月24日	东莞市寮步镇	19 002
	任先生	男	64	普工	2010年4月25日	东莞市	17 027
	杨先生	男	52	普工	2010年4月25日	东莞市	14 841
佛山市	汪×	男	33	普工	2010年4月3日	佛山市南海区	21 114
云浮市	黄××	男	22	普工	2010年4月17日	云浮市	9 531

表1-7　　　　　　　　长三角个人访谈情况

地区	受访者个人基本情况				受访时间	受访地点	访谈记录字数（字）
	姓名	性别	年龄（岁）	职业			
杭州市（共计18人）	丰××	男	23	技工	2010年4月6日	杭州市	12 822
	李××	女	15	普工	2010年4月19日	杭州市	26 570
	王××	男	28	技工	2010年4月20日	杭州市农民工组织内	27 995
	刘××	男	45	技工	2010年4月21日	杭州市受访者工作室	21 380
	崔××	男	22	普工	2010年4月21日	杭州市	16 626
	李×	女	19	会计	2010年4月26日	杭州市"草根之家"	12 478

续表

地区	受访者个人基本情况				受访时间	受访地点	访谈记录字数（字）
	姓名	性别	年龄（岁）	职业			
杭州市（共计18人）	梅××	男	18	普工	2010年4月27日	杭州市	12 264
	周××	女	20	普工	2010年4月28日	杭州市"草根之家"	23 450
	何××	男	21	普工	2010年5月2日	杭州市九堡镇	27 845
	余师傅	男	37	物业主任	2010年5月3日	杭州市	31 506
	杨×	女	21	销售员	2010年5月3日	杭州市	10 367
	朱××	男	36	技工	2010年5月3日	杭州市受访者家中	34 798
	汤××	男	41	建筑工	2010年5月3日	杭州市受访者家中	20 908
	彭×	女	18	普工	2010年5月4日		15 226
	余××	男	29	服装设计师	2010年5月6日	杭州市九堡镇	14 358
	占××	男	26	建筑工	2010年5月8日	杭州市	14 232
	江×	女	19	文员	2010年5月23日	杭州市	29 892
	徐××	男	36	普工	2010年5月23日	杭州市"草根之家"	22 196
南京市（共计17人）	孙××	男	23	普工	2010年4月6日	南京市	16 696
	李小姐	女	31	普工	2010年4月21日	南京市	18 934
	裴××	男	43	服务员	2010年5月4日	南京市江宁区	19 006
	周××	男	28	保安	2010年5月6日	南京市鼓楼区	17 584
	吴××	女	21	服务员	2010年5月7日	南京市南京大学内	19 763
	张××	男	56	质检人员	2010年5月7日	南京市雨花区	19 076
	强××	男	31	建筑工	2010年5月8日	南京市南京大学	19 612
	李××	男	57	普工	2010年5月8日	南京市南京大学	15 074
	刘×	女	19	销售员	2010年5月11日	南京市汉口路	20 789
	唐××	男	41	技工	2010年5月13日	南京市西城区	8 999
	张××	男	38	技工	2010年5月17日	南京市红花镇	17 633
	林××	男	23	普工	2010年5月17日	南京市珠江路	30 894
	刘×	男	34	车间领班	2010年5月21日	南京市玄武区	26 022
	黄××	女	35	普工	2010年5月21日	南京市军农路1号	18 126
	程××	男	32	技工	2010年5月21日	南京市解放军5311工厂	23 664
	蒋××	女	32	技工	2010年5月21日	南京市江宁区	9 248
	王××	男	29	普工	2010年5月30日	南京市江宁区	19 242

地区	受访者个人基本情况				受访时间	受访地点	访谈记录字数（字）
	姓名	性别	年龄（岁）	职业			
淮安市 3 人	葛××	男	42	装修工	2010 年 5 月 2 日	淮安市淮阴区	10 401
	郑×	女	34	普工	2010 年 5 月 3 日	淮安市淮阴区	9 945
	张×	男	52	普工	2010 年 5 月 3 日	淮安市淮阴区	6 511
总计	67 人						1 214 029

除了对工人进行访谈外，我们还在东莞、中山等地的数家工厂召开过工人座谈会。

三、往年数据说明

我们本次对外来工（农民工）的大规模问卷调查，是建立在以往数次类似调查基础上的。在本报告的研究中，我们有时也使用这些数据，因此，在这里一并说明。

为研究农民工，我们分别于 2006 年、2008 年、2009 年 4 月（电话调查）、2009 年 7 月（问卷调查）对珠三角农民工状况进行了大规模问卷调查，以下为四期数据的基本情况。

（一）2006 年农民工调查数据（简称：2006 年数据）

2006 年的数据来自于由中山大学蔡禾教授任首席专家的 2005 年国家哲学社会科学重大招标课题"城市化进程中的农民工问题"（项目批准号：05&ZD034）的问卷调查，刘林平作为该项目的子课题负责人主持了该次问卷调查。

本次调查对象被限定在"大专学历及以下的农村户口持有者跨县（区）域流动到城市务工"的农民工；该项调查在珠江三角洲九个地级市展开，按配额抽样的办法获取样本。其具体办法是先按 2 500 个样本设计初始调查规模，再按人口普查和 2000 年广东人口统计九个地级城市中流动人口（含省内跨县和外省）比例分配各个城市的样本数，然后按《广东统计年鉴》中各个城市二、三产业的比重控制调查对象在二、三产业中的分布；由于一些城市按比例分配的样本数太少，为了保证各城市的样本具有统计意义，将少于 200 个样本的城市样本数量增加至 200，但多于 200 个样本数的城市保持样本数不变。这样，得出各个城市最终的样本量，结果见表1-8：

表1-8　　　　　珠三角九城市外来人口分布和样本比例

城市	外来人口		初始样本量		最终样本量	
	数量（人）	百分比	数量（人）	百分比	数量（人）	百分比
广州	3 312 887	17.0	420	16.8	420	13.5
深圳	5 848 539	30.0	750	30.0	750	24.2
珠海	581 476	3.0	75	3.0	200	6.5
佛山	2 206 538	11.3	280	11.2	280	9.0
江门	649 831	3.3	83	3.3	200	6.5
肇庆	186 533	1.0	25	1.0	200	6.5
惠州	913 038	4.7	117	4.7	200	6.5
东莞	4 922 608	25.3	650	26.0	650	21.0
中山	863 109	4.4	110	4.4	200	6.5
合计	19 484 559	100.0	2 500	100.0	3 100	100.2

该项调查是通过"拦截"和"滚雪球"的方法获取被访对象。为了提高样本的代表性，限制了在单个企业的样本数量不能超出3个。考虑到广东地区语言的多样性，访问员均来自于家庭居住在这九个地区的大学生。调查于2006年7~8月正式展开，最后获得正式就业农民工问卷3 086份。

正式就业农民工问卷中的调查内容主要是：A. 个人基本情况，B. 外出经历，C. 目前的工作情况，D. 目前的生活状况，E. 企业（单位）管理与福利制度，F. 人际关系、感受与社会参与，G. 未来打算及其他。

问卷中农民工样本的基本情况可参阅我们的研究。[1]

（二）2008年外来工调查数据（简称：2008年数据）

2008年的数据来自于刘林平主持的广东省普通高校人文社会科学重点研究基地重大项目"流动与权益——珠三角农民工的追踪研究"（项目号：07JDXM84002）的研究工作。课题组于2008年7~8月对珠三角地区外来工进行问卷调查。调查对

---

[1]　刘林平、张春泥：《农民工工资：人力资本、社会资本、企业制度还是社会环境？——珠江三角洲农民工工资的决定模型》，载《社会学研究》2007年第6期。张春泥、刘林平：《网络的差异性和求职效果——农民工利用关系求职的效果研究》，载《社会学研究》2008年第4期。

象被限定在"大专学历及以下的跨县（区）域流动"的外来工，主要是农民工，包括少量城市外来工。调查方法与 2006 年相同。发放问卷 2 576 份，回收有效问卷 2 510 份，有效回收率为 97.44%，其中农民工 2 072 名，占样本总数的 82.5%。

调查问卷的基本框架和 2006 年问卷相同，但做了若干改进，调查的重点之一是评估劳动合同法的实施效果。2008 年调查外来工样本的基本情况见表 1-9。

表 1-9　　　　　　　　2008 年外来工调查数据基本情况　　　　　单位：人

描述项	回答情况
性别	女性 1 081（43.1%）；男性 1 429（56.9%）
年龄	平均值（27.87 岁）；标准差（8.91 岁）；最大值（78.17 岁）；最小值（14.75 岁）
受教育程度	小学 335（13.4%）；初中 1 182（47.1%）；高中 466（18.6%）；中专 275（11.0%）；职高、技校 49（2.0%）；大专 188（7.5%）；未受过正式教育 12（0.5%）
婚姻状况	未婚 1 391（55.4%）；丧偶 3（0.1%）；离婚 20（0.8%）；已婚 1 096（43.7%）
户口所在地	广东 566（22.5%）；湖南 461（18.4%）；广西 329（13.1%），四川 222（8.8%）；湖北 209（8.3%）；河南 185（7.4%）；江西 147（5.9%）；贵州 101（4.0%）；重庆 87（3.5%）；其他省份 203（8.1%）

（三）2009 年农民工调查数据（简称：2009 年数据）

2009 年 7~8 月，为评估金融危机对农民工的影响，刘林平主持的教育部金融危机应急课题"金融危机对珠三角农民工的影响"（2009JYJR007）课题组在前几年问卷调查，特别是 2008 年问卷调查的基础上，对珠三角的外来工（农民工）又进行了一次问卷调查。调查方法与 2006 年和 2008 年相同。发放问卷 1 806 份，回收有效问卷 1 766 份，有效回收率为 97.8%。

为便于比较，调查内容与 2008 年基本相同，不过，着重增加了金融危机对外来工流动和权益保护的影响，以及外来工所在企业生产和雇佣情况。2009 年问卷调查外来工样本的基本情况见表 1-10。

表1－10   **2009 年外来工调查数据基本情况**   单位：人

描述项	回答情况
城市分布	广州 298（16.9%）；深圳 417（23.6%）；珠海 87（4.9%）；佛山 154（8.7%）；肇庆 61（3.5%）；东莞 527（29.8%）；惠州 62（3.5%）；中山 99（5.6%）；江门 61（3.5%）
性别	女性 812（46.0%）；男性 954（54.0%）
年龄	平均值（28.62 岁）；标准差（8.86 岁）；最大值（65.5 岁）；最小值（13.58 岁）
教育程度	小学 202（11.4%）；初中 759（43.0%）；高中 344（19.5%）；中专 226（12.8%）；职高、技校 38（2.2%）；大专 190（10.8%）；未受过正式教育 7（0.4%）
婚姻状况	未婚 920（52.2%）；丧偶 5（0.3%）；离婚 14（0.8%）；已婚 825（46.8%）
户口所在地	广东 514（29.1%）；湖南 327（18.5%）；广西 207（11.7%）；四川 138（7.8%）；湖北 135（7.6%）；江西 106（6.0%）；河南 94（5.3%）；重庆 83（4.7%）；贵州 46（2.6%）；其他省份 116（6.7%）

从 2006 年到 2010 年的问卷调查，可以在一定程度上将这些数据看做是一个追踪数据。但是，由于外来农民工的流动性特别强，并受限于研究经费的不足，我们无法进行严格意义上的追踪调查，即以特定个案对其连续在不同时点进行问卷调查。

（四）文献

为了很好地完成本课题的研究任务，我们阅读并使用了大量文献资料，仅在第二章文献回顾部分，我们引用的文献就达 200 多篇。相关专题研究，都尽可能收集、使用国内外重要文献。

此外，我们组织翻译了 14 篇直接研究中国农民工权益保障问题的重要的英文文章，翻译成中文约 37 万字。由于版权问题一时难以解决，目前暂不能出版。

第二章

文 献 回 顾[*]

本章回顾了有关农民工的国内外研究。我们回顾了西方从工业社会学到组织理论关于劳资关系的一般理论，经济社会学关于劳动力市场结构和社会网络与工会对劳动力市场作用的相关理论，新马克思主义学派关于劳工研究的理论，以及西方学者对中国农民工的直接研究。在国内部分，我们回顾了关于权益的规范（劳动权和市民权）、关于农民工的特点和权益受损及其原因的一般理论、关于农民工一般状况的综合性描述和政策研究，以及工资、劳动力市场、劳动合同、劳动时间、社会保障、居住和教育、权益维护等专题研究。在回顾了众多文献后，我们对国内外的研究进行了评论，指出了其成就和缺陷。

在中国改革开放的发展历程中，农民工是伴随着中国的工业化、城市化进程，以及大规模的外资进入沿海地区将中国经济纳入世界经济体系的发展而成长的。这个庞大阶层的出现，是当代中国经济、社会最重要的变化之一。有关农民工的研究涉及劳动力市场、人口迁移、企业管理、生活方式、地方治理、非正式经济，以及全球化等多方面，但其中，农民工权益保护问题最为重要。对任何一个群体来说，基本权益保护是其核心利益所在。农民工和城市职业工人及其他社会群体不同，他们的基本权益保护存在种种问题，十分突出。因而，农民工权益保护问题成了国内外社会科学的重要话题之一，学者们对此进行了大量研究，我们将这些研究综述如下。

---

[*] 本章作者：刘林平。

第一节　西方相关理论与农民工权益问题研究

一、从工业社会学到组织理论

农民工权益保护问题，实际上是有中国特色的劳工权益的问题，在西方学术界与之相应的是关于工业关系的问题。在解释工业关系的理论中，主要存在一元论和多元论两种理论取向。[①] 在一元论的理论中，合作是工业关系的常态，冲突则是反常的。解决劳资冲突的方法是企业的管理者关心工人，实行人性化的管理。政府不需要对劳资冲突进行干预，而工会的角色也是负面的。20世纪30年代从美国开始的人际关系学派就是这种理论的代表。[②] 结构功能主义的代表人物T·帕森斯也认为，在工业社会中，个人成就和经济效率存在着价值一致。如果公司是成功的，每一个人都可以分享利益，工人可以得到更高的工资和职业保障，劳资冲突会损害大家的利益。冲突是一种系统功能失调（malfunction）的表现，完全消灭罢工也是可能的。[③]

多元论的观点可以一分为四：新集体主义（neo-collectivism）、统合主义（corporatism）、新放任主义（neo-laissez-faire）和激进主义（radicalism）。激进主义把劳资双方看成是势不两立的，是一种不可调和的阶级或利益集团的冲突，合作是不可能的事情。新放任主义从个体的立场来看劳资关系，认为解决问题的关键是劳资双方要订立劳动契约。统合主义强调政府的作用，认为要加强国家干预，建立由政府、雇主和劳工代表的三边制度。新集体主义则强调劳工只有以集体的力量才能对抗资方，认为集体协商制度是最公正、最有效率解决劳资冲突的方法。[④]

大部分的社会学家都支持多元论的立场。多元论者相信，工业社会的权力分散在不同的利益集团之中，所有的利益集团都具有某种权力，工会是雇员利益最

---

① Gospel Howard F. and Gill Palmer. Perspectives on Industrial Relations. *in British Industrial Relations*, London & New York: Routledge, 1993.

② Elton Mayo. *The Human Problems of an Industrial Civilization.* Macmillan, New York, 1933.

③ Michael Haralambos, Martin Holborn and Robin Heald. *Sociology: Themes and Perspectives.* London: Harper Collins Publishers Limited, 2000.

④ 朱柔若：《社会变迁中的劳工问题》，台北：扬智文化事业股份有限公司1998年版。

主要的代表团体。工人阶级通过工会被资本主义社会所整合。资方和劳方是存在冲突的，但是，冲突可以在一套被认可的规则和程序的框架中被制度化。[①] 达伦多夫认为，制度化解决工业冲突需要三个条件：劳资双方对冲突处境现实和必要性的承认、有代表利益群体的组织和双方认可的游戏规则。[②]

上述理论几乎都是在"工业社会学"的框架里对工业关系的研究，在西方，尤其是在美国，工业社会学的发展已经被组织理论所包含。在组织理论中，工人权益问题和组织的权力系统紧密相连。科尔曼指出，在一个以法人行动者（如组织）占据主导地位的社会中，作为自然人的个人的权益正在逐渐丧失。[③] 斯格特在"组织病理学"的标题下对此进行了总结。在斯格特看来，马克思的异化劳动理论是对工人权益被剥夺的一种经济学和哲学的概括。[④] 此后，西曼和伊撒雷尔等人继续发展了这一理论，他们指出了新的异化形式和异化的客观性。[⑤] 和异化相联系的是组织中的不平等问题，一些问题引起了组织理论家的关注，如组织为了其灵活性更多地使用合同工和临时工，这是以损害工人权益为代价的。[⑥] 这些研究对中国的农民工研究具有一定的借鉴作用。

二、经济社会学：市场、网络与工会的作用

通常来说，经济学与社会学对劳动力市场（或劳工市场）的看法是相互对立的：前者假定只要不受到外部的强力干预，市场会自动调节劳动力的配置和工资等基本权益的保障，后者则认为，不可能存在一个自由、公平的劳动力市场，劳动力市场会被政治制度和社会关系等因素扭曲；前者主要关注效率问题，后者则更关注公平问题。[⑦]

格兰诺维特等人以社会网络（弱关系、强关系、结构洞等）为基础来阐述

① Michael Haralambos, Martin Holborn and Robin Heald. *Sociology: Themes and Perspectives*. London: Harper Collins Publishers Limited, 2000.

② Ralf Dahrendorf. *Class and Class Conflict in Industrial Society*. Stanford University Press, 1959.

③ 詹姆斯·科尔曼：《社会理论的基础》，北京：社会科学文献出版社 2008 年版。

④ 理查德·斯格特：《组织理论》，北京：华夏出版社 2002 年版。

⑤ Seeman. On the Meaning of Alienation. *American Sociological Review*, 1959, 24. Seeman. Alienation Studies. *Annual Review of Sociology*, 1975, 1. Isrel and Joachim. *Alienation: From Marx to Modern Sociology*. Boston: Allyn & Bacon, 1971.

⑥ Warme Barbara D., Katherina L. P. Lundy and Larry A. Lundy eds. *Working Part – Time: Risks and Opportunities.* New York: Praeger, 1992. 埃弗利娜·佩兰：《从工薪阶层到临时工?》，见让·卢日金内、皮埃尔·库尔－萨利、米歇尔·瓦卡卢利斯等主编：《新阶级斗争》，北京：社会科学文献出版社 2009 年版。

⑦ 沃尔夫冈·施特雷克：《劳工市场与工业社会学》，见斯梅尔瑟、斯威德柏格主编《经济社会学手册：第 2 版》，北京：华夏出版社 2009 年版。

劳动力市场的运作逻辑，对经济学的市场理论提出挑战或修正。[①] 怀特等人甚至认为，市场源自于网络，而特定的制度会强化网络的作用。[②] 这样，社会学对劳工市场的分析就以网络结合制度的分析来修正经济学的分析，并且"劳工市场经济社会学已经勉强转向对制度建立和市场内部制度变化机制的分析。"[③]

在劳动力市场的研究中，市场分割学派强调劳动力市场的分割属性、强调制度和社会性因素对劳动报酬和就业的重要影响，他们的观点超越了正统经济学。

皮奥尔（Piore）描述了劳动力市场中一级市场和二级市场的特征：前者工资较高，工作条件优越，就业稳定，安全性好，作业的管理过程规范，升迁机会多；后者工资较低，工作条件较差，就业不稳定，管理武断且粗暴，毫无个人升迁机会。二级市场的就业者多为穷人。双元结构的分界线主要在于劳动报酬。[④]

传统的劳动力市场理论注重供给方和劳动者个人等因素的作用，而劳动力市场分割理论则强调需求方和制度性因素的重要影响。因此，可以把双元结构派看成是强调工作特征，而不是强调工人特征。

一级市场的工作看上去是内部劳动力市场的组成部分，就是说，工资及劳动力资源配置等与就业结构有关的事宜，是由管理及制度性规则来调控的，市场力量基本不发挥作用。工作安排优先考虑现有的组织内部成员。[⑤]

市场分割理论认为，劳动力市场的现状并不是被动地反映一个人家庭或社会背景的优劣及素质的高低，而是经济不平等的延伸及其组成部分。市场分割理论核心的要义是劳动力市场本身是形成经济不平等的重要根源。这一观点具有重要的影响和意义。

劳工市场通过雇佣的契约关系将劳动力的供给与需求联系在一起。工会同时作用于劳动力的供给与需求，并且负责规范这两者之间的雇佣关系。工会的行动还与政府的干预相互作用。

---

① Granovetter, Mark. The Strength of Weak Ties. *American Journal of Sociology*, 1973, Vol. 78. Bian Yanjie. Bringing Strong Ties Back In: Indirect Ties, Network Bridges, and Job Searches in China. *American Sociological Review*, June. 1997, Vol 62, No. 3. Ronald Burt. *Structural Holes: The Social Structure of Competition*. Cambridge, Mass.: Harvard University Press, 1992.

② White Harrison C. Where do Markets Come From? . *American Journal of Sociology*, 1981, 87.
——*Markets From Networks: Socioeconomic Models of Production*. Princeton: Princeton University Press, 2002.

③ 沃尔夫冈·施特雷克：《劳工市场与工业社会学》，见斯梅尔瑟、斯威德柏格主编《经济社会学手册：第2版》，北京：华夏出版社2009年版，第292页。

④ Piore M. J. *The Dual Labour Market: Theory and Applications*, in R. Barringer and S. H. Beer (eds). *The State and the Poor*. Cambridge, Mass: Winthrop, 1970.

⑤ Doeringer and Piore, *Internal Labour Markets and manpower Analysis*. Lexington, Mass: D, C. Heath, 1971. Osterman P. . *Internal Labour Markets*. Cambridge, Mass: Mit Press, 1984.

一个社会中自由劳动力的供给——以市场价格向雇主提供劳动力的数量和质量——取决于社会结构，比如家庭与初级部门的关系，收入分配，控制可用于休闲收入的社会规范、妇女在社会中的角色、教育系统、社会福利的供应等因素。相应地，劳动力的需求受到产品市场规模、可用的制造技术、工作组织以及政府的经济和社会政策的影响。

劳动力市场的核心制度是雇佣关系。雇佣关系可以分为雇佣契约和工作契约。工作契约是以临时性的计时、计件为基本的报酬支付单位；雇佣契约则是长久的。契约关系经历了一个从工作契约向雇佣契约转变的过程。效率解释强调雇佣契约的灵活性以及适用工业化标准性生产的好处。[①] 而权力和剥削理论把这种转变看做是权力斗争的结果。从劳动经济学的视角来看，任何契约或合约都存在风险，现实生活中的劳动合约实际上很多条款并没有事先明确界定，而是隐蔽地或含蓄地为劳资双方所认同。合约具有隐性而非显性的特征，使强制履约问题变得格外重要。隐性合约理论或模型对此进行研究。[②]

劳工市场社会学的主流观点把劳动力看做一种特殊的商品，而且可能根本不是一种真正的商品。劳动力的出卖者必须以个人身份出现，并且在被使用过程中必须合作。合作的地点是公司，公司作为社会组织被建构的目的就在于从雇佣工人身上榨取劳动力，这要求工人心甘情愿，而难以采取专制的方法。[③]

劳动力具有个体差异，一个人的劳动力不能轻易地被另一个人取代，这引起了劳工市场的细分。劳动力技能的差异反映了社会群体间或群体内的差异。劳动力的供给嵌入到劳动者的社会身份和社会结构之中。工人在与强势的资本的斗争中感到市场的不公平。

工会的形成是对劳动力感到的市场不公平的历史反映。[④] 工会的作用就是要使劳工市场变得公平，克服劳工市场内生的不完整性。工会以社会制度的形式嵌入劳工市场，并将其整合在社会的道德经济中。[⑤]

工会通过三种方式作用于劳工市场：控制劳动力供给；将劳动力需求和劳动力供给匹配起来；将标准化的合同条件强加给工人和雇主。

---

① Williamson, Oliver E., Michael L. Wachter and Jeffrey Harris. Understanding the Employment Relation: The Analysis of Idiosyncratic Exchange. *Bell Journal of Economics*, 1975, 6.

② A. 曼宁：《隐性合约理论》，见大卫·桑普斯福特、泽弗里斯·桑纳托斯主编：《劳动经济学前沿问题》，北京：中国税务出版社、北京腾图电子出版社 2000 年版。

③ Michael Burawoy. *The Politics of Production: Factory Regimes Under Capitalism and Socialism*. The Thetford Press, 1985.

④ White Harrison C., *Markets From Networks: Socioooeeeconomic Models of Production*. Princeton: Princeton University Press, 2002.

⑤ Scott James C.. *The Moral Economy of the Peasant: Rebellion and Subsistence in Southeast Asia*. New Haven: Yale University Press, 1976.

在劳动力供给方面，工会是劳动力出卖者的联合体。工会的作用主要表现为：用集体合同代替个人合同，设定工资下限和工作时间上限，参与甚至控制培训，使雇佣的规则制度化（如建立职业介绍所），参与税收、养老、福利救济等公共政策的制定等。[①] 在劳动力需求方面，工会保护其成员的工作岗位，支持或强迫政府实施高水平就业的政策，并且干预企业的内部劳动力市场等。在雇佣关系上，工会促使雇佣从交易市场合同向一个稳定的组织关系的转变，也即从工作合同向雇佣合同转变。工会推行雇佣合同的标准化，简化集体规则，减少工人经济状况与企业经营状况之间的联系，使工人免受不确定性的侵害。[②]

工会在国家的民主化过程中也发挥了巨大作用。根据西方国家的经验，工会权利的扩大是以选举权的扩大为先决条件的。

工会作用的社会经济效益是难以评估的。奥尔森（Olson）认为，与自由市场化配置相比，无所不包的组织只是一个次优的解决方案。[③] 工会作用的发挥会限制经济自由。[④]

三、新马克思主义学派

马克思对工人权益的分析是经典的。他的理论主要可以归结为三点：其一，在资本主义的劳动生产体系中，资本家剥削了工人的剩余价值[⑤]；其二，资本对工人的剥削和压迫不仅是经济上的，更深刻和全面的在于，工人的劳动是一种异化劳动，他在劳动中失去了自身[⑥]；其三，工人阶级只有团结起来，通过阶级斗争，建立无产阶级专政才能得到解放。[⑦] 马克思的思想对后世产生了深远的影响，20 世纪 70 年代在西方（英美等国）出现了所谓新马克思主义学派，他们对马克思的理论既有所继承，也提出了一些不同的看法。

---

① 皮埃尔·卡赫克：《劳动经济学》，上海：上海财经大学出版社 2007 年版。

② 坎贝尔·R·麦克南、斯坦利·L·布鲁、大卫·A·麦克菲逊：《当代劳动经济学》，北京：人民邮电出版社 2006 年版。

③ Olson Mancur. The Political Economy of Comparative Growth Rates. in ed. Dennis C. Mueller. *The Political Economy of Growth*. New Haven：Yale University Press，1983.

④ 曼瑟尔·奥尔森：《集体行动的逻辑》，上海：上海三联书店、上海人民出版社 1995 年版。

⑤ 马克思：《资本论》（第一卷），北京：人民出版社 1975 年版。

⑥ 马克思：《1844 年经济学——哲学手稿》，北京：人民出版社 1979 年版。

⑦ 马克思、恩格斯：《共产党宣言》，见《马克思恩格斯选集》（第一卷），北京：人民出版社 1972 年版。

（一）布雷弗曼：劳动与垄断资本

布雷弗曼（Harry Braverman）是以马克思《资本论》第一卷的基本观点为依据，沿着马克思的分析思路往前走的。他认为，资本主义的经济规律没有变，劳资关系没有根本性的改变，劳动者的地位也没有本质性变化。

在《劳动与垄断资本》中，布雷弗曼讨论资本主义社会中生产过程和一般的劳动过程的发展。他说："本书的目的是研究资本主义社会的劳动过程，及其如何通过资本主义所有制关系而形成的具体情况。"①

布雷弗曼认为，资本主义生产的特性之一是劳动力的买卖。工人出卖的和资本家购买的，并不是双方同意的劳动量，而是双方同意的某个时期内的劳动能力。资本主义是通过分工、去技术化，让工人从事最简单的劳动，从而将劳动力变成商品，而资本家尽可能降低这种商品的价格，实行对工人的剥削。

布雷弗曼认为，控制是一切管理制度的中心思想。他提出了资本主义劳动过程中的两种控制方式：工匠控制与管理控制。

布雷弗曼对泰罗开创的科学管理方法进行了分析。他把泰罗制管理归纳为以下三个原则：第一，劳动过程与工人的技术分离。劳动过程一点儿都不依靠工人的能力，而完全依靠管理部门的做法。第二，概念与执行分离（也即手与脑的分离）。对工作的"构想"必须留给管理者去做，工人的任务就是不假思索地"执行"管理者的指示。第三，管理者利用对知识的垄断来控制劳动过程的每个步骤及其执行方式。现代管理就是在这些原则的基础上产生出来的。此后，工匠的技艺遭到破坏，工人的工艺知识和自主的控制权被剥夺，工人在劳动过程中只起嵌齿和杠杆的作用，成了管理者的一个活的工具。

布雷弗曼认为，工人阶级只有在资本主义生产方式征服并破坏了所有其他劳动组织形式，从而劳动人民别无选择时，才会逐步屈服于资本主义生产方式。②

在布雷弗曼之后，弗来德曼、埃德沃兹等人对资本主义劳动过程做了进一步的分析和研究。③

（二）布若威：制造同意

布若威（Michael Burawoy）自认为是一个马克思主义者。他认为，从工业社会学到组织理论的发展，忽视劳动关系中的冲突，强调社会控制，没有揭示资本

---

①② 哈里·布雷弗曼：《劳动与垄断资本》，北京：商务印书馆1978年版，第26页。

③ Friedman A. L.. *Industry and Labour*. London：The Macmillan Press Ltd，1977. Edwards R.. *Contested Terrain：The Transformation of the Workplace in the Twentieth Century*. New York：Basic Books，Inc，1979.

主义劳动过程的本质，根源于这些理论没有讨论资本主义的历史语境。①

布若威认为，工业社会学和组织理论提出了"错误"的问题，而马克思主义则是提出了正确的问题却给出了错误的答案。因为，从马克思到布雷弗曼都坚持认为强制是从劳动力中榨取劳动的手段。布若威从著名的西方马克思主义者葛兰西那里借用了"同意"②的概念，作为自己理论的立足点。

布若威将资本主义的劳动体制一分为二：专制和霸权。前者建立在对工人的强迫上，后者则是奠基于工人的"同意"。"我用从专制到霸权体制的连续过程，来理解这三十年来的转型，其中吸取劳力的机制，从强迫与恐惧的力量，转变成透过同意的组织来达成。"③ 之所以劳动体制会发生这样的变化，布若威认为，是由于资本主义企业制度发生了重要的变化，"内部国家和内部劳动市场，限制了管理阶层的自由裁量，使企业对工人的让步制度化，并因此具体地协调了管理阶层与工人、资本家和劳工的利益；将工人建构成具有权利和义务的企业公民；并且孕育出工人之间的竞争、个人主义，以及高流动性。然而内部国家不仅能把斗争组织化，还能使它们分散于各企业之间，防止斗争超越企业层次而结合起来，成为针对国家的斗争。"④

布若威认为，资本主义劳动过程中有三种制造认同的机制：（1）推行计件工资制。让工人们加入到"赶工游戏"中来，把管理者与工人之间的冲突转变为工人之间的竞争和工人群体之间的斗争，将工人作为个人而不是阶级成员进入劳动过程。（2）建立内部劳动力市场。在企业内部，建立一套工人晋升和流动的制度，劳动的价格和配给由一套行政规则和程序来管理。内部劳动力市场使得工人有向上流动的机会，减少了在企业间的流动。（3）建立内部国家。即是在公司内部建立集体谈判制度和申诉机构，用以处理工人的意见和投诉。⑤ 后来，布若威用"工厂政体"（factory regime）的概念取代了内部国家。⑥

在对以布若威为代表的新马克思主义学派的评论中，杰夫·曼扎和迈克尔·麦卡锡（Jeff Manza and Michael A. McCarthy）认为，特别关注制造业的有关工作场所的社会学，受到新马克思主义学派关于控制和同意概念的重要影响。但是历

---

① 迈克尔·布若威：《制造同意——垄断资本主义劳动过程的变迁》，北京：商务印书馆2008年版。
② 安东尼奥·葛兰西：《狱中札记》，北京：人民出版社1983年版。
③ 迈可·布若威：《制造甘愿——垄断资本主义劳动过程的历史变迁》，台北：群学出版有限公司2005年版，第73页。
④ 迈可·布若威：《制造甘愿——垄断资本主义劳动过程的历史变迁》，台北：群学出版有限公司2005年版，第383～384页。
⑤ 迈可·布若威：《制造甘愿——垄断资本主义劳动过程的历史变迁》，台北：群学出版有限公司2005年版。
⑥ Michael Burawoy. *The Politics of Production：Factory Regimes Under Capitalism and Socialism*. The Thetford Press，1985.

农民工权益保护理论与实践研究

史提出了对新马克思主义学派关于劳动过程分析挑战的两个问题：在移民和社会变迁过程中劳动力日益多样化，传统马克思主义分析框架难以检验的次要阶层形式下雇员比例的上升。[①]

当代资本主义工作场所特征的变化，衰弱的制造业和白领人数的上升，雇员遇到非常不同和特别宽松的控制形式——这些都难以被融合到建立在以工厂为基础模型的马克思主义分析框架中。而在更广泛的组织研究中，新马克思主义学派的研究理论仍然在很大程度上被忽视。管理、组织领域、组织内部动态和劳动力市场社会结构方面的研究文献不断增长，这些是当下社会学研究的核心。新一代的经济社会学找不到与社会学的马克思主义相联系的点。[②]

（三）李静君：性别、地区与劳动过程

李静君是布若威的学生，她长期关注劳动过程和劳动性别问题，在她看来，过往的关于劳工控制的分析都集中于工厂的技术和客观特征上，而忽视了劳动控制受其他非物质维度的影响。她思考的问题是：为什么同样的管理团队、同样的生产线、同样的组织分工会造就两个不同的控制机制模式及工厂文化？与布若威认为工人的主观意识仅仅被阶级关系决定不同，李静君认为工人的主观意识还受到性别的影响，她指出：国家的角色、性别和工人依靠的基础、管理的兴趣和能力都会对企业的劳工控制产生影响。劳动力再生产所依赖的条件并非每个国家都是一样的，不同的条件决定了工厂政体的不同。在香港和深圳，国家在劳动力再生产中发挥的作用都较小。在深圳，打工妹在竞争的劳动力市场中依靠同乡网络进行劳动力再生产，而在香港，在衰落的劳动力市场中，中年女工依靠家庭和亲属关系来进行劳动力再生产。[③]

李静君运用比较研究方法，研究了同一个企业，位于深圳和香港的两条相同的生产线为何造就了不同的生产规律和工作体验？这家名叫 Liton 的公司分别在香港和深圳开设了两家同样的工厂，李静君的研究发现：香港工厂的管理属于"家族式霸权"，厂房中的话语是家族式的。工厂的政策为女工履行家庭责任提供了便利，女工被建构为"师奶"；深圳工厂的管理属于"地方主义专制"，利用工人的同乡网络，用制度化的强制性纪律控制外来劳动力，女工被建构为

①② Jeff Manza and Michael A. McCarthy. The Neo – Marxist Legacy in American Sociology. *Annual Review of Sociology*, 2011, Vol. 37.

③ Lee C. K.. Engendering the Worlds of Labor：Women Workers, Labor Markets, and Production Politics in the South China Economic Miracle. *American Sociological Review*, 1995, 60（3）. Lee, C. K.. *Gender and the South China Miracle：Two Worlds of Factory Women*. Berkeley, CA：University of California Press, 1998.

"打工妹"。① 同样是女工，从事同一行业和相同生产，由于所在地的生产制度、社会文化、企业管理等的差异形成了劳动权益迥异的"师奶"阶层和"打工妹"阶层，在内地工厂工作的打工妹显然处在社会的底层，她们所遭遇的利益剥夺要严重很多。

在《中国工人阶级的转型政治》一文中，李静君采用葛兰西的"矛盾意识"概念来描述市场转型过程中工人阶级意识的重铸和转变，强调工人意识的不确定性、矛盾性和复杂性。她认为"日常生活的紧迫性，对官员和企业腐败的道德义愤，以及对市场的普遍批评混合在一起，造成一种并不稳定的平衡，本文强调工人的不确定性，这是一个顺从和激进的混合体。"② 在"矛盾意识"概念的指导下，她还研究了农民工的加班工资、农民工的破坏性和农民工的二等公民意识等问题。

（四）潘毅：中国女工

其实很难严格将潘毅归之于新马克思主义学派的标签下，她对中国女工的研究是以福柯的理论为基本依据，但是，她分析中的意识形态话语和新马克思主义学派也较为接近。

潘毅主要是站在全球化视角下来研究当代中国农民工尤其是中国女工的命运和实践，这尤其体现在她的《中国女工——新兴打工阶级的呼唤》（Made in China：Women Factory Workers in a Global Workplace）一书中。在潘毅看来，工厂首先是一个针对打工妹的社会暴力（social violence）的场所。在这个场所中，打工妹受到三重压迫，首先是全球资本主义，其次是现行生产体制，最后是家庭的父权制。女工在工厂和城市遭遇的歧视，女工的身体痛楚，是在现行生产体制、全球资本主义和父权制三重压迫下形塑的结果。③

《中国女工》一书全景式地描述和分析了社会转型过程中打工妹主体的形成，展示了打工妹作为社会行动者的力量与抗争，她们"挑战了现存的城乡分化，重塑了国家——社会关系，重构了家庭父权制，特别是重新打造了阶级和性别关系。"④ 但是，在资本和权力的合谋下，女工的抗争却难以实现，一方面，国家放松了对户籍制度的限制，使得资本可以获得大量的农村剩余劳动力。另一

---

① Lee C. K.. *Gender and the South China Miracle*：*Two Worlds of Factory Women*. Berkeley，CA：University of California Press，1998.

② 李静君：《中国工人阶级的转型政治》，载李友梅、孙立平、沈原主编：《当代中国社会分层：理论与实证》，北京：社会科学文献出版社 2006 年版，第 86~87 页。

③ 潘毅：《中国女工：新兴打工阶级的呼唤》，香港：明报出版有限公司 2007 年版。

④ 同上，第 55 页。

方面，户籍制度仍然禁止农民工在城市永久居住，她们无法成为城市常住人口，无法拥有城市人应有的公民权利。

四、户籍、公民权、全球化及其他

中国学者所谓的农民工在国外学者眼中可以纳入"移民"概念，早期，西方学者基于直接的访谈资料和来源于报纸、政府公报等间接资料对中国的劳动力迁移现象进行了深入研究和探讨。

户籍制度和二元区隔的社会体制是境外学者探讨中国境内劳动力迁移的前提和基础，由户籍制度形塑的农民身份和市民身份决定了进城工作的农民工不能享受城市居民同等的工作、居住和教育权利。[①] 阚文辰和李章（Kam Wing Chan and Li Zhang）指出，户籍制度规定了人们的工作和居住地点，人们几乎没有选择的权力，这就使得非农业人口在经济上优于农业人口，并且城市居民也享有优先的机会、权利和地位，进而造成了进城务工人员与城市居民之间的社会隔离和社会不平等。[②] 与侧重制度塑造的社会群体差异不同，也有学者从跨国比较的角度出发分析农民工在城市工作和生活所遭遇的利益受损。肯尼思·D·罗伯茨（Kenneth D. Roberts）把中国的农村劳动力移民放入发展中国家的劳动力流动背景中，与进入美国的非法墨西哥移民进行了比较，不论中国的农民工还是墨西哥的移民，在流入地和流出地之间存在生活水平和工资间的巨大差异，中国的大城市之于农民工如同美国之于墨西哥移民工，并且中墨两国在国家政策中都倾向于以农民为代价来发展城市，保持农业低价格对城市消费进行补贴。[③]

在一些学者看来，中国的户籍制度是一个关键的制度安排约束，户籍制度之下是截然不同的两种身份体系，具有天壤之别的社会福利、社会保障的公民和社会待遇，以及与之相关的一系列隐性制度运作逻辑。吴晓刚和特雷曼关于中国的户籍制度研究指出：户籍制度既保证了乡村的高流动率，又造就了中国城市表面的"开放性"。但是实际数据显示这一流动仅仅是水平层面的流动，大量农村流动人口向城市的流动仅仅是生命历程中的一段经历，在制度政策排斥之下，流动人口没有改变最终回流乡村的命运。由于户籍制度的社会屏蔽功能，第一代流动

---

① Tiejun Cheng and Mark Selden. The Origins and Social consequences of China's Hukou System. *The China Quarterly*, 1994, No. 139.

② Kam Wing Chan and Li Zhang. The Hukou System and Rural – Urban Migration in China: Processes and Changes. *The China Quarterly*, Dec, 1999. No. 160.

③ 转引自 Michael Kearney. From the Invisible Hand to Visible Feet: Anthropological Studies of Migration and Development. *Annual Review of Anthropology*, 1986, Vol. 15.

人口在流动中艰苦的付出无法阻挡子代向下流动的命运。研究表明，由于户籍制度的影响，父代的城市流动和城市工作经历与子代城市就业低度关联。[①]

在西方学者的研究中，苏黛瑞（Dorothy J. Solinger）的研究特别值得我们重视。

苏黛瑞认为，中国的市场并不能使得所有农民都获得市民身份。农民可以迁移到城市，但是他们往往拿不到城市户口，在城市中生存的农民只能作为流动民工，而不是永久性的迁移者。她声称，国家的统治和市场的出现是农村移居者变成城市市民的障碍。国家利用规则和政治权力防止农民变成市民，同时，市场却鼓励追求利润，于是在中国许多城市有贩卖城市户口的现象，但是很少有移民者能够支付得起昂贵的户口费用。新的市场经济制度为农民提供了自谋生路的自主权，他们可以摆脱土地的束缚离开农村，但与计划经济体制下的户口制度发生了矛盾。流动人口改变了城市的劳动力市场结构以及与国家之间的关系。

进城的农民由于没有城市户口，也就不具有公民身份，无法享受公民应有的待遇，被城市公共物品体制所排斥，因此，农民工无法享有与城市居民同等的市民权。这表现在住房、医疗、教育、服务和社团等方面。[②]

对全球化和中国劳资关系做了较为全面研究的是玛丽·E·加拉格尔，在《全球化与中国劳工政治》的著作中，加拉格尔（2010）主要阐明或论述了下列观点。

（1）外资的作用。加拉格尔认为，外国直接投资对中国的改革开放具有重大的意义和作用。它为国有部门提供了新的竞争对手和改革的参照物，促进了私有经济的发展，转变了社会的意识形态观念，甚至促进了中国的民主化和政治自由化进程。加拉格尔强调，对于敏感的劳动改革来说，外国投资部门起着实验室的作用，特别是在国家与城市工人之间传统社会契约的变革方面。外国直接投资自由化在扩大中国各地区、公司和工人的经济与社会机会上做出了重要贡献。外资企业提供的竞争压力，结合学习与示范效应，促使国有企业接受资本主义的劳动实践。

（2）劳动实践的趋同性。加拉格尔在本书中提出的重要问题之一是：为什么中国不同所有制的劳动实践会变得越来越相似。她的解释是：其一，由于地区

① Xiaogang Wu and Donald J. Treiman. Inequality and Equality under Chinese Socialism：The Hukou System and Intergenerational Occupational Mobility. *American Journal of Sociology*, 2007, Vol. 113, No. 2.

② Dorothy J. Solinger. China's Urban Transients in the Transition from Socialism and the Collapse of the Communist 'Urban Public Goods Regime.' *Comparative Politics*, Jan., 1995, Vol. 27, No. 2.

——Citizenship Issues in China's Internal Migration：Comparisons with Germany and Japan. *Political Science Quarterly*, Autumn, 1999, Vol. 114, No. 3.

——Delia Davin. *Internal Migration in Contemporary China*, Sep., 2000.

竞争和企业竞争。竞争推动这些改革跨越了所有制边界，使得国有企业更为广泛地采用资本主义劳动实践，并且要求与其他企业进行公平竞争。其二，国家放松劳动管理和企业内党和其他组织作用的削弱。其三，全球化和国际竞争压力。经济的日益全球化，特别是资本流动加剧的生产全球化，削弱了劳工的讨价还价能力。中国的劳动实践从一开始就更多地受到了全球生产压力而非社会主义遗产的影响。境外投资主要来自于寻求生产更廉价的劳动密集型产品的其他东亚经济体。

（3）中国劳动关系的特点。加拉格尔认为，20世纪90年代以来中国劳动关系的基本特征包括：实质性的管理控制和自主性，通过个人劳动合同制度而产生的劳动力的原子化和分化，以及对工人组织的管理控制或压制。中国企业在雇佣活动中所采用的大量实践，从南方臭名昭著的"血汗工厂"到上海跨国企业中高度发展的人力资源制度，都反映了中国目前劳动关系的关键特征，即管理层享有绝对权力来决定公司内部的劳动实践。在局部改革阶段，劳动关系可以总结为以下三个特征：相互依赖关系的瓦解，企业内部中国共产党和管理层之间变化着的不稳定关系，以及迅速变化的外部环境。

（4）市场经济条件下的劳动关系观念。加拉格尔认为，发展主义成为了中国改革开放以来的根本性主题和主导的意识形态观念，发展主义以快速经济增长的名义由国家主导发展。

在企业层面，发展主义需要进一步提高工人的不安全感以及工人之间的竞争意识，形成所谓市场经济条件下的劳动关系观念，其主要内容是：个体竞争和个人主义的市场意识，打破铁饭碗和终身制的就业观念，下岗、失业和再就业的正常化，劳动关系的契约化，劳动关系处理的法制化。

（5）劳动关系监管制度不足。加拉格尔认为，在中国，对劳工实践在企业层面上向资本主义劳动实践的转向所急需的解毒剂，也即缓解资本主义劳动实践过渡性的国家规制和法律制度，以及代表工人的有效组织，还没有很好地建立起来。中国在制定劳动和就业法方面已经迈出了重要步伐，但这些法规的贯彻实施却远远落后于立法。在劳动权益保障方面，广泛使用其他省市的农民工构成了一个更深的障碍因素，一些地方企业肆意违反法律法规。很多地方官员似乎没有把保护这些工人当做他们的职责，并且还时常颁发地方规定，否认农民工的基本权利。融洽舒适的政商关系以及根深蒂固的腐败使得政府更加不能提供法律法规和监管平台来充分保护劳动合同的弱势方即工人个体。

（6）权利意识和劳动争议。加拉格尔认为，中国工人的权利意识不断增强。劳动争议也越来越多。市场改革使得利益多样化和社会地位清晰化，并导致公司管理者和工人的权利意识迅速增强。中国的劳动争议率是相当高的。劳资矛盾导致社会冲突不断增加。劳动争议的发展趋势包括集体争议率的迅速提高和集体争议的大量出现，外资企业和非国有部门中普遍的高争议率、企业层面调解的失灵，以及越来越多工人直接诉诸仲裁。在仲裁层面，仲裁调解率正在下降，大部分争议现在都以仲裁决定或裁定而告终。此外，由工人引发的争议在所有劳动争议中占绝大多数，并且工人的成功率随着时间的推移在增大。中国劳动法的不完善，尤其是贯彻和执行的问题，部分地导致了劳动争议的大量增加。

总之，加拉格尔认为，从东亚国家和地区的发展经验来看，与全球经济的联系给威权主义的发展中国家和地区制造了一个双重挑战。政府必须在实现高水平的效率和经济动员的同时，维持政治上的控制和劳工的去政治动员。这种情形经常导致压制性的和虐待式的工厂体制。①

在发展型国家模式中，劳工是一个关键性的社会力量。恰当、正确地处理劳工问题至关重要。

西方学者（或华裔、韩裔学者以英语发表）的论著还有很多直接研究了中国农民工的权益保障及相关问题，比如，万杰洋（Jaeyoun Won）研究了青岛、天津和沈阳三家韩国工厂中的劳资关系，认为韩资企业大多采用"多维专制主义"的管理方式②；陈佩华和王宏真（Anita Chan and Hong-zen Wang）对中越台资企业进行了国际比较研究，分析了国家制度和政策对工人权益保障状况的影响，认为东道国立场和态度的不同，会对设在该国台资工厂中的劳资关系和工人状况产生极大的差异③；蔡杨金（Youngjin Choi）使用问卷调查数据，考察了制度设置、工作条件、劳工结构、外籍管理人员和管理方式等基本因素对东亚在华投资企业中劳动纠纷的影响，并将企业的管理方式划分为规范式、权威式和家长式④；艾伦·司玛特、林初升通过对东莞的长期观察，提出了一个以自下而上进行尺度改变的地方主义视角以解释改革开放后中国经济发展和在这个发展过程中农民工地位的理论框架，这个理论框架有三个富有启发性的关键概念：地方资本

---

①　玛丽·E·加拉格尔：《全球化与中国劳工政治》，杭州：浙江出版联合集团、浙江人民出版社2010年版，第138页。

②　JAEYOITN WON. Post—Socialist China：Labour Relations in Korean—Managed Factories. *Journal of Contemporary Asia*，*August*，2007，Vol. 37，No. 3.

③　Anita Chan and Hong-zen Wang. The Impact of the State on Workers' Conditions Comparing Taiwanese Factories in China and Vietnam. *Pacific Affairs*，Winter，2004/2005. Vol. 77，No 4.

④　Youngjin Choi. Aligning labour disputes with institutional，cultural and rational approach：evidence from East Asian-invested enterprises in China. *The International Journal of Human Resource Management*，October，2008，Vol. 19，No. 10.

主义、地方公民身份和跨地方性①；范芝芬（C. Cindy Fan）根据对四川、安徽一些村庄外出打工的农民家庭的访谈资料进行研究，她认为，在经济转型时期，中国政府通过维持农民附属于城市居民的制度和社会等级，以及合法化不给予农民工户口的城乡迁移活动，创造了一套流动性劳动力体制，其特点是：低薪、手工工作、工作环境差和引进类似于新工业经济的全球化资本生产模式②；英格丽·尼尔森等人（Ingrid Nielsen et al.）使用对江苏农民工进行的问卷调查，研究了农民工的社会保险问题，他们的结论是：大多数移居到中国城镇和城市的农民工几乎不可能享受到那些传统上只有拥有城市户口的人才可以享受到的社会保险福利。农民工对社会保障的高度怀疑是合理的③；光磊运用观察和访谈方法，对来自安徽农村在北京从事家庭装修工人进行了民族志研究，他将从事非正式经济的家庭装修工人称为"游击型"工人。这些工人没有加入任何组织，他们中的大多数没有在官方注册，也没有合法的身份，工作非常不规律，收入也是断断续续的④。光磊的研究促使人们思考，国家不分区别（城乡区别、户籍区别）地对待外来移民，使他们真正获得城市公民权，可能是保障他们劳动权益的先决条件；方李库克通过对广东一个城市非正式就业工人的问卷调查和访谈研究了在社区服务行业的非正式就业工人。这些工人和雇主的合同关系不明确，工资水平较低且不稳定，工作更换频繁，处于无组织状态等。因而，作者认为，非正式部门的就业质量，尤其是社区服务行业，可能是中国劳动力市场中等级最低的⑤；陈敬慈（Chris King‐Chi Chan）运用观察和访谈方法，对深圳一家台资企业的一次罢工事件进行了研究，他从社群网络、地域性黑势力、地缘关系等方面对罢工的组织方式和社会基础做了描述与分析。他认为，当代中国劳工政治的发展很好地证实了政府和法律的重要性。地方政府试图用行政调节机制来稳定工厂冲突，尽管有一些短期效果，但结构性矛盾仍然无法解决。他特别强调，罢工中的劳工

① Alan Smart and George C. S. Lin. Local Capitalisms, Local Citizenship and Translocality: Rescaling from Below in the Pearl River Delta Region, China. *International Journal of Urban and Regional Research*, 2007, Vol. 31, No. 2.

② C. Cindy Fan. The state, the migrant labor regime, And maiden workers in China. *Political Geography* 2004, 23.

③ Ingrid Nielsen, Chris Nyland, Russell Smyth, Mingqiong Zhang and Cherrie Jiuhua Zhu. Which Rural Migrants Receive Social Insurance in Chinese Cities?: Evidence from Jiangsu Survey Data. Global Social Policy, 2005, Vol. 5.

④ Lei Guang. Guerrilla Workfare: Migrant Renovators, State Power, and Informal Work in Urban China. *Politics & Society*, September, 2005, Vol. 33, No 3.

⑤ Fang Lee Cooke. Informal employment and gender implications in China: the nature of work and employment relations in the community services sector. *Int. J. of Human Resource Management*, August, 2006, 17: 8.

动员是基于工人的共同利益而绝非地缘利益。[①] 柯蕾（Chloe Froissart）通过访谈和文献资料研究了四川、广东和北京等地中国农民工的集体行动及相关问题。她认为，农民工正在经历这样一种看似矛盾的状况：虽然法律和中央的政策都承认他们的权益，但实际上他们的权益却没有得到保障。中央政府的话语让他们有了表达自己诉求的新的动力和可能性。农民工最常用的抗争方式，是试图运用国家所宣扬的话语和价值准则来迫使政府遵循。农民工的权利意识最初受到中央政府的鼓励，中央政府促使国家机构保护农民工的权益并开展对农民工的法律培训。借助于法律程序来维权促进了农民工的个体化，同时把冲突维持在了个体层面。[②]

显然，英文文献中有关中国农民工的研究还远远不止我们上面的叙述。而且，还有一些文献尽管不是直接研究中国农民工的，但具有很好的借鉴意义，如马丁·怀特[③]、具海根[④]等。

五、小结

从工业社会学、经济社会学和组织理论的发展来看，西方学者提出很多关于工业关系、劳资关系、劳工权益的理论框架，相当多的理论观点富有启发性。其中，新马克思主义学派的观点使我们更具有某种亲切感。

但是，西方理论都是基于发达市场经济体系的经验事实，这样的理论是否适合中国的农民工研究，值得我们思考。基本上，所有的西方理论（包括新马克思主义学派）都需要用中国的经验事实来检验和评判，才能了解其适用性和有效性。

农民工是中国社会的特殊产物，在西方发达国家并不存在所谓的"农民工"群体，西方学者在移民研究（或中国研究）所涉及的关于中国农民工问题的研究，不管是理论研究还是实证研究，大多数人的研究都是基于"他者"的立场，运用西方的理论和技术来看待中国的问题，因此不可避免地带有很多缺陷或不足，其中既有资料局限所引起的（如第二手数据、有限的个案），也有理论立场的问题。

一些华裔学者对农民工的研究较为深入，如李静君、潘毅等，但是，这些研

---

① Chris King – Chi Chan. Strike and changing workplace relations in a Chinese global factory. *Industryial Relations Journal*, 2009, Vol. 40：1.

② Chloe Froissart. Escaping from under the Party's Thumb: A Few Examples of Migrant Workers' Strivings for Autonomy. *social research*, Spring, 2006, Vol. 73, No 1.

③ 马丁·怀特：《工人作用的演变》，见张敏杰主编《中国的第二次革命——西方学者看中国》，北京：商务印书馆2001年版。

④ 具海根：《韩国工人——阶级形成的文化与政治》，北京：社会科学文献出版社2004年版。

究只是个案研究，其代表性和可推论性还是需要审慎对待的。

第二节　国内有关农民工权益问题研究

一、综合性研究：规范、理论、描述和政策

在农民工的研究中，综合性（一般性）研究涉及权益保护最基本的问题，下面，我们从四个方面来叙述。

（一）权益规范：劳动权和市民权

农民工的权益到底有哪些呢？或者换句话说，应该怎样对农民工的权益进行分类呢？这是农民工权益研究首先要解决的问题。

在 2002 年第 1 期《中国社会科学》上，常凯发表了题为《WTO、劳工标准与劳工权益保障》的文章。这篇文章不是专门研究农民工权益的，但是，他对一般劳工权益的论述也基本适合农民工。

常凯认为，自由结社和集体谈判是劳工权益中最为基本和核心的权利。这个权利可以称为集体劳权。集体劳权，不是由劳动者个人，而主要是由劳动者集体的组织——工会来行使的。劳动者运用这一权利与雇主形成力量平衡，是现代劳动关系的主要特点，而以集体劳权——广义的团结权保障作为主要内容，也正是现代劳动法制的主要特点。广义的团结权是指劳动者运用组织的力量对抗雇主以维护自身利益的权利，其具体内容有三：一是团结权，即自由组织和参加工会的权利；二是集体谈判权或称团体交涉权，即由工会代表劳动者与雇主进行集体谈判签订集体合同的权利；三是集体争议权或称团体行动权，主要是指劳动者通过工会组织罢工的权利。国际劳动法学界一般都将此称为"劳动三权"。[①]

除此之外，常凯并没有对劳工权益或劳动权益做清晰的定义或规定。但是，他在文章中讲到劳资冲突时涉及就业、分配、社会保障、劳动安全与卫生以及禁止童工、强迫劳动等内容。[②]

除了劳动权益之外，农民工的权益还涉及所谓"市民权"问题。

在《社会学研究》2005 年第 3 期上，陈映芳发表了《"农民工"：制度安排

---

①②　常凯：《WTO、劳工标准与劳工权益保障》，载《中国社会科学》2002 年第 1 期。

与身份认同》一文，对此进行了讨论。

陈映芳通过"市民权"概念探讨了从农村地区流入城市的迁移者（乡城迁移者）在城市中的身份和权利问题。她使用"非市民"这一特定概念来叙述该群体居住、工作、生活在城市却无法获得城市居民身份及权利的实际状况。她认为，在中国，农村人口的国民待遇空洞化情形严重，"农民工"既是一种制度，也是一种广被确认的身份，需要探讨这种制度和身份认同得以成立并维持的机制。

陈映芳将农民工不能得到市民待遇的原因或机制主要归结为现行户籍制度。这一制度是控制地方财政负担和生活资源的有效制度。凭借它，城市行政管理系统和劳动部门、社会保障、公共教育等各个系统将城乡迁移人员排除在"城市居民"之外，使他们成为事实上的"城市里的非城市人"——制度规定的"非市民"。尽管实行这一制度有种种客观理由，但是，作为一种具有身份制特点的歧视性制度，其合法性已经受到广泛质疑。

陈映芳认为，国家解决"农民工"问题的途径主要是将国家层面上的"公民权"问题转换成城市层面上的"市民权"问题，将"国民待遇"问题转换成"市民待遇"问题。[①]

在陈映芳之后，王小章（2009）也论述了农民工的公民权问题。

在题为《从"生存"到"承认"：公民权视野下的农民工问题》一文中，王小章将国内农民工问题研究的视角或叙事模式归纳为"生存—经济"模式和"身份—政治"模式，后者着眼于"农民工"在中国社会的身份地位，倾向于从"农民工"与其他社会成员、与国家的关系中来界定"农民工问题"，关注农民工这一主体与其他社会主体之间的关系，并且将一个被化约为经济的、技术的问题转换成身份政治的问题。

和陈映芳不同，王小章认为，即使是以"身份—政治"模式来研究农民工，也不应该简单地将农民工问题归结为户籍制度的区隔。如果将农民工的户籍身份看做是他们在城市社会中劣势地位的根本原因，就会在很大程度上遮蔽了其他制度性因素，如农民对于财产（特别是房屋和土地）的自由处置权问题。他认为，造成农民工在市场中弱势的，一个非常重要的因素是他不能完全真正自由地处置土地和房产，不能使这些财产按照自己的意志有效地进入市场。此外，现在城市户口的意义由于多项改革已经发生了很大的变化。[②]

和王小章不同，俞可平认为，从政治学的角度看，大量农民迁入城镇所带来

---

① 陈映芳：《"农民工"：制度安排与身份认同》，载《社会学研究》2005年第3期。
② 王小章：《从"生存"到"承认"：公民权视野下的农民工问题》，载《社会学研究》2009年第1期。

的最大挑战，是"公民身份"的不平等，引发了深刻的身份危机。由于中国城乡社会的二元结构，城镇居民与农村居民有着不同的社会身份，享受着不同的国民待遇。他们与生活和工作在同一城市的户籍居民之间存在着公民身份差异和权利不平等，尤其表现在劳动权、居住权、福利权、教育权、医疗权方面。

俞可平强调，公民身份是公民权利的基础，但公民身份并不等于公民权利。公民身份是由国家法律规定的国民资格，它包括公民应当承担的义务和可以享有的权利。在通常情况下，公民身份是公民权利的前提。只有拥有公民身份的国民，才能享有国家规定的各种公民权利。但拥有公民身份并不意味着拥有公民权利。公民身份的同一性与公民权利的差异性之间存在着鸿沟。努力消除影响公民身份的成员身份差异，实现公民基本权利的平等，是政治进步的实质要求。

所以，俞可平提出，有必要讨论以农民工进城所带来的新移民运动对现行社会管理制度造成的重大挑战，及其所带来的制度变迁。这些制度变迁主要体现在户籍管理、单位制度、社区管理、社会保障、民主选举和工会制度等方面。[①]

使我们困惑的是，无论是常凯关于劳工权益或劳动权益的论述，还是陈映芳关于"市民权"和王小章关于"公民权"[②] 的论述，都没有给出清晰的定义和仔细列举这些权利或权益的具体内容。尽管诚如王小章所说，我们应该在动态和相互关系中来理解权利问题，但是，一个相对清晰的定义或农民工的权益清单应该是必要和可能的。

（二）理论分析：特点和权益影响因素

和上述研究相联系的是，一些研究者从理论上讨论了农民工的特点和权益受损的基本原因。

朱力认为，农民工从其社会属性看已经成为一个阶层，它具有流动性强、职业低质性、社会网络复制性、生活方式疏隔化等特点，处于城市社会的底层，是城市社会中的"佣人"阶层、"沉默"阶层、"无根"阶层和"边缘"阶层，阻碍农民工在城市生存与发展的主要问题是社会制度与社会政策的障碍，这集中反映在户籍制度与职业保护政策，而市场与政府是冲击这种陈旧制度与政策的两股最重要的力量。[③]

---

① 俞可平：《新移民运动、公民身份与制度变迁——对改革开放以来大规模农民工进城的一种政治学解释》，载《经济社会体制比较》2010 年第 1 期。

② 王小章认为，公民权利（citizenship rights）包括市民权利（civil right）或市场权利、政治权利、社会权利、文化权利，乃至环境权利、性权力等。但是，其中的一些概念过于宽泛。

③ 朱力：《农民工阶层的特征与社会地位》，载《南京大学学报》2003 年第 6 期。

刘林平、万向东、王翔认为，农民工阶层的最大特点是二元性，这是中国社会经济二元结构在一个社会阶层身上的典型反映。所谓二元性，既表现为农民工身份的矛盾性（既是农民又是工人），又表现为他们生存境遇的复杂性（既有发展空间又受到制度性的限制），因而，农民工的身份表现为不确定性、模糊性和过渡性。农民工问题的深层原因是由其身份的半合法性造成的，这是说，以户口制度为核心的二元体制，一方面使农民工进入城市成为"二等市民"具有了制度上的"合法性"，另一方面使农民工在城市的生存和平等权利的获得丧失了事实上的合法性，而从整体上沦为边缘群体。此外，农民工缺乏组织的松散的社会联系也是其处于弱势地位的重要因素。[①]

王春光以所谓"半城市化"概念来分析农村流动人口在城市的社会融合问题。他认为，农村流动人口虽然进入了城市，找到了工作，也生活在城市，但是，城市只把他们当做经济活动者，将他们限制在边缘的经济领域中，没有把他们当做具有市民或公民身份的主体，从体制上没有赋予其他基本的权益，在生活和社会行动层面将其排斥在城市的主流生活、交往圈和文化活动之外，在社会认同上对他们有意无意地进行贬损甚至妖魔化。[②]

由于没有社会系统、制度系统和文化系统的配套改革，农村流动人口在城市社会不能享受完整的市民权利，不能与城市居民"同工同酬、同工同时、同工同权"，权利配置错位且不完整。这表现为：第一，非正规就业和发展能力的弱化；第二，居住边缘化和生活"孤岛化"；第三，社会认同的"内卷化"。

目前中国农村流动人口的"半城市化"问题不仅体现在社会生活、行动和认同层面，而且更明显地体现在体制层面，是后者的不整合导致前者的不整合，所以问题更为严重。并且，长期性的制度不整合，将会使"半城市化"成为一种坚固的结构性现象，而且会"不断复制"。[③]

上述研究中的一些概念如"半合法性"、"半城市化"是有启发意义的，但是，这些概念的内容宽泛，难以准确定义，作为概念框架以指导实证研究，还需要进一步澄清或操作化。而且，我们很难分清"半合法性"、"半城市化"是对现象的总体描述还是对原因的具体归纳，或者两者兼而有之。

此外，还有一些研究者一般性地论述了劳动者（最主要的是农民工）弱势地位形成和权益受损的基本原因：有人认为，农民工的边缘性地位与其社会网络

---

① 刘林平、万向东、王翔：《二元性、半合法性、松散性和农民工问题》，载《中山大学学报》2005 年第 2 期。

②③ 王春光：《农村流动人口的"半城市化"问题研究》，载《社会学研究》2006 年第 5 期。

结构和社会资本的占有和使用高度相关①；有人认为，农民工能力弱势的一个重要方面是信息能力弱势②；有人认为，国家劳动政策的缺失是造成我国目前农民工问题出现的重要原因③；有人认为，这是由于改革过程中存在的劳资力量对比严重失衡、劳动者阶级意识和组织程度不高和维护劳动者权益的法规建设存在过渡性、滞后性等因素所致④；有人认为，农民工社会保护条件欠缺的根本原因在于，在全球化进程中，日趋激烈的国际竞争和区位竞争导致传统的"政府—资本—工会"三方均衡模式解构，资本力量得到加强，工会集体谈判能力下降，政府面临削减福利支出的压力，而农民工利益表达渠道受阻⑤，等等。

（三） 综合性描述：权益受损及其原因

如果说，上述研究主要是规范性的话，那么，许多学者利用数据资料对农民工的权益做了一般性的综合描述和简单的原因分析。

这些描述和分析所得结论是：农民工在工资（工资水平低、工资拖欠、加班工资给付不符合法律规定等）、工时（工作时间长，长期加班等）、工作环境（劳动条件差，工作环境危险等）、工作损害（工伤、职业病等）、就业（就业歧视、劳动合同签订率低等）、社会保障（社会保险、医疗待遇等）以及一般生活状况（居住、教育、消费等）等多个方面都存在严重问题。不同的研究者用不同时点、地点的数据资料反复地证明了这些状况的严重性和普遍性，我们将这一类研究中较为重要的进行了总结（见表 2 - 1）。

表 2 - 1　　　　　　不同时点和地区农民工权益状况的综合性调研总结

研究者	调查时间	调查地点	有效样本（份）
"外来农民工" 课题组①	1994 年 6 月	珠江三角洲	1 021
刘林平、郭志坚②	2001 年 7 月 ~ 2002 年 1 月	珠江三角洲	1 039
庞文③	2002 年夏	武汉	216

---

① 张汝立：《社会支持网与农转工人员的再边缘化》，载《中国农村观察》2003 年第 4 期。刘传江、周玲：《社会资本与农民工的城市融合》，载《人口研究》2004 年 9 月。

② 郑英隆：《中国农民工弱信息能力初探》，载《经济学家》2005 年第 5 期。

③ 岳经纶：《农民工的社会保护：劳动政策的视角》，载《中国人民大学学报》2006 年第 6 期。

④ 邸敏学：《关于现阶段我国非公有制企业劳动者地位的若干思考》，载《马克思主义研究》2007 年第 5 期。

⑤ 杨立雄：《农民工社会保护问题研究》，载《中国人民大学学报》2006 年第 6 期。杨立雄：《全球化、区位竞争与农民工社会保护》，载《经济学家》2007 年第 6 期。

续表

研究者	调查时间	调查地点	有效样本（份）
高文书[④]	2003 年 7～9 月	北京、石家庄、沈阳、无锡、东莞	1 916
黄祖辉、宋瑜[⑤]	2004 年 12 月	杭州	112
万向东、刘林平、张永宏[⑥]	2005 年 6～8 月	珠江三角洲、长江三角洲	1 024
郑功成、黄黎若莲[⑦]	2005 年 4～11 月	深圳、苏州、成都、北京	2 617
宗成峰、朱启臻[⑧]	2005 年 7 月	南昌	897
李培林、李炜[⑨]	2006	28 个省区市	7 063
简新华、黄锟[⑩]	2007 年 2～3 月	武汉、广州、深圳、东莞和湖北、河南部分农村	765
刘渝琳、刘明[⑪]	2007 年 10 月～2008 年 2 月	重庆	1 530
谢勇[⑫]	2007 年 9～10 月	南京	478
李培林、李炜[⑬]	2006 年；2008 年	28 个省区市	769；820
顾海英、史清华、程英、单文豪[⑭]	2009 年	上海	1 446

注：①"外来农民工"课题组：《珠江三角洲外来农民工状况》，载《中国社会科学》1995 年第 4 期。

②刘林平、郭志坚：《企业性质、政府缺位、集体协商与外来女工的权益保障》，载《社会学研究》2004 年第 6 期。

③庞文：《武汉市农民工的基本状况及其权益保护调查》，载《社会》2003 年第 8 期。

④高文书：《进城农民工就业状况及收入影响因素分析——以北京、石家庄、沈阳、无锡和东莞为例》，载《中国农村经济》2006 年第 1 期。

⑤黄祖辉、宋瑜：《对农村妇女外出务工状况的调查与分析——以在杭州市农村务工妇女为例》，载《中国农村经济》2005 年第 9 期。

⑥万向东、刘林平、张永宏：《工资福利、权益保障与外部环境——珠三角与长三角外来工的比较研究》，载《管理世界》2006 年第 6 期。

⑦郑功成、黄黎若莲：《中国农民工问题：理论判断与政策思路》，载《中国人民大学学报》2006 年第 6 期。

⑧宗成峰、朱启臻：《农民工生存状况实证分析——对南昌市 897 位样本农民工的调查与分析》，载《中国农村观察》2007 年第 1 期。

⑨李培林、李炜：《农民工在中国转型中的经济地位和社会态度》，载《社会学研究》2007 年第 3 期。

⑩简新华、黄锟：《中国农民工最新生存状况研究——基于 765 名农民工调查数据的分

析》，载《人口研究》2007 年第 6 期。

⑪刘渝琳、刘明：《重庆市农民工生活质量现状及影响因素分析》，载《中国人口科学》2009 年第 2 期。

⑫谢勇：《农民工劳动权益影响因素的实证研究——以南京市为例》，载《中国人口科学》2008 年第 4 期。

⑬李培林、李炜：《近年来农民工的经济状况和社会态度》，载《中国社会科学》2010 年第 1 期。

⑭顾海英、史清华、程英、单文豪：《现阶段"新二元结构"问题缓解的制度与政策——基于上海外来农民工的调研》，载《管理世界》2011 年第 11 期。

表 2-1 所示的多项研究所得结论大同小异，它们告诉人们，农民工权益受损是不争的事实。那么，为什么农民工的权益会受到损害呢？在上述综合性的研究中，学者们对原因的分析是多方面的：有的认为，劳动权益保障和企业的正规化程度，外来工（农民工）自身的教育程度、社会联系和组织化程度，以及地方政府的政策取向相关①；有的认为，除了人力资本之外，不同的劳资关系处理模式构成了外来工（农民工）权益保护差异的地区性制度基础②；有的认为，城乡分割、分治的意识观念，对农民工的政策性歧视与缺漏，城市人和农民工的利益分歧与冲突是基本影响因素③；有的认为，和农民工人力资本不足和户籍身份及社会保障制度的设计有关④；有的认为，是户籍、就业、社会保障和城乡土地等制度的缺陷所致⑤；有的认为，人力资本状况与农民工的劳动权益之间存在着显著的正相关关系，农民工的个体特征、就业的行业和单位的所有制性质具有一定的影响，但是工会会员身份、对相关法律法规的了解程度等制度性因素则没有显著的影响⑥，等等。

由于上述研究大都是描述性的，对于农民工权益受损或保护不力原因的分析总体来说是笼统的，基本上没有建立明确的因果模型。这些原因的总结主要是通过对描述性数据的阅读或理论推论与经验归纳得出的，基本上不是建立在对数据

---

① 刘林平、郭志坚：《企业性质、政府缺位、集体协商与外来女工的权益保障》，载《社会学研究》2004 年第 6 期。

② 万向东、刘林平、张永宏：《工资福利、权益保障与外部环境——珠三角与长三角外来工的比较研究》，载《管理世界》2006 年第 6 期。

③ 郑功成、黄黎若莲：《中国农民工问题：理论判断与政策思路》，载《中国人民大学学报》2006 年第 6 期。

④ 李培林、李炜：《农民工在中国转型中的经济地位和社会态度》，载《社会学研究》2007 年第 3 期。李培林、李炜：《近年来农民工的经济状况和社会态度》，载《中国社会科学》2010 年第 1 期。

⑤ 简新华、黄锟：《中国农民工最新生存状况研究——基于 765 名农民工调查数据的分析》，载《人口研究》2007 年第 6 期。

⑥ 谢勇：《农民工劳动权益影响因素的实证研究——以南京市为例》，载《中国人口科学》2008 年第 4 期。

的分析性统计（如回归分析）基础之上的。因而，所归纳的原因难说是确证的。

我们要强调的是，这些研究的意义就在于，它们通过多次反复的数据资料告诉人们，农民工权益受损的确是不争的事实。

（四）一般性政策研究

和一般性的综合描述不同，一些学者对关于农民工的政策进行了较为具体的研究。

1995 年 2 月，《上海市单位使用和聘用外地劳动力分类管理办法》发布，在中国首次确立了外地劳动力分类管理制度，这一制度后来被推行至全国。俞德鹏认为，外地劳动力分类管理制度明确表明，有本地户口的城市居民具有好职业的就业独占权，外来人员被明确地排斥在这部分职业的范围以外，这实际上是一种等级身份制度。这一制度压抑了劳动者的热情与活力，排斥自由竞争，无法实现劳动力资源的最优配置，使一部分劳动者免除就业竞争压力，极大地降低了劳动生产率。因而，它既是一个不公正，又是一个低效率的制度，应该以就业准入制度取而代之。[1]

中国城市对外来劳动力歧视行为的形成是通过严格的户籍管理制度来实现的。张兴华通过模型分析发现：对外来工的歧视虽然能为城市当地就业人口增加一定的福利，但其代价是外来工、消费者、企业乃至整个社会福利的更大损失。因而，这是只对少数人有利，对大多数人不利的行为，弊大于利，是一项不理性的政策。[2]

在题为《关于农村劳动力流动的政策问题分析》的文章中，宋洪远、黄华波和刘光明仔细梳理了 1980～2001 年中共中央、全国人大、国务院及相关部委的政策文件。他们将 1979 年至今划分为五个阶段：（1）1979～1983 年：控制流动；（2）1984～1988 年：允许流动；（3）1989～1991 年：控制盲目流动；（4）1992～2000 年：规范流动；（5）2000 年以后：公平流动。总的政策走向是越来越宽松。

宋洪远等人指出，农民工流动面临城市（输入地）在户籍管理、就业制度、社会保障、教育培训等方面的制度障碍和管理歧视。其中，就业制度的歧视包括劳动者在求职、就业、管理等方面遇到的不平等待遇，如农村劳动力进入城镇就业的总量控制，职业、工种限制，先城后乡控制，强制性收取管理费、用工调节费等；在社会保障方面，外来农村劳动力则一般不享受任何保险待遇（部分从

[1] 俞德鹏：《外地劳动力分类管理制度的不合理性》，载《中国农村经济》2000 年第 11 期。
[2] 张兴华：《对外来工的政策歧视：效果评价与根源探讨》，载《中国农村经济》2000 年第 11 期。

事高危工种的外来工有工伤保险的除外）。

宋洪远等人认为，农村劳动力进城务工面临着种种不平等待遇。中央政府的政策需要通过地方政府去贯彻落实，由于没有稳定的利益表达机制，进城务工或经商的农民工的意愿很难反映到地方政府。现有的城乡分治体制使得输入地的政府不得不优先考虑拥有本地户口的本地人的利益，而不可能去代表外来务工人员的利益。农民工没有自己可以加入的组织，同时在各级城镇的人民代表大会中也几乎没有农民工群体的代表，没有与地方政府沟通的途径和代表农民工监督政府的手段。这是农民工遭遇歧视的重要原因。[1]

宋洪远、黄华波和刘光明的研究仔细、扎实，但是，他们关于农民工利益表达机制的论述显得有些理想化。我们要问的是：即使在城市的人民代表大会中有农民工代表，或者农民工都加入了工会，该群体利益表达的问题就解决了吗？

二、关于权益问题的专题研究

和综合性研究相比较，关于农民工权益问题的专题研究显得丰富和深入。下面，我们从几个方面来叙述。

（一）工资：决定机制、最低工资和工资拖欠

工资问题可以说是农民工权益中最重要的问题。农民外出打工，最基本的目的就是获得工资收入。对工资问题的研究，在农民工问题研究中较为成熟和深入。

王美艳在 2005 年第 5 期《中国社会科学》上发表了《城市劳动力市场上的就业机会与工资差异——外来劳动力就业与报酬研究》一文，对外来与城市本地劳动力的工资差异进行了计量分析。

利用 2001 年对上海、武汉等五城市的调查资料，王美艳研究发现，外来劳动力与城市本地劳动力的工资差异明显，总体上，后者平均小时工资比前者高出40%。通过回归分析和对工资差异的分解，她认为，外来劳动力和城市本地劳动力总工资收入差异中的 57% 可以由个人禀赋差异所解释，而剩余的 43% 则由歧视等不可解释的因素造成。

对外来劳动力的歧视主要分为两个部分：其一，就业岗位的差异。很多外来劳动力来到城市后，只能进行"自我雇佣"，收入低且不稳定，更谈不上福利待

---

[1] 宋洪远、黄华波、刘光明：《关于农村劳动力流动的政策问题分析》，载《管理世界》2002 年第5 期。

遇。即使能够找到"单位",通常也只能在非正规部门或非公有单位就业,很难进入公有单位。其二,同岗不同酬。这表现为:第一,在所有条件都相同的条件下,雇主仅仅因为外来劳动力不具有城市"身份",而支付给其低于城市劳动力的工资。第二,外来劳动力进入单位后,通常从事最底层、最低级的工作,很难有机会进入较高层级的工作岗位。第三,政策的区别对待。例如,城市劳动力中的下岗或失业职工,会因其身份得到很多政策优惠,因而提高了他们的收入。外来劳动力则很难得到类似待遇。[①]

在王美艳看来,解决工资等歧视问题,最根本的途径就是进行彻底的户籍制度改革。

一些学者支持王美艳的观点或进行了类似的研究。韦伟、傅勇认为,大规模的人口流动没有显著提高中国农民的收入。计划控制部门的工资和福利高于其他部门,农村劳动力无法进入,这部分差距处于制度保护之内,不能通过人口流动或市场机制来解决。[②]谢嗣胜、姚先国认为,农民工和城市工工资差异的55.2%要归结于歧视性因素。歧视性因素包括:其一,对农民工的直接歧视,占到工资差异的36.2%;其二,对城市工的制度性保护,即对农民工产生的反向歧视,占到工资差异的19%。[③]邓曲恒认为,城镇居民和流动人口收入差异的60%应归结于歧视。处于收入条件分布低端的流动人口通常是城镇劳动力市场的歧视对象。在低收入和中等收入人群中,歧视是造成城镇居民和流动人口收入差距的主要原因。[④]原新、韩靓认为,农民工在就业岗位获得和工资决定上均受到歧视,农民工工资歧视主要发生在岗位间歧视上,即主要是由于对农民工进入某些就业岗位的限制引起的工资差异。[⑤]任远、陈春林认为,人力资本对农民工收入增长发挥着积极作用。农民工收入水平越高,用受教育程度和工作经验对收入的解释度越高,说明收入水平越高,人力资本对工资收入的贡献率更高。农民工的教育回报率高于农村人口,但相对于城镇职工的教育回报率则显得较低。这说明,农民工在城镇劳动力市场上相对于本地居民来说,处于相对不公平的处境。[⑥]

分割的劳动力市场不仅导致了农民工和城市工人工资收入的差异,还引发了

① 王美艳:《城市劳动力市场上的就业机会与工资差异——外来劳动力就业与报酬研究》,载《中国社会科学》2005年第5期。

② 韦伟、傅勇:《城乡收入差距与人口流动模型》,载《中国人民大学学报》2004年第6期。

③ 谢嗣胜、姚先国:《农民工工资歧视的计量分析》,载《中国农村经济》2006年第4期。

④ 邓曲恒:《城镇居民与流动人口的收入差异——基于Qaxaca-Blinder和Quantile方法的分解》,载《中国人口科学》2007年第2期。

⑤ 原新、韩靓:《多重分割视角下外来人口就业与收入歧视分析》,载《人口研究》2009年第1期。

⑥ 任远、陈春林:《农民工收入的人力资本回报与加强对农民工的教育培训研究》,载《复旦学报(社会科学版)》2010年第6期。

一系列相关的工资收入差距现象，万向东、孙中伟将之称为农民工工资的"剪刀差"。他们对珠三角地区的数据和访问资料分析发现，农民工工资"剪刀差"主要体现为四个方面：一是企业内部一线普工与管理、技术层的绝对工资存在巨大差距；二是农民工工资增长速度和绝对数大大低于城市在岗职工；三是农民工工资的增长速度低于城镇居民月均消费支出并且绝对差距较大；四是农民工工资增长速度略低于最低工资标准的增长速度。究其原因，主要有三：其一，农民工人力资本偏低，是其工资剪刀差形成的供方市场基础；而企业倾向于使用人力资本偏低的劳动力以便降低人工成本，体现出对一线员工人力资本的虚假需求，则是导致农民工工资剪刀差的需方市场障碍。其二，企业内部劳动关系双方力量悬殊，企业掌握工资决定权；政府最低工资标准的功能失效，工人缺少公共政策的保护和支持，是导致农民工工资剪刀差的主要制度性障碍。其三，劳动力使用与再生产场所的跨区域性空间分离是农民工劳动力市场和用工方式的外部条件，也是农民工工资剪刀差的空间基础。①

和王美艳等人的观点不同，钟笑寒认为，农村劳动力流入城镇导致了劳动力的重新分工：城镇劳动力从事"白领"工作，农村劳动力从事"蓝领"工作。但是，这是一种"没有受损者的改革"——既提高了城镇职工的工资，也没有减少农民工和农村劳动力的收入。农民工和城镇职工的职业差别具有经济理性，难以归咎于政策歧视或"文化障碍"。② 李培林、李炜认为，农民工作为一个群体，其收入水平低于城市工人，但是，农民工的工资收入的制约因素主要是人力资本（受教育程度和劳动技能），因户籍身份导致的劳动报酬歧视并不明显。③ 邢春冰利用 2005 年人口普查数据发现，农民工的收入水平显著低于城镇职工，前者的收入只有后者的 80%。如果以小时计，前者的平均小时收入仅为后者的 64%。但是，农民工与城镇职工小时收入的差异有 90% 左右是由劳动者的特征差异造成的，价格差异所导致的收入差异仅为 10%。在所有的分解结果中，教育水平（也就是人力资本）始终是造成两者收入差距的最主要原因。④

上述研究主要是由人口学和经济学的学者所做，这两个学科所使用的资料大多是人口普查数据和统计资料，受其资料和学科视角所限，他们在回归分析中所纳入的变量较少，尤其是少有社会因素的变量，也就是说，影响工资的社会因素可能被忽视。与人口学和经济学相比，社会学看待工资的视角有所扩展。

① 万向东，孙中伟：《农民工工资剪刀差及其影响因素的初步探索》，载《中山大学学报（社会科学版）》2011 年第 3 期。

② 钟笑寒：《劳动力流动与工资差异》，载《中国社会科学》2006 年第 1 期。

③ 李培林、李炜：《农民工在中国转型中的经济地位和社会态度》，载《社会学研究》2007 年第 3 期。

④ 邢春冰：《农民工与城镇职工的收入差距》，载《管理世界》2008 年第 5 期。

在题为《农民工与城市劳动力市场》的论文中，谢桂华对比研究了城市工人和农民工的收入差异的决定机制。

在将党员身份、企业类型等变量纳入回归模型之后，统计结果显示，在城市劳动力市场，城市工人和农民工的收入决定机制有一定的区别。其中，政治资本对农民工的收入有着显著性的影响。就企业特征来看，城市工人的收入更可能受到所在企业的效益影响，而农民工的收入则更有可能受到他们所在企业的行政级别和规模的影响。各城市的农民工政策的宽严与否并不会显著影响到农民工和城市工人的工资分配机制，更可能主要是在工作准入方面限制农民工的工作机会。

谢桂华的研究发现，在将收入划分为福利和工资后，城市工人和农民工之间的收入差异主要来源于福利性收入，进一步说，城市工人和农民工之间的收入差异主要来源于社会保障。影响城乡工人收入差距的，或者说，影响在职农民工在经济地位上融入城市生活的主要因素是基于工人户籍身份的城市社会保障制度。[1]

对于农民工工资决定机制研究较为仔细的是刘林平、张春泥的论文《农民工工资：人力资本、社会资本、企业制度还是社会环境？——珠江三角洲农民工工资的决定模型》。

这篇文章通过对珠江三角洲农民工问卷调查资料的回归分析，构建了一个决定农民工工资水平的模型。在回归模型中，除了一般的个人因素（人力资本）之外，研究者将社会资本、企业制度和社会环境等变量纳入，结果发现，人力资本中的教育年限、培训、工龄等变量对农民工工资有显著的正向影响，年龄和性别也有显著影响；企业制度中的企业规模和工种对工资有显著影响，规模越大，工资越高，工种表现出明显的等级性。企业所属行业和企业性质对工资没有显著影响，是否签订劳动合同和缺工情况同样如此。社会资本变量和社会环境变量对农民工工资水平没有显著影响。

在对回归模型结果的进一步解释中，文章认为，农民工的工资是处于分割的二元劳动力市场一端，高度市场化的，缺乏企业内部劳动力市场或晋升机制，也少受劳动力市场用工情况变化影响，没有地区性差异的一个实实在在的刚性的低工资。不同所有制性质的企业，不同行业，不同地区，也不论农民工来自哪里，不论他们家庭经济情况如何，在珠江三角洲，农民工得到的就是这样的一个被"合法化"的低工资的制度安排。[2]

不过，叶静怡、周晔馨不同意刘林平、张春泥关于社会资本对农民工工资水

---

① 谢桂华：《农民工与城市劳动力市场》，载《社会学研究》2007年第5期。

② 刘林平、张春泥：《农民工工资：人力资本、社会资本、企业制度还是社会环境？——珠江三角洲农民工工资的决定模型》，载《社会学研究》2007年第6期。

平没有显著影响的结论，他们将农民工的社会资本划分为进城前的原始社会资本（以家庭人数、婚姻状况、在就业城市的同学人数和亲戚规模作为测量指标）和进城后的新型社会资本（以在就业城市的送礼花费、收入中用于亲友聚会费用所占比例为测量指标），所做回归结果显示：前者不影响他们进城就业的工资收入，后者则与他们进城就业的工资收入呈正相关关系。但是，原始社会资本和新型社会资本尽管都叫社会资本，其实是不同的两组变量，所以，这种比较是否恰当，还是值得斟酌的。[①]

和决定工资水平因素相关的研究是最低工资制度问题。都阳、王美艳的研究结果显示：到20世纪90年代末，中国几乎所有地级及以上城市都建立了最低工资制度，2004年以来，最低工资增长非常显著，调整频率加快，最低工资与平均工资之比在不断下降；月最低工资标准实行得不是十分有效；外来劳动力月最低工资的覆盖状况并不差于城市本地劳动力，但是，小时最低工资的覆盖率则外来劳动力远远低于城市本地劳动力。对外来劳动力实行小时最低工资标准是必要的，他们应该成为最低工资制度格外关注的对象。[②]

工资拖欠问题对于农民工来说至关重要，王美艳的研究则说明，自2003年以来，政府采取的一系列政策措施已见成效，被拖欠工资的农民工的比例大幅度降低。她对此进行的计量分析表明，建筑业的农民工比其他行业的农民工更显著地容易被拖欠工资。所有制对农民工是否被拖欠工资的影响非常显著，与党政机关事业单位的农民工相比，集体企业、个体私营企业、外资和合资企业的农民工，都更容易被拖欠工资，其中个体私营企业尤为突出。[③]

建筑行业农民工被拖欠工资的问题的确非常突出，但拖欠的原因或机制却在学术上少有说明。亓昕认为，转包分包制和包工头制度并不是欠薪的根源，而只是加剧了欠薪的程度。始于计划经济时期的建筑业欠薪支付，是农村人民公社的工分制在建筑行业中的延续，社会主义集体农民的习惯和城乡分割制度是欠薪形成的必要条件。改革开放后建筑业体制发生巨大变化，但是建筑业对农民工的使用方式和欠薪支付方式却全部被保留下来。农民工不变的身份和城乡差别是这一传统能够与建筑业的现代企业制度对接的必备条件。欠薪支付顺应了市场和资本的要求，并且在建筑业实行独立核算、自负盈亏和转分包制后被进一步强化。亓昕强调，包工头与农民工的亲戚关系、师徒关系和老乡关系使得农民工可以谅解

① 叶静怡、周晔馨：《社会资本转换与农民工收入——来自北京农民工调查的证据》，载《管理世界》2010年第10期。

② 都阳、王美艳：《中国最低工资制度的实施及其效果》，载《中国社会科学院研究生院学报》2008年第6期。

③ 王美艳：《农民工工资拖欠状况研究——利用劳动力调查数据进行的实证分析》，载《中国农村观察》2006年第6期。

包工头欠薪，让欠薪合法化。①

亓昕的分析没有区分恶意欠薪和无奈欠薪。欠薪首先是一个经济现象，资金链的断裂是欠薪的基本原因，而"大跃进"式的建筑飞速发展可能使资金供给不足，层层拖欠最终使最为弱势的农民工成为受害者，亓昕既缺少对宏观制度的分析，更没有将宏观因素和欠薪很好地连接起来。不过，他的一些看法还是有启发意义的。

（二）劳动力市场：二元结构、制度障碍和非正式就业

一般来说，中国的劳动力市场是一个城乡分割的二元市场，在其中，户籍制度是这一市场分割的基础。对此，研究者们有过多种论述。

在《户籍制度与劳动力市场保护》一文中，蔡昉、都阳和王美艳指出，户籍制度是劳动力市场上就业保护的制度基础。改革开放前，政府推行重工业优先发展战略，城乡经济关系被计划所控制，劳动力流动被人为阻隔。改革开放后，户籍制度有所松动，但并未根本改变，成为最为基本的制度约束，是妨碍城乡劳动力市场发育的制度根源：（1）户籍制度的存在使绝大多数农村劳动力及其家属不能得到城市永久居住的法律认可；（2）在就业、保障和社会服务等方面对外地人的歧视性政策都根源于户籍制度；（3）只要户籍制度存在，已经或正在进行的改革就存在着政策反复的可能性。户籍制度为什么得以长期维系呢？因为改革受到城市利益集团的影响难以进行。

蔡昉等人指出，彻底拆除劳动力流动的制度障碍，有赖于三个条件：其一，地方政府发现那些阻碍劳动力市场发育的政策既无助于解决失业问题，其实施也不再有充足的合法性。其二，城市居民发现外地劳动力并不直接构成对他们的就业竞争。其三，城市福利体制社会化，依赖自我融资而不再依赖于补贴。户籍制度改革应该按照从小城镇、中等城市，最后到大城市的顺序进行。户口放宽则按照不同类别的情况和具体人群，渐次开放进入。而改革传统福利体制，将城市发展从补贴性转到自我融资性机制上面，最终消除户口的含金量，将使户籍制度改革的障碍大大降低。②

一些研究者从多方面指出了户籍制度及其相关政策的作用。汪和建认为，对外来劳动力实施就业歧视的制度安排是城市非正式经济部门产生的重要原因。③张兴华认为，城市政府对外来工户籍歧视的方式主要有配额（在总量上控制外

---

① 亓昕：《建筑业欠薪机制的形成与再生产分析》，载《社会学研究》2011 年第 5 期。
② 蔡昉、都阳、王美艳：《户籍制度与劳动力市场保护》，载《经济研究》2001 年第 12 期。
③ 汪和建：《就业歧视与中国城市的非正式经济部门》，载《南京大学学报》1998 年第 1 期。

来工就业的数量）、征税（收取各种费用）、附加条件（对外来工资格认证附加
某些条件）和关闭市场（禁止外来工进入某些行业）等四种方式。① 李强认为，
户籍是影响中国城乡流动最为突出的制度障碍。② 夏纪军指出，我国户籍管制的
一个特殊原因是便于执行地区差别政策。③ 姚先国、赖普清的研究发现，农民工
受到的户籍歧视解释了城市工人和农民工劳资关系差异的 20% ～30%，除劳动
合同方面外，农民工在工资、养老保险、医疗保险、失业保险以及工会参与等方
面均遭到户籍歧视。④ 杨天宇认为，进城农民工由于人力资本、户籍制度等方面
的限制，难以进入城市正规部门，只能进入非正规部门就业。由于人力资本的差
距和政府以户籍为基础的政策倾斜，非正规部门劳动力的收入要低于正规部
门。⑤ 袁志刚、封进、张红认为，对外来劳动力的歧视性政策可能导致劳动力的
大量流失。⑥ 韩克庆的研究表明，城乡户籍制度的严格限制使城市和农村形成了
两个相对隔离的社会，它阻碍了农民工的向上层社会流动和较高社会地位的获
得，甚至迫使他们逆向流动。⑦ 严善平指出，以户籍为代表的制度因素使得外来
民工与城镇居民实现流动的机会不均等。⑧ 刘传江、董延芳认为，二元分割的劳
动力市场造成农民工大量"低就"（劳动者的受教育年限高于职业学历要求）形
式的隐性失业。⑨ 刘传江、程建林提出了"显性户籍墙"和"隐性户籍墙"的
概念，前者指的是建立在城乡严重对立基础之上的户籍制度，后者是前者的衍
生、延伸与拓展；前者对农民工市民化是一种明显的制度抑制，后者本质上体现
的是一种"社会屏蔽"制度。具体表现在使得农民工就业机会不平等且稳定性
差、劳动报酬不公平、缺少社会福利、权益缺乏保障、社会保障无着落、子女教育
及自身培训缺失、城市住房无保障等方面，其核心是基于户籍制度的种种制度
安排把农民工排斥在城市资源配置体系之外，反映了对农民工的歧视与剥夺。⑩

① 张兴华：《对外来工的政策歧视：效果评价与根源探讨》，载《中国农村经济》2000年第11期。
② 李强：《影响中国城乡流动人口的推力与拉力因素分析》，载《中国社会科学》2003年第1期。
③ 夏纪军：《人口流动性、公共收入与支出——户籍制度变迁动因分析》，载《经济研究》2004年第10期。
④ 姚先国、赖普清：《中国劳资关系的城乡户籍差异》，载《经济研究》2004年第7期。
⑤ 杨天宇：《城市化对我国城市居民收入差距的影响》，载《中国人民大学学报》2005年第4期。
⑥ 袁志刚、封进、张红：《城市劳动力供求与外来劳动力就业政策研究——上海的例证及启示》，载《复旦学报》2005年第5期。
⑦ 韩克庆：《农民工社会流动研究：以个案访谈为例》，载《中国人民大学学报》2006年第6期。
⑧ 严善平：《城市劳动力市场中的人员流动及其决定机制——兼析大城市的新二元结构》，载《管理世界》2006年第8期。
⑨ 刘传江、董延芳：《农民工的隐性失业——基于农民工受教育年限和职业学历要求错配的研究》，载《人口研究》2007年第6期。
⑩ 刘传江、程建林：《双重"户籍墙"对农民工市民化的影响》，载《经济学家》2009年第10期。

59

田丰根据 2008 年社会状况综合调查数据中城市工人和农民工样本，使用布朗分解方法解析城市工人与农民工收入差距，发现单位之间的收入差异是总体收入差距的主要部分，而入职户籍门槛是阻碍农民工进入公有制单位，获取较高收入的重要原因。[①] 章元、高汉将城市劳动力市场进一步划分为一级市场和二级市场，由于二级劳动力市场上的竞争程度高于一级市场，农民工在二级市场上所受到的工资歧视会低于一级市场，相应所受到的地域歧视和户籍歧视也低于一级市场[②]等。

不过，对于户籍制度对劳动力市场的作用，也有学者提出了不同看法。

在《户籍制度保护了二元劳动力市场吗》一文中，肖文韬认为，户籍制度是阻碍农村劳动力向就业城市移民的因素，但不是阻碍他们实现就业转移的根本制度障碍。严峻的就业形势和素质门槛才是限制农村劳动力进入城市就业的根本原因。实际情况显示，自 20 世纪 90 年代以来，城镇户籍制度已经不能阻止外来劳动力进入城市。经过理论和实证分析，他认为，户籍制度是排斥农村劳动力转移的制度根源的观点难以成立。[③]

上述种种关于户籍制度影响劳动力市场的论述，几乎都是将户籍作为自变量。我们所提出的问题是，如果将户籍作为因变量，那么自变量又是什么？如果我们没有对户籍本身进行细致、深入的研究，而直接将其作为自变量，是否坚实可靠？

以户籍制度为核心的二元劳动力市场将大量农民工挤压到非正式经济活动中，农民工在城市的非正式经济活动或非正式就业有多种形式，万向东的《农民工非正式就业的进入条件与效果》一文对此进行了较为仔细的研究。他认为，农民工在总体上处于一个分割并被相对隔离的、低水平的劳动力市场中。这一市场进一步分化为正式和非正式就业两个部分。其中，就非正式就业者而言，又存在自雇和受雇两种子类型。就权益保护问题而言，受雇用的农民工绝大部分是在家庭作坊、小商铺或血汗工厂工作，几乎完全处于国家和地方政府的视界之外，不受任何劳动保护，甚至可能遭到严重的非人待遇。相对而言，自雇就业者的状况要好得多，就业效果总体上甚至好于正式就业者，但他们的经营活动不受国家和地方政府保护。[④] 李强、唐壮通过对北京市流动人口的问卷调查，发现非正规就业农民工存在失业、工薪无保障、超时劳动和医疗无保障等的严重的权益问

---

① 田丰：《城市工人与农民工的收入差距研究》，载《社会学研究》2010 年第 2 期。

② 章元、高汉：《城市二元劳动力市场对农民工的户籍与地域歧视——以上海市为例》，载《中国人口科学》2011 年第 5 期。

③ 肖文韬：《户籍制度保护了二元劳动力市场吗》，载《中国农村经济》2004 年第 3 期。

④ 万向东：《农民工非正式就业的进入条件与效果》，载《管理世界》2008 年第 1 期。

题。① 散工是农民工非正式就业的重要形式之一，他们的权益保护有一些与其他农民工群体的不同之处，周大鸣的调查发现，这主要表现为：（1）各类城管人员对散工进行不明不白的敲诈勒索。（2）"地头蛇"强行勒索地皮费。（3）散工中的部分痞子、流氓拉帮结派，偷盗、抢劫无恶不作。（4）散工之间为争生意而发生的斗殴时有发生。②

（三）劳动合同和劳动时间

劳动合同对农民工来说具有重要意义，它既是农民工与企业建立劳动关系的法律标志，又是发生劳资纠纷的处置依据。劳动合同的签订与否受多种因素影响，又对权益保障具有一定作用。2008 年，一部重要的法律——《劳动合同法》正式施行，引起了企业界、学术界和社会的广泛争议，争议主要集中在以下几个方面：

（1）《劳动合同法》实施是否提高了企业用工成本。全国政协委员、玖龙纸业（控股）有限公司董事长张茵，在"两会"期间，强烈呼吁修改《劳动合同法》，取消无固定期限合同的条款。她认为，无固定期限合同会导致"大锅饭"、"铁饭碗"③。张五常认为，无固定期限合同将"维护懒人"，严厉执行反而会大幅增加失业率，"把经济搞垮"④。广东省总工会副主席孔祥鸿则公开叫板，"若有企业认为贯彻落实《劳动合同法》会增加用工成本，我们愿意和包括张茵在内的企业主一起算一算，看看她说的是否合理。"⑤

（2）《劳动合同法》是否对劳动者保护过度。一些企业界的全国政协委员质疑：《劳动合同法》过度向劳动者倾斜，压缩了企业的自主权，造成主体"对等"关系严重失衡，使这部法律在一定程度上失去了公正性。而另一些人则认为《劳动合同法》"只是把劳工、农民工、职工应该有的基本权利还给他们，并没有把劳工放在一个强势的地位"⑥。

（3）主张市场调节还是政府干预。张五常认为，政府应该做的不是干预劳动合同的选择，而是要设法协助，让劳工知道他们选择的合同说的是什么意思，法律可以帮多少忙。"《劳动合同法》则干预了合约的自由选择，提高交易费用，

① 李强、唐壮：《城市公民工与城市中的非正规就业》，载《社会学研究》2002 年第 6 期。

② 周大鸣：《广州"外来散工"的调查与分析》，载《社会学研究》1994 年第 4 期。

③ 参见腾讯网《昔日女首富张茵建议取消无限期合同规定》，http：//news.qq.com/a/20080302/000096.htm，2010 年 9 月 9 日。

④⑤ 参见中国劳动和社会保障法律网《劳动合同法过度向劳动者倾斜？》，http：//www.cnlss-law.com/list.asp？unid=6423，2010 年 5 月 22 日。

⑥ 参见搜狐网《专家激辩新劳动合同法：无固定期限最易遭解雇》，http：//news.sohu.com/20080313/n255676402.shtml，2008 年 3 月 13 日。

可能会导致'双输'的结局。"① 陈舒却认为："劳动力完全市场化，完全由供求决定是行不通的，政府有必要对之进行适当干预……何况劳动力市场本身就存在'强资本，弱劳动'的问题，劳动者没有任何讲价的权利。"② 常凯提出："劳资关系不成熟，尤其是工会'庞大'而不'强大'的情况下，特别要强调公权力的介入。政府如果不介入，只能让本已失衡的劳资关系进一步失衡。"③ 夏业良也认为："在中国，工会实际上是缺位的，往往是由政府出面来保护劳工权利，政府试图通过新的法律条款给予保护。"④

上述争论引起了很大的社会反响，但并不是严格的学术研究。学术界对农民工劳动合同问题的研究主要集中在探讨劳动合同签订率低的原因。有人从组织社会学角度，提出企业性质、规模、所在行业对农民工是否签订正式的劳动合同有不同程度的影响⑤；有人从劳资双方力量对比和农民工劳动特点的角度，认为"在强资本弱劳动的总体格局下，用人单位不愿与农民工签订劳动合同是劳动合同缺失的根本原因"⑥；有人从社会网络的角度，认为在正式制度不完善的情况下，非正式制度和关系网络在实施劳动契约的过程中起到了很大的作用⑦；有人从劳动合约建立和执行过程的关系对比角度，提出国家劳动法规与实际执行的非对称、劳动契约中用工企业与农民工劳动权利的非对称、农民工与用工单位的信息不对称性，构成当今中国新型工业化进程中农民工劳动合约问题的关键⑧等。

刘林平、陈小娟利用问卷资料，对劳动合同问题进行了较为细致的定量分析。他们通过统计模型分析发现，影响劳动合同签订的显著变量主要是农民工的人力资本（参加培训、本企业工龄和对法律的认知程度）和企业规模；而是否签订劳动合同对农民工的工资水平和工资是否符合最低工资标准都没有显著性影

① 参见腾讯网《激辩〈劳动合同法〉》，http：//news.qq.com/a/20080317/000027.htm，2008年3月17日。

② 参见中国劳动和社会保障法律网《劳动合同法过度向劳动者倾斜?》，http：//www.cnlsslaw.com/list.asp？unid=6423，2010年5月22日。

③ 参见新华网《回应张五常：劳动合同法将促进而不是毁掉中国经济》，http：//news.xinhua-net.com/fortune/2008-02/01/content_7538635.htm，200年2月1日。

④ 参见南方都市报《专家激辩新劳动合同法：无固定期限最易遭解雇》，http：//news.sohu.com/20080313/n255676402.shtml，2008年3月13日。

⑤ 刘林平、郭志坚：《企业性质、政府缺位、集体协商与外来女工的权益保障》，载《社会学研究》2004年第6期。刘辉、周慧文：《农民工劳动合同低签订率问题的实证研究》，载《中国劳动关系学院学报》2007年第3期。

⑥ 雷佑新、雷红：《论农民工劳动合同缺失的成因及解决思路》，载《经济体制改革》2005年第4期。

⑦ 郑莜婷、王珺：《关系网络与雇主机会主义行为的实证研究》，载《中国工业经济》2006年第5期。

⑧ 郑英隆、王勇：《劳动合约：新型工业化进程中的农民工问题研究》，载《经济评论》2008年第1期。

响。他们认为，在中国现有制度安排下，劳动合同不是西方意义上的工资谈判工具，只具有劳资关系合法化的象征意义。劳动关系的实质性变迁取决于政府政策引导下的劳资双方力量的博弈，作为国家力量产物的劳动合同是劳动关系走向规范化的起点。[1]

劳动时间或工时也是农民工权益保障的重要问题。如上所述，在综合性调查中，研究者一般都指出劳动时间过长是农民工权益受损的重要表现，但相关的专题研究却较少。刘林平、张春泥、陈小娟对农民工超时加班问题进行了研究。他们通过问卷调查资料分析发现：大部分的农民工都是自愿加班的，增加收入是主要原因。影响农民工加班意愿和加班目的的显著变量主要是代表现代规训机制的教育和工龄，以及代表传统机制的家庭及经济责任，它们更深层地表现了中国农民不同于现代工人的效益观和剥削观。他们进一步认为，中国农民有着不同于现代职业工人的效益观及其行动逻辑，农民工是农民向职业工人转变过程中的特殊群体，对其行为的了解要联系中国传统价值观念和农民特殊的效益观念。[2]

（四）社会保障及相关问题

农民工的社会保障是其权益保护中最重要的问题之一。许多研究者描述了农民工社会保障缺失的现状、后果，并分析了产生的原因，提出了对相关制度设计的一些看法。

刘翠霄认为，由于二元户籍制度和社会保障的缺失，进城务工人员沦为城市中比下岗职工境遇还要差的弱势群体，并由此产生一系列的不利社会后果：导致社会对立，城市化和现代化进程缓慢，进城务工人员就业空间狭小，改革户籍制度艰难。[3] 罗蓉、罗澍以成都为例研究了农民工的社会保险制度的设计。他们将成都市所存在的问题归纳为四：一是险种设置不能反映参保人意愿，缺乏足够的吸引力。二是工伤等收费标准不尽合理。综合保险重视工伤保险，但不分企业性质、行业规模、保险体制，规定缴费标准和保障水平都是相同的。三是综合保险向基本保险转换可能加大基金风险。四是参保带来的较高人力成本影响保险关系人的积极性。他们认为，在为进城农民工设计相关方案时，必须考虑社会综合效益。必须符合进城务工农民自身特点，满足其特定的保险需求。必须缩小企业等保险关系人制度机会，为农民工提供保障。并且，要注意在险种选择上，应该以

---

[1] 刘林平、陈小娟：《制度合法性压力与劳动合同签订——对珠三角农民工劳动合同的定量研究》，载《中山大学学报（社会科学版）》2010年第1期。

[2] 刘林平、张春泥、陈小娟：《农民的效益观与农民工的行动逻辑——对农民工超时加班的意愿与目的的分析》，载《中国农村经济》2010年第9期。

[3] 刘翠霄：《进城务工人员的社会保障问题》，载《法学研究》2005年第2期。

养老保险为重点，兼顾医疗和工伤等险种设计；在费率设计上，要充分考虑农民工承受能力小、工作流动性大的特点等问题。①

相比较而言，张霞利用调查数据对农民工社会保障权益缺失的研究显得更有说服力。她认为，中国的劳动力市场自20世纪90年代以来呈现出多重分割的趋势。这意味着不同的劳动群体享有就业机会、公共服务和社会保障的差别。流入城市的外来农村劳动力在就业时显现出较大的非正规就业特性，是被排斥在城市社会保障体系外的主体人群。张霞所做的回归分析表明，城市劳动力市场上劳动者户籍身份的不同，其享有社会保障权益也显著不同，即劳动者拥有户籍的不同将导致他们享有社会保障权益的差异。拥有本地城市户籍的劳动者要比拥有其他户籍的劳动者具有明显的优势，这个明显的优势很一致地体现在了劳动者享有养老保险、医疗保险和工伤保险的状况。所以，她认为，户籍制度依然是导致劳动者社会保障权益存在差异的制度原因。此外，就业部门和劳动合同也是农民工社会保障权益缺失的重要原因。②

工伤保险对于农民工来说最为必要和紧迫，徐道稳利用问卷调查资料对此进行了专门研究。数据显示，在3 024个调查对象中，有过工伤经历的共154人，工伤发生率为5.1%。在受过工伤的人中，根据145个有效回答，90%的人没有充分享受到国家规定的工伤保险待遇。通过回归分析，他得出结论说：第一，农民工的性别、行业类别、单位性质和工作性质等因素与工伤事故的发生有显著的相关性。男性农民工的工伤风险明显高于女性；各行业工伤风险有很大差异，建筑业最为突出；私营企业的工伤发生率最高；技工工伤发生率明显高于普工。第二，农民工对工伤保险的了解程度、教育水平、行业类别和单位性质对农民工参加工伤保险的意愿有显著影响，其中，教育程度特别重要。③

工作环境问题对农民工来说也相当重要，它和农民工的医疗保障直接联系。陆文聪、李元龙认为，与其他社会群体不同，农民工实际上承受着双重的环境污染危害，除了中国工业化和城市化进程中出现的整体环境质量恶化之外，还承受着与其从业特点相关的劳动作业过程性环境污染，粉尘、废气、有毒气体和噪声等使农民工群体面临相当高的健康风险，其危害程度也可能远远高于生产安全事故。如果农民工的健康权益问题不能得到及时、有效的解决，农民工群体中就可能出现一种"低健康水平→低劳动能力→低收入→低健康水平"的"健康陷

---

① 罗蓉、罗淖：《进城务工农民社会保险制度设计的因素分析——以成都的实践为例》，载《人口研究》2005年第2期。

② 张霞：《城市劳动力市场二元分割与外来农业户籍劳动者社会保障权益缺失》，载《中国社会科学院研究生院学报》2007年第2期。

③ 徐道稳：《农民工工伤状况及其参保意愿调查》，载《中国人口科学》2009年第1期。

阱"，并会进一步向"代际"转化，长期地损害农民工的健康权益。①

苑会娜根据在北京市城八区进行的农民工调查数据，发现约 1/4 的农民工存在健康恶化现象，即与流动前的健康状况相比，流动后健康状况发生恶化。通过回归分析，她发现农民工的健康与收入形成了循环作用机制：初始健康状况越好，收入越高。健康对收入的作用更多体现在提高单位时间收益率上；个人收入的获得却在损耗健康；而健康状况的恶化又导致单位收益率下降。健康恶化更可能发生在教育程度低、家庭背景差的农民工身上，社会保障状况，尤其是医疗保障状况能显著降低健康恶化的可能性。②

传统上，中国农民是没有养老保险的，养老保险只是城里人的事情。怎么将农民工纳入城市养老保险体制呢？崔红志认为，将农民工纳入城市社会养老保险体制能够缓解现有模式的基金压力，并且对农民工自身具有积极意义：有利于他们与农村脱离，有助于逐渐消除社会歧视，在一定程度上保护了他们的利益。但是，在实施过程中却面临着一定的困难与问题：第一，个人账户不可转移；第二，农民工自我雇佣比例大；第三，企业设法减轻或转嫁负担。为此，他提出建立和完善进城农民工社会养老保障制度的思路是：其一，根据进城农民工从事职业的类型，把符合一定条件的农民工纳入城市社会养老保险体制。其二，控制缴费比例，防止实施社会养老保障这一政策对农村劳动力转移的不利影响。其三，妥善解决已被纳入社会养老保险体制的那部分进城农民工在农村的承包地。其四，明确养老保险在社会保险体系中的位次，采取多种办法保障农民工的利益，主要是要减少各种各样的收费，给予农民工更多的服务等。③

在上述研究中，政策性设想多于数据分析。我们认为，政策设计要建立在对于事物因果关系较为准确的判断之上，因此，我们只能期待进一步的深入研究。

（五）居住、教育及其他

一般来说，农民工在打工地的居住形式也和其权益紧密相关，因为居住条件的好坏是对他们生存状况和权益保护的重要评价尺度之一。不过，任焰、潘毅却对此做了进一步的理论概括。她们将当代中国工厂大量使用外来农民工，并利用工厂宿舍对工人进行暂时性安置，以此来承担劳动力日常再生产的用工形态概念

---

① 陆文聪、李元龙：《农民工健康权益问题的理论分析：基于环境公平的视角》，载《中国人口科学》2009 年第 3 期。

② 苑会娜：《进城农民工的健康与收入——来自北京市农民工调查的证据》，载《管理世界》2009 年第 5 期。

③ 崔红志：《对把进城农民工纳入城市社会养老保险体制的认识》，载《中国农村经济》2003 年第 3 期。

化为"宿舍劳动体制"。宿舍劳动体制意味着以工厂为中心的劳动力日常生活的再生产，管理权力对工人生活的渗透，对工作日和劳动时间的随意延长及灵活控制，从而增加对劳动力剩余价值的获取。并且，工厂对劳动力的日常再生产实行统一管理（居住、食物、出行、社交以及休闲等全部在生产组织中获得），既可以节省成本，又可以加强全面控制。

任焰、潘毅具体描述了深圳一家工厂宿舍的情况，用以说明她们的理论观点。那家工厂的工人宿舍楼像一间医院，房间大小一样，设施一样，每间宿舍住有 8 ~ 12 名工人，生活以及卫生条件都比较差。[①]

任焰、潘毅建构的"宿舍劳动体制"理论有一定新意。但是，农民工的住宿方式是一种外在的形式还是一种本质的社会劳动关系？可能还有待于进一步的研究。

任焰、梁宏利用问卷调查资料具体研究了农民工的居住问题。她们的研究发现，农民工的居住方式基本是资本主导或社会主导的。农民工的居住条件和居住质量很差，远不及当地户籍人口甚至是农村的居住条件和居住质量，无论是资本主导型还是社会主导型的居住方式，农民工所拥有的仅仅是一个恢复劳动力甚至是睡觉的场所，除此以外几乎不具备任何休闲、放松和保护隐私的功能。决定农民工的居住方式的重要变量是行业、企业性质、企业规模等组织因素，农民工的个人特征对其居住方式的影响很少。[②]

农民工在城市的居住形式和政府的政策是关联的。魏立华、闫小培认为，"排外的城市住房政策"使外来人口只能从"城市住房体系"之外寻找住所，住房市场（包括租赁市场）均是面对城市居民"设计"的，政府无力满足对于低收入住房的旺盛需求。外来人口基本上被置于主流的住房分配体制之外。租赁，尤其是租赁私房，成为外来人口获取住房的主要方式。[③] 郑思齐、廖俊平、任荣荣、曹洋则强调，改善农民工居住环境的政策能够使住房供给对经济增长的推动力具有可持续性。致力于改良农民工聚居区的居住环境并推动其社会融合的住房政策将有利于经济的可持续增长和城市原有居民的福利提升。[④]

赵晔琴从"居住权"（"居住权"往往被看作是"市民权"的一个组成部

---

① 任焰、潘毅：《跨国劳动过程的空间政治：全球化时代的宿舍劳动体制》，载《社会学研究》2006 年第 4 期。

② 任焰、梁宏：《资本主导与社会主导——"珠三角"农民工居住状况分析》，载《人口研究》2009 年第 2 期。

③ 魏立华、闫小培：《中国经济发达地区城市非正式移民聚居区——"城中村"的形成与演进：以珠江三角洲诸城市为例》，载《管理世界》2005 年第 8 期。

④ 郑思齐、廖俊平、任荣荣、曹洋：《农民工住房政策与经济增长》，载《经济研究》2011 年第 2 期。

分，主要表现为给乡城迁移人员户籍、提供公益性住宅、廉价商品住房、住房补贴等等权益）入手，以上海市 C 小区的动迁过程为个案，探讨了在城市改造背景下，同样作为城市居住者的大量乡城迁移人员的居住权益问题。她认为，大量乡城迁移者在城市改造中遭到集体性的住房排斥，他们往往是改造中的最弱势群体，缺乏利益表达和诉求的可能性。农民工的"居住权"被忽视，一方面是由于政府在制度和政策上的种种设置与安排，另一方面也与农民工自身的集体无意识有关。①

和居住权一样，农民工子女受教育的权利也是其"市民权"的重要组成部分。

在题为《进城务工就业农民子女接受义务教育的政策措施研究》的文章中，研究者讨论了相关的政策措施。文章指出，"两为主"政策（所谓"两为主"政策是指，2001 年《国务院关于基础教育改革与发展的决定》强调，"解决流动儿童接受义务教育问题，以流入地区政府管理为主，以全日制公办中小学为主，采取多种形式，依法保障流动儿童少年接受义务教育的权利"）是政府解决农民工子女义务教育的有力举措，落实这一政策，除了政府加大经费投入、切实落实教育免费措施、加大执法力度等外，还应在教育领域率先全面破除户籍壁垒，实现对农民工子女学籍的动态管理，明确中央财政和地方财政对农民工子女义务教育的拨付责任，加强流入地政府及教育主管部门的责任，积极引导社会力量资助和参与办学等。文章披露，在流动儿童中，一直未上学者占 6.89%，辍学者占 2.45%，后两者合计显示的流动儿童失学率高达 9.3% 。以此推算，在随父母进城的 1 500 万农民工子女中，有近 140 万适龄儿童辍学或一直未上学。②

中央教育科学研究所课题组于 2007 年 9 ~ 10 月对北京、上海、广州等 12 个城市的农民工子女教育状况进行了专题调研。他们发现所存在的问题主要是：（1）管理问题：农民工子女学籍管理混乱；民办农民工子女学校教师来源复杂、学历偏低、流动频繁，管理者的学历水平和学校必要的设施设备方面存在明显不足；民办农民工子女学校审批标准过高，未获准学校数量多，且监管困难；农民工子女进入公办学校就读还存在一定困难；流入地政府难以预测农民工子女的流动趋势，在接纳上很难制订出合适的招生计划；流出地政府在农民工子女教育问题上责任不明确、不具体等。（2）学习问题：民办农民工子女学校的教育教学质量较差、转学困难、日常管理存在较多问题；农民工子女的家庭学习环境不如

---

① 赵晔琴：《"居住权"与市民待遇：城市改造中的"第四方群体"》，载《社会学研究》2008 年第 2 期。

② 中央教育科学研究所教育发展研究部课题组：《进城务工就业农民子女接受义务教育的政策措施研究》，载《教育研究》2007 年第 4 期。

当地学生，家长对子女学习的关注度和家庭教育均不如当地学生家长，农民工子女接受义务教育后教育的意愿难以实现等。

为此，他们提出了一些对策建议：中央设立专项资金，落实农民工子女教育经费的国家责任；实施教育券制度，保障农民工子女在流动过程中的政府经费支付到位；建立全国性的电子学籍管理系统，对农民工子女进行全口径的统一动态学籍管理；强化流出地政府责任，为流入地提供准确、及时的学生流动信息；制订合理的农民工子女入学标准，简化入学手续；挖掘现有公办学校潜力，扩大接收农民工子女规模；推广农民工子女学校"国有民办"的办学模式，提倡政府与社会共同解决农民工子女教育问题；探索对民办农民工子女学校的有效监管措施，确保管理；加强对民办农民工子女学校的支持，改善办学条件；创新义务教育后招生制度，拓宽农民工子女"初中后"教育出路。[①]

这次调研涉及范围广，问卷量大，所得结论应该可以推论全国。可惜的是，我们从文章中所看到的数据还很有限，而且数据的处理也过于简单。

在此前后，其他的一些研究[②]也得出了与上述研究基本相同或稍异的结论。

农民工子女在城市完全进入公办学校并不现实，民办学校应运而生，但民办学校很难达到国家有关标准。吴霓认为，以北京市六所未获批准的民办农民工子女学校的条件来看，公办学校的设置标准成为民办农民工子女学校很难企及的目标。因此，简易、基本符合教育教学要求应该是民办农民工子女学校设立得到许可的基本原则。[③]

与此相关的一个问题是农村的留守儿童。叶敬忠等人认为，留守儿童的问题主要是增加了他们的劳动负担，限制了休闲、娱乐和交往；隔代监护人对留守儿童的照料相对欠佳，留守儿童生病会增加监护人的心理压力；少数留守儿童在上学路上得不到接送，安全没有保障。[④] 段成荣和杨舸则指出，农村留守女童不能和父母生活在一起，对她们的成长有很大影响。这主要表现在家庭教育、心理发展和看护、照料方面。从受教育情况来看，留守女童的小学教育状况良好，但初中教育问题明显；低年龄的农村留守儿童的男女受教育差异不大，但高年龄组的

---

① 中央教育科学研究所课题组：《进城务工农民随迁子女教育状况调研报告》，载《教育研究》2008 年第 4 期。

② 赵树凯：《边缘化的基础教育——北京外来人口子弟学校的初步调查》，载《管理世界》2000 年第 5 期。汪明：《农民工子女就学问题与对策》，载《教育研究》2004 年第 2 期。王涤：《关于流动人口子女教育问题的调查》，载《中国人口科学》2004 年第 4 期。谢建社、牛喜霞、谢宇：《流动农民工随迁子女教育问题研究——以珠三角城镇地区为例》，载《中国人口科学》2011 年第 1 期。

③ 吴霓：《民办农民工子女学校设置标准的政策困境及解决措施》，载《教育研究》2010 年第 1 期。

④ 叶敬忠、王伊欢、张克云、陆继霞：《父母外出务工对留守儿童生活的影响》，载《中国农村经济》2006 年第 1 期。

差异增大。① 谭深在阅读了大量文献基础上的一篇学术述评中指出，农村留守儿童确实处于不利的情势下。这种不利不仅是由于家庭结构不完整所带来的亲情缺失，从而导致一定的心理、教育、健康、安全的问题，更在于各种不利结构的交织和可利用资源的匮乏。影响留守儿童问题的主要的制度和结构是，农民工被动的"拆分型再生产模式"所导致的"拆分型家庭模式"，农村社会在结构层面的解体，二元分割下的农村教育等，这些制度结构都使留守儿童处于边缘的位置。②

在对消费问题的研究中，周林刚以对深圳居民（包括农民工）的问卷调查资料为依据，研究了农民工集体消费问题。他认为，对农民工的制度性歧视不仅表现在生产领域，而且反映在集体消费领域。无论是高制度"门槛"型的住房、医疗、社会保险和子女教育，还是低制度"门槛"型的体育休闲消费，农民工的消费水平均远远不如市民。制度障碍和身份区隔始终是制约农民工集体消费的深层因素。③

还有学者研究了对外来女性农民工的性骚扰问题，唐灿认为，在对外来女民工性骚扰状况的描述中，有两点非常突出：（1）部分外来女民工所处的治安环境相对比较恶劣；（2）对她们的性骚扰似乎带有更为野蛮的掠夺的性质。对外来女民工的性骚扰问题，可以说是中国妇女从受到行政保护到被推向边缘化的社会变迁过程中较有代表性的社会问题。④

从权益的视角，对于农民工居住、子女教育和其他问题的研究尽管已有所涉及，但是，相对于工资、劳动力市场等研究来说，还显得比较单薄。

三、权益维护：工会、政府、农民工及其社会环境

农民工的权益获得并不是一个自然、自动的过程，权益受损必然带来权益维护，权益维护是一个多方行动者在一定制度环境里行动的过程。下面，我们从几个方面来叙述有关农民工权益维护的研究。

（一）工会和非政府组织

一般来说，工会是组织化的工人代表，对于维护工人（包括农民工）权益

---

① 段成荣、杨舸：《中国农村留守女童状况研究》，载《妇女研究论丛》2008年第6期。
② 谭深：《中国农村留守儿童研究述评》，载《中国社会科学》2011年第1期。
③ 周林刚：《地位结构、制度身份与农民工集体消费——基于深圳市的实证分析》，载《中国人口科学》2007年第4期。
④ 唐灿：《性骚扰：城市外来女民工的双重身份与歧视》，载《社会学研究》1996年第4期。

具有特殊责任。但是，中国的工会较为特殊。冯钢认为，中国的企业工会表现出"制度性弱势"，这主要体现为：工会组织对行政主管和企业领导的高度依赖，工会组织无法代表职工的利益，集体谈判、集体协商和集体合同制度缺乏集体行动的合法性基础。工会在维护工人利益方面处境艰难：首先，传统工会实际上只是政府负责"生产动员"的组织部门在企业的一个派出机构，对劳动监督尤为困难。其次，作为"生产动员"组织的工会并不具备"工人利益聚合"的功能，无法代表工人的利益。最后，工会没有代表工人利益采取集体行动的权利。[①]

冯钢对企业工会的认知符合一般人的经验常识。但是，中国的工会难道不可以创造新的组织形式（如社区工会）和新的活动方式吗？如果不能，又受到了什么样的制度阻碍呢？

不过，在一些特殊的条件下，工会也是可以发挥积极作用的。黄岩以沿海地区的一家代工企业——兴达公司为例，分析了内部工会（员工委员会）模式对于增进工人团结的功效。兴达公司的员工委员会是由其客户（美国 T 公司）的压力而建立的，而且以车间为单位。通过员工委员会，工厂在管理层和工人之间建立起一种制度性的沟通渠道，工人可以发出自己的呼声，争取更多的集体利益。黄岩指出，有限的认同感决定了工人斗争会采取比较保守的策略和目标，因此小范围抗争比较容易实现，而且经济利益的抗争根本不需要一个统一的工人阶级意识作为支持。兴达公司在企业内部建立员工委员会，形成一种由品牌公司倡议、资方主导、外来工参与的民主管理方式。由于跨国网络给跨国品牌施加了强大的人权压力，使得国内的代工企业不得不改善自己工厂的人权状况，从而对维护国内劳工权益发挥了积极的作用。[②]

黄岩认为，一个新的四方机制，即跨国品牌公司—外来资本—当地政府—外来工人，已经成为沿海地区独有的劳资关系模式。跨国倡议网络，这个网络由跨国公司、消费者运动组织、国际劳工组织、企业社会责任组织、慈善机构以及宗教组织等构成，与中国政府、企业及本土 NGO 合作，推动劳动权益保护，代表了全球化背景下新的劳工干预力量。[③]

但是，黄岩的认识可能过于乐观。余晓敏通过对于 FB 公司在中国南方的一家大型运动鞋供应商工厂三年的田野研究发现，作为一种"志愿性的"、"私有化的"、"以市场为导向的"的劳工标准规范机制，"人权生产标准"的实施有效遏制了一些如童工、职业伤害和职业病、强制性的过度加班、辱骂体罚员工等严重的问题。但是，在工资、自由结社和集体谈判的问题，FB 守则的有效性就显

---

① 冯钢：《企业工会的"制度性弱势"及其形成背景》，载《社会》2006 年第 3 期。
② 黄岩：《代工产业中的劳工团结：以兴达公司员工委员会试验为例》，载《社会》2008 年第 4 期。
③ 黄岩：《全球化、跨国倡议网络与农民工保护》，载《经济学家》2009 年第 1 期。

得十分有限，甚至有副作用。CSR（"公司社会责任"）和跨国公司的行为守则没有脱离资本利润最大化的动机，相反可能成为跨国公司将利润最大化逻辑"合法化"的工具。①

NGO 在中国的发展还是新生事物，对于维护劳工权益的 NGO 来说，生存和发展尤其艰难。

邓莉雅、王金红通过对珠三角土生土长的民间维权机构——"番禺打工族文书处理服务部"的观察与了解，透视中国目前的制度因素与资源因素对这种体制外的新型社会组织的生存与发展所形成的制约。在番禺打工族服务部身上，体现了与中国传统的社团组织截然不同的特性，它独立于政府，是一个民间自发创立的中介组织，其目标是维护打工者的合法权益。但是，这个组织面临的问题是：（1）身份合法性；（2）资金来源；（3）内部管理及能力建设。邓莉雅、王金红认为，对于中国的 NGO 来说，现行的制度因素在宏观体制环境上提供了一定的有利条件，在旧的资源配置方式以外开辟了新的资源配置方式，使 NGO 的成长具有了物质基础，同时政府管理社会的方式的改变也为 NGO 获取和利用这些资源开辟了渠道。但是，现实的法制环境对于中国 NGO 的成长具有明显的约束作用：（1）登记注册限制过多。（2）双重管理体制控制过严。（3）管理措施的立法远远滞后于 NGO 的发展。②

岳经纶、屈恒也对同一个 NGO 组织进行了研究，他们认为，在农民工权益的保护上，政府和非政府组织可以在事前预防机制和事后补救机制两个方面进行分工合作。第一，对事前预防和纠正企业违反劳动法规规定、侵犯农民工权益的情况，需要以政府为主导力量，加大惩治力度；而 NGO 则偏重于发展多方参与的监督机制，提高工人主体意识，促进企业承担社会责任。第二，在农民工权益受到侵犯后，应当有畅通的申诉渠道和利益表达空间。在现行体制下，政府应当鼓励 NGO 等社会力量提供免费的法律援助，让农民工能够在制度化的管道内发泄不满，避免积累社会矛盾。第三，NGO 和官办社团（工会、团委、妇联）应当区分业务重点，建立良好的合作关系。③

黄岩和邓莉雅、王金红等人的研究只是个案，我们的问题是：其他企业或其他地区是否也有类似的情况发生？如果跨国网络、NGO 等组织形式可以发挥普遍性的作用，对于农民工和整个工人阶级来说，具有什么样的意义？

① 余晓敏：《跨国公司行为守则与中国外资企业劳工标准——一项"跨国—国家—地方"分析框架下的实证研究》，载《社会学研究》2007 年第 5 期。
② 邓莉雅、王金红：《中国 NGO 生存与发展的制约因素——以广东番禺打工族文书处理服务部为例》，载《社会学研究》2004 年第 2 期。
③ 岳经纶、屈恒：《非政府组织与农民工权益的维护——以番禺打工族文书处理服务部为个案》，载《中山大学学报》2007 年第 3 期。

（二）政府：地方治理和昆山经验

对于农民工的权益保护来说，地方政府的作用至为关键。但是，地方政府是在什么样的制度条件下，按照什么样的逻辑来行动的呢？

张永宏从地方治理的政治—制度视角分析了国家的农民工保护政策在珠三角地区的执行过程和机制。珠三角过去30年一直占主导地位的治理模式是"地方政府法团主义"。为了促进本地经济发展，镇（街道）和村（社区）经常包庇企业的违法行为，包括默认和允许企业不注册、不跟农民工签合同；处理劳资纠纷时，站在企业一方，干预劳动执法。近年来，基层政府内部向上集权、向下压任务，强化"政府直管"，导致了基层政府的碎片化和职能不完整。这样，基层政府实际的政策执行尽量不去触及现存的社会关系，常常出现治理上的临时拼凑，基层干部普遍依赖于一些临时想到的办法和临时可利用的资源来对付复杂的劳资纠纷问题。

珠三角的经济发展是外向型加工贸易和廉价农民工劳动力，基层政府和本地村民靠土地开发和物业出租获益。这种资源配置就是一种"局部效率"，基层政府、本地居民和企业都是决策者，任何一方都没有激励去改变这种资源配置方式，农民工被排除在决策之外，企业用工方式多年不变，农民工工资待遇长期过低，大部分享受不到社会保障。这种效率是以一批又一批农民工的福利损失作为代价的，而且成为一种制度建构，产生了文化认知的力量。

张永宏认为，制度结构决定了农民工保护仍然是以基层政府治理为主导的，但是基层政府治理的合法性基础已经受到了削弱，以局部效率作为制度逻辑的地方治理面临着转型的困扰。国家与农民工之间的隐含联盟这一政治过程正在将农民工群体纳入地方治理结构中，并逐渐削弱着已有的治理结构和制度逻辑。

在张永宏看来，对农民工权益保护产生具体影响的地方制度显然不是大型的、正式化的科层制度，而是混合了科层制和乡土观念的地方制度。因此，农民工研究和农民工保护的政策设计都需要考虑特定的地方背景。[①]

张永宏对珠三角地方治理的分析是有洞见的，如果这种分析建立在充足的实证材料基础上，则显得更为扎实。

张永宏提出，农民工要纳入地方治理过程，这其实也是一个政治参与过程。不过，邓秀华用对长沙和广州的问卷调查资料告诉我们，农民工的政治参与过程并不乐观，在1 256个有效样本中，参加过城市社区居委会选举的仅占5.7%，

① 张永宏：《地方治理的政治——制度视角：以农民工保护政策执行为例》，载《中山大学学报》2009年第1期。

参加过所在单位民主管理活动的仅占 12.9%。究其原因，邓秀华认为是户籍制度的羁绊、自身条件的限制、政治效能感弱、利益驱动不够、信息渠道不畅和组织依托缺乏。可惜的是，这些原因的分析主要不是由数据导出的。①

和珠三角不同，长三角对待农民工的政策有其成功之处。李浩昇对昆山的成功经验进行了总结。昆山经验是政府强力主导的经验，昆山地方政府在农民工权益保护和市民化过程中发挥了绝对性的主导作用。在解决工资拖欠、规范用工行为、加强劳动安全和职业病防治、社会保障、职业培训、子女教育、居住形式等方面，昆山都做出了有益的探索，取得了较好的效果。其中，特别值得提出的是，昆山在全国首创了工资担保制度。②

我们要提出的问题是：昆山经验是可以复制的吗？如果不能，为什么？

（三）农民工：维权过程和行动方式选择

伤残农民工是农民工群体中权益受损最为严重的一群人，维护自己的权益是他们必然的选择。但是，对这个群体来说，维权的道路是非常艰难的。郑广怀以对珠三角农民工进行的多次调查资料为依据，对此进行了研究。

郑广怀认为，伤残农民工的维权道路上存在着一个与赋权完全相反的剥权过程。这个过程由四个步骤组成：（1）去合法性：企业和地方权力部门利用农民工的违规行为（如用假身份证进厂，使用假名住院），使得他们无法满足启动维权程序的条件和要求。（2）增大维权成本：企业和相关部门利用法律法规和政策规定上的先后顺序和时间程序，采取恶意诉讼、拖延时间和增大工人取证难度等做法，将时间期限运用到最高限度，迫使工人走完所有的政策规定过程和司法程序，最终使工人在维权过程中付出极大的时间成本和经济成本，使其获得的赔偿往往得不偿失。（3）对制度的选择性利用：企业和有关部门选择对自身有利的制度、选择非必经程序和制造制度发生作用或不发生作用的前提等，在操作过程中迫使工人即使付出了极大成本也将面对非常恶劣的结局。（4）弱化社会支持：企业通过内部的正式和非正式制度阻碍工人获得工友的帮助，并限制工人的求助行为。地方权力体系对民间维权力量进行限制。

郑广怀认为，造成相对完备的法律和政策规定与劳工维权实际遭遇的巨大断裂的原因在于，维权不是简单的赋予权力的过程，它受到各种现实因素的制约，特别是制度运作实践的影响。这些制约和影响主要源于资本和地方权力体系具有制度连接的能力。工人面对的是制度安排造成的无奈和无助，从而进入一个无法

---

① 邓秀华：《长沙、广州两市农民工政治参与问卷调查分析》，载《政治学研究》2009 年第 2 期。
② 李浩昇：《善待与接纳：对昆山市农民工市民化经验的解读》，载《人口研究》2008 年第 6 期。

摆脱的维权的困局。[①]

郑广怀的研究实际上告诉我们，权益受损的农民工要维护自己的权益并不是轻而易举的事情，维权的困难在于中国的相关制度，尤其是程序性制度，其实是有很多漏洞可钻的，即使制度完备，执行过程也不容乐观，因为制度的执行者并不是利益中立者。那么，由此而引发的问题是：在农民工（尤其是伤残农民工）维权时，还有什么社会力量可以依赖？

农民工维权的首要手段是法律，但诉诸法律并不能很好地维护他们的权益，谢岳认为，国家与地方相互矛盾的政策目标造成农民工"司法动员"的失败，这种矛盾的政策表现为：中央政府为了维护社会秩序，颁布法律保护农民工的权益，这些法律为农民工的集体行动创造了政治机遇，鼓励了他们以法律行动捍卫自己的利益。然而，地方政府却常常将经济发展这个目标置于中央政府强调的政治稳定目标之上，采取不同的形式抵制相关法律的执行，造成农民工"司法动员"行动的失败，最终导致集体行动的升级。[②]

在农民工维权采用法制化程序难以见效时，他们往往改用集体行动。蔡禾、李超海、冯建华将农民工利益受损时的行动方式一分为三：体制内投诉、体制外集体行动和保持沉默。那么，是什么因素影响了农民工行动方式的选择呢？他们利用问卷数据建构的回归模型得出的结论是：从整体上讲，农民工的相对剥夺感、对劳动法的认知水平、社会网络规模和企业集体宿舍制度对其利益抗争行为有显著性影响。但是在投诉和集体行动的方式选择上，影响因素表现出差别，教育和网络对投诉有更显著的影响，企业集体宿舍制度对集体行动有更显著影响，但企业所有制对减少农民工在企业外部展开利益抗争，或者在引导农民工用体制内方式解决利益纠纷问题上没有显著性影响。[③]

蔡禾等人的模型可能忽视了某些重要的变量（比如经济利益变量），而其中的一组心理变量作为自变量是否能和因变量在时间先后顺序上明确区分开来，看来还是值得考虑的。

刘传江、赵颖智、董延芳利用2010年湖北省流动人口动态监测数据，构建Logistic模型，研究了农民工参与群体性事件意愿的影响因素，所得结论是：（1）受教育程度越高的农民工群体在利益受到侵害时更倾向于通过参加群体性事件来解决冲突，这说明农民工人力资本的增加对其参与社会活动意愿的影响是正向的，

---

① 郑广怀：《伤残农民工：无法被赋权的群体》，载《社会学研究》2005年第3期。

② 谢岳：《从"司法动员"到"街头抗议"——农民工集体行动失败的政治因素及其后果》，载《开放时代》2010年第9期。

③ 蔡禾、李超海、冯建华：《利益受损农民工的利益抗争行为研究——基于珠三角企业的调查》，载《社会学研究》2009年第1期。

更高的受教育程度带来更高的期望值和相对更强的剥夺感。（2）女性农民工在利益受到侵害时明显倾向于不参加群体事件，说明相对于男性农民工，女性处于文化和生理上的弱势，更容易选择沉默。（3）流动范围越大的农民工群体在利益受到侵害时越倾向于通过参加群体性事件维权，跨省流动的农民工更容易聚集或者组织参加农民工协会，说明社会资本的增加对农民工参加社会群体事件意愿的影响也是正向的。[①]

刘传江等人的回归模型比较简单，是否遗漏了某些重要的变量很难判断，因而，所得结论的稳定性还有待进一步的证实。

农民工并不是一个凝固的概念，他们是一个变化着的群体，随着新生代农民工的出现，他们的价值观念和行为方式都有着不同于上一代农民工的特点。王春光认为，新一代农民工的外出动机和社会认同都发生了变化。[②] 高颖认为，新一代农民工的工作条件、待遇和权益保障状况明显优于30岁及以上的农民工；他们的自我意识和权利意识也在不断增强，务工行为更加理性，不再像其父辈那样为了挣钱有活儿就干，不辞劳苦、不计得失；他们开始考虑报酬的合理性，并寻求付出与所得之间的平衡。[③]

（四）社会环境：新闻媒体与市民心理

报纸是新闻媒体的重要载体，对于社会大众有广泛影响，广州又是报业发达的地区。那么，广州的报纸是否关注农民工的生存状况，并为之呼吁呢？李艳红通过对2000~2002年广州四家主要日报的量化分析发现：城市报纸确实为"农民工"这个弱势群体的公共表达提供了一定的机会和空间。这表现在发表了一定数量的"农民工"新闻；在大部分新闻中，"农民工"都成为了新闻主角；与该群体作为劳工之身份利益密切相关的"劳工事务"主题受到了极大关注。

李艳红认为，城市报纸关于"农民工"的新闻报道尽管质量有待提高，但数量已经维持了一定的稳定性，有关"农民工"的公共事务的新闻甚至在媒体上占据了主要地位，保持着常规的"出席"。而且，大部分报纸也都开始转向从民间社会获得消息源，从民间成员的角度出发来进行新闻叙事。这显示"农民工"在城市社会获得一定的表达机会和空间，为解决其问题提供了社会舆论的支持。但是，广州城市报纸为"农民工"提供的公共表达机会又是有限和不足

---

① 刘传江、赵颖智、董延芳：《不一致的意愿与行动：农民工群体性事件参与探悉》，载《中国人口科学》2012年第2期。

② 王春光：《新生代农村流动人口的社会认同与城乡融合的关系》，载《社会学研究》2001年第3期。王春光：《新生代农村流动人口的外出动因与行为选择》，载《中国党政干部论坛》2002年第7期。

③ 高颖：《农村富余劳动力的供需变动及分析》，载《人口研究》2008年第5期。

的。这尤其表现在与"农民工"作为城市新移民之社会身份密切相关的"社会事务"主题很少被报道，较少被提上报道议程。城市报纸的沉默使得"农民工"要求实现其市民身份的话语无法进入公共话语场，因而未能积极推进"农民工"在城市社会实现其居住、教育和社会福利等多方面的市民权益。[①]

李艳红的研究视角独特，但是，却局限于新闻学的立场，显得不够开阔。

同样是在广州，刘林平从新制度主义的立场对城市居民进行问卷调查，了解他们对农民工的态度与评价。通过数据分析，他发现，在对农民工及其权益、政策评价上，城市居民并没有统一的看法，而表现出种种分歧与矛盾：市民高度认同"农民工干了城里人不愿干的脏活、重活、危险活"的说法，但是，他们对农民工的评价总体"一般"偏下；市民赞成农民工应该与市民一样同等享受医疗保险、子女义务教育，参加工会和人大选举，但并不认可同等享有失业救济、低保和廉租房。影响对农民工权益评价的主要因素是与农民工的交往程度：与单位内农民工交往越多，对其权益评价越正面；与单位外农民工交往越多，则越负面。对农民工看法和态度的差异，表现了城市居民不同群体的分歧和矛盾。

刘林平认为，二元经济体制不仅仅是一种制度安排，它也会内化为人们的价值观念，并有可能成为一种普遍的社会心理。而这样的价值观念和社会心理，又成为现存制度的支撑和制度变革的阻碍。这可能是我们研究农民工问题及其解决办法时必须面对的一个社会现实。[②]

在此之前，李强通过对北京农民工的个案研究发现，农民工对市民群体有很大的不满情绪，心理上有受歧视感，并认为他们与市民的冲突起因常在于市民对他们的歧视，责任在市民一方。[③]

上述研究在一定程度上揭示了农民工权益保护的社会舆论和社会心理环境，从新制度主义的立场来看，这可以归之于非正式制度的范畴。但是，从过往文献来看，国内学者对农民工权益保护的软环境或非正式制度的研究还是很不够的。

四、总结与评价

从上述文献回顾来看，我们可以得出如下结论：

（1）国内有关农民工权益保护的研究内容丰富、主题众多，各个方面几乎

---

① 李艳红：《新闻报道常规与弱势社群的公共表达——广州城市报纸（2000～2002）对"农民工"报道的量化分析》，载《中山大学学报（社会科学版）》2007 年第 2 期。

② 刘林平：《交往与态度：城市居民眼中的农民工——对广州市民的问卷调查》，载《中山大学学报（社会科学版）》2008 年第 2 期。

③ 李强：《关于城市农民工的情绪倾向及社会冲突问题》，载《社会学研究》1995 年第 4 期。

都有所涉及，其中一些专题研究（如工资和劳动力市场等）已经较为深入和成熟，一些结论，如农民工权益受损严重，已经被不同时点、地点的调查所反复证明，是不争的事实。

（2）不少研究利用官方统计资料、人口普查数据和自己组织的问卷调查数据，建立了模型，并进行了统计分析，所得结论有较为扎实的根据。一些理论研究所提出的概念有一定启发性。一些个案研究较为深入和细致，具有描述和进一步分析的价值。

但是，我们认为，也存在如下问题或缺陷：

（1）研究资料。从研究数据资料来看，大多数数据资料都是在特定时点上进行的调查，是所谓横剖面数据，几乎没有追踪性数据，也少有全国范围内抽样的数据资料。而且，在问卷调查中，调查的基本单位是个人，少有从企业层面进行抽样调查的数据。官方统计资料和人口普查数据的覆盖面和样本量都没有问题，但是，这些数据资料都不是专为农民工研究而设计的，必然缺乏很多重要变量。

（2）概念框架。理论研究的目的是建立研究框架，为实证研究打好基础。现有理论研究还显得单薄，很少有研究建立起总的概念框架，更没有形成有关农民工权益保护问题的总体因果模型，甚至一些基本概念也有待于澄清。究其原因，主要有如下两点：

①农民工问题不单单是城市问题，不能脱离农村来讨论，要把农民工问题放在中国社会尤其是转型时期的中国社会来进行研究。① 目前，国内的很多研究没有深入揭示农民工的特点，也没有深入揭示中国农村的特点、中国社会的特点和中国转型社会的特点，缺乏对中国农村、中国社会尤其是中国转型社会的背景性知识的支撑，对于农民工问题的研究就缺乏深度和厚度。而这些社会背景知识需要对于中国历史（尤其是中国经济史）研究成果②的了解和吸收。此外，也需要

① 沈原：《社会转型与工人阶级的再形成》，载《社会学研究》2006年第2期。
② 卜正民、格力高利·布鲁：《中国与历史资本主义》，北京：新星出版社2005年版。杜赞奇：《文化、权力与国家》，南京：江苏人民出版社1995年版。黄宗智：《华北的小农经济与社会变迁》，北京：中华书局1986年版。黄宗智：《长江三角洲小农家庭与乡村发展》，北京：中华书局2000年版。李丹：《理解农民中国：社会科学哲学的案例研究》，南京：凤凰出版传媒集团、江苏人民出版社2008年版。李怀印：《华北村治——晚清和民国时期的国家与乡村》，北京：中华书局2008年版。李中清、王丰：《人类的四分之一：马尔萨斯的神话与中国的现实（1700～2000）》，北京：三联书店2000年版。马若孟：《中国农民经济》，南京：江苏人民出版社1999年版。彭慕兰：《大分流：欧洲、中国及现代世界经济的发展》，南京：凤凰出版传媒集团、江苏人民出版社2008年版。施坚雅：《中国农村的市场和社会结构》，北京：中国社会科学出版社1998年版。施坚雅《中华帝国晚期的城市》，北京：中华书局2000年版。王国斌：《转变的中国：历史变迁与欧洲经验的局限》，南京：凤凰出版传媒集团、江苏人民出版社2008年版。赵冈：《中国传统农村的地权分配》，北京：新星出版社2006年版。赵冈、陈钟毅：《中国经济制度史论》，北京：新星出版社2006年版。赵冈、陈钟毅：《中国土地制度史》，北京：新星出版社2006年版。

一定国际视野和相关知识。

②农民工问题是一个综合性问题。经济学、政治学、法学、社会学等学科都对此进行研究，但是各个学科大多是从本学科自身立场出发，以本学科的通行范式来进行，具有较强的单一学科特点，从而由于缺少学科整合而导致的综合研究和跨学科研究不够，视野也较为单一。

（3）研究方法。一般来说，经济学、人口学和社会学对定量研究方法掌握较好，其他学科要差一些。定量研究所存在的问题是：许多研究只是对数据进行了描述，而没有进行统计分析；在建构研究模型时，由于缺乏理论支撑，或受限于数据资料，一些重要的变量被忽视；在统计模型中很少考虑数据的时间顺序和层次性；对于统计模型的内生性问题少有人考虑；也几乎没有研究者运用多种数据资料来说明模型的稳定性等。在定性研究中，少有比较个案研究，对定性资料收集和描述的完整性、客观性都远远不够，定性研究者对定量研究知识缺乏，对自己研究的缺陷认识不足。我们更难看到比较规范的定性和定量相结合的研究成果。

（4）因果关系。由于资料、理论和方法的缺陷，少有研究能够较为明确地提出了因果模型并证明之。大部分研究对于因果关系的说明是笼统的，或者不是从数据资料分析导出的，而是外加的。一些研究对于因果关系的说明是基于对描述性数据的阅读或理论推论与个人体验得出的。还有一些研究者基本没有因果关系的概念，更加没有建立因果模型的想法。

（5）政策设想。许多关于农民工问题的政策设想没有建立在因果关系分析的基础上，过于轻率地提出政策设想；一些政策设想过于笼统，抽象而缺乏操作性；一些政策设想过于理想化，没有考虑到中国经济、社会发展的现状，借鉴国外发达国家的移民政策联系中国实际的分析不够，对其适应性和适用性考虑不多；单一政策设想对相关联动效应少有考虑，大部分的政策设想缺乏对政策效应的预测性分析；对政策的地区性差异考虑不多等。

我们之所以要总结并提出有关农民工权益保护研究的缺陷或不足，并不是要贬低这一领域的研究成果。其实，中国社会科学的研究普遍性地存在上述缺陷，这些缺陷并不是农民工权益保护研究所独有的，相对而言，这个领域的研究还是做得较好的。我们只是希望，上述缺陷能够引起研究者的注意，尽可能加以改进，得出更加可靠和科学的研究结论。若如是，则研究者们对中国社会的进步，特别是对农民工问题的解决，就可能有所贡献。

第三章

权益概述[*]

本章旨在对 2010 年外来工问卷调查数据进行初步的统计描述，并着重比较珠三角和长三角的地区差异。分析发现：在各项劳动权益中，除工伤保险、带薪休假、技能培训外，其余 20 余项，长三角均好于珠三角，特别表现在工资水平、劳动合同签订率、社会保险购买率和工作环境等方面。在市民权益方面，外来工主要选择在外租房或者住在企业宿舍，在外租房的外来工中有 90% 以上的住在私人出租屋，仅有 21 位外来工表示住在当地政府建的廉租房，不到租房者的 1%；大部分外来工把子女留在家乡接受教育，不能把孩子接到打工地的主要原因是无力负担，跟随父母在打工地的学龄孩子大多入读公办学校，但要收取赞助费；尽管户籍歧视一直存在，但是外来工的落户意愿并不强烈。在各项权益的重要性比较中，工资依然是最重要、最迫切解决的基本权益，劳动安全和福利诉求比较强烈，市民权益的重视程度较低，特别是政治参与权益诉求几乎没有。

珠江三角洲和长江三角洲是中国经济最为发达的两个重要区域，也是大量外来农民工聚集的地区。国家统计局《2011 年我国农民工调查监测报告》数据显示，2011 年全国农民工为 25 278 万人，在长三角地区务工的农民工为 5 828 万人，珠三角地区则为 5 072 万人，两者相加为 10 900 万人，占全国农民工的43.12%[1]。这充分说明，对长三角和珠三角外来农民工的研究具有全局性的重

---

* 本章作者：刘林平、雍昕、舒玢玢、孙中伟。

① 国家统计局：《2011 年我国农民工调查监测报告》，2012 年，http：//www.stats.gov.cn/tjfx/fxbg/t20120427_402801903.htm。

要意义。外来工为珠三角和长三角经济增长做出了不可磨灭的贡献，但他们的权益保护情况究竟怎样。2010 年 7～8 月，我们对珠三角和长三角地区的外来工进行了大规模的问卷调查。调查经过我们在"第一章导言"部分已经交代，此处不再赘述。

国内外的研究者对珠三角和长三角的外来工劳动权益问题进行过不少的研究，其中有对两地分别进行的问卷调查①，更多的则是个案或访谈类型的研究②，少有同时针对两地的大规模问卷调查。③

因而，我们同时对珠三角和长三角外来农民工的调查，可以提供一个比较的视角，并且较为全面地描述和分析两地农民工的基本权益状况和差异所在，也可以在一定程度上代表全国外来农民工劳动权益的基本状况。

本章将对珠三角和长三角两地外来工劳动权益和市民权益一般情况做一个总体性描述，并重点比较两地外来工劳动权益状况的差异，并对产生这一差异的原

① 蔡禾、刘林平、万向东等：《城市化进程中的农民工：来自珠江三角洲的研究》，北京：社会科学文献出版社 2009 年版；简新华、黄锟：《中国农民工最新生存状况研究——基于 765 名农民工调查数据的分析》，载《人口研究》2007 年第 6 期；刘林平、陈小娟：《制度合法性压力与劳动合同签订——对珠三角农民工劳动合同的定量研究》，载《中山大学学报（社会科学版）》2007 年第 1 期；刘林平、郭志坚：《企业性质、政府缺位、集体协商与外来女工的权益保障》，载《社会学研究》2004 年第 6 期；刘林平、张春泥、陈小娟：《农民的效益观与农民工的行动逻辑——对农民工超时加班的意愿与目的分析》，载《中国农村经济》2010 年第 9 期；李培林、李炜：《农民工在中国转型中的经济地位和社会态度》，载《社会学研究》2007 年第 3 期；郑功成、黄黎若莲：《中国农民工问题：理论判断与政策思路》，载《中国人民大学学报》2006 年第 6 期；"外来农民工"课题组：《珠江三角洲外来农民工状况》，载《中国社会科学》1995 年第 4 期；Ingrid Nielsen, Chris Nyland, Russell Smyth, Zhang Ming qiong and Cherrie Jiu hua Zhu. Which Rural Migrants Receive Social Insurance in Chinese Cities? Evidence from Jiangsu Survey Data. *Global Social Policy*, 2005, 5 (3); Chloe Froissart. Escaping from under the Party's Thumb: A Few Examples of Migrant Workers' Strivings for Autonomy. *Social Research*, 2006, 73 (1).

② 黄岩：《代工产业中的劳工团结：以兴达公司员工委员会试验为例》，载《社会》2008 年第 4 期；余晓敏：《跨国公司行为守则与中国外资企业劳工标准——一项"跨国—国家—地方"分析框架下的实证研究》，载《社会学研究》2007 年第 5 期；郑广怀：《伤残农民工：无法被赋权的群体》，载《社会学研究》2005 年第 3 期；Anita Chan and Hong-zen Wang. The Impact of the State on Workers' Conditions—Comparing Taiwanese Factories in China and Vietnam. *Pacific Affairs*, 2004/2005, 77 (4); Chris King – Chi Chan. Strike and Changing Workplace Relations in a Chinese Global Factory. *Industrial Relations Journal*, 2009, 40 (1); Eric Florence. Migrant Workers in the Pearl River Delta Discourse and Narratives about Work as Sites of Struggle. *Critical Asian Studies*, 2007, 39 (1); Isabelle Thireau and Hua Linshan. The Moral Universe of Aggrieved Chinese Workers: Workers' Appeals to Arbitration Committees and Letters and Visits Offices. *The China Journal*, 2003, No. 50; Mary E Gallagher. Mobilizing the Law in China: 'informed Disenchantment' and the Development of Legal Consciousness. *Law & Society Review*, 2006, 40 (4); Pun Ngai. *Made In China: Women Factory Workers in a Global Workplace*, North Carolina: Duke University Press, 2005.

③ 根据对中国期刊网的检索，除了我们于 2005 年对珠三角和长三角的 1 024 位外来工进行过问卷调查外，国内学者没有过类似的调查。国外学者更没有进行过类似调查。往年调查参见万向东、刘林平、张永宏：《工资福利、权益保障与外部环境——珠三角与长三角外来工的比较研究》，载《管理世界》2006 年第 6 期。

因进行初步分析。

第一节 样本基本情况

本次调查在珠三角和长三角19个城市进行，调查样本的城市分布情况见表3-1。

表3-1　　　　　　　　外来工样本的城市分布

地点		问卷数（份）	地点		问卷数（份）
珠三角 （N＝2 046）	广州	317	长三角 （N＝2 106）	上海	567
	深圳	553		南京	167
	珠海	101		苏州	263
	佛山	201		无锡	143
	肇庆	105		常州	142
	东莞	462		南通	100
	惠州	101		杭州	269
	中山	103		宁波	249
	江门	103		嘉兴	101
				绍兴	105

合计：N＝4 152

样本基本特征见表3-2。

表3-2　　　　　　　　样本的基本特征

描述项		珠三角（N＝2 046）		长三角（N＝2 106）		差距（%）
		频数	百分比	频数	百分比	
性别	男	1 131	55.28	1 122	53.4	1.88
	女	915	44.72	981	46.65	−1.93
年龄	"80前"	737	36.0	1 030	48.9	−12.9
	"80后"	978	47.8	865	41.1	6.7
	"90后"	331	16.2	211	10.0	6.2
	平均年龄（岁）	29.21	—	31.67	—	−2.46

描述项		珠三角（N＝2 046）		长三角（N＝2 106）		差距
		频数	百分比	频数	百分比	（%）
户口性质	农业户口	1 733	84.70	1 770	84.05	0.65
	非农户口	313	15.30	336	15.95	−0.65
婚姻状况	已婚	996	48.7	1 401	66.52	−17.82
	未婚	1 019	49.83	677	32.15	17.68
	丧偶和离婚	30	1.5	28	1.33	0.17
教育程度	小学	287	14.03	374	17.8	−3.77
	初中	914	44.69	881	41.93	2.76
	高中	384	18.78	324	15.42	3.36
	中专	218	10.65	199	9.45	1.20
	技校	57	2.79	50	2.40	0.39
	大专	185	6.05	273	12.99	−6.94
	平均受教育年限（年）	10.12	—	10.09	—	0.03
来源地	广东	538	26.31	6	0.29	26.02
	湖南	340	16.63	55	2.62	14.01
	广西	270	13.2	15	0.71	12.49
	四川	185	9.05	141	6.72	2.33
	湖北	173	8.46	75	3.62	4.84
	河南	128	6.26	162	7.72	−1.46
	江西	117	5.72	104	4.95	0.77
	安徽	25	1.22	518	24.68	−23.46
	江苏	7	0.34	537	25.59	−25.25
	浙江	3	0.15	125	5.96	−5.81
	其他	259	12.66	361	17.14	−4.48

注：我们将外来工的"受教育程度"转换为"受教育年限"，即分别将小学及以下、初中、高中、中专和技校、大专5个等级转换为6年、9年、12年、13年和15年。

从表3-2可以看出，两地样本的差别主要体现在以下4个方面：

（1）年龄：珠三角的平均年龄为29.21岁，比长三角小2.46岁；珠三角"80后"比长三角高出近13个百分点。

（2）婚姻状况：珠三角未婚人数近50%，高出长三角近18个百分点。

（3）教育程度：两地初高中学历者最多，珠三角为63.47%，长三角为

57.35％。珠三角的大专学历者比长三角少近 7 个百分点，但从整体教育年限来看，两地外来工受教育水平相当。

（4）来源地：具有明显的地域特点。珠三角以广东、湖南、广西、湖北人为主，长三角则以江苏、安徽、浙江人居多。传统的劳动力输出大省，如四川、河南、江西等在两地比例基本一致。

表 3-3 体现了外来工的工作基本情况。

表 3-3　　　　　　　　外来工工作基本情况　　　　　单位：%

描述项		珠三角	长三角	差距
行业	第一产业	0.83	0.14	0.69
	第二产业	75.22	66.67	8.55
	第三产业	23.95	33.19	-9.24
企业性质	国有、集体	9.72	10.06	-0.34
	股份制	7.25	9.96	-2.71
	港澳台	15.86	5.79	10.07
	外资	6.6	8.05	-1.45
	私营、个体	60.57	66.14	-5.57
企业规模	100 人以下	28.50	35.76	-7.26
	100～299 人	22.24	24.01	-1.77
	300～999 人	22.09	18.82	3.27
	1 000 人以上	27.17	21.41	5.76
工种①	普工	46.33	47.67	-1.34
	技工	22.48	22.43	0.05
	中低层经营管理人员	20.96	19.97	0.99
	其他	10.24	9.9	0.34
本企业工龄（年）		2.94	3.99	-1.05
培训情况	参加过培训的比率	29.23	37.18	-7.95
资格证书持有情况	无	83.81	79.58	4.23
	1 个	12.23	15.19	-2.96
	2 个及以上	3.96	5.22	-1.26

注：①该处的普工包括生产工、建筑工、服务员、保安、后勤人员等，而技工包括生产技工、司机等，中低层经营管理人员包括班组长、领班、文员、销售人员和中低层管理人员等。

表 3-3 显示：

（1）在行业上，有 3/4 的珠三角外来工从事第二产业的工作，比长三角高出约 9 个百分点；在企业特征上，约 6 成珠三角外来工在私营企业务工，比长三角低约 6 个百分点，而在港澳台企业务工者则高出 10 个百分点；以 300 人作为企业规模的分界线，有一半珠三角外来工在较大规模的企业工作，比长三角高 9 个百分点。

（2）从个人的工作特征来比较，珠三角外来工在本企业的工龄大约为 3 年，较长三角要少 1 年；珠三角有近三成人参加过技能培训，比长三角低近 8 个百分点；珠三角有 16% 的人持有职业资格证书，比长三角低 4 个百分点。

表 3 - 4 表现了外来工生活的基本情况。

表 3 - 4		生活基本情况		单位：元	
描述项		珠三角	长三角	差距
生活开支	人均月开支	859.62	932.66	- 73.04
	人均住房开支	163.83	197.12	- 33.29
	人均伙食开支	245.11	267.40	- 22.29
	所在企业包吃包住比例（%）	44.69	25.15	19.54
生活节余	人均月节余	987.72	1 124.95	- 137.23
	人均去年带（寄）回家	8 597.89	10 460.13	- 1 862.24

我们从表 3 - 4 可以看出：

（1）2010 年 1 ~ 7 月，珠三角外来工平均月开支总和为 860 元，比长三角低 73 元。珠三角近 45% 的外来工所在企业"包吃包住"，高出长三角近 20 个百分点。

（2）珠三角外来工每月节余约 988 元，低于长三角 137 元。2009 年珠三角人均带回家约 8 598 元，比长三角少 1 862 元。

总的来看，珠三角外来工比长三角外来工更为年轻，未婚者更多，平均教育水平相当，有更多人在港澳台企业工作，更少人在私有企业工作，所在企业规模更大，生活成本较低，居住模式不同。

第 二 节　劳 动 权 益

一、工资与福利

（一）工资与工时

工资和工时是劳动权益中最为关键的两项指标，表 3 - 5 是对外来工工资、工时状况的描述。

在工资收入方面，两地外来工的月平均工资水平都在 2 000 元左右，但长三角比珠三角高 135 元。考虑到生活成本的差异，两地工资水平差距并不大。但是，珠三角外来工工作时间较长，周工作时间高出长三角 2 小时，且加班现象更为普遍，高出长三角 10 个百分点。如果以小时工资计算的话，那么珠三角实际工资水平低于长三角。

表 3 – 5   **外来工的工资、工时状况**

描述项		珠三角	长三角	差距
月平均工资（元）		1 917.68	2 052.69	– 135.01
工资拖欠	比率（%）	4.99	2.66	2.33
	平均拖欠金额（元）	2 804.12	5 041.77	– 2 237.65
	平均拖欠时间（月）	1.94	2.74	– 0.8
	平均补发金额（元）	1 216.42	1 511.50	– 295.08
工资罚扣	比率（%）	13.83	12.16	1.67
	平均罚扣金额（元）	141.70	177.04	– 35.34
工作时间（小时）	周工作时间	57.41	55.24	2.17
	天工作时间	9.34	9.18	0.16
加班情况	比率（%）	71.48	61.23	10.25
	日平均加班时长（小时）	2.74	2.75	– 0.01
	有加班工资（%）	70.03	68.09	1.94
	每小时平均加班工资（元）	7.05	7.34	– 0.29

珠三角工资拖欠比例近 5%，高出长三角 2.33 个百分点，但长三角平均拖欠金额远高于珠三角，拖欠时间也较长。

（二）保险与福利

社会保险是外来工遭遇工伤、疾病、失业等风险时的重要保障。表 3 – 6 描述了相关情况。

表 3 – 6 告诉我们，除工伤保险外，长三角社会保险的覆盖率明显要高一些，除了医疗保险仅高出不到 3 个百分点，养老、失业和生育保险覆盖率均高出 10 个百分点以上。在工伤保险方面，珠三角比长三角高将近 5 个百分点，且差异显著。在福利待遇方面，长三角病假工资高出珠三角 7 个百分点，珠三角带薪休假则高出长三角 4 个百分点。

表 3 - 6 福利与保险购买情况 单位：%

描述项		珠三角	长三角	差距
社会保险	工伤保险	53.91	49.19	4.72
	医疗保险	52.11	54.75	- 2.64
	养老保险	37.67	50.39	- 12.72
	失业保险	18.40	32.62	- 14.22
	生育保险	14.54	29.01	- 14.47
福利待遇	带薪休假	43.54	39.31	4.23
	病假工资	32.32	39.35	- 7.03
	产假工资	31.94	33.83	- 1.89

二、劳动合同与工作环境

(一) 合同签订

劳动合同对于保障工人权益具有重要意义。按照《劳动合同法》的规定，用人单位必须与工人签订劳动合同，但是，无论是珠三角还是长三角，劳动合同的签订率显然并不能使人满意，具体情况见表 3 - 7。

表 3 - 7 两地合同签订情况 单位：%

描述项		珠三角	长三角	差距
是否签订合同	签订	64.79	69.25	- 4.46
	没有签订	33.3	29.28	4.02
	不清楚	1.91	1.47	0.44
合同期限	固定期限	81.83	87.53	- 5.7
	无固定期限	18.27	12.47	5.8
	应当签订无固定期限合同而没有签[①]	21.81	32.88	- 11.07
合同类型	个人合同	82.89	84.78	- 1.89
	集体合同	11.94	12.37	- 0.43
	不清楚	5.18	2.84	2.34
是否参与协商	是	35.81	46.1	- 10.29
自己是否保管	是	66.61	73.97	- 7.36

续表

描述项		珠三角	长三角	差距
合同评价	非常满意	5.68	8.99	-3.31
	比较满意	39.01	54.22	-15.21
	有些不平等但能接受	29.66	18.44	11.22
	不平等只能忍受	10.03	4.68	5.35
	说不清	15.62	13.67	1.95

注：①该项指标通过两类情况计算得出：在本企业工龄满 10 年而没有签订无固定期限合同（含仍没有签订合同和仍签订的是固定期限合同）；在本企业连续签订超过 2 次固定期限合同而没有签订无固定期限合同。

表 3 - 7 显示：

（1）珠三角合同签订率近 65%，长三角近 70%，珠三角比长三角低 4.46 个百分点，但两地合同签订率均未超过 70%。

（2）珠三角无固定期限合同高出长三角 5.8 个百分点，但也不到 2 成。两地应当签订无固定期限合同而没有签的分别为 21.8% 和 32.88%，长三角高出珠三角 11 个百分点。

（3）两地外来工所签合同都以个人合同为主，均超过 80%，集体合同仅占 1 成多。

（4）长三角外来工参与合同协商者不到一半，比珠三角高 10 个百分点。自己保管一份合同是必需的，但在长三角，26% 的外来工自己没有保管合同，珠三角的情况甚至更差。

（5）珠三角外来工对合同的满意度不到 45%，长三角的满意度尽管高出珠三角 18.52%，但也不到 2/3。

有相当比例的外来工没有和企业签订劳动合同，主要责任在于企业，相关情况见表 3 - 8。

表 3 - 8　　　　没有签订合同的原因及应对方式　　　单位：%

描述项		珠三角	长三角	差距
没签订合同的原因	企业没有和我签	84.58	85.21	-0.63
	我不想和企业签	15.42	14.89	0.53
应对方式（多选题）	直接找企业支付双倍工资	1.34	0.97	0.37
	找劳动部门仲裁	3.01	1.36	1.65
	找工会反映	1.5	0.97	0.53

续表

描述项		珠三角	长三角	差距
应对方式 （多选题）	其他行动	2.67	2.33	0.34
	不采取任何行动	92.15	94.75	−2.6
个人不想签 的原因 （多选题）	我不想受到企业束缚	47.41	44.33	3.08
	反正签了没用	30.17	22.92	7.25
	大家都不签，所以我也不签	22.41	11.46	10.95
	和老板关系好，不用签	17.24	26.04	−8.8
	不想买保险	3.45	8.33	−4.88
	其他	11.21	12.05	−0.84

从表 3 - 8 中我们可以看到：

（1）在没有和企业签订劳动合同的外来工中，无论是珠三角还是长三角，85% 左右都是由于企业未履行责任。

（2）当企业拒绝签订劳动合同时，超过九成的外来工选择"不采取任何行动"，"找企业支付双倍工资"、"找劳动部门仲裁"以及"找工会反映"的比例加起来不足 1 成。

（3）珠三角和长三角都有 15% 左右的外来工表示自己不想和企业签合同。究其原因，其中近一半表示不想受到企业的束缚，2～3 成表示签了也没用，1～2 成表示随大流，大家都不签，自己也就不签。

我们以是否签订劳动合同为因变量，以区域为解释变量，采用二分 Logit 模型分别对总体、珠三角和长三角进行回归分析，回归结果见表 3 - 9。

表 3 - 9　　　　　　　　　合同签订回归模型

描述项	变量	模型一：总体		模型二：珠三角		模型三：长三角	
		回归系数	标准误	回归系数	标准误	回归系数	标准误
个人 特征	男性（女性 = 0）	−0.109	0.084	0.037	0.118	−0.258*	0.122
	年龄	0.000	0.005	0.002	0.007	0.000	0.007
	户口性质（农业户口 = 0）	0.344**	0.125	0.411*	0.172	0.249	0.185
	教育年限	0.101***	0.018	0.101***	0.026	0.103***	0.027
	本企业工龄	0.051***	0.011	0.048**	0.017	0.056***	0.015

续表

描述项	变量	模型一：总体		模型二：珠三角		模型三：长三角	
		回归系数	标准误	回归系数	标准误	回归系数	标准误
工作特征	工种（普工 = 0）						
	技工	0.065	0.107	0.049	0.149	0.052	0.155
	中低层经营管理人员	0.143	0.118	0.195	0.162	0.084	0.177
	其他	− 0.159	0.142	− 0.208	0.199	− 0.127	0.208
	技能培训（无 = 0）	0.754***	0.097	0.688***	0.140	0.805***	0.138
	获得证书（无 = 0）	0.064	0.122	− 0.148	0.173	0.292	0.176
企业特征	产业（二产 = 0）						
	三产	− 0.088	0.095	− 0.105	0.140	− 0.084	0.130
	企业性质（国有集体企业 = 0）						
	股份制	− 0.400	0.209	− 0.656*	0.299	− 0.094	0.297
	港澳台	0.578**	0.224	0.349	0.288	1.110*	0.436
	外资	0.640*	0.276	0.130	0.360	1.342**	0.472
	私营个体户	− 0.692***	0.156	− 0.746***	0.230	− 0.642**	0.216
	企业规模（100 人以下 = 0）						
	100 ~ 299 人	1.024***	0.100	0.816***	0.143	1.250***	0.144
	300 ~ 999 人	1.493***	0.115	1.421***	0.156	1.578***	0.174
	1 000 及以上	1.935***	0.134	2.143***	0.184	1.603***	0.195
区域	珠三角（长三角 = 0）	− 0.407***	0.083				
	常数项	− 0.877**	0.309	− 1.237**	0.431	− 0.984*	0.441
	Log likelihood	− 1 913.12		− 970.286		− 929.265	
	自由度	20		19		19	
	样本量	3 840		1 886		1 954	

注： *** 表示 p < 0.001， ** 表示 p < 0.01， * 表示 p < 0.05。

模型结果显示，在控制个人特征、工作特征、企业特征的情况下，珠三角和长三角仍然存在明显差异，前者合同签订的发生比①仅为后者的 66.5%。另外，两地在以下方面具有异同：（1）相同因素：教育、工龄、技能培训、企业性质、企业规模都具有显著作用，且方向相同，系数大小有微小差异。（2）不同因素：在个人特征方面，性别只在长三角地区具有显著影响，男性

① 发生比是指某一事件发生与不发生的概率之比。

签订合同的发生比更低；珠三角城镇户口的外来工签订合同发生比更高，而在长三角户籍则没有显著影响；在企业特征方面，珠三角股份制企业中外来工合同签订发生比显著低于国有集体企业，港澳台、外资性质的企业合同签订发生比则与国有集体企业无显著性差异，而长三角港澳台、外资企业则显著高于国有集体企业。

（二）押金与押证

押金与押证历来是表现权益是否受到侵害的两个重要指标。表 3 - 10 显示，珠三角外来工缴纳押金的比例略高于长三角，而长三角缴纳押金金额则高于珠三角。珠三角约 6% 的外来工被扣押证件，长三角比例略低。其中，扣押身份证的比例最高。

表 3 - 10　　　　　　　　押金及证件扣押情况　　　　　单位：%

描述项		珠三角	长三角	差距
押金	押金比例	10.78	8.52	2.26
	押金平均金额（元）	475.84	560.39	- 84.55
押证	扣押证件比例	6.38	4.94	1.44
	具体证件　身份证	4.21	2.19	2.02
	毕业证	0.44	0.71	- 0.27
	暂住证、居住证	0.59	0.76	- 0.17
	其他	1.14	1.28	- 0.14

注：①其他证件包括健康证、务工证、婚育证等。

（三）工作环境与基本人权

我们用工作环境是否有危害、是否存在强迫劳动、冒险作业以及对工作环境综合评分①四项指标来度量工作环境状况。保障基本人权是保障外来工权益的根本要求。我们用是否遭到搜身搜包、罚跪罚站、殴打、拘禁四项指标衡量外来工基本人权状况。调查结果见表 3 - 11。

---

① 综合评分是外来工对所在城市工作环境的直接评分，分值为 0 ~ 4，0 分表示非常差、1 分表示差、2 分表示一般、3 分表示好、4 分表示非常好，分值越高表示对工作环境越满意。

表 3 - 11　　　　　　　　　**工作环境与基本人权**　　　　　　单位：%

描述项		珠三角	长三角	差距
工作环境	工作环境有危害	21.93	16.36	5.57
	强迫劳动	7.05	2.95	4.10
	冒险作业	4.94	3.66	1.28
	综合评分（平均值）	1.98	2.38	- 0.4
基本人权	搜身搜包	2.35	0.71	1.64
	罚款罚站	0.44	0.38	0.06
	遭管理人员殴打	0.29	0.33	- 0.04
	拘禁	0.29	0.14	0.15

表 3 - 11 显示，在工作环境方面，与长三角相比，珠三角工作环境有危害的比例要高近 5.6 个百分点，强迫劳动要高出 4 个百分点，而冒险作业也高 1.3 个百分点。与此一致，在对工作环境的综合评分上，长三角分值较高，介于"一般"与"好"之间，而珠三角尚不到"一般"，这表明，相比于长三角，珠三角外来工工作环境较差，对工作环境也更加不满。

在基本人权方面，仍然令人感到遗憾，两个地区都没有完全杜绝上述四类事件的发生。尤其是珠三角，被搜身搜包的比例高达 2.35%，被殴打和拘禁者也占 0.29%。

三、职业技能培训

参与职业技能培训是外来工提升其职业技能的重要途径之一，问卷详细考察了外来工接受正规职业技能培训的情况。表 3 - 12 反映了珠三角不同年份调查数据中外来工参加正规职业技能培训的比例变化，以及本次调查中长三角外来工的参与情况。

表 3 - 12　　　　　　　　　　**参加技能培训的情况**

地区	珠三角			长三角
年份 描述项	2008 （N = 2 510）	2009 （N = 1 768）	2010 （N = 2 046）	2010 （N = 2 106）
没有参加过	1 881 （74.94%）	1 365 （77.21%）	1 456 （71.16%）	1 334 （63.34%）

续表

地区		珠三角			长三角
描述项 年份		2008 （N = 2 510）	2009 （N = 1 768）	2010 （N = 2 046）	2010 （N = 2 106）
参加过	1 次	295 （11.75%）	154 （8.71%）	355 （17.35%）	450 （21.37%）
	2 次	132 （5.26%）	89 （5.03%）	115 （5.62%）	135 （5.94%）
	3 次及以上	202 （8.05%）	160 （9.0%）	120 （5.87%）	187 （8.88%）
	小计	629 （25.06%）	403 （22.79%）	590 （28.84%）	772 （36.66%）

注：表内括号外为频数，括号内为百分比。

表 3 - 12 显示，从珠三角 4 个年份的累积数据来看，外来工参与正规职业技能培训的比例在 20% ~ 30% 之间波动。本次调查中，接受过正规职业技能培训的外来工所占比例近 29%，比 2008 年、2009 年分别高出近 4 个百分点和 6 个百分点；其中只参加过 1 次培训的被访者的比例比其他年份有所提高，但参加多次（2 次及以上）培训的外来工比例却下降了。仅从本次调查数据看，长三角外来工参与正规职业技能培训的情况要好于珠三角，参与比例比珠三角高了近 8 个百分点，有关参与次数的 3 项分类统计的比例也均高于珠三角。

第三节 市民权益

外来工并不仅仅是以一个打工者的身份在城市里谋生，他们同样需要在城市里生活，并且希望获得同样的生活待遇与福利。一般而言，一个市民所享有的权利，涉及衣食住行等基本生活权益，也包括职业、教育发展、政治参与等发展型权益。本节重点考察外来工的市民权益包括住房、子女教育、平等身份等方面。

一、居住条件

居住条件是外来工生活状况的重要方面之一。本次调查，我们主要询问了外来工的居住地点、人均居住面积的情况，具体情况见表 3 – 13。

表 3 – 13　　　　　　　　外来工居住地点分布

描述项		珠三角		长三角		总体	
		频数	百分比	频数	百分比	频数	百分比
居住地	员工宿舍	920	45.01	577	27.42	1 497	36.09
	出租屋	969	47.41	1 265	60.12	2 234	53.86
	亲友家	26	1.27	27	1.28	53	1.28
	工作场所	49	2.4	62	2.95	111	2.68
	自购房	59	2.89	137	6.51	196	4.73
	其他	21	1.03	36	1.71	57	1.37
	合计	2 044	100.00	2 104	100.00	4 148	100.00
出租屋来源	私人出租屋	885	91.9	1 208	95.42	2 093	93.9
	村镇集体出租屋	50	5.19	20	1.58	70	3.14
	当地政府建的廉租房	6	0.62	15	1.18	21	0.94
	其他	22	2.28	23	1.82	45	2.02
	合计	963	100.00	1 266	100.00	2 229	100.00

表 3 – 13 显示，在珠三角，45% 的外来工居住在企业员工宿舍，47% 的在外租房，而在长三角，住在员工宿舍的不到 30%，60% 以上都在外租房。长三角外来工已婚比例较高，而且企业更少提供住宿，在外租房既便于生活，也是迫不得已。

两地区在外租房的外来工中均有 90% 以上的住在私人出租屋，而仅有 21 位外来工表示住在当地政府建的廉租房，尚不足 1%，这从一个侧面反映了地方政府在外来工公共服务中的缺位。

表 3 – 14 显示，珠三角外来工人均居住面积不足 12 平方米，比长三角低两个多平方米。仅就面积而言，出租房的居住条件要优于员工宿舍，住在员工宿舍的外来工人均居住面积不足 9 平方米，住在出租屋的人均面积稍大，也不超过 14 平方米。尽管长三角企业较少提供住宿，但是宿舍面积较大，出租屋的面积却略低于珠三角。

表 3 – 14 　　　　　　　　外来工住房面积情况 　　　　　　单位：平方米

地区	项目	样本数	平均值	标准差	最小值	最大值
珠三角	总体	1 953	11. 77	10. 75	1	130
	员工宿舍	883	8. 84	9. 34	1	130
	出租屋	921	13. 57	10. 77	1. 5	100
长三角	总体	2 031	14. 30	13. 87	1	150
	员工宿舍	558	12. 02	11. 16	1	80
	出租屋	1 223	12. 87	11. 10	1. 7	110
总样本	总体	3 984	13. 06	12. 50	1	150
	员工宿舍	1 441	10. 07	10. 20	1	130
	出租屋	2 144	13. 17	10. 96	1. 5	110

二、子女教育

（一）子女的留守或流动状态

我们以外来工子女的留守或流动状态进行分类，把他们区分为留守子女和流动子女。具体而言，如果外来工的子女留在老家，我们就将其称为留守子女[1]，跟随在他们打工地身边的子女则为流动子女。结果发现，留守子女所占比重较大，约占六成。同时，两个地区的外来工子女状态存在较大差异，珠三角的外来工更可能把子女留在老家，比例超过了 66%（见表 3 – 15）。

表 3 – 15 　　　　　　　外来工子女的留守或流动状态

描述项		珠三角	长三角	合计
留守	样本数	706	743	1 449
	百分比	66. 67	53. 76	59. 36
流动	样本数	353	639	992
	百分比	33. 33	46. 24	40. 64

---

[1] 目前，对于留守状况的界定并不完全统一。有的学者将留守界定为父母双方或一方外出务工而把子女留在家乡的情况，也有学者将留守严格界定为双亲都外出的现象（见谭深：《中国农村留守儿童研究述评》，载《中国社会科学》2011 年第 1 期）。由于本报告将比较把子女留在家乡与把孩子带入城市这两种情况，所以沿用了第一种界定方式。

（二）子女入学情况

流动子女跟随父母到打工地生活，其中学龄阶段孩子需要入学，他们一般就读什么学校呢？具体情况见表 3 – 16。

表 3 – 16　　　　　　　义务教育阶段流动子女就读学校类型

描述项		珠三角	长三角
公办学校	样本数	85	223
	百分比	57.82	77.97
民办学校	样本数	59	50
	百分比	40.14	17.48
不清楚	样本数	3	13
	百分比	2.04	4.55

表 3 – 16 显示，长三角流动子女就读公办学校比例高出珠三角 20 个百分点，差距非常明显。

表 3 – 17 则进一步描述了就读学校收取赞助费的情况。

表 3 – 17　　　不同类型学校在义务教育阶段收取的赞助费比较

地区	项目	频数	所占百分比	均值	标准差
珠三角 （N = 463）	民办学校	10	11.36	975.00	686.07
	公办学校	22	6.45	1 539.55	3 302.50
长三角 （N = 585）	民办学校	8	8.51	3 273.75	4 991.92
	公办学校	48	10.30	3 600.85	3 909.57

统计结果表明，在外来工子女就读的学校中，有约 11% 的珠三角民办学校收取赞助费，费用为 150 ~ 2 000 元不等，相对差距比较小；另有 6.5% 的公办学校收取赞助费，其缴纳的费用比民办学校高出一半以上，最高费用达到每学期 15 000 元，公办学校要付出更多的赞助费才有机会入读。相对而言，收取赞助费的长三角民办学校比较少，公办学校比较多，且长三角收取的赞助费普遍比珠三角要高，公办学校的收费也比民办学校高。

（三）在家乡就读的原因

绝大多数外来工把孩子留在了家乡接受教育。表 3 – 18 以家庭为分析单位，调查了外来工让子女在家乡就读的原因。

表 3 - 18 显示，超过六成珠三角外来工将子女留在家乡读书主要是出于经济上的负担，有将近 8 成是工作太忙或工作不稳定等工作上的困难，还有 1 成多外来工认为家乡的学校很好，另有约 10% 是由于城市的学校不接纳他们的子女。对照 2006 年的情况：经济负担和工作因素依然是家长把子女留在家乡读书的最主要原因。横向来看，长三角和珠三角大体差不多，但因"收入太低，负担不起"的比例长三角大大低于珠三角。

表 3 - 18　　　　　　子女在家乡读书的原因（多选题）

选项	珠三角				长三角	
	2010 年		2006 年		2010 年	
	频数	百分比	样本数	百分比	样本数	百分比
收入太低，负担不起	299	62.55	532	66.5	267	46.92
工作太忙，没法照顾孩子	255	46.97	366	45.75	273	47.56
工作不稳定，没法接出来	148	30.9	225	28.13	137	23.87
在家乡就很好，不需要接出来	62	12.94	174	21.75	88	15.33
城市的学校不接纳	46	9.6	40	5	73	12.72
不能参加升学考试	33	6.89	—	—	66	11.5
孩子自己不想出来	31	6.47	49	6.13	42	7.32
学习跟不上	16	3.34	—	—	20	3.48
其他	43	10.65	158	19.75	32	5.66

三、户籍制度

（一）非本地户籍的困扰

户籍一般被认为是造成外来工歧视和劳动权益受侵害的主要原因之一。有没有本地户籍不仅在享受社会保障上有区别，在办理一些具体事务上也不同，没有本地户籍可能会给外来工的生活与工作带来一些麻烦，具体有哪些呢？问卷调查的结果见表 3 - 19。

表 3 – 19　　　　　　　　　**非本地户籍引起的麻烦**

问题	选项	珠三角		长三角		总体	
		频数	百分比	频数	百分比	频数	百分比
没有本地户籍有何麻烦	没有	1 301	63.99	1 382	65.9	2 684	64.96
	有	732	36.01	715	34.1	1 448	35.04
	总计	2 033	100	2 097	100	4 132	100
具体麻烦（多选题）	生活没有安定感	329	44.95	291	40.70	620	42.82
	有的工作岗位不能应聘	293	40.03	276	38.60	569	39.30
	不能办理一些证件	295	40.30	151	21.12	446	30.80
	小孩入学需交高额赞助费	174	23.77	201	28.11	375	25.90
	不被当地人信任	171	23.36	216	30.21	387	26.73
	感到受歧视	157	21.45	158	22.10	315	21.75
	因无暂住证受处罚	132	18.03	55	7.69	187	12.91
	年年要回家办计生证	112	15.30	132	18.46	244	16.85
	其他	51	6.97	80	11.19	131	9.05

　　表 3 – 19 显示，珠三角大部分外来工认为没有本地户籍并没有麻烦，但仍有 36% 的人认为有一些麻烦，与长三角相比没有明显差异。无论是珠三角还是长三角，这些麻烦均可以分为两个方面：其一是实际事务，涉及劳动力市场的开放性、孩子入学以及证件办理与使用等；其二是心理感受，涉及安定感、是否感到被歧视等。总体来看，没有本地户籍最普遍的麻烦是感到"生活没有安定感"，约占 43%，其次是求职限制，近 40% 的外来工表示因为没有户籍不能应聘一些工作岗位，再其次是不能办理一些证件、子女入学需要缴纳赞助费以及感到歧视等。分地区来看，在感到没有安定感、不能办理一些证件、因无证而受处罚等方面，珠三角明显要高于长三角，而在感到歧视、不被当地人信任以及为子女缴纳赞助费等方面要少于长三角，这表明珠三角在外来工办理事务上较为不便，但民众的开放程度要高于长三角。

（二）落户意愿

　　尽管户籍制度是造成外来工受到歧视的原因，但是外来工的落户意愿并不高。表 3 – 20 显示，珠三角"非常想"落户的人不到 10%，如果加上"比较想"的，有落户意愿的外来工为 22.76%，还不到 1/4，低于长三角 3.5 个百分点。在珠三角，绝大多数外来工都是"不敢想"、"不想"、"没想过"、"无所谓"和

"说不清"，其中明确表示"不想"的人近43%，高居各个选项第一，这一数字较长三角高7.42个百分点。

表3－20 　　　　　　　　　　落户意愿

选项	珠三角		长三角		总体	
	频数	百分比	频数	百分比	频数	百分比
非常想	202	9.91	248	11.85	450	10.89
比较想	262	12.85	302	14.43	565	13.67
不敢想	146	7.16	170	8.12	316	7.64
不想	873	42.82	741	35.4	1 615	39.07
没想过	367	18.00	394	18.82	761	18.41
无所谓	142	6.96	182	8.7	324	7.84
说不清	47	2.31	56	2.68	103	2.49
总计	2 039	100	2 093	100	4 134	100

我们针对不同落户意愿的外来工，分别询问了"想落户的原因"和"不想落户的原因"。将各项原因大致按照选择人数的多少进行排序，结果见表3－21。

表3－21 　　　　　　影响农民工落户的因素 　　　　　　单位：%

想落户原因			不想落户的原因		
原因	珠三角(N=468)	长三角(N=559)	原因	珠三角(N=1 025)	长三角(N=921)
有更多发展机会	60.26	56.71	觉得家乡好	52.29	54.12
子女可以接受更好教育	51.28	60.64	亲人在家乡	46.15	49.40
享受城市社会保障	50.85	50.27	生活成本高	42.34	40.93
办事方便	40.17	29.34	房价高	38.93	44.63
生活条件好	35.26	45.08	环境污染严重	20.29	14.44
获得城市身份	26.92	21.29	人情淡漠	16.59	19.00
收入高	26.28	30.41	不愿意放弃家乡土地	12.10	14.77
已经适应当地生活	25.85	33.81	城市治安不好	10.83	4.78
与家人团聚	9.19	9.84	不适应气候	10.93	5.65
觉得家乡不好	8.33	7.33	交通拥堵	10.15	8.14
其他	1.50	3.75	落户手续烦琐	10.34	11.18

续表

想落户原因			不想落户的原因		
原因	珠三角 （N = 468）	长三角 （N = 559）	原因	珠三角 （N = 1 025）	长三角 （N = 921）
			不想被限制在一个城市	8.59	7.60
			不愿意放弃农村分红	2.73	2.75
			城市实行严格计划生育政策	1.27	0.98
			其他	10.83	7.38

在珠三角，"有更多的发展机会"、"子女可以接受更好的教育"和"享受城市社会保障"是吸引外来工落户的最普遍因素，其次是"办事方便"、"生活质量高"等。与长三角相比，"办事方便"、"有更多发展机会"所占比例较高，这表明珠三角外来人口办理相关事务较为不便，但是珠三角的劳动力市场更加开放，发展机会更多。

无论在珠三角还是长三角，"觉得家乡好"、"亲人在家乡"等对故乡和亲人的情感依恋是外来工不愿意放弃家乡户籍的主要原因，而城市高昂的生活成本和房价也在客观上阻碍他们落户城市。城市人情淡漠、气候与治安不好等环境问题对于外来工落户也有一定的负面影响。

总结影响外来工的落户各种因素，我们发现，凡是一些全国性的普遍因素，如计划生育、落户手续烦琐、享受城市社会保障等方面，以及涉及个体情感、家庭的方面，如觉得家乡好、亲人在家乡、人情淡漠等方面，两地外来工的回答都基本一致，差异主要集中在地区或城市性因素上，比如教育水平、办事方便、生态环境等。

第四节　权　益　维　护

一、法律认知

外来工对法律的了解程度对维护自身权益具有重要意义。为了测量外来工对

99

法律的认知程度，我们列举了劳动法等7部法律法规，结果见表3-22。

表3-22 外来工的法律认知情况

描述项	样本数	熟悉程度（%）					平均分（分）①		差距（分）
		完全不知道	不熟悉	一般	比较熟悉	很熟悉	珠三角	长三角	
劳动法	4 150	9.83	34.75	41.93	11.1	2.38	2.62	2.62	0.00
劳动合同法	4 152	12.39	36.58	38.34	10.8	1.90	2.53	2.55	-0.02
妇女权益保障法	4 147	35.73	40.58	18.77	4.05	0.87	1.88	1.99	-0.11
工伤保险条例	4 150	26.65	41.88	23.30	6.53	1.64	2.13	2.18	-0.05
工资支付条例	4 150	19.25	32.55	29.86	14.48	3.86	2.13	2.18	-0.05
最低工资规定	4 147	29.52	38.03	23.00	7.45	2.00	2.51	2.53	-0.02
就业促进法	4 150	37.11	44.18	15.55	2.70	0.46	1.82	1.92	-0.1

注：①此处为平均得分，分值范围为5~1分，5分为"很熟悉"，依次递减，1分为"完全不知道"。

从表3-22可以看出，无论是珠三角还是长三角，外来工对这些法律法规的熟悉程度大多处于"不熟悉"和"一般"之间，两地没有明显差异。

二、意见与投诉

我们将外来工对劳动权益的意见及其反映情况总结为表3-23。

表3-23 劳动权益意见反映情况 单位：%

描述项		珠三角	长三角	差距
对企业有意见的比率		26.75	17.89	8.86
是否向企业反映	全部反映	17.67	11.97	5.7
	部分反映	49.18	50.27	-1.09
	从未反映	33.15	37.76	-4.61
反映内容（多选题）	工资	75.62	70.51	5.11
	工时	30.14	26.5	3.64
	环境、卫生和健康	25.21	17.09	8.12
	管理制度	24.11	23.08	1.03

描述项		珠三角	长三角	差距
反映内容 （多选题）	劳动保护	16.99	13.25	3.74
	社会保险	15.89	9.4	6.49
	劳动合同	9.59	9.83	-0.24
	其他	9.56	7.26	2.3
未反映原因	反正说了也没用	76.01	73.11	2.9
	大家都不说	23.45	28.15	-4.7
	怕被刁难	14.02	16.39	-2.37
	怕被炒掉	11.59	15.55	-3.96
	其他	8.89	8.02	0.87

表 3 - 23 显示，最近 1 年里，珠三角有超过 1/4 的受访者因劳动权益问题对企业有过意见，比长三角高近 9 个百分点。在意见反映方面，珠三角近 18% 的外来工反映了所有问题，比长三角高近 6 个百分点，约 38% 的长三角外来工从不反映问题，高于珠三角近 5 个百分点。

从反映意见的内容看，无论在珠三角还是长三角，第一，工资都是意见最为集中的问题，均超过 70%，其中珠三角比长三角高 5 个百分点，这说明工资问题依然是劳资纠纷的主要内容，也是外来工最为关心的权益；第二，工时，珠三角比长三角高 3.6 个百分点，达 30%；第三，为工作环境、卫生和健康，两地差别较大，珠三角高于长三角 8 个百分点，这表明珠三角工作环境较为恶劣，外来工意见较多；第四，社会保险。两地也存在较大差异，珠三角比长三角高约 6.5 个百分点。此外，关于企业管理制度、劳动保护等方面也是外来工意见较多的问题，但两地差别不大。

表 3 - 24 显示，有约 7.62% 的珠三角外来工权益受损，高出长三角 3 个百分点。在权益受到侵害的情况下，两地都有超过 40% 的人会到有关部门投诉。长三角更多选择个体的行动方式，珠三角选择群体投诉方式的比例远高于长三角。两地的受理情况比较复杂，珠三角外来工投诉后能够得到处理结果的比例较长三角高 13 个百分点，但根本不受理的情况也高出长三角 5 个百分点。两地对投诉结果的满意度存在差距，珠三角外来工对投诉结果满意和不满意的比例都较长三角高，分别高 6.78 个和 4.45 个百分点。

表 3 - 24　　　　　　　　外来工投诉情况　　　　　　　　单位：%

描述项		珠三角	长三角	差距
权益受侵害者比率		7.62	4.46	3.16
是否投诉	是	42.31	45.16	-2.85
行动方式	一个人	54.55	76.92	-22.37
	几个人一起（不超过 5 人）	31.17	15.38	15.79
	一群人（5 人以上）	14.29	7.69	6.6
受理情况	根本不受理	15.58	10.26	5.32
	受理了，却没下文	40.26	58.97	-18.71
	受理了，且有处理结果	44.16	30.77	13.39
处理结果	满意	14.47	7.69	6.78
	一般	2.63	17.95	-15.32
	不满意	73.68	69.23	4.45
	说不清	9.21	5.13	4.08

第五节　权益认知

　　保障外来工的基本权益是解决外来工问题的关键，了解外来工对权益的认知有助于制定符合实际的相关政策。我们从权益比较和权益诉求两方面来讨论外来工的权益认知。

一、权益比较

　　我们把权益划分为工资、工时、劳动安全卫生等 15 个大项和 34 个小项，让外来工选择三项自认为最重要的项目，结果汇总见表 3 - 25。

表 3 - 25　　　　　　　外来工最看重的基本权益（多选题）

权益项目	珠三角		权益项目	长三角	
	频数	百分比		频数	百分比
工资	1 346	66.08	工资	1 365	65.28
劳动安全卫生	307	15.07	劳动安全卫生	211	10.09

续表

权益项目	珠三角		权益项目	长三角	
	频数	百分比		频数	百分比
社会保险和福利	90	4.42	子女教育	107	5.12
工时	75	3.68	住房	91	4.35
住房	40	1.96	社会保险和福利	90	4.3
劳动合同	47	2.31	劳动合同	67	3.2
子女教育	47	2.31	工时	43	2.06
平等就业	26	1.28	平等就业	35	1.67
社会保障	19	0.93	女工保护	19	0.91
女工保护	16	0.79	社会保障	16	0.77
政治权益	11	0.54	职业培训	16	0.77
职业培训	4	0.2	户籍	12	0.57
户籍	3	0.15	政治权益	10	0.48
其他	6	0.29	其他	7	0.33
公共产品	0	0	公共产品	1	0.05
总计	2 037	100.00	总计	2 091	100.00

表 3-25 显示，无论在珠三角还是长三角，工资和劳动安全卫生都是外来工最关心的基本权益。其中，65% 以上的外来工都把工资作为最重要的权益，珠三角 15% 的外来工认为劳动安全卫生非常重要，而长三角则有 10% 的外来工持有此看法。除了以上两项，其他项目的选择率基本都在 5% 以下，其中，社会保险、工时、住房和子女教育等也比较受关注。由此可见，当前，对外来工来说，工资依然是他们最关切的权益指标；与健康权密切相关的劳动安全卫生也备受关注，而市民权益的重要性相对来说比较小一些。

二、权益诉求

同样，我们也让外来工选择三项最迫切需要打工地政府解决的权益问题，结果见表 3-26。

表 3-26 显示，工资、住房、劳动安全卫生、子女教育、社会保险和福利是外来工迫切期望政府解决的 5 项基本权益。特别是工资，超过 1/3 的外来工最希望政府能够尽快解决工资相关的权益。此外，住房问题也很迫切，14% 的珠三角

外来工和 19.4% 的长三角外来工都最希望政府尽快解决他们的住房问题。

表 3-26　　　　　　　　　最迫切期望解决的基本权益问题

权益项目	珠三角		权益项目	长三角	
	频数	百分比		频数	百分比
工资	749	37.41	工资	756	36.81
住房	282	14.09	住房	399	19.43
劳动安全卫生	256	12.79	子女教育	190	9.25
社会保险和福利	183	9.14	劳动安全卫生	184	8.96
子女教育	150	7.49	社会保险和福利	181	8.81
工时	101	5.04	劳动合同	66	3.21
社会保障	83	4.15	社会保障	63	3.07
劳动合同	62	3.10	工时	61	2.97
平等就业	36	1.80	平等就业	51	2.48
女工保护	23	1.15	户籍	35	1.70
政治权益	35	1.75	女工保护	24	1.17
职业培训	17	0.85	政治权益	22	1.07
户籍	15	0.75	职业培训	12	0.58
其他	8	0.40	其他	7	0.34
公共产品	2	0.10	公共产品	3	0.15
总计	2 002	100.00	总计	2 045	100.00

通过比较外来工权益的重要性和紧迫性，可以发现：

（1）工资依然是最重要、最迫切解决的基本权益。不论是珠三角还是长三角，大部分外来工都最为看重，且迫切期望解决工资问题，尤其是工资水平提高问题。

（2）劳动安全和福利诉求比较强烈。除工资问题外，两地外来工都比较看重劳动安全卫生、社会保险和福利、住房这三项基本权益，且较迫切期望解决。

（3）市民权益的重视程度较低，特别是政治参与权益诉求几乎没有。相对来说，外来工普遍对平等就业、女工保护、政治权益、职业培训、户籍、公共产品等较为忽视。外来工的权益诉求以经济诉求为主，缺少政治和社会诉求。对他们来说，工资才是最迫切、最实际的权益问题。

第六节　结论与讨论

一、劳动权益

我们从多个方面对比了珠三角和长三角外来工劳动权益，主要指标总结见表3-27。

表3-27　　　　　　　　　　两地外来工权益指标的比较

描述项		珠三角	长三角	差距
工资	月平均工资（元）	1 917.68	2 052.69	-135.01***
	工资拖欠比率（%）	4.99	2.66	2.33***
	工资罚扣比率（%）	13.83	12.16	1.67
工作时间	周工作小时	57.41	55.24	2.17***
	加班比率（%）	71.48	61.23	10.25***
社会保险	工伤保险（%）	53.91	49.19	4.72***
	医疗保险（%）	52.11	54.75	-2.64
	养老保险（%）	37.67	50.39	-12.72***
	失业保险（%）	18.40	32.62	-14.22***
	生育保险（%）	14.54	29.01	-14.47***
福利待遇	带薪休假（%）	43.54	39.31	4.23*
	病假工资（%）	32.32	39.35	-7.03***
	产假工资（%）	31.94	33.83	-1.89
劳动合同	签订率（%）	64.79	69.25	-4.46**
	参与内容协商（%）	35.81	46.1	-10.29***
	感到满意（%）	44.69	63.21	-18.52***
押金与押证	押金比例（%）	10.78	8.52	2.26*
	扣押证件比例（%）	6.38	4.94	1.44*
工作环境	工作环境有危害（%）	21.93	16.36	5.57***
	强迫劳动（%）	7.05	2.95	4.10***

描述项		珠三角	长三角	差距
工作环境	冒险作业（%）	4.94	3.66	1.28 **
	综合评分（平均值）	1.98	2.38	- 0.4 ***
技能培训	参加培训（%）	71.2	63.3	7.9 ***
基本人权	搜身搜包（%）	2.35	0.71	1.64 ***
	罚款罚站（%）	0.44	0.38	0.06
	遭管理人员殴打（%）	0.29	0.33	- 0.04
	拘禁（%）	0.29	0.14	0.15
权益侵害与维权	对企业有意见的比率（%）	26.75	17.89	8.86 ***
	向企业反映比率（%）	66.85	62.24	4.61
	权益受侵害者比率（%）	7.62	4.46	3.16 ***
	投诉比率（%）	42.31	45.16	- 2.85
	参与群体性维权活动比例（%）	2.74	2.90	- 0.16

注：① *** 表示 $p < 0.001$，** 表示 $p < 0.01$，* 表示 $p < 0.05$。

②检验方法：月平均工资、周工作小时、综合评分三项采用 F 检验，其余各项指标采用卡方检验。

表 3 - 27 显示，在总共 32 项指标中，有 23 项存在显著差异，除工伤保险、带薪休假、技能培训外，其余 20 项，长三角均好于珠三角。具体来看：

（1）珠三角外来工月平均工资为 1 918 元，比长三角低 135 元，考虑到珠三角外来工每月开支（860 元）比长三角低 73 元，那么两地区实际工资差距为 62 元。但是，珠三角每周工作时间（57.41 小时）比长三角多 2.17 小时，加班情况更为严重。那么两地区实际工资差距可能不止 62 元，珠三角外来工用更多的加班换来相对较低的工资。

（2）珠三角的工伤保险购买率（53.91%）高于长三角 4.72 个百分点，医疗保险（52.11%）与长三角基本相当，养老（37.67%）、失业（18.40%）、生育（14.54%）三项保险则低于长三角 12 ~ 15 个百分点；珠三角企业较多提供带薪休假（43.54%），高出长三角 4.23 个百分点，但病假工资（32.32%）却低于长三角 7 个百分点。

（3）珠三角劳动合同签订率为 64.79%，低于长三角 4.46 个百分点，对劳动合同的满意率（44.69%）更低于长三角 18.52 个百分点，参与协商（35.81%）的比例也低 10.29 个百分点。

（4）珠三角工作环境有危害（21.93%）、强迫劳动（7.05%）、冒险作业（4.94%）的比例均显著高于长三角。在对工作环境的综合评分上，长三角分值（2.38）较高，介于"一般"与"好"之间，而珠三角（1.98）尚不到"一般"。珠三角搜身搜包（2.35%）的情况要多于长三角，两地仍存在殴打、拘禁等严重侵犯人权的事件。

（5）珠三角外来工对企业有意见的比例（26.75%）高出长三角8.86个百分点，劳动权益受过侵害的比例（7.62%）高出3.16个百分点。珠三角外来工采用罢工和游行等激烈形式的比例远高于长三角。

综合来看，我们可以发现，两地外来工权益状况存在显著差异，珠三角在工资收入、工作时间、保险与福利、劳动合同、工作环境、基本人权、综合评价等方面普遍不如长三角，这与我们2005年的发现基本一致。[①] 有所不同的是，这些差异并不太大，与2005年的调查数据相比，有缩小的趋势。

二、市民权益与权益评价

与劳动法规对劳动权益的明确规定不同，市民权益没有明确的法律标准，因此也很难衡量是否实现或达到了要求。就我们调查的情况来，珠三角外来工主要居住在员工宿舍与出租屋，而长三角则以出租屋为主。居住面积上，珠三角平均比长三角低2.5平方米，差异显著。两地外来工都很少有人居住在政府提供的廉租房里。就孩子情况来看，珠三角外来工子女留守比例更高，达66.67%，比长三角高13%。

在对各项权益的主观评价中，无论是珠三角还是长三角，大部分外来工都最看重、也最迫切期望解决工资问题，尤其是工资水平提高问题。除工资问题外，两地外来工都比较看重劳动安全卫生、社会保险和福利、工时这三项劳动权益也很受外来工的重视。而市民权益的重视程度较低，特别是政治参与权益诉求几乎没有。外来工普遍对平等就业、女工保护、政治权益、职业培训、户籍、公共产品等较为忽视。由此可见，外来工的权益观念仍然以劳动权益为主，以经济权益为主。地区之间也有一些差异，长三角外来工更加关注、也更希望能解决住房和子女教育的问题，珠三角则相对较少（结果见表3-28）。

---

① 万向东、刘林平、张永宏：《工资福利、权益保障与外部环境——珠三角与长三角外来工的比较研究》，载《管理世界》2006年第6期。

表 3 – 28　　　　　　　　市民权益与权益主观评价

项目		珠三角	长三角	差异
居住环境	员工宿舍（%）	45.01	27.42	17.59 ***
	出租屋（%）	47.41	60.12	– 12.71 ***
	居住面积（平方米）	11.8	14.3	– 2.5 **
子女教育	留守儿童（%）	66.67	53.76	12.9 ***
落户意愿	落户意愿（%）	22.8	26.3	– 3.5 **
权益 重要性 （前五项）	工资（%）	66.08	65.28	0.8
	劳动安全卫生（%）	15.07	10.09	4.17 ***
	社会保险和福利（%）	4.42	4.3	0.12
	子女教育（%）	2.31	5.12	– 2.81 ***
	住房（%）	1.96	4.35	– 2.39 ***
权益 紧迫性 （前五项）	工资（%）	37.41	36.81	0.6
	劳动安全卫生（%）	12.79	8.96	3.83 **
	社会保险和福利（%）	9.14	8.81	0.33
	住房（%）	14.09	19.43	– 5.34 ***
	子女教育（%）	7.49	9.25	– 1.76 **

注：① *** 表示 $p < 0.001$，** 表示 $p < 0.01$，* 表示 $p < 0.05$。
②检验方法：住房面积差异采用 F 检验，其余各项指标采用卡方检验。

三、讨　论

　　我们认为，在珠、长两地外来工劳动权益比较的数十项指标中，工资、劳动合同与工作环境是最为重要的三项。因为，工资是权益保障的核心问题，工资高则权益保障相对好，工人对其权益主观评价也相对较好；劳动合同也是权益保障最重要的指标之一，购买社会保险在很大程度上和劳动合同挂钩，劳动合同签订率低则权益保障的其他指标也会随之较差；工作环境既是工人所处的具体的、微观的、可接触的环境的直接测量，又会影响他们对劳动权益的主观感受。从这三项指标来看，长三角劳动权益状况要明显好于珠三角。导致这些差异的因素是什么呢？具体的作用机制又是怎样的呢？这是需要探讨的问题，在前文比较分析的基础上，我们从个体、企业特征和地区制度三个层面进一步解释。

　　人力资本是解释工资水平、合同签订差异的主要变量，同时也可以对两地区之间的部分差异进行解释。就学历来看，长三角的大专学历者比珠三角高近 7 个百分点，学历越高，则工资和劳动合同签订率越高。但仅有人力资本对于地区差异的解释是不够的。

在企业特征层面，我们原来强调了企业所有制性质的差异性及其对工人劳动权益的影响①。这次调查显示，长三角国有企业比例略高于珠三角，但差异并不大，珠三角港澳台企业高出长三角 10 个百分点，尽管企业性质与工资高低无关，但是港澳台企业的劳动合同签订率仍然高于私有企业。这表明，从企业性质难以简单解释两地劳动关系差异。

另外，我们原来也认为长三角企业规模较大，因而工人劳动权益状况较好，现在看来这种认识过于简单，没有充分考虑到企业规模对工人权益影响的复杂性。一个明显的事实是，珠三角的企业规模要大于长三角，在我们的样本中，珠三角 300 人以上的企业占 49.26%，比长三角高 9 个百分点，而企业规模越大，外来工工资收入越高，劳动合同签订率越高。

因此，从以上分析可见，人力资本与企业特征难以对两地区劳动权益的差异给出充分解释。在控制人力资本和企业特征的情况下，地区之间仍然存在显著差异，这又应该怎么解释呢？

我们认为，地区制度环境是影响劳动权益差异的重要原因。这里所说的制度环境差异主要不是国家层面的法律法规，而是指地方政府与社区管理者在有关劳资关系的政策制定和执行方面的差异。我们从三个方面来分析：

第一，最低工资标准。珠三角各城市平均最低工资标准为 963.9 元，而长三角为 1 039.4 元，相差 76.5 元，与两地实际工资差距基本一致。回归模型也表明，在控制其他变量的情况下，两地工资差距基本上可由最低工资标准进行解释。地区间最低工资标准的差异是明显的制度差异。

第二，《劳动合同法》执行力度。从劳动合同的签订率来看，在控制人力资本、企业特征的情况下，两地仍然存在显著差异，长三角劳动合同签订率高出珠三角 5 个百分点，这显然与《劳动合同法》的执行力度相关。长三角包含三个省市，江苏的劳动合同签订率最高，达 78%，上海次之（70.7%），均高于珠三角，但浙江仅为 58.2%，较珠三角还低 6.6 个百分点。为什么江苏劳动合同签

---

① 刘林平、郭志坚：《企业性质、政府缺位、集体协商与外来女工的权益保障》，载《社会学研究》2004 年第 6 期；万向东、刘林平、张永宏：《工资福利、权益保障与外部环境——珠三角与长三角外来工的比较研究》，载《管理世界》2006 年第 6 期。

订率会较高呢？可能与他们近三年连续开展的《劳动合同法》执法专项行动有关。[①]

第三，外来工和本地人比例。珠三角工业密集度较高，外来工与本地工之比也较长三角高。在珠三角，企业工人中少有本地人。我们将本地人在职工中所占比例作为一个自变量纳入模型，结果表明，企业是否雇用本地人对工资高低没有显著影响，但对签订劳动合同、减少工作时间具有显著影响。这并不难理解，企业制定工资标准时并不会因为是本地人就有特殊政策，但是雇有本地员工的企业，受到社区关系约束，劳动关系更为规范，合同签订率较高，而本地员工一般不会住在企业集体宿舍而是回家居住，这就使得企业难以统一工作时间，强迫所有员工都加班，外来工也受到影响，加班可能因此减少。不仅如此，由于社区人情关系影响，企业对本地工人管理较为宽松，较为人性化。因而，可以做出的一个判断是，由于人口密度、结构不同，对企业的管理制度会产生一定影响。[②]

我们原来的研究认为，在长三角，具有社会主义传统（国有企业）和社区人际关系网络（乡镇企业）的企业较多，这两类企业劳资关系的处理模式不是纯市场取向的，而可能是受社会主义传统影响并嵌入到社区结构和人际网络之中的"人情型"模式，因而工人劳动权益状况较好。[③] 现在看来，关于"人情型"企业管理模式的论述仍然是合理的，但这种"人情型"管理模式主要不是通过企业所有制性质来体现，而是和企业中本地工人的比例密切相关。司马雅伦和林初升以地方资本主义、地方公民身份的概念来解释东莞对待本地人和外来工的两种不同的国民待遇。所谓地方资本主义是说资本所有者不以普遍的国家法律为基础，而是依赖地方社会关系支持而从事经济活动和企业管理。所谓地方公民身份是指只有具有本地户籍才能具有一定的公民身份，地方的福利具有排他性，外地人不能享受。地方资本主义带来了对外地人的剥削，这也明显地表现在企业的管

---

① 根据江苏省统计局的调查，2008 年江苏省农民工劳动合同签订率仅为 41.3％。（参见江苏省统计局：《2008 江苏农民工现状简析》，2009 年 6 月 9 日，http：//www.jssb.gov.cn/jstj/djgb/。）2008 年 2 月，江苏省制定了《江苏省农民工权益保护办法》，接下来，江苏省人力资源和社会保障厅又连续三年在全省范围内开展针对劳动合同签订的"春暖行动"，以"城镇规模以上企业农民工劳动合同签订率不低于95％，小企业中相对稳定就业的农民工劳动合同签订率不低于 90％"为目标，有效地促进了《劳动合同法》的贯彻实施，提高了农民工劳动合同签订率（参见江苏省人力资源和社会保障厅：《关于开展 2010年农民工劳动合同签订"春暖行动"的通知》，2010 年 3 月 3 日，http：//www.js.lss.gov.cn/wswqzx/zcfg/201003/t20100304_61065.html#）。

② 蔡杨念（Youngjin Choi）的研究揭示，在上海和昆山的日资和韩资企业中，本地工人和外地工人在劳动时间和安全性方面存在明显区别，本地工人的待遇要好得多［参见 Youngjin Choi. Aligning Labour Disputes with Institutional，Cultural and Rational Approach：Evidence from East Asian-invested Enterprises in China. *The International Journal of Human Resource Management*，2008，19（10）］。

③ 万向东、刘林平、张永宏：《工资福利、权益保障与外部环境——珠三角与长三角外来工的比较研究》，载《管理世界》2006 年第 6 期。

理实践和外来工的劳动权益之中①。我们认为，他们的观点具有启发性，进一步的逻辑推论是，由于企业中具有一定的本地工人，他们具有"地方公民身份"，对他们的管理当然就必须考虑地方反应，而人性化一些，这些人性化的管理制度也会延伸到同一企业的外来工。

在全球化的大背景下，资本会追求收益最大化流向劳动力低廉的地区，但也必然要与当地的制度、法律、文化和习俗相适应。同一资本在不同地区往往会根据当地的制度环境采取不同的管理模式，员工的劳动权益状况也不尽相同。在中国，珠三角和长三角两个地区之间就存在着明显的差异。

总之，在我们看来，在中国，不同地区的法规及其对法律、法规的执行力度的差异，由于本地国有、乡镇和私有企业（或最早进入的外企）所形成的管理传统或习惯的不同，国际资本对投资地区的适应或同化是造成劳动权益地区差异的制度环境，这些制度既有硬的法律制度，也有软的传统习惯。我们提出理解劳资关系应该有一个"地域—社会—文化"的思路，这一思路属于中观层面，既不同于阶级分析的宏大话语体系，也不同于微观的个体行动视角；这一思路不同于经济学强调人力资本与市场调节、管理学强调对工人进行人性化管理、法学强调国家法制的完善和落实，而是从社会学角度综合地、多维度地进行分析，它将全球标准、国家法制和地方文化结合起来，重点落实到地区制度层面。我们认为，从这样的思路出发所做的分析可能较为切合实际，更容易提出切实可行的政策设想。

---

① Alan Smart and George C. S Lin. Citizenship and Translocality：Rescaling from Below in the Pearl River Delta Region，China. *International Journal of Urban and Regional*，2007，31（2）.

第二编

劳动权益

第四章

工资问题[*]

本章研究发现，2010 年珠三角地区外来工月平均工资为 1 918 元，比长三角低 135 元；仅就珠三角而言，2006～2010 年，农民工月平均工资年均增长 17.3%。人力资本和企业制度是决定农民工工资水平的主要因素。人力资本越高，工资水平就越高；企业规模越大，工资就越高。企业所属行业和企业性质对工资也具有显著影响，重工业、建筑业的农民工工资较高。本章重点考察了最低工资标准与农民工工资的关系，发现最低工资制度对提高农民工工资作用显著，最低工资每提高 100 元，农民工工资可能会增加 70 元。我们认为，提高小时最低工资标准比提高月最低工资标准更能有效促进农民工工资增长，也可以降低农民工加班时间，保护其劳动权益。

工资是农民工维持日常生活和供养家庭的基本保障，是劳动权益最基本和最核心的部分之一。工资属于劳动报酬权，劳动者通过付出劳动可以依法获得雇主提供的劳动报酬。劳动法规定：工资应当以货币形式按月支付给劳动者本人，雇主不得克扣或者无故拖欠劳动者的工资；在法定休假日和婚丧假期间以及依法参加社会活动期间，用人单位应当依法支付工资；并且，用人单位支付劳动者的工资不得低于当地最低工资标准。① 最低工资是保障农民工最低劳动报酬权的最重

---

* 本章作者：孙中伟、刘林平、张春泥。

① 参见《中华人民共和国劳动法》第五章，http://www.chinaacc.com/new/63/64/80/2006/2/zh3433185739622600227086 - 0. htm。

要的制度，我们将对此进行重点关注。

本章包括四节：第一节主要根据我们 2006～2010 年历次农民工调查的数据，对其工资水平、工资制度以及工资拖欠等问题进行全面的描述，重点对比不同地区、不同省份以及不同年份的工资水平；第二节，利用 2010 年的调查数据，通过多元回归对影响工资水平和工资保障的因素进行分析；第三节，重点探讨最低工资标准作为一项劳动政策对农民工工资的影响；第四节为结论。

第一节　工资水平与工资制度

一、工资水平

工资水平是外来农民工最关心的问题，也是最基本的问题。2010 年的数据显示（见表 4－1），珠三角的月平均工资为 1 917.85 元，长三角为 2 104.06 元，再结合两地的开支情况，珠三角外来工的实际收入要比长三角低 113.17 元。同样，基本工资、加班工资及其他收入都是珠三角低于长三角。从加班工资的比重来看，珠三角的加班工资占了 1/4 多，长三角是 1/5。

表 4－1　　　　　　　测量工资水平的多项指标　　　　　　单位：元

工资指标	珠三角地区			长三角地区		
	样本数	平均值	标准差	样本数	平均值	标准差
一般月工资	2 035	1 917.68	956.85	2 088	2 104.06	1 574.1
上月工资应发[①]	2 001	2 013.16	1 025.02	2 000	2 235.00	2 431.24
上月工资实发	1 983	1 975.74	990.69	1 999	2 116.09	2 358.16
基本工资	1 813	1 498.22	916.73	1 678	1 780.67	2 636.98
加班工资	931	579.69	441.45	708	605.72	763.49
提成收入	45	908.42	741.97	11	1 670.82	960.17
计件收入	35	1 909.89	872.87	9	1 802.89	744.13
其他工资收入	140	670.56	957.37	161	787.18	1 210.41
期望月薪	2 028	3 091.29	4 037.74	2 094	3 135.73	2 811.54
可接受最低月薪	2 034	1 825.877	1 376.00	2 095	1 912.90	1 218.61

工资指标	珠三角地区			长三角地区		
	样本数	平均值	标准差	样本数	平均值	标准差
加班工资所占比重	1 739	28.25%	0.43	1 607	20.03%	0.37
实际月薪与期望月薪之差	2 018	1 089.96	2 263.706	2 075	1 036.62	1 918.21
总开支	2 039	859.62	584.70	2 093	932.66	594.85

注：①由于我们是在 7 月份进行的调研，所以上月工资是指 6 月份的工资收入。其中2010 年珠三角的基本工资、加班工资、提成收入、计件收入和其他工资收入几项指标是指 6 月份的情况。其中加班工资所占比重 = 加班工资/基本工资；期望和实际月薪之差 = 期望月薪 – 月平均工资。

我们的问卷还询问了外来工的期望月薪，将其与实际月薪比较可以看出，二者的差值珠三角要高于长三角 50 多元，差别越大，说明落差越大。因此。珠三角的工资水平总体上不如长三角，外来工的加班情况也更严重，对当前工资的满意度也要低一些。

为什么珠三角的工资水平低于长三角呢？我们认为，两地区最低工资的差异可能是造成这一差距的原因。珠三角地区各城市平均最低工资标准为 963.9 元，而长三角为 1 039.4 元，相差 76.5 元，与两地实际工资差距基本一致。我们所做的回归分析也表明，在控制其他变量的情况下，两地工资差距基本上可由最低工资标准进行解释。地区间最低工资标准的差异是明显的制度差异。表 4 – 1 是测量工资水平的多项指标的汇总情况。

表 4 – 2 是各个城市外来工不符合最低工资标准的比例。就珠三角地区来看，广州、深圳两个城市的最低工资标准最高，不符合的比例也最高，广州为 8.25%、深圳为 5.07%；在长三角，杭州、宁波、上海、嘉兴四个城市不符合最低工资标准的比例均在 5% 以上，特别是杭州为 9.22%。总的来说，月最低工资标准的执行情况比较好，各个城市的不达标率均未超过 10%。但是，一旦折算成小时工资，不符合的比例就大幅度提高了，珠三角的深圳与广州，长三角的杭州、宁波、上海与嘉兴六个城市的小时工资不符合最低工资的外来工达 30% 以上。由此可见，月最低工资标准的执行情况较好，小时最低工资标准仅仅只是参考值，没有强制性，执行情况较差。

此外，表 4 – 3 表明，仅就珠三角来看，近几年农民工的工资水平有了较大幅度的提高。2006 年，珠三角农民工平均月工资为 1 092.8 元，2010 年则为 1 848.3 元，增加了约 70%；小时平均工资也由 2006 年的 4.8 元，增至 2010 年的 8.3 元，增加了约 73%。月工资与小时工资的增长幅度比较接近。与此同时，最低工资标准的执行情况也越来越好，2006 年，还有 9% 的农民工月工资低于当地的最低工资，2010 年这一数字则下降至 4%；但是，小时工资则一直居高不下，四次调查均在 25% 左右。关于最低工资的问题，我们将在第三节进行深入分析。

表 4 – 2 外来工实际工资与最低工资标准比较

地区	城市	最低月工资标准		最低时工资标准	
		规定的月薪（元）	不符合的频数（百分比）	规定的时薪（元）	不符合的频数（百分比）
珠三角地区	广州	1 030	26 (8.25)	5.92	102 (33.33)
	深圳	1 100	28 (5.07)	6.32	169 (31.41)
	中山	920	2 (1.96)	5.29	29 (28.71)
	佛山	920	8 (4.00)	5.29	42 (21.65)
	东莞	920	9 (1.95)	5.29	122 (26.93)
	珠海	920	4 (4.04)	5.29	23 (24.21)
	惠州	810	2 (1.98)	4.66	18 (18.37)
	江门	810	3 (2.91)	4.66	27 (26.73)
	肇庆	710	2 (1.90)	4.08	9 (8.74)
长三角地区	上海	1 120	35 (6.18)	6.44	170 (30.30)
	南京	960	4 (2.41)	5.52	34 (20.86)
	苏州	960	2 (0.76)	5.52	18 (7.06)
	无锡	960	4 (2.86)	5.52	20 (15.15)
	常州	960	2 (1.41)	5.52	26 (18.71)
	南通	960	4 (4.30)	5.52	12 (13.79)
	杭州	1 100	25 (9.22)	6.32	84 (31.58)
	宁波	1 100	19 (7.66)	6.32	79 (32.38)
	嘉兴	980	5 (5.05)	5.63	37 (39.36)
	绍兴	980	1 (0.96)	5.63	18 (17.82)

注：各城市（深圳除外）最低工资标准依据广东省政府下发《关于调整我省企业职工最低工资标准的通知》，于 2010 年 5 月 1 日起执行；深圳最低工资标准采用的是该市 2008 年 7 月 1 日执行的工资标准，关外 900 元/月、5.17 元/小时，关内 1 000 元/月、5.75 元/小时，表 4 – 2 取平均值；深圳地区的时薪相关文件没有说明，表 3 – 14 深圳时薪采取广州月薪与时薪比换算得出。

表 4-3　　　　　　　　　　**珠三角地区工资水平变化**

描述项	年份	2006	2008	2009	2010
月工资（元）	月工资收入	1 092.8	1 521.0	1 566	1 848.3
	小时平均工资	4.8	6.6	6.9	8.3
不符合最低工资标准（%）	月工资	9.0	7.7	3.9	4.0
	小时工资	26.7	33.2	28.1	23.2

注：由于 2006 年样本只含农民工，不包括城镇户籍者，为了使统计口径一致，表中 2008 年、2009 年、2010 年的数据只选择了农民工，不包括城镇户籍的外来工。

二、工资制度

表 4-4 描述了农民工工资制度的基本情况。

表 4-4　　　　　　　　　　　　**工资制度**

描述项		地区	长三角	珠三角			
		年份	2010	2010	2009	2008	2006
工资计算方式	月薪制		861（40.94）	823（40.40）	751（43.49）	964（38.44）	1 360（44.07）
	计件		369（17.55）	312（15.32）	215（12.45）	380（15.15）	581（18.83）
	计时		334（15.89）	470（23.07）	310（17.95）	583（23.25）	593（19.22）
	底薪加提成		215（10.22）	231（11.34）	229（13.26）	307（12.24）	246（7.97）
	按天计算		211（10.03）	108（5.30）	106（6.04）	134（5.34）	283（9.17）
	其他		48（2.28）	45（2.21）	64（3.71）	65（2.59）	5（0.16）
工资标准如何确定（多选题）	完全由企业决定		1 557（74.14）	1 592（77.92）	1 410（81.64）	1 993（80.04）	—
	工人集体和企业谈判		134（6.39）	101（4.94）	109（6.31）	173（6.95）	—
	企业工会参与协商		129（6.14）	36（1.76）	17（0.98）	29（1.16）	—
	政府参与制定		—	—	43（2.49）	77（3.09）	—
	其他		171（8.14）	172（8.42）	102（5.91）	144（5.78）	—
	不清楚		136（6.51）	157（7.69）	—	—	—

注：表内数字为频数，括号内为百分比。

表 4-4 显示，珠三角和长三角工资计算方式基本一致。工资制度都是以月薪制居多，约占 40%，其次是计时制和计件制，但是珠三角计时制比例要高于

长三角。仅就珠三角而言，2006～2010年，工资计算方式基本没变，月薪制较多，其次也是计时制和计件制。不过，对于工资标准如何确定这个问题，虽然七成的外来工工资都是由企业决定的，但是长三角企业工会参与协商的比例明显高于珠三角5个百分点，说明长三角的企业工会所发挥的作用要强于珠三角。

我们还调查了两地区外来工对最低工资标准的认知情况（见表4-5），结果并不令人满意，两地都有47%的人不知道最低工资标准。最低工资制度是保障劳动者最低收益和基本生存的一项主要制度，在制定这一制度的同时，也有必要加大宣传的力度，使农民工有所了解，并可以依法保护自身权益。

表4-5　　　　　　　最低工资标准的认知情况

描述项	地区 年份	长三角 2010	珠三角 2010	2009	2008	2006
是否知道最低工资标准	知道	1 111（52.80）	1 070（52.35）	878（50.63）	1 286（51.28）	1 289（41.77）
	不知道	933（47.20）	974（47.65）	856（49.37）	1 222（48.72）	1 794（58.13）

注：表内数字为频数，括号内为百分比。

第二节　工资理论和决定因素

一、工资理论

在马克思看来，工资是劳动力价值的价格体现。"劳动力的价值，是由生产、发展、维持和延续劳动力所必需的生活资料的价值来决定的。""劳动力的价值由两种要素所构成：一种是纯生理的要素，另一种是历史的或社会的要素。"后一种要素，马克思认为，是"每个国家的传统生活水平。这种生活水平不仅包括满足生理上的需要，而且包括满足由人们赖以生息教养的那些社会条件所产生的一定需要"。①

① 马克思：《工资、价格和利润》，《马克思恩格斯选集》（第二卷），北京：人民出版社1972年版，第181、199页。

　　马克思的经济学被称为"政治经济学"，他对工资的考察当然不仅仅是从一种纯粹经济学的立场来进行，而实际上是经济社会学的立场。因为，他把工人所得到的工资置于资本主义的基本经济社会结构之中，工人的工资当然还取决于与资本家的斗争。但是，马克思认为，工资和劳动力生产率之间没有函数关系，也与劳动力市场供需关系的变化没有大的关系。

　　在马克思之前，古典经济学的诸多代表人物都从社会—经济的因素来解释工资。比如，亚当·斯密就注意到了工人和老板的讨价还价，由习俗、惯例、人道主义和培训成本所决定的劳动力再生产成本，一个国家的发展阶段等因素对于工人工资的影响。[①]

　　人力资本理论的兴起，可以看做是对马克思经典资本理论的挑战。人力资本理论强调人能够对自身进行投资，并产生经济回报。林南认为，马克思理论中的劳动者是可以替代的，所以在一定生产条件下，如果生产的产品相同，则劳动者的工资是一定的。而人力资本理论中拥有不同教育程度、身体状况和职业经验的劳动者之间未必能够简单替代，不同劳动者的价值和报酬是不同的。人力资本理论把对工资影响因素的探讨从较为宏观的社会—经济层面带入了较为微观的个人投资与劳动力市场结果的层面。[②] 明瑟（Mincer）指出人力资本理论的中心是关注通过正式和非正式的学校教育和家庭教育，以及培训、经验和职业流动对个人的劳动力市场结果和部门及国家经济增长的影响。所以，在人力资本理论看来，影响工资的因素主要还是在微观层面上的教育、培训、劳动经验和职业流动。[③]

　　仅凭人力资本理论还不足以解释复杂的工资问题。格伯（Gerber）总结了决定工资的三大理论视角：新古典主义、制度理论和结构分析。人力资本理论就是新古典主义的视角。[④] 这一视角中，劳资双方在确定工资的问题上都试图最大化他们行动的结果，并根据工人的特殊素质和人力资本形式在劳动力市场中的价值，反复多次协商来达成合同工资的数目。新古典主义工资观的核心是：（1）开放的劳动力市场竞争，劳资双方能够反复协商以确定工资，所达成的工资应该是劳资双方同时追求利益最大化而达到的平衡点；（2）人力资本在竞争中几乎是最重要的，在决定工资上是近乎唯一的变量。与新古典主义不同，制度理论的视角并不认为工资是在开放的劳动力市场竞争中达成的。寻职和雇佣中的交易成本、公

---

　　① ［英］亚当·斯密：《国富论》，唐日松译，北京：华夏出版社 2005 年版。

　　② ［美］林南：《社会资本：关于社会结构与行动的理论》，张磊译，上海：上海人民出版社 2004 年版。

　　③ Mincer. Human Capital and the Labor Market：a Review of Current Research. *Educational Researcher*，1989，18（5）.

　　④ Gerber, T. P.. Getting Paid：Wage Arrears and Stratification in Russia. *American Journal of Sociology*，2006，Vol. 111（6）.

司内部工作的性质、工人能力和士气的不确定性、工会的影响以及工人的集体行动等这些因素都会阻碍市场机制的完全发挥。因此，决定工资的不是市场而是制度，这些制度包括内部劳动力市场、职业阶梯、集体讨价还价、标准的工资计划等。结构分析的视角将注意力从关注工人自身的特性转向关注工人所处的社会结构的位置和特性。这一视角更关注决定工资的系统性变量，如工作和工作组织的类型。结构主义者认为不同职业地位的工作、不同产业和部门的公司，以及公司的规模是决定工资的重要变量。"结构分析的视角与制度理论相连，却又区别于制度理论"。① 这种区别表现在：结构分析强调的是系统性的制度变量造成了部门、组织和职业间工资水平的不同，而不是个人特征层面上制度的区别对待。格伯（Gerber）在研究俄罗斯的工资拖欠时将工人的工资分为合同工资和实发工资，他发现工人的个人特征和人力资本对实发工资的影响并不显著，而工作部门、公司性质、公司所在城市的规模才是对实发工资显著影响的变量。②

如果说人力资本理论主要是从微观层面提出决定人们工资的因素，那么，制度理论则是从组织的层面修正了人力资本理论关于自由开放市场的不当假设，而结构分析则是通过对人们行动的结构性约束的关注，再一次把分析问题的目光投向了宏观的社会结构层次，指出了社会资本因素、制度因素③和社会环境因素对劳动力市场结果的影响。

社会资本理论关注人们构建社会网络的投资在市场中的回报。从社会资本理论来考察工人的工资，可能联系是复杂的：一方面是社会关系，具体说来就是社会网络或社会资本有助于人们获得资源，以及经济社会地位的提高，而对于工资劳动者来说，当然也应该内涵有得到更多的工资收入的可能。林南认为社会网络也是一种资源，人们通过对社会关系的投资和利用，可以期望在市场中得到回报。④ 另一方面，一些实证研究又证明了人们利用社会网络或社会资本寻找工作，但是，并不一定可以获得更高工资收入的工作。⑤

①② Gerber, T. P.. Getting Paid: Wage Arrears and Stratification in Russia. *American Journal of Sociology*, 2006, Vol. 111 (6).

③ 以下我们对制度因素的介绍会包含制度理论视角下的企业制度部分的介绍和结构分析视角下社会制度的介绍。

④ ［美］林南：《社会资本：关于社会结构与行动的理论》，张磊译，上海：上海人民出版社 2004年版。

⑤ Bridges William P. and Wayne J. Villemez. Informal Hiring and Income in the Labor Market. *American Sociological Review*, 1986, Vol. 51, No. 4; Corcoran Mary, Linda Datcher and Greg Duncan. Information and Influence Network in Labor Market. In G.. J. Dunncan and J. N. Morgan. Ann Arbor (eds.) *Five Thousand American Families: Patterns of Economic Progress*, MI: Institute for Social Research, 1980; Korenman, Sanders and Susan C. Turner. Employment Contacts and Minority - White Wage Differences. *Industrial Relations*, 1996, Vol 35, No. 1.

如果我们将人们参加社会组织的情况视为社会联系、社会资本的一个重要的方面，那么，参加工会等组织的人，比之没有参加的人应该具有更多的社会资本，也应该具有更高的工资收入。在美国，过往的一些实证研究证明了参加工会的工人的确具有更高的工资。[①]

社会资本角度对工资的研究尽管涉及社会结构，但是，由人际网络而建立的社会结构大多是非正式的，应该承认，正式的社会制度对工资的影响当然大过非正式的。

因而，我们转而从制度主义的视角来考察工资问题。这样，企业的组织制度，特别是是否有一个完善的内部劳动力市场，当然是影响工资的重要因素。威廉姆森等人将企业的内部劳动力市场和工人人力资本特别是资产专用性联系起来分析。[②] 在企业的雇佣制度中，即使在美国这样的发达社会，也越来越使用兼职和临时的工人，这当然对工人的工资有重要影响（Harrison and Bluestone，1988）。[③] 而这种情况，和中国的农民工极其相似。在对 20 世纪 20 年代上海工人的研究中，裴宜理注意到了不同部门、不同工种和不同性别之间工人的工资差异，她认为，这是工人阶级分裂的表现之一。[④] 具海根在考察韩国工人的发展历程时也指出，在 20 世纪 70 年代到 80 年代初，很大一部分韩国工人的工资报酬处在维持生存的水平以下，非体力劳动和体力劳动、男工与女工、不同教育程度之间的工人工资差异很大。[⑤]

企业制度对工资具有重要影响，但是，任何企业制度都处于更广泛的社会结构或社会环境之中。

许多学者将工资问题（及更广泛的收入问题）放在社会不平等的框架中来研究，他们认为工资是社会分层和社会不平等的显著表现。[⑥] 在西方社会，种族、性别都是影响工资的重要变量。[⑦]

具体到中国的社会结构与社会环境，在西方学者的中国研究中，工资问题被

---

① Paisley C. J. Labor Union Effects on Wage Gains：a Survey of Recent Literature. *Journal of Economic Literature*，1980，Vol. 18（1）.

② ［美］奥立佛·威廉姆森、迈克尔·沃奇特、杰佛里·哈里斯：《理解雇佣关系：对专用性交换的分析》，孙经纬译，上海：上海财经大学出版社 2000 年版。

③ Harrison，Bennett and Barry Bluestone. *The Great U – Turn：Corporate Restructuring and the Polarizing of America.* New York：Basic Books，1998.

④ 裴宜理：《上海罢工——中国工人政治研究》，南京：江苏人民出版社 2001 年版。

⑤ 具海根：《韩国工人——阶级形成的文化与政治》，北京：社会科学文献出版社 2004 年版。

⑥ Gerber，T. P.. Getting Paid：Wage Arrears and Stratification in Russia. *American Journal of Sociology*，2006，Vol. 111（6）.

⑦ Blau Francine D. and Lawrence M. Kahn. Gender Differences in Pay. *The Journal of Economic Perspectives*，2000，14.

累累提及，中国的经济体制也多作为背景纳入到对工资的分析中。怀默霆（Martin King Whyte）认为，1956年之后，中国形成了一种适用于所有国有单位的"级差工资制度"，这种制度甚至在"文革"中都被基本保留。[①] 华尔德（Andrew G. Walder）则认为，在一种单位体制中，形成了工人对企业的社会和经济方面的依附、对工厂领导的政治依附和对直接领导的个人依附，工人获取资源的机会几乎完全在单位内部，工资当然是最重要的资源，但是，在一种禁欲主义的意识形态下，工人的工资长期不做调整，表现出罕见的刚性。[②] 泽林尼认为，国家社会主义经济特征之一是劳动力的非市场交换，劳动力价格由国家行政手段决定。[③] 泽林尼的分析主要是针对东欧的情况，但计划经济体制下的中国也是类似的。改革开放之后，这种情况发生了变化，国有企业工资制度的改革一方面是实行了奖金制度，另一方面则是引入了计件工资制。[④] 这些都是市场力量的引入对工资制度的影响。如果按照倪志伟的观点，社会主义经济从等级制向市场的转变中，政治资本的作用会下降，教育等人力资本的作用会上升。[⑤] 但在谢宇对改革时期中国城市居民收入的研究中，他并没有发现在经济增长较快（或可以理解为市场经济发展较快）的城市中党员身份对工资的回报降低，也没有发现这些城市中教育有较高的回报率，由此谢宇认为"1988年的中国城市缺乏真正的劳动力市场"，[⑥] 工资还是受旧的计划经济体制的控制，奖金和补贴在区域上的差别也不受市场的调节，仍然受单位盈利能力的影响。

上述研究是对1949年之后计划体制下以及这种体制向市场转型过程中中国工人和城市居民的工资和其他收入的研究。我们的研究重点是农民工的工资问题。按照刘易斯的观点，农民工外出打工，其工资水平是比照农业收入水平确定的，当然会比农村的生存收入要高一些，这主要是因为城市的生活费用高过农村，农民迁入城市有一个心理落差需要补偿，以及工会的作用等。刘易斯说："为雇佣这种剩余劳动力而支付的维持生活的工资，可以决定于对维持生活所要求的最低水平的传统看法，或者说这种工资可能等于维持生计的农业中的每人平

---

① ［美］怀默霆：《中国的社会不平等和社会分层》，孙慧民译，边燕杰主编：《市场转型与社会分层——美国社会学者分析中国》，北京：生活·读书·新知三联书店2002年版。

② 华尔德：《共产党社会的新传统主义》，龚小夏译，伦敦：牛津大学出版社1996年版。

③ Szelenyi, I.. Social Inequalities in State Redistributive Economies：Dilemmas for Social Policy in Contemporary Socialist Societies of Eastern Europe. *International Journal of Comparative Sociology*，1978，Vol. 19.

④ 傅高义：《先行一步：改革中的广州》，广州：广东人民出版社1991年版。

⑤ 倪志伟：《市场转型理论：国家社会主义由再分配到市场》，边燕杰主编：《市场转型与社会分层——美国社会学者分析中国》，北京：生活·读书·新知三联书店2002年版。

⑥ 谢宇：《改革时期中国城市居民收入不平等的地区差异》，谢宇：《社会学方法与定量研究》，北京：社会科学文献出版社2006年版，第166页。

均产品加上一个余量。"①

黄宗智将刘易斯的观点运用于中国的农民外出打工的情况，他认为，现在的农村经济模式已经从过去的"男耕女织"转变为"半工半耕"，农民外出打工得到的是低工资，"低收入的种植劳动和低工资的乡镇企业也是离土离乡农民工工资相对低的基本原因。"②

在社会经济环境中，政府的政策是重要的内容之一，和农民工工资相联系的最重要的政策就是最低工资标准。我们的研究表明，最低工资标准对农民工的工资调节作用甚微。③ 当然，对于这个说法，也可能由于时间的推移而需要重新检验。

一般的研究者都指出，中国农民外出打工，和城里人是不一样的，这是一个二元劳动力市场，这也是中国转型社会的基本特点之一，当然也是农民工所面临的最基本的制度环境。那么，我们所提出的问题是：在这样一个二元劳动力市场中，农民工的工资到底主要是由哪些因素或变量所决定？或者进一步说，农民工工资的决定机制是怎样的呢？

根据上述研究，我们将决定农民工工资的变量分为人口特征、人力资本、劳动体制、企业性质、社会资本和社会环境等六个部分，具体变量及取值见表4-6。

表4-6　　　　决定农民工工资的自变量

自变量		取值与分布
人口特征	年龄（岁）	30.45
	性别	女45.74%、男54.26%
	婚姻	已婚58.6%
	教育程度	初中及以下59.2%、高中17.12%、中专12.6%、大专及以上11.08%
人力资本	本企业工龄（年）	3.47
	是否接受技能培训	是33.26%
	职业资格证书	有18.34%
	工种	普工47.01%、技工22.45%、中低层管理人员20.47%、其他10.07%

① ［美］刘易斯：《二元经济论》，施炜、谢兵、苏玉宏译，北京：北京经济学院出版社1989年版，第45页。

② 黄宗智：《制度化了的"半工半耕"过密型农业（上）》，载《读书》2006年第2期。

③ 万向东、刘林平、张永宏：《工资福利、权益保障与外部环境——珠三角与长三角外来工的比较研究》，载《管理世界》2006年第6期。

续表

自变量		取值与分布
劳动体制	工会情况	无工会 51.25%、有工会非会员 11.65%、会员 10.59%、不清楚 26.51%
	劳动合同	签 68.2%
	劳务派遣	是 7.7%
社会资本	与管理人员是否老乡、朋友	有 26.61%
企业性质	行业	轻工业 25.97%、化工业 4.25%、重工业 37.25%、公共服务业 4.22%、生产服务业 4.66%、消费服务业 20.18%、建筑业 7.97%
	规模	100 人以下 32.2%、100～999 人 43.6%、1 000 人以上 24.3%
	所有制性质	国有或集体 9.89%、股份制 8.62%、港台 10.76%、外资 7.33%、私有 63.4%
社会环境	最低工资（百元）	10.02
	所在省份	广东 49.28%、上海 13.66%、江苏 19.63%、浙江 17.44%

二、农民工工资的决定因素

为了分析影响农民工工资的因素，我们将月平均工资对数作为因变量，以人口特征、人力资本、劳动体制、企业制度、社会资本与社会环境等六组变量作为自变量，进行回归分析，结果见表 4－7。

表 4－7   农民工工资决定模型

自变量	模型 1	模型 2	模型 3	模型 4	模型 5	模型 6
年龄	0.0496***	0.0296***	0.0292***	0.0292***	0.0298***	0.0296***
	(0.00491)	(0.00463)	(0.00464)	(0.00455)	(0.00455)	(0.00452)
年龄平方	-0.000789***	-0.000513***	-0.000506***	-0.000506***	-0.000515***	-0.000517***
	(6.67e-05)	(6.27e-05)	(6.29e-05)	(6.17e-05)	(6.18e-05)	(6.13e-05)
男性（女性=0）	0.250***	0.204***	0.205***	0.188***	0.188***	0.191***
	(0.0123)	(0.0118)	(0.0118)	(0.0117)	(0.0117)	(0.0116)

自变量	模型 1	模型 2	模型 3	模型 4	模型 5	模型 6
已婚 （未婚 = 0）	0.0581***	0.0834***	0.0845***	0.0825***	0.0820***	0.0744***
	(0.0189)	(0.0178)	(0.0178)	(0.0175)	(0.0175)	(0.0175)
教育程度 （初中 = 0）						
高中		0.0451***	0.0448***	0.0562***	0.0553***	0.0572***
		(0.0157)	(0.0157)	(0.0155)	(0.0155)	(0.0153)
中专		0.0423**	0.0414**	0.0355*	0.0346*	0.0372**
		(0.0187)	(0.0188)	(0.0185)	(0.0185)	(0.0184)
大专		0.168***	0.169***	0.156***	0.155***	0.158***
		(0.0209)	(0.0211)	(0.0208)	(0.0208)	(0.0208)
受过培训 （没 = 0）		0.0560***	0.0541***	0.0516***	0.0503***	0.0466***
		(0.0123)	(0.0128)	(0.0127)	(0.0127)	(0.0126)
有证书 （无 = 0）		0.0549***	0.0563***	0.0570***	0.0571***	0.0571***
		(0.0160)	(0.0161)	(0.0158)	(0.0158)	(0.0157)
企业工龄		0.0167***	0.0170***	0.0148***	0.0146***	0.0153***
		(0.00146)	(0.00149)	(0.00147)	(0.00147)	(0.00147)
工种 （普工 = 0）						
技工		0.158***	0.159***	0.153***	0.153***	0.153***
		(0.0149)	(0.0149)	(0.0147)	(0.0147)	(0.0146)
中低层 管理人员		0.191***	0.193***	0.210***	0.207***	0.209***
		(0.0159)	(0.0159)	(0.0158)	(0.0158)	(0.0157)
其他		0.0802***	0.0824***	0.112***	0.110***	0.116***
		(0.0200)	(0.0200)	(0.0199)	(0.0199)	(0.0198)
工会（无 工会 = 0）						
有工会 非会员			−0.0363*	−0.0537***	−0.0545***	−0.0528***
			(0.0189)	(0.0189)	(0.0189)	(0.0192)

续表

自变量	模型 1	模型 2	模型 3	模型 4	模型 5	模型 6
会员			− 0.0499 **	− 0.0596 ***	− 0.0591 ***	− 0.0478 **
			(0.0202)	(0.0201)	(0.0201)	(0.0211)
不清楚			− 0.0136	− 0.0322 **	− 0.0303 **	− 0.0266 *
			(0.0136)	(0.0136)	(0.0136)	(0.0136)
劳动合同（无 = 0)			0.0413 ***	0.0366 ***	0.0379 ***	0.0310 **
			(0.0130)	(0.0136)	(0.0136)	(0.0136)
劳务派遣（无 = 0)			0.0234	0.00866	0.00952	− 0.00353
			(0.0210)	(0.0208)	(0.0208)	(0.0208)
行业（轻工业 = 0)						
化工业				0.0119	0.0111	0.00506
				(0.0282)	(0.0282)	(0.0280)
重工业				0.0290 **	0.0304 **	0.0308 **
				(0.0145)	(0.0145)	(0.0144)
公共服务业				− 0.119 ***	− 0.117 ***	− 0.104 ***
				(0.0314)	(0.0314)	(0.0312)
生产服务业				0.0377	0.0390	0.0338
				(0.0280)	(0.0280)	(0.0279)
消费服务业				− 0.0781 ***	− 0.0785 ***	− 0.0808 ***
				(0.0171)	(0.0171)	(0.0173)
建筑业				0.195 ***	0.190 ***	0.195 ***
				(0.0238)	(0.0239)	(0.0243)
规模（1 ~ 99 人 = 0)						
100 ~ 999 人				0.0204	0.0211	0.0315 **
				(0.0137)	(0.0137)	(0.0137)
1 000 人及以上				0.0629 ***	0.0637 ***	0.0761 ***
				(0.0174)	(0.0174)	(0.0174)

续表

自变量	模型 1	模型 2	模型 3	模型 4	模型 5	模型 6
所有制 （国有 = 0）						
股份制				0.0300	0.0310	0.0361
				(0.0260)	(0.0260)	(0.0259)
港台				0.0126	0.0129	0.0236
				(0.0254)	(0.0254)	(0.0253)
外资				0.0552 **	0.0549 **	0.0516 *
				(0.0275)	(0.0275)	(0.0273)
私有企业				0.0181	0.0178	0.0165
				(0.0203)	(0.0203)	(0.0202)
社会资本					0.0291 **	0.0296 **
					(0.0125)	(0.0125)
最低工资 （100 元）						0.0319 ***
						(0.00669)
省份 （广东 = 0）						
上海						0.0458 **
						(0.0203)
江苏						0.00694
						(0.0167)
浙江						0.0402 **
						(0.0170)
截距	6.637 ***	6.773 ***	6.759 ***	6.733 ***	6.717 ***	6.386 ***
	(0.0767)	(0.0722)	(0.0725)	(0.0740)	(0.0743)	(0.0963)
样本数	3 839	3 839	3 839	3 839	3 839	3 839
R-squared	0.147	0.273	0.277	0.311	0.312	0.324

注：*** 表示 $p < 0.01$，** 表示 $p < 0.05$，* 表示 $p < 0.1$。

模型发现：

第一，人口变量。模型 1 发现，年龄、性别、婚姻等人口变量对工资水平均有显著的影响。其中，年龄越大工资收入越高，但是 30 多岁后，工资水平会下

129

降，因此年龄平方与工资对数负相关。男性的工资比女性高 25%，已婚者比未婚者高 5.8%。

第二，人力资本。模型 2 在模型 1 的基础上，增加了测量人力资本的变量，人力资本体现了工人的生产能力，因此人力资本越高者，则工资水平越高。模型 2 发现，对农民工来说，人力资本的解释力依然存在。高中学历者，其工资水平比初中学历者高 4.5%，中专比初中高 4.2%，大专则比初中高 16.8%；受过培训者的工资水平比没培训者高 5.6%；有各类职业资格证书者比没有者高 5.5%；所在企业工龄每增加一年，则工资水平提高 1.67%；不同工种之间的工资差别非常显著，技工比普工高 15.8%，中低层管理人员比普工高 19.1%。

第三，劳动关系。企业的劳动关系制度对工资水平也有影响，尤其是工会作为工人代表组织，能够帮助员工维护自身权益。但是，模型 3 发现，有工会企业外来工的工资水平比无工会企业外来工的工资低 3.6% ~ 5%，这意味着工会对农民工工资水平的提升没有显著作用，反而可能有相反作用。与没签订劳动合同者相比，签订者的工资水平要高 4.1%，由此可见正式的劳动关系对于员工工资是有一定作用的。但是，劳务派遣工与非派遣工之间不存在显著差异。总体而言，劳动关系对工资水平的解释力较低，R-squared 仅仅提高了 0.004。

第四，企业特征。企业层面的行业、规模与所有制性质均对农民工工资具有显著影响。与轻工业相比，重工业、建筑业的工资水平较高，重工业比轻工业高 3%，建筑业则高 19.5%；企业规模越大，员工的工资水平也越高，千人以上企业，比百人以下小企业的员工工资高约 6.3%。就企业所有制来看，与国有企业相比，在外资企业工作的外来工的工资高 5.5%。

第五，社会资本。除了以上各项外，我们还考察了社会资本对农民工工资的影响，结果发现，与企业的老板或管理者是老乡的外来工工资水平高于那些非老乡的，平均高出约 3%。

第六，社会环境。本次调查涉及广东、江苏、浙江、上海 4 个省市的 19 个城市，每个城市的最低工资标准是不同的，模型 6 发现，最低工资对农民工工资具有显著影响，但是改变并不高，最低工资每调高 100 元，平均工资会增加 3.2%。在控制最低工资以及其他变量的情况下，不同省市的工资仍然存在差别，上海比珠三角高 4.58%，浙江比珠三角高 4%，江苏与珠三角没显著差别。

由此，我们得出的基本结论是：人力资本和企业制度是决定农民工工资水平的基本因素。社会资本变量和社会环境变量对农民工工资水平也具有一定的影响。在企业制度中，企业规模和工种对农民工工资有显著影响，规模越大，工资越高，工种表现出明显的等级性；企业所属行业和企业性质对工资也具有显著影响，重工业、建筑业的农民工工资较高；签订劳动合同者具有正式的雇佣关系，其工资水平也较高。代表社会环境的最重要的变量就是最低工资标准，最低工资对农民工工资影响十分显著，这可以修正我们以前的认识。[1]

第三节　最低工资标准

一、研究问题

最低工资制度起源于 100 多年前，其本意是保障低收入群体的基本收益，又不抑制其他群体的工作积极性。自诞生之日起，关于该项制度的争议就没有停止过，争议涉及最低工资水平、设置依据、对就业的冲击等多方面。最低工资制度是把双刃剑，一般来说，如果标准过高，则可能造成企业用工成本增加，进而被迫裁员，造成失业率上升；如果过低，则无法起到保障工人基本收入的效果。[2] 目前来看，相关研究主要集中在就业领域，这也是争议最多的问题之一，而关于最低工资制度对工资直接影响的研究并不多。我们将先简要回顾一下最低工资制度对就业的影响，这些研究证明了底层劳动者是受最低工资影响最大的群体。

最低工资制度是保障低收入群体尤其是农民工工资收入的基本制度，是国家直接干预劳动力市场，进行社会管理的主要手段，对缩小农民工与城镇职工收入差距，促进分配公平和社会正义具有重要意义。对于农民工来说，最低工资标准是提高他们工资水平的最重要影响因素，尤其是自 2004 年以来，每次最低工资标准的提高，都伴随着农民工的工资增长。本章以最低工资标准为例，探讨政府干预在推动农民工劳动权益保护中的作用。

最低工资是直接影响个体性、实体性和生存性劳动权益的重要手段。本章通过对多年调查数据的处理，描述性地展现最低工资与农民工工资近年来的变化趋势，探讨最低工资标准执行过程情况及其执行中出现的问题。

---

[1]　万向东、刘林平、张永宏：《工资福利、权益保障与外部环境——珠三角与长三角外来工的比较研究》，载《管理世界》2006 年第 6 期。

[2]　Neumark D. and Wascher W. L. . *Minimum Wages*. Cambridge，Massachusets：The Massachusets Institute of Technology Press，2008.

二、最低工资理论及相关文献

(一) 最低工资与劳动力市场

早在 1946 年，斯蒂格勒就从市场结构出发，认为最低工资管制会提高用工成本，在竞争性市场中，必然会损害就业。[①] 后来的许多实证分析验证了这一论点。[②] 布朗研究发现，最低工资每提高 10%，底层劳动力的就业大约会减少 1% ~ 3%。[③] 但是，另一些学者研究表明实施最低工资并不必然导致失业率上升，反而可能使得就业率提高。[④] 理由是：其一，最低工资标准提高会使加入到工作搜寻队伍中的失业者人数增加，由于搜寻—匹配的效率是搜寻者人数的增函数，因此会促进就业；[⑤] 其二，最低工资会对低生产率工人产生激励作用，他们为了获得更高工资会接受教育和培训，由此提高了人力资本含量，并促进经济及就业的增长。[⑥] 其三，最低工资的引入会抑制低工资工人的怠工现象，从而减少厂商的监督成本，降低其效率工资的支付，并最终减少总失业水平。[⑦] 与国外相类似，我国学者也存在着最低工资阻碍或促进就业的争论。薛兆丰、平新乔认为最低工资标准提高会破坏劳动力市场的均衡，给企业增加用工成本，进而造成失业；[⑧]

[①] Stigler, G.. The Economics of Minimum Wage Legislation. *The American Economic Review*, 1946, Vol. 36 (3).

[②] Bell L. A.. The Impact of Minimum Wages in Mexico and Colombia. *Research Working papers*, 1999; Katz L. F. and Krueger A. B.. The Effect of the Minimum Wage on the Fast-food Industry. *Industrial and Labor Relation Review*, 1992, Vol. 46 (1); Abowd J. M., Francis K. and David M. N.. Minimum Wages and Employment in France and the United States. *CEPR Discussion Papers*, 1999, No. 2159; Bhaskar T.. Minimum Wages for Ronald McDonald Monopsonies: A Theory of Monopsonistic Competition. The Economic Journal, 1999, Vol. 109 (455).

[③] Brown K.. The Effect of the Minimum Wage on Employment and Unemployment. *Journal of Economic Literature*, 1982, Vol. 20 (2).

[④] Card D. and Krueger A.. Minimum Wages and Employment: A Case Study of the Fast – Food Industry in New Jersey and Pennsylvania. *The American Economic Review*, 1994, Vol. 84 (4); Card D. and Krueger A.. Time Series Minimum – Wage Studies: A Meta analysis. *The American Economic Review*, 1995, Vol. 85 (2).

[⑤] Fraja G. D.. Minimum wage Legislation, Productivity and Employment. *Economica*, 1999, Vol. 66 (264).

[⑥] Cubitt, Robin P. and Shaun P. *Hargreaves – Heap*. Minimum Wage Legislation, Investment and Human Capital. University of East Anglia, mimeo, Economics Research Centre, University of East Anglia, Norwich, UK, 1996.

[⑦] Agenor P. R. and Aizenman J.. Macroeconomic Adjustment with Segmented Labor Markets. Journal of Development Economics, 1999, Vol. 58 (2).

[⑧] 薛兆丰：《最低工资法不可取》，载《21 世纪经济报道》，2004 年 1 月 18 日；平新乔：《民营企业中的劳工关系》，2005 年，http://www.ccer.pku.edu/download/4231 – 1. pdf.

罗小兰、丁守海和龚强等则认为，最低工资一定程度的增长与就业的减少没有必然的联系，非但不会减少就业数量，而且还有利于提高就业质量和社会公平。[①]

在最低工资制度的实施是否会影响就业上，尽管学界有不同认识，但是上述研究均不同程度地表明，最低工资制度对底层劳动力的影响较大，而农民工正是我国底层劳动力的主要构成。改革开放以来，我国人口流动管制逐渐放松，农村劳动力大规模流向城市，但经过30多年的发展，我国的劳动力市场仍不完善，统一、开放的城乡劳动力市场并没有完全形成。受历史、户籍制度以及社会福利制度影响，我国劳动力市场分割为以城市职工为主体的首要劳动力市场和以农民工为主体的次要劳动力市场。[②] 在二元分割劳动体制下，农民工从事的都是劳动时间长、工作条件差、社会保障缺乏、就业不稳定，以及缺乏培训和晋升机会的职业，而工资水平也常常低于或等于最低工资，因此极容易受最低工资调整的影响。[③]

（二）最低工资与农民工工资

2004年以来，随着最低工资标准调整力度的加大，对农民工就业和工资的影响日益显著，也越来越受到学界的关注。但已有文献主要集中在就业领域，鲜有直接针对农民工工资的实证研究。

对农民工来说，一旦进入劳动力市场，几乎就没有再接受培训的机会与可能，而他们换工又非常频繁，有效经验的积累相对困难；[④] 农民工学历较低，多数在一些中小、私营企业工作，这些企业很少存在内部劳动力市场，即便他们进入到了较大规模的企业，但由于人力资本较低，也难以被吸纳进内部劳动力市场；在中国当前的制度环境下，工人也很难通过集体行动来维护自身权益。因此，我们认为在各种力量都相对缺乏的情况下，政府通过制定最低工资标准干预

① 罗小兰：《我国劳动力市场买方垄断条件下最低工资就业效应分析》，载《财贸研究》2007年第4期；丁守海：《最低工资管制的就业效应分析——兼论〈劳动合同法〉的交互影响》，载《中国社会科学》2010年第1期；龚强：《最低工资制在完全与不完全市场中的影响——一个理论分析框架》，载《南开经济研究》2010年第1期。

② Piore M. J. The Dual Labor Market：Theory and Applications. in R. Barringer and S. H. Beer（eds）*The State and the poor*，Cambridge，mass. Winthop，1970. Piore M. J. *Birds of Passage：Migrant Labor in Industrial Societies*，Cambridge：Cambridge University Press，1979；李实：《中国经济转轨中劳动力流动模型》，载《经济研究》1997年第4期；蔡昉、都阳、王美艳：《户籍制度与劳动力市场保护》，载《经济研究》2001年第12期；姚先国、赖普清：《中国劳资关系的城乡户籍差异》，载《经济研究》2004年第7期；陆铭、陈钊：《城市化、城市倾向的经济政策与城乡收入差距》，载《经济研究》2004年第6期；乔明睿、钱雪亚、姚先国：《劳动力市场分割、户口与城乡就业差异》，载《中国人口科学》2009年第1期。

③ 罗小兰：《我国最低工资标准农民工就业效应分析——对全国、地区及行业的实证研究》，载《财经研究》2007年第11期；马晓波：《劳动力异质性与中国最低工资标准的就业效应分析》，载《经济与管理》2010年第11期。

④ 黄乾：《工作转换对城市农民工收入增长的影响》，载《中国农村经济》2010年第9期。

劳动力市场，提高农民工工资、保护农民工基本权益是非常必要的。

罗小兰和丛树海运用经济学理论构建了一个包含攀比效应的均衡模型，并根据中国省际面板数据进行了实证分析。[①] 研究表明，最低工资标准对交通业、房地产业和金融业等高工资行业工资水平增长具有推动作用，而对建筑业、批发零售业和制造业等低工资行业工资水平增长的推动作用具有滞后性。同时，不同地区、不同时间段的最低工资标准对工资水平变化的影响也不同。总体来说，最低工资标准对平均工资变化具有极小的正影响，并且这种正影响不具有持续性。

由于处于劳动力市场的底层，对农民工来说，最低工资的影响格外值得关注。长期以来，我国最低工资标准一直偏低，且监管力度较弱，并没有起到应有的社会保障作用。自 2004 年新的《最低工资规定》出台至今，各地已多次提高最低工资标准，广东、福建、江苏、浙江等地基本上每年都以超过 10% 的幅度提高，其中广东省调整了 3 次，年均增长 16%。2009 年珠三角 9 个城市最低工资平均为 756 元，2010 年调至 904 元，增长了 19.6%，而农民工平均工资也由 2009 年的 1 608 元升至 1 917 元，增长了 19.3%，与前者基本一致。除广东外，2010 年有 30 个省区市不同程度地提高了最低工资标准，平均调整幅度达 24%[②]。2011 年初，广东乃至全国再度出现大范围"民工荒"[③]，为吸引并留住农民工，缓解用工压力，广东宣布于 2011 年 3 月 1 日起再度提高最低工资标准，其中广州月最低工资标准涨至 1 300 元，全国领先。

我们曾经利用 2006 年珠三角农民工调查数据，对农民工工资的不同决定机制进行了深入对比研究，研究发现，社会环境变量对农民工工资水平没有显著影响，但是，该研究没有纳入最低工资变量，而是用城市虚拟变量考察社会环境的影响，这可能掩盖了最低工资对农民工工资的影响。[④] 都阳和王美艳利用 2005 年在上海、武汉、沈阳、福州、西安 5 市的调查数据发现，外来职工最低工资覆盖状况要明显差于本地职工。[⑤] 在最近的一项关于最低工资执行情况的研究中，谢勇利用在江苏南京、苏州、无锡 3 市 485 份农民工问卷调查进行了分析，发现月最低工资覆盖率达 96.08%，折算为小时工资后，仅有 74.25% 的达到标准；在影响因素方面，该

---

① 罗小兰、丛树海：《基于攀比效应的中国企业最低工资——标准对其他工资水平的影响》，载《统计研究》2009 年第 6 期。

② 经济观察网：《人社部：全国已有 30 个省份调整最低工资标准》，2010 年 10 月 22 日，http://www.eeo.com.cn/Politics/by_region/2010/10/22/183479.shtml。

③ 陈强、孙晶：《中西部劳务大省与沿海地区展开夺人大战》，载《羊城晚报》，2011 年 2 月 18 日。

④ 刘林平、张春泥：《农民工工资：人力资本、社会资本、企业制度还是社会环境？——珠江三角洲农民工工资的决定模型》，载《社会学研究》2007 年第 6 期。

⑤ 都阳、王美艳：《中国最低工资制度的实施状况及其效果》，载《中国社会科学院研究生院学报》2008 年第 11 期。

研究发现人力资本以及行业是主要影响因素，但 3 市之间并无差异。[1]

然而，上述有关农民工的研究主要使用截面数据，没有反映近年来最低工资标准以及农民工工资的变化情况。另外，对珠三角来说，2006 年至 2010 年相距 4 年，4 年中广东省已经 3 次提高最低工资标准，农民工工资和最低工资标准都有了较大增长。受 2008 年新《劳动合同法》和 2009 年金融危机的影响，最低工资制度与农民工工资所面对的经济与社会环境也发生了较大变化，尤其在劳工短缺的情况下，提高最低工资也成为吸引并留住农民工的主要手段。在这种背景下，重新审查二者的关系非常必要。

三、最低工资对农民工工资水平的影响

（一）数据处理

我们所用数据来自两个方面：一是调查数据，包括分别于 2006 年、2008 年、2009 年以及 2010 年 7 月在珠三角九城市针对农民工的问卷调查；二是统计数据，包括各个城市的人均 GDP、城镇在岗职工工资、年底失业率等，主要来自《广东省统计年鉴》（2001~2010），另外各城市的历年最低工资标准来自广东省劳动厅公布的数据。现就调查数据的问卷设计和操作化等问题进行简要说明，并对农民工工资与最低工资标准的变化情况、执行情况进行统计描述。

农民工收入主要由工资构成，其他货币性收入几乎没有。为测量农民工工资收入，我们在 2010 年问卷中，询问了"近半年来，您的月平均工资是多少"以及"您的上月工资是多少"。考虑到广州 2010 年调整后最低工资正式生效于 5 月，以及农民工换工频繁，我们使用"上月工资"作为农民工月工资的指标变量。

小时工资难以直接测量。因此，农民工小时工资由月工资（上月工资）除以上个月的工作时间得到。我们在问卷中，详细询问了被访者一般每天工作多少时间以及每个月的工作天数。

获取农民工的历年工资数据是相当困难的，没有任何一个部门长期跟踪这一群体，各种统计年鉴也均难以找到可资借鉴的数据。我们这 4 次的调查数据为估算珠三角 9 个城市 10 年来农民工工资的变化情况提供了可能。在 4 次调查中，我们均详细询问了被访者的工作经历，包括每一份工作的起止时间、所在城市、月平均工资等。我们首先将 4 年农民工样本进行合并，根据他们所回答的在职年

---

[1] 谢勇：《最低工资制度在农民工就业中的落实情况及影响因素研究》，载《经济与管理》2010 年第 3 期。

份和打工城市筛选出 2000～2010 年在非调查年份各城市的在职农民工[①]，然后分别统计其平均值，即得到 2000～2010 年 9 个城市的农民工平均工资，这也就是本研究中面板数据的来源。

（二）最低工资标准与农民工工资的描述性分析

1. 最低工资与农民工工资的变化情况

我们首先利用 2000～2010 年的面板数据，比较最低工资标准与农民工工资的变化情况。结合表 4－8 和图 4－1，2000～2004 年，无论是农民工工资还是最低工资标准均增长缓慢，2005～2010 年，伴随着广东省最低工资标准的 3 次调整，农民工工资也从 1 067 元增加至 1 917 元。2004～2010 年，最低工资标准提高了 96.5%，农民工工资增长了 78.8%；从增长率的变化来看，每一次最低工资标准提高，农民工工资就会相应出现不同幅度上涨。2009～2010 年，农民工工资增长了 19.3%，而最低工资提高了 19.6%，变化幅度基本一致。考虑到 2010 年月最低工资标准生效于 5 月，而我们的调查月份为 6 月，因此我们甚至可以推测这些增长基本上是由于最低工资的上涨所带来的。

表 4－8　　　　　2000～2010 年最低工资与农民工工资增长情况

年份 项目	2000	2001	2002	2003	2004	2005	2006	2007	2008	2009	2010
农民工平均工资 （元，左）	1 049	1 033	1 006	1 006	1 072	1 067	1 140	1 230	1 521	1 608	1 917
平均最低工资标准（元，左）	417	438	458	459	460	579	579	672	756	756	904
农民工工资增长率（%，右）	—	-1.5	-2.6	0.0	6.5	-0.5	6.7	8.0	23.6	5.6	19.3
最低工资标准增长率（%，右）	—	5.0	4.6	0.2	0.2	25.9	0.0	16.1	12.5	0.0	19.6

注：我们 2006 年 7 月份调查时，广东省仍然执行 2005 年的最低工资标准，因此此处我们使用 2005 年的最低工资标准进行比较；2008 年广东最低工资标准再次提高，覆盖了我们的调查期；2009 年没有提高，因此我们沿用 2008 年最低工资标准；2010 年 5 月广东再次提高最低工资标准，我们的调查于 7 月份进行，因此我们使用了上月工资（即 2010 年 6 月份工资）进行比较。根据《劳动保障部关于职工全年月平均工作时间和工资折算问题的通知》，各个城市小时最低工资标准由月最低工资标准除以月标准工作时间得来，2006 年月标准工作时间为 167 小时，2008～2010 年则为 174 小时。

---

① 自 2000 年以来，每个城市每年的农民工样本量均在 30 个以上，具有统计意义。2000 年之前部分城市样本分布较少，不具有统计意义，因此我们没有采用。

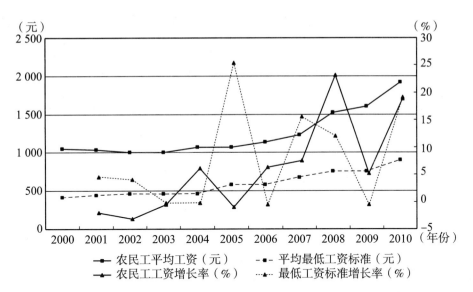

图 4-1 2000~2010 年珠三角农民工工资与平均最低工资标准变化情况

2. 最低工资标准的执行情况

为考察最低工资标准的执行情况，我们分别统计了 2006 年来珠三角农民工的平均月薪及平均时薪①，并与各个城市的最低标准进行比较，结果见表 4-9。

表 4-9 　　　　　　2006~2010 年农民工工资与最低工资标准的比较

年份 项目	2006	2008	2009	2010
农民工月平均工资（元）	1 139.73	1 521.01	1 607.88	1 917.32
农民工小时平均工资（元）	4.78	6.56	7.03	8.38
月工资不符合最低工资标准的比例（%）	9	7.66	3.94	4.16
小时工资不符合最低工资标准比例（%）	45.26	33.16	28.06	23.81
最低工资标准占月工资的比重（%）	64.79	64	60	57.77

表 4-9 显示，月最低工资标准执行情况较好，小时最低工资标准执行情况较差，具体而言：（1）就月工资来看，2010 年，珠三角农民工月工资不符合最低工资的比例为 4.16%，比 2009 年略微提高，但较 2006 年和 2008 年明显下降。（2）就小时工资来看，4 年中珠三角农民工小时工资不符合最低工资标准的比例有不同程度的下降，但仍然在 20% 以上，执行情况较月最低工资标准差。

---

① 其中平均时薪即农民工每月总收入除以每月工作时间。

表 4 - 9 还说明,月工资和小时工资的执行情况相差很大,如果仅以月工资进行评判,显然高估了最低工资标准的执行情况,并且掩盖了许多农民工的工资中部分来自于长期加班的事实[1]。但小时工资的估算也并不完全,如果考虑到加班工资要高于平常工资,不符合最低工资标准的比例仍会上升。

根据国际上的惯例,月最低工资标准占社会平均工资的比例应在 40% ~ 60%。2010 年,珠三角最低工资标准占农民工工资 57.77%,2006 年和 2008 年接近 65%,这并非由于最低工资标准设置较高所致,而是由于农民工工资偏低,才会导致这一比例较高,这间接地说明农民工工资水平还有较大的提升空间。

(三) 最低工资标准在农民工中的执行情况

最低工资制度作用的发挥有赖于其良好的执行情况。我们在描述性统计中已经指出,最低工资标准的执行情况,可以用月工资或小时工资是否符合最低工资来反映。根据《最低工资规定》,劳动者的工资不得低于当地最低工资标准,尽管绝大多数农民工已符合月最低工资标准,但折算为小时工资后,还有相当一部分不符合,为什么会这样呢?影响最低工资标准执行的因素是哪些?为回答这一问题,我们再次利用 2010 年截面数据,以小时工资是否符合折算后的小时最低工资标准为因变量(符合 = 1,不符合 = 0),将农民工个人特征(性别、年龄、教育、工龄、工种)、企业特征(产业、企业性质、企业规模)、最低工资标准等级以及工资决定方式等一系列指标作为自变量,建立二分变量 Logit 回归模型,结果见表 4 - 10。

表 4 - 10   小时工资是否符合最低工资的 Logit 模型

变量		小时工资是否符合小时最低工资标准			
		系数	系数标准误	发生比率	发生比率标准误
个人特征	性别(女 = 0)	0.555***	0.138	1.742	0.241
	年龄	0.276***	0.046	1.318	0.061
	年龄平方	- 0.00431***	0.001	0.996	0.001
	受教育年限	0.121***	0.027	1.128	0.031
	本企业工龄	0.102***	0.024	1.107	0.026

---

[1]　此处所用小时工资由月工资除以每月工作时间得来,这种计算方式,没有区分加班时薪,实际上已经高估了农民工的小时工资。

续表

变量		小时工资是否符合小时最低工资标准			
		系数	系数标准误	发生比率	发生比率标准误
个人特征	工种（普工＝0）				
	技工	0.873***	0.189	2.395	0.452
	中低层经营管理人员	0.959***	0.209	2.610	0.544
	其他	0.686***	0.246	1.985	0.489
企业特征	产业（二产＝0）				
	三产	−0.648***	0.172	0.523	0.090
	企业性质（国有集体＝0）				
	股份制	−0.574	0.369	0.563	0.208
	港澳台	−0.343	0.341	0.709	0.242
	外资	−0.334	0.403	0.716	0.289
	私营和个体	−1.115***	0.29	0.328	0.095
	企业规模（100以下＝0）				
	100～299人	0.544***	0.182	1.722	0.313
	300～999人	0.560***	0.191	1.751	0.334
	1 000及以上	0.550***	0.197	1.734	0.342
工资决定方式	工资计算方式（月薪制＝0）				
	计件	0.165	0.207	1.179	0.244
	计时	−0.106	0.172	0.899	0.154
	提成	0.263	0.253	1.301	0.330
	其他	−0.0399	0.328	0.961	0.315
	工资由谁决定（企业决定＝0）				
	个人或工会与企业协商决定	0.331	0.206	1.392	0.287
	其他	−0.0878	0.246	0.916	0.225
最低工资标准	最低工资标准等级（一类＝0）				
	二类	0.183	0.209	1.201	0.251
	三类	0.539***	0.161	1.715	0.275
	四类	0.446	0.238	1.591	0.378
	五类	2.308***	0.548	10.059	5.510

续表

变量	小时工资是否符合小时最低工资标准			
	系数	系数标准误	发生比率	发生比率标准误
常数	− 4. 418 ***	0.853	—	—
样本数	1 594			

LR chi^2 （26） = 307. 18；Pseudo R^2 = 0. 177；Correctly classified = 79. 55% 。

注：*** 表示 p < 0.01，** 表示 p < 0.05，* 表示 p < 0.1。

模型表明：

第一，个人特征对是否符合最低工资标准具有显著影响。具体来看，男性符合的发生比较女性高 74.2%；年龄越大，符合最低工资的发生比越高，但 32 岁以上者不符合的发生比会提高；教育程度每增加一年，符合的发生比可以提高12.8%；在本企业工龄每增加 1 年，符合的发生比增加 10.7%；就工种来看，技工、中低层经营管理人员符合最低工资标准的发生比分别是普工的 2.4 倍和2.6 倍。由此可见，女性、年长者、学历低者、工龄短者、普工不符合最低工资标准的现象更为突出，最低工资制度在这些群体中的执行情况更值得关注。

第二，企业特征对是否符合最低工资标准也具有显著影响。具体来看，从事第三产业（服务业）的农民工符合最低工资标准发生比更低，仅为第二产业（建筑业与制造业）的 52.3%；在企业性质方面，在私营或个体企业者符合最低工资标准的发生比仅为在国有或集体企业工作者的 32.8%；所在企业规模越大，符合最低工资标准的发生比越高，在 100 人以上规模企业中工作的农民工符合最低工资的发生比较 100 人以下规模的高 70% 以上。由此可知，服务业、私营或个体企业、规模较小企业的最低工资执行情况较差，是政府应该加强监管的重点所在。

第三，工资决定方式并不对其符合情况产生显著影响。即不论工资是月薪制还是计件制，也不论是否由企业决定还是协商决定，在是否符合最低工资标准上并不存在显著差异。

第四，最低工资标准等级也影响其执行情况。深圳、广州分别执行一类标准和二类标准，最低工资标准较高，但不符合现象也更多，执行三类标准的城市如佛山、东莞等地区符合最低工资标准的发生比比深圳高 71.5%。可见，评估最低工资标准效果，既要考量其设置水平，也不能忽略执行情况。

（四）最低工资标准对农民工工资的作用

表 4 - 8 和图 4 - 1 表明，最低工资标准与农民工工资之间具有共变关系，最

低工资标准增长的同时，农民工工资也同步增长。但是，在控制其他变量的情况下这种关系是否存在，其程度如何？需要进一步研究，我们通过回归模型进行分析。

1. 截面数据模型

以往研究主要强调月工资，但由于农民工中存在大量的加班现象，使用月工资不能完全反映最低工资标准调整所产生的影响。因此，本研究中，我们同时比较小时最低工资标准和月最低工资标准对农民工工资的影响。我们采用 2010 年珠三角农民工截面数据，分别以农民工小时工资和月工资为因变量建立一般线性回归模型。该模型要求因变量为正态分布，因此我们分别对两个因变量进行对数化处理。自变量主要包括个人特征（性别、年龄、教育、工龄、工种），为控制由于不同企业在执行层面可能造成的影响，我们也加入企业特征变量，包括产业、企业性质、企业规模等，最后我们纳入各个城市最低工资标准[1]。结果见表4 – 11。

表 4 – 11　　　　　　农民工工资的截面数据模型

变量		模型 1：小时工资对数		模型 2：月工资对数	
		模型 1a	模型 1b	模型 2a	模型 2b
个人特征	性别（女 =0）	0.153 ***	0.152 ***	0.180 ***	0.179 ***
	年龄	0.059 ***	0.060 ***	0.053 ***	0.054 ***
	年龄平方	− 0.001 ***	− 0.001 ***	− 0.001 ***	− 0.001 ***
	受教育年限	0.032 ***	0.031 ***	0.017 ***	0.016 ***
	工龄	0.021 ***	0.021 ***	0.018 ***	0.018 ***
	工种（普工 =0）				
	技工	0.163 ***	0.164 ***	0.164 ***	0.164 ***
	中低层经营管理人员	0.249 ***	0.246 ***	0.200 ***	0.198 ***
	其他	0.147 ***	0.158 ***	0.118 ***	0.128 ***
企业特征	产业（二产 =0）				
	三产	− 0.101 ***	− 0.105 ***	− 0.127 ***	− 0.130 ***
	企业性质（国有集体 =0）				
	股份制	− 0.025	− 0.021	0.04	0.043

---

① 广东省 2010 年 5 月开始执行的最低工资标准分为 5 类：第 1 类为深圳，1 100 元；第 2 类为广州，1 030 元；第 3 类为佛山、东莞、中山、珠海，920 元；第 4 类为江门、惠州，810 元；第 5 类为肇庆，710 元。

续表

变量		模型1：小时工资对数		模型2：月工资对数	
		模型1a	模型1b	模型2a	模型2b
企业特征	港澳台	−0.081	−0.082	−0.048	−0.048
	外资	0.011	0.005	0.029	0.024
	私营和个体	−0.117***	−0.123***	−0.026	−0.03
	企业规模（100以下=0）				
	100~299人	0.096***	0.089***	0.033	0.028
	300~999人	0.087***	0.076***	0.069***	0.059**
	1000及以上	0.099***	0.095***	0.101***	0.097***
最低工资	小时最低工资标准（元）	—	0.081***	—	—
	月最低工资标准（百元）	—	—	—	0.04***
	常数	0.612***	0.183	6.307***	5.951***
	样本数	1565	1565	1602	1602
	R^2	0.243	0.255	0.256	0.267

注：*** 表示 $p<0.01$，** 表示 $p<0.05$，* 表示 $p<0.1$。

表4-11中，模型1（模型1a和模型1b）和模型2（模型2a和模型2b）为嵌套模型。我们的研究发现，无论是采用月最低工资还是小时最低工资，在控制了个人特征、企业特征层面的变量之后，最低工资标准均对农民工工资具有不同程度的影响。在模型1b中，小时最低工资标准对农民工小时工资具有显著影响，小时最低工资标准每增加1元，农民工工资小时工资对数约增加0.081。在模型2b中，月最低工资标准对农民工工资的影响显著，其每增长100元，农民工月工资的对数增加0.04。由此可知，小时最低工资标准对农民工工资的影响力更强，尤其在加班现象突出的情况下，提高小时最低工资标准比提高月最低工资标准更能有效地促进农民工工资增长，也可以降低农民工加班时间，有效促进其劳动权益的保护。

2. 面板数据模型

在截面模型中，最低工资标准对农民工工资具有显著影响。为进一步估计最低工资标准对农民工工资的影响，我们使用2001~2010年珠三角9个城市面板数据进行分析。与截面数据相比，面板数据模型可以有效地对非观测效应进行控制，通过对同一截面单元的重复观察，能更好地研究农民工工资随最低工资标准变化的动态性。[①] 我们假定首先进行 Hausman 检验，检验结果拒绝了原假设，采用固定效应模型（FEM）效果更好[②]。我们把上一年的平均工资作为一个控制变量纳入模型；另外，考虑到不同城市的经济发展水平、劳动力市场供求状况不同，我们以城市人均 GDP、登记失业率、城镇在岗职工平均月薪作为指标，使用前一年的数据作为自变量纳入模型。模型结果表明（见表 4 - 12），月最低工资标准对农民工平均工资影响显著，在控制其他变量的情况下，最低工资标准每增加 100 元，农民工工资就会增加 70.1 元。

表 4 - 12   **农民工工资的面板数据模型**

自变量	回归系数	标准误
当年月最低工资标准	0.701[**]	0.327
上年农民工平均月薪	0.206	0.154
上年城镇登记失业率	- 43.44	91.612
上年人均月 GDP	- 0.028	0.0395
上年城镇职工平均月薪	0.404[**]	0.154
常数	- 108.034	206.328
观测数	90	
截面数	9	
R^2	0.662	

注：*** 表示 $p < 0.01$，** 表示 $p < 0.05$，* 表示 $p < 0.1$。

四、基本发现

（一）基本发现

第一，农民工工资对最低工资标准依赖性较高。2006 年和 2008 年珠三角最低工资标准占农民工工资的比例接近 65%，2010 年也仍高达 57.77%。从图 4 - 1 中也可以看出，最低工资标准的每次提高，都会带来农民工工资的相应增

[①] ［美］达摩达尔·N·古扎拉蒂：《计量经济学基础》（第四版，下册），费剑平等译，北京：中国人民大学出版社 2005 年版。

[②] 由于最低工资标准的调整会考虑到物价因素，因此我们以上一年度所在城市居民人均月消费性支出作为工具变量，Hausman 检验也未发现最低工资的内生性（参见 Hausman J. A.. Specification Tests in Econometrics. *Econometrica*，1978，Vol. 46.

长，二者的平均值基本上呈平行状态，这表明，农民工工资对最低工资标准依赖度较高，并受到最低工资标准的"强约束"。同时，也间接反映了农民工工资水平较低，还有较大的提升空间。

第二，小时工资执行情况相对较差。2006 年至今，最低工资标准的执行情况逐渐改善，月最低工资标准的执行情况较好，但小时工资的执行仍然存在较多问题。如果以月最低工资标准为依据进行评估，则高估了最低工资标准的执行效果，掩盖了大量的超时加班现象。如果考虑加班工资，那么符合小时最低工资标准的比例将会进一步下降。

第三，最低工资标准对农民工工资具有显著影响。（1）截面数据模型表明，小时工资标准对农民工工资的影响更大，这一发现的政策含义是，强制执行小时工资标准比月工资标准更能有效地促进农民工工资增长；（2）面板数据模型表明，月最低工资标准对城市农民工平均工资影响显著，最低工资每增加 100 元，农民工工资就会增加 70.1 元。

第四，最低工资标准执行情况的影响因素：（1）人力资本较低的农民工，其工资更难以符合最低工资，服务行业、私营个体企业、小规模企业的最低工资标准的执行情况较差。（2）最低工资标准越高的地区，工资不符合标准的比例越高，由此可见加强对最低工资执行的监管也是非常必要的。

（二）存在的问题

无论是统计描述还是回归模型，均表明最低工资标准对农民工工资增长具有显著作用，提高最低工资标准可以提高农民工工资。但这种作用的发挥依赖于其落实情况和地方政府的监管力度。我们发现，最低工资标准的落实依然存在诸多不足：第一，小时最低工资标准没有得到较好执行；第二，服务业、私营、中小企业的最低工资标准执行情况较差，这些都使得最低工资标准难以充分发挥作用；第三，最低工资标准越高的城市，执行情况越差，不符合的比例也越高。造成上述现实的原因是多方面的，我们尝试从最低工资标准自身、企业和地方政府等方面给出解释，并引申出相应的政策含义。

1. 最低工资标准设置偏低

韩兆洲、魏章进的研究发现，截止到 2005 年 6 月，全国 35 个大中城市最低工资标准与当地平均工资之比平均为 33%。[①] 另有学者计算，截止到 2008 年底，中国各地的月最低工资标准均低于当地职工平均工资的 40%，最高的地区也只

---

① 韩兆洲、魏章进：《我国最低工资标准实证研究》，载《统计研究》2006 年第 1 期。

有 38.89%, 最低的地区只有 17.04%。① 我们计算也发现, 在珠三角, 2009 年最低工资标准相当于当地城镇职工工资的 25.7%, 而国际惯例通常在 40% ~ 60%, 这表明, 珠三角最低工资标准设置明显偏低。如此之低的最低工资标准, 即便得到全面执行, 也难以有效保障农民工基本生活。

当前中国农民工劳动力再生产的制度是拆分型的, 根源在于户籍制度, 但其直接原因就在于农民工工资过低, 无法承担其家庭在城市或打工地的生活费用, 只能将子女养在农村, 造成了劳动力自我更新和再生产的拆分。② 在另一项研究中, 我们分析发现, 2002 年以前, 珠三角农民工的月平均工资仍然高于城镇居民月平均消费支出(生活成本), 2002 年之后, 农民工工资就明显低于城镇居民月均消费支出, 二者之间的差距也逐渐拉大, 这意味着, 若仅仅依靠月工资收入, 农民工是无法像一个正常的城市居民一样进行日常消费和生活的, 更别提将孩子和家庭带到城市中来。③

我们已经指出, 现阶段, 农民工工资对最低工资标准具有高度的依赖性。如果标准设置偏低而没有得到及时调整, 那么必然会使农民工工资增长缓慢。因此, 我们主张最低工资在制定过程中不仅仅要考虑到职工的基本生存, 还要考虑到其劳动力扩大再生产的需要, 从 "生存工资" 转变为 "生活工资", 让他们在城市中活得更有尊严。

2. 小时最低工资的 "软约束"

广东省在公布最低工资标准时, 也同时会公布折算的小时工资, 但是月最低工资标准是 "硬约束", 而小时最低工资标准是 "软约束", 仅供参考之用, 这给了企业极大的回旋空间。在珠三角地区存在基本工资等于或略高于最低工资的现象, 因此, 只要提高月最低工资, 农民工的基本工资就会随之上涨, 这是月最低工资标准发挥效用的主要机制。

但最低工资标准的提高, 意味着给企业增加了用工成本。在产品市场利润空间一定的情况下, 企业总是会设法降低成本, 延长工作时间或增加工作强度, ④甚至调整工资制度、裁员等。就我们的调查来看, 2009 年计时工资和计件工资的比例为 33%, 而 2010 年增加至 41%; 2009 年每天工作 9.2 小时, 而 2010 年则为 9.4 小时。这样一个冲抵的过程, 最终受害的仍然是农民工, 他们不得不通

---

① 信卫平:《国际金融危机与中国最低工资标准》, 载《中国劳动关系学院学报》2010 年第 1 期。

② 任焰、潘毅:《跨国劳动过程的空间政治: 全球化时代的宿舍劳动体制》, 载《社会学研究》2006 年第 4 期。

③ 万向东、孙中伟:《农民工工资剪刀差及其影响因素的初步探索》, 载《中山大学学报》(社会科学版) 2011 年第 3 期。

④ Manning A.. How Do We Know that Real Wages Are too High? . *Quarterly Journal of Economics*, 1995, Vol. 110.

过大量的加班来补偿最低工资所带来的增长效应。

2010 年，约 29.7% 农民工工资是依靠加班得来的。《劳动法》第四十四条规定：安排劳动者延长工作时间的，支付不低于工资的百分之一百五十的工资报酬。[1] 但我们在珠三角的调查表明，2010 年还有 23.8% 的农民工是无偿加班，部分企业即便有加班工资，也低于法定水平。

因此，从保护劳工权益的角度出发，我们主张，月最低工资标准应为小时最低工资标准所取代，或者强制执行小时最低工资标准。现有小时工资只针对非全日制劳动者，这是不够的，应该扩展至所有的劳动者。以往研究也曾提出过类似结论。[2] 从法律意义上强制执行小时工资不仅仅可以更为有效地促进农民工工资，也可以防止企业通过延长劳动时间或调整工资模式降低用工成本，对保障农民工的劳动权益具有重要意义。

第四节 结 论

一、基本结论

第一，农民工工资存在区域差异。2010 年，珠三角地区外来工月平均工资为 1 918 元，比长三角低 135 元，考虑到珠三角地区外来工每月开支（860 元）比长三角低 73 元，那么两地区实际工资差距为 62 元。就省份来看，工资水平最高的是江苏、其次是上海、浙江，工资最低的是广东。

第二，2006 年以来，农民工工资有了较大幅度的增长。仅仅农民工，即农村户籍的外来工，2006 年月平均工资为 1 092.8 元、小时工资为 4.8 元，至 2010 年 7 月，农民工工资有了较大幅度增长，月工资年均增长 17.3%，小时工资年均增长 18.2%，分别达到 1 848.3 元和 8.3 元。

第三，人力资本和企业制度是决定农民工工资水平的基本因素。社会资本变量和社会环境变量对农民工工资水平也具有一定的影响。在企业制度中，企业规模和工种对农民工工资有显著影响，规模越大，工资越高，工种表现出明显的等

[1] 休息日安排劳动者工作又不能安排补休的，支付不低于工资的百分之二百的工资报酬；法定休假日安排劳动者工作的，支付不低于工资的百分之三百的工资报酬。

[2] 都阳、王美艳：《中国最低工资制度的实施状况及其效果》，载《中国社会科学院研究生院学报》2008 年第 11 期。

级性；企业所属行业和企业性质对工资也具有显著影响，重工业、建筑业的农民工工资较高；签订劳动合同者具有正式的雇佣关系，其工资水平也较高。

第四，最低工资标准对提高农民工工资作用显著。农民工工资对最低工资标准依赖性较高。2006年和2008年珠三角最低工资标准占农民工工资的比例接近65%，2010年也达57.77%。通过对珠三角农民工2010年截面数据以及2000～2010年的面板数据研究发现，最低工资标准对农民工工资增长具有显著作用，最低工资每提高100元，农民工工资可能会增加70元。

二、对农民工工资问题的基本思考

工资问题依然是农民工权益的基本问题，政府应该重视农民工的工资拖欠问题，农民工集体行动的发生多数是由于工资拖欠问题引起的。农民工是受生存理性主导的，但近年来农民工已经开始培育发展理性，对工资增长的诉求越来越强烈，2010年的一系列罢工均是由于工资增长引起的。我们的调查也表明，珠三角地区的农民工工资增长缓慢，相比其他地区也逐渐失去对农民工的吸引力。

最低工资制度是政府解决劳动力市场不平等的干预手段，提高农民工工资的重要途径，但是，政府对于市场的干预应当是有限度的，过度的干预会造成市场交易成本的增加以及权力寻租，引起市场机制的失灵。地方政府提高最低工资的同时，也对最低工资的作用给予了高度期望。最低工资是一把"双刃剑"的含义，不只在于可能造成失业率上升，更在于其可能抑制由市场内生的收入分配调节机制的出台。

我们研究发现，农民工工资对最低工资标准具有高度依赖性。不可否认，最低工资标准对提高农民工工资具有一定作用，在工资集体谈判制度一时难以出台的情况下，提高最低工资标准仍然是促进农民工工资增长的有效途径之一。但我国《最低工资标准规定》第一条就指出最低工资制度是一项旨在"维护劳动者取得劳动报酬的合法权益，保障劳动者个人及其家庭成员的基本生活"的"保障制度"，而不是"工资增长制度"。作为一项社会保障制度，最低工资标准在政策上被操作为工资增长制度，并发挥了一定作用，这无疑是对最低工资标准的肯定，但也反映了一种无奈。我们希望最低工资制度能够有效地促进农民工工资增长，但从文本合法性上讲，最低工资标准是工资的"硬约束"，原意在于保障劳动者的底线工资，扮演"工资增长制度"实为"越职"，这"偏离"了最低工资制度制定的初衷，并可能造成了一系列难以估计的后果，因此，这一问题应当引起我们的反思。

首先，最低工资可能为部分企业实行低工资提供了合法性借口。我们在珠三角调研中发现，许多企业把最低工资制度作为企业的分配制度，把最低工资标准作为企业支付给农民工的基本工资，甚至把最低工资标准拆分成若干部分，以其中的一部分来计算加班费。许多企业都是直接将基本工资设为最低工资，这样既不违反法律，也降低了劳动成本。由此可见，最低工资无意中为企业实行低工资提供了制度合法性依据。我们 2010 年 7 月调查显示，13% 的农民工月基本工资等于当地最低工资，还有 20% 的低于最低工资。因此最低工资制度的存在，可能为那些经营状况较好、利润水平较高，甚至处于产业链高端的企业维持农民工低工资提供了合法性、制度性的依据，使得本来应该受到市场调节的工资被刻意降低到劳动力市场供求平衡点之下。用人单位的理由便是他们已经按照最低工资标准来核算工资，没有违反制度规定。[①]

其次，最低工资造成了农民工工资增长的路径依赖，抑制了集体谈判制度的形成。最低工资制度是政府直接干预劳动力市场的手段，也是一种路径依赖的现实选择，具有计划经济时代的烙印，与目前中国政府主导的经济模式也是相适应的。[②] 但政府并不能通过行政指令要求各类企业都按一个标准或比例上涨工资，这样会干涉企业内部管理，破坏市场效率。在制度层面，政府直接干预劳动力市场，对不同性质、规模、行业的企业都进行刚性化、统一化的规定，使得劳资关系缺乏弹性，工资的增长高度依赖于指令性的最低工资，不能随着劳动力市场以及企业经营状况的变化而变化，这会抑制性内生性制度的形成与出台，导致企业内部的集体谈判制度难以实现。

总之，在市场经济为主体的今天，政府对劳动力市场的管制应该是非常小心谨慎的。最低工资制度被操作为工资增长制度，但其先天不足，没有法律或制度合法性依据。这一方面可能会造成路径依赖，即只有提高最低工资标准，企业才会提高工资，另一方面可能抑制集体谈判制度的出台。我们当然乐于看到最低工资制度能够有效促进农民工工资的增长，但是，农民工工资的决策机制最终还是要归还市场，政府过度的强制性干预会使得劳动力市场失灵，无法根据供求机制调整工资水平，造成劳动力市场的低效与失衡。因此，我们应该从观念上转变对最低工资制度的认识，从实践上逐步摆脱对最低工资制度的依赖，还原其社会保障制度的本来面目，并尽快建立农民工工资增长的长效机制以适应市场经济的要求，让企业与工人在政府协调下，通过劳资双方的集体谈判决定工资水平及其增长幅度才是长远之计。

[①] 万向东、孙中伟：《农民工工资剪刀差及其影响因素的初步探索》，载《中山大学学报》（社会科学版）2011 年第 3 期。

[②] 施晓红：《政府在劳动关系中的定位：从直接干预到间接干预》，载《中国经济时报》，2008 年 8 月 8 日。

第五章

劳动时间[*]

本章研究发现，2010 年，珠三角外来工每天工作 9.34 小时，长三角外来工则工作 9.18 小时，珠三角外来工周工作时间为 57.41 小时，比长三角多 2.17 小时。加班现象非常普遍。男性、劳动密集型行业、珠三角的农民工更可能遭受强迫劳动或者严重加班，受教育水平越高、技术或管理员工、企业建有工会可以避免农民工遭受严重加班或强迫劳动。本章重点分析了农民工的加班意愿问题，结果表明大部分农民工都是自愿加班的，增加收入是加班最重要的原因，显著影响农民工是否自愿加班和加班目的的重要变量是受教育程度和工龄。我们认为，中国的农民工具有与西方工人不同的价值观念，他们更能接受加班超时工作。本章最后对超时加班问题进行了深入的讨论。

劳动时间（工作时间）是劳动者履行工作义务，在工作场所或用人单位工作的时间。劳动时间是用人单位进行薪酬管理、发放劳动报酬的主要依据。与工作环境、工资、晋升机会等不同，工作时间是劳动本身的固有属性。不同的行业、技术条件、工种往往要求不同的劳动时间。但是一般职工从事劳动的时间往往有国家法律规定，即标准劳动时间。我国《劳动法》第 36 条和第 37 条规定：国家实行劳动者每日工作时间不超过八小时、平均每周工作时间不超过四十四小时的工时制度；对实行计件工作的劳动者，用人单位应当根据本法第 36 条规定的工时制度合理确定其劳动定额和计件报酬标准。此外，第 38 条还规定：用人

---

* 本章作者：刘林平、张春泥、孙中伟、王震、陈小娟。

单位应当保证劳动者每周至少休息一日。① 但是，许多用人单位无视法律规定，经常强迫劳动者超时加班，严重侵犯了劳动者的休息权。就此问题，学术界已经进行了大量的调查与研究，但是对主观劳动意愿的研究相对不足。因此，本章除了利用调查数据对客观工作时间长短进行分析外，将重点针对主观加班意愿进行专题研究。

第一节 基本情况

一、工作时间

2010 年的调查数据显示，珠三角外来工的工作时间总体上多于长三角，休息时间少于长三角。长三角每周上班 5.99 天，珠三角 6.11 天。长三角周工作时间为 55.24 小时，珠三角为 57.41 小时，珠三角比长三角多 2.17 小时。根据《劳动法》，周工作法定时间是 44 小时，两地周工作时间均大大超过法律规定（见表 5-1）。

表 5-1　　　　　　珠三角与长三角工作时间对比

项目	地区 / 年份 长三角 2010	珠三角 2010	2009	2008	2006
周上班天数	5.99	6.11	6.10	6.20	6.40
月休息天数	4.24	3.74	3.77	3.47	3.36
日工作时长	9.18	9.34	9.11	9.23	9.60
周工作时长	55.24	57.41	55.96	57.55	61.79
日加班时长	2.75	2.74	3.04	3.10	3.2
最长一次加班时长	5.02	4.49	4.88	5.11	5.72
可以接受的加班天数	3.26	2.88	—	—	—
连续加班天数	—	—	12.05	11.73	14.22

---

① 参见《中华人民共和国劳动法》第五章，http://www.chinaacc.com/new/63/64/80/2006/2/zh3433185739622600227086-0.htm。

单就珠三角的情况来看，工作时间也出现了一些积极变化。2006 年，农民工平均每天工作 9.6 小时，周工作时间 61.8 小时，68.6% 的农民工需要加班，平均每天加班 3.2 小时。2008 年和 2009 年，工作时间已有明显下降。2010 年，随着经济回暖，企业订单增加，工作时间又有增加，加班比例甚至超过了 2006 年，但加班时长有所下降。

根据劳动法的规定，用人单位安排劳动者加班应严格控制延长工作时间的限度，一般每日不得超过一小时；因特殊原因需要延长工作时间的，在保障劳动者身体健康的条件下延长工作时间每日不得超过三小时，但是每月不得超过三十六小时。[①] 2010 年，在存在加班现象的农民工中，90% 以上的每天加班时间都在 1 小时以上，26.5% 的加班时间超过 3 小时，尽管加班时间仍然较长，但是相比前几年的数据，加班在 3 小时以上的比例已经明显下降。

二、加班情况

表 5－2 表现了外来工的加班情况。

表 5－2　　　　　　　　　　　加班情况　　　　　　　　　　单位：人

描述项	地区 年份	长三角 2010	珠三角 2010	2009	2008	2006
有没有 加过班	有	1 287（61.23）	1 459（71.48）	1 130（65.36）	720（68.61）	2 117（68.60）
	没有	747（35.54）	517（25.33）	599（34.64）	787（31.39）	963（31.21）
是否有 加班工资	有	1 408（68.09）	1 421（70.03）	1 110（64.57）	1 732（69.25）	2 017（65.36）
	没有	500（24.18）	481（23.71）	481（27.98）	628（25.11）	792（25.66）
	没有， 但有补休	38（1.84）	36（1.77）	35（2.04）	20（0.80）	44（1.43）
	不清楚	122（5.90）	91（4.48）	93（5.41）	121（4.84）	220（7.13）
是否知道 加班工资	知道	1 122（78.24）	1 187（82.37）	839（74.25）	1 378（79.47）	1 641（81.36）
	不知道	311（21.69）	254（17.63）	291（25.75）	356（20.53）	344（17.06）

---

① 参见《中华人民共和国劳动法》，http：//www.chinaacc.com/new/63/64/80/2006/2/zh3433185739 622600227086－0.htm。

续表

地区 / 年份 / 描述项		长三角 2010	珠三角 2010	2009	2008	2006
是否自愿加班	是	877 (67.25)	808 (55.12)	447 (38.2)	970 (56.33)	1 113 (52.57)
	有时是，有时不是	210 (16.10)	298 (20.33)	431 (36.8)	190 (11.03)	268 (12.66)
	不是	151 (11.58)	281 (19.17)	291 (25.0)	424 (24.62)	618 (29.19)
	说不清楚	66 (5.06)	79 (5.39)	—	138 (8.01)	112 (5.29)

2010 年调查显示，大部分外来工在过去半年有过加班。珠三角外来工有过加班经历的人比长三角多 10 个百分点，绝大多数加班都有加班工资（70%），但是大部分外来工并不知道加班工资是多少。加班的原因中，自愿加班的比例占一半以上，长三角 67% 的外来工自愿加班，比珠三角高 12%。就珠三角来看，2006～2010 年，加班现象依然非常普遍，变化并不明显，但是有加班工资的比例提高了 5 个百分点。

三、是否加班的回归分析

为了进一步分析影响农民工加班的原因，我们以"是否存在强迫劳动（1 = 是，0 = 否）"、"是否存在每日加班超过 3 小时的严重加班（1 = 是，0 = 否）"两项指标为因变量，以年龄、性别、教育年限、户籍、入职时间、是否签订劳动合同、有无工会、工种、行业、企业规模、企业所有制性质与省份的等自变量。模型结果见表 5 - 3。

表 5 - 3　　　　　农民工是否严重加班的 Logit 模型分析

自变量	模型 1：是否存在强迫劳动（1 = 是，0 = 否）回归系数（标准误）	模型 2：是否存在严重加班（1 = 是，0 = 否）回归系数（标准误）
年龄	0.0695 (0.0549)	- 0.0307 (0.0297)
年龄平方/100	- 0.0974 (0.0802)	0.0280 (0.0429)
男性（女 = 0）	0.396 ** (0.160)	0.24 *** (0.0929)
教育年限	- 0.00318 (0.0300)	- 0.06 *** (0.0180)

续表

自变量	模型1：是否存在强迫劳动（1=是，0=否）回归系数（标准误）	模型2：是否存在严重加班（1=是，0=否）回归系数（标准误）
农村（城=0）	0.212（0.231）	0.0814（0.136）
入职时间	0.00219（0.0199）	0.00231（0.0121）
签订合同（没签=0）	−0.0167（0.173）	0.133（0.109）
工会（无工会=0）		
非会员	−0.503*（0.305）	−0.157（0.155）
会员	−0.749**（0.367）	−0.108（0.177）
不清楚	−0.130（0.180）	−0.0345（0.107）
工种（普工=0）		
技工	0.0235（0.193）	−0.247**（0.111）
中低层管理人员	−0.239（0.223）	−0.93***（0.147）
其他	0.00654（0.257）	−0.49***（0.168）
行业（轻工业=0）		
化工业	−1.735**（0.725）	−0.66***（0.243）
重工业	−0.307（0.189）	−0.30***（0.109）
公共服务业	−0.777（0.496）	−0.521*（0.267）
生产服务业	−0.925*（0.533）	−0.480*（0.254）
消费服务业	0.198（0.211）	−0.343**（0.137）
建筑业	−0.687*（0.355）	−0.87***（0.216）
规模（百人以下=0）		
100~999人	0.225（0.179）	0.283**（0.113）
1 000人及以上	−0.289（0.250）	0.37***（0.139）
所有制性质（国有或集体=0）		
私有企业	−0.232（0.278）	−0.220（0.154）
港台企业	−0.304（0.352）	−0.359*（0.199）
外资企业	−0.276（0.407）	0.0134（0.205）
省市（上海=0）		
江苏	0.366（0.361）	−0.62***（0.169）

续表

自变量	模型 1：是否存在强迫劳动（1 = 是，0 = 否）	模型 2：是否存在严重加班（1 = 是，0 = 否）
	回归系数（标准误）	回归系数（标准误）
浙江	0.365（0.340）	− 0.293 ** （0.149）
广东	1.097 *** （0.285）	− 0.38 *** （0.126）
截距	− 4.63 *** （1.068）	0.223 （0.588）
样本数	3 890	3 892
Log likelihood	− 744.75	− 1 713.7
Pseudo R^2	0.0553	0.0471

注：*** 表示 $p < 0.01$，** 表示 $p < 0.05$，* 表示 $p < 0.1$。

表 5 - 3 的模型 1 发现，影响强迫劳动的变量包括性别、工会、行业与省市。具体来看，男性更容易遭受强迫劳动，其发生比是女性的 1.48（$e^{0.396}$）倍；与无工会相比，有工会的企业，其发生强迫劳动的比例会大大下降，约是无工会企业的一半；行业的影响主要表现在，与轻工业相比，化工业、生产性服务业、建筑业发生强迫劳动的可能性要低，日常消费服务业强迫劳动的可能性较大；与上海、浙江、江苏相比，广东即珠三角地区发生强迫劳动的可能性更大，其发生比是上述三个地区的 3（$e^{1.097}$）倍。

模型 2 发现，影响严重加班的变量与强制劳动略有不同，包括性别、教育、工种、行业、规模、所有制与省市。具体言之，男性面临的严重加班更为普遍；受教育年限越高，发生严重加班的可能性会越低；与普工相比，技工、中低层管理人员则更少存在严重加班的现象；就行业来看，轻工业的农民工存在严重加班的可能性最高，轻工业主要是纺织、服装、鞋帽、玩具等行业，属于劳动密集型行业，严重加班的现象更为普遍；以往认为小企业的加班更加严重，但是模型 2 发现，企业规模越大，越可能让工人超时加班；上海市的农民工严重加班的情况更为普遍，其次是广东与浙江，江苏农民工更少存在严重加班。

以上两个模型发现，男性、劳动密集型行业、珠三角的农民工更加可能遭受强迫劳动或者严重加班，受教育水平越高、技术或管理员工、企业建有工会可以避免农民工遭受严重加班或强迫劳动。

第二节　问题与文献

一、问题的提出

2006 年 3 月 14 日，为了了解珠三角农民工的状况，我们在顺德劳动局访谈了该局的一位官员，他给我们讲了一件事情，说最近在顺德出现了一起工人堵马路要求工厂加班的事件，原因在于希望多加班多拿些工资。最后，政府与有关工厂协商，通过月定额的方式灵活划定加班时间，以满足农民工的要求。

这一个案出人意料，给我们留下了深刻的记忆，时间已经过去了 3 年多，却引发了我们长时间的思考。

学者们对于农民工的研究，基本上将超时加班作为权益受损的严重问题之一，其中也包括我们自己所做过的一些研究。[①] 从法律的角度来看，做出这样的判断并没有错。但是，如果我们深入思考，就会发现这样的认知也许过于简单：研究者是从外人的角度，或是从普遍人权或劳动权益的角度出发，并没有（或少有）征求或顾及农民工自身的意见或看法，更没有深入了解农民工的意愿。当然，如果上述案例只是个案[②]，或者普遍来说，农民工的超时加班是被逼迫的，那就另当别论。

显然，问题就变成了：农民工超时加班是自愿的还是被逼迫的呢？如果是自愿的，他们又为了什么？

我们需要结合相关理论对这个问题进行深入研究。

---

① "外来农民工"课题组：《珠江三角洲外来农民工状况》，载《中国社会科学》1995 年第 4 期。刘林平、郭志坚：《企业性质、政府缺位、集体协商与外来女工的权益保障》，载《社会学研究》2004 年第 6 期。C. Cindy Fan. The state, the migrant labor regime, And maid en workers in China. *Political Geography*, 2004, 23. Anita Chan and Hong-zen Wang. The Impact of the State on Workers' Conditions—Comparing Taiwan Factories in China and Vietnam. *Pacific Affnim Winter*. 2004/2005, Vol. 77, No. 4. 潘毅：《中国女工——新兴打工阶级的呼唤》，香港：明报出版社有限公司 2007 年版。Jaeyoun Won. *Post-socialist China*：*Labour relations in Korean-managed factories Journal of Contemporary Asia*, August, 2007, Vol. 37, No. 3. Youngjin Choi. Aligning labour disputes with institutional, cultural and rational approach：evidence from East Asian-invested enterprises in China. *The International Journal of Human Resource Management*, October, 2008, Vol. 19, No. 10.

② 显然，上述个案并不只是个案。2010 年 3 月 25 日，我们在深圳市劳动局信访办了解到，有农民工为了要求加班而来上访。

二、文献回顾

（一）从马克思到布若威：强迫与同意

马克思对工人权益的分析是经典的。在马克思看来，在资本主义的劳动生产体系中，资本家剥削了工人的剩余价值，而这种剥削和劳动时间息息相关，剩余价值来自于工人工作的剩余劳动时间。"资本是死劳动，它像吸血鬼一样，只有吮吸活劳动才有生命，吮吸的活劳动越多，它的生命就越旺盛。工人的劳动时间就是资本家消费他所购买的劳动力的时间。"[①] 资本家当然尽可能延长工人的劳动时间以获取剩余价值，但是，这种延长的边界取决于劳动力的身体界限和社会的道德界限。因此，资本家和工人就劳动时间的斗争表现为一种权利同权利的对抗。马克思在《资本论》中引用了大量的资料说明他那个时代工人劳动时间过长而遭受残酷剥削。[②]

比马克思更早，恩格斯在《英国工人阶级状况》中，对工人劳动时间过长以及由此而造成的身体伤害做了细致的描述与分析。[③]

劳动时间与劳动效率紧密关联。早期的管理研究就将劳动时间放在非常重要的位置上，泰罗对"计件工资制"、"磨洋工"等问题进行了经典性的研究，提出了所谓"科学管理原理"。[④]

但是，在布雷弗曼看来，所谓"科学管理"只不过是资本使工人适应资本主义生产方式的一种形式而已，并不能改变资本强制性剥削工人的本质。布雷弗曼对资本获取剩余价值的来源和马克思的看法类似，或者说坚持了马克思的经典认知："劳动力再生产自身之后，为资本家生产的这种'特殊'能力，只不过是由于在它本来能够停止的时限之外延长劳动时间。"[⑤]

在布雷弗曼之后，布若威认为，从马克思到布雷弗曼都坚持认为强制是从劳动力中榨取劳动的手段，这并不适合变化了的资本主义体系。布若威从著名的西方马克思主义者葛兰西那里借用了"同意"[⑥]的概念，作为自己理论的立足点。

---

① 马克思：《资本论》（第一卷），载《马克思恩格斯全集》第 23 卷，北京：人民出版社 1975 年版，第 260 页。

② 马克思：《资本论》（第一卷），北京：人民出版社 1975 年版。

③ 恩格斯：《英国工人阶级状况》，北京：人民出版社 1956 年版。

④ 泰罗：《科学管理原理》，北京：中国社会科学出版社 1984 年版。

⑤ 哈里·布雷弗曼：《劳动与垄断资本》，北京：商务印书馆 1978 年版，第 52 页。

⑥ 安东尼奥·葛兰西：《狱中札记》，北京：人民出版社 1983 年版。

布若威将资本主义的劳动体制一分为二：专制和霸权。前者建立在对工人的强迫上，后者则奠基于工人的"同意"。

资本主义劳动过程中有三种制造认同的机制，除了建立内部劳动力市场和内部国家外，就是推行计件工资制，让工人们加入到"赶工游戏"中来，把管理者与工人之间的冲突转变为工人之间的竞争和工人群体之间的斗争，将工人作为个人而不是阶级成员进入劳动过程。①

在《制造甘愿——垄断资本主义劳动过程的历史变迁》一书中，布若威并没有对工人的劳动时间做过多的分析，但是，他的理论内涵的逻辑是：工人已经接受了资本主义体系的安排，其中当然也包括对劳动时间的安排。

我们之所以要特别提及布若威的理论，是想说，从马克思到布若威，也即从早期资本主义到现代资本主义的发展，工人对资本或企业的体系经历了一个从被迫到同意的接受过程，这是西方社会变迁的过程。但是，在中国，情况似乎不同，从20世纪80年代初改革开放算起，中国的工业化和大规模的外资引进还刚刚30年，我们上述所说的顺德的案例表明，农民工不仅接受资本的生产安排，甚至积极要求加班。这可能是西方学者如布若威等人所难以想象的。

那么，在一个劳动条件和早期资本主义时代几乎相同或近似，也没有或几乎没有布若威所说的内部劳动市场和内部国家的完善制度的情况下，农民工为什么可以接受甚至积极要求加班呢？这也许是新马克思主义学派的理论难以解释的问题。

让我们转向另一个理论线索。

（二）从恰亚诺夫到黄宗智：农民的效益观

20世纪20年代，恰亚诺夫出版了他的经典著作《农民经济组织》。在该书中，恰亚诺夫所表述的基本思想是，农民进行农业生产的基本组织形式是家庭，家庭受制于人口学规律和特殊的社会关系，是作为一个完整的单位而劳作和收获的（家庭中的个人不是资本主义企业中受雇佣的工人，他不用计算工资，也不用特别计较个人的收入，个人服从于家庭），它在劳动辛苦程度与需求满足程度之间寻求均衡，这种均衡和资本主义企业追求产出最大化或利润最大化不同，这就是解释家庭农场或农民农场（或劳动农场）一切行为的出发点。②

恰亚诺夫认为，农民的家庭经营或家庭农场关注的是全年劳动收益，而不是

---

① 迈可·布若威：《制造甘愿——垄断资本主义劳动过程的历史变迁》，台北：群学出版有限公司2005年版。

② A. 恰亚诺夫：《农民经济组织》，北京：中央编译出版社1996年版。

单位时间的劳动报酬效率，为了一年总的收获，农民可以提高自己的劳动强度，而不惜降低单位劳动报酬效率。"如果在家庭农场核算中尚未达到基本均衡，未被满足的需求依然相当突出，那么经营农场的家庭便有强烈的刺激去扩大其工作量，去寻求劳动力的出路，哪怕是接受低水平的劳动报酬。'出于无奈'，农民去干初看起来最不利的工作。"①

我们可以将恰亚诺夫的理论概念化为农民的"效率观"或"效益观"——家庭总体年收益优先，单位时间（比如工资/小时）效益不计，劳动强度可以达到身体许可的边际水平，副业（或外出打工）收益以家庭收益为参照。

农民的效益观和现代资本主义企业雇佣工人的效益观是有本质差异的：前者以家庭为收益单位，后者则是个人；前者以较长时段（年）为效率单位，后者则是较短的时间单位（小时、月）；前者对副业收益的参照系是农村农业，后者则是城市市场。其中，时间单位的差异具有重要意义，现代管理理论②及其他理论③都对此作了细致的论述。

恰亚诺夫关于农民的理论是以欧洲特别是俄罗斯的经验事实为依据的。但是，他对于农民和农业的论述在西方学术界产生重大影响，后来一些学者也或多或少借用其理论来研究中国的情况，黄宗智就是其中之一。

在《长江三角洲小农家庭与乡村发展》一书中，尽管一方面黄宗智说，不能把恰亚诺夫的小农家庭全靠自身劳动力来生产的抽象模式等同于明清时期的真实情况，但是，他也认为，与以往一切研究不同，他的研究认为长江三角洲农村经济的商品化不是按照舒尔茨的逻辑，而是按照恰亚诺夫的逻辑推动的。他说："小农家庭在边际报酬十分低的情况下会继续投入劳动力，可能只是小农家庭没有相对于边际劳动投入的边际报酬概念，因为他们的心目之中，全年的劳动力投入和收成都是一个不可分割的整体。耕地不足带来的生存压力会导致这样的劳动投入达到非常高的水平，直至在逻辑上它的边际产品接近于零。"④

黄宗智根据吉尔茨的定义而提出了中国农村（这里具体指长江三角洲）的经济变迁是所谓过密化（"内卷化"）模式，即总产出在以单位工作日边际报酬递减为代价的条件下扩展。

小农经济过密化的程度往往取决于人口与资源间的平衡关系。相对于资源的人口密集的压力会造成过剩劳动力数量的增加以及高度的生存压力，导致极端过

---

① A. 恰亚诺夫：《农民经济组织》，北京：中央编译出版社1996年版，第60页。
② 彼得·杜拉克（Peter F. Drucker）：《有效的管理者》，台北：中华企业管理发展中心1978年版。
③ H. 孟德拉斯：《农民的终结》，北京：社会科学文献出版社2005年版。
④ 黄宗智：《长江三角洲小农家庭与乡村发展》，北京：中华书局2000年版，第10页。

密化的发生。①

尽管过密化理论遭到许多批评②，但是，黄宗智的理论坚持了恰亚诺夫关于农民具有不同于资本主义企业及其雇佣工人的效益观的思想，当然他并没有说得特别明显。而他下面的一段话在我们看来是很有见地的：

易于为人忽略的是对中国的农民来讲，基于劳动力的大量过剩，劳动者的工作动机问题并不那么关键。在农业集体化之前，农民在生存线以上的剩余微不足道，工作的主要动机是生存，而非追求最大利润。集体化之后，个人几乎没有经济抉择的余地。而生存需要以上的剩余仍旧微不足道。在这样的条件下，集体生存，而非市场利润，是工作的首要推动力。③

和黄宗智一样，赵冈也认为，中国人均耕地过低是影响历史发展的一个决定性因素。"在中国自从有信史以来，每户的平均耕地，始终是远在30英亩以下，而且总的趋势是平均耕地愈来愈小。这项事实，对于中国历史上经济制度的性质，具有决定性的影响。"④

赵冈对农民的效益观念的看法也是以人地比为基础的。他认为，农民的家庭生产会比采用雇佣劳动的企业更加有效率地使用稀缺资源——尤其是土地。在同样的生产技术条件下，家庭农场的亩产量要高一些，而资本主义农场的每人每天的产量要高一些。当土地—人口比率很低之时，家庭的小农生产导致了一种土地有效率（在一定数量的土地上获得更高产量）而劳动无效率（在一定单位的产出下吸纳大量劳动）的生产体系。⑤

赵冈的论述告诉我们，农民的效益单位就劳动对象来说是土地。企业制的农场着重单位时间劳动力—土地的产出效益，农民家庭生产则着重土地的总产出。中国农民辛劳耕作自己的土地，劳动投入高度密集，为的是总产出足以养家糊口。他们没有办法去计较单位时间的效率。

对于过密化理论批评重要的一点是，中国历史上人口与土地面积都是变动的，而黄宗智和赵冈关于过密化或人地比的观点所依赖的资料有着重大缺陷，他们或是通过定性研究（如黄宗智）所得出的，或是使用的数据资料不完全（如

① 黄宗智：《长江三角洲小农家庭与乡村发展》，北京：中华书局2000年版。

② 李丹：《理解农民中国：社会科学哲学的案例研究》，南京：凤凰出版传媒集团、江苏人民出版社2008年版。王国斌：《转变的中国：历史变迁与欧洲经验的局限》，南京：凤凰出版传媒集团、江苏人民出版社2008年版。李中清、王丰：《人类的四分之一：马尔萨斯的神话与中国的现实（1700~2000）》，北京：生活·读书·新知三联书店2000年版。

③ 黄宗智：《长江三角洲小农家庭与乡村发展》，北京：中华书局2000年版，第271页。

④ 赵冈、陈钟毅：《中国经济制度史论》，北京：新星出版社2006年版，第214页。

⑤ Chao Kang. *Man and land in Chinese History：An Economic Analysis*. Stanford：Stanford Uiniversity，1986.

赵冈），因而所得结论的可靠性还有待证实或者已经被怀疑。① 这样的质疑是有一定道理的。但是，我们认为，自 1949 年以来，中国的人口大幅度增长，人均土地面积或劳均土地面积都大幅下降，这是不争的事实。如果说，过密化理论用来概括历史可能存有种种问题，但对现代中国确有可取之处。

本书不是要对过密化理论做仔细和严谨的学术评价，而是认为，从恰亚诺夫到黄宗智、赵冈等人，对于农民家庭经营不同于资本主义企业的特点以及这种特点在中国的表现所做的论述，尤其是关于农民效益观的思想，是我们理解中国当代农民工行动逻辑的基本出发点。

（三）马克思与斯科特：工人和农民的剥削观

恰亚诺夫关于农民具有不同于资本主义企业的行为特点的论述告诉我们，在现在的经济体系中，有两种行动动机或逻辑：其一，完全市场化的行动逻辑，如现代企业及其雇佣工人；其二，非市场化（或半市场化）的行动逻辑，如农民。

从恰亚诺夫的理论出发，斯科特将农民的行动动机或逻辑定义为生存伦理。斯科特解读恰亚诺夫的理论时认为，农民经济的特色使得古典经济学关于理性行为的假说归于无效。"由于生活在接近生存线的边缘，受制于气候的变幻莫测和别人的盘剥，农民家庭对于传统的新古典主义经济学的收益最大化，几乎没有进行计算的机会。典型情况是，农民耕种者的行为是不冒风险的；他要尽量缩小最大损失的主观概率……首先考虑可靠的生存需要，把它当做农民耕种者的基本目标，然后考察他同邻居、精英阶层和国家的关系。""这条'安全第一'原则，体现在前资本主义的农民秩序的许多技术的、社会的和道德的安排中。"②

我们暂且不论斯科特基于东南亚的历史研究所概括出来的道义经济（生存伦理）理论是否站得住脚，显然，他关于农民生存第一、安全第一的说法并不是马斯洛需要层次论对于农民的简单推理，而是具有一定经验事实根据的，并且对于理解农民的效益观具有一定的启发意义：生存第一，收益最大化第二。更为重要的是，斯科特提出了关于农民怎么看待剥削的观点，对我们理解农民的行为方式很有帮助。

如上所述，在马克思看来，工人的剩余劳动时间创造了剩余价值，但是，工人怎么看待资本家对自己的剥削呢？从马克思关于工人阶级从自在的阶级到自为阶级发展的论述来看，他认识到，工人对所谓剩余价值的认识是分阶段的：首先

---

① 李丹：《理解农民中国：社会科学哲学的案例研究》，南京：凤凰出版传媒集团、江苏人民出版社 2008 年版。

② 詹姆斯·C·斯科特：《农民的道义经济学：东南亚的反叛与生存》，南京：译林出版社 2001 年版，第 5～6 页。

是感性的阶段，然后才进入理性的阶段。在前一阶段，工人只是觉得受到资本的剥削和压迫，但到底是怎么压迫和剥削的并不清楚，甚至怪罪于外在的设备（如机器）；在后一阶段，工人了解了剩余价值的本质，了解了资本是怎么占有剩余价值的，即通过剩余劳动时间来获取剩余价值①。马克思的论述，我们可以将之概念化为工人的"剥削观"（或被剥削观），即作为自为的工人阶级对资本剥夺剩余价值有较为清晰的认识。汤普森也用历史资料证明，英国的工人阶级在其形成中，对资本的剥削有了较为清晰的认知。②

斯科特关于农民对待剥削的认识和马克思不同，他的认知建立在生存伦理的基础之上，他说："生存伦理为典型的农民看待同村人、土地所有者或官员对自己资源的不可避免的盘剥提供了基本观点。最重要的一点是，它表明农民评价这些索要的标准，主要的不是根据它们的绝对水平，而是看它们是自己维持在生存危机水准之上的问题是更加难办了还是容易解决了……农民的标准是'交够了外部的索要之后还剩下多少——够不够维持自己的基本需要'，而不是索要本身的数量多少。"③ 斯科特的这些思想，我们可以概念化为农民的"剥削观"（或"被剥削观"）。

我们认为，农民的"效益观"和"剥削观"是分析农民外出打工者（即农民工）的两个基本点，它们是理解农民工打工行为最基本的行动逻辑。如果进一步归纳，农民的"剥削观"也可以纳入"效益观"，因为，关于效益的观念当然涉及收益在不同的主体（个体或群体）之间的分配，这些主体，既涉及资本的占有者（如商业伙伴）之间的关系，也涉及资本和劳动之间的关系。

第三节 假设与变量

一、假设

通过上述对文献的总结与分析，我们得到了影响农民行动逻辑最基本的价值

---

① 马克思：《哲学的贫困》，见《马克思恩格斯全集》（第四卷），北京：人民出版社1965年版。马克思、恩格斯：《共产党宣言》，见《马克思恩格斯选集》（第一卷），北京：人民出版社1972年版。

② E. P. 汤普森：《英国工人阶级的形成》，南京：译林出版社2001年版。

③ 詹姆斯·C·斯科特：《农民的道义经济学：东南亚的反叛与生存》，南京：译林出版社2001年版，第36～37页。

观念，即"效益观"和"剥削观"。前者是说农民看待效益不是以单位时间（如小时）作为评价效益的基本尺度，而是以一个较长的时段（如年）来评估所获得的总收益的多少，收益单位不是个人而是家庭，总收益高于单位时间收益；后者是说，农民在自己工作（或劳动）所获能够维持基本生存的前提下，不会太在意雇主的所得，也就是说，农民对于资本的相对剥削并不敏感而对于绝对剥削（拖欠工资和工资不足以维持基本生存）则较为敏感。[①]

下面，我们进而分析农民工对待超时加班的态度和行为，并形成本章的基本理论框架。

农民外出打工，是从农村家庭走入现代企业，但他们并没有成为或彻底转型为职业工人，所以，他们具有双重性：既是原来家庭的一员，工作的目的是为了家庭福利或收益，而这种收益的参照体系主要是作为家乡的农村而不是打工所在地的城市；又是企业的雇佣工人，必须按照企业的管理制度而工作或行动。因而，他们的行动逻辑可能具有双重性：既是农民又是工人[②]。

为此，我们将分析农民工行为的理论框架总结如图 5-1 所示。

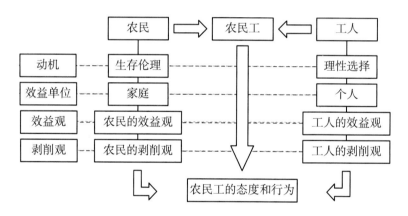

图 5-1　分析农民工行为的理论框架

根据理论模型，农民的行动逻辑不同于工人，但是，农民工是农民的行动逻

---

① 我们这里所说的相对剥削和绝对剥削不同于马克思的绝对剩余价值和相对剩余价值的概念。在马克思看来，绝对剩余价值生产是指在必要劳动时间不变的条件下，通过绝对延长工作时间，从而绝对延长剩余劳动时间来生产剩余价值的方法。相对剩余价值生产则是指在工作日长度不变的条件下，通过缩短必要劳动时间，相对延长剩余劳动时间来生产剩余价值的方法（见马克思：《资本论》（第一卷），北京：人民出版社 1975 年版）。

② 光磊通过对流入城市的农村装修工的研究发现，农民工发展出一种与中国传统城市工人不同的看待工作和权益的观念，这种观念结合了市场转型逻辑的基础，对权利的低意识，以及家庭或亲属之间的道德规范，他称之为"道德经济学"，见 Lei Guang. Guerrilla Workfare：Migrant Renovators, State Power, and Informal Work in Urban China. *Politics Society*，2005，33.

辑和工人的行动逻辑的混合物，我们的假设就建立在这两种逻辑的基础上。

其一：农民效益观及其行动逻辑。农民工对加班工作的忍耐和接受是基于传统农民的生存理性。这种理性将家庭总收益作为其经济活动的首要目的，而不计单位时间（比如工资/小时）的效益，这种理性形成于中国农村人地之间的紧张关系。效益观的影响不仅表现于加班的意愿性上，还表现于对意愿性加班的目的上。由于农民效益观并不或较少考虑单位时间的工资收益，因此，持该效益观的农民工更倾向于通过延长总工作时间（或牺牲休息时间）来增加经济收益，而不是通过提高单位时间工资水平来提高收入，也就是说，持农民效益观的农民工的自愿加班首要取决于经济原因。

家庭环境对人们价值观念的形成具有重要影响，家庭是人们社会化的基本单位，家庭关系是最基本和最重要的社会关系，家庭结构对人的价值观念和行为方式有直接的作用。[1] 中国人对家庭的责任感是最基本的价值观念，而农民又是最重视家庭价值的群体，如上所述农民的效益观也是以家庭为效益单位的，婚姻是建立家庭的基础和标志，婚姻意味着家庭责任，在农民效益观的影响下，有家庭负担的农民工相对于无家庭负担者应该更愿意接受加班工作，或者更倾向于为经济目的而加班。婚姻和年龄反映了人在生命周期中对家庭负担的承受。因此，在个体层面上，我们提出：

假设1：婚姻状况对农民工加班意愿和加班目的有显著影响，具体说来：

假设1a：已婚农民工较之未婚农民工更愿意加班；

假设1b：已婚农民工较之未婚农民工更倾向于为了经济目的加班。

一般来说，价值观念会随着时代变迁，而年龄是区分时代变迁对个人影响较为恰当的变量。新一代农民工和老一代农民工应该具有价值观念和态度、行为的差异。[2] 所以，有：

假设2：年龄对农民工加班意愿和加班目的有显著影响，具体说来：

假设2a：年龄越大的农民工越愿意加班；

假设2b：年龄越大的农民工越倾向于为了经济目的的加班。

黄宗智和赵冈都认为，影响中国历史的基本因素是人均土地不足或所谓过密化，我们的分析表明，中国农村人地矛盾的现实是影响中国农民效益观的基本因素。这种现实所产生的影响能够超越农民个体及其家庭的特征，并以区域性的方

---

① W. 古德：《家庭》，北京：社会科学文献出版社1986年版。刘林平：《试论"家庭型经济组织"及其特点》，载《社会学研究》1987年第3期。J. 罗斯·埃什尔曼：《家庭导论》，北京：中国社会科学出版社1991年版。赖因哈德·西德尔：《家庭的社会演变》，北京：商务印书馆1996年版。

② 王春光：《新生代农村流动人口的社会认同与城乡融合的关系》，载《社会学研究》2001年第3期。王春光：《新生代农村流动人口的外出动因与行为选择》，载《中国党政干部论坛》2002年第7期。

式作用于生活在其中的农民的行动逻辑。总体来说，中国的人均耕地面积远远低于西方（欧洲和美国）。中国是一个大国，地区差异较大，地区差异会表现在人们的价值观和行为方式上，形成不同的性格类型。[①] 如果一个农民工来自人地关系紧张或经济负担较重的区域，他的行动逻辑更可能是传统农民的效益观，因此，在地区层面上，我们提出：

假设3：人均土地比对农民工加班意愿和加班目的有显著影响，具体说来：

假设3a：来自人均土地比较低省份的农民工，较之来自人均土地比较高省份者，更愿意加班；

假设3b：来自人均土地比较低省份的农民工，较之来自人均土地比较高省份者，更倾向于为了经济目的加班。

假设4：（乡村）抚养比对农民工加班意愿和加班目的有显著影响，具体说来：

假设4a：来自（乡村）抚养比比较高省份的农民工，较之来自（乡村）抚养比比较低省份者，更愿意加班；

假设4b：来自（乡村）抚养比比较高省份的农民工，较之来自（乡村）抚养比比较低省份者，更倾向于为了经济目的加班。

其二：工人效益观及其行动逻辑。现代工人对加班工作的意愿是接受企业制度安排的结果。在这一观念的影响下，农民工作为工人更看重单位时间的劳动收益，而不是在家庭总收益基础上的边际收益，因此持工人效益观的农民工较不倾向于以延长总工作时间的方式提高经济收益。但是，由于企业生产的需要或制度规定，现代工人能够自觉接受一定程度的加班安排。工人效益观的产生是规训的结果[②]：即将普通人规训成为适应现代工业生产的工人。在这个过程中，现代教育和城市工作的经历（工龄）能够促使外出打工的农民学习和接受现代生产中的劳动纪律和劳动时间。因此，我们提出：

假设5：教育程度对农民工加班意愿和加班目的有显著影响，具体说来：

假设5a：受教育程度越高的农民工越愿意加班；

假设5b：受教育程度越高的农民工越不倾向于为了经济目的加班。

---

① 林语堂：《吾国与吾民》，北京：中国戏剧出版社1990年版。

② 潘毅在对珠三角打工妹的研究中就较为细致地描述与分析了工厂对女工的规训过程，见潘毅：《中国女工——新兴打工阶级的呼唤》，香港：明报出版社有限公司2007年版。万杰洋对中国韩资企业的研究表明，在韩国企业管理者的眼中，中国工人是"社会主义农民"，需要将他们改造成忠诚、主动、顺从、勤奋和有归属感的现代职业工人，而其中，不讲条件加班也是重要的规训内容，见 Jaeyoun Won. Post-socialist China: Labour relations in Korean-managed factories. *Journal of Contemporary Asia*. August, 2007, Vol. 37, No. 3.

马克思认为，人们的观念、思维是人们物质关系的直接产物[1]。但是，马克思并没有严格区分家庭、社区和工作单位对人们观念、思维产生的作用差异或强度。马克斯·韦伯强调了宗教对人们价值观念的重要影响[2]。道格拉斯强调了社区对人们思维方式塑造的作用[3]。布若威不同意传统理论认为态度、信念来自于家庭、学校和教堂的观点，他认为，"同意"是在生产场合产生的，而不是从外界带入工厂的[4]。我们并不想抽象讨论人们意识观念产生的社会场合差异。我们认为，对于农民工来说，他们价值观念的产生应该是复杂的，究竟家庭、农村社区和打工所在企业各自影响的强度或差异如何，这是一个有待检验的问题。但是，显然，农民工外出时间越长，价值观念越有可能发生改变，由农村社会塑造的价值观念可能由于工作场所的实践经历而改变。由此，我们提出：

假设6：外出打工时间（工龄）对农民工加班意愿和加班目的有显著影响，具体说来：

假设6a：工龄越长的农民工越愿意加班；

假设6b：工龄越长的农民工越不倾向于为了经济目的加班。

其三：剥削观。如上所述，农民关于剥削的观念对绝对剥削较为敏感（在我们2006年的问卷调查中，农民工对剥削的感受回答结果可以总结为表5-4。表5-4显示，超过60%的农民工从来没有受到老板剥削的感觉，经常有和总是有这种感觉的人不到11%）。

表5-4　　　　2006年问卷中是否受到老板剥削的描述性统计

我受到了老板的剥削	回答	百分比	累积百分比
有（N=976）	偶尔有	20.84	20.84
	经常有	7.68	28.52
	总是有	3.11	31.63
没有（N=1 947）	从来没有	63.09	94.72
说不清		5.25	99.97

那么，具体怎么评判绝对剥削呢？我们认为，农民外出打工，所得收入一定要超出个人生活必需支出，才可能有一定盈余，以供养家庭。由此，我们提出：

---

① 马克思：《德意志意识形态》，见《马克思恩格斯全集》（第三卷），北京：人民出版社1965年版。

② 马克斯·韦伯：《新教伦理与资本主义精神》，北京：生活·读书·新知三联书店1987年版。

③ 转引自周雪光：《组织社会学十讲》，北京：社会科学文献出版社2003年版。

④ 迈可·布若威：《制造甘愿——垄断资本主义劳动过程的历史变迁》，台北：群学出版有限公司2005年版。

假设 7：生活必需支出与工资的比率对农民工加班意愿和加班目的有显著影响，具体说来：

假设 7a：生活必需支出占工资的比例越大者越愿意加班；

假设 7b：生活必需支出占工资的比例越大者越倾向于为了经济目的的加班。

在上述假设中，我们的理论逻辑是，处于农民和工人两端的农民工，都愿意加班，也就是说，传统农民和现代工人都愿意加班，前者是传统农民效益观的影响，后者是现代企业制度的规训，而处在这两端中间的人，会不愿意加班。但是，农民愿意加班是因为经济目的，而工人愿意加班可能更多的是非经济目的，如我们问卷中所设置的一些选项："获得升迁的机会"、"为企业分忧"等。

二、变 量

在建立了基本假设的基础上，我们再来交代数据与变量处理。

（一）数据来源

本节所使用的第一个数据由我们对珠三角农民工 2006 年和 2008 年问卷调查的两期数据合并而成，第二个数据是我们 2010 年对珠三角和长三角外来农民工的调查。

（二）变量处理

（1）因变量：

加班意愿：自愿加班和非自愿加班，自愿加班赋值为 1，非自愿加班赋值为 0。

自愿加班的原因：自愿加班的个案中为了增加收入而加班的赋值为 1，自愿加班但不是为了增加收入的赋值为 0。

（2）自变量：

婚姻状况：分为已婚和未婚（含丧偶和离婚），在模型中，以未婚为参照组。

年龄：分为 1979 年以前出生者，1979～1985 年出生者和 1985 年以后出生者，以 1985 年以后出生者为参照组。

教育程度：分为小学及以下、初中、高中、中专和技校、大专，以小学及以下为参照组。

工作经验（工龄）：以第一次外出时间作为计算工龄的起点，对工龄的划分我们考虑到分组后各组样本的数量，将工龄分成四组：3 年以下，3～5 年，5～

10 年，10 年以上，并以 3 年以下为参照组。

生活必需支出与工资之比：生活必需支出由住宿和伙食两项月开支相加得出，再除以月平均工资。我们计算出的月生活必需支出平均为 272.28 元（标准差 285.79），月平均工资为 1 293.44 元（标准差 731.64），两者之比的平均值为 0.224（标准差 0.223）。

人地比：以《2006 年中国统计年鉴》、《2010 年中国统计年鉴》所载"各地区农村居民家庭土地经营情况（2005 年底，2009 年底）"中"人均经营耕地面积"[①] 录入，具体数据见表 5 - 5、表 5 - 6。

抚养比：以《2006 年中国人口统计年鉴》、《2010 年中国人口统计年鉴》所载"各地区乡村人口年龄构成和抚养比"中"总抚养比"[②] 录入，具体数据见表 5 - 5、表 5 - 6。

（3）控制变量：

我们将性别、调查时间和是否有加班工资作为控制变量纳入模型。我们的数据一是两个时间点的数据，两期数据可以作为时间效应测量，故将其作为控制变量纳入。时间变量体现了 2006 年到 2008 年的变化，模型中以 2006 年数据为参照。是否有加班工资是企业工资制度中对加班最有直接影响的制度，模型中以没有加班工资为参照。

表 5 - 5　　　2005 年各省（市、自治区）农村土地人均占有量
（亩/人）和乡村抚养比　　　　　　单位：%

省份	人地比	抚养比	省份	人地比	抚养比	省份	人地比	抚养比
上海	0.43	28.57	广西	1.31	56.58	山西	2.2	43.87
广东	0.66	58.72	山东	1.38	37.18	甘肃	2.65	47.44
北京	0.69	29.49	云南	1.4	50.13	辽宁	3.33	33.84
浙江	0.7	43.32	江西	1.47	55.43	新疆	4.11	46.25
福建	0.8	44.89	湖北	1.53	43.08	宁夏	4.13	53.57
四川	0.96	54.24	河南	1.53	44.68	吉林	6.24	29.44
海南	0.98	55.23	安徽	1.68	55.71	内蒙古	8.29	34.26
贵州	1.02	62.98	陕西	1.84	41.94	黑龙江	10.42	29.17
江苏	1.12	42.29	河北	1.89	36.26			
湖南	1.17	44.90	青海	1.95	48.49			

① 国家统计局：《2006 年中国统计年鉴》，北京：中国统计出版社 2006 年版。国家统计局：《2010 年中国统计年鉴》，北京：中国统计出版社 2010 年版。

② 国家统计局人口和就业统计司：《2006 年中国人口统计年鉴》，北京：中国统计出版社 2006 年版。国家统计局人口和就业统计司：《2010 年中国人口统计年鉴》，北京：中国统计出版社 2010 年版。

表5－6　　2009年各省（市、自治区）农村土地人均占有量

（亩/人）和乡村抚养比 单位：%

省份	人地比	抚养比	省份	人地比	抚养比	省份	人地比	抚养比
上海	0.29	27.62	广西	1.43	44.05	山西	2.4	33.94
广东	0.27	33.01	山东	1.55	34.05	甘肃	2.62	37.41
北京	0.54	25.01	云南	1.49	43.06	辽宁	3.5	29.1
浙江	0.6	33.5	江西	1.58	43.02	新疆	4.6	38.63
福建	0.88	37.19	湖北	1.63	32.69	宁夏	4.35	39.22
四川	1.02	41.65	河南	1.66	38.97	吉林	7.63	26.67
海南	1.22	41.23	安徽	1.81	41.66	内蒙古	8.29	34.26
贵州	1.11	49.41	陕西	1.94	34.64	黑龙江	11.73	26.58
江苏	1.12	34.62	河北	1.98	33.98	重庆	1.06	42.78
湖南	1.23	39.60	青海	2.16	38.81			

（三）变量描述

纳入模型的自变量的描述见表5－7、表5－8。

表5－7　　　模型中类别自变量的统计描述一（2006年、2008年）

变量		样本量	百分比	变量		样本量	百分比
年龄	1979年以前	1 961	38.08	婚姻	未婚	2 822	54.76
	1979～1985年	1 613	31.32		已婚	2 331	45.24
	1985年以后	1 576	30.60	工龄	2年以下	197	3.86
性别	女性	2 336	45.32		2～5年	1 527	29.94
	男性	2 818	54.68		5～10年	1 842	36.12
教育程度	小学及以下	889	17.26		10年以上	1 534	30.08
	初中	2 647	51.54	加班工资	没有	1 299	26.50
	高中	837	16.26		有	3 601	73.50
	中专/职高/技校	603	11.71	调查时间	2006	3 082	59.80
	大专	173	3.36		2008	2 072	40.02

表 5 - 8   模型中类别自变量的统计描述二（2010 年）

变量		样本量	百分比	变量		样本量	百分比
年龄	1979 年以前	1 645	39.62	婚姻	未婚	1 753	42.23
	1979 ~ 1985 年	843	20.30		已婚	2 398	57.77
	1985 年以后	1 664	40.08	工龄	2 年以下	388	9.34
性别	女性	1 900	45.76		2 ~ 5 年	613	14.76
	男性	2 252	54.24		5 ~ 10 年	616	14.84
教育程度	小学及以下	661	15.92		10 年以上	2 535	61.05
	初中	1 799	43.33	加班工资	没有	1 050	27.03
	高中	709	17.08		有	2 834	72.97
	中专/职高/技校	523	12.60				
	大专	460	11.08				

我们在问卷中询问了农民工加班意愿和原因，回答结果见表 5 - 9。

表 5 - 9   农民工加班意愿和原因

问题	数据一回答结果（2006 年、2008 年）	数据二回答结果（2010 年）
是否自愿加班（N = 3 839、2 772）	是（54.26%）	是（60.89%）
	有时是，有时不是（11.93%）	有时是，有时不是（18.22%）
	不是（27.14%）	不是（15.66%）
	说不清（6.68%）	说不清（5.23%）
自愿加班原因（多选题）（N = 1 420、2 667）	增加收入（57.18%）	增加收入（57.82%）
	获得升迁机会（3.94%）	获得升迁机会（5.25%）
	为企业分忧（17.82%）	为企业分忧（17.81%）
	没其他事可干（10.85%）	没其他事可干（8.73%）
	其他（10.21%）	其他（10.39%）
非自愿加班原因（多选题）（N = 732）	企业规定（59.97%）	企业规定（57.79%）
	大家加班，我也加班（12.57%）	大家加班，我也加班（21.57%）
	不加班罚款（16.53%）	不加班罚款（7.55%）
	其他（10.93%）	其他（13.09%）

从表 5 - 9 中可以看到，数据一、数据二都显示，大部分农民工都自愿加班，明确表示不自愿的人在数据一中只有不到 28%，而数据二中下降到 15.66%。而在自愿加班者当中，数据一、数据二都显示增加收入是最为重要的原因。

第四节　模型与结果

我们通过建立二分类数据的混合效应模型[①]来对农民工的加班意愿和加班原因进行探讨。二分类数据的混合效应模型同时包含层1、层2单位的预测变量及对截距设置的随机效应。模型用公式表现为：

层1：农民工个体

$$\text{Logit}(p_{ij}) = \beta_{0i} + \sum \beta_{0k} Z_{ijk} \tag{5.1}$$

层2：农民工来源地

$$\beta_{0i} = \beta_{00} + \sum \beta_{0k} X_{ik} + u_i \tag{5.2}$$

在式（5.1）、式（5.2）中，下标 i 表示聚类，即来源地；下标 j 表示在特定 i 聚类下的个体；下标 k 表示第 k 个变量（k≥1）。p 表示农民工自愿加班的概率或其为经济原因加班的概率。β 表示估计的系数；Z 表示层1变量，即农民工个体特征；X 表示层2变量，即来源地特征；u 表示层二随机效应，假设 u 服从以 0 为均值、以 σ^2 为方差的正态分布。

我们用 2006 年和 2008 年合并的数据建立模型 1 和模型 2，用 2010 年的数据建立模型 3 和模型 4。

一、模型 1 和模型 2 的回归结果

模型 1 以"是否自愿加班"作为因变量，模型 2 以"是否为经济目的加班"为因变量，两个模型都以农民工个体特征作为层 1 变量，以来源地省际层面的人地比、乡村抚养比为层 2 变量。其中，模型 1 和以"是否自愿加班"为因变量的随机截距模型（零模型）的随机效应项均显著（模型 1 结果见表 5-10，零模型结果略[②]），这说明来自不同来源地的农民工在加班意愿上呈现出区域化的差异，也说明采用分层模型是恰当的。而以"是否为经济目的加班"作为因变量的随机截距

[①]　参见丹尼尔·鲍威斯、谢宇：《分类数据分析的统计方法》，北京：社会科学文献出版社 2009 年版，第五章。

[②]　对以"是否自愿加班"为因变量的随机截距模型的组内相关系数（rho）进行显著性检验的 Stata 输出结果为：Likelihood-ratio test of rho = 0：chibar2（01）= 4.20Prob > = chibar2 = 0.020。

模型的随机效应项虽然显著（零模型结果略[①]），但加入各层自变量后的模型2的随机效应项并不显著，也就是说，来自不同来源地的农民工在加班原因上没有呈现出显著的区域化差异，故根据简化原则，不再考虑模型2的随机效应项。

模型1和模型2的回归结果报告见表5－10。

表5－10　　　　　　　　　　数据一模型结果报告

变量		模型1：是否自愿加班		模型2：是否为经济目的加班	
		优势比	标准误	优势比	标准误
个人层面变量	2008年数据	1.232*	0.105	1.013	0.096
	性别	0.946	0.081	1.062	0.102
	1979~1985年出生	1.008	0.124	0.990	0.134
	1979年以前出生	1.392	0.249	1.143	0.230
	初中	1.092	0.130	0.710*	0.105
	高中	1.219	0.182	0.507**	0.088
	中专、技校	1.542**	0.256	0.445**	0.083
	大专	1.878*	0.516	0.323**	0.090
	已婚	1.044	0.123	1.426**	0.188
	3~5年工作经验	0.879	0.100	0.904	0.115
	5~10年工作经验	1.066	0.144	0.806	0.121
	10年以上工作经验	1.063	0.160	0.698*	0.119
	生活消费与工资比	0.523*	0.108	1.699*	0.410
	有加班工资	1.980**	0.190	7.183**	0.836
省际层面变量	人均土地面积	1.007	0.103	0.937	0.085
	乡村抚养比	1.009	0.010	0.991	0.008
对数似然值		-1 735.464		-1 423.093	
σ_u		0.140		—	

注：①模型1：层一样本量=2 789；层二样本量=25；对组内相关系数的检验结果为：chi bar 2(01)=3.77，Prob > = chibar2 = 0.026。模型2：样本量=2 486。

②在本模型中，我们基本没有将企业性质、规模等企业层次变量纳入，是为了模型的简洁，而且这些变量的纳入几乎对自变量没有影响。

③*** 表示 $p<0.01$，** 表示 $p<0.05$，* 表示 $p<0.1$。

对模型1和模型2的回归结果，我们逐一进行分析：

---

①　对以"是否为经济目的加班"为因变量的随机截距模型的组内相关系数（rho）进行显著性检验的Stata输出结果为：Likelihood-ratio test of rho=0；chibar2（01）=3.06Prob > = chibar2 = 0.040。

（1）婚姻。在模型 1 和模型 2 中，我们看到，已婚者比之未婚者更愿意自愿加班和更愿意为经济目的加班，不过，模型 1 中的系数并不显著，而模型 2 则是显著的。假设 1a 被否证，假设 1b 得到支持。

（2）年龄。虽然年龄较大者更倾向于自愿性加班以及更倾向于为经济目的的加班，但这个差异并不显著。假设 2 基本被否证。

（3）人地比和抚养比。人均土地面积和乡村抚养比对农民工的加班意愿和加班原因没有显著影响。假设 3 和假设 4 基本被否证。

（4）教育程度。总的来说，教育程度越高的农民工越倾向于加班，且越不倾向于为经济目的而加班。当然，在是否自愿加班的问题上，初中、高中和小学及以下的教育程度者并无显著性差异。假设 5 得到支持。

（5）工龄。城市工作经历（工龄）对农民工加班意愿性没有显著影响，但城市工作经验达 10 年以上的农民工越不倾向于通过延长工作时间来增加收入。假设 6a 被否证，假设 6b 得到支持。

（6）生活必需支出与工资之比。在模型 1 和模型 2 中，这两个系数都是显著的，但是方向不同。假设 7a 被否证，假设 7b 得到支持。在模型 1 中，生活必需支出与工资之比的优势比表明，生活必需支出占工资的比例越高，越不愿意自愿加班。为什么呢？可能的解释是，因为工资太低，人们加班所得到的刺激不大。

在控制变量方面，表 5－10 的结果显示，2008 年调查的农民工较之 2006 年调查的农民工，更愿意加班。男工和女工在加班意愿和加班原因上没有显著差异。有加班工资则人们更愿意加班，也更倾向于为了经济目的的加班。

二、模型 3 和模型 4 的回归结果

使用 2010 年数据建立的模型 3 和模型 4，在变量的处理上和模型 1 与模型 2 是一致的，回归结果见表 5－11。

表 5－11　　　　　　　　　数据二模型结果报告

变量		模型 3：是否自愿加班		模型 4：是否为经济目的加班	
		优势比	标准误	优势比	标准误
个人层面变量	性别	0.758[**]	0.093	0.735[**]	0.089
	1979～1985 年出生	1.012	0.190	1.250	0.236
	1979 年以前出生	1.052	0.211	1.426[*]	0.288

变量		模型 3：是否自愿加班		模型 4：是否为经济目的加班	
		优势比	标准误	优势比	标准误
个人层面变量	初中	1.077	0.183	0.752	0.140
	高中	1.006	0.211	0.487***	0.107
	中专、技校	1.333	0.309	0.477***	0.111
	大专	2.219***	0.602	0.205***	0.052
	已婚	1.378*	0.233	1.100	0.189
	3~5 年工作经验	1.078	0.245	0.749	0.185
	5~10 年工作经验	1.059	0.255	0.558**	0.144
	10 年以上工作经验	1.260	0.276	0.589**	0.136
	生活必需支出与工资之比	0.660	0.210	0.673	0.219
	有加班工资	3.838***	0.484	4.894***	0.752
省际层面变量	人均耕地面积	1.115	0.116	0.961	0.057
	乡村抚养比	0.976	0.015	1.020	0.013
对数似然值		-966.75764		-925.82572	
σ_u		0.225			

注：①模型 1：层 1 样本量 = 2 065；层 2 样本量 = 29；模型 2：样本量 = 1 644。

②* 表示 $p < 0.1$；** 表示 $p < 0.05$；*** 表示 $p < 0.01$。

根据回归结果，分析如下：

（1）性别。在模型 3 和模型 4 中，我们看到，性别均通过了 0.05 的显著水平检验，也就是说男性比女性更不愿意自愿加班和更不愿意为经济目的加班。

（2）年龄。虽然年龄较大者更倾向于自愿性加班以及更倾向于为经济目的加班，但这个差异并不显著。这个结果并不完全支持假设 2。

（3）教育程度。总的来说，教育程度越高的农民工越倾向于加班，且越不倾向于为经济目的而加班。但是，在是否自愿加班的问题上，以小学及以下教育程度为参照，只有大专教育程度者通过了显著性检验，而在是否为经济目的加班的问题上，除初中教育程度外，均通过了检验。这个结果支持假设 5。

（4）婚姻。虽然已婚者比未婚者更倾向于自愿加班以及更倾向于为经济目的加班，但这个差异并不显著。这个结果并不完全支持假设 1。

（5）工龄。工龄对于农民工是否自愿加班没有显著影响，但是城市工作经验达到 6 年及以上的农民工越不倾向于为经济目的加班。这个结果不支持假设

6a 但支持假设 6b。

（6）生活必需支出与工资之比。在模型 3 和模型 4 中，这两个系数都不显著，但是方向却是相同的，比例越高，越不倾向于自愿加班和越不倾向与为经济目的加班。这个结果不支持假设 7。

（7）有无加班工资。从表 5 - 11 中可以看出，有无加班工资对于加班意愿和是否为经济目的加班的影响相当显著和突出，相对无加班工资而言，有加班工资的农民工更愿意自愿加班，更加是为了经济目的加班。

（8）人地比和抚养比。人均土地面积和乡村抚养比对农民工的加班意愿和加班原因没有显著影响。这个结果不支持假设 3 和假设 4。

三、模型结果的对比

通过对模型 1、模型 2 及模型 3、模型 4 回归结果的相比，可以发现，模型中系数的方向大体是一致的，但是自变量的显著性有所异同：

（1）性别。2006 年、2008 年的数据显示性别在模型 1、模型 2 中均未通过 0.05 水平的显著性检验，但是 2010 年数据中，性别在模型 3、模型 4 均显著。

（2）教育程度。2006 年、2008 年和 2010 年的数据都得出教育程度越高的农民工越倾向于加班，且越不倾向于为经济目的而加班的结论，但是具体受教育程度的显著性略有差异。

（3）婚姻。2006 年、2008 年数据显示在模型 2 中已婚通过了显著性检验，但是 2010 年数据在模型 4 中未通过检验。

（4）工龄。2006 年、2008 年和 2010 年的数据均说明工龄对是否自愿加班没有显著影响，但是 2006 年、2008 年数据显示工龄在 10 年以上的农民工越不倾向于为经济目的加班，而 2010 年数据显示这一标准下降为工龄在 5 年以上。

（5）生活必需支出和工资之比。2006 年、2008 年的数据显示生活必需支出和工资之比在模型 1、模型 2 中均有显著性，但是 2010 年数据中，均不显著。

（6）年龄、有无加班工资、人地比和抚养比。这几个变量在 2006 年、2008 年和 2010 年的数据模型中基本相同，无明显差异。

基于以上不同，2010 年的数据回归结果对于假设的验证与 2006 年、2008 年数据得出的结果相比略有不同，主要有二：①2006 年、2008 年数据模型支持了假设 1b，但是 2010 的数据结果否证了假设 1b，即已婚农民工较之未婚农民工更倾向于为了经济目的加班的假设被否证了。②2006 年、2008 年的数据支持了假设 7b，否证假设 7a，但是 2010 年的数据结果否证了假设 7a 和假设 7b，即生活必需支出与工资的比率对农民工是否自愿加班和加班目的有显著影响的假设被否证。

通过对 2006 年、2008 年和 2010 年数据回归结果的对比，可以得出的结论是：（1）教育程度是影响农民工加班意愿和加班目的最重要的显著变量之一，教育程度越高的农民工越倾向于自愿加班，且越不倾向于为经济目的而加班。（2）工龄也是影响农民工加班目的的重要显著变量，工龄越长越不倾向于为经济目的加班。（3）有无加班工资也是影响自愿加班和加班目的的重要变量。有加班工资则使人愿意加班，也促使人为经济目的加班。

第五节　结论与讨论

通过上面的讨论，我们可以得出如下结论：

第一，农民工超时加班是一个不争的事实，但是，大部分的农民工都是自愿加班的，增加收入是自愿加班最重要的原因。

第二，男性、劳动密集型行业、珠三角的农民工更加可能遭受强迫劳动或者严重加班，受教育水平越高、技术或管理员工、企业建有工会可以避免农民工遭受严重加班或强迫劳动。

第三，影响农民工是否自愿加班和加班目的的重要显著性变量是教育程度和工龄。教育程度越高的农民工越倾向于自愿加班，且越不倾向于为经济目的而加班。工龄越长越不倾向于为经济目的加班。

第四，有无加班工资也是影响自愿加班和加班目的的重要变量。有加班工资则使人愿意加班，也促使人为经济目的加班。

从上述讨论中，我们可以看到，农民工的加班自觉性主要是由教育程度决定的，而农民工加班的目的性主要是由教育程度和工龄决定的，而有无加班工资是最基础的条件或变量。教育程度和工龄主要体现了农民向职业工人转变过程中的规训机制。加班获得更多工资则是农民外出打工的主要目的。农民工的加班意愿与加班目的体现了农民向职业工人转变的复杂性——经济目的和现代规训相结合——这更深层地表现了农民和现代工人的效益观念和剥削观念（被剥削观念）。对此做简单化的理解是错误的。

从传统的农民效益观出发，逻辑上，农民工之所以自愿加班是由于对单位时间效率的不敏感而以总收益为基本效益评估依据，但是，我们看到，在回归模型中，代表传统观念的结构性因素如婚姻、年龄等并没有显著性影响，而代表现代规训机制的教育程度却有显著性影响，这说明，农民工加班的自觉性是由现代规训机制决定的。但是，这种现代规训机制并不是布若威所认为的生产场合或企业，而是教育。这对布若维的理论在中国的适用性提出了挑战。

一个基本的事实是：大部分的农民工愿意加班，愿意为经济收益加班。这说明，珠三角和长三角的企业通过种种制度安排使工人可以接受加班，但是这种接受的"心甘情愿"，也只不过是"心甘情愿"地去通过加班获得经济收益。

我们同意布若威的说法，现代企业已经从"强迫"的方式转变为"同意"的方式去整合工人，当然，这并不是说，在珠三角乃至中国，"强迫"方式就已经不存在，而是说，"同意"的方式会日益取代"强迫"的方式成为处理劳资关系或企业管理的主流方式。但是，在没有建立内部劳动市场或内部协调机制的条件下，企业是以经济诱因"迫使"工人加班的，如果说，工人"同意"企业的安排，那也是经济力量使然，并不"心甘情愿"地"归属"于企业，这种"同意"也是迫于生存压力的同意，是不得不的"同意"。

但是，经济压力下的"同意"总比奴隶般的"强迫"要好，前者是市场力量作用的结果，后者是暴力或政治强权的安排。劳资关系，尽管是社会结构的产物，但是，它首先应该由市场去调节，在市场力所不能及的地方，或市场存有重大缺陷的条件下，政府或政治的干预才是必要的。

我们研究农民工能够接受或"同意"超时加班的问题，是想透过这个问题，深入理解中国人，主要是中国农民的传统价值观念的力量。在这里，我们认为，中国农民的传统效益观念和剥削观念是农民工接受超时加班的内在因素，如果只是外在的压力，农民工尽管也可能接受超时加班或超时工作，但不会表现得这么"心甘情愿"，而且，他们更不会主动要求加班。

马克思说："大工业在农业领域内所起的最革命的作用，是消灭旧社会的堡垒——'农民'，并代之以雇佣工人。……资本主义生产……破坏城市工人的身体健康和农村工人的精神生活。"① 布若威也认为，现代工人通过工作场所的磨炼和企业制度的安排，会被资本主义纳入其生产体系中，进而融合进其社会结构中。尽管时代不同，马克思和布若威都是以西方（欧洲和美国）的经验得出其理论结论的，对于古典资本主义时代和现代资本主义时代，他们的理论都显得较为正确。但是，我们不能将他们的理论原封不动地套用中国的情况。当然，他们的理论可以为我们的研究提供比较的典范或范式。我们的研究表明，纳入现在中国企业体系中的农民工和西方古典与现代资本主义条件下的职业工人都不同，这种不同，不是简单地表现为教育程度、职业技能等外显的东西，

---

① 马克思：《资本论》（第一卷），北京：人民出版社1975年版，第551~552页。

而是带有中国农民传统的价值观念，带有中国人不同于西方的家庭责任观念，带有中国人不同于西方的人口与土地压力不同而产生的效益观念①，这是影响作为当代中国工人主体的农民工在现代企业体系下工作和在城市生存的基本因素。这是我们建立不同于西方理论的本土性劳动关系理论所不能忽视的重要变量。

因而，回到本章在第二节所提出的问题，我们认为，对于农民工超时加班的问题，只是将其归之于劳动权益受损是简单的认知。当我们理解了农民的效益观念，理解了现代企业对所雇用的农民的规训过程，然后我们理解了农民工对超时加班的接受或同意，我们对农民工权益的认知就会深入一步。权益受损的问题，当然是一个法律问题，但也是一个社会心理问题，如果当事人对其权益的认知不同于外界，不同于外界的学者、新闻记者和社会公众，更不同于西方的人权活动家时，人们是不是也要考虑一下其中的原因，考虑一下当事人的意见呢？

为此，我们认为，应该将农民工的权益划分为绝对权益（或底线权益）和相对权益。前者是指受到法律、法规保护的不容侵害的权益，后者则是在法律底线之上的相对利益分配。政府保护绝对权益，市场调节相对权益。但即使是绝对权益，我们认为，也可以分出轻重缓急，就当前的情况而论，工资拖欠、强迫劳动、工作条件损害工人健康等是权益保护的重中之重。至于超时工作问题，在取得农民工同意的基础上，就可能不是大的问题。进一步，我们可以将权益受损，划分为可以接受的和不能接受的。所谓可以接受的权益受损，对农民工来说，就是从法律的标准来判断是违法或不合法的，但是，他们对这种不合法性并没有清晰的认知，或者在他们的观念中，这些是合理的，也即是说，不合法但合理。我们之所以要强调这一点，不是说要为不合法的行为辩护，而是说，权益及其受损的范畴，不仅仅是一个法律的范畴，而从来都是一个历史的、社会的范畴，是一个社会心理的范畴。不认识到这一点，就会对权益问题做简单化的理解，就会脱离实际状况，在权益保护问题上分不清轻重缓急，眉毛胡子一把抓，对实际的政策制定和执行并不会起到好的作用或效果。

我们认为，中国农民传统的效益观念在某种程度上其实也是中国人都或多或少具有的。从诸葛亮到周恩来，许多领袖人物鞠躬尽瘁死而后已，都是超时加班的，甚至都是工作狂，他们是我们中国人心中的圣贤；从焦裕禄到王进喜，他们

———
① 我们认为，人地比对于中国农民的效益观的确发生作用，但是，这种作用并不显著地表现为省际差异。黄宗智和赵冈的论述是有意义的，如果将中国农民和欧洲农民进行比较，这种差异可能更为明显。在现代中国，各省之间的人口—土地比率已经相当接近，而且更为复杂的是，土地的贫瘠程度也不同，对人口—土地的比率关系应该进行更深入的研究。

也都是超时加班的，他们是我们社会主义建设的先进典型；更进一步说，我们说勤劳是中华民族的基本品格，也更多地表现为超时加班……这是我们的文化，是我们的价值观念，也是中国改革开放以来取得伟大成就的一个基础①。本章的意义就在于对此进行了新的解读，并用数据资料加以说明。

---

① 诺丁汉大学当代中国学学院院长、华人经济学家姚树洁说："中国成功的秘诀就在中国人身上。亿万农民和工人一直在勤奋劳动，他们的劳动时间和强度是大多数国家的劳动者很难比拟的。"转引自王亚宏：《中国成功的秘诀就在中国人身上——专访诺丁汉大学当代中国学学院院长姚树洁教授》，载《参考消息》，2009 年 10 月 8 日第 14 版。

第六章

劳动合同[*]

本章研究农民工劳动合同签订问题，从市场、制度和网络三种人类经济活动的组织形式角度，分析其所对应的效率机制、合法性机制和人情机制在农民工权益保护中的地位和作用，对国家和市场在劳资关系中的作用模式进行探讨。

实证研究结果表明：2010 年珠三角和长三角外来农民工总体劳动合同签订率为 67%（珠三角为 66.05%，长三角为 70.28%），较之往年有所上升。影响合同签订的因素是：第一，人力资本越高（教育程度越高、培训越多、本企业工龄越长和法律认知越好）的工人，越可能签订劳动合同。第二，参加工会的工人劳动合同签订的可能性越大。第三，与政府制度关联性越低的企业（私有和个体户性质企业），越少与工人签订劳动合同；与政府关联度越高的企业（国有、集体和外资性质企业），更多与工人签订劳动合同。第四，企业规模越大越可能与工人签订合同。第五，拥有城镇户籍的外来工更可能签到劳动合同。劳动合同对保障农民工权益具有一定的积极作用，但这种作用是有限的。

我们认为农民工劳动合同的签订，不仅仅是劳资关系市场力量博弈的结果，更是国家制度压力的产物，制度合法性机制是农民工劳动合同签订的决定机制。而劳动合同要真正发挥作用，就是要成为劳资双方平等协商和谈判的工具与结果，成为劳资双方处理其关系的真正的契约。

---

* 本章作者：陈小娟。

第一节 研究背景

一、问题的提出

农民工权益不是抽象的概念，在实践中对应于具体的内容。由劳动合同所保障的劳动权是农民工权益的核心，劳动关系是农民工最重要的社会关系之一。企业劳动关系的实质是一种契约关系，而劳动合同的订立是契约关系制度化、明确化的体现。劳动合同对于劳动者具有权益保障功能，而对于劳资双方则是权利义务的明确。因此，劳动合同既具有稳定劳动关系，也具有权益保障的双重功能。

但从现实来看，由于城镇新增人口就业、农村富余劳动力转移就业等因素并存，我国劳动力市场长期处于供大于求的基本格局，造成了劳资关系严重不对等。法律意义上劳动权的无保障，被认为是导致农民工群体权益受损的重要表现和原因之一。2008 年出台的新《劳动合同法》，其主要目的是规范企业劳动用工，从法律层面解决工人劳动权受保障的问题。那么签订劳动合同对于农民工权益保障的意义在哪里，劳动合同的签订是否会切实推进农民工权益改善，这都需要通过实证研究对其做出评估。本着这样的认识，课题组在对长三角和珠三角组织的大规模问卷调查中将劳动合同问题作为调查内容之一，较为全面地收集了相关资料，本章内容即是对农民工权益中劳动权保障的基础——劳动合同问题研究进行全面汇报。

二、文献回顾

学术界直接针对农民工合同问题的实证研究不多。已有的研究主要从以下几个视角展开：从组织社会学角度，提出企业性质、企业规模、企业所在行业对农民工是否签订正式的劳动合同有不同程度的影响[1]；从劳资双方力量对比和农民工劳动特点的角度，认为"在强资本弱劳动的总体格局下，用人单位不愿与农

---

[1] 刘林平、郭志坚：《企业性质、政府缺位、集体协商与外来女工的权益保障》，载《社会学研究》2004 年第 6 期；刘辉、周慧文：《农民工劳动合同低签订率问题的实证研究》，载《中国劳动关系学院学报》2007 年第 3 期。

民工签订劳动合同是劳动合同缺失的根本原因"，同时也有一些其他的原因如"农民工大都缺乏相关技能、行为习惯相对散漫、达不到劳动合同规定的标准和要求"，"一部分农民打工具有季节性、短期性特征，无法签订时间稍长的劳动合同"，"部分农民工抱有跳槽的意愿，不希望受到劳动合同的制约"等①；从社会网络的角度，认为不同地区和不同类型的企业劳动契约实施机制有很大差异，在正式制度不完善的情况下，非正式制度和关系网络在实施劳动契约的过程中起到了很大的作用②；从农民工自身权利意识的角度，认为农民工权利意识差，而雇主的强权，再加上维权成本太高，从而抑制了农民工的维权要求和意识③；从劳动合约建立和执行过程的关系对比角度，提出国家劳动法规与实际执行的非对称、劳动契约中用工企业与农民工劳动权利的非对称、农民工与用工单位的信息不对称性，构成当今中国新型工业化进程中农民工劳动合约问题的关键④等。2008 年新《劳动合同法》出台前后，对该问题的实证研究较以前要更为细致，主要的研究结论指出：劳动者的人口学特征、工作特征、主观特征和企业制度四个方面因素影响劳动合同的签订，其中，主观特征即劳动者的签订意愿和对劳动合同法的了解程度影响最为显著⑤；劳动者个体是否变换工作的经历、就业形式、企业工会、工作变动、企业规模等因素对其有显著影响⑥；受教育程度、持有技能证书、对相关劳动法律的了解程度与农民工签订劳动合同以及合同年限之间均存在着显著的正相关关系⑦。法学的相关探讨较多，但由于宏观争论多，微观实证研究少，因此对该问题的研究主要是价值层面的争论和具体法条执行的解读。相对来讲在经济学和管理学领域，则使用了更多现代计量经济学分析技术，进行了比较实证的研究，其结论大多不支持劳动合同签订明显增加对企业用工成本⑧。新近

① 雷佑新、雷红：《论农民工劳动合同缺失的成因及解决思路》，载《经济体制改革》2005 年第 4 期。
② 郑筱婷、王珺：《关系网络与雇主机会主义行为的实证研究》，载《中国工业经济》2006 年第 5 期。
③ 刘东：《也论权利不对称情况下的劳动契约运行机制——兼与梁东黎教授商榷》，载《探索与争鸣》2006 年第 8 期。
④ 郑英隆、王勇：《劳动合约：新型工业化进程中的农民工问题研究》，载《经济评论》2008 年第 1 期。
⑤ 徐道稳：《劳动合同签订及其权益保护效应研究——基于上海等九城市调查》，载《河北法学》2011 年第 7 期。
⑥ 姚裕群、陆学彬：《中小企业劳动者签订书面劳动合同的影响因素研究》，载《东岳论丛》2010 年第 8 期。
⑦ 谢勇、丁群晏：《农民工的劳动合同状况及其影响因素研究》，载《人口与发展》2012 年第 1 期。
⑧ 都阳、屈小博：《劳动合同法与企业劳动力成本——基于珠三角地区外向型制造业企业的调查与分析》，载《山东经济》2010 年第 3 期；何勤，王飞鹏：《劳动合同法实施后企业用工成本的增量分析与应对措施》，载《中国劳动关系学院学报》2009 年第 5 期；周国良：《劳动合同法影响用工成本实证测算》，载《中国劳动》2009 年第 7 期。

的研究从宏观和微观分析层面探讨了劳动合同的执行、劳动合同对劳资关系的影响、劳动合同存在的问题及如何完善等问题①。

劳动合同的研究视角涉及经济学、法学和社会学等学科。但从现有文献中可见，研究者多采用了单一分析视角且未进行清晰归类，只突出影响因素的某一方面，而未对合同问题做出综合分析。因此，本章力图将长三角地区和珠三角地区农民工劳动合同签订作为农民工权益保护的具体内容，从市场、制度和网络三种人类经济活动的组织形式角度，应用统计模型结合理论探讨的实证研究方法，分析其所对应的效率机制、合法性机制和人情机制在农民工权益保护中的地位和作用，对国家和市场在劳资关系中的作用模式进行研究。

第二节　劳动合同签订现状

我们在珠三角地区进行的四次及长三角地区的一次问卷调查均涉及了与合同相关的内容，因此描述统计分析分为三个部分：首先，对 2010 年数据中合同签订的基本情况进行描述；其次，对四期数据中合同签订中的情况进行横向的综合比较；最后，通过描述统计分析得出一些基本结论，为后期的分析统计研究进行准备。

一、2010 年农民工合同签订的基本情况

2010 年的调查结果显示，签订合同的人为 2782 人，占调查对象的 67.05%。总体而言较 2009 年度的调查结果上升了 5 个百分点，说明劳动合同签订情况随时间推移有所好转，但是签订率上升的幅度较小。进一步的分析表明，珠三角地区的签订率为 66.05%，长三角为 70.28%，因此签订率增长的主要贡献是在长三角地区。合同签订中，参与劳动合同协商的比例较 2009 年度增加了 5 个百分点，总体呈现出上升趋势。但在签订的劳动合同类型中，签订无固定期限合同的比例在经历了三年的微小上升后，呈现出下降趋势。虽然 2.33 个百分点的降幅

---

① 何一鸣、罗必良：《政府监督博弈、企业协约权利管制与农民工雇佣权益保护——以〈劳动合同法〉为例》，载《中国农村经济》2011 年第 6 期；洪芳：《劳动合同、劳动用工之于劳动关系建立的意义》，载《社科纵横》2011 年第 7 期；严维石：《劳动合同特征及其行为经济学研究》，载《中央财经大学学报》2011 年第 2 期；李雄、刘山川：《劳动用工制度改革视野下劳动合同制度的贡献与不足》，载《西北工业大学学报》2012 年第 3 期。

比例不高，但是这一趋势值得我们认真关注。个人合同在所签合同的类型中占87.35%，其中近三成的人依然未能自己保管与企业签订的劳动合同。在对合同的评价中，53.54%的人评价为"满意"及"非常满意"，对合同满意度比例较2008年和2009年有所提高，但依然低于2006年的满意度。

2010年的问卷中，我们直接询问了"您是否使用过劳动合同去维护您的权益"的问题，其中否定的回答占到调查对象的94.59%。对此，我们的分析指出，这说明一方面工人援引劳动合同进行权益维护的比例较小，另一方面在未发生具体的劳动权益纠纷时，劳动合同对工人的权益的保护作用是潜在的。在给予肯定回答的工人中，我们询问了使用合同维护权益的具体内容，其中回答"援引劳动合同向企业投诉、理论"的有60人，"援引劳动合同向新闻媒体投诉"的有10人，"到劳动局投诉时，使用过劳动合同"的有76人，"到法院投诉时，使用过劳动合同"的有12人，相比问卷调查总人数此类问题回答比例均在2%以下。该结果表明外来工援引劳动合同进行维权的比例较低，但事实上劳动合同的保障功能并非体现在静态的日常工作中，只有发生纠纷的时候其功能才会凸显。

在未签订劳动合同的情况中，有近85%的人回答"企业没有和我签"，因此在劳动合同签订方面企业依然占据主动权。问卷中进一步询问了"如果企业没有和你签订合同，你采取过下列哪些行动?"，其中有12人选择了"直接找企业支付双倍工资"，31人选择"找劳动部门仲裁"，17人选择"找工会反映"，32人回答"采取了上述以外的其他行动"，而回答"不采取任何行动"的人数为83人，比例最高。由此可见对于企业不与工人签订合同的情况，外来工中的绝大多数人保持了"沉默"。对于这一结果我们认为主要原因来自"资强劳弱"的现状。虽然工人知道签订劳动合同的重要性，但在强大资方建构出的极为不对等关系中，工人的努力和反抗是极其有限。但从《劳动合同法》出台后，签订合同比例不断上升的趋势判断，我们认为随着工人素质的提高，及劳资双方劳动法律意识的增强，企业依法用工和工人以法维权的比例都将增加。法律制度的建立健全是外来工权益维护的必然途径。

在不与企业签订合同的原因调查中，回答（可多选）"不想受到企业束缚"的比例占45.81%；"反正签了没用"的比例占27.31%；"大家都不签，所以我也不签"的比例占17.18%；"和老板关系好，不用签"的比例占21.59%；"不想买保险"的比例占5.29%；"其他"原因的占11.45%。从该调查结果我们可以看出，部分外来工在与企业签订劳动合同时也具有主动选择权。一般而言，具有人力资本较高的外来工，其市场机会更多，所以灵活就业关系对他们更具有吸引力。而对于企业来讲，这部分工人又恰恰是企业稳定和发展的关键。所以在劳动合同以外，用什么方式稳定这部分外来工，以此提升企业实力也是我们需要认真思考的问题。在认为"劳动合同签了没用"这一点上，更多的外来工达成共识，这一比例在 2010 年达到了 27.31%，较以往年份有较大增长。该结果提醒我们，降低关注劳动合同总体签订率上升的同时，也要关注所签合同的实施情况如何，即合同是否落实了其承诺的具体条款，切实起到了保障工人权益的功能。

二、历年劳动合同签订情况的纵向比较

2010 年前的三次调查均涉及珠三角地区农民工合同签订情况。由于问卷设计在内容上具有一致性，对象具有可比性，为了更好地说明农民工劳动合同签订状况的变化，下面我们将对不同期数据中的相同问题进行纵向比较。为保证比较的客观性，在 2010 年数据中，我们仅选择珠三角地区样本与以往数据进行比较，其结果见表 6-1。

表 6-1 合同签订率

年份	2010		2009		2008		2006	
合同签订	频次	百分比	频次	百分比	频次	百分比	频次	百分比
已签订	1 325	64.79	1 072	61.89	1 500	59.78	1 307	42.37
未签	681	33.30	647	37.36	993	39.58	1 750	56.73
不清楚	39	1.91	13	0.75	16	0.64	28	0.91
合计	2 045	100.00	1 732	100.00	2 509	100.00	3 085	100.00

（一）农民工劳动合同签订率随时间推移呈现递增趋势

四年的纵向比较数据结果显示，农民工劳动合同签订比例随时间推移呈现上升趋势。其中签订劳动合同的比例，2008 年较 2006 年增加了 17.41%，2009 年与 2008 年保持稳定，在 2010 年新增了 2.9 个百分点，呈进一步上升的趋势。

（二）农民工所签劳动合同的期限和类型保持稳定

问卷中对最近签订的劳动合同的具体内容调查结果显示：在合同期限、类型和是否自己保管合同的情况方面，几年调查结果均保持了基本一致。

表 6-2 显示农民工签订的劳动合同，以固定期限合同为绝对主体。即无论工人的年龄和工龄如何，其签订的劳动合同都是短期的。

表 6 - 2 合同期限

年份	2010		2009		2008		2006	
合同期限	频次	百分比	频次	百分比	频次	百分比	频次	百分比
固定期限	973	81.83	874	82.22	986	82.44	1 023	85.54
无固定期限	216	18.17	189	17.78	210	17.56	173	14.46
合计	1 189	100.00	1 063	100.00	1 196	100.00	1 196	100.00

在所签劳动合同类型中，个人合同占绝对多数，集体合同的签订在调查中占据的比例仅为 12.59%（见表 6 - 3）。

表 6 - 3 合同类型

年份	2010		2009		2008	
合同类型	频次	百分比	频次	百分比	频次	百分比
个人合同	993	87.41	876	84.23	1 048	86.90
集体合同	143	12.59	164	15.77	158	13.10
合计	1 136	100.00	1 040	100.00	1 206	100.00

而其中未能自己保管劳动合同的比例占到 3 成多，这严重影响了所签劳动合同的执行效力。

表 6 - 4 合同保管

年份	2010		2009		2008	
保管情况	频次	百分比	频次	百分比	频次	百分比
自己保管	430	67.19	694	64.98	727	60.28
自己未保管	210	32.81	374	35.02	479	39.72
合计	640	100.00	1 068	100.00	1 206	100.00

（三）农民工参与劳动合同协商的比例增加

以 2008 年为转折点，农民工参与劳动合同协商或修改的比例较 2006 年的调查结果提高了近 3 倍。此后两年的调查结果显示，该比例稳定地保持在 35% 以上。这表明劳动合同的契约性得到凸显，《劳动合同法》在一定程度上起到了制度强制的规范作用（见表 6 - 5）。

表6-5   合同协商

年份	2010		2009		2008		2006	
参与合同协商或进行修改	频次	百分比	频次	百分比	频次	百分比	频次	百分比
是	429	35.81	382	35.77	361	29.98	132	10.13
否	769	64.19	686	64.23	843	70.02	1 171	89.87
合计	1 198	100.00	1 068	100.00	1 204	100.00	1 303	100.00

（四）农民工对劳动合同评价满意度下降

从对合同的评价来看，调查者回答满意①的比例在经历了两年下降后，于2010年有所回升。从2006年到2009年该比例依次从61.6%、47.22%降到43.64%，到2010年该比例出现微小上升，达到44.69%。对此，我们在2009年的结果分析中提出两种可能的解释：满意度的下降一方面可能是由于合同本身的问题导致工人的不满，另一方面是由于工人权利意识增加，对合同的期待增加也造成对合同评价的下降。但从2010年调查结果中外来工对劳动合同评价整体情况好转结果来看，我们认为前两年导致不满的原因更多来自合同本身。因此，我们需要重视工人对合同的评价。它既反映出现实合同和工人权利意识觉醒之间的落差，也反映出工人可能不仅仅满足于签合同，对合同的评价同样会影响合同的执行和功能发挥（见表6-6）。

表6-6   合同评价

年份	2010		2009		2008		2006	
对合同的评价	频次	百分比	频次	百分比	频次	百分比	频次	百分比
非常满意	68	5.68	29	2.72	43	3.56	135	10.34
比较满意	467	39.01	437	40.92	527	43.66	669	51.26
有些不平等但可以接受	355	29.66	226	21.16	323	26.76	271	20.77
不平等，我只能忍受	120	10.03	170	15.92	131	10.85	124	9.50
说不清	187	15.62	206	19.29	183	15.16	106	8.12
合计	1 197	100.00	1 068	100.00	1 207	100.00	1 305	100.00

---

① 满意包括"非常满意"和"比较满意"两项。

（五）未签劳动合同的原因中个人主动放弃的比例上升

相比 2006 年，在 2008 年的调查中，企业中不与农民工签订劳动合同的比例下降了 7 个百分点，但该比例在 2010 年又有微小上升。在未签合同的原因中"企业不与个人签订"的比例在 2010 年占到近 85%。

而在未签合同原因的回答中，2008 年"个人不想与企业签订"的比例上升了近 7 个百分点，2010 年该比例有所下降。不签的原因中"不想受到企业束缚"的回答在 2008 年占到 42.8%，在 2010 年占到 45.81%；认为"反正签了没用"的比例在 2010 年为 27.31%，比 2008 年的 15.6% 有了十几个百分点的增长；"大家都不签，所以我也不签"的比例在 10 年也是近一倍的增长，达到了 17.18%；"和老板关系好，签了反而生分了或者不用签"的比例 2008 年为 11.6%，10 年为 21.59%；认为"互相信任，不用签"的比例在 2008 年为 27.9%；"不想买保险"故不与企业签订劳动合同的比例在 10 年占 5.29%；为"其他"原因在两年均保持稳定在 10% 以上。将这些个人主动不签的原因进行归纳，其中出于自由、人情和信任因素导致不签的比例在 2008 年占八成以上，在 2010 年则接近八成。对比 2006 年的调查结果，其中认为签订合同会约束自由，在个人主动放弃签合同的原因中所占比例最高。这一结果表明，合同对于劳企双方都具有约束力，并不是所有的工人都愿意与企业签订劳动合同（见表 6-7、表 6-8）。

表 6-7 未签合同的原因

年份	2009		2008		2006	
未签原因	频次	百分比	频次	百分比	频次	百分比
企业没有和我签	1 147	84.90	801	82.32	1 542	89.29
我不想和企业签	204	15.10	172	17.68	185	10.71
合计	1 351	100.00	973	100.00	1 727	100.00

表 6-8 2010 年未签合同的原因（多选题）

具体原因	频数	比例（%）
我不想受到企业束缚	104	45.81
反正签了没用	62	27.31
大家都不签，所以我也不签	39	17.18
和老板关系好，不用签	49	21.59

续表

具体原因	频数	比例（%）
不想买保险	12	5.29
其他	26	11.45

（六）基本结论

综合以上横向描述和纵向对比统计结果，我们将农民工劳动合同签订情况总结为以下几点：

第一，农民工劳动合同签订情况整体转好，签订率呈上升趋势。签订率在2008年陡然上升了17.42个百分点后，基本接近60%，并在2009年和2010年保持了稳中有升的态势。

第二，在劳动合同制定过程中，工人参与协商的比例上升，劳动合同的平等协商原则得到了一定程度体现。

第三，对劳动合同评价的满意度呈波动趋势。2010年的数据调查结果中满意度回升，2008年和2009年满意度则连续下降，其原因究竟在于工人权利意识的提高，还是企业劳动合同签订规范性的下降，或者两者共同作用的结果，我们认为虽然从工人参与合同协商和修改比例增加的情况可以看出工人权利意识的增强，但从2008年到2010年3年时间工人权利意识下降的可能性较小，在其保持稳定的前提下合同评价满意度上升，可以看做是合同本身规范性增加的结果。相比2008年和2009年宏观经济和制度背景的稳定性在增加，这使得企业有可能从内部调整劳资关系，从而使得劳动合同签订的规范性增强。这一点提示我们，工人权益保护的政策和措施与工人权益意识的提升之间是互动的，我们需要动态地分析两者间关系。

第四，个人未与企业签订合同的原因中，个人不愿意受到约束而放弃的比例在增加，但决定合同签订的主导权仍在企业手中。虽然从回答结果分析，个人存在放弃劳动合同签订的权力，但首先这种权力只是小概率中的一种可能，总体比例较低；其次，这种原因在多大程度上属于工人完全自主的决定还有待考察；最后，这种权力是否仅工人单方意愿就可以实现还无法确定。因为如果企业要求与工人签订合同，工人是否有能力拒绝；如果可以拒绝，会有什么后果？因此，对工人不签劳动合同的可能，我们需要做深入的具体分析。

2008年是劳动合同签订情况改善幅度最大的年份，2009年的发展趋势与2008年基本持平，2010年情况进一步好转。这一结论表明，一种制度一旦建立起来（《劳动合同法》在2008年1月1日起执行）就会存在制度效力，即便环境发生较大变化（2008年后的金融危机），但对其产生的制度效力和制度压力，也很难被简单抛弃。

因此总体而言，农民工签订劳动合同的比例和签订合同的方式有所改善，但工人对合同满意度评价呈现波动，且不愿与企业签合同的比例上升。

第三节　效率机制还是合法性机制

一、研究假设

我们对企业与工人存在劳动关系却不签订劳动合同的原因归纳如下，首先，中国社会中企业外部制度环境不健全、法律不完善，企业不与职工签订劳动合同存在投机成本，即不签订劳动合同的企业有可能躲避政府监管从而通过违法用工节省出"企业成本"。其次，劳动合同制度的贯彻缺乏普遍共识。劳动合同制是20世纪80年代中后期我国为适应市场经济改革需要而引入的新兴用工制度，但由于长期固定用工制度思维的延续，以及部分企业改革的不彻底，劳动合同制度并未得到严格执行。该制度在国有企业中缺乏普遍的制度共识，在非国有企业中成为单方协议——劳动合同形式制定、合同内容协商、合同期限约定以及具体执行都主要由企业单方决定。这导致的后果是，在劳动力充分供给的大前提下，劳动合同制用工方式要么形同虚设，要么只是在实质上增加了企业用工的自由，强化了企业在劳动关系处理中的主导地位。最后，农民工作为新兴的产业工人主体，由于制度安排造成其身份地位的模糊，使得该群体的劳动关系保护未明确纳入劳动法律法规的保护范围，造成事实劳动关系难受法律保护。基于以上原因，企业与农民工签订劳动合同存在选择性。

合同首先是一个经济学议题。从经济学角度来看，企业是一个遵循利益最大化和交易成本最小化的经济体。劳动合同的签订只有促成这两方面的实现才是可能的和有效率的。那么依据市场的效率机制逻辑，企业将和那些能最大限度创造效益和降低交易成本的劳动者签订合同。从收益来看，一般而言员工素质是影响企业效益的重要因素。从成本来看，农民工与企业间的交易成本，应该包括以下方面：一是企业招聘工人时，投入到劳动力市场上的搜寻成本；二是企业解雇与重新招聘雇员时的重置成本；三是工人人力资本与企业岗位匹配产生的效率成本；四是工人重新找工的工作转换成本，对企业而言就是劳动力流动成本。在劳动力充分供给的条件下，企业搜寻成本与重置成本几乎可以忽略。尤其对于农民工构成的低端劳动力市场，企业几乎不存在这两种成本。

因此，依据市场的效率机制逻辑，企业将和那些能最大限度创造效益和降低交易成本的劳动者签订合同，由此提出一组市场的效率机制假设：

假设 1：对企业经济效益贡献越多的农民工越可能在企业内签订到劳动合同。

假设 2：越增加企业交易成本的农民工，越不可能在企业内签订到劳动合同。

经济学家认为，作为一个经济组织，企业的组织设计在很大程度上受效率机制的制约。但组织并不是一个简单的效率机器，而是受外在环境影响的。组织不仅仅是技术需要的产物，而且是制度环境的产物。各种组织同时生存在制度环境中，是制度化的组织①。

因此，制度学派提出，组织面对着两种不同的环境：技术环境和制度环境。这两种环境对组织的要求是不一样的。技术环境要求组织有效率，即按最大化原则组织生产。制度环境要求组织要服从"合法性"机制，采用那些在制度环境下"广为接受"的组织形式和做法，而不管这些形式和做法对组织内部运作是否有效率②。

中国政府与地方政府一直是，也仍将是经济改革与影响个人生活机会的推动力量。中央政府是立法改革的核心，为合同关系提供了一种国家范围内的法律框架。从这一角度，应该存在着一种对企业间的合同关系具有强烈规范效力的环境。

根据制度趋同理论，相似制度环境会产生相同的企业行为。由于中国政府是制度环境的主要源泉，劳资双方签订劳动合同是国家以法律形式保证的制度化安排。因此，所有企业面临的宏观制度环境是相同的，那么劳动合同的签订在理论上应不存差异。但在中国由于不同的企业会面对不同的基于制度性关联的资源与规范上的限制，因此其制度压力是随着制度关联性变异的。

中国转型经济制度设置的核心问题是企业与政治权威之间存在着不同类型的制度性关联，特别表现在企业间不同所有权关系的形式之中③。地方政府通常针对不同所有制关系类型的企业采取不同的措施。在中国的转型经济中，企业也会经受市场化过程的不同影响；不同的制度关联性可能也会促使企业采用不同的战

---

① 周雪光：《组织社会学十讲》，北京：社会科学文献出版社 2003 年版，第 70~76 页。
② 同上，第 73 页。
③ Walder，Andrew G. Property Rights and Stratification in Socialist Redistributive Economies. *American Sociological Review*，1992，57.

略以降低风险①。

国有企业由于他们与政府机构紧密的行政或制度性关联而对国家规范性的影响最为敏感。相反，私有企业更多地倾向于远离这类影响，因为他们与政府的制度性关联并不很强。在两者之中是集体企业，它们往往并不受政府的直接控制但又与地方政府保持着密切的联系。改革以来，出现了一种新型的带有转型组织形式之特点的"混合式"企业（即"股份制"企业），其行为通常与私有企业相似。因此，距离制度环境为近的企业（如国有企业）比距离为远的企业其制度合法性压力更大②。此外，从市场化程度看，越是市场化的企业，越可能遵循市场原则，对于制度环境压力的应对选择性越强，往往越有可能对国家制度安排采取"观望"态度。

基于组织理论的制度化分析视角，我们从产权性质区分出企业与政府之间的制度关联性强弱，并假设这是影响中国企业行为的重要影响因素。此外，企业规模也是区分企业行为差异的重要变量，规模越大的企业，其声誉损毁造成的交易成本也更大，承担的制度合法性压力也越高。由此，我们推导出制度的合法性机制假设：

假设3：与政府制度关联性越强的企业与农民工签订劳动合同的情况越好。

假设4：受政府制度压力越大的企业与农民工签订劳动合同的情况越好。

社会学中对网络的研究主要集中在劳动力市场中的求职领域，提出了强关系和弱关系的概念。其中，格兰诺维特区分了信息和影响，认为这两种不同资源通过求职中的网络关系而流动③。在对农民工劳动合同问题的研究中，我们认为网络中主要是影响，或者说是人情资源在起作用。因此，我们主要将网络界定为人情机制，侧重这一角度的分析。

社会网络理论认为，资源和机会深嵌于社会网络之中④。在本研究中，我们将网络视为农民工拥有的一种参与企业劳资博弈的资源，从两个方面对其进行分

① Guthrie Doug. *Dragon in a Three – Piece Suit*. Princeton NJ：Princeton University Press，1999；Keister，Lisa A. . Exchange Structures in Transition：Lending and Trade Relations in Chinese Business Groups. *American Sociological Review*，2001，66；Nee Victor. Organizational Dynamics of Market Transition：Hybrid Forms，Property Rights and Mixed Economy in China. *Administrative Science Quarterly*，1992，37；Peng Yusheng. Chinese Villages and Townships as Industrial Corporations：Ownership，Governance and Market Discipline. *American Journal of Sociology*，2001，106.

② 周雪光：《组织社会学十讲》，北京：社会科学文献出版社2003年版，第241页。

③ Granovetter Mark. Labor mobility，internal markets and job matching：A comparison of the sociological and economic approaches. *Res. Soc. Strat.* . Mobil. 1986，5.

④ Granovetter Mark. The Strength of Weak Ties. *American Journal of Sociology*，1973，78；Lin Nan. Social Resources and Instrumental Action. Edited by Peter Marsden and Nan Lin. *Social Structure and Network Analysis*. Beverly Hills，CA：Sage Publications，Inc. 1982.

析：一是考察网络在农民工劳动合同签订事件上是否起作用，即农民工拥有的社会网络规模是否对签订劳动合同有影响；二是考察什么样的网络起作用。从网络构成的角度，区分出了一般关系网络（农民工拥有的普通朋友和老乡）和特殊关系网络（当农民工与企业管理人员和老板之间存在朋友关系），情感性网络（同乡会）和工具性网络（工会）。

中国不是一个公私分明的团体格局社会，有特殊关系网络意味着在企业内存在上下级之间产生庇护关系的可能，由于老板和管理人员既掌握着资源，又具有分配资源的权力，所以，这样的关系网络有可能增加农民工劳动合同签订的可能。而从网络的功能来看，工会作为正式组织，存在的主旨是维护工人的权益，因此工会更可能通过宣传教育或者正式维权方式在农民工劳动合同签订上起到积极作用。由此，推出网络人情机制假设：

假设5：在企业内与上司有特殊关系的农民工，签订劳动合同的可能性更大。

假设6：在企业内拥有工具性网络的农民工更可能签到劳动合同。

以上研究假设的提出，综合了文献中的已有研究思路。并对自变量代表的解释机制做了明确区分。下面将应用数据，通过统计模型的建立，对各变量的显著性和解释力进行检验。

二、变量和模型

（一）因变量的处理

是否签订劳动合同。问卷中直接询问了被调查者"您在本企业有没有签订过书面劳动合同"，答案分为"有"、"没有"和"不清楚"，我们将最后的选项作为缺失值处理，建立了劳动合同签订的二分变量，其中"未签订"赋值0，"签订"赋值为1。

（二）自变量的处理

年龄：定距。

性别：1＝男，0＝女。

婚姻状况：1＝有配偶，0＝无配偶（包括离婚和丧偶）。

户籍：1＝农业户口，0＝非农户口。

教育年限：定距。小学及小学以下＝6，初中＝9，高中＝12，中专＝13，大专=15，自考本科=16。

资格证书：在2006年和2008年数据中为定距变量，2009年和2010年数据中1=有，0=没有。

本企业工龄：定距。

技能培训：1=有，0=没有。

换工次数：定距。

朋友数量：以"在现在打工的地方，您有几个好朋友"的数量来计算，我们以50为上限，将朋友数超过50人以上的个案按50人计算。其中被访者回答朋友在50人以上的个案比例不超过样本量的1%。

上司朋友：将农民工回答的三位好友中，关系类型为"企业内主管"或"企业负责人"的视作"有上司朋友"赋值为1，反之则赋值为0。

参加工会情况：1=参加了，0=没有参加。

工种：1=技工，2=管理人员，3=其他工种，0=生产工、其他普工和服务员。

企业性质：0=国有机关企事业单位（包括党政群机关、国家事业单位、国有及国有控股企业和城乡集体企业），1=集体企业，2=私有企业，3=外资企业，4=股份制企业，5=个体户。

企业规模：0=99人及以下，1=100~999人，2=1000人以上。

产业：1=第二产业，2=第三产业，0=第一产业。

劳动法熟悉度：0=完全不知道，1=不熟悉和一般，2=比较熟悉+很熟悉。

工资支付方式：0=月薪制，1=计件，2=计时和按天，3=其他。

地区：0=珠三角地区，1=长三角地区。

三、模型结果

（一）2010年数据的模型结果

回归结果见表6-9。

表6-9　　　　2010年是否签订劳动合同的Logistic模型结果

变量	系数	标准误
性别	-0.205*	0.111
年龄	0.131***	0.040

续表

变量	系数	标准误
年龄平方	-0.002***	0.001
户籍	-0.398**	0.162
人力资本		
教育	0.082***	0.022
证书	0.053	0.155
培训	0.720***	0.123
本企业工龄	0.086***	0.031
本企业工龄平方	-0.004***	0.002
换工次数	-0.023	0.023
法律认知（以完全不知道为参照）		
不熟悉和一般	0.510***	0.176
熟悉和很熟悉	0.451**	0.223
社会资本		
朋友的数量	0.010	0.016
上司朋友	0.164	0.186
工会成员	1.897***	0.340
企业制度		
工种（以普工为参照）		
技工	0.101	0.136
管理人员	0.044	0.149
其他	-0.166	0.181
企业性质（以国有企事业单位为参照）		
集体	1.315***	0.501
私有	-0.259	0.216
外资	0.783***	0.260
股份有限公司	-0.067	0.270
个体户	-1.479***	0.324
企业规模（以99人以下为参照）		
100~999	1.166***	0.114
1000人以上	1.822***	0.168

续表

变量	系数	标准误
产业（以第一产业为参照）		
第二产业	0.633	0.690
第三产业	0.511	0.695
地区	0.151	0.106
截距	−3.952***	1.034
样本量	2 640	
Pseudo R²	0.2405	
df	28	
Log Lik	−1 191.7036	

注：*** 表示 $p < 0.01$，** 表示 $p < 0.05$，* 表示 $p < 0.1$。

回归结果显示，与农村户籍相比较，具有城镇户籍的外来工更可能签订劳动合同；教育年限越长，越可能签订劳动合同；接受过培训者比没有接受过培训的更可能签订合同；本企业工龄越长越可能签订合同；对劳动法有一定的熟悉程度者比完全不知道者更可能签订合同；工会成员比非工会成员更可能签订合同；外资和集体企业比国有企业更可能签订合同，而个体户更不可能签订合同；企业规模越大越可能签订合同。

（二）与往期数据的对比

我们按照对变量的同样的处理方法，将 2006 年、2008 年和 2009 年 3 年数据做回归分析，以其和 2010 年数据的回归结果加以对比，回归结果见表 6 – 10。

表 6 – 10　　　　2006 ~ 2009 年是否签订劳动合同的 Logistic 模型结果

变量 年份　回归系数	2006 回归系数（标准误）	2008 回归系数（标准误）	2009 回归系数（标准误）
性别	−0.0278 (0.111)	0.317** (0.135)	0.227 (0.181)
年龄	0.0894** (0.0443)	0.0792 (0.0513)	0.0421 (0.0514)
年龄平方	−0.00139** (0.00069)	−0.00148* (0.00079)	−0.00069 (0.00075)
人力资本			
教育年限	0.0236 (0.026)	0.0590* (0.0316)	0.0793* (0.0407)

195

续表

回归系数 变量	年份 2006 回归系数（标准误）	2008 回归系数（标准误）	2009 回归系数（标准误）
证书	0.147 * （0.0812）	− 0.201 * （0.118）	0.0202 （0.203）
培训	0.455 *** （0.108）	0.585 *** （0.15）	0.501 ** （0.204）
本企业工龄	0.146 *** （0.0413）	0.146 ** （0.0577）	0.199 *** （0.0697）
本企业工龄平方	− 0.00768 *** （0.00264）	− 0.00856 ** （0.00412）	− 0.0117 ** （0.00462）
换工次数	− 0.0521 ** （0.0246）	− 0.0379 * （0.0202）	− 0.0202 （0.027）
法律认知（以完全 不知道为参照）			
不熟悉和一般	0.575 *** （0.159）	0.477 ** （0.19）	0.869 *** （0.292）
熟悉和很熟悉	1.002 *** （0.23）	0.837 *** （0.287）	1.508 *** （0.397）
工种（以普工为参 照）			
技工	− 0.0721 （0.131）	− 0.306 * （0.168）	− 0.13 （0.251）
管理人员	0.0973 （0.18）	0.467 * （0.275）	0.476 （0.502）
社会资本			
朋友的数量	0.00338 （0.00742）	− 0.00925 （0.0111）	0.0458 ** （0.0182）
老板朋友	− 0.0617 （0.194）	0.507 * （0.262）	0.265 （0.312）
工会成员	0.782 *** （0.203）	0.717 ** （0.333）	− 0.0557 （0.4）
企业制度			
企业性质（以国有 为参照）			
集体	− 0.545 （0.352）	− 0.522 （0.555）	− 0.179 （0.693）
私有	− 0.387 ** （0.183）	− 0.968 *** （0.331）	− 0.581 （0.402）
外资	0.18 （0.196）	0.522 （0.364）	0.493 （0.462）
股份有限公司	− 0.649 ** （0.258）	− 0.237 （0.405）	0.088 （0.572）
个体户		− 1.242 *** （0.363）	− 0.969 * （0.508）
企业规模（以99人 以下为参照）			
100 ~ 999	1.169 *** （0.13）	1.150 *** （0.142）	1.197 *** （0.186）

年份 回归系数 变量	2006 回归系数（标准误）	2008 回归系数（标准误）	2009 回归系数（标准误）
1 000 人以上	1.747 *** （0.155）	2.025 *** （0.215）	2.368 *** （0.305）
产业（以第一产业为参照）			
第二产业	0.674（0.492）	1.308 *** （0.442）	−0.534（0.718）
第三产业	0.717（0.497）	1.086 ** （0.454）	−0.309（0.724）
截距	−4.127 *** （0.844）	−3.364 *** （0.954）	−2.681 ** （1.253）
样本量	2 037	1 570	861
Pseudo R^2	0.1768	0.2719	0.2444
df	24	25	25
Log Lik	−1 147	−767.8	−435.5

注：*** 表示 $p < 0.01$，** 表示 $p < 0.05$，* 表示 $p < 0.1$。

从表 6-10 我们可以看出，下列自变量对因变量的影响非常稳定：

（1）培训。参加过培训的农民工相比未参加者更可能签劳动合同。在职培训是企业对职工人力资本的投资，签订劳动合同是通过契约方式对劳资关系进行约束，防止企业投资外流。

（2）本企业工龄。本企业工龄越长，表明工人在该企业内工作经验越丰富。尽管农民工在大多数企业缺乏内部晋升机会，但在某企业中工作时间较长、工作经验较丰富的农民工还是能比新手更可能签到劳动合同。

（3）法律认知。对劳动法的了解程度越高，工人就越可能签订劳动合同。这说明法律在唤醒人的权利意识中具有重要作用。

（4）企业性质。在个体性质企业就业，极大降低了劳动合同签订的发生概率。可能的原因有：①个体户企业规模较小，经营的灵活性较强，稳定性较差，在有些情况下雇主即雇员，所以不需要签订劳动合同；②即便雇佣工人，也以自己的亲朋好友和熟人居多，彼此间的人情交往会使双方觉得没必要签订劳动合同；③由于距离政府关系较远，监督相对薄弱。

（5）企业规模。伴随企业规模增大，签订合同的概率显著增大。原因是，首先，企业规模越大，科层化管理的需求就越高，企业管理的制度化要求提高，签订劳动合同是制度化管理的基本手段之一。其次，大企业承担着更多来自政府和社会的合法性压力。他们既置身于政府较严密监管之下，同时又高度依赖政府的各项政策决议。两者的紧密互动，使得规模较大企业对政府制定的各项政策更为敏感。因此，对国家行政强制推行的劳动合同法，大规模企业的响应程度要远远高于较小规模企业。另外，社会声誉是企业的重要组成部分，规模较大的企业，具有更强的社会影响力，也产生了更大的制度压力。从现实来看，规模以上企业也是劳动部门监管的主要对象。因此，其签订劳动合同情况普遍较好。

将 2006 年、2008 年、2009 年数据结果结合 2010 年数据结果综合考虑，我们认为：

第一，市场的效率机制假设得到支持。

工龄和培训是人力资本的重要测量指标。这两个变量在四期数据模型中都非常显著，说明影响作用非常稳定，是影响农民工签订劳动合同的重要变量。在 2010 年数据中，教育年限也是显著性变量。而换工次数在四年的数据中回归系数都是负的（尽管这一系数只在 2006 年数据中具有显著性），说明换工次数越多者越不可能签订合同。这些数据结果基本支持了效率机制假设。

第二，网络的人情机制假设没有得到支持。

四年数据模型的结果表明，正式的工具性网络——工会在农民工合同签订事件上基本具有显著的积极作用，而另外两个变量朋友数量和是否有老板朋友作用都不显著。网络人情机制的假设没有得到支持。

第三，企业制度——合法性机制假设得到支持。

四期数据模型结果表明，企业规模是影响农民工劳动合同签订的主要解释变量。在企业所有制性质中，个体户和私有企业中农民工劳动合同签订情况普遍较差。因而，合法性机制假设得到支持。

综上所述，我们的结论是：在农民工劳动合同签订上，企业层次变量代表的制度的合法性机制起主导作用，人力资本变量体现的市场的效率机制起补充作用，而社会资本变量代表的网络人情机制基本不起作用。因此，在市场、制度和网络对农民工劳动合同的影响中，制度是关键，市场是补充，网络作用甚微。

第四节　劳动合同的作用

我们上面研究了什么因素影响劳动合同的签订。那么签订劳动合同的作用是什么，意义何在。下面就这个问题做进一步的研究。

劳动合同的作用可以归纳为三个方面：保障、规范和纠纷处理。下面，我们通过实证分析，研究劳动合同对于农民工权益维护的意义。

一、劳动合同的保障作用

工资收入是农民工权益的最重要的方面。我们首先以工资水平和工资是否符合最低工资标准作为因变量，分析劳动合同签订对其产生的影响。

模型的因变量分别为农民工月平均工资的对数和是否符合最低工资标准。

模型自变量包括农民工人口学特征、人力资本、社会资本、企业制度、最低工资标准和户籍和区域以及主要检验变量——是否签订劳动合同。模型1使用线性回归，模型2使用 Logistic 回归。具体模型结果见表6-11。

表6-11　2010年工资水平模型和是否符合最低工资标准模型

自变量	模型1	模型2
个人特征	回归系数（标准误）	回归系数（标准误）
性别	0.198 *** （0.0126）	0.0288 *** （0.00704）
年龄	0.0360 *** （0.00428）	0.0127 *** （0.00239）
签订合同	-0.0121（0.0146）	0.00413（0.0082）
截距	6.210 *** （0.128）	0.751 *** （0.0719）
样本量	3 741	3 741
Pseudo R^2	0.293	0.079
df	32	31
Log Lik	-1 422	745.8

注：①为了简洁，我们只报告个人特征变量和作为自变量的合同的回归系数，其他变量如人力资本、企业性质与规模、地区等不予报告。

②*** 表示 $p < 0.01$，** 表示 $p < 0.05$，* 表示 $p < 0.1$。

表6-11中的模型结果显示：是否签订劳动合同的变量都没有通过显著性检验，说明在2010年数据中劳动合同对外来工工资的保障作用未得到数据的支持。而在以前的研究中，劳动合同对工资水平也没有显著影响[①]。这更可能说明，农民工签订劳动合同的主要作用不是用于工资谈判，而是劳资关系合法化的象征。

---

① 刘林平、张春泥：《农民工工资：人力资本、社会资本、企业制度还是社会环境？——珠江三角洲农民工工资的决定模型》，载《社会学研究》2007年第6期。

二、劳动合同的规范作用

《劳动合同法》是宏观层面对劳动关系调整的基准法，主要突出了劳动基准中四个方面的内容：工作时间、休息和休假、最低工资保障、劳动保护和劳动条件以及解雇保护。据此我们就签订劳动合同对这些方面的影响做具体的分析。

（一）工时

如前所述，农民工普遍超时加班。那么，签订劳动合同对保障工人工时有作用吗？我们建构了外来工周工作时间影响因素模型，在对其他变量进行控制的前提下，试图探讨劳动合同签订与工时的关系。模型结果见表 6 - 12。

表 6 - 12 农民工周工作时间影响因素模型

变量 \ 年份	2006	2008	2009	2010
性别	0.0128	1.833 ***	- 0.429	1.554 ***
	0.65	0.654	0.827	0.681
年龄	- 0.454 *	- 0.912 ***	- 0.633 **	- 0.394 ***
	0.275	0.242	0.264	0.278
签订合同	- 3.99 ***	- 3.39 ***	- 4.97 ***	- 4.370 ***
	0.685	0.737	0.923	0.565
截距	75.95 ***	80.16 ***	80.85 ***	83.67 ***
	4.83	4.399	5.788	4.693
样本量	2 678	1 898	1 262	3 588
Pseudo R^2	0.084	0.095	0.142	0.166
df	16	16	16	17
Log Lik	- 11 180	- 7 624	- 5 103	- 14 446

注：①为了简洁，我们只报告个人特征变量和作为自变量的合同的回归系数，其他如人力资本、企业性质和规模、产业和地区等不予报告。

②*** 表示 $p < 0.01$，** 表示 $p < 0.05$，* 表示 $p < 0.1$。

模型结果显示，签订劳动合同的农民工比未签订者周工作时间减少了 3 小时以上，且通过显著性检验。因此，我们认为，劳动合同签订在工人工作时间保障上具有一定的积极作用。

（二） 社会福利和社会保险

一般来说，农民工总体享受到的社会福利和社会保险①较少。那么，合同签订是否对其具有保障作用？对此，我们用回归模型来进行检验，结果见表6－13。

表6－13　　　　　劳动合同对农民工社会福利和社会保险的影响

变量 \ 年份 / 福利和保险	2006		2008		2009		2010	
	福利	保险	福利	保险	福利	保险	福利	保险
性别	0.771	0.187	− 2.867 *	0.775	− 1.827	0.0986	− 1.594	− 3.525 ***
	1.189	0.82	1.537	1.124	1.918	1.585	1.308	1.198
年龄	− 0.103	0.937 ***	1.015 **	1.195 ***	0.59	0.556	1.404 ***	1.795 ***
	0.41	0.283	0.468	0.342	0.516	0.426	0.426	0.386
签订合同	11.94 ***	13.08 ***	13.23 ***	16.87 ***	15.95 ***	19.57 ***	19.70 ***	23.57 ***
	1.263	0.872	1.781	1.302	2.159	1.782	1.534	1.394
截距	5.955	− 17.09 ***	9.013	− 8.599	17.85	− 9.346	− 19.67	− 33.87 ***
	7.72	5.326	9.48	6.931	12.98	10.73	12.31	11.11
样本	2 742	2 735	1 907	1 913	1 278	1 279	2 994	3 088
Pseudo R^2	0.183	0.274	0.221	0.307	0.204	0.282	0.336	0.386
df	18	18	19	19	19	19	22	22
Log Lik	− 13 126	− 12 074	− 9 300	− 8 733	− 6 247	− 6 008	− 14 785	− 15 019

注：①为了简洁，我们只报告个人特征变量和作为自变量的合同的回归系数，其他如人力资本、企业性质和规模、产业和地区等不予报告。

②*** 表示 $p < 0.01$，** 表示 $p < 0.05$，* 表示 $p < 0.1$。

在对其他变量进行控制的前提下，模型结果显示，签订合同极大地提高了农民工社会福利和保险因子的得分。签订者比未签订者提高了十分以上的因子得分，且通过系数显著性检验。说明劳动合同签订对于农民工福利和保险保障具有显著的积极作用。

---

① 问卷中的劳保福利先经过因子分析后，病假工资、带薪休假和产假工资等可被称为"日常福利因子"，医疗保险、养老保险、工伤保险、失业保险和生育保险等可被称为"社会保险因子"，经过因子得分公式转换后这两个因子的得分都在1~100，分值越高表示日常福利和享有的社会保险越多。

(三) 基本人权

我们在问卷中（E7 题）询问了一组基本人权的问题，在 1~7 题中，若回答者有一个及以上的这种经历则被视为"基本人权没有得到完全的保障"，没有任何这样的经历则视为"基本人权得到了保障"，我们以此建立模型，参照组为"基本人权得到了保障"（见表 6－14）。

表 6－14 劳动合同对基本人权保障的影响

变量 \ 年份	2006	2008	2009	2010
性别	0.280***	0.417***	0.472***	0.568***
	0.0846	0.106	0.138	0.0837
年龄	-0.0103	0.0341	-0.0556	-0.0196
	0.0303	0.0363	0.0351	0.0268
签订合同	-0.155*	0.0148	0.382**	0.0444
	0.0889	0.119	0.155	0.0945
截距	-0.443	-1.207*	-0.24	-0.426
	0.57	0.683	0.928	0.784
样本量	2 741	1 919	1 286	3 871
Pseudo R^2	0.0378	0.0538	0.055	0.0617
df	15	15	15	18
Log Lik	-1 807	-1 155	-709.6	-2 010

注：①为了简洁，我们只报告个人特征变量和作为自变量的合同的回归系数，其他如人力资本、企业性质和规模、产业和地区等不予报告。

② *** 表示 $p < 0.01$，** 表示 $p < 0.05$，* 表示 $p < 0.1$。

模型结果表明，在 0.05 的水平上，劳动合同的变量只有在 2009 年通过显著性检验，并且其系数为正，也即对基本人权保障的作用是负面的。因此，我们认为，劳动合同对保障外来农民工的基本人权并没有积极的显著影响。

(四) 工作条件

我们用 2008 年、2009 年和 2010 年数据，建立了"是否危险作业"变量，其中将回答有"冒险作业"和"工作环境对身体有危害（接触有毒物质、噪声等）"情况之一出现的视为危险作业，反之为非危险作业。该变量以"非危险作业"为参照。模型结果见表 6 - 15。

表6-15 劳动合同对工作条件的影响

变量 ＼ 年份	2008	2009	2010
性别	0.413^{***} （0.11）	0.427^{***} （0.145）	0.624^{***} （0.0890）
年龄	0.0428 （0.0378）	- 0.0446 （0.0361）	- 0.0181 （0.0285）
签订合同	0.0236 （0.123）	0.264 （0.163）	0.0318 （0.1000）
截距	-1.588^{**}	- 0.64	- 0.556
	0.706	0.994	0.805
样本量	1 918	1 286	3 873
Pseudo R^2	0.046	0.06	0.0701
df	15	15	18
Log Lik	- 1 093	- 658.5	- 1 846

注：①为了简洁，我们只报告个人特征变量和作为自变量的合同的回归系数，其他如人力资本、企业性质和规模、产业和地区等不予报告。

② *** 表示 $p < 0.01$， ** 表示 $p < 0.05$， * 表示 $p < 0.1$。

模型结果显示，签订劳动合同增加了危险作业事件的发生概率，但是系数值未通过显著性检验。这说明，劳动合同并不能保障工人不从事危险作业，甚至还有副作用，将危险作业合法化。

三、劳动合同的意义

我们前面的回归模型结果显示，劳动合同签订在工人工作时间保障上具有一定的积极作用，对于农民工福利和保险也具有显著的积极作用。但是，对于工资水平和工资是否符合最低工资标准、工作中的基本人权保障和工作环境的安全，劳动合同都没有显著影响。这表明，劳动合同在一定程度上保障了农民工的权益，但是这种作用是有限的。

当然，劳动合同的作用并不仅限于上述方面。《劳动合同法》的正式出台和实施，确立了劳动合同签订的法律地位和法律效力，将劳资关系处理纳入了制度化、法制化的程序，并且为企业用工行为标定了清晰的合法与违法界限。此外，劳动合同在劳动争议和劳动纠纷中能够发挥重要的作用。但由于我们资料的局限，还无法对其做出深入分析。

总之，我们认为签订劳动合同对农民工权益保障是有意义的。首先，它为劳动关系发展指明了正确方向。其次，它已经在一些具体方面发挥了一定的积极作用。最后，为农民工维权找到了确凿的法律依据，推动了农民工维权的法制化取向。

第五节　结论与讨论

我们通过对珠三角地区农民工劳动合同的定量研究得出的总括性结论是：在农民工劳动合同签订上，企业层次变量代表的制度合法性机制起主导作用，人力资本变量体现的市场效率机制起补充作用，而社会资本变量代表的网络人情机制基本不起作用。因此，在市场、制度和网络对农民工劳动合同的现实影响中，制度是关键，市场是补充，网络作用甚微。劳动合同的签订在现阶段虽然被企业当做劳动关系合法化的象征，但依然对农民工权益保障发挥了一定的积极作用，并为未来中国劳资关系发展指明了法制化发展方向。

不言而喻，组织为了生存，必须要与外部环境交换资源。关于组织的制度理论引发人们对于制度环境——包括规则、标准以及由法律与社会制裁所带来的强制力——的重视，而这种制度环境对组织进行调节并为其行为提供稳定的制度基础[①]。弗里格斯坦曾指出，政治权威建立了标准与规章，并设定强制机制，这极大地促进了市场的形成。[②]

在我们的回归分析中，企业规模、性质等变量体现了制度的压力。这从实质上表明劳动合同的签订并非企业劳动关系管理的迫切要求，更可能是企业应对制度合法性压力的结果。

劳动合同的签订在很大程度上其实是企业与国家政策博弈过程中的结果。企业碍于制度合法性压力，普遍提高了劳动合同签订的比例，然而合同签订与合同执行对企业而言是可以分离的，签订的劳动合同在实际运作上又可能被形式化。因此，企业制度虽然是决定劳动合同签订的关键变量，但如果企业并不将其落实

---

① DiMaggio, Paul and Walter Powell. The Iron Cage Revisited: Institutional Isomorphism and Collective Rationality. *American Sociological Review*, 1983, 48; James G. March and Johan P. Olsen. The New Institutionalism: Organizational Factors in Political Life. *The American Political Science Review*, 1984, 78; Meyer, John W. and Brian Rowan. Institutionalized Organizations: Formal Structure as Myth and Ceremony. *American Journal of Sociology*, 1977, 83.

② Fligstein N. Markets as politics: A political-cultural approach to market institutions. *American Sociological Review*, 1996, 61; Fligstein N. *The architecture of markets*. Princeton, NJ: Princeton University Press, 2001.

为劳动关系管理的手段，那么合同就只是企业应对制度合法化压力的符号象征。

因此，我们期望劳动合同是劳资双方真正协商的产物，而不是单方面的规定，那么，劳动合同就会成为劳资谈判的工具或结果，成为规范劳资双方行为的契约，劳动合同就会成为真正的合同。

因而，集体协商、集体谈判和个体协商和个体谈判结合起来，以工人集体的力量来进行劳资双方对等的谈判和协商，就是下一步必然要走的路。

第七章

社会保险[*]

社会保险是农民工权益保障的重要议题，作为一种制度化的风险防范机制，它对农民工的作用日益重要。对 2010 年珠三角和长三角地区农民工调查数据的分析发现，农民工的参保率有较大提高，62.7% 的被调查农民工参加了至少一项社会保险。回归分析结果显示，个体因素、家庭因素、单位因素和制度因素对农民工是否参加社会保险有显著影响，而土地保障的作用正在减弱。此外，本章进一步分析了农民工参加养老保险意愿的影响因素，并发现个体因素、家庭因素、土地因素和制度因素对养老保险的参保意愿有显著影响，单位因素的影响并不显著。据此，我们认为，家庭保障与土地保障的功能正在弱化，农民工的风险防范已进入社会保障阶段。本章最后对如何提高农民工社会保险参保率提出了一些政策设想。

社会保障问题是农民工权益保障的重要议题。长期以来，农民工不仅面临着劳动就业机会的不平等、劳动报酬较低且缺乏保障、人力资本较低、子女教育堪忧、难以融入城市社会的风险；另外，随着职业病、工伤事故的发生，第一代农民工的养老问题迫近，农民工的社会保障问题日益突出，需求日益迫切。

但是，农民工所在的企业多属劳动密集型企业，为获取利润，这些企业尽可能低地压低工人的工资和福利。隐瞒劳动关系，逃避给农民工缴纳社会保险的责任，成为部分企业降低经营成本的策略性选择。地方政府则出于招商引资以发展

---

* 本章作者：游春秀、崔凤国。

地方经济的考虑，越来越屈从于取悦投资者的压力，使得这些企业在逃避对农民工的义务方面拥有更多的灵活性①。与西方国家不同，中国的工会组织及其运作模式存在三个方面的"制度性弱势"，即工会对企业领导的高度依赖、工会无法代表职工利益、缺乏集体行动的合法性基础②，这就导致工会无法成为改善农民工权益的主导性力量。另外，近些年，农民工集体抗争的事件虽然有所增加，但主要诉求在于增加工资，尚难以对变革原有的制度框架产生足够影响。

面对这样的格局，如何提高农民工的社会保障水平？社会保险作为一种自上而下的制度设计，对于改善农民工的社会保障权益能起多大的作用？诸多问题值得关注。

第一节　政策回顾

改革开放初期，与城市人口相比，农村人口享有的社会保障微不足道。而较早进入城市的农民工群体，被户籍制度、城市行政管理体系、定量供应制度这三种强大的制度设计所禁锢，难以取得城市公民权③。因而，农民工的劳动关系多属临时性的，没有相应的社会保险制度覆盖。经过数十年的发展，原有的社会保障制度不断完善，并逐渐覆盖到农民工群体，使得农民工享有社会保险成为一种法定的权利，这无疑是社会发展的进步。

一般来讲，现阶段的主要社会保险项目包括基本养老保险、基本医疗保险、工伤保险、失业保险、生育保险等。这几项社会保险并非同步推进，向农民工覆盖的过程遵循不同的轨迹，实施的效果也有所不同。

一、基本养老保险

基本养老保险制度，是指缴费达到法定期限并且个人达到法定退休年龄后，国家和社会提供物质帮助以保证因年老而退出劳动领域者稳定、可靠的生活来源

① 加拉格尔：《全球化与中国劳工政治》，郁建兴、肖扬东译，杭州：浙江人民出版社2010年版，第40页。
② 冯钢：《企业工会的"制度性弱势"及其形成背景》，载《社会》2006年第3期。
③ 苏黛瑞：《在中国城市中争取公民权》，王春光、单丽卿译，杭州：浙江人民出版社2009年版，第12页。

207

的社会保险制度①。

直到 20 世纪 90 年代，基本养老保险都只覆盖了国有及大型集体企业的员工。1999 年以后，外商投资企业、私有企业及其他类型企业的员工才被纳入。在 2002 年，城镇的灵活就业者也被纳入该体系。2005 年《国务院关于完善企业职工养老保险制度的决定》着重指出了要保护非公有企业职工及灵活就业人员。由于大多数农民工都是在这些部门，所以加入社保体系逐渐容易了②。

二、基本医疗保险

基本医疗保险制度，是指按照国家规定缴纳一定比例的医疗保险费，在参保人因患病和意外伤害而就医诊疗时，由医疗保险基金支付其一定医疗费用的社会保险制度③。

在基本医疗保险方面，原劳动与社会保障部 2004 年 5 月提出混合所有制企业、非公共部门和灵活就业体系中的农村劳动者应参加医疗保险。该计划是要建立储蓄基金以支付大病的治疗费用，农民工将逐步被纳入该体系④。在已经将农民工纳入医疗保险范围的地区，农民工有权参加医疗保险，用人单位和农民工本人依法缴纳医疗保险费，农民工患病时，可以按照规定享受有关医疗保险待遇⑤。

三、工伤保险

工伤保险制度，是指由用人单位缴纳工伤保险费，对劳动者因工作原因遭受意外伤害或者职业病，从而造成死亡、暂时或者永久丧失劳动能力时，给予职工及其相关人员工伤保险待遇的一项社会保险制度⑥。

根据 2004 年的《工伤保险条例》的规定，工伤保险的适用范围包括中国境内各类企业、有雇工的个体工商户以及这些用人单位的全部职工或者雇工。所

①③⑥　《中华人民共和国社会保险法释义（二）》，中华人民共和国人力资源和社会保障部网站 2012 年 2 月 29 日，http://www.mohrss.gov.cn/SYrlzyhshbzb/rdzt/syshehuibaoxianfa/bxffaguijijiedu/201202/t20120229_28563.htm。

②　岳经纶：《中国的社会保障建设回顾与前瞻》，北京：东方出版中心 2009 年版，第 50～51 页。

④　《关于推进混合所有制企业和非公有制经济组织从业人员参加医疗保险的意见》，法律快车网，2007 年 7 月 4 日，http://www.lawtime.cn/info/laodong/ldfg/swbzfg/2007070428550.html。

⑤　劳动和社会保障部法制司：《农民工维权手册（2006）》，中华人民共和国原劳动和社会保障部网站，http://www.molss.gov.cn/gb/zt/2006-10/11/content_137918.htm。

以，这些单位的农民工也应当参加工伤保险。原劳动与社会保障部《关于农民工参加工伤保险有关问题的通知》强调了农民工，特别是那些在高危行业，如建筑、采矿行业中工作的农民工的参保问题。劳动者参加工伤保险，本人无须缴纳工伤保险费。

四、失业保险

失业保险制度，是指国家为因失业而暂时失去工资收入的社会成员提供物质帮助，以保障失业人员的基本生活，维持劳动力的再生产，为失业人员重新就业创造条件的一项社会保险制度[1]。

在失业保险方面，2004年的《失业保险条例》中规定城镇企业事业单位招用的农民合同制工人应该参加失业保险，用人单位按规定为农民工缴纳社会保险费，农民合同制工人本人不缴纳失业保险费。单位招用的农民合同制工人连续工作满1年，本单位并已缴纳失业保险费，劳动合同期满未续订或者提前解除劳动合同的，由社会保险经办机构根据其工作时间长短，对其支付一次性生活补助。补助的办法和标准由省、自治区、直辖市人民政府规定[2]。

五、生育保险

生育保险制度，是指由用人单位缴纳保险费，其职工按照国家规定享受生育保险待遇的一项社会保险制度[3]。

目前我国的生育保险制度还没有普遍建立，各地工作进展不平衡。全国层面上关于农民工群体的政策法规尚无，1994年12月颁发的《企业职工生育保险试行办法》只提及城镇企业及其职工。《中国妇女发展纲要（2001～2010）》也只提及实现城镇职工生育保险覆盖面达到90%以上的目标。从各地制定的规定看，有的地区没有将农民工纳入生育保险覆盖范围，有的地区则将农民工纳入了生育保险覆盖范围。

---

[1][3] 《中华人民共和国社会保险法释义（二）》，中华人民共和国人力资源和社会保障部网站2012年2月29日，http://www.mohrss.gov.cn/SYrlzyhshbzb/rdzt/syshehuibaoxianfa/bxffaguijijiedu/201202/t20120229_28563.htm。

[2] 岳经纶：《中国的社会保障建设回顾与前瞻》，北京：东方出版中心2009年版，第50～51页。

第二节　文献与问题

一、风险社会与风险防范

贝克（Ulrich Beck）是最早探讨风险社会理论的社会学家之一。贝克认为，"现代性正从古典工业社会的轮廓中脱颖而出，正在形成一种崭新的形式——（工业的）'风险社会'"[1]。这种趋势正在以全球规模悄悄地进行着，因此，风险社会也就意味着全球风险社会。贝克在《自由与资本主义》一书中指出："风险是一个表明自然终结和传统终结的概念，或者换句话说，在自然和传统失去它们的无限效力并依赖于人的决定的地方，才谈得上风险。风险概念表明人们创造了一种文明，以便使自己的决定将会造成的不可预见的后果具有可预见性，从而控制尚可控制的事情，通过有意采取的预防性行动以及相应的制度化的措施战胜种种（发展带来的）副作用。"[2]

吉登斯（Anthony Giddens）则指出，在现代性条件下，由于全球化的发展和科学技术的进步，风险已不再主要来源于自然界，与前现代大多数社会相比，现代社会中的本体性不安全水平更高[3]。个体不可避免地会与危险相伴，并且这些危险远离个人的能力，因而他主张"在具有严重后果的风险环境下，降低危险必须是压倒一切的口号"[4]，并将其视为一种道德追寻。

二、社会转型与转型风险

几十年来，中国社会发生着巨大的转型。急剧社会转型期的社会风险，使中国社会成为一个充满风险的社会，贝克、吉登斯所指的风险形态在中国都存在。中国的社会转型期表现为结构转型与体制转轨的同步启动，即在实现以工业化、城市化为标志的现代化的同时，还要完成从以计划经济为特征的总体性社会向以

---

① 贝克：《风险社会》，何博闻译，南京：译林出版社2004年版，第2页。
② 贝克：《自由与资本主义》，路国林译，杭州：浙江人民出版社2001年版，第119页。
③ 吉登斯：《现代性的后果》，田禾译，南京：译林出版社2000年版，第96页。
④ 同上，第136页。

市场经济为特征的多元化社会的转变。

社会转型冲击着旧有的保障体系。在中国农村，传统的家庭保障受到人口老龄化、家庭规模缩小、经济形态变迁、文化观念变更、计划生育效应等多种因素的冲击。其中，主要的保障措施就是土地平均分配机制，使得"耕者有其田"，不过，耕种土地所带来的收入不足以使农村家庭摆脱贫困①。在城市，计划经济时期，城市工人的生活机会与他们的就业身份捆绑在一起，终身就业成为一种普遍现象，解雇很少，甚至辞职也是困难的。因而，城市工人在经济上和社会地位上依附于企业②，并通过企业享有社会保障和福利。然而，在社会转型的剧烈震荡中，原有的社会保障体系日益瓦解。一方面，国家逐渐从经济领域抽离，市场成为劳资关系的主导力量，以再分配为基础的保障体制难以为继；另一方面，大量农民工进入城市，其权益长期得不到制度的有效保障。

三、农民工社会保险政策的实施效果

近些年，在国家的推动下，各地针对农民工发展了多种社会保障模式，取得了一定成效。人力资源和社会保障部数据③显示，2011 年度，全国农民工总量为25 278 万人，参加基本养老保险的农民工人数为 4 140 万人（约占 16.4%），参加医疗保险为 4 641 万人（约占 18.4%），参加失业保险为 2 391 万人（约占9.5%），参加工伤保险为 6 828 万人（约占 27.0%），较上年均取得一定量的增长。

但是，从各地政策运行情况看，参保率低、退保率高和覆盖面窄是当前多种社会保障模式面临的共同问题，形成了企业不支持、农民工也不领情的尴尬局面。从数据上也能看出，参保率最高的工伤保险也仅占农民工总数的 27%，覆盖效果并不理想。学术界对此问题也已经有相关研究，但结论并不相同。

李群、吴晓欢、米红基于对沿海地区农民工的分析，认为农民工参加养老保险的意愿最为强烈，其余社会保险重要程度的排序是工伤保险、医疗保险、失业

① 勃兰特、罗斯基：《伟大的中国经济转型》，方颖等译，上海：格致出版社、上海人民出版社2009 年版，第 625 页。
② 华尔德：《共产党社会的新传统主义——中国工业中的工作环境和权力结构》，龚小夏译，伦敦：牛津大学出版社 1996 年版，第 13 页。
③ 《2011 年度人力资源和社会保障事业发展统计公报》，中华人民共和国人力资源和社会保障部网站2012 年 6 月 5 日，http://www.mohrss.gov.cn/SYrlzyhshbzb/zwgk/szrs/ndtjsj/tjgb/201206/t20120605_69908.htm。

保险、生育保险①；而罗蓉、罗澍则通过对成都情况的分析，提出在社会保险设计上，要以养老保险为重点，兼顾医疗和工伤等险种设计②。费平通过对深圳农民工的社会保险情况进行分析，认为保险费率较高、社会保险转移接续困难等问题使得深圳农民工的参保率总体上比较低③。郑功成认为流动人口的社会保障状况基本可以概括为缺、乱、损三个字：绝大多数农民工缺乏起码的社会保障；各地进行的农民工社会保障试验相当混乱；农民工的社会保障权益处于受损状态④。郑秉文则指出跨省流动人口规模不断扩大造成退保人数增加，流动人口聚集区社保制度"碎片化"状况严重⑤。

至于社会保险覆盖状况不佳的原因，许多学者认为当前社会保险的制度性缺陷是造成此种现状的重要原因。不稳定、流动性大是农民工就业的基本形态，需要频繁转移和接续社会保险关系，但是最低缴费年限限制、保险关系很难转移、缴费年限与养老金统筹金无法持续形成了养老保险"便携性损失"⑥，其他险种也面临类似的问题。此外，农民工对于社会保险也并非一致欢迎，农民工缺乏参保意识也是导致参保率低的重要原因⑦。

通过以上分析，可以看出学术界对农民工的社会保险问题尚有一些争论。一是农民工的社会保险状况究竟如何。虽然人力资源和社会保障部给出了一个明确的数字，但是由于一些企业未与农民工签订劳动合同，无法进入统计范围，因而有理由怀疑数字的准确性。二是农民工参与社会保险和有意愿参与社会保险虽有一定关联，但终归是两件事。当前的研究往往只注重其中的一个方面，却无法清晰地呈现出社会保险的实际参保率与农民工参保意愿之间的差距。三是对于何种因素影响农民工的参保意愿和实际参保情况，基于不同调查样本的分析得出的结论有较大的分歧。应该承认由于各个地区的社会保障政策不同，影响农民工参与社会保险的主要因素存在差异。然而，面对当前错综复杂的局面，突破地域限制，了解影响农民工参保意愿的核心因素显然具有更重要的研究价值。

本课题组于 2010 年 7～8 月在珠三角和长三角对农民工进行的样本总量为

---

① 李群、吴晓欢、米红：《中国沿海农民工社会保险的实证研究》，载《中国农村经济》2005 年第 3 期。

② 罗蓉、罗澍：《进城务工农民社会保险制度设计的因素分——以成都的实践为例》，载《人口研究》2005 年第 2 期。

③ 费平：《深圳市农民工社会保险制度》，载《中国劳动》2006 年第 10 期。

④ 郑功成：《中国流动人口的社会保障问题》，载《理论视野》2007 年第 6 期。

⑤ 郑秉文：《改革开放 30 年中国流动人口社会保障的发展与挑战》，载《中国人口科学》2008 年第 5 期。

⑥ 刘传江、程建林：《养老保险"便携性损失"与农民工养老保障制度研究》，载《中国人口科学》2008 年第 4 期。

⑦ 李轩红：《我国农民工社会养老保险困境及对策研究》，载《山东社会科学》2010 年第 4 期。

4 152 的调查，显然能够较好地解答以上三个问题。首先，珠三角和长三角是中国经济最发达的两大区域，也是农民工数量最多、最集中的地区，这两个地区农民工参与社会保险的情况能够在一定程度上说明全国的总体情况。其次，问卷中不仅涉及农民工参与社会保险的事实，而且询问了农民工对每个险种的参与意愿。通过比较分析，可以很真切地看到农民工对社会保险的态度和当前社会保险政策的回应情况。最后，问卷中不仅包含农民工的个体特征，而且涉及企业状况、土地状况、家庭状况等多个层面的问题，能够更系统地测量各类因素对农民工社会保险实际参与状况和参险意愿的影响。

第三节　参险状况与意愿

我们在珠三角和长三角的调查共收回有效问卷 4 152 份，由于只有 16 岁以上的农民工才具备参加社会保险的资格，因此，本研究剔除了上述样本中小于 16 岁的 10 份样本。由于数据中有 121 份样本没有表态是否愿意购买养老保险，很难讨论这部分的人的真实意愿，因而分析中也把此部分的人剔除，最后，研究的样本量为 4 021 份。

在对农民工参险意愿的分析中，因农民工对于不同险种的参险意愿不同，各种影响因素的作用效果也应有差别。所以，在后面的分析主要探讨了农民工参与养老保险意愿的影响因素。之所以选择养老保险，主要基于两点：一是养老是中国农民的重要问题，农民一直遵循养儿防老、土地养老的传统观念，对养老保险意愿的分析能够探寻农民工社会保险观念的转变；二是相对于工伤保险等其他险种，养老保险的收益只有在将来才会显现，因而农民工对该险种并不急迫，有一定自主性，在观念上存在较大分歧。此外，为了清晰地呈现农民工参与社会保险比例的年度变化，分析中将使用我们分别于 2006 年和 2008 年在珠三角做的两次调查的数据与本次在珠三角收集到的数据进行分析比较。

一、农民工的参险情况

（一）五种社会保险的参险情况

从表 7-1 显示的通过对调查数据分析所得的五种保险的参险率可以看出，农民工参与比例最高的险种是工伤保险，有 52.2% 的被调查农民工参加了该险种，其次是基本医疗保险，有一半的被调查者参加，再次是基本养老保险，有44%的被调查者参加了该种保险。此外，参加失业保险与生育保险的比例还较低，分别为25.6%与21.8%。我们看到，基本养老保险、基本医疗保险、工伤保险和失业保险这四种保险的参保率均高于2010年末人力资源和社会保障部公布的全国农民工参险比例①。主要原因可能是珠三角和长三角地区开放较早，劳动法律实施的力度强于内陆地区，且两个地区有很多外资企业和国有企业等规模较大的正规企业，相较于内陆的私营和个体企业，管理规范程度更高，更倾向于遵守劳动保护相关法规。

表7-1 五种社会保险的参险人数

参加的险种	频数	比例（%）
基本养老保险	1 771	44.0
基本医疗保险	2 011	50.0
工伤保险	2 097	52.2
失业保险	1 030	25.6
生育保险	877	21.8

（二）参险人数

为使分析更为清楚，只要农民工参加以上五种社会保险中的任何一种保险，即可认为农民工参加了社会保险。农民工的参险总体情况如表7-2所示。没有参加任何一种社会保险的农民工有1 500人，占37.3%，参加了社会保险的占62.7%。

表7-2 社会保险的参险人数

选项	频数	比例（%）
有参险	2 521	62.7
无参险	1 500	37.3

① 参见《2010年度人力资源和社会保障事业发展统计公报》，中华人民共和国人力资源和社会保障部网站2011年7月19日，http：//www.mohrss.gov.cn/ghcws/GHCWSzhengcewenjian/201107/t20110719_83608.htm。该公报显示，2010年末，全国农民工总量为24 223万人，参加基本养老保险的农民工人数为3 284万人，参加医疗保险为4 583万人，参加失业保险为1 990万人，参加工伤保险为6 300万人，换算后的比例分别是13.6%、18.9%、8.2%和26%。

（三）参险的种数

从表7-3可见，在五类社会保险中，没有参加任何一类社会保险的农民工最多，占37.3%。其次是五类社会保险都参加的农民工，占18.6%。接着依次为只参加其中一种保险（13.6%）、参加了其中的两种保险（11.5%）和参加了三种保险（12.0%）者。

表7-3　　　　　　　　　农民工参险比例

参加保险的数量	频数	比例（%）
无参险	1 500	37.3
一种险	546	13.6
二种险	463	11.5
三种险	481	12.0
四种险	284	7.1
五种险	747	18.6

（四）参险组合

如表7-4所示，五种社会保险中，农民工的参险组合大体可以归为四大类：无参险，参加五险，参加养老、医疗、工伤的组合险（简称三险组合险），参加养老、医疗、工伤与生育或失业的组合险（简称3+1组合险）。

表7-4　　　　　　　　　参加保险的组合情况

参加保险的组合情况	频数	比例（%）	累积比例（%）
无参险	1 500	38.5	38.5
五险	747	19.2	57.7
3险组合险	1 382	35.5	93.2
3+1组合险	268	6.8	100

没有参加任何一种社会保险的农民工最多，共1 500人，占总体的37.3%；其次为参加养老、医疗、工伤的组合险，共1 382人，占总体的34.4%；五种保险都参加的有747人，占总体人数的18.6%。

数年前，关于农民工的权益问题，经常见诸报端的还只是讨薪、超时加班、极端的工作环境，而社会保障似乎离农民工还很遥远。而现在，尽管仍然有

37.3%的被调查农民工没有参加任何社会保险，但是大多数农民工都参加了至少一种社会保险，而基本养老、基本医疗和工伤保险都参加的农民工的比例也已经超过了一半。这是明显的进步。

二、差异比较：意愿与现实、长三角与珠三角

（一）参险意愿与实际参险比较

对于农民工参保率低，除了客观因素，如企业拒绝参保等，也有学者提及农民工本身不愿参保的情况。从表 7-5 和图 7-1 来看，这种情况确实存在。总体来看，农民工参加社会保险的意愿较高，各险的意愿人数均高于实际的参险人数。被调查农民工中认为有必要参加养老保险为 3 122 人，占 77.6%；医疗保险为 3 414 人，占总体的 85.2%；工伤保险为 3 327 人，占总体的 83.0%；失业保险为 2 847 人，占 71.0%；生育保险为 2 616 人，占 65.4%。

表 7-5　　　　　参险意愿与实际参险情况的比较

险种	参险意愿		实际参险		比例差异
	频数	比例（%）	频数	比例（%）	
基本养老保险	3 122	77.6	1 771	44.0	33.6
基本医疗保险	3 414	85.2	2 011	50.0	35.2
工伤保险	3 327	83.0	2 097	52.2	30.8
失业保险	2 847	71.0	1 030	25.6	45.4
生育保险	2 616	65.4	877	21.8	43.6

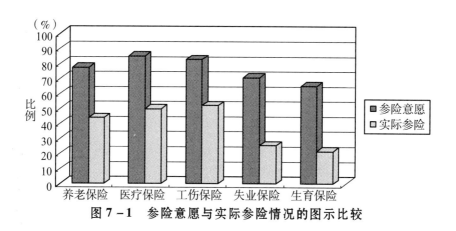

图 7-1　参险意愿与实际参险情况的图示比较

从数据上可以看出，绝大部分农民工（最低的生育保险参险意愿也有65.4%）都有参加社会保险的需要和意愿，农民工不愿参与社会保险这种说法难以普遍成立。经过多年的发展，农民工参加社会保险的整体状况有所改善，但实际的情况与农民工的期许仍然存在很大的差距。

表7-6列出了农民工不愿参与社会保险的主要原因，他们不愿参加养老、医疗、工伤、失业、生育五类保险的最主要原因都是"买了没用"；"个人支付费用太高"、"不了解"成为农民工不愿参加社会保险另外两个主要原因。一些研究中提到的转移接续问题并不是农民工不愿参加社会保险的主要原因，因为没有参加过社会保险的人也不会有转移接续困难的体验。在最主要的三个原因中，"个人支付费用太高"是客观原因，农民工的低工资使得他们必须考虑每笔支出的效用，未来的保障不及当下的实用。"买了没用"和"不了解"既可能是主观上认识不足，也可能是客观上的制度设计不完善和宣传不到位所引起。进一步的分析发现，在已经买了以上社会保险的农民工中，分别只有10.3%（养老）、6.7%（医疗）、8.1%（工伤）、7.1%（失业）、9.7%（生育）的农民工认为是没有必要购买该险种的。也就是说，绝大部分已经购买了社会保险的农民工认可社会保险是有价值的。

表7-6 农民工不愿购买社会保险的主要原因

原因序列		第1原因	第2原因	第3原因	第4原因	第5原因	第6原因	有效样本
养老保险	原因	买了没用	个人支付费用太高	不了解	不知将来会怎么样	其他	保险不能转移	886
	比例（%）	32.4	21.8	16.8	16.1	9.9	9.4	
医疗保险	原因	买了没用	个人支付费用太高	不了解	其他	不知将来会怎么样	保险不能转移	584
	比例（%）	34.4	23.5	18.7	12.0	9.9	6.7	
工伤保险	原因	买了没用	个人支付费用太高	不了解	其他	不知将来会怎么样	不适用	669
	比例（%）	39.9	20.6	18.8	9.1	8.5	6.4	
失业保险	原因	买了没用	不了解	个人支付费用太高	不知将来会怎么样	其他	不适用	1 144
	比例（%）	39.0	22.0	16.3	13.5	7.9	6.3	
生育保险	原因	买了没用	不了解	不适用	个人支付费用太高	不知将来会怎么样	其他	1 358
	比例（%）	34.3	23.1	20.2	12.1	7.4	5.8	

注：此表中的比例为个案百分比，即有多大比例的被调查农民工选择了该项。

（二）珠三角与长三角农民工社会保险状况比较

一些研究认为，珠三角和长三角这两大经济区域在农民工权益保障领域存在一定差异，长三角总体上好于珠三角[①]。而从表7-7的分析结果看，从社会保险的参险比例来看，除了工伤保险珠三角农民工的参保比例高于长三角外，其余险种的参险比例长三角均高于珠三角。其中，相差最多的是生育保险和失业保险，长三角分别高于珠三角14.7个和14.5个百分点。

表7-7　　　　　　　　珠三角与长三角社会保险状况的比较

险种	参加保险的比例（%）				
	养老保险	医疗保险	工伤保险	失业保险	生育保险
珠三角	37.8	47.7	54.2	18.5	14.6
长三角	50.7	52.7	50.6	33.0	29.3
卡方检验	$\chi^2 = 79.167$, $p < 0.001$	$\chi^2 = 29.646$, $p < 0.001$	$\chi^2 = 13.771$, $p < 0.001$	$\chi^2 = 112.658$, $p < 0.001$	$\chi^2 = 139.960$, $p < 0.001$

（三）从珠三角的历年数据看农民工社会保险状况的改善

从表7-8和图7-2可知，从2006到2010年，珠三角农民工参加社会保险的比例有了大幅度提高，在2006年，参保比例最高的工伤保险也只有38.4%，医疗保险为30.2%、养老保险为19.7%，失业保险和生育保险则低于10%。而到了2008年，各个险种的参保比例显著上升，养老、医疗、工伤三个险种均增长了约10个百分点，生育保险则因2006年的比例过低（只有4.4%），虽然只增长了4.4个百分点，但增幅达到100%。与2008年相比，2010年，养老、医疗、工伤三大险种又各增长了约6个百分点，失业保险和生育保险的参保比例也有相应增长。

表7-8　　　　　　　　近年来珠三角农民工参保比例

年份	农民工参保比例（%）					
	养老保险	医疗保险	工伤保险	失业保险	生育保险	样本量
2006	19.7	30.2	38.4	7.4	4.4	3 086
2008	29.4	41.6	48.6	10.2	8.8	2 070
2010	37.8	47.7	54.1	18.5	14.5	2 015

---

① 刘林平、雍昕、舒玢玢：《劳动权益的地区差异——基于对珠三角和长三角地区外来工的问卷调查》，载《中国社会科学》2011年第2期。

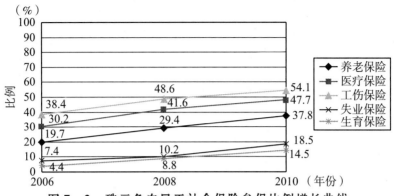

图 7–2　珠三角农民工社会保险参保比例增长曲线

　　如此明显的改善，我们认为这与 2008 年《劳动合同法》正式实施有很大的关联。尽管《劳动合同法》的签订不一定能增加农民工工资[①]，但无可否认的是，《劳动合同法》的实施使农民工在与企业签订劳动合同的过程中占有了一定主动权。这在一定程度上缓解了以往农民工与用工企业不签订劳动合同，从而无法建立合法、稳定的劳动关系的困境。劳动合同签订率的提高，使得原本隐藏起来的劳动关系明朗化，从而使农民工的劳动权益可以通过法律的渠道确立起来。

　　当然，不可否认农民工通过自己的抗争改善了自身的权益状况，然而，这种改善只是局部性的。以罢工为例，由于国家立法并没有赋予工人罢工的合法性，单个企业的工人即便通过罢工提高了待遇，抑或进一步带动周边的企业一起效仿，但这仍然是一时的胜利。从这一角度来讲，以阶级的路径出发去解决当前农民工的劳动权益保障问题，可能在理论上的价值高于其实践的成效。正是基于以上的分析，在农民工权益保障的研究中更多地关注制度层面的影响因素，乃至以研究为基础推动相应制度的建立，应该是更为迫切的需要。

第四节　影 响 因 素

一、几种潜在的保障机制

　　风险并非是现代社会独有的，前现代社会的风险很大程度上源于自然界，人

---

　　① 刘林平、陈小娟：《制度合法性压力与劳动合同签订——对珠三角农民工劳动合同的定量研究》，载《中山大学学报（社会科学版）》2010 年第 1 期。

们会受到变化无常的气候的影响，很难抵御诸如洪水、风暴、暴雨等自然灾害的影响[1]。实际上，相应的风险防范机制也一直存在，在先秦时期，就出现了对鳏寡孤独者的各种照料，并出现了以国家名义采取的赈济。而在社会领域，西方的慈善事业和中国传统的宗族力量同样对维护社会共同体的稳定起着风险防范的作用。关于这种机制，斯科特（James C. Scott）的相关研究给出了丰富的论述。他指出"互惠模式、强制性捐助、公用土地、分摊出工等等都有助于弥补家庭资源的欠缺；否则，这种资源欠缺会使他们跌入生存线之下"[2]。他在马来西亚研究农民与地主的日常斗争中，也发现"如果一个地主的土地在满足自己生活所需之外还有剩余，那么他们就应该将多余的土地租给更穷的人"[3]，因为这是村庄的秩序和道德要求，只有如此，富人才能赢得好名声，而不会被认为贪婪或吝啬。

在中国，不同时期，曾经占据主流的保障形式也不一样，先后历经土地保障、家庭保障—单位保障—社会保障的发展历程，目前正在向社会保障模式过渡，但其他的保障形式依然可能发挥不同程度的作用。

（一）自我保障机制

所谓自我保障，即农民工依靠自身的身体素质和劳动技能以保障自己和家庭的生活，自身能力越强，抵御风险的能力也更强。一些研究证明，受教育程度、性别、年龄、工作经历等个体因素对农民工的参保率有显著影响[4]。很有可能，农民工的个体素质越高，其参加社会保险的能力和意愿越强。

（二）家庭保障机制

中国具有独特的儒家文化传统，长期以来，农民养老都是以家庭为单位，强调家庭养老是我国代际互助的传统。家庭养老不仅具有深厚的社会舆论和社会心理基础，而且受到法律的肯定。乡村不仅到现在还保留着儿子继承遗产与养儿防老的习俗，而且这种习俗在当今农村保障仍然起着核心作用。依据这种思路，农民工参加社会保险的意愿和情况有可能与其婚姻和子女状况有关。

---

[1] 吉登斯：《现代性的后果》，田禾译，南京：译林出版社 2000 年版，第 93 页。

[2] 斯科特：《农民的道义经济学：东南亚的反叛与生存》，程立显等译，南京：译林出版社 2001 年版，第 3 页。

[3] 斯科特：《弱者的武器》，郑广怀、张敏、何江穗译，南京：译林出版社 2007 年版，第 197 页。

[4] 姚俊：《农民工参加不同社会养老保险意愿及其影响因素研究——基于江苏五地的调查》，载《中国人口科学》2010 年第 3 期。

（三）土地保障机制

土地保障是传统农村的重要保障之一，土地收入是传统农村家庭的重要收入来源，土地是农民工重要的生活保障。当然，土地的保障功能目前也受到极大的削弱，种地成本不断上升，而农产品的价格却增长缓慢，单纯依靠有限的土地越来越难以维持农村居民的生计。一些农民情愿抛荒土地或者无偿转让他人耕种也要外出打工，表明了土地的生活保障功能早已不能与改革开放初期相提并论。因此，土地提供生活保障的可靠性在持续下降，很难再以传统眼光来看农民与土地的关系，可能无法再将土地承包视为可以保障农村居民基本生活（包括养老、疾病医疗等等）的制度安排或者用它来替代农村居民的社会保障制度[1]。

（四）单位保障机制

改革开放之前，单位制是核心的制度设计，单位成为各种社会福利的主要供给主体。市场经济条件下，单位逐步向经济职能收缩，部分丧失了原有的社会保障职能。但是，在现行劳动法规下，企业仍然有为农民工缴交社会保险的义务。然而，一些企业为追求廉价劳动力成本，想尽办法逃避责任。因此，尽管单位保障机制已经和计划经济时期有很大不同，但是，国有企业、集体企业和外资企业迫于传统或法律的约束，更倾向于为农民工缴纳社保。因而，在不同类型和规模企业的农民工参加社保的状况和意愿很有可能存在差异。朱力、吴炜基于江苏省的农民工调查数据进行分析，发现在企业特征变量中，企业性质、工种和企业规模对农民工的社会保险有显著影响[2]。

（五）制度保障机制

个人和组织总是被其所处的制度环境所形塑，制度既包括正式制度，如法律、规范，也包括非正式制度，如文化、传统。而对于农民工和用工企业来讲，最重要的正式制度就是《劳动合同法》等法律法规；非正式制度则包括所在区域的文化、大众传媒的影响等。前面的分析，已经探讨过《劳动合同法》的颁布实施可能是影响农民工社会保险参保率上升的重要因素。另外，珠三角和长三角之间的文化、政策等制度差异也可能影响到社会保险参保情况及农民工参保意

---

[1] 郑功成：《从企业保障到社会保障——中国社会保障制度变迁与发展》，北京：中国劳动社会保障出版社 2009 年版，第 89 页。

[2] 朱力、吴炜：《农民工的社会保险状况与影响因素分析——基于江苏省调查数据》，载《学海》2012 年第 2 期。

愿。姚建平在北京、深圳、苏州和成都的调查基础上，通过回归模型，发现制度性特征对养老保险参与的贡献最大，社会人口特征的贡献较小[1]。

二、研究方法与变量的处理

对农民工参加社会保险的影响因素和农民工参保意愿的影响因素的分析将采用定量研究方法，由于因变量"是否参加社会保险"、"是否有必要购买养老保险"是二分类变量，研究的模型一和模型二将采用二元 Logistic 回归（Binary Logistic Regression）模型进行分析。

（一）因变量的处理

因变量 1："是否参加社会保险"。参加医疗保险、养老保险、失业保险、生育保险、工伤保险中的任何一种，即界定为参加社会保险。任何一种险种都没有参加的则为没有参加。此变量为 0～1 的二元变量。

因变量 2："养老保险的参险意愿"，操作上采用"您认为是否有必要购买养老保险"，"有必要"赋值为 1，"没有必要"赋值为 0，此变量为 0～1 的二元变量。

（二）自变量的处理

1. 性别：0～1 变量，0 为男性，1 为女性。

2. 受教育水平：0～2 变量，其中，小学及以下程度为 0，初中程度为 1，高中及以上教育程度为 2。

3. 年龄：0～2 变量，16～30 岁为 1，31～43 岁为 0，44～67 岁为 2。不同世代的农民工受不同的社会环境与意识的影响，他们的保险行为与需求可能存在较大的差异。

4. 每小时工资：0～2 变量，其中时薪（0～6.5）为 0，[6.5～9] 为 1，大于 9 为 2。

5. 当前工作时长：0～1 变量，小于等于 2 年为 0，大于 2 年为 1。当前工作时长即在当前单位工作的时间，这与就业的稳定性有关，也代表一种资历，一般认为会对参加社会保险有影响。

6. 子女个数：0～1 变量，有一个或没有孩子为 0，两个及以上孩子为 1。

---

[1] 姚建平：《农民工的社会养老保险参与问题》，载《天水行政学院学报》2008 年第 5 期。

7. 土地态度：0～1变量，其中，没有土地及愿意放弃土地为0，不愿意放弃土地为1。

8. 企业性质：0～1变量，其中，私营企业与个体户为0，国有、集体与合资企业为1。

9. 企业规模：0～1变量，其中，小于300人的企业为0，大于等于300人的企业为1。

10. 工作地区：0～1变量，长三角地区为0，珠三角地区为1。

11. 劳动合同：0～1变量，没有签订劳动合同为0，签订劳动合同为1。

12. 大众媒介：0～1变量，其中没有通过大众媒体了解与自身权益相关的信息为0，通过大众媒体为1。

通过使用类别分析（Class Analysis，见图7－3）检验发现，通过看电视、上网、看书三种途径的比例高、方向性一致。因此，采用看电视、上网、看书三种途径中的任意一种了解与自身权益相关的信息的人，皆归纳为有大众媒介接触者。

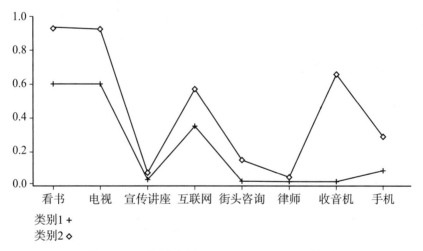

类别1 +
类别2 ◇

图7－3　类别分析（Class Analysis）检验

（三）变量的频次分布

变量的频次分布见表7－9。

表7－9　　　　　　　　　因变量与自变量的频次分布

变量	频数及频率
是否参险	"参险"：2 521（62.7%）；"无参险"：1 500（37.3%）
养老保险参险意愿	"有"：3 122（77.6%）；"没有"：899（22.4%）

223

变量	频数及频率
性别	"男": 2 193 (54.5%); "女": 1 828 (45.5%)
教育程度	"小学及以下": 636 (15.8%); "初中": 1 725 (42.9%); "高中及以上": 1 660 (41.3%)
年龄阶段	"16~30": 2 378 (59.1%); "31~43": 1 232 (30.6%); "44~68": 411 (10.2%)
每小时工资	"小于6.5元": 1 307 (32.5%); "6.5~9": 1 160 (28.9%); "大于9元": 1 554 (38.7%)
当前工作时长	"小于等于2年": 2 130 (53.0%); "大于2年": 1 891 (47.0%)
子女个数	"1个或没有孩子": 3 050 (75.9%); "有2个及以上孩子": 971 (24.2%)
土地	"没有土地及愿意放弃土地": 2 522 (62.7%); "不愿意放弃土地": 1 499 (37.3%)
企业规模	"大于等于300人": 1 780 (44.3%); "小于300人": 2 241 (55.7%)
企业性质	"国有、集体与合资企业": 1 429 (35.5%); "私企与个体户": 2 592 (64.5%)
工作地区	"长江三角洲": 2 006 (49.9%); "珠江三角洲": 2 015 (50.1%)
签订书面合同	"有": 2 697 (67.1%); "没有": 1 324 (32.9%)
大众媒体	有: 2 984 (74.2%); "没有": 1 037 (25.8%)

三、影响农民工社会保险参与状况的因素

模型的回归结果见表7-10。

表7-10　　社会保险参与情况和养老保险参与意愿的 Logistic 模型

自变量	模型一 参加保险模型		模型二 参加养老保险意愿模型	
	Exp	标准误	Exp	标准误
性别（男性为参照组）				
女性	0.945	(0.075)	1.225*	(0.102)
教育（小学及以下为参照组）				
初中	1.221	(0.137)	1.187	(0.134)

自变量	模型一 参加保险模型		模型二 参加养老保险意愿模型	
	Exp	标准误	Exp	标准误
高中及以上教育	2.048 ***	(0.256)	2.325 ***	(0.306)
年龄（［31，43］为参照组）				
(16，30)	0.682 ***	(0.071)	0.681 ***	(0.075)
(44，68)	0.737 *	(0.101)	1.188	(0.177)
当前工作时长（小于等于2年为参照组）				
大于2年	1.940 ***	(0.160)	1.451 ***	(0.126)
每小时工资（小于6.5元为参照组）				
［6.5，9］	1.426 ***	(0.137)	1.411 ***	(0.140)
大于9元	1.708 ***	(0.164)	1.675 ***	(0.170)
有没有孩子（1个或没有孩子为参照组）				
2个及以上孩子	0.625 ***	(0.068)	0.926	(0.106)
对土地的态度（没有土地及愿意放弃土地为参照组）				
不愿意放弃土地	1.177 *	(0.094)	0.724 ***	(0.059)
企业规模（小于300人的企业为参照组）				
大于等于300人的企业	1.618 ***	(0.136)	1.007	(0.092)
企业性质（私营企业与个体户为参照组）				
国有、集体与合资企业	1.572 ***	(0.137)	1.070	(0.099)
地区（长三角地区为参照组）				
珠三角地区	1.347 ***	(0.106)	0.748 ***	(0.062)
签订书面合同（没有为参照组）				
有	4.654 ***	(0.380)	1.669 ***	(0.148)
大众媒体接触（没有为参照组）				
有	1.426 ***	(0.124)	1.610 ***	(0.141)

续表

自变量	模型一参加保险模型		模型二参加养老保险意愿模型	
	Exp	标准误	Exp	标准误
	1. 样本数为 4 021； 2. Pseudo R^2 = 0. 206； 3. +表示 p < 0.10，*表示 p < 0.05，** 表示 p < 0.01，*** 表示 p < 0.001； 4. 对照组为无参险者。		1. 样本数为 4 021； 2. Pseudo R^2 = 0. 085； 3. + p 表示 < 0.10，*表示 p < 0.05，** 表示 p < 0.01，*** 表示 p < 0.001； 4. 对照组为认为没有必要购买养老保险者。	

表 7 - 10 中模型一以"是否参加保险"为因变量，即只要参加五种保险中的任一种保险，即认为参加了保险。模型一通过了统计检验，具有不错的解释力。

（1）个体因素。女性与男性没有显著的差异，教育对参加保险有显著的影响，且成线性关系。而年龄对参加保险也有显著的影响，青壮年（31～43 岁）的人参加保险的可能性最高。农民工参保状况最好的应该是青壮年群体。青年群体（16～30 岁）对社保的意识与需求不高，而中年群体（44～67 岁）虽然对社保需求提高，但其受已有的农村社保意识的影响可能最重，因而相对于青壮年群体，参加的可能性较低。从事当前工作的时间对参加保险也有显著的差异，当前工作时间大于 2 年的农民工，比小于等于 2 年的人，参加保险的可能性高出94%，这说明资历对参加社会保险有着重要的影响。同时，模型显示，收入对是否参加保险有正向的影响，时薪为（6.5～9）的农民工参加保险的可能性比时薪为 6.5 元以下的人高出 42.6%，时薪为 9 元以上的人比时薪为 6.5 元以下的人高出 70.8%。

（2）家庭因素。子女数量影响农民工是否参加保险，有两个及以上孩子的农民工，参加保险的可能性比只有一个或没有孩子的人低 37.5%。有两个及以上孩子的人更不倾向于参加社会保险，原因可能有两种，一是有孩子的人，在同样的其他条件下，可能需要付出更多的抚养费用，因而不愿意购买保险；第二种解释可能是，有孩子的人，受传统的养儿防老保障观的影响，更不愿意购买保险。这有待于进一步验证。

（3）土地因素。对土地的态度影响参加保险的行为，不愿意放弃土地的农民工，其参加社会保险的可能性比愿意放弃土地的人（包括没有土地的）高出

17.7%，在统计上显著。这与一般的常识相悖。可能的解释是：土地的事实保障功能已经弱化，因而是否愿意放弃土地与土地的保障功能无关；反之，不愿意放弃土地的人，本身风险意识较强，其更愿意通过参加社会保障来应对不确定的风险。

（4）单位因素。工作在规模大于等于300人企业的农民工参加社会保险的可能性比工作在小于300人企业的农民工高61.8%。单位是国有、集体与合资企业的农民工比在私营企业与个体户工作的农民工参加社会保险的可能性高出57.2%，这与之前的分析一致。社会保险是一种国家强制推行的社会保障政策，这一政策在国企、外企等规模较大的企业中得到较好的执行，而小企业则在执行中力图规避。

（5）制度因素。在所有变量中，签订书面合同对农民工参加社会保险有着最为显著的影响。由于社会保险被嵌入劳动关系的框架之中，《劳动合同法》将社会保险作为劳动合同的必备条款，从制度上保障了正规就业者参加社会保险的可能性。数据显示，有签订书面合同的农民工参加保险的可能性是没有签订书面合同的人的4.65倍。如前文所言，签订劳动合同成为农民工参加保险的重要保障，这说明了《劳动合同法》的实施产生了积极的影响。在地区的影响上，珠三角地区的农民工参加保险的可能性高于长三角地区，这似乎与前面的分析结果矛盾，表7-7的结果显示，在养老、医疗、失业和生育四个险种上，长三角地区农民工的参险比例均高于珠三角地区。但是，模型中的因变量是"是否参加了社会保险"，从分析的结果看，珠三角农民工至少参加一种社会保险的总体比例反而高于长三角，珠三角是63.7%，长三角是62.1%，也就是说长三角的农民工参加的保险的种类要多于珠三角，而珠三角的农民工则可能只参加一两种保险。大众媒体接触对农民工参加社会保险有正向的影响。通过大众媒体了解与自身权益相关信息的农民工，比没有的人参加社会保险的可能性高出42.6%。大众媒体作为农民工主要的信息来源，影响农民工的思想观念，对劳动者的权益意识、现代保障意识都起到一定的影响。

四、影响农民工养老保险参与意愿的因素

表7-10中模型二的因变量为"是否有必要购买养老保险"。模型二通过了统计检验，但解释力低于模型一，这说明态度性问题比事实性问题更为复杂，用客观指标来解释态度问题存在一定难度。

（1）个体因素。女性比男性参加养老保险的意愿更强。受初中教育与小学教育的农民工，在参加养老保险的意愿上没有显著的差异，但受过高中及以上教

育的农民工参加养老保险意愿与小学程度的人有高度显著的差异，他们更愿意参加养老保险，这显示了教育对人的思想观念的影响。受过较高等教育的人，更容易接受现代保障观念，受到传统保障观念的影响更小。年龄对参加养老保险意愿的影响表现在：青年人比青壮年人更不愿意参加养老保险，16～30岁的人参加养老保险的意愿比31～43岁的人低31.9%，而中年群体（44～67岁）与青壮年群体在参加养老保险的意愿上没有显著的差异。从事当前工作时间大于等于2年的农民工，参加养老保险的意愿显著高于小于2年的人。时薪对于是否想参加养老保险具有正向的显著影响。农民看重眼前的问题，对于收入有限的农民工，社会保险金是一笔"不小"的支出，他们更看重拿到手的钱，而不是未来的收益。因而时薪对农民工参加养老保险有高度显著的正向作用，时薪大于6.5元的人有更强的参加养老保险意愿。

（2）家庭因素。孩子对农民工参加养老保险意愿没有显著的影响。这说明家庭保障观念受到弱化。考虑到模型一中显示了子女数对参险行为的影响，可见，两个模型共同表明了家庭保障变量对农民工参加社会保险的影响，主要是由于子女个数增加了农民工的抚养成本，降低其参加社会保险的可能性，并非由于家庭保障功能的发挥弱化了社会保险的需求。因而，可以说明，传统的家庭保障功能及家庭保障观念事实上弱化了。

（3）土地因素。不愿意放弃土地的人，比愿意放弃土地的人更不愿意参加养老保险。这说明，土地保障功能虽然在事实上受到弱化，但是土地保障观念仍然影响着农民工的参险选择。

（4）单位因素。企业规模、企业性质对农民工参加养老保险的意愿没有显著影响。说明无论农民工处于何种企业环境中，其社会保险需求更多地受主体选择的影响。社会保险在企业中的强制推行，在执行上主要影响的是农民工的实际参险情况。

（5）制度因素。与企业签订劳动合同对参加保险的意愿有正向显著的作用。这可能说明，一方面通过正规就业，参加社会保险以后，其风险意识及保障意识会相应地增强。另一方面，合同意味着与企业建立正式的契约关系。没有与企业签订合同者，与企业、老板的关系更侧重为传统的信任关系，非现代契约的法律关系。在珠三角地区工作的农民工，参加养老保险的意愿显著地低于在长三角地区工作的人，这与之前的分析一致。其原因可能是受到制度化程度、地区氛围、外出省份文化差异等因素的影响。通过大众媒体了解相关权益信息的农民工，比没有的人参加养老保险的意愿高72.4%。说明外部信息对农民工的风险认知及保障意识有重要的影响。

第五节 结论与讨论

一、结论

本章着重分析了农民工参加社会保险的情况及其意愿。面对转型社会的诸多风险，如果缺乏一种有效的风险防范机制，规模庞大的农民工将不得不独自面对市场波动和社会变革带来的巨大冲击。因此，社会保险制度的建立和完善，对于农民工群体至关重要。

从数据分析的结果看，农民工参加社会保险的情况已经有很大的改善。近年来，珠三角三次农民工调查的数据显示，从 2008 年到 2006 年，农民工参与主要社会保险的比例增长了约 10 个百分点；从 2010 年到 2008 年，增长的幅度也维持在 6 个百分点左右。而从我们 2010 年针对长三角和珠三角农民工的大规模调查可以看到，已经有 62.7% 的被调查者参加了至少一种社会保险，参加比例最高的险种依次是工伤保险、医疗保险和养老保险。但是，问题依然存在，仍然有 37.3% 的被调查农民工没有参加任何一种社会保险，并且，农民工的参保率远低于该群体的参保意愿。

对于影响农民工参保率和参保意愿的各类因素，不同的研究给出了迥异的结论。我们归纳出自我保障、家庭保障、土地保障、单位保障、制度保障这几种潜在的影响农民工参保率和参保意愿的机制。这些机制曾经在不同历史时期发挥着风险防范的作用，以维持社会的稳定与进步。从分析的结果来看，在影响农民工参保率的各种因素中，以上 5 种机制都在不同程度地发挥作用：个人能力越强的农民工其参保的可能性越高；子女数量多的农民工参保的可能性越低；在规范程度越高的企业工作的农民工其参保的可能性越高；制度的影响发挥着重要的作用，劳动合同的签订和区域社会文化氛围的制约，能够增加农民工参加社会保险的可能性。需要讨论的是，土地的保障机制发生了变异，由于土地的收益越来越低，其实际的保障功能正在弱化。

这些潜在的保障机制对农民工参保意愿的影响遵循稍有不同的逻辑：个体因素仍然发挥着一定作用；家庭的作用变得不再显著，而且影响不大；单位的影响也不再显著；土地保障机制的实际效用虽有减少，但对农民工保险观念的影响依旧存在，不愿放弃土地的农民工更不愿参加社会保险。此外，制度性因素仍然发挥着重要的影响。劳动合同和大众媒体的影响依然存在。珠三角和长三角之间的区域差异得以体现，珠三角农民工的参保意愿要低于长三角。

二、讨论

（一）农民工的风险防范已经进入社会保障阶段

德国在俾斯麦时期首创社会保险制度，美国在 1935 年建立起全面的社会保障制度，新中国在成立后走了很长一段时间的单位保障之路，但最终失败了。改革开放后的很长一段时期，在原有的保障机制越来越弱以至于社会问题丛生之后，中国的社会保障之路才正式起航。农民工的非市民身份曾经使该群体的社会保障遥不可及，而现在，从调查的结果来看，农民工参加社会保险的情况是令人欣喜的。时至今日，传统的家庭保障、土地保障、单位保障的力量正在无可挽回地衰落，这也是现代社会的趋势所在，建立一种超越个体与团体的保障机制，是社会发展至今并继续走向文明的需要。面对社会转型的各种风险，农民工群体虽数量庞大，但在制度的挤压下仍属弱势。只有建立起强大的社会保障机制，才能阻止农民工向底层沉降，也才能促使社会和谐稳定。

（二）农民工社会保险水平的提高需从多个层面立体推进

从前面的分析来看，农民工参加社会保险的比例既与个体的观念和能力相关，也与所在企业和更广泛的社会制度有关。因而，要想全面提高农民工参加社会保险的比例，仅关注一个方面是远远不够的。我们认为，有以下几个问题必须解决：

（1）使农民工有足够的能力参与社会保险。从分析的结果看，农民工的工资低、负担大，如果不降低参保费用或提高农民工工资，是无法鼓励农民工参加社会保险的。

（2）需完善现行社会保险制度，让农民工看到实惠。我们的问卷调查结果说明，农民工不愿参加社会保险的最主要原因是认为社会保险"买了没用"，这说明现行的制度设计存在改进的空间；另外，虽然转移接续困难问题在分析中没有体现，但仍会是一个制约社会保险全面推开的障碍。因而，必须从国家的高度推动，并尝试建立一个超越省、市范围的社会保险管理机构，使得保险金的缴纳和支付超脱地域的限制。

（3）要增强劳动法规的实施和监督力度。我们的分析表明，社会保险在不同区域和不同类型企业的实施效果有显著不同，长三角地区好于珠三角地区，国企、外企好于私有和个体企业。从这一点来看，劳动法规实施和监督不彻底是社会保险参险率低的重要障碍之一。该问题不能解决，即便再好的制度，也会因为资方的阻碍而使真正的实惠无法落到农民工手上。

（三）从制度的视角审视如何推进农民工的权益保障

究竟如何才能改善农民工的劳动权益状况，不同的理论视角往往给出不同的答案。马克思的阶级视角一度在劳资关系的分析中占据优势，人们也乐见工人阶级通过组织化的斗争取得最终的胜利并推动社会的发展。然而，不得不承认，阶级视角在分析现实问题时总是遭遇无奈，大部分企业的农民工缺乏组织性，甚至没有组织起来的意愿和渠道，整个社会环境对工人运动仍持一种趋紧的态度。我们确实看到了一些企业的工人通过斗争改善了权益，问题是"以后呢"、"其他企业呢"？因而，我们更关注制度上的突破，《劳动合同法》的实施究竟能有多大的成效，尚需要更长的时间检验，不过，单就社会保险来看，这一制度的实施产生了一定效果。只有通过制度的破除和建立，才能形成一种长期稳定、有效的保护机制。

第八章

工 作 流 动[*]

本章研究发现，外来工的工作具有高度的不稳定性。就换工情况来看，珠三角外来工换工频率更高，离职意愿更强。通过对农民工及城市工人的工作流动建立事件史模型，研究发现，尽管存在人力资本和所处部门对工作流动的影响，但户籍歧视仍作为一个独立因素影响了农民工的工作稳定性。影响农民工离职意愿的因素也很多，比如性别、年龄、入职时间、劳动权益等。本章重点探讨了农民工雇佣关系的嵌入性，工作嵌入程度越低，则离职可能性越高。

《劳动法》第三条规定：劳动者享有平等就业和选择职业的权利。因此，换工与辞职是劳动者的一项基本权利之一。[①] 众所周知，农民工的工作极不稳定，流动性非常高，经常换工是其在城市里打工所不得不面对的问题。农民工在工作和地域上的高流动性产生了一系列问题：对用工单位，农民工的高离职率造成企业所需的专有人力资本（firm-specific human capital）的流失。[②] 对农民工自身，高流动性使企业借以拒绝向其提供更多的培训、晋升机会、长期的福利和保障，而且每一次换工都为农民工增添了寻职、适应新环境和学习新技术的成本。对中国的行政部门而言，农民工的高流动也造成了城市管理的困难。因此，中国本土

---

[*] 本章作者：孙中伟、张春泥。

[①] 参见《中华人民共和国劳动法》第三条，http://www.chinaacc.com/new/63/64/80/2006/2/zh34331857396226002270 86 - 0. htm。

[②] Knight John and Linda Yueh. Job Mobility of Residents and Migrants in Urban China. *Journal of Comparative Economics*, 2004, Vol. 32.

学者尤为关注农民工在城市中工作和生活的稳定性，相关研究包括：农民工永久迁移的意愿的研究，[1] 城市化制度安排如何让农民工从"流民"变成"市民"，[2] 农民工如何能够突破"只流不迁"的困局在城市中定居，[3] 以及农民工的就业稳定性对其收入的影响等。[4] 但是，很少有研究关注农民工在流动过程中的劳动权益保护问题以及造成农民工高流失率的制度原因。本章将结合 2006～2010 年农民工调查数据，对农民工换工和离职的宏观制度与雇佣制度原因以及工作流动过程中的劳动权益保护问题进行分析。

第一节 基本情况

一、换工经历

高度的不稳定性是农民工工作的主要特点之一。就换工比例来看，珠三角外来工有过换工经历者，高出长三角外来工近 8 个百分点，换工次数的平均值也比长三角多一次。珠三角外来工流动一直都比较频繁，而且要高于长三角。结合历史数据，连续几年的换工比例都超过了 7 成，2009 年之所以有所下降，可能是受金融危机的影响（见表 8-1）。

表 8-1　　　　　　　　　　换工比例

描述项	地区 年份	长三角 2010	珠三角			
			2010	2009	2008	2006
是否换过工（%）	有	63.56	71.30	60.47	75.06	72.62
	没有	36.44	28.70	30.53	24.94	27.38
有换工经历者的换工次数	平均数	2.96	3.94	3.44	3.59	2.62
	众数	2	3	3	2	1
	中位数	2	3	2	3	2

① 蔡禾、王进：《"农民工"永久迁移意愿研究》，载《社会学研究》2007 年第 6 期。
② 白南生、李靖：《城市化与中国农村劳动力流动问题研究》，载《中国人口科学》2008 年第 4 期。
③ 殷晓清：《农民工就业模式对就业迁移的影响》，载《人口研究》2001 年第 3 期。
④ 黄乾：《城市农民工的就业稳定性及其工资效应》，载《人口研究》2009 年第 3 期。

　　就本企业工龄来看，农民工的工作也具有很强的不稳定性，珠三角地区平均
工龄约 3 年，而长三角约 4 年，前者比后者少一年（见表 8 - 2）。

表 8 - 2　　　　　　　　　　　　　本企业工龄　　　　　　　　　　　单位：年

地区	年份	样本数	平均值	标准差
长三角	2010	2 093	3.99	4.59
珠三角	2010	2 041	2.93	3.97
	2009	1 763	2.71	3.55
	2008	2 504	2.32	3.28
	2006	3 932	2.80	3.75

二、入职与离职

　　《劳动合同法》第 9 条明确规定："用人单位招用劳动者，不得扣押劳动者
的居民身份证和其他证件，不得要求劳动者提供担保或者其他名义向劳动者收取
财物"。[①] 我们的问卷询问了受访者有关情况，结果见表 8 - 3。

表 8 - 3　　　　　　　　外来务工人员押金及证件扣押情况（频数、百分比）

描述项（多选题）　　　地区 年份	珠三角			长三角
	2006	2008	2010	2010
押金	749 (24.26)	341 (13.60)	220 (10.78)	179 (8.52)
扣押证件	218 (9.71)	150 (7.56)	107 (6.38)	104 (4.94)
具体证件　身份证	146 (4.73)	134 (5.35)	86 (4.21)	46 (2.19)
毕业证	25 (0.81)	5 (0.20)	9 (0.44)	15 (0.71)
暂住证、居住证	47 (1.52)	11 (0.44)	12 (0.59)	16 (0.76)
其他	82 (2.65)	39 (1.57)	25 (1.14)	27 (1.28)

　　注：其他证件包括健康证、务工证、婚育证等。

　　表 8 - 3 显示，2006 年珠三角外来工缴纳押金的比例近 1/4，扣押身份证、
毕业证等证件的比例也占到将近一成。劳动合同法实施后，用人单位收取押金的
现象有所好转，2010 年缴纳了押金的比例为 10.78%，较 2006 年下降了 13.48

---

　　① 《中华人民共和国劳动合同法》，http：//www.chinaacc.com/new/63/73/127/2007/7/wa880832093
770026371 - 0.htm。

个百分点。扣押证件的情况与 2006 年、2008 年相比也有所改善。

长三角外来工缴纳押金的比例略低于珠三角,有近 5% 的外来工被扣押过证件。其中,扣押身份证的比例最高。

《劳动合同法》第 36 条和第 37 条规定:用人单位与劳动者协商一致,或者提前三十日以书面形式通知用人单位,则可以解除劳动合同。[①] 但是,实际上,这条规定并没有得到很好的执行。部分企业给农民工的离职设置了多种限制。调查显示,珠三角 17.7% 的外来工所在企业会无条件同意员工的辞职请求,长三角则为 24.1%;若是提前一个月申请,珠三角则有 74%,长三角为 68.4%。就此来看,绝大多数企业都是遵守劳动合同法的,不会故意刁难离职员工。但是,也有相当一些外来工表示,如果临时辞职,要被扣工资或者证件。其中,在珠三角,10.66% 的外来工表示所在企业会扣押当月工资,这个数字比长三角高约 4.5 个百分点。具体情况见表 8 - 4。

表 8 - 4 离职限制 单位:%

选项(多选)	珠三角	长三角
无条件同意	17.7	24.1
提前一个月申请,企业同意	74.03	68.38
如果临时辞职扣当月工资	10.66	6.18
不同意,要求遵守合同	2.15	1.24
押金不退	0.88	0.48
所有工资均不退	1.17	0.95
扣押证件	0.15	0.05
限制人身自由	0.29	0.14
言语威胁	0.29	0.38
其他	8.41	7.09

三、未来打算

外来农民工对未来的打算也是表现工作稳定性的一个重要指标,相关情况见表 8 - 5。

---

① 《中华人民共和国劳动合同法》,http://www.chinaacc.com/new/63/73/127/2007/7/wa880832093
770026371 - 0.htm。

表 8 - 5　　　　　　　　　　　未来五年的去向

问题	选项	珠三角		长三角		总计	
		频数	百分比	频数	百分比	频数	百分比
未来五年打算	回家乡	549	26.87	420	19.97	969	23.37
	继续做这份工作	478	23.40	872	41.46	1 350	32.56
	换工作，但留在该市	290	14.19	261	12.41	551	13.29
	在打工地或其他市创业	251	12.29	163	7.75	414	9.99
	去其他市打工	101	4.94	84	3.99	185	4.46
	其他	91	4.45	74	3.52	165	3.98
	不清楚	283	13.85	229	10.89	512	12.35
	合计	2 043	100	2 103	100	4 146	100
如果回家乡，有何打算	做小生意	326	64.3	230	58.67	556	61.85
	创办企业	93	18.34	72	18.37	165	18.35
	务农	36	7.1	34	8.67	70	7.79
	打工	26	5.13	37	9.44	63	7.01
	养老	26	5.13	19	4.85	45	5.01
	总计	507	100	392	100	899	100

　　表 8 - 5 显示，在珠三角，近 27% 的外来工未来五年打算回家乡，比长三角高近 7 个百分点，23% 的外来工打算继续做这份工作，远低于长三角的 41%；另外，珠三角，打算创业的比例在 12% 以上，高于长三角。由此可见，珠三角农民工对现在的工作更为不满，离职意愿更强，更有可能换工作。

　　在打算回家的外来工中，珠三角 64% 的人都想做小生意，而长三角也有 58% 的人想做小生意。可见，如果回家乡，做小生意是外来工的主要选择。另外，两地均有 18% 以上的外来工打算回家乡创办企业，而打算务农的则相当少。

第二节　换工频繁

一、研究问题

中国的经济改革带来了人口在工作和地域上更频繁的流动。改革以前，欠流

动或缺乏流动的自由是中国社会的一个标志性特征。计划经济体制下的城市工人
高度依附于他们的工作单位，劳动力流动很少发生。在农村，由于户籍制度的限
制，农民也难以自由进入城市寻找工作机会。① 在向市场经济转型的过程中，新
兴私营部门对劳动力的需求及城乡壁垒的松动，使越来越多农民得以进入城市寻
找工作。如今，农民工已占中国流动人口的绝大部分。图8-1反映了全国农村
劳动力就职于城镇单位的情况，2000~2007年，在城镇单位就业的农民工人数
逐年上升，这一人数的上升主要体现在非公有制的经济部门中。

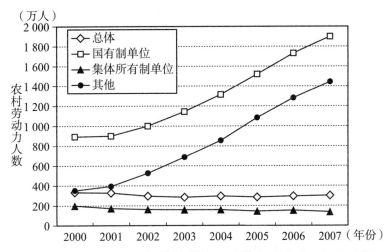

图8-1　2000~2007年城镇单位使用的农村劳动力年末人数

数据来源：国家统计局人口和就业统计司编《中国人口和就业统计年鉴》，北京：中国统
计出版社2008年版，第24~27页。

　　与城市职工相比，农民工的工作流动②更为频繁。根据1999年中国城市家
庭调查（China Urban Household Survey），城市职工的平均工作持续期为21.3年，
农民工为2.2年；在工作经验少于6年的样本中，城市职工的平均换工率③为
0.0689，农民工为0.123。④

　　经济转型以前，缺乏流动的社会结构曾被视为中国社会的弊病：计划经济体
制下的工作分配制度和个人对单位的人身依附致使劳动力缺乏工作流动的机会，

---

①　华尔德（Andrew G. Walder）：《共产党社会的新传统主义：中国工业中的工作环境和权力结构》，
龚小夏译，伦敦：牛津大学出版社1996年版。

②　此处的工作流动主要是指工作组织之间（企业间或单位间）的工作变换，而非组织内岗位变化。

③　此处，换工率的计算是用工作变换的总次数除以总工龄（参见 Knight John and Linda Yueh. Job
Mobility of Residents and Migrants in Urban China. *Journal of Comparative Economics*，2004，Vol. 32）。

④　Knight John and Linda Yueh. Job Mobility of Residents and Migrants in Urban China. *Journal of Comparative Economics*，2004，Vol. 32.

人力资本难以有效实现其价值，而户籍制度对农民流动的限制则成为城乡不平等的根源。[①] 因此，回顾改革开放前的历史，城市职工极低的工作流动率成为需要解释的问题。而如今，农民工在工作和地域上的高流动性也同样被视为弊病：对用工单位，农民工的高离职率造成企业所需的特定人力资本（firm-specific human capital）的流失。[②] 对农民工自身，他们的高流动性使企业借以拒绝向其提供更多的培训、晋升机会和长期的福利，而且每一次换工都为农民工增添了寻职、适应新环境和学习新技术的成本。对行政部门而言，农民工的高流动还给城市管理带来了困难。

但是，在探讨如何提高农民工在城市的就业稳定性、降低该群体过高的工作流动率之前，需要先回答的一个问题是：什么因素导致了农民工较高的工作流动率呢？

对个体农民工而言，他们发生工作流动的具体原因可能千差万别。劳动报酬、待遇福利、工作环境、婚姻或抚养孩子、职业病等诸多因素都可能成为他们离职或变换工作的原因。但这些具体的、个体性的原因却未必构成农民工作为一个群体具有较强工作流动性的独特机制，即不能解释为什么区别于城市人，农民工的工作流动更频繁？作为机制的因素往往存在于现行的社会制度当中，那么，致使农民工频繁变换工作的制度因素又是什么呢？

农民工研究一直是国内社会科学研究持续关注的议题。在以往围绕农民工问题形成的各种研究中，户籍制度通常是解释农民工就业与生存困境的重要因素。[③] 这些研究的假定或结论或多或少都遵循了这样一个逻辑：城市人与农民工在制度上归属于不同的身份体系，由此导致了他们在城市就业分层上的不平等。由于处在这个分层体系中的不利位置，农民工在工资收入、就业机会上难免遭遇歧视。那么，农民工较之城市职工更频繁的工作流动是否也可以由户籍制度来解释？如果可以，两者的关系应如何以量化的方式呈现出来？我们不能假定，农民工一切区别于城市人之处都来源于户籍制度，也不能假定，户籍歧视对农民工的影响在不同时期中一成不变，但我们却可以探讨，户籍制度在多大程度上造成了

---

① Wu Xiaogang and Donald J. Treiman. The Household Registration System and Social Stratification in China: 1955 - 1996. *Demography*, 2004, Vol. 41; Wu Xiaogang and Donald J. Treiman. Inequality and Equality under Chinese Socialism: The Hukou System and Intergenerational Occupational Mobility. *American Journal of Sociology*, 2007, Vol. 113.

② Knight John and Linda Yueh. Job Mobility of Residents and Migrants in Urban China. *Journal of Comparative Economics*, 2004, Vol. 32.

③ 李培林、李炜：《农民工在中国转型中的经济地位和社会态度》，载《社会学研究》2007年第3期；谢桂华：《农民工与城市劳动力市场》，载《社会学研究》2007年第5期；王美艳：《城市劳动力市场对外来劳动力歧视的变化》，载《中国劳动经济学》2007年第1期。

农民工较高的工作流动性？其影响在时间上是否有变化？因此，检验户籍制度对农民工工作流动的影响是本研究重点关注的问题。

二、文献述评

农民工工作流动的特殊性应该放在一般性工作流动的框架下来理解和比较。在社会分层领域中，工作流动作为一种代内流动，是个体获得或改变其社会经济地位的方式之一，是社会分层的中间过程。对工作流动如何产生，西方文献中有两种解释取向：空缺驱使模型（vacancy-driven models）和劳动力市场分隔理论（labor market segmentation）。[①]

空缺驱使模型是指岗位空缺能为工作流动创造机会。其基本假设是雇佣关系具有一定的封闭性——如果已有的雇员不离职，雇主便没有空缺招收新雇员。雇员变换工作与升迁的机会不仅取决于其工作表现，更取决于其所在的职业链条中是否有空缺的职位。[②] 总之，从空缺竞争的角度上看，空缺链的长度、具体职业的空缺分布，及个体对空缺岗位的获取能力是驱使工作流动的重要因素。尽管如此，"并不是所有工作流动的发生都以空缺的存在作为动力"，[③] 空缺驱使模型可能不适用于分析中国农民工的工作流动。首先，这一取向主要用于解释向上流动，尤其是在公司内部等级结构中的晋升。对多数农民工而言，由于普遍缺乏晋升机会，他们工作流动的结果未必是向上流动。其次，工作组织或职业中的空缺链对农民工可能没有太大意义，因为城市工作对这个群体更多地意味着一段工作经历，而不是整个职业生涯，而且他们中多数人只能停留在工作等级中的低端岗位上。最后，但也是最重要的，空缺驱使模型假定的雇佣关系是封闭的、雇员导向的，也就是雇主没有权力随意更换雇员，从某种意义上说，占据了某个职位的雇员实际上控制了他人工作流动所必需的空缺。但中国农民工显然处在相对开放的雇佣关系中，他们与雇主之间的关系相对容易解除，否则也不会有如此高的工作流动率。

劳动力市场分割理论为工作流动提供了一个替代性解释，其基本假定是劳动力市场并不是一个同质的整体，不同的劳动力市场产生的不同的工作流动需求，不同于新古典经济学正统理论对不同社会群体[④]在劳动力市场的差异会随市场竞

---

① Rosenfeld Rachel A.. Job Mobility and Career Processes. *Annual Review of Sociology*, 1992, Vol. 18.

② Sørensen A. B. and Arne L. Kalleberg. An Outline of a Theory of the Matching of Persons to Jobs. Chapter 3 in *Sociological Perspectives on Labor Markets*. Academic Press, 1981.

③ *Rosenfeld R. A.*. Job Mobility and Career Processes. *Annual Review of Sociology*, 1992, Vol. 18.

④ 此处"不同社会群体"是指在性别、种族等先赋性社会特征上相区别的群体。

争逐渐缩小的假定，劳动力市场分割理论指出：分割而不是同质是劳动力市场的实际特征。在劳动力市场分割的诸多情形中，最重要的一组分割是初级市场（primary market）和次级市场（secondary market），或"核心"（core）与"边缘"（periphery）。通常，次级劳动力市场中的工作流动率较高，因为这些部门中的工作欠稳定、缺乏晋升空间。[1] 与空缺驱使模型相比，劳动力市场分割理论也许更符合农民工工作流动的实际境遇。但劳动力市场分割理论在解释工作流动上最大的问题是循环论证。即工作流动既作为劳动力市场分割的结果，又作为劳动力市场二元分割的证据。若将该逻辑套用在农民工的换工上，其表达为：因为处在边缘或次级部门中，所以农民工的工作流动频繁；而之所以认为是农民工是在边缘或次级部门中就业，是因为他们的工作流动频繁。因此，以劳动力市场分割来解释工作流动的差异仅仅是描述性的，而并没有指出导致劳动力市场二元分割产生的来源性因素。

劳动力市场分割理论是以西方情境作为分析背景，即认为竞争资本主义向垄断资本主义的转变是现代经济二元性及劳动力市场分割产生的根本原因，但这一制度条件在中国情境中并不适用。那么，中国的劳动力市场分割是否存在不同于西方的制度特征呢？

中国经济转型与社会分层研究也曾将工作流动纳入其研究范畴。周、图马和莫恩在比较经济转型前后中国职工在不同类型经济部门间的工作流动后发现，转型后城市职工从国有部门向非国有部门的工作流动趋势并不强劲，以此说明，即使在改革以后，再分配体制和国有部门的影响力仍然强健。[2] 吴和谢在研究城市职工从国有部门流动到市场部门的选择性时指出，工作流动的发生是一个内生的过程：早期流动到市场部门的人往往是在既有体制中处于不利地位者，而较晚进入市场部门者，通常是在既有体制中处于有利地位的人——只有市场回报足以超出他们在计划部门所得时，他们才会放弃体制内的利益进入市场。[3] 曹和胡研究了城市人在工作流动中的性别差异，他们发现女性较之男性更不倾向于发生职业导向的工作流动，而更倾向于发生家庭导向的工作流动，他们的研究还指出，自愿的工作流动未必带来更高的回报，而不自愿的流动未必都导致坏结果。[4]

---

[1] Reich Michael, David M. Gordon, Richard C. Edwards. A Theory of Labor Market Segmentation. *American Economic Review*, 1973, Vol. 63. 在这篇文章中，他们还列举了种族的和性别的劳动力市场分割。

[2] Zhou Xueguang, Nancy Tuma and Phyllis Moen. Institutional Change and Job – Shift Pattern in Urban China, 1949 to 1994. *American Sociological Review*, 1997, Vol. 62.

[3] Wu Xiaogang and Yu Xie. Does the Market Pay off? Earnings Returns to Education in Urban China. *American Sociological Review*, 2003, Vol. 68.

[4] Cao Yang and Chiung – Yin Hu. Gender and Job Mobility in Postsocialist China: A Longitudinal Study of Job Changes in Six Coastal Cities. *Social Forces*, 2007, Vol. 85.

以上研究均将工作流动纳入到中国转型与社会分层的研究框架中，其共同点在于将工作流动视为转型时期市场体制和再分配体制相对力量改变的结果，是连接体制变迁与社会分层的中间过程。此外，上述研究均指出，再分配制度与市场制度在影响收入、教育回报和性别分层上存在差异性。某种意义上，这两种制度分别构成了中国劳动力市场分割的原因。如果说，西方社会的工作流动性随着竞争资本主义向垄断资本主义的转变而降低，那么，中国社会的工作流动性是随着计划经济体制向市场经济体制的转变而提高。虽然计划经济时期的中国并不存在可称为"市场"的劳动力市场，但不同等级的单位所能够提供的保障和福利有明显的差异，单位内的控制手段也是全方位的，[①] 这种明显的差异和控制能力到了能够自由发生流动的时期就变成了工作流动的影响因素。转型时期，城市居民从国有部门向非国有部门的流动伴随着放弃体制内福利和保障的成本，这使得这种工作流动实际上很有限，[②] 拥有较高人力资本者也普遍不愿意放弃体制内的稳定工作。[③] 因此，再分配制度中对体制内和体制外的区分确实能够反映工作流动性或稳定性的两种类型。市场制度中的工作流动更趋近于西方所描述的工作流动模式。拥有较高人力资本者更可能进入企业或单位的内部劳动力市场，获得更稳定的工作，而缺乏人力资本者更可能进入以高流动性为特征的次级劳动力市场。由此，我们得到了两种劳动力市场分割的制度：（1）再分配制度，体制内和体制外的分割；（2）市场制度，凭借人力资本是否能够进入内部劳动力市场的分割。

但是以上基于城市职工工作流动得出的结论并不完全适用于解释农民工的工作流动。首先，城市职工绝大部分福利来自其在工作单位中年资的积累，因此其离职成本高于农民工。其次，农民工的流动始终受到户籍制度的限制，这种限制在城市职工的工作流动中并不重要。再次，农民工的工作流动主要是以自愿性流动为主，虽然也存在由于工厂倒闭或解雇等非自愿性的工作变换，但这一群体在城市中的自愿性工作流动比例仍明显高于城市居民。[④]

奈特和岳（Knight and Yueh）曾比较了城市居民和农民工在工作流动上的差

---

① 华尔德：《共产党社会的新传统主义：中国工业中的工作环境和权力结构》，龚小夏译，香港：牛津大学出版社 1996 年版。

② Zhou Xueguang, Nancy Tuma and Phyllis Moen. Institutional Change and Job – Shift Pattern in Urban China, 1949 to 1994. *American Sociological Review*, 1997, Vol. 62.

③ 吴晓刚：《1993～2000 年中国城市的自愿与非自愿就业流动与收入不平等》，载《社会学研究》2008 年第 6 期。

④ Knight John and Linda Yueh. Job Mobility of Residents and Migrants in Urban China. *Journal of Comparative Economics*, 2004, Vol. 32.

别，他们发现，农民工的换工发生率要明显高于城市居民。[1] 他们推测这一差别的产生来自劳动力市场中的用工歧视：农民工在城市难以进入较好的工作，这使得该群体与他们工作的匹配程度较低，由此导致了这一群体较高的换工发生率。但是，他们并没有在经验模型中检验这一推测。他们对城市居民样本和农民工样本建立相同的换工发生率模型，发现基于农民工样本的模型里绝大多数变量都不显著。他们将之解释为农民工的工作流动可能是由其他"尚未观测到的变量所决定"。[2] 因此，奈特和岳虽然指出了农民工工作流动不同于城市居民的特殊性，但他们却未对造成这种特殊性的原因做出任何验证。

国内学者对农民工的流迁研究也关注了农民工的高流动性，不过，其关注的主要是农民工的城乡迁移。农民工流动分为两个阶段，这两个阶段均包含地理上及工作上的流动。在从农村流入城市时，农民获得了他们第一份非农业职业的城市工作[3]，也因此变成了农民工，这一阶段的流动通常被称为"初次流动"。到达城市以后，农民工在不同工作组织间持续变换工作的过程被可称为"二次流动"[4]。后一阶段的流动虽然主要是工作上的，但也可能包含地理上的迁移。尽管有两个阶段的流动，但众多国内农民工流迁的文献却仅探讨了农民工的初次流动，其中"民工潮"和"民工荒"是讨论最为集中的两大议题。"民工潮"关注的是劳动力为何及如何从农村迁入城市，带来了城市人口及社会结构的变化。"民工荒"关注的是劳动力为何又从城市返回了农村，导致了城市劳动力的结构性短缺。[5] 还有相当一部分研究尽管没有直接探讨"民工潮"或"民工荒"，但也是在城乡迁移的框架下分析农民工从农村迁入城市的途径、模式及特点，如社

[1][2] Knight John and Linda Yueh. Job Mobility of Residents and Migrants in Urban China. *Journal of Comparative Economics*, 2004, Vol. 32.

[3] 不排除有一部分农民工在进城前就已在农村从事过非农职业或进城以后仍从事农业的情况（参见李强：《中国大陆城市农民工的职业流动》，载《社会学研究》1999年第3期）。

[4] 也有国内学者将这两个阶段的流动分别命名为"初次职业流动"和"再次职业流动"（参见李强：《中国大陆城市农民工的职业流动》，载《社会学研究》1999年第3期），或"一次流动"（或"外出务工流动"）和"二次流动"（或"变换工作流动"）（参见梁雄军、林云、邵丹萍：《农村劳动力二次流动的特点、问题与对策——对浙、闽、津三地外来务工者的调查》，载《中国社会科学》2007年第3期）。

[5] 李强：《影响中国城乡流动人口的推力与拉力因素分析》，载《中国社会科学》2003年第1期；简新华、张建伟：《从"民工潮"到"民工荒"——农村剩余劳动力有效转移的制度分析》，载《人口研究》2005年第2期；李明桥、傅十和、王厚俊：《对农村劳动力转移"钟摆现象"的解释》，载《人口研究》2009年第1期。

会网络在迁移中的作用、[1] 举家迁移和后继迁移等。[2]

"民工潮"和"民工荒"的研究达成的一个基本共识是：农民工未能在城市获得稳定的就业，他们"只流不迁"，"来之"而不能"安之"，甚至要"返之"。在某种程度上是农村剩余劳动力无法有效转移的关键，也是城市化进程的瓶颈之一。但农民工在城市就业的不稳定性至少表现为两类情况：一类是他们在城市工作较短时间后又返回农村，另一类是他们在城市之间和某一城市内部不同企业或单位之间的流动。以上国内研究过分偏重于前一类，这实际上是假定农民工的不稳定性主要体现在他们返乡的热望，但这一假定未必完全符合事实：尽管城市工资偏低和物价上涨降低了农民工在外打工的动力，但在绝大多数农村，有限的人均土地、不稳定的农产品价格、日益增高的消费已使农业生产所得不足以成为替代外出务工的选择。尽管城市中所遭遇的歧视和权益侵害会挫伤农民工在城市工作的信心，但城市生活的舒适度和新奇感又让他们有了"见世面"的外出渴望。事实上，农民工常常能够通过在城市中变换工作来略微提高收入，[3] 或改善权益状况。[4] 因此，该群体在城市中的工作变换应该作为与其城乡迁移同等重要的问题加以重视，而先前的国内研究恰恰对这一议题关注不足。

国内研究通常是以国际迁移理论（theories of international migration）解释农民工城乡迁移何以发生。国际迁移理论主要是对工业化背景下，劳动力跨国迁移的发生和持续的原因提供解释框架，其内容包括新古典经济学有关个体经济理性与工资差的假定、迁移新经济学中对家庭决策和风险分化的论述、双重市场理论中经济结构对移民工人的需求，以及世界体系论中关于跨国资本与迁移的论述等。国际迁移理论存在的问题是对具体制度环境的忽视。其列举了普遍经济因素对迁移的推拉作用，但没有考虑不同国家或地区的具体制度特征如何形塑了该国或该地区的人口迁移。对这一点，许多国内研究在运用国际迁移理论时已对该理论进行了修正。这些修正达成了一个重要的共识是，以中国户籍制度为基础的城乡二元分割格局是国际迁移理论无法完全解释和预测中国农民城乡迁移特点的主要因素。但这些研究却很少能以量化的方式展现出户籍制度在多大程度上制造了

① 赵延东、王奋宇：《城乡流动人口的经济地位获得及决定因素》，载《中国人口科学》2002年第4期；翟学伟：《社会流动与关系信任——也论关系强度与农民工的求职策略》，载《社会学研究》2003年第1期。

② 洪小良：《城市农民工的家庭迁移行为及影响因素研究——以北京市为例》，载《中国人口科学》2007年第6期；侯佳伟：《人口流动家庭化过程和个体影响因素研究》，载《人口研究》2009年第1期。

③ 刘林平、万向东、张永宏：《制度短缺与劳工短缺——"民工荒"问题研究》，载《中国工业经济》2006年第8期。

④ 简新华、张建伟：《从"民工潮"到"民工荒"——农村剩余劳动力有效转移的制度分析》，载《人口研究》2005年第2期。

农民工流迁的独特性。如果承认户籍歧视造就了农民工城乡迁移模式的特殊性，那么，户籍歧视是否也会影响该群体在城市中的后续工作流动呢？我们又如何从众多影响因素中分离出这一制度性歧视呢？这正是本研究要试图探讨的。

三、研究假设

在中国的制度情境下研究工作流动，需要考虑三种制度：市场制度、再分配制度和户籍制度。理论上，市场制度所遵循的逻辑是竞争和效率，在劳动力市场中过程和结果的差异来源于个人拥有人力资本上的差别。人力资本在市场制度下会比在再分配制度下回报更高。但这并不意味着在再分配制度中，人力资本较高者就不能获得更高的回报。实际上，在再分配制度中，人力资本的回报体系仍然是正向选择的。[①] 但再分配制度区别于市场制度之处，在于其强调体制内外的等级差异。再分配体系扩大了体制内和体制外之间的差异，而降低了体制内的差别，体制内的组织相比于体制外的组织更具保障性和稳定性。户籍制度形塑了中国的城乡二元分隔体系，其特点是制造城市户籍者和农村户籍者身份和待遇上的不同。

中国的劳动力市场具有二元性。按照劳动力市场分割理论，在劳动力市场中同时存在两种工作，一种是收入待遇较好、保障较高的工作，另一种是收入待遇较低、稳定性不高，容易受到市场波动影响的工作。过往对农民工的研究均认为，农民工通常处在后一种工作部门（次级部门）中。尽管如此，城市职工也未必都处在前一种工作部门中。在改革的过程中，城市人的就业也存在向下流动的可能性，如下岗。[②] 事实上，个体会进入二元劳动力市场的哪一端是同时由人力资本的正向回报机制、再分配制度中的等级机制和城乡差别机制同时决定的（见表8-6）。农民工之所以会进入低端工作，一方面可能源于户籍歧视，另一方面也可能是该群体人力资本水平普遍较低所致。此外，城市职工较高的工作稳定性（或较低的工作流动性）也与该群体在再分配部门中就业比例较高有关，而进入市场部门的城市职工也同样有可能经常变换工作或"跳槽"。因此，不能说只有农民工处在二元劳动力市场中，城市职工也可能同样处在二元劳动力市场中。工作流动同时由这三种制度决定，但由户籍制度所制造的差异是研究农民工

---

① Wu Xiaogang and Yu Xie. Does the Market Pay off? Earnings Returns to Education in Urban China. *American Sociological Review*, 2003, Vol. 68.

② 王春光：《中国职业流动中的社会不平等问题研究》，载《中国人口科学》2003年第2期；刘爱玉：《国有企业制度变革过程中工人的行动选择——一项关于无集体行动的经验研究》，载《社会学研究》2003年第6期。

就业歧视时需要特别检验之处：如果户籍歧视不存在，则农民工在城市中就业不稳定的问题就不能归因于他们作为农民工的身份，而应该归因于他们的教育程度和能力，或者归因于他们选择进入市场部门的偏好。

表8-6　　　　　　　　　　制度、机制、归因方式

制度	机制/逻辑	归因方式
市场制度	人力资本的正向回报机制	因为人力资本低，所以进入次级劳动力市场
再分配制度	体制内（公有制部门）与体制外（私有部门）的差异	因为进入私有部门，所以工作缺乏稳定性
户籍制度	城乡差异	因为是农业户口，所以就业不稳定

那么，如何在市场制度和再分配制度同时存在的情况下验证户籍制度的影响呢？我们假定，变换工作反映的是个人与工作的不匹配[①]，即如果目前工作和自己的能力或需要不相匹配，个人则会通过工作流动来实现更好的匹配，或结束不佳的匹配。简单来说，如果一个人获得了一份好工作，则不倾向工作流动，而进入了一个不好的工作，则倾向于流动以寻找更好的工作（尽管未必一定能找到更好的工作）。

那么，怎样的工作才是好工作？我们已经难以做出诸如公有部门比私有部门的工作一定更好或更差的判断，因为岗位的二元性同时存在于公有和私有部门中。但总的来说，进入公有部门者比私有部门者更不易流动。这不仅对城市人如此，对农民工亦如此。据在田野调查中的描述，虽然国有部门中农民工所获得的待遇不及城市工人，但在国有部门工作的农民工在薪资、福利、用工规范性上仍优于在私有部门工作的农民工。[②]

但当户籍制度存在的情况下，公有部门的保障主要是提供给城市居民的，农民工能够同享的待遇相当有限。因此，如果户籍歧视存在，在公有部门中，农民工能够获得的就业稳定性和保障性将不及城市职工。但同时也要注意，农民工的人力资本普遍不及城市职工，城市职工在公有部门中的许多岗位也是农民工无可企及的，但我们可以缩小比较的范围：同样是蓝领工人，同样在没有大学本科学历的情况下，在公有部门中，这一类城市工人的就业是否与农民工相比更具稳定性呢？如果农民工跟与他们岗位相近、人力资本水平相似的城市工人一样在公有

---

① 此处并不包括组织内部的晋升性流动。

② Solinger Dorothy J.. The Chinese Work Unit and Transient Labor in the Transition from Socialism. *Modern China*, 1995, Vol. 21.

部门中更少发生工作流动，则他们的工作流动未必是由于户籍差异引起的，而可能是由于他们的人力资本水平所致。反之，就说明城乡差异在公有部门保障性的存在。因此，

假设1：如果户籍制度歧视存在，则在公有部门中，农民工比城市工人更易发生工作流动。在同样缺乏人力资本的情况下（如教育程度在初中及以下），城市工人比农民工更不易发生工作流动。

户籍歧视的影响不仅存在于城市工人与农民工的比较中，还存在于其在历史时期中的变化。户籍歧视和城乡二元分割程度会随时代发展而逐步降低。总的来说，国家政策对农民工的态度经历了一个从严到宽，从紧到松的调整过程[①]，这一过程也伴随着农民工劳动力供给的变化。20世纪70年代末，大批农民进城务工现象初见端倪。1984年的《中共中央关于一九八四年农村工作的通知》和1985年的《关于城镇人口管理的暂行规定》允许农民在不改变身份的前提下的进城务工。20世纪90年代初，中国的经济发展进入新一轮高潮，1993年起，农民工流动进入了"民工潮"时期，在该时期户籍管理进一步松动。但为了稳定城市秩序，政府对于农民工还是以管理限制为主，1994年《农村劳动力跨省流动就业管理暂行规定》和1998年《关于做好灾区农村劳动力就地安置和组织民工有序流动工作的意见》要求农民工须持流动就业证外出就业，以及提出要限制农村劳动力的盲目流动。但2003年颁布的《国务院办公厅关于做好农民进城务工就业管理和服务工作的通知》及2004年的《国务院办公厅关于进一步做好改善农民进城就业环境工作的通知》标志着国家对农民工政策调整的新阶段，反映出政府对改善农民工就业环境的重视。与此同时，2004年起，珠三角地区出现的"民工荒"现象，更为提高和改善农民工权益状况提出了迫切性要求。据此，我们可以将农民工的流动分成三个主要时段：1992年以前（流动早期），1993~2003年（"民工潮"时期，政策上以管理限制为主）；2004年至今（"民工荒"时期，政策上以积极改善为主）。

时间维度上，农民工供给的变化和国家政策的调整累积产生的一个重要结果是，户籍歧视会不断降低，农民工的雇佣环境将趋于好转。这意味着，农民工所面对的市场较之从前应该更为公平，与此相应的是农民工人力资本作用的凸显。次级劳动力市场的一个特征是个人人力资本难以对收入和工作稳定性产生明显的影响，也就是说，即使是有能力者，在缺乏机会的次级劳动力市场中，也难以凭

[①] "国家政策对农民工的态度是从严到宽，从紧到松"这一观点以及接下来在此段中对部分农民工政策的列举和回顾参考了由人力资源社保部社会保障研究所副所长金维刚博士主持的2008年国家社会科学基金课题"国家调整农民工政策的社会影响评估研究"的研究成果（未公开发表），在此特别注明并感谢。

借其能力改善其工作状况。这里需要特别提出的是，在一个较公平的市场中，人力资本对工作流动的影响可能是双向的。一方面，人力资本较高者容易获得较高的工作匹配，因此降低了人力资本较高者工作流动的必要性。但在另一方面，拥有较高人力资本者更有能力寻找更好的工作，因此，即使一开始进入了不够匹配的工作，他们也更有能力通过工作流动来实现未来的工作匹配。但如果是在次级劳动力市场或在歧视性的就业环境中，有能力的个体因为难以获得较好的工作匹配而倾向于选择继续流动，但即使这些与目前工作不匹配的个体发生了流动，也难以凭借其能力在工作流动中获得更好的匹配。

因此，在歧视性就业环境中，人力资本难以正常发挥作用，这也是为什么农民工通常会使用人际网络去寻找工作的原因。翟学伟指出，农民工通过社会关系网进行工作流动是为了防止"被骗"。[①] 如果在一个公平竞争的劳动力市场中，农民工即使不通过人际网络也可以获得较好或较可靠的工作流动信息。综合以上对人力资本和社会关系网络的论述，如果户籍歧视随时间降低，则农民工的人力资本对其实现工作匹配的重要性会显现，而使用人际网络对工作匹配的有效性会降低。因此有：

假设2：如果户籍歧视会随时间降低，则在农民工早期流动时，人力资本对其工作流动的作用不明显，社会网络的使用则有助于降低工作流动；在后期流动时，人力资本对其工作流动的作用将变得明显，而使用社会网络的作用会下降或变得不明显。

以上两条假设分别从城乡差异、时间差异两个维度来假设户籍制度对农民工就业会造成的歧视性影响。前面已述，户籍制度是以往农民工研究的重要解释变量，但绝大多数的经验研究仅是假定户籍制度的存在，并假定户籍制度是造成农民工在城市中遭遇就业歧视（包括工资待遇、职业稳定性等歧视）的根本性原因，却没有对户籍制度在何种程度上发挥作用以量化的方式加以探讨。户籍制度同时区分了城市人与农民工，但以往对农民工就业与工作的研究却忽视了其与城市人的对比。仅基于农民工数据的研究事实上并不能证明农民工所遭遇的就业歧视是户籍歧视而不是其他制度（如再分配制度或市场制度）所带来的不利影响。本研究的第一个假设即是通过比较城市居民与农民工在同等人力资本水平下、在同样部门中的工作流动的差异来确定户籍制度在何处发挥作用。另外，以往研究较少以量化的方式探讨户籍制度在不同历史时期影响的变化过程，本研究的假设2正是要探讨户籍制度的影响在时间维度上的变化。

---

① 翟学伟：《社会流动与关系信任——也论关系强度与农民工的求职策略》，载《社会学研究》2003年第1期。

四、数据与方法

个体层次的工作流动是本研究分析的对象。以往对农民工作流动频繁性的测量包括主观测量和客观测量，这些测量却存在一定的问题。工作变换的频繁性一定程度上体现了就业的稳定性。黄乾在研究城市农民工就业稳定性时采用了主观测量，将就业状况分为"稳定"、"比较稳定"、"一般"、"不稳定"、"非常不稳定"和"说不清楚"，让农民工自我评价他们的就业稳定性，继而在模型中将这5个等级合并为"稳定/不稳定"的两分类因变量，但自我评价的就业稳定性可能会受未来预期的影响，不完全是对实际的工作变换频繁性的判断。[1] 测量工作流动也可采用客观指标，在梁雄军、林云和邵丹萍对农民工"二次流动"的研究中，他们以是否有过"换地区流动"或"换企业流动"的经历作为因变量，但这种做法忽略了农民工换工经历的多次性：大多数农民工都不止发生过一次工作流动，而他们每次工作流动的类型和原因也可能各不相同。[2] 奈特和岳在测量农民工和城市人的工作流动时是用工作流动的次数除以工作年限得到一个平均流动率。[3] 这一做法没有考虑到具体每次工作流动发生的时间和所离开的工作岗位的特征，奈特和岳的做法实际上是假定所有因素在每次工作流动时均不变，对工作流动的影响也是一致的，但这并不符合事实。因此，奈特和岳对工作流动的测量虽然考虑了事件发生的多次性，但却忽略了事件发生的时间性。对工作流动频繁性的测量需要同时考虑每份工作的持续时间和工作变动次数两个方面。因此，本研究将采用事件发生的转换率（或风险率）来测量工作流动的频繁性，即从进入某份工作之时算起，历经多长时间发生过一次工作流动。

对一定时间内事件的发生或状态的改变建立模型需要使用事件史分析技术（event history analysis）。本研究将采用的事件史模型为指数模型。指数模型是最简单的转换率模型[4]，它是参数模型的一种，亦是连续时间模型的一类，其假定时间的分布是呈指数分布，即假设事件的发生风险是恒定的。由于本调查所使用的数据在测量时间上相对较为精确，且涉及的时间段较长，所以适用于使用连续时间模型。由于目前对农民工换工的时间分布情况尚不明确，所以使用时间分布

---

① 黄乾：《城市农民工的就业稳定性及其工资效应》，载《人口研究》2009 年第 3 期。

② 梁雄军、林云、邵丹萍：《农村劳动力二次流动的特点、问题与对策——对浙、闽、津三地外来务工者的调查》，载《中国社会科学》2007 年第 3 期。

③ Knight John and Linda Yueh. Job Mobility of Residents and Migrants in Urban China. *Journal of Comparative Economics*, 2004, Vol. 32.

④ Blossfeld, Hans - Peter, Katrin Golsch and Gotz Rohwer. *Event History Analysis With Stata*. New York: London: Routledge Academic, 2007.

假定较为简单的指数模型。指数模型的基本公式为：$h(t_i) = h_0(t) \exp(x_i{'}\beta)$ [1]；
其可以转化为较为常用的对数形式公式：$\log h(t_i) = X_i{'}\beta$。

对假设 1 的检验需要比较城市工人与农民工的工作流动，由于国内目前鲜有同时包括农民工样本和城市工人样本且含工作流动记录的大规模调查数据，故本研究将合并中山大学 2006 年珠三角外来务工人员调查（以下简称 SYSU2006）和 2003 年全国城乡居民生活综合研究调查（CGSS2003）两份数据 [2]。前者提供了农民工的样本，后者提供了城市工人样本。这两份数据中均有关于农民工或城市居民工作变动的回顾性信息。其中，SYSU2006 记录了农民工自初次进城打工以来的至多 6 次工作变换的信息，CGSS2003 包含城市工人自首份职业以来至多 12 条工作变动的记录 [3]。合并两份来自不同机构的调查数据可能产生的问题主要有两点：第一，两份数据的调查时点不同，农民工的调查是在 2006 年，城市居民的调查是在 2003 年；第二，农民工的数据是区域性数据，而城市居民的数据是全国性数据。对第一个问题，本研究采用的是调查中的回顾性数据，即被访者回忆从其首次参加工作（对农民工是首次进入城市工作）以来的工作流动情况，因此调查时间点不同只可能造成城市居民在 2003～2006 年发生工作流动记录的缺失，但不会影响到 2003 年以前两份数据在工作流动记录上的比较。况且，城市居民发生工作流动的频率较低，可假定 3 年内该群体的就业没有发生太大变化。区域性数据和全国性数据之间的可比性是一个较难解决的问题。不得不承认，在珠三角打工的农民工与在中国其他地区打工的农民工相比可能有一定特殊性。但是，在珠三角打工的农民工来自全国各地，而且珠三角也是中国最早、最具代表性的农民者集散地。本研究假定在珠三角打工的农民工与当时在其他地区的农民工之间有较高的相似性。

由于被访者可能有多条工作经历的记录，因此本研究处理的是一个多次事件发生的问题（multi-episodes）。不同于分析单次事件发生的事件史数据，对持续换工者而言，他们的工作流动是反复发生的，因此在观察期限内，他们可以不止有一个暴露期、不止有一组起止时间。本研究以农民工或城市职工是否发生工作流动作为每次事件发生或删截的标志，在 SYSU2006 数据中，以农民工自初次进

---

① 该公式的右边可以分成两部分，一是基准风险 $h_0(t)$，由时间决定，另一部分是风险得分 $exp(x_i{'}\beta)$，由协变量决定。β 是一组未知参数，表示一组自变量 x_i 对个体 i 风险率的影响，$h(t_i)$ 是连续时间的风险率或风险（*hazardrate or hazard*），即事件至时间 t 尚未发生的条件下，该事件在 $[t, t+\Delta t]$ 区间内发生的瞬时概率（参见丹尼尔·鲍威斯和谢宇：《分类数据分析的统计方法》，社会科学文献出版社 2009 年版，第 180～184 页）。

② 本研究所使用的 CGSS2003 的数据信息可参见：http://www.cssod.org/index.php。

③ CGSS2003 中的工作变动包括单位内的调动和不同单位之间的流动，为了与农民工的工作流动数据相对应，本研究只使用 CGSS2003 中不同单位间工作变动的记录。

城打工以来的首次工作的开始时间作为观察的起点，以调查发生的时点（2006年7月）作为最后一次观察的结束时间，在CGSS2003数据中，以城市被访者的首份工作作为观察的起点，以2003年6月作为最后一次观察的结束时间，将两份原数据分别转换成事件导向（event-oriented）的人—月（person-month）数据并合并①。

表8-7描述的是转化并合并后的人—月数据的统计概要。为了将农民工的工作流动和城市职工的工作流动均放在经济改革的背景下，此处的比较及之后的模型均仅限于1980年后进入首份工作的样本。表8-7显示，如果对工作流动的序次不做区分（即不区分是第几次发生工作流动），农民工工作流动的平均发生率为0.039。25%的农民工在进入某份工作后半年内（6个月）就发生了换工，50%的农民工在入职后约1年（12个月）会发生工作变换。相比之下，城市职工的工作变换较不频繁。城市职工的工作流动"平均"发生率为0.009，50%的城市居民入职后约8年才发生换工或离职。

表8-7　　　　　　　生存时间数据结构（或人—月数据）的概要统计

身份	人—月数据			生存时间（月）		
	人—月数	发生率	样本数	25%	50%	75%
农民工	160 677	0.039	2 529	6	12	26
城市职工	372 051	0.009	2 328	37	97	181

注：分位数对应的生存时间（以月为单位），即25%、50%、75%的人发生换工是在第几个月。

图8-2中的Kaplan-Meier存活函数曲线（简称K-M生存函数曲线）更形象地展示了农民工和城市工人工作流动发生趋势的差异。图的横轴表示观察时间，以月为单位，将某份工作的开始时间设为0值作为观察起点。图的纵轴表示尚未发生工作流动者的比例，在观察起点处，该比例为1（或100%）。在图8-2中可以看到，随着时间的推移，农民工中尚未发生工作流动的比例急速下降，而城市职工尚未发生工作流动的比例下降迟缓。图8-2中分别对城市职工总样本，1980以后参加工作的城市职工样本，农民工总样本和1980年以后进城打工的农民工样本的K-M曲线进行了估计。如图8-2所示，较之城市职工总样本，1980年以后参加工作的城市职工更易发生工作流动，这说明经济改革的确也增加了城市工人的工作流动，尽管如此，1980年以后参加工作的城市职工的工作流动率还是明显低于农民工。

①　此处省略原始数据转化为人-月数据的具体细节，欲知可与作者联系。

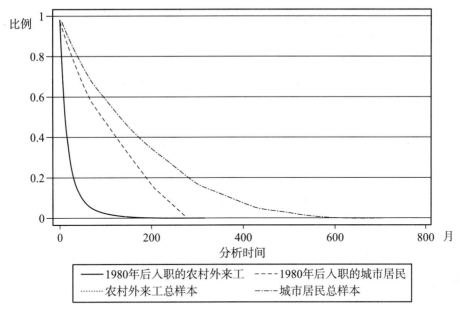

图 8 - 2　农民工和城市职工变换工作的 K - M 生存函数曲线

本研究对工作流动的差异性提出了两个假设，假设 1 主要是为了检验户籍歧视的存在，即在控制人力资本和部门的情况下，户籍差异是否还对工作流动产生影响。这里，因变量是发生工作变换的风险率。关键的自变量是户籍（hukou）、教育程度（education）和部门分类（国有部门/私有部门；sector）[1]。此外，将加入性别（sex）、年龄阶段（age）和婚姻状况（marriage）这些可能会影响工作流动的因素作为控制变量。一个基本模型[2]是：

$$\log h(t) = \beta_0 + \beta_1 sex + \beta_2 age + \beta_3 marriage + \beta_4 education$$
$$+ \beta_5 hukou + \beta_6 sector + \varepsilon \qquad (8.1)$$

假设 1 还指出，在国有部门中，农民工与城市居民在工作流动率上的差别与他们在私有部门工作流动率上的差别不同。也就是说，尽管在国有部门中的平均工作流动率会低于私有部门的平均工作流动率，但这一影响（工作稳定性）在城市居民样本中会体现得更为明显。为了检验这一点，本研究继而加入户籍与部门的交互项，则有模型 2：

$$\log h(t) = \beta_0 + \beta_1 sex + \beta_2 age + \beta_3 marriage + \beta_4 education + \beta_5 hukou$$

---

① 企业所属部门中，公有制部门包括国有事业单位、国有企业、集体所有制企业；私有部门包括外资及合资企业（欧美、日韩、港台等）、私营企业、个体户等。

② 此处的公式仅是示意性的。如年龄、婚姻状况、教育、户籍等自变量在纳入具体模型时将以虚拟变量的形式出现，但为了表达的简洁，在此处的公式中并不体现这些变量的具体处理方式。公式中 β 代表系数，其中 β_0 是截距项，ε 指的是残差项，下同。

$$+ \beta_6 \text{sector} + \beta_7 \text{hukou} \times \text{sector} + \varepsilon \qquad (8.2)$$

检验假设 1 时使用的数据是城市居民和农民工的合并样本。为了增加可比性，城市居民的样本限制在 1980 年 1 月以后首次进入劳动力市场，本科教育程度以下的蓝领职业者（职业类别为生产、运输设备操作人员及有关人员，基层生产的组长、工段长及工头，以及技术工人）。模型 1 和模型 2 均使用此数据。由于农民工的受教育水平普遍较低，这可能使他们更易处在不利的就业地位，从而即使在没有户籍歧视的情况下，该群体也显现出较之城市居民更易发生工作流动的现象，为了进一步剥离这种人力资本的干扰性影响，模型 3 进一步缩小样本至低教育程度者内部（初中及以下者）的比较：

$$\log h(t) = \beta_0 + \beta_1 \text{sex} + \beta_2 \text{age} + \beta_3 \text{marriage} + \beta_4 \text{hukou}$$
$$+ \beta_5 \text{sector} + \beta_6 \text{hukou} \times \text{sector} + \varepsilon \qquad (8.3)$$

模型 3 与模型 2 的检验重点一样，均是户籍、部门以及两者之间交互项的系数。不同的是，模型 2 是针对刚才定义的合并样本，而模型 3 只针对合并样本中低教育程度者（初中及以下）的样本。

假设 2 关注的是户籍歧视在时间维度上的变化。这一假设只针对农民工样本。首先估计不同时期农民工工作流动发生风险的变化，模型 4 中的 period 是探索不同时期工作流动风险变化上的差异性：

$$\log h(t) = \beta_0 + \beta_1 \text{age} + \beta_2 (\text{sex}; \ \text{kids}) + \beta_3 \text{education} + \beta_4 \text{way} + \beta_5 \text{work}$$
$$+ \beta_6 \text{sector} + \beta_7 \text{industry} + \beta_8 \text{period} + \beta_9 \text{origin} + \varepsilon \qquad (8.4)$$

前文已述，根据国家政策的调整和农村外出劳动力的供给，农民工流动可划分为三个时段：流动初期（1980 ~ 1992 年），民工潮时期（1993 ~ 2003 年）、民工荒时期（2004 ~ 2006 年）。式（8.4）中，period 是体现不同时期的两个虚拟变量，以 1980 ~ 1991 年为参照类。模型 4 重点关注的变量是教育程度（education）和寻职途径（way）[①]，前者是测量人力资本的作用，后者由于包含了在获得某份工作时是否使用过亲友关系，故体现了社会网络较之其他寻职途径的相对作用。控制变量主要包括年龄阶段（age），性别以及女性是否有 14 岁以下的孩子（sex；kids），工种（work）[②]，部门（sector）和行业（industry）[③]。

[①] 在寻职途径中，通过政府和学校招工主要是指由政府或学校组织的劳务流动；通过市场找工作的情况包括在劳务市场或中介找工、网络应聘、新闻媒体广告应聘、看到街头广告应聘、企业直招。

[②] 工种变量中的普工包括生产线上的普通工人和服务行业中的普通服务员、安保人员等；技工包括技术工人和低级别的管理人员（如班组长、领班等）；零工、散工包括没有营业执照的小店经营者、流动摊贩或流动销售人员、保姆、钟点工、自由三轮车工人、街头擦皮鞋人员、洗车人员、废品收购、拾荒、捡废品人员。

[③] 行业变量包括：制造业、服务业、建筑业和其他行业。其中，服务业是指广义的服务业，涵盖金融行业。

接下来，对不同时期劳动力市场中农民工的工作流动分别建立模型（模型5和模型6），每一个时期建立的模型中纳入的自变量均相同。模型的基本形式如下：

$$\log hi(t) = \beta_0 + \beta_1 iage + \beta_2 i(sex;\ kids) + \beta_3 ieducation$$
$$+ \beta_4 iway + \beta_5 iwork + \beta_6 isector + \beta_7 iindustry + \varepsilon \qquad (8.5)\ (8.6)$$

公式（8.1）~公式（8.6）中，i表示不同时期。由于第一个时段（即1980~1992年）中农民工的样本量太少，故本研究只对后两个时间段建立指数模型。

事件史分析中的自变量分两种，一种是不随时间变化的变量，另一种是随时间变化的变量。在本研究的数据中，性别和农民工的户籍来源地是不随时间变化的变量，而换工发生（或删截）时所处的年龄段、有无14岁以下的孩子、婚姻状况、教育程度均是随时间变化的变量。除此之外，所在企业的所有制性质、行业、工种、寻职途径也均随每份工作的变化而变化。由于模型中大多数自变量的取值是随每一次换工而发生变化，因此，对每一次换工的自变量取值分布的统计描述在此处略去。

五、结果分析

模型1至模型3是对假设1的检验，比较的是农民工和城市蓝领工人的工作流动在各影响因素上的差异。表8-8中的数值是指数模型的系数，其取自然指数e即是风险率之比（hazard ratio）。模型1和模型2均使用的是1980年以后参加工作的城市本科学历以下的蓝领工人[①]和同时期农民工的合并样本。其中，模型1是在控制其他变量的影响下检验户籍和企业所属部门对工作流动的平均影响。如表8-8第一列所示，在控制性别、年龄、婚姻状况和教育程度的情况下，农民工发生工作流动的风险是城市工人的2.6倍（$=e^{0.950}$）。较之进入私有部门者，进入公有部门者发生工作流动的风险将下降18%（$=1-e^{-0.203}$）。模型2是在模型1的基础上增加了户籍和部门的交互项，其目的是检验户籍对工作流动的影响是否随部门的不同而存在差异。表8-8的第二列显示交互项显著且大于1，这说明，即使同处在不易发生流动的公有制企业中，农民工也比城市工人更易发生工作流动，其工作流动的风险是城市工人的3.1倍（$=e^{0.807+0.338}$）。模型3是针对合并样本中低教育程度者（初中及以下者）建立的模型，可以看到，即使在低教育程度群体中，农民工也比城市工人更易发生工作流动。在公有部门中，低教育程度的农民工发生工作流动的风险是该部门中低教育程度的城市工人的3.3

---

① 以下提到的"城市工人"均是指城市户籍、本科学历以下的蓝领工人。为了简洁起见，故均泛称为城市工人。

倍（ $= e^{0.880+0.300}$ ）。图 8 - 3 更直观地展示了在低教育程度样本中，农民工和城市工人的工作流动在不同部门中的差别。尽管无论是城市工人还是农民工，进入私有部门比进入公有部门更易发生流动，但这种部门差异只在城市工人处更为明显。

表 8 - 8   工作流动风险比的指数模型结果：模型 1 至模型 3

模型	模型 1（合并样本）	模型 2（合并样本）	模型 3（初中及以下样本）
自变量	系数	系数	系数
农民工（参照组：城市工人）	0.950 ** (0.041)	0.807 ** (0.049)	0.880 ** (0.064)
公有制企业（参照组：私有制企业）	- 0.203 ** (0.037)	- 0.417 ** (0.058)	- 0.330 ** (0.080)
公有制企业 × 农民工		0.338 ** (0.073)	0.300 ** (0.096)
男性（参照组：女性）	- 0.034 (0.024)	- 0.037 (0.024)	- 0.066 * (0.029)
25 ~ 34 岁（参照组：25 岁以下）	- 0.676 ** (0.038)	- 0.674 ** (0.038)	- 0.652 ** (0.047)
35 岁以上	- 1.124 ** (0.048)	- 1.106 ** (0.048)	- 1.018 ** (0.058)
已婚（参照组：未婚）	- 0.321 ** (0.038)	- 0.321 ** (0.038)	- 0.331 ** (0.046)
高中/职中（参照组：初中及以下）	0.107 ** (0.027)	0.112 ** (0.027)	
大专	0.164 * (0.066)	0.166 * (0.066)	
常数项	- 3.655 ** (0.047)	- 3.526 ** (0.053)	- 3.602 ** (0.067)
Log Likelihood	- 6 107.1977	- 6 096.7132	- 4 050.3869
Chi-square	6 265.20	6 286.17	3 620.91
df	8	9	7
个案数	3 671	3 671	2 316

注：①括号中的数字为估计系数的标准误（Std. Error）；
②显著性水平：* 表示 p < 0.05；** 表示 p < 0.01。

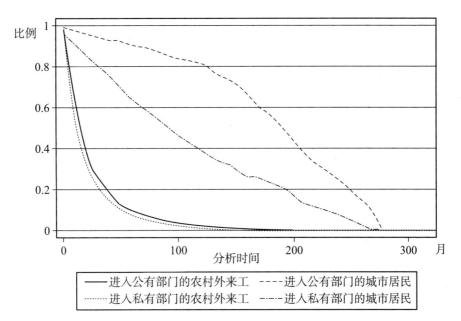

图 8 - 3　低教育程度者在公有制部门和市场部门发生工作
流动的 K - M 生存函数曲线比较

从模型 1 到模型 3，公有部门较之私有部门对工作流动风险有显著的负影响，这说明公有部门较之私有部门更可能提供工作的稳定性，这与我们之前对再分配制度体制内外差异的认识相符。而即使同样身处工作稳定性较高的公有部门中，即便在控制教育程度的情况下，农民工发生工作流动的风险仍然明显高出城市居民，这说明公有制部门的保障性主要是提供给城市居民而不是农民工，由此支持了假设 1。

模型 4 至模型 6 检验的是户籍歧视随时间的变化，仅基于农民工样本（SY-SU2006）建立模型（见表 8 - 9）。根据假设 2，模型以教育程度作为人力资本的测量，以寻职途径中是否通过亲友寻职来测量社会网络的使用。控制变量包括农民工的年龄、性别、是否有孩子、是否为广东省内迁移、行业、工种。

表 8 - 9　　　　　工作流动风险比的指数模型结果：模型 4 至模型 6

模型	模型 4 （农民工样本）	模型 5 （1993～2003 年）	模型 6 （2004～2006 年）
自变量	系数	系数	系数
1993～2003 年（参照组：1980～1992 年）	0.247 ** (0.071)		

续表

模型	模型 4 （农民工样本）	模型 5 （1993~2003 年）	模型 6 （2004~2006 年）
自变量	系数	系数	系数
2004~2006 年	0.930 ** (0.072)		
高中/职中（参照组：初中及以下）	0.121 ** (0.032)	0.076 (0.045)	0.185 ** (0.044)
大专	0.242 ** (0.084)	0.222 (0.118)	0.242 * (0.118)
通过亲友寻职（参照组：市场寻职）	-0.056 * (0.028)	-0.114 ** (0.039)	-0.018 (0.039)
通过政府、学校寻职	-0.068 (0.083)	-0.171 (0.122)	-0.004 (0.111)
公有制企业（参照组：私有制企业）	-0.027 (0.045)	-0.092 (0.062)	0.099 (0.065)
25~34 岁（参照组：25 岁以下）	-0.713 ** (0.035)	-0.773 ** (0.045)	-0.582 ** (0.054)
35 岁以上	-1.111 ** (0.046)	-1.206 ** (0.059)	-0.627 ** (0.067)
男性（参照组：无小孩的女性）	-0.242 ** (0.052)	-0.049 (0.068)	-0.461 ** (0.078)
女性且有 14 岁以下孩子	0.010 (0.030)	0.091 * (0.043)	-0.053 (0.041)
技术工人（参照组：普工）	-0.212 ** (0.032)	-0.272 ** (0.043)	-0.136 ** (0.046)
零工、散工	0.082 (0.103)	-0.016 (0.118)	-0.058 (0.212)
其他工种	0.001 (0.115)	-0.018 (0.146)	-0.026 (0.182)
服务业（参照组：制造业）	0.010 (0.032)	-0.013 (0.044)	0.040 (0.043)

模型	模型 4 (农民工样本)	模型 5 (1993~2003 年)	模型 6 (2004~2006 年)
自变量	系数	系数	系数
建筑业	0.028 (0.056)	0.046 (0.070)	-0.103 (0.100)
其他行业	-0.073 (0.097)	-0.084 (0.124)	0.147 (0.151)
常数项	-3.246** (0.076)	-2.932** (0.046)	-2.392** (0.042)
Log Likelihood	-4 405.2833	-2 973.2754	-1 429.4227
Chi-square	2 453.72	764.73	450.94
df	17	15	15
个案数	2 515	1 560	1 789

注：①括号中的数字为估计系数的标准误（Std. Error）。

②显著性水平：* 表示 $p < 0.05$；** 表示 $p < 0.01$。

　　伴随整个中国社会流动的加快，农民工的工作流动应该随时间推移而愈加频繁。模型 4 将不同时期作为虚拟变量，结果显示：相比于 1993 年以前，1993~2003 年农民工工作流动的风险提高了 28%（ $= e^{0.247} - 1$），而 2004~2006 年同 1993 年相比，这一风险又提高 153%（ $e^{0.930} - 1$），也就是说，随时间推移，农民工的工作流动越频繁，在图 8-4 中三条不同时期的工作流动的 K-M 曲线也拟合了这一过程。尽管农民工的工作流动随时间推移而愈加频繁，但不同时期影响农民工工作流动的因素却发生了变化，而这些变化正反映出随户籍歧视的下降，农民工所处劳动力市场环境的变化。模型 5 和模型 6 分别是对 1993~2003 年（"民工潮"）和 2004~2006 年（"民工荒"）两个时期农民工的工作流动建立的模型（见表 8-9）。在模型 5 中，1993~2003 年，受教育程度对工作流动的发生没有显著影响，而通过亲友寻职，农民工发生工作流动的风险能比市场寻职低 10%（ $= 1 - e^{-0.114}$）。模型 6 中的情况恰好相反，2004~2006 年，受教育程度对农民工的工作流动有显著的正影响，教育程度越高者越倾向于通过工作流动提高匹配，而通过亲友寻职与市场寻职的差异在模型 6 中变得不明显。两个模型对比，说明了随着时间推移，农民工所拥有的人力资本在其所面临的劳动力市场中开始发挥作用，这也许反映的正是户籍歧视的下降，因此，假设 2 得到支持。

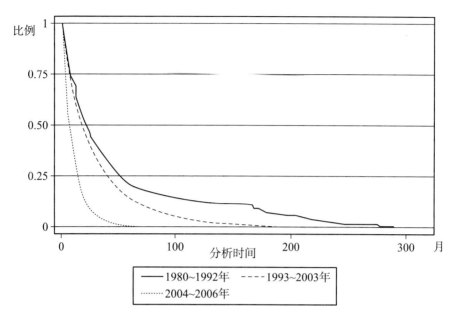

图 8 - 4　分时期农民工发生工作流动的 K - M 生存函数曲线比较

六、结论与讨论

　　本研究以两个假设来检验户籍制度对农民工工作流动的影响，其分别对应了户籍歧视存在的两个维度：第一，与城市工人相比较中的城乡差异；第二，时间维度上的变化。经过对农民工及城市工人的工作流动建立事件史模型，本研究发现，公有制部门中的保障性主要是提供给城市工人而不是农民工，同处于低人力资本的条件下，城市工人较之农民工的工作稳定性更高。在"民工潮"时期，农民工的人力资本对其工作流动的影响并不明显，而通过社会网络找到的工作更具稳定性。但在"民工荒"时期，农民工的人力资本对工作流动有显著影响，而社会网络的影响变得不显著。通过对以上两条假设的验证，本研究得出的结论是：尽管存在人力资本和所处部门对工作流动的影响，但户籍歧视仍作为一个独立因素影响了农民工的工作稳定性。但这种影响随着时间正在降低。

　　回到最初的问题，为什么农民工更倾向于频繁变换工作？关注城乡流动的迁移理论不能对发生在城市之间或城市之内以换工作为目的的流动做出合适的解释，劳动力市场分割理论虽可作为理解工作流动的基本视角，却不免陷入循环论证的问题，忽略了导致中国劳动力市场分割的机制或动因。基于以往文献，本研究将影响中国劳动力市场分割的机制总结为三种：市场制度中人力资本的正向回报机制，再分配制度传统下的体制内外差别机制，以及户籍制度形塑下的城乡身份差别机制。第一种机制是现代社会中最基本的分层机制，多劳多得、能者多得，这在任何一种现代组织（包括计划经济体制下的单位）中都存在。相比之下，后两种机制更具有中国情境的特点。体制内外差别机制来源于计划经济体制下单位制对个人工作与生活稳定性的保障。单位内成员福利保障的差异取决于单位之间的等级差异。① 随着市场改革的深入，我们可以想象，一部分行政等级较低的单位会向市场规则全面转向，可仍有相当一部分公有制单位尽管也追求市场效率，但在雇佣关系上仍力图维持稳定性和保障性。即使是市场化的公有制组织，较之新兴的私营组织，其对维护雇佣稳定性上也会投入更多，这就是制度的惯性。户籍制度是中国城乡之间重要的分配制度，也是城乡不平等的来源之一。随着与农民工进城务工相关的社会问题不断涌现，户籍制度愈加被视为歧视的来源，而不仅是一种管理的手段。国内几乎所有关于农民工的研究（无论是否有关工作流动）都一致将矛头指向了户籍歧视，但户籍歧视到底在多大程度上影响了农民工的境遇和行为却没能得到很好的解答。本研究的一个基本观点认为，农民工的就业行为同时受到人力资本正向回报机制、体制内外差别机制和城乡户籍差别机制的三重影响，而前两种机制在城市工人的就业和工作流动行为中也同样适用，因此仅单方面研究农民工的工作流动会把许多城市工人（尤其是处于不利地位的城市工人）同样遭遇的歧视或不利也误归于户籍歧视的一部分。另外，户籍歧视并不是一成不变的。随着时代推移，户籍对农民工的影响力事实上有所降低，这既是国家政策调整的成果，也是社会观念改变的结果。那么，如何通过量化研究反映这种户籍歧视的下降呢？仅从一个时点上对农民工建立模型很难反映出户籍歧视随时间的变化，这就需要多时点的比较。因此，本研究的第二个假设正是探讨不同历史阶段农民工流动的变化。

本研究实际上是围绕城乡户籍身份分割来对工作流动做出解释。反过来看，本研究也可以理解为以工作流动作为研究户籍歧视的一个切入点。因此，我们最后补充讨论的一个问题是：工作流动意味着什么？与工资、职业声望分数等分层研究的经典因变量相比，工作流动所代表的含义还不够明确。因为从流动的起因上看，工作流动可分为自愿流动和非自愿流动，② 职业取向流动或家庭取向流动等③；从

---

① 华尔德：《共产党社会的新传统主义：中国工业中的工作环境和权力结构》，龚小夏译，香港：牛津大学出版社1996年版。

② 吴晓刚：《1993～2000年中国城市的自愿与非自愿就业流动与收入不平等》，载《社会学研究》2008年第6期。

③ Cao Yang and Chiung‑Yin Hu. Gender and Job Mobility in Postsocialist China：A Longitudinal Study of Job Changes in Six Coastal Cities. *Social Forces*，2007，Vol. 85.

流动的结果上分，又可以分为向上、平行和向下流动①，由于数据条件所限，本研究无法全面考虑各种情况的工作流动，仅是单独考虑工作流动的频繁程度这一个特征。这一局限性在研究城市居民的流动时会存在较大问题，但在研究农民工的工作流动时却仍有意义，因为该群体工作流动的频繁性能够反映中国社会中某些特有的制度动力。我们并不能认为，只有农民工的工作流动是高度频繁的。事实上，1920 年左右，美国社会也经历了一段工作流动的频繁期，即使是在人员流动相对稳定的公司里，每月每 100 名雇员中就约有 10 名雇员会发生流动。②但我们却可以认为，农民工的工作流动频繁性的原因有别于美国 20 世纪 20 年代高离职率的原因。从竞争资本主义向垄断资本主义转变的进程中，由于内部劳动力市场的建立，美国等西方国家的雇佣关系朝向稳定的方向发展，而在从计划经济向市场经济转轨的中国，过于僵化固定的雇佣关系开始朝着自由流动、双向选择上过渡，而农民工工作流动频繁性的复杂之处在于，他们不仅是比城市居民变换工作更为频繁，甚至是缺乏就业的稳定性。他们并不是因为进入市场环境后拥有了自由流动、双向选择的就业权利，而是进入了次级劳动力市场中而陷入去留两难的困境。本研究假定，自愿工作流动是由于个体对目前工作的不满意，这个不满意也许出于缺乏向上流动的机会，也许出于对权益或待遇状况的不满。每次工作流动并不意味着一定能获得改善，若依旧不能获得改善，则引发后继的工作流动。因此，过于频繁的工作流动意味着工人对工作条件或工作机会的不满。农民工较频繁的工作流动反映出他们对城市劳动力市场中就业和权益不平等的不满。

但从另一个角度看，农民工频繁变换工作虽然会给企业、城市社区及他们自身带来额外的成本，但工作流动并不是农民工在城市就业中遭遇的最坏情况。蓝佩嘉在研究台湾移工时指出，从事低端家政行业的东南亚移工由于移民法律的限制，无法在劳动力市场中自由流动，这导致了他们在雇佣地就业的边缘化地位。③ 在她看来，通过"用脚投票"，无产化的劳动者可拥有的最底线自由就是透过市场流动选择自己要的工作。④ 因此，从这个角度上讲，农民工能够变换工作、能够"用脚投票"是他们维护自身权益的一种筹码。所以，我们在评价农民工频繁变换工作这一现象时，需要去设身处地了解他们真正关心的利益及他们对工作权益的实际诉求，当我们理解他们频繁变换工作的背后也许是在利用劳动力市场的流动性来试图改变在劳动力市场分割中的不利地位时，如何为他们提供

---

① Zhou Xueguang, Nancy Tuma and Phyllis Moen. Institutional Change and Job – Shift Pattern in Urban China, 1949 to 1994. *American Sociological Review*, 1997, Vol. 62.

② 艾伯特（Andrew Abbott）：《工作和职业的社会学研究》，罗教讲、张永宏等译，载斯梅尔塞（Neil J. Smelser）、斯威德伯格（Richard Swedberg）主编：《经济社会学手册》，北京：华夏出版社 2009 年版，第 14 章。

③④ 蓝佩嘉：《跨国灰姑娘：当东南亚帮佣遇上台湾新富家庭》，台北：行人出版社 2008 年版。

一个更公平的劳动力市场也许比单纯地鼓励他们停留在城市的某处更有意义。

第三节　离职意愿

一、研究问题

改革开放以来，经过30多年的经济发展，中国已进入劳工短缺时代。2004年初，"民工荒"首次出现在珠三角地区。最近两年，"民工荒"愈演愈烈，至2011年春天，甚至出现了中西部地方政府截留本地农民工和企业到车站"抢工人"的现象。[①] 2007年，中国社会科学院和国务院发展研究中心联合发布的研究报告指出，近75%的农村地区已经没有青壮年劳动力可以转移，中国将逐步进入劳动力短缺的时代[②]。蔡昉等通过对中国人口结构、劳动力市场供求关系以及普通劳动者工资上涨的一系列实证研究表明，中国的人口红利正在丧失，"刘易斯转折点"即将到来。[③] 尽管学术界对这一现象有着不同的解释[④]，但自2004年以来，劳工短缺在珠三角和长三角地区都是一个不争的事实，"民工荒"也不再仅表现为局部荒、季节荒和技工荒，而是全国性的不分季节的劳工短缺。

2011年3～5月，我们对广州、顺德和中山等地的一些劳动密集型企业进行了走访调查。一位任职于为三星代工的港资企业的人力资源部经理说，2006年以前，他们从来没有为招工发愁，每年春节后的开工日，工厂门外都站满了前来应聘的工人，而这两年，则寥寥无几，且有大批工人不再返岗。目前，招工已是占用他们精力最多的工作。为满足生产需要，他们还经常到内陆地区招工，甚至使用一些实习生和劳务派遣工。与此同时，农民工的高度流动性更加剧了企业缺工。调查中的被访者的工作经历数据显示，有过换工经历的农民工第一份工作平均年限为2.4年，工作时间不足1年者占31.16%，1年以上但不足2年者占28%，工作时间在5年以上者仅占12.5%；就所在企业工龄来看，5年以上者仅占23%[⑤]。这说明，大多

① 参见陈强、孙晶：《中西部劳务大省与沿海地区展开夺人大战》，《羊城晚报》，2011年2月18日。
② 参见李小平：《如何看待劳动力大量潜在过剩下的民工荒》，http://www.21cbh.com/HTML/2009-8-31/HTML_0OV17PCJAS9E.html。
③ 蔡昉：《劳动力无限供给时代的结束》，载《金融经济》2008年第2期。
④ 蔡昉：《人口转变、人口红利与刘易斯转折点》，载《经济研究》2010年第4期。
⑤ 这一数据来自本研究所用调查数据。

数农民工的职业都不稳定。但与招工相比，稳定已有熟练工人队伍，减少流失率更为重要。在走访中，多位企业人力资源经理反映，他们企业每个月都会有10% ~ 15%的一线工人流失，其中主要以入职不到 3 个月的新员工为主。这给企业的生产和经营带来了巨大困难，迫使企业想尽办法稳定工人。为此，管理者尽量满足工人对工作岗位的需求，比如有的工人反映不喜欢自己的工作，或者想与老乡调至一个车间，这类需要基本都会被满足。

上述企业反映的情况并非个案，东部沿海地区许多企业都面临着同样的问题。在珠三角和长三角地区，劳动密集型企业占了绝大多数，这类企业主要依靠廉价劳动力获得市场竞争力。过高的员工离职率不仅造成企业生产技术的流失，也会增加企业员工招聘和培训的成本，影响企业的竞争力和生产效率。在劳工富裕时代，企业很少担心农民工流失，员工高度流动性甚至还被企业用来降低用工成本，保障劳动力年轻化。这一问题也很少进入学术研究视野。如今在劳工短缺的背景下，如何提高农民工归属感、认同感和降低离职率已逐渐成为了企业管理者所要面对的重要课题。因此，对农民工离职倾向及其影响因素的研究对理解我国农民工流动及劳工短缺的现象具有重要的现实意义。

纵观国内外的相关研究，尽管已有大量的理论或实证研究都提出了的员工离职模型，但绝大部分的研究结论都是来自于发达国家劳动力市场的管理实践。国内的相关研究主要关注的是相对高端职业雇员的离职行为，处在低端劳动力市场的农民工离职行为很少受到学界的关注，有关"民工荒"背景下农民工离职意愿的实证和理论研究更是寥寥无几。[①] 鉴于此，本研究基于 2010 年珠三角和长三角地区农民工的问卷调查数据，重点从工作嵌入的理论视角来探讨农民工的离职意愿问题。

二、文献综述

（一）员工离职：模型与实证

员工离职问题一直是理论界与管理实践中所面对的重要课题。[②] 国外学者关

① 丁守海：《提高最低工资标准对农民工离职率的影响分析——基于北京市 827 名农民工的调查》，载《中国农村观察》2009 年第 4 期；甘满堂：《"工荒"：高离职率与无声的抗争——对当前农民工群体阶级意识的考察》，载《中国农业大学学报》（社会科学版）2010 年第 4 期；李桦、王安富、黄蝶君：《激励因素对新生代农民工离职的影响研究》，载《农业经济问题》2011 年第 4 期。

② Griffeth R. W., P. W. Hom and S. Gaertner. A Meta – Analysis of Antecedents and Correlates of Employee Turnover: Update, Moderator Tests and Research Implications for the Next Millennium. *Journal of Management*, 2000, 26 (3)；周小虎、马莉：《企业社会资本、文化取向与离职意愿——基于本土化心理学视角的实证研究》，载《管理世界》2008 年第 6 期。

于离职问题已积累了丰富的研究成果，并建构了多种离职模型。谢晋宇和王英等对 20 世纪 80 年代以前的模型进行了详尽的述评[1]，其中比较有代表性的包括马奇（March）和西蒙（Simon）的雇员流出过程模型、普莱斯（Price）的流出决定因素及中介变量模型、莫布雷（Mobley）的中介模型。[2] 张勉和李树茁则对 20 世纪 80 年代以来的主要研究进展进行了详尽的述评，主要包括斯蒂尔斯（Steers）和莫戴（Mowday）的综合模型、谢里丹（Sheridan）和亚伯尔森（Abelson）的"尖峰突变"模型、李（Lee）和米切尔（Mitchell）的员工离职多路径模型以及普莱斯—穆勒（Price‐Mueller）的离职模型等。[3] 但这些离职模型主要来自西方发达劳动力市场的经验数据，在中国的适用性有待检验。而自 21 世纪初以来，随着统计手段的成熟和调查数据的普及，国内学者对中国员工离职问题也进行了许多实证研究，研究对象涉及企业高管、国企员工、医务工作者、民营企业经理人、MBA 与商学院进修学员、IT 技术员工、企业知识员工和大学毕业生等。[4]

综观国内外相关研究，无论是企业高管还是普通职员，影响离职意愿的解释变量不外乎为以下四类：第一类是人口特征变量，例如性别、年龄、教育和婚姻等；第二类是工作及组织内环境变量，例如工资报酬、福利待遇、工作负荷、同事关系和人事制度等；第三类是外部环境变量，例如工作机会、就业率、可替换工作、搜寻成本、家庭和自然气候等；第四类是员工态度变量，包括工作满意

① 谢晋宇、王英：《企业雇员流失分析模型介评（下）》，载《外国经济与管理》1999 年第 6 期。

② March J. G. and H. A. Simon. *Organizations.* Oxford：Wiley，1958；Price J. L.. *The Study of Turnover.* Iowa State University Press，1977；Mobley W. H.. Intermediate Linkages in the Relationship between Job Satisfaction and Employee Turnover. *Journal of Applied Psychology*，1977，Vol. 62（2）.

③ 张勉、李树茁：《雇员主动离职心理动因模型评述》，载《心理科学进展》2002 年第 3 期；Steers R. M. R. T. Mowday and L. W. Porter. *Employee Turnover and Post Decision Accommodation Processes.* Eugene. Or：Oregon University Eugene Graduate School of Management and Business，1979；Sherraden M. S. and J. J. Martin. Social Work with Immigrants：International Issues in Service Delivery. *International Social Work*，1994，Vol. 37（4）；Lee T. W.，T. R. Mitchell et al.. The Effects of Job Embeddedness on Organizational Citizenship，Job Performance，Volitional Absences，and Voluntary Turnover. *The Academy of Management Journal*，2004，Vol. 47（5）；Price J. L.. *The Study of Turnover.* Iowa State University Press，1977.

④ 张龙、刘洪：《高管团队中垂直对人口特征差异对高管离职的影响》，载《管理世界》2009 年第 4 期；叶仁荪、王玉芹、林泽炎：《工作满意度、组织承诺对国企员工离职影响的实证研究》，载《管理世界》2005 年第 3 期；梁小威、廖建桥、曾庆海：《基于工作嵌入核心员工组织绩效——自愿离职研究模型的拓展与检验》，载《管理世界》2005 年第 7 期；张玉波：《民营企业如何赢得忠诚经理人》，载《中国劳动》2001 年第 10 期；周小虎、马莉：《企业社会资本、文化取向与离职意愿——基于本土化心理学视角的实证研究》，载《管理世界》2008 年第 6 期；张勉、张德、李树茁：《IT 企业技术员工离职意图路径模型实证研究》，载《南开管理评论》2003 年第 4 期；张正堂、赵曙明：《欠发达地区企业知识员工异地离职动因的实证研究：以苏北地区为例》，载《管理世界》2007 年第 8 期；刘军、刘小禹、任兵：《员工离职：雇佣关系框架下的追踪研究》，载《管理世界》2007 年第 12 期。

度、组织承诺和成就动机等。[①] 有关离职模型的中介变量研究中，普莱斯认为，工作满意度和组织承诺是影响员工离职的最主要中介变量，这一思路影响到了后来的诸多研究。[②] 当然，也有学者持不同的观点，认为工作态度变量仅能解释离职方差的很少一部分，甚至只有 4% ~5% 的解释力。[③]

在农民工方面，国家统计局数据显示，2009 年，中国农民工近 2.3 亿，其中在珠三角和长三角地区就达 6 000 多万[④]，几乎占据了整个低端劳动力市场。众所周知，受历史、户籍及福利制度影响，中国劳动力市场分割为以城市职工为主体的初级劳动力市场和以农民工为主体的次级劳动力市场。[⑤] 在次级劳动力市场中，农民工从事的基本上是工资水平低、工作时间长、劳动负荷重、工作环境差、社会保障缺乏、就业不稳定以及缺乏培训和晋升机会的职业，这意味着农民工在考虑自身离职问题的时候，与以知识精英为主的白领阶层有所不同，他们的离职往往是一种基于客观环境的生存压力下的选择。早在 2004 年第一波"民工荒"出现时，就有学者指出，"民工荒"其实是"权利荒"，表现为农民工在工资、工时、福利和保险等诸多劳动权益方面所遭受到的侵害。因此，农民工离职或换工是农民工迫不得已的"用脚投票"[⑥]，是农民工与企业和地方政府的博弈[⑦]，当然，农民工也在试图通过离职来找到更好的工作。[⑧] 有鉴于此，本研究将劳动权益放入农民工离职意愿模型。然而，仅仅从劳动权益的角度来看待农民工离职意愿是远远不够的。正如米切尔等所指出的，离职意愿受到多种因素的影响，一定要进行多元和多路径的综合分析。[⑨] 基于米切尔等所做的工作嵌入模型

① Cotton J. L. and J. M. Tuttle. Employee Turnover: A Meta – Analysis and Review with Implications for Research. *Academy of Management Review*, 1986, Vol. 11 (1); Abelson M. A.. Examination of Avoidable and Unavoidable Turnover. *Journal of Applied Psychology*, 1987, Vol. 72 (3); Mitchell, Terence. R. Brooks C. Holtom et al. Why People Stay: Using Job Embeddedness to Predict Voluntary Turnover. *The Academy of Management Journal*, 2001, 44 (6).

② Price J. L.. Reflections on the Determinants of Voluntary Turnover. *International Journal of Manpower*, 2001. Vol. 22 (7).

③ Hom P. W. and R. W. Griffeth. *Employee Turnover*. Cincinnati, OH: South – Western College Publishing, 1995.

④ 数据来源于国家统计局：《2009 年农民工监测报告》，http://www.stats.gov.cn/tjfx/fxbg/t20100319_402628281.htm。

⑤ 蔡昉、都阳、王美艳：《户籍制度与劳动力市场保护》，载《经济研究》2001 年第 12 期；乔明睿、钱雪亚、姚先国：《劳动力市场分割、户口与城乡就业差异》，载《中国人口科学》2009 年第 1 期。

⑥ Hisrchman and Albert O.. *Exit, Voice and Loyalty: Responses to Decline in Firms, Organizations and States*. Cambridge, Massachusetts: Harvard University Press, 1971.

⑦ 参见郭加奇：《劳工权益缺保障农民工用脚投票选老板》，载《工人日报》，2004 年 10 月 21 日。

⑧ Freeman, Richard B. and James L. Medoff. *What Do Unions Do?*. New York: Basic Books, 1984。

⑨ Mitchell, Terence. R., Brooks C. Holtom et al. Why People Stay: Using Job Embeddedness to Predict Voluntary Turnover. *The Academy of Management Journal*, 2001, 44 (6).

（Job Embeddedness Model），我们将进一步对工作嵌入对农民离职意愿的影响进行分析和探讨。

（二）工作嵌入

20 世纪 90 年代以来，传统的以工作满意度和组织承诺为解释变量的离职模型由于缺乏令人信服的解释力，受到了很多学者的批评和质疑，[①] 这些学者也进一步指出，已有的离职模型实际上忽略了很多重要的解释因素。与此同时，许多学者开始试图突破以往基于态度变量的离职模型以发展"新离职理论"，即从社会联系、个体差异和组织差异等方面来进行多元化、多路径和多角度的深入探讨。[②] 在后续的研究中，米切尔等提出了工作嵌入模型在学界引起了巨大反响，该模型揭示了工作嵌入对员工离职倾向和行为所具有的新的解释力，对拓展传统基于员工态度的离职模型做出了重要贡献，受到了学术界的广泛关注和引用。[③]

"嵌入"（Embeddedness）是新经济社会学的核心概念之一，起源于波兰尼（1957）对市场行为与社会结构关系的阐述。格兰诺维特（1985；1992）进一步指出，人类的经济行为嵌入在社会关系网络之中，嵌入的作用机制是信任。人的经济行动离不开社会关系网络，并受到社会关系网络的影响。这一概念成功地将经济学与社会学联系了起来，推动了新经济社会学、新制度主义和组织理论等多学科交叉发展。正是受这一思想的影响，米切尔等在其离职模型研究中引入了"工作嵌入"视角，他们认为工作嵌入就像一张网，这张网会将员工"卡住"（Stuck）。个人拥有社会联结越紧密，其"嵌入性"越高。正如一些学者所指出的，工作嵌入是由一些环境和知觉要素构成的概念，这些要素将个体与组织和社区联结起来。[④] 为了更好地操作化和测量"工作嵌入"这一概念，本研究将工作嵌入以工作环境为分界，分为两个中观层面的子要素：工作内嵌入与工作外嵌入。前者指个体与工作所在的组织的嵌入程度，后者指个体与生活的社区的嵌入程度。总的来说，工作嵌入包括三个分析维度：第一，联结（Links），表现为个

---

① Hom P. W. and R. W. Griffeth. *Employee Turnover*. Cincinnati OH：South – Western College Publishing, 1995；Maertz C. P. and R. W. Griffeth. Eight Motivational Forces and Voluntary Turnover：A Theoretical Synthesis with Implications for Research. *Journal of Management*, 2004, 30 （5）.

② Barrick M. R. and M. K. Mount. Effects of Impression Management and Self-deception on the Predictive Validity of Personality Constructs. *Journal of Applied Psychology*, 1996, 81 （3）；Cohen S. G. and D. E. Bailey. What Makes Teams Work：Group Effectiveness Research from the Shop Floor to the Executive Suite. *Journal of Management*, 1997, Vol. 23 （30）.

③ Maertz C. P. and R. W. Griffeth. Eight Motivational Forces and Voluntary Turnover：A Theoretical Synthesis with Implications for Research. *Journal of Management*, 2004, 30 （5）.

④ 袁庆宏、陈文春：《工作嵌入的概念、测量及相关变量》，载《心理科学进展》2008 年第 6 期。

人与组织或其他人之间正式和非正式的联系。嵌入性视角认为，员工在组织中的各种社会关系将其在社会上、心理上和经济上与企业联结起来，这些社会关系包括工友、朋友、团体、社区和员工所生活的环境。所拥有的社会网络规模越大，个人与环境的联系越密切，从而受到工作或组织的束缚程度就越高，因而，就越不可能选择离职。第二，适应（Fit），指个人与组织和其所在环境的相容性或适应性。根据这一理论，雇员的价值观、未来的职业目标和规划需要与组织的主流文化和其工作要求（工作知识、技能和能力）相适应，与此同时，个人与其社区和周围的环境也要相适应。员工适应性越好，表明他们在职业、生活和个人特征上与组织联结的紧密程度就越高，对组织的依赖感也更强。若个人选择离职、无论何种变换都会使个人面临难以适应的风险，因此，个人的适应程度越高，离职可能性越低。第三，代价（Sacrifice），指个人因离职将会丧失的物质利益和社会心理上的预期利益，例如失去同事关系、项目、额外津贴、养老金、股息分红以及随任职期增长的各种利益损失（如工作稳定性和提拔机会、选择部门的优先性、奖励以及带薪假期等）；在社区方面，员工要离开一个具有吸引力、安全性和受到尊重并为其喜爱的社区是十分困难的，如果选择离职，该社区所提供的便利交通、生活设施、医疗和教育资源也会随之减少。简而言之，如果个人发现离职使其放弃的越多，个人就会越不倾向于离职。①

工作嵌入的思想来自于社会网络，然而，与社会网络强调其所带来的社会资源所不同，工作嵌入更强调社会网络对行动者的约束性，而不再只是社会资本或社会支持。此外，工作嵌入包含的内容更为丰富，除了一般意义上的社会网络联结，还有企业适应和离职代价等，有学者们甚至把工作嵌入定义为促使员工不愿意离开他们的组织或社区的综合性因素。② 与社会结构理论强调职位空缺的影响不同③，工作嵌入理论认为，即使存在很多的职位空缺，如果工作嵌入程度较好，离职的可能性依然很低。已有的实证研究也表明，工作嵌入对员工离职倾向具有显著的解释力。④ 而在国内的研究中，梁小威等对卫生保健行业员工离职意愿的研究发现，工作嵌入对员工组织绩效与自愿离职具有显著的影响，对核心员

① Shaw J. D. , Delery J. E. et al. An Organization – Level Analysis of Voluntary and Involuntary Turnover. *The Academy of Management Journal*, 1998, Vol. 41 (5).

② Yao X. , T. W. Lee et al. . *Job Embeddedness*: *Current Research and Future Directions. In Innovative Theory and Empirical Research on Employee Turnover*. Griffeth R. W. and Hom, P. W. (ed.) Greenwich, CT: Information Age Publishing Inc, 2004.

③ Rosenfeld R. A. . Job Mobility and Career Processes. *Annual Review of Sociology*, 1992, Vol. (18).

④ Mitchell, Terence. R. , Brooks C. Holtom et al. Why People Stay: Using Job Embeddedness to Predict Voluntary Turnover. *The Academy of Management Journal*, 2001, 44 (6); Lee T. W. , T. R. Mitchell et al. . The Effects of Job Embeddedness on Organizational Citizenship, Job Performance, Volitional Absences and Voluntary Turnover. *The Academy of Management Journal*, 2004, Vol. 47 (5).

工自愿离职具有一定的制约性。① 周小虎和马莉以南京 400 位管理人员为样本，对员工中国文化取向、企业社会资本和组织承诺各概念进行了系统的探索性研究，发现组织社会资本在员工中国文化取向与员工组织承诺的关系中起完全中介作用，并有效降低了核心员工的离职意愿。②

管理学主要探讨白领、经理或技术核心成员的离职问题，他们的文化水平较高，处于劳动力市场的上层，生存状况较好，关注的问题往往是一些涉及个人职业发展的问题。农民工与白领不同，他们的文化水平较低，就业状况较差，更加关注自身的生存问题，离职所考虑的因素也更加复杂多样。工作嵌入理论为理解农民工离职问题提供了诸多启示，使对员工所拥有的社会关系的分析从对企业内部拓展至企业外部，为员工离职研究打开了新的视野；此外，工作嵌入理论还强调职业和社区适应性，以及离职可能要付出的代价等。与以往单纯将农民工离职视为劳动权益受到侵害的研究相比，工作嵌入理论是一个更为综合、全面和多元的分析视角。

三、研究假设

（一）联结

米切尔等（2001）认为，个体在企业内或社区的各种正式或非正式的联结是工作嵌入的主要表现。本研究将工作嵌入分为非正式关系联结与正式的制度联结两个方面，并在此基础上对农民工离职问题进行分析。由于外来工人基本上不会参与本地社区的公共事务决策或管理，缺乏与打工地的制度性联结，因此，在社区层面，本研究主要分析农民工的非正式关系联结对离职意愿的影响。

关系联结指雇佣关系主体所拥有的社会关系网络，而个人的关系网络往往会影响或约束劳雇双方的行为和态度。社会关系网络对个体具有重要的价值，为个人提供功能性、情感性和社会交往的支持。③ 本研究使用企业内有无朋友作为关系联结程度的测量指标，这反映了个体在企业内部的社会网络构建情况，是测量

① 梁小威、廖建桥、曾庆海：《基于工作嵌入核心员工组织绩效——自愿离职研究模型的拓展与检验》，载《管理世界》2005 年第 7 期。

② 周小虎、马莉：《企业社会资本、文化取向与离职意愿——基于本土化心理学视角的实证研究》，载《管理世界》2008 年第 6 期。

③ Van del Poel and Mart G. M.. Delineating Personal Support Networks. *Social Networks*, 1993, Vol. 15（1）; Sherraden M. S. and J. J. Martin. Social Work with Immigrants: International Issues in Service Delivery. *International Social Work*, 1994, Vol. 37（4）.

工作嵌入的核心指标之一。对农民工来说，在企业内部有朋友就意味着拥有社会支持网，他们通过社会支持网而获得的各种资源和支持，如求职信息、金钱和友情等，有助于个人更专心地工作。[1] 社会关系网之所能有效降低离职意愿的原因是多方面的，在增强外来工对打工地和企业的社会适应和归属感方面，外来工的社会关系网有利于减轻其社会排斥感，增强他们对城市的归属感和认同感，在企业中有好朋友的外来工心理排斥感较弱[2]；刘林平等的研究也发现，在企业内有朋友有助于缓解农民工的精神压力，降低心理问题发生的风险。[3] 当然，社区因素也应成为解释员工离职意愿的重要考虑因素，在社区方面，我们引入本地交往变量以反映外来工与本地人交往密切的程度。

因此，提出假设 1a：关系联结程度影响农民工离职意愿，联结程度越高，离职意愿越低。具体而言，与在企业内无朋友的农民工相比，有朋友者离职意愿更低；与本地人交往越密切者，离职意愿越低。

制度联结主要存在于企业内部，指雇佣主体与正式管理制度的关系。劳动合同制度是反映"制度联结"的主要方面，它有利地稳定了雇佣关系。具体而言，劳动合同是劳动者与用工单位之间建立劳动关系，明确双方权利和义务的协议，重点是保护劳动者的基本权益，同时也有利于企业有效地维护员工的稳定性。本研究认为，劳动合同制度稳定员工的原因主要有以下三个方面：第一，劳动合同具有附加价值，一旦签订劳动合同，就意味着缴纳社保金。员工一旦离职，由于社保金转移非常困难，因而已缴纳的社保金也会随之消失；第二，劳动合同作为一种契约，其具有一定的法律约束力，合同中关于员工擅自离职也注明相关的限制或惩罚措施；第三，劳动合同不仅是书面契约，同时也是心理契约，对于背井离乡的农民工而言，其内心的淳朴更容易滋生对工作的依附感，因此，这种法律约束赋予雇佣关系的稳定性，能够有效稳定人心，使工人产生安定感，从而降低农民工的离职意愿。

因此，提出假设 1b：企业内部的正式制度联结状况影响农民工的离职意愿，联结程度越高，离职意愿越低，即与没签劳动合同者相比，签合同者离职意愿更低。

（二）适应

工作嵌入理论认为，员工与企业或社区的匹配性或适应性也是工作嵌入程度

---

[1] 李树苗、杨绪松、悦中山、靳小怡：《农民工社会支持网络的现状及其影响因素研究》，载《西安交通大学学报》（社会科学版）2007 年第 1 期。

[2] 陈黎：《外来工社会排斥感探析：基于社会网络的视角》，载《社会》2010 年第 4 期。

[3] 刘林平、郑广怀、孙中伟：《劳动权益与精神健康——基于对长三角和珠三角外来工的问卷调查》，载《社会学研究》2011 年第 4 期。

的重要表征。相对于社会联结，适应更具有主观性，体现了员工对自身处境的感知。尽管工作嵌入理论试图超越工作满意度模型，然而，工作嵌入中的适应性概念还是建立在传统的工作满意度概念基础之上[1]，一旦员工适应了企业对员工技能和素质等方面的要求，从事这项工作就更加得心应手，也更有满足感，离职意愿也较低。因此，农民工对工作和企业的满意度在很大程度上反映了他们的适应程度。一般来说，满意度越高，表明他们的适应性越好，因此本研究用该变量反映农民工的适应程度。在社区层面，这种适应一方面表现为社会交往，这点我们在假设1中进行探讨，另一方面表现为外来工人员对所生活城市环境的评价。评价越高，表明他们对当地的认同度和适应性越高，这是个体与社区适应性的主要测量指标。

因此，提出假设2：农民工在企业和社区的适应性越高，离职意愿越低。具体而言，工作适应程度越高，离职意愿越低；城市适应程度越高，离职意愿越低。

（三）代价

代价指个体选择离职，尤其是离开所在的企业和城市后，将可能失去的精神和物质资源。这些代价包括了企业的各种福利待遇和社区的各种公共服务资源。农民工如果在离职之后失去的越多，其离职代价就越大，因而就越不可能选择离职。在企业内部，最重要的就是各种社会保险。当前社会保险的跨省市转移还非常困难[2]，尤其是养老保险，一旦选择离职，养老保险基本上不可能随着本人转移。因此，养老保险是一个测量离职代价的恰当指标。在社区层面，代价与联结和适应往往是密切相关的，对任何人而言，离开一个相对安全、舒适和拥有良好服务的社区都是比较困难的[3]。本研究以对所在城市的社会治安与公共服务的评价作为测量社区代价的指标。

据此提出假设3：农民工离职潜在的代价越大，离职意愿越低。其中，购买养老保险者离职意愿较低，对城市公共服务评价较高者离职意愿较低。

四、数据来源与统计描述

本研究所用数据来自于2010年7~8月我们在珠三角和长三角地区6个城市

---

① ③ Mitchell, Terence. R., Brooks C. Holtom et al. Why People Stay: Using Job Embeddedness to Predict Voluntary Turnover. *The Academy of Management Journal*, 2001, 44 (6).

② 2011年新出台的《社会保险法》第十九条才规定：个人跨统筹地区就业的，其基本养老保险关系随本人转移，缴费年限累计计算。2011年以前养老保险转移没有全国性立法的保障。

进行的大规模问卷调查。① 由于部分样本缺失，最终共获得农民工样本 2 276 个。

（一）因变量：离职意愿

以往研究中，离职意愿被视为一个连续变化的潜变量，测量方法很多，没有统一的标准。一些学者设计了相应量表对此进行测量，也有学者通过是否有求职行为来间接测量离职意愿，或者询问几个相关的问题，在通过加权获得离职倾向②。本次调查询问了被访者"未来 5 年有何打算"，选项包括"是否继续做这份工作"等 6 项，这直接反映了农民工的离职意愿（见表 8 - 10）。

表 8 - 10　　　　　　　您未来 5 年左右有何打算

选项	频数	百分比	累积百分比
继续做这份工作	788	34.62	34.62
换一份工作，但留在这个城市	421	18.50	53.12
去其他城市打工	137	6.02	59.14
在打工地或其他城市创业	232	10.19	69.33
回家乡	619	27.20	96.53
其他	79	3.47	100.00
合计	2 276	100.00	

从表 8 - 10 可以知道，未来 5 年内，只有约 1/3 的农民工打算继续从事这份工作，绝大多数农民工都打算离职，其中打算回家乡的占 27.2%，换一份工作但留在目前打工城市的占 18.5%，另外近 10.2% 的农民工打算创业，约 6% 的农民工打算去其他城市打工。总的来说，在未来 5 年内，有 65.4% 的农民工打算离职。离职意愿是一个二分类别变量："0 = 5 年内继续从事这份工作，1 = 5 年内有离职打算"。作为二分变量，其概率密度函数服从逻辑斯蒂函数分布，因此我们使用二分 Logit 模型进行实证分析。

（二）自变量描述

本研究纳入模型的控制变量包括个体和工作特征、劳动权益、企业特征和地

---

① 珠三角地区包括深圳、东莞和佛山，由中山大学社会学与社会工作系负责组织调查；长三角地区包括上海、苏州和宁波，由上海大学社会学系负责组织长三角的调查。

② 赵西萍、刘玲、张长征：《员工离职倾向影响因素的多变量分析》，载《中国软科学》2003 年第 3 期。

区等多个方面，解释变量即工作嵌入。

在个体层面，男性占比稍高，为54.7%。根据出生日期，我们把农民工分为3个代际，分别为"90后"即1990年以后出生的农民工占14%，"80后"即1980～1989年出生的占44.1%，"80前"即1980年以前出生的占41.9%，这表明，1980以后出生的新生代农民工逐渐成为劳动力市场的主力。农民工的教育年限平均9.89年。59.1%的被访者为已婚，其中绝大部分与配偶在一个城市。有29.4%的农民工从来没有换过工，现职（目前从事的工作）是他们外出打工以来的首份工作。入职时间也反映了农民工对工作的适应程度，我们根据进入目前企业的日期，农民工平均入职年限为2.92年，自外出打工以来，平均每年换工次数为0.426。

本研究也将检验劳动权益对离职意愿的影响，笔者选择月平均工资、加班时间、强迫劳动与工作环境4个主要变量，这4个指标与农民工工作和生活密切相关，是最基本的劳动权益指标。工资是农民工收入的最主要来源，是保障农民工生存和家庭生活的基础，农民工外出打工的直接目的就是获取工资，改善生活水平。2010年，农民工月平均工资为1 937元，模型中，笔者将工资进行了对数化处理。根据被访者回答的加班时间，将其分为三类：①没有加班，作为参照组；②每天加班时间小于3个小时；③每天加班时间超过3个小时。强迫劳动是侵犯劳动者人权的行为，也是我国劳动法规明令禁止的，但是数据中，仍有5.6%的农民工遭受企业强迫劳动。工作环境是否有危害是指工作场所是否存在对人体健康有害的物质、气体、声音等，25.8%的农民工表示工作环境有危害，比例较高。除了工作条件，城市遭遇也会影响其换工意愿，本研究中，笔者以在打工城市是否遭遇被偷、被抢、被骗等负性生活事件作为指标。

调查问卷中还包括员工所在企业的特征，主要为所属规模和注册性质两个主要指标。企业规模主要分为四类：规模在100人以下；规模在100～299人，规模在300～999人和规模在1 000人及以上。根据国家统计局2001年出台的《关于划分企业登记注册类型的规定》，我们把所涉企业性质分为国有或集体企业、股份合作企业、港澳台企业、外资企业和私营企业，以国有或集体企业为参照，其中私营企业占比最高，约64%。

本次调查分别涉及珠三角和长三角地区的4个省市，长三角含上海、苏州和宁波3个城市，珠三角含深圳、东莞和佛山3个城市。各省市之间的自然气候、社会环境、劳动力结构与产业结构有所不同，可能会影响到员工的离职意愿，因此，我们纳入地区变量以控制一些不可以预知的自然、社会和经济因素。

根据工作嵌入理论，我们进一步把工作嵌入操作为工作内和社区两个层面，联结、适应、代价3个维度。对工作嵌入的测量至今没有统一的标准，米切尔等设计了包含 40 个项目的量表进行测量[①]，但因测量方法的复杂、忽略了个体差异以及可能存在的共同方法偏差和共线性等问题受到批评，坎宁安等（Cunning-ham et al.）和克罗斯利等（Crossley et al.）对工作嵌入的测量进行了简化[②]，并逐渐以单一项目和整体测量的方法取代了多项目合成测量法，以试图最直接地反映工作嵌入的特征。本研究中，我们以企业内是否有朋友、是否签订劳动合同、社区联结程度、工作适应、城市适应、养老保险、公共服务评价等 7 项指标反映农民工工作嵌入状况（变量的含义见表 8 - 11），这些指标均来自传统的工作嵌入的量表，是其中的核心指标，直接体现了工作嵌入的各个维度，具有较好的效度。

表 8 - 11　　　　　　　自变量的统计描述（N = 2 276）

自变量	变量类型	百分比或均值	自变量	变量类型	百分比或均值
性别	类别变量		无		33.9
男		54.7	≤3 小时		46.5
女		45.3	>3 小时		19.6
出生年份	类别变量		**换工频率**[b]	连续变量	0.426
1980 前出生		41.9	**是否强迫劳动**	类别变量	
1980～1990 年出生		44.1	是		5.6
1990 年后出生		14.0	否		94.4
受教育年限	连续变量	9.89	**工作环境危害性**	类别变量	
婚姻状况	类别变量		有		25.8
未婚		40.9	无		74.2
与配偶不同城		11.7	**城市遭遇**[c]	类别变量	
与配偶同城		47.4	是		33.7
月均工资对数	连续变量	7.534	否		66.3
入职时间[a]	连续变量	2.920	打工地	类别变量	
现职是否为首职	类别变量		长三角		54.9
是		29.4	珠三角		45.1
否		70.6	所在企业规模	类别变量	
日加班时间	类别变量		100 人以下		29.6

① Mitchell, Terence. R., Brooks C. Holtom et al. Why People Stay: Using Job Embeddedness to Predict Voluntary Turnover. *The Academy of Management Journal*, 2001, 44 (6).
② Cunningham G. B., J. S. Fink and M. Sagas. Extensions and Further Examination of the Job Embeddedness Construct. *Journal of Sport Management*, 2005, Vol. 19 (3); Crossley C. D., R. J. Bennett et al.. Development of a Global Measure of Job Embeddedness and Integration into a Traditional Model of Voluntary Turnover. *Journal of Applied Psychology*, 2007, Vol. 92 (4).

续表

自变量	变量类型	百分比或均值	自变量	变量类型	百分比或均值
100~299 人		22.1	是		71.2
300~999 人		22.7	否		28.8
1 000 人及以上		25.6			
所在企业性质	类别变量				
国有/集体企业		7.5	是否购买养老保险	类别变量	
股份制企业		5.8	是		39.1
港澳台企业		14.7	否		60.9
外资企业		8.1			
私营企业		63.9			
企业内朋友数量	类别变量		社区联结[d]	连续变量	0
有		71.9	工作适应[e]	连续变量	0
无		28.1	城市适应[f]	连续变量	0
是否签订劳动合同	类别变量		公共服务[g]	连续变量	0

注：类别变量数据为百分比，连续变量数据为均值。

a. 入职时间：指到现在为止进入当前企业的年限；

b. 换工频率：指外出打工至今换工次数和外出打工年限的比；

c. 城市遭遇指过去一年在打工城市是否有遭遇下列负性生活事件［负性生活事件是指个体在社会生活中所经历的诸如亲人丧亡、夫妻离异、失恋、失业或退休、疾病或伤残、被侮辱等给身体或心理造成不良影响的事件，它会使个体产生不安、消沉、焦虑、恐惧等情绪，体现了个体的生活遭遇（见胡军生、程淑珍：《师范大学生生活事件和应对方式对精神健康的影响》，《中国临床心理学杂志》2008 年第 2 期）］：被偷、被骗、被抢劫、被性骚扰、被强暴、打架、交通事故、被执法人员抓、打和罚款、缴纳保护费，有其中一项即为"有"。

d. 社区联结程度得分经由主成分因子分析得到，得分越高表示被访者与本地社区的关联度越密切，我们询问"您经常接触的人、朋友、同事和居住小区是否有本地人？"回答选项为"1 = 没有"、"2 = 很少"、"3 = 一半"、"4 = 很多"、"5 = 全部"，Cronbachα 信度系数为 0.795。

e. 工作适应得分经主成分因子分析得到，得分越高表示被访者的工作适应程度和满意度越高，由对工资水平、工作环境、工作时间、晋升机会、上下级关系、工友关系六个指标的评价构成，五级评分，Cronbachα 信度系数为 0.798。

f. 城市适应得分经主成分因子分析得到，得分越高表示被访者对所在社区（城市）的适应性越好，具体由对生活质量、社会治安、交通条件、政府管理、生态环境等五项指标的评价构成，五级评分，Cronbachα 信度系数为 0.812。

g. 公共服务评价得分由主成分因子分析得到，反映了被访者对打工城市向外来人口提供的公共服务的评价，得分越高表示他们认为城市向外来人口提供的公共服务越好，指标包括外来人口平等就业、技能培训、社会保险、子女教育、居住条件、落户政策、疾病防控等七项，五级评分，Cronbachα 信度系数为 0.839。

五、模型与结果

表 8 - 12 为 Logit 模型估计结果，因变量为离职意愿，自变量主要为个体、企业、地区层面的客观变量。针对控制变量和工作嵌入两组变量，我们分别做了 8 个模型，为了报表的简洁，我们只报告回归系数及标准差。

（一）工作嵌入

从模型 2 到模型 8 的数据显示，在控制了个体特征、劳动权益、企业特征与地区变量情况下，反映工作嵌入的 7 项指标，除了是否购买保险外，均对农民工离职意愿具有显著影响。

在联结方面，模型 2 ~ 模型 4 显示，企业内有朋友的农民工，离职意愿会低，其发生比是没朋友的 0.81（$e^{-0.21}$）倍；社区联结程度越高，离职意愿越低，社区联结得分每增加一个标准差，则离职意愿的发生比下降 12.2%（$1 - e^{-0.13}$）；签订劳动合同者的离职意愿发生比是未签合同者的 77%（$e^{-0.26}$）。这表明，无论是企业内非正式的人际关系还是正式的合同制度，或者社区的人际交往均体现了农民工工作嵌入的联结情况。假设 1 得到了证实，即农民工工作联结程度越高，则离职意愿越低。

在适应方面，模型 5 和模型 6 显示，在控制其他变量的情况下，工作内适应和城市（社区）适应状况均非常显著地影响农民工的离职意愿。其中，工作适应每增加一个标准，农民工的离职意愿的发生比就会下降近 40%（$1 - e^{-0.495}$），城市适应每增加一个标准差，其离职意愿的发生比就会下降 18%（$1 - e^{-0.203}$）。这也证实了本研究的研究假设 2，农民工的适应程度越好，则离职意愿越低，但是工作内适应对离职意愿的影响更大。

在离职代价方面，模型 7 和模型 8 表明，在控制其他变量的前提下，农民工对城市提供的公共服务的评价对他们的离职意愿具有显著影响。每增加一个标准差，农民工离职意愿的发生比就会下降 22.5%（$1 - e^{-0.254}$），但是否购买养老保险并不显著。这意味着，一个城市提供的公共服务越好，农民工离职潜在的代价也越高，也越不会选择离职。假设 3 部分得到了证实，尽管是否购买养老保险对离职意愿没有显著影响，但其系数为负值，其降低离职意愿的作用仍可能是存在的。

表 8 - 12

农民工离职意愿 Logit 模型估计

自变量	模型 1	模型 2	模型 3	模型 4	模型 5	模型 6	模型 7	模型 8
性别ᵃ	0.316***	0.309***	0.312***	0.306***	0.321***	0.333***	0.319***	0.329***
	(0.108)	(0.108)	(0.108)	(0.108)	(0.111)	(0.109)	(0.108)	(0.112)
出生年份ᵇ								
1980~1990年出生	0.667***	0.691***	0.677***	0.668***	0.664***	0.649***	0.665***	0.714***
	(0.129)	(0.130)	(0.130)	(0.129)	(0.134)	(0.131)	(0.129)	(0.135)
1990年后出生	1.232***	1.261***	1.266***	1.218***	1.264***	1.200***	1.230***	1.259***
	(0.234)	(0.235)	(0.235)	(0.234)	(0.240)	(0.236)	(0.234)	(0.241)
受教育年限	0.0372*	0.0380**	0.0477**	0.0426**	0.0498**	0.0363*	0.0424**	0.0275
	(0.0191)	(0.0191)	(0.0194)	(0.0193)	(0.0198)	(0.0193)	(0.0194)	(0.0198)
婚姻状况ᶜ								
与配偶不同城	-0.243	-0.239	-0.242	-0.247	-0.306	-0.218	-0.241	-0.149
	(0.191)	(0.191)	(0.192)	(0.191)	(0.199)	(0.194)	(0.191)	(0.202)
与配偶同城	-0.595***	-0.595***	-0.571***	-0.593***	-0.650***	-0.590***	-0.590***	-0.633***
	(0.148)	(0.148)	(0.149)	(0.148)	(0.154)	(0.150)	(0.148)	(0.154)
现职是否为首职ᵈ	-0.281**	-0.293**	-0.279**	-0.301**	-0.330**	-0.277**	-0.288**	-0.254*
	(0.126)	(0.126)	(0.126)	(0.126)	(0.130)	(0.128)	(0.126)	(0.132)
入职时间	-0.0788***	-0.0767***	-0.0760***	-0.0769***	-0.0697***	-0.0746***	-0.0760***	-0.0759***
	(0.0153)	(0.0153)	(0.0154)	(0.0153)	(0.0158)	(0.0155)	(0.0154)	(0.0160)

275

续表

自变量	模型 1	模型 2	模型 3	模型 4	模型 5	模型 6	模型 7	模型 8
换工频率	0.167	0.158	0.161	0.161	0.111	0.153	0.163	0.160
	(0.117)	(0.117)	(0.117)	(0.117)	(0.118)	(0.117)	(0.117)	(0.122)
月均工资对数	-0.501***	-0.490***	-0.535***	-0.501***	-0.372**	-0.505***	-0.493***	-0.497***
	(0.153)	(0.154)	(0.154)	(0.154)	(0.158)	(0.155)	(0.154)	(0.160)
日加班时间^e								
<3 小时	-0.0556	-0.0402	-0.0739	-0.0349	-0.149	-0.0415	-0.0498	-0.0428
	(0.113)	(0.113)	(0.114)	(0.113)	(0.117)	(0.115)	(0.113)	(0.118)
>3 小时	0.205	0.214	0.176	0.225	0.0545	0.207	0.202	0.172
	(0.141)	(0.141)	(0.142)	(0.141)	(0.147)	(0.142)	(0.141)	(0.146)
是否强迫劳动^f	0.486*	0.480*	0.472*	0.483*	0.124	0.397	0.494**	0.274
	(0.248)	(0.248)	(0.249)	(0.250)	(0.253)	(0.250)	(0.249)	(0.253)
工作环境危害性^g	0.101	0.0994	0.0866	0.117	-0.223*	0.0418	0.105	0.000459
	(0.116)	(0.116)	(0.117)	(0.116)	(0.124)	(0.118)	(0.116)	(0.123)
城市遭遇^h	0.268**	0.267**	0.259**	0.261**	0.215*	0.228**	0.264**	0.218**
	(0.107)	(0.107)	(0.107)	(0.107)	(0.110)	(0.109)	(0.107)	(0.111)
所在企业规模^i								
100~299 人	0.0441	0.0537	0.0224	0.103	0.0364	0.0311	0.0655	0.135
	(0.138)	(0.139)	(0.139)	(0.142)	(0.144)	(0.141)	(0.139)	(0.145)

续表

自变量	模型 1	模型 2	模型 3	模型 4	模型 5	模型 6	模型 7	模型 8
300~999 人	-0.0672	-0.0545	-0.0828	0.0234	-0.0625	-0.104	-0.0473	-0.0670
	(0.141)	(0.141)	(0.142)	(0.147)	(0.145)	(0.143)	(0.141)	(0.146)
1 000 人及以上	-0.116	-0.107	-0.137	-0.0239	-0.129	-0.154	-0.0836	-0.150
	(0.145)	(0.145)	(0.145)	(0.151)	(0.150)	(0.147)	(0.146)	(0.151)
所在企业性质ʲ								
股份制企业	0.0109	0.0178	0.0342	-0.00561	0.0343	0.0592	0.00214	-0.0303
	(0.262)	(0.262)	(0.263)	(0.262)	(0.272)	(0.266)	(0.262)	(0.272)
港澳台企业	0.556**	0.555**	0.522**	0.547**	0.535**	0.546**	0.556**	0.457**
	(0.219)	(0.219)	(0.220)	(0.219)	(0.226)	(0.223)	(0.219)	(0.226)
外资企业	0.350	0.355	0.338	0.346	0.262	0.340	0.344	0.296
	(0.245)	(0.245)	(0.246)	(0.245)	(0.253)	(0.249)	(0.245)	(0.251)
私营企业	0.438**	0.439**	0.426**	0.395**	0.362*	0.426**	0.400**	0.378**
	(0.185)	(0.185)	(0.186)	(0.186)	(0.190)	(0.189)	(0.187)	(0.192)
打工地ᵏ	-0.458***	-0.457***	-0.434***	-0.439***	-0.292***	-0.343***	-0.458***	-0.349***
	(0.103)	(0.104)	(0.104)	(0.104)	(0.108)	(0.110)	(0.104)	(0.108)
企业内朋友数量ˡ		-0.210*						
		(0.111)						
社区联结			-0.130***					
			(0.0494)					

277

续表

自变量	模型 1	模型 2	模型 3	模型 4	模型 5	模型 6	模型 7	模型 8
是否签订劳动合同 [m]				-0.260**				
				(0.124)				
工作适应					-0.495***			
					(0.0580)			
城市适应						-0.203***		
						(0.0585)		
是否购买养老保险 [n]							-0.172	
							(0.108)	
公共服务								-0.254***
								(0.0526)
截距	3.841***	3.869***	4.000***	3.929***	2.971***	3.839***	3.790***	3.903***
	(1.108)	(1.110)	(1.115)	(1.111)	(1.144)	(1.122)	(1.109)	(1.156)
N	2 276	2 276	2 276	2 276	2 276	2 276	2 276	2 276
Pseudo R^2	0.1439	0.1451	0.1454	0.1454	0.1707	0.1476	0.1448	0.1516
-2LL	2 513.81	2 510.24	2 492.37	2 509.39	2 361.07	2 450	2 511.29	2 329.14

注: ①显著性水平: * 表示 $p<0.1$, ** 表示 $p<0.05$, *** 表示 $p<0.01$。
②a 以 "女性" 为参照组; b 以 "1980 年前出生" 为参照组; c 以 "未婚" 为参照组; d 以 "非否职" 为参照组; e 以 "没有加班" 为参照组; f 以 "未遭遇强迫劳动" 为参照组; g 以 "工作环境无危害" 为参照组; h 以 "未遭遇负性生活事件" 为参照组; i 以 "100 人以下" 为参照组; j 以 "国企或集体所有制" 为参照组; k 以 "打工地在珠三角" 为参照组; l 以 "无朋友" 为参照组; m 以 "未签订劳动合同" 为参照组; n 以 "未购买养老保险" 为参照组。
③括号外为回归系数, 括号内为标准误。

(二) 控制变量

控制变量模型中一些非常有意义的发现，也有助于更为全面地理解不同性别、代际、来源、地区和企业特征的农民工的离职态度。

模型 1 显示，在个体特征方面，性别对离职意愿具有显著影响，男性离职意愿的发生比是女性的 1.37 （$e^{0.316}$）倍。农民工离职意愿的代际差异非常显著，"80 后"农民工的离职意愿发生比是"80 前"农民工的 1.95 （$e^{0.667}$）倍，"90 后"农民工的离职意愿发生比是"80 前"的 3.4 （$e^{1.232}$）倍。这表明，新生代农民工的离职趋势更明显，工作更具有不稳定性。与老一代农民工相比，新生代农民工教育程度较高，较少从事农业劳动，个人主义导向更为普遍，更加向往城市生活。由于对社会和自我的期望较高，新生代农民工往往缺乏耐心，难以接受枯燥的劳动，因而总是试图通过换工来进行调节。在珠三角和长三角地区的调研中经常听到企业管理者的抱怨，年轻农民工对工作挑剔，换工频繁，本研究的发现支持了这种看法。这究竟是"青年人"的普遍特征，还是新生代农民工独有特征，尚待进一步检验。受教育年限越长的人，离职意愿越高，但是显著度较低，效应也不明显，每多受一年教育，离职意愿的发生比增加约 4% （$e^{0.0372}$ - 1）。此外，婚姻状况具有显著影响，已婚者的离职意愿较低，但如果是已婚与配偶分居两市的话，与未婚者的差异并不显著，已婚且与配偶在一个城市者的人离职意愿的发生比很低，仅为未婚者的 55% （$e^{-0.595}$）。这说明，携带配偶一起外出打工有助于工作的稳定性，而配偶不在身边不利于工作稳定的。

现在的职业是否是打工的第一份工作，这对离职意愿影响也非常显著。与非首职的人相比，现职为首职的人的离职意愿更低，发生比约是非首职人的 0.75 （$e^{-0.281}$）倍。有人认为，农民工初职的离职率比较高。在佛山顺德调研时，一位人力资源经理介绍说："许多农民工只是把第一份工作当作一个跳板，他们利用企业提供食宿条件暂时稳定下来，继续寻找工作，一旦找到待遇更高的工作就会辞职。"本研究的发现并不支持这种说法，大部分农民工对初职还是比较珍惜的。

入职时间与离职意愿也有密切关系。一般来说，入职时间越久，他们对工作的适应程度就越高，由此得到的福利也越好，离职意愿也较低，对农民工来说也是如此，本研究发现，入职时间每增加 1 年，离职意愿的发生比就降低 8% （1 - $e^{-0.0788}$）。自打工以来的年换工次数对离职意愿没有显著影响。

劳动权益指标中的工资水平和强迫劳动对离职意愿具有显著影响。农民工工资水平越高，离职意愿越低，工资（取对数）每增加一个单位，离职意愿的发生比就下降约 40% （1 - $e^{-0.501}$）。遭到强迫劳动的农民工离职意愿更高，发生比是没有受过强迫劳动者的 1.63（$e^{0.486}$）倍。尽管加班时间和工作环境对离职意愿的影响不显著，但是长期加班（每天加班超过 3 小时）和工作环境有危害均可能增加离职意愿。

在打工城市的遭遇对离职意愿具有显著影响，遭遇过负性生活事件的农民工离职意愿的发生比要高 30%（$e^{0.268}-1$）。在企业特征方面，企业所有制性质对离职意愿具有显著影响。与国有或集体企业相比，在港澳台和私有企业就业的农民工离职意愿的发生比更高，分别高出 74%（$e^{0.556}-1$）和 62%（$e^{0.438}-1$）。企业规模对离职意愿的影响不显著，但是从回归系数来看，企业规模越大，则离职意愿越低。地区变量具有显著差异，与珠三角地区相比，长三角地区农民工的离职意愿更低，发生比仅为前者的 63.3%（$e^{-0.458}$）。这可以间接说明为什么珠三角地区比长三角地区缺工更为严重。

六、结论与讨论

（一）结论

本研究通过对珠三角和长三角地区农民工离职意愿数据的分析发现，在未来 5 年内，65.4% 的农民工打算离职，他们要么回家，要么换一份工作，要么到其他城市继续打工。这意味着，按照现在的产业模式，在不改变用工制度的前提下，两个地区的企业在未来 5 年内必须想办法补充或更新近 2/3 的劳动力，否则企业生产将难以为继。

与以往的研究相比，本研究使用了大规模的问卷调查数据，较为全面地考察了影响农民工离职意愿的多种因素，主要包括：第一，在个体特征方面，男性农民工和新生代农民工离职意愿相对较高；从来没有换过工作的农民工离职意愿相对较低；入职时间越长，离职意愿越低；已婚者且与配偶在同一城市者离职意愿相对较低。第二，在企业特征方面，控制了个体特征和劳动权益之后，港澳台企业和私有企业员工离职意愿相对更高。第三，在劳动权益方面，工作收入越高，离职意愿越低，强迫性劳动也会在一定程度上提高离职意愿。第四，在打工城市的遭遇过负性生活事件的农民工的离职意愿相对更高。第五，离职意愿的地区差异显著，珠三角农民工离职意愿相对更强。第六，工作嵌入状况对农民工离职意愿具有显著影响，嵌入程度越高，离职意愿越低。

本研究将工作嵌入理论应用到农民工离职问题的分析中，考察了工作嵌入的企业和社区两个层面，包括联结、适应和代价 3 个维度。研究发现，企业和社区的联结、适应和代价均在不同程度上影响了农民工的离职意愿。在企业内部建立一定的社会关系网络、与本地人广泛的交往、签订劳动合同、提高对企业和城市的适应以及提高城市的公共服务水平都能有效降低农民工的离职意愿，稳定雇佣关系。

具体而言，本研究的主要结论和思考如下：

第一，与以往重点强调社会网络维度不同，本研究将正式的组织制度视为工作嵌入的重要维度。本研究以劳动合同作为工作制度联结的操作变量。签订劳动合同意味着正式受到法律保护的雇佣关系的建立。而劳动合同法出现的主要目的也在于，让企业适应市场化劳资关系的需要，稳定雇佣关系。本研究的结论表明，劳动合同的确具有降低流动倾向的作用，具体分析来说：一方面，劳动合同确立了正式的雇佣关系，并规定了擅自辞工或离职的惩罚措施；另一方面，劳动合同也意味着有保障的工资待遇、福利水平和社会保险，无形当中也增强了员工对未来的期待和安全感。同时，劳动合同带来的离职机会成本也有助于稳定雇佣关系的效果。

第二，本研究综合考虑工作内和社区适应两个层面的因素，工作内适应更为重要。研究发现，社区联结程度和对社区的适应水平均是影响他们的离职意愿的重要因素。由于在珠三角和长三角地区，相当一部分农民工生活起居都在工厂，几乎不与外界接触，即使走出工厂，也很少走出整个工业区。他们的商业活动也比较简单，往往只限于在一些低档店铺吃饭或购买生活用品。因此，很难奢望他们能够与本地人进行良好的社会互动。这种相对封闭的劳动机制与白领阶层不同，白领往往具有广泛的社会交往和商业活动，对他们而言，适应可能仅仅局限于企业内，因此工作内适应程度要比城市层面的适应对离职意愿的影响更大。

第三，在离职的代价方面，城市向外来工提供的公共服务水平越高，农民工的离职意愿越低。外来工离职不仅仅只考虑工作因素，也会考虑当地政府提供的就业、培训、教育、医疗和居住等公共服务，这些服务是完成劳动力再生产的必备条件，同时也是支撑雇佣关系有效运行的重要保障。好的公共服务能够在很大程度上降低农民工的生活成本、提高生活质量。

研究还发现，是否购买养老保险对农民工离职意愿的影响并不显著，农民工养老保险的购买意愿较低，大部分保险都是企业购买的，说明农民工本身并不看重养老保险。

第四，劳动权益仍然是一个不可忽视的影响因素。已有许多研究都阐述了劳动权益对农民工离职的影响，劳动权益甚至被视为研究农民工问题的基本的因素。本研究认为，劳动权益关系着农民工的切实利益，保护农民工劳动权益也是降低离职意愿的基本前提。研究发现，珠三角地区的农民工离职意愿显著高于长三角地区，从劳动权益的角度或许能够进行解释。我们的研究发现，在 31 项有关劳工权益的重要指标中，珠三角和长三角地区有 22 项存在显著差异，除工伤保险和带薪休假外，长三角地区均好于珠三角地区，特别表现在工资水平、劳动合同签订率、社会保险购买率和工作环境等方面。因此，长三角和珠三角地区的劳动权益状况差异很可能是导致两地农民工离职意愿存在差别的原因之一。

根据 2010 年的调查数据还发现，珠三角农民工离职意愿更高。珠三角地区近 50% 的农民工所在企业存在缺工现象，而长三角地区仅为 35% 左右，远低于前者；另外，在长三角地区的农民工样本中，有 16% 曾经在珠三角地区打工，反之则很少。国家统计局的数据还表明，相比于 2008 年，2009 年珠三角地区农民工减少了 22.5%，远高于长三角地区农民工的减少比率[1]。除了劳动权益差异外，两个地区外来工的公共服务水平差异也是导致两地区缺工程度差异的重要原因，调查显示，长三角地区农民工对当地政府提供的就业、培训、教育、居住和权益保护等方面的公共服务的满意度均显著高于珠三角，也正因此，珠三角缺工更为严重。

农民工的离职意愿是一个综合决策的结果，受到多方面因素的影响。涉及个体特征、婚姻状况、打工经历、工作条件、企业管理模式、组织和社区联结、适应、离职代价以及地方政府的公共服务水平，甚至总体的就业形势等诸多因素，而这些因素对离职意愿的影响机制也是不同的。本研究发现，凡是能够稳定雇佣关系或者向雇佣关系提供支持的因素，或多或少都能有效降低农民工离职意愿；反之，则会提高农民工的离职意愿和离职率。需要指出的是，工作嵌入的理论尽管能够在一定程度上解释农民工的离职意愿，但是仅仅从员工一方来理解离职问题是不够的，雇主和政府行为也在其中也扮演着重要的角色。本研究的研究发现和结论有待进一步拓展。

（二）进一步的拓展：脱嵌型雇佣关系

劳工问题的产生是由于雇佣关系运行不当或缺乏有效的平衡。[2] 因此，探讨农民工离职问题也许必须回到雇佣关系中来。工作嵌入理论以及本研究的实证研究结果为我们从雇佣关系的角度重新审视农民工离职问题提供了新的切入点。

雇佣关系是理解农民工现状的重要视角。在经济体制改革以前，传统计划经济时代并不存在劳动力市场。在计划经济体制下，中国的城市工人高度依附于他

① 国家统计局：《2009 年农民工监测报告》，2010 年，http：//www.stats.gov.cn/tjfx/fxbg/t20100319_402628281.htm。

② Kaufman Bruce E.. *Labor Markets and Employment Regulation：The View of the 'old' Institutionalists. In Kaufman Bruce E. (ed.). Government Regulation of the Employment Relationship.* Ithaca, New York：ILR Association, 1997.

们的工作单位，劳动力的流动很少。改革开放后，原有的高度嵌入性"单位体制"由于市场化而解体，使得各类组织员工进入"脱嵌"时代，逐步形成市场对劳动力的配置格局。[①] 其中首先被推向劳动力市场的就是农民工。大批农民工来到东部沿海地区打工，从事劳动密集型的代工生产，为改善农民生活和农村经济发展做出了很大的贡献。但是，劳动力的市场化也带来了劳资关系的不稳定性。随着引进外资、放松户籍管制和国企改革等一系列政策的实施，雇佣关系开始摆脱各种社会制度的束缚，朝市场化和多元化方向发展。尤其在低端劳动力市场，受全球资本流动和经济波动的影响，农民工的就业更加自由、灵活、短期化和不稳定。在实际管理中，企业总是试图破坏农民工的社会联结，将其原子化，防止同乡帮派干预和影响正常的生产和管理。以富士康集团为例，工厂通过工作班次及住宿安排，将工人进厂之前的社会关系都尽量打散，使工人的社会关系呈现碎片化状况。政府也总是逃避监管责任，放任资本对工人的剥夺，使劳资关系严重失衡。

雇佣关系的状况或条件来自于雇佣关系中的劳方、资方和政府的单边、双边或三边的构建，具体取决于某一个行为主体是否拥有足以单方面决定的力量，或者两个行为主体之间是否通过相互妥协来达成一致，抑或国家（政府）作为第三方所建立的约束劳资双方的法律、政策与制度。结合工作嵌入理论和中国农民工雇佣关系的现实，本研究认为，当前农民工的雇佣关系的本质特征是"脱嵌性"，可以称为"脱嵌型雇佣关系"（Disembedded Employment Relations），即雇佣关系的主体、形式和内容不再受到企业内部人际关系、组织结构、制度安排以及工作场所之外的社区、城市的社会联结和文化风俗、社会制度及公共服务等因素的制约，这是导致农民工具有高离职意愿和离职率的重要原因。脱嵌型雇佣关系具体体现在三个层面：

第一，企业内部：这是雇佣关系的核心内容，企业内部的嵌入状况是雇佣关系稳定的基础。但是，现实中存在许多"脱嵌"的表现，一方面，农民工不能建立良好人际关系网络，无法形成有效的关系联结；另一方面缺乏制度嵌入联结，许多农民工没有与企业签订劳动合同，也没有购买保险，劳动权益总是受到各种侵害，这增加了农民工的心理不确定性，降低了离职的代价，增加了雇佣关系的不稳定性。

第二，社区层面：一方面，企业通过实行"宿舍劳动体制"等手段将农民工工作和生活限制在工厂内部或者工业区范围内，阻碍了农民工与工厂周围社区

---

① 李汉林：《转型社会中的整合与控制——关于中国单位制度变迁的思考》，载《吉林大学学报》2007 年第 4 期。

的交往和融合；另一方面，作为外来移民，受身份、语言和风俗的制约，农民工很少参与社区文化娱乐活动，更无法参与社区公共事务决策。这导致了农民工对打工地缺乏认同感和归属感，这种低度的社区参与和社会融入既是雇佣关系"脱嵌"的重要原因，也是一种外在表现。

第三，宏观制度：一方面，户籍制度的存在阻碍了农民工的市民化，使农民工难以永久迁移到城市，导致他们无法享受到城市的公共服务。公共服务的缺乏增加了雇佣关系有效运行的成本，降低了雇佣关系的稳定性。另一方面，中央和地方政府又奉行自由放任的经济政策，没有对雇佣关系进行有效管制，极大程度上使雇佣关系商品化。这两个方面是导致雇佣关系的短期性与不稳定性的宏观制度性原因，也是"脱嵌型雇佣关系"的宏观表现。

作为一个概念，"脱嵌型雇佣关系"的意义一方面来自于对当前农民工就业特征和雇佣关系现状的描述与概括；另一方面也在于其解释性，它为我们理解农民工离职问题提供了一种相对微观的解释视角。雇佣关系在企业内、社区和制度三个层面的"脱嵌"现象，从心理、互动和制度等不同角度削弱了农民工与企业、社区和城市的情感和社会关联，降低了农民工雇佣关系的结构约束，使其呈现私人化、个体化和孤立化，增加了农民工的离职意愿和离职风险。当前，"脱嵌型雇佣关系"普遍存在于珠三角和长三角等地区。总体来说，在劳工充裕的情况下，"脱嵌型雇佣关系"是保证企业用工灵活性、适应市场变化、降低人力成本的工具，而在劳工短缺的背景下，却成为员工高流失率的原因之一。"脱嵌型雇佣关系"给农民工造成的影响不仅仅是离职问题，也包括工资水平、福利待遇、劳动权益、社会融合和认同等多个方面，其影响机制也还有待进一步深入分析。

第四节　结　　论

本章研究发现：

第一，外来工的工作具有高度的不稳定性。就换工情况来看，珠三角外来工换工频率更高，离职意愿更强，这与珠三角劳动权益保障状况较差有关，长三角的劳动权益状况相对较好，外来工的离职率较低。

第二，户籍制度对农民工工作流动的影响。经过对农民工及城市工人的工作流动建立事件史模型，研究发现，公有制部门中的保障性主要是提供给城市工人而不是农民工，同处于低人力资本的条件下，城市工人较之农民工的工作稳定性更高。在"民工潮"时期，农民工的人力资本对其工作流动的影响并不明显，而通过社会网络找到的工作更具稳定性。但在"民工荒"时期，农民工的人力资本对工作流动有显著影响，而社会网络的影响变得不显著。通过对以上两条假设的验证，本研究得出的结论是：尽管存在人力资本和所处部门对工作流动的影响，但户籍歧视仍作为一个独立因素影响了农民工的工作稳定性。但这种影响随着时间正在降低。

第三，农民工离职意愿的影响因素。本章通过对珠三角和长三角地区农民工离职意愿数据的分析发现，在未来 5 年内，65.4% 的农民工打算离职。影响农民工离职意愿的多种因素，主要包括：其一，在个体特征方面，男性农民工和新生代农民工离职意愿相对较高；从来没有换过工作的农民工离职意愿相对较低；入职时间越长，离职意愿越低；已婚者且与配偶在同一城市者离职意愿相对较低。其二，在企业特征方面，控制了个体特征和劳动权益之后，港澳台企业和私有企业员工离职意愿相对更高。其三，在劳动权益方面，工作收入越高，离职意愿越低，强迫性劳动也会在一定程度上提高离职意愿。其四，在打工城市的遭遇过负性生活事件的农民工的离职意愿相对更高。其五，离职意愿的地区差异显著，珠三角农民工离职意愿相对更强。其六，工作嵌入状况对农民工离职意愿具有显著影响，嵌入程度越高，离职意愿越低。

第九章

工伤问题[*]

为了解珠江三角洲地区工伤者的人口统计特征、分布状况、权益状况和受伤及治疗情况，本章对番禺打工族服务部2003～2010年的工伤探访数据进行了初步描述性统计分析，主要结论如下：（1）工伤的发生集中在某些特定行业、企业和工种，这与珠三角地区的产业结构和发展水平密切相关。（2）工伤者是农民工中的弱势群体。与一般农民工相比，他们学历更低，基本劳动权益受到更多侵犯、保障状况更差；受到工伤后，在身体健康、劳动能力、就业机会等方面均劣于一般农民工。（3）2003～2010年，工伤者的工资、工时、劳动合同签订等权益状况略有好转，但是工伤后的实际处境并未获得实质性改善。

第一节 研究问题

改革开放30多年以来，中国经济高速发展，社会快速转型，农民工（外来工）外出打工成为影响中国经济社会转变的关键性因素之一。

农民工为城市创造了财富，为农村增加了收入，已经成为推动中国经济社会发展的重要力量，对现代化建设作出了重大贡献[①]。有研究指出，2004年农民工对

---

[*] 本章作者：郑广怀、孙中伟。

[①] 国务院：《国务院关于解决农民工问题的若干意见》，新华网，2006年，http://news.xinhuanet.com/politics/2006-03/27/content_4351118.htm。

农民工权益保护理论与实践研究

广东经济增长的贡献率为 25%[1]，广东省各市外省劳动力的数量对其 GDP、人均 GDP 的总量及增量影响很大，外省劳动力数量多的城市，其 GDP 和人均 GDP 的总量及增量均高[2]。农民工对城市经济发展做出巨大贡献的同时，也促进了农村收入的增加。1990 ~ 2004 年，工资性收入（农民工外出务工获得的收入）占全国农村居民家庭平均每人纯收入的比重由 20% 提高到 34%。以安徽省为例，2001 年全年农民外出务工总收入为 260 多亿元，对农民人均纯收入的贡献率达到 54.5%[3]。

然而，在农民工的巨大贡献背后，却是对其权益肆无忌惮的侵犯。工资偏低，被拖欠现象严重；劳动时间长，安全条件差；缺乏社会保障，职业病和工伤事故多；培训就业、子女上学、生活居住等方面也存在诸多困难，经济、政治、文化权益得不到有效保障，维护农民工权益已经成为当前需要解决的突出问题[4]。仅以工伤为例，事故发生率约为 20%[5]，全国每年因工伤致残农民工约 56 万人[6]；初步估算，2006 年全国因工伤致死农民工为 11 500 ~ 20 000 人[7]，珠江

[1] 刘可为：《对农民工问题的调查与思考》，载《中国青年研究》2006 年第 1 期。

[2] 罗志辉、甘巧林：《广东省外来劳动力与 GDP 增长的互动关系研究》，载《热带地理》2006 年第 1 期。

[3] 戴卫东、王杰：《农民工权益保障的绩效与问题——基于安徽省农民工状况的调查》，载《安徽商贸职业技术学院学报》2005 年第 4 期。

[4] 国务院：《国务院关于解决农民工问题的若干意见》，新华网，2006 年，http：//news. xinhua-net. com/politics/2006 – 03/27/content_4351118. htm。

[5] 肖云、石玉珍：《青壮年农民工社会养老保险参与倾向微观影响因素分析——对重庆市 954 名青壮年农民工的调查与分析》，载《中国农村经济》2005 年第 4 期。

[6] 全国每年因工伤致残人员近 70 万，其中农民工占大多数（参见国务院中国农民工问题研究总报告起草组：《中国农民工问题研究总报告》，载《改革》2006 年第 5 期）。如前所述，按照 80% 的比例推算，农民工为 56 万。

[7] 2006 年全国工矿商贸企业发生安全生产事故 12 065 起，死亡 14 382 人（参见国家安监总局调度统计司：《2006 年全国各类伤亡事故情况》，国家安全监管总局网，2007 年，http：//www. chinasafe-ty. gov. cn/anquanfenxi/2007 – 01/11/content_214963. htm）。据官方估计，我国工伤事故中死亡的相当大的部分是农民工（参见赵铁锤：《关注农民工促进安全生产状况的稳定好转》，载李真主编：《工伤者：农民工职业安全与健康权益论集》，社会科学文献出版社 2005 年版）。广东省总工会调查表明，非公有制企业发生工伤事故，农民工占伤亡总数的 80% 以上（参见劳动和社会保障部课题组：《农民工问题调查：农民工工资和劳动保护》，人民网，2006 年，http：//politics. people. com. cn/GB/1026/4220783. html）。据浙江省安全生产部门统计，浙江省近年来工矿企业事故中，农民工死亡人数占总数 80% 以上（参见赵东辉、孙金霞、吴亮：《透视农民工劳动争议处理的"马拉松"现象》，新华网，2005 年，http：//news3. xin-huanet. com/focus/2005 – 03/20/content_2714261. htm）。按照 80% 的比例推算，2006 年全国工矿商贸企业因工伤死亡农民工 11 505.6 人。哈马莱伊恩（Hämäläinen P.）等人的研究表明，发展中国家由于缺乏准确的记录和通报体系，工伤事故的数据并不可靠。根据估算，中国工伤事故致死率为 10.5/100 000（见 Hämäläinen P.，Takala J.，Saarela K. L.. Global estimates of occupational accidents. Safety Science, 2006, 44）。朱斳良通过对某开发区 1991 ~ 1997 年工伤死亡的调查分析表明，工伤粗死亡率为 9.1/100 000。以 2 亿作为农民工总数，以 10/100 000 为工伤死亡率，目前我国每年因工伤致死农民工约为 20 000 人（参见朱斳良、夏昭林、张国明、王国祥、朱陶和、梁友信、傅华：《某经济开发区 1991 ~ 1997 年工伤死亡调查分析》，载《工业卫生与职业病》2001 年第 1 期）。

三角洲地区约为 3 000 人①。

工伤农民工已经成为一个数量庞大的社会群体。我们于 2010 年 7 月在珠三角的大规模问卷调查显示，受过工伤者占农民工总体的 12.67%，由此推算，整个珠三角地区，受过工伤者应达 400 万人以上（受伤者不一定致残）。他们处境艰难，亟待救助。既往调查表明，绝大部分的企业都没有对农民工的工伤事故承担全部责任，工伤事故后的农民工大多数都没有得到足够的补偿②。有记者指出，"比事故率和死亡率更惊人的，是黑心老板的冷酷无情，是伤残者的孤苦无援，是冤死者的廉价入殓。而这些惊心动魄的事故背后，凸显的则是农民工社会保障制度的缺失和缺陷。"③

作为关注珠江三角洲地区农民工生存和发展状况的民间机构，番禺打工族服务部一直致力于维护和保障工伤者的权益。2003 年以来，在以往试点工作的基础上，打工族服务部在珠江三角洲地区开展了较为广泛的工伤探访工作，以派发宣传资料、法律咨询、心理辅导等形式给病床上的工伤者送去了切实的帮助。如果被探访者同意，每次探访结束时，探访员会让工伤者填写一份"工伤探访表"。通过此种方式，打工族服务部的干事和志愿者在 2003～2010 年，共完成 10 051 份有效工伤探访表，主要涉及广州、东莞、佛山、惠州、中山等地的 20 多家医院。我们估计，这可能是到目前为止关于珠三角工伤者的样本量最大、时间跨度最长的调查数据。探访表所涉及的主要内容包括工伤者的人口统计信息、工作状况、企业特征、权益状况、受伤及治疗情况等。

本章拟对 2003～2010 年工伤探访数据进行初步描述性统计分析，并与其他统计及调查数据进行比较。由于这些探访表的完成没有经过随机抽样，而作为总体的珠江三角洲工伤者的基本资料亦难以获得，因而不作统计推论（statistical inference）。但是，由于样本量较大，时间跨度较长，我们相信，该数据对于了解珠三角工伤者的基本状况具有重要的参考价值。

---

① 如前所述，以 3 000 万作为珠江三角洲地区农民工总数，以 10/100 000 为工伤死亡率。

② 肖云、石玉珍：《青壮年农民工社会养老保险参与倾向微观影响因素分析——对重庆市 954 名青壮年农民工的调查与分析》，载《中国农村经济》2005 年第 4 期。

③ 赵东辉、王金涛、吕晓宇、陆裕良：《高风险行业农民工社会保障现状调查》，载《半月谈》2006 年第 15 期。

第二节　基本情况

一、人口统计特征

（一）工伤者以男性为主，男性所占比例 2006 年升至最高，之后逐渐下降

被探访的工伤者男性占 87.3%，女性占 12.7%，男女性别比 6.87∶1，高于既有文献报告的珠三角工伤者的性别比（见表 9－2）。分年度比较发现，2003~2006 年，男性所占比例呈现增加趋势，由 2003 年的 84.3% 增加到 2006 年的90.5%，之后，这一比例逐年下降至 2010 年的 83.8%（见表 9－1）。

表 9－1　　　　　　　　历年工伤者性别比

性别＼年份	2003	2004	2005	2006	2007	2008	2009	2010	合计
男性	84.3	88.1	89.5	90.5	89.6	87.6	84.9	83.8	87.3
女性	15.7	11.9	10.5	9.5	10.4	12.4	16.1	16.2	12.7
样本数	799	1 983	721	829	897	2 655	1 035	1 001	9 920

（二）工伤者年龄与农民工年龄基本持平，呈逐年上升趋势

被探访的工伤者平均年龄 28.81 岁，标准差为 9.03 年，高于中山小榄、东莞石碣及汕头的工伤者（见表 9－2）。就年龄段而言，20 岁及以下者占22.71%，25 岁及以下占 44.83%，30 岁以上者占 39%，与《2009 年农民工监测报告》（国家统计局，2010)[1] 的数据基本一致[2]。分年度比较发现，工伤者的平均年龄呈现上升趋势，由 2003 年的 24.77 岁上升到 2010 年的 31.11 岁（见表 9－3）。我们推测，工伤者年龄越来越大的原因可能在于，1980 年以后出生的

---

[1]　国家统计局：《2009 农民工监测报告》，国家统计局网，2010 年，http://www.stats.gov.cn/tjfx/fxbg/t20100319_402628281.htm。

[2]　就全国而言，16~25 岁占 41.6%，26~30 岁占 20%，31~40 岁占 22.3%，40~50 岁占 11.9%。

新生代农民工较不愿意从事工伤高发行业。

表9－2 工伤者的人口统计学特征比较

数据来源		本报告	李奎成等（2006年）	肖碧梧等（2003年）	叶淦湖等（2003年）	黄文柱等（2010年）	朱丽波等（2009年）
调查地点		珠三角	广州	中山小榄	东莞石碣	佛山	汕头
调查对象		外来工中的工伤者	外地户口工伤者	五金行业工伤者	住院工伤者	住院工伤者	工伤病人
调查时间		2003～2010年	2001年12月～2004年6月	2002年1月～11月	1998～2000年	2007年3月～2009年2月	2004年6月～2006年5月
样本量		10 051	247	615	2 427	212	1 200
男女性别比		6.87:1	5.33:1	4.49:1	5.18:1	4.23:1	5.67:1
平均年龄		28.81±9.03	35.43±10.64	25.6（男）23.8（女）	24.7±11.6	34±9.56	24.7±11.6
文化程度（%）	初中及以下	84.2	48.2	80.81	缺失	缺失	初中占84
	高中、中专	15.0	44.5	16.42			
	大专及以上	0.8	7.3	2.76			

表9－3 工伤者平均年龄的年度比较

年份	频数	均值	标准差
2003	798	24.77	6.56
2004	1 982	26.18	7.26
2005	719	27.13	8.20
2006	828	28.48	8.71
2007	895	29.47	9.41
2008	2 667	30.52	9.41
2009	1 055	30.97	9.62
2010	961	31.12	10.03
总体	10 051	28.81	9.03

（三）工伤者文化程度较低，低文化水平的工伤者呈上升趋势

被探访的工伤者文化程度为初中及以下占84.2%，高中、中专占15%，大

专及以上占 0.8%，与中山小榄及汕头工伤者基本一致（见表 9-2）。分年度比较发现，小学及以下所占百分比呈上升趋势，初中所占比例逐渐下降，高中、中专所占百分比先下降，至 2006 年又开始上升（见表 9-4）。

表 9-4　　　　　　　　　历年工伤者文化程度分布　　　　　单位：%

文化程度＼年份	2003	2004	2005	2006	2007	2008	2009	2010	合计
小学及以下	9.27	10.29	13.47	12.71	17.34	13.76	14.26	15.22	13.07
初中	73.18	75.59	72.64	72.64	67.23	70.96	66.19	65.97	71.09
中专与高中	17.04	13.21	13.33	14.41	14.65	14.76	18.53	17.19	15.09
大专	0.5	0.91	0.56	0.24	0.78	0.52	1.02	1.61	0.75
样本数	798	1 983	720	826	894	2 514	982	867	9 584

（四）　工伤者籍贯分布与农民工基本一致

被探访的工伤者籍贯按所占百分比排序依次为：四川（18.3%）、湖南（17.9%）、广东（10.5%）、广西（9.8%）、河南（9.0%）、江西（7.4%）、贵州（7.3%）、湖北（5.5%）、陕西（4.6%）、其他（3.7%）（见表 9-5）。工伤农民工主要来自中西部省份，这一流出地分布特征与农民工基本一致。《中国农民工问题研究总报告》指出，安徽、江西、河南、湖北、湖南、广西、重庆、四川、贵州等 9 省（区、市）跨省流动的农民工占本省（区、市）农民工总量的 60% 以上，占全国跨省流动农民工总量的 81%。[①]

表 9-5　　　　　　　　　历年工伤者的籍贯分布　　　　　单位：%

籍贯＼年份	2003	2004	2005	2006	2007	2008	2009	2010	合计
湖南	19.27	18.83	18.01	17.03	19.53	16.04	17.25	19.88	17.91
四川	21.4	20.14	18.42	21.26	15.51	17.47	17.63	15.09	18.31
重庆	12.27	9.34	9.56	9.18	3.24	4.64	4.55	4.28	6.76
湖北	3.13	2.68	2.08	3.26	6.81	7.4	7.87	8.15	5.45
陕西	9.51	7.62	6.79	5.92	3.91	2.34	1.04	2.75	4.64
河南	8.01	10.15	14.13	12.32	8.48	7.51	6.64	7.75	8.98

---

① 国务院中国农民工问题研究总报告起草组：《中国农民工问题研究总报告》，载《改革》2006年第 5 期。

续表

籍贯＼年份	2003	2004	2005	2006	2007	2008	2009	2010	合计
江西	7.13	7.37	7.2	8.09	10.38	6.98	6.64	6.52	7.41
贵州	5.01	6.66	9.97	5.43	7.92	8.11	7.96	6.12	7.25
广东	8.76	14.29	11.63	12.92	7.14	9.06	10.62	8.46	10.52
广西	5.51	2.93	2.22	4.47	12.83	15.28	15.45	14.17	9.86
其他	0	0	0	0.12	4.24	5.17	4.36	6.83	2.92
样本数	799	1 981	722	828	896	2 650	1 055	981	9 912

二、工伤者的就业分布

（一）工伤者的行业分布与农民工基本一致，与珠江三角洲产业结构基本一致

就总体而言，被探访的工伤者主要分布于五金（27.6%）、家具（16.2%）、电子电器（8.9%）、塑料塑胶（7.6%）、制鞋制衣（5.3%）、建筑（4.7%）、印刷（4.2%）等行业（另有18.7%为其他行业）（见表9-6）。这与农民工从事行业基本一致。劳动和社会保障部的调查显示，建筑施工业、电子电器业、制衣制鞋业、住宿餐饮业、商务服务业是农村外出务工人员从业较为集中的行业，在以上5个行业就业的农村外出务工人员超过7成（劳动和社会保障部专题调研组）[1]。同时，被探访工伤者的行业分布也与珠江三角洲镇域经济的产业结构基本一致。研究指出，珠江三角洲镇域经济的一个特点就是以专业化市场为依托，生产的产品基本上是以纺织、服装、玩具、制鞋、家具、小五金、陶瓷、塑料、铝制品、精细化工、电子和家电等加工业产品为主[2]。

表9-6　　　　历年工伤者的行业分布　　　单位：%

工作行业＼年份	2003	2004	2005	2006	2007	2008	2009	2010	合计
五金	25.41	38.81	19.67	21.71	18.54	26.48	28.21	27.77	27.58
家具	12.14	18.09	20.22	20.63	22.07	15.32	11.05	11.3	16.21

[1]　劳动和社会保障部课题组：《农民工问题调查：农民工工资和劳动保护》，2006年，http://politics.people.com.cn/GB/1026/4220783.html。

[2]　徐印州：《珠江三角洲镇域经济初探》，载《广东商学院学报》2001年第4期。

续表

工作行业＼年份	2003	2004	2005	2006	2007	2008	2009	2010	合计
电子电器	13.52	13.36	6.51	7.72	7.73	6.04	7.99	8.02	8.86
鞋厂	8.01	0.5	9.7	9.17	8.08	5.04	4.54	4.96	5.27
塑胶	8.26	11.14	4.99	6.51	7.17	7.04	5.72	6.44	7.59
建筑工地	3.5	3.23	4.57	3.86	5.12	5.31	4.73	7.5	4.7
印刷（纸品）	6.88	4.28	5.26	4.83	3.19	3.43	3.25	4.22	4.18
玩具	1.38	0.05	1.66	0.97	0.46	0.81	0.39	0.95	0.72
灯饰	1.75	0.25	1.11	1.57	0.57	1.85	3.45	2.01	1.5
制衣	2.88	0	3.05	1.69	1.59	2.12	2.76	2.32	1.82
机械	1.63	0	1.8	0.97	2.05	3.77	4.24	3.91	2.35
其他	14.64	10.28	21.47	20.39	23.44	22.79	23.67	20.59	19.22
合计	799	1 984	722	829	879	2 598	1 014	947	9 772

（二）工伤者多分布在较小规模工厂中

被探访的工伤者多分布在较小规模工厂中，在 250 人以下企业者占 62.43%，1 000 人以下工厂工作的占 83.7%，中小企业所占比例高于珠三角农民工的总体情况，也大幅高于中山、番禺农民工在同等规模工厂所占百分比，工伤者集中在中小企业的态势明显（见表 9-7）。

表 9-7　　　　历年工伤者所在企业规模分布　　　单位：%

企业规模＼年份	2003	2004	2005	2006	2007	2008	2009	2010	合计
50 人以下	19.17	19.02	18.22	18.43	25.15	24.97	26.24	26.95	22.48
50~249 人	38.08	40.49	48.98	44.44	42.3	38.74	38.94	34.98	40.35
250~499 人	14.64	13.23	11.66	14.27	10.58	11.29	10.48	9.15	11.92
500~999 人	12.05	10.31	8.31	7.2	9.4	8.1	8.36	7.79	8.96
1 000 人以上	16.06	16.95	12.83	15.66	12.57	16.91	15.98	21.14	16.3
合计	772	1 882	686	792	851	2 295	945	809	9 032

根据《韩国职业安全卫生机构 1999 年年度报告》，1999 年韩国的工伤事故发生在少于 50 人的作业场所的事故占事故总数的 61.6%[①]，而对美国新英格兰

---

① 傅运来：《1999 年韩国工伤事故统计》，载《工业安全与防尘》2001 第 4 期。

地区工伤者的分析亦有类似发现（见表9-8）。

表9-8 　　　　　　　　工伤者与农民工的工厂规模比较　　　　　　单位：%

调查项	本报告	珠三角	中山、番禺	美国新英格兰地区
调查对象	工伤者	农民工	农民工	工伤者
调查时间	2003~2010年	2010年	2002年	1999~2000年
样本量	9 032		595	934
工厂规模				
50以下	22.48			41.1
50~249人	40.35	72.97	55.6	34.0
250~499人	11.92			10.3
500~999人	8.96			5.5
1 000人以上	16.3	27.03	34.8	5.9
未知	—		9.6	3.3

资料来源：珠三角数据参见第三章，中山、番禺数据源于谭深、郑广怀（执笔）：《外来工需求调查报告》，未刊稿，2003年；美国新英格地区数据源于 Sorock Gary S. et al.. Acute Traumatic Occupational Hand Injuries：Type，Location and Severity. *Journal of Occupational and Environmental Medicine*，2002，44（4）。

（三）工伤者多分布于本地企业和台湾企业中

按照所占百分比排序，被探访工伤者的分布依次为本地企业（42.8%）、台湾企业（17.3%）、外省企业（15.18%）、香港企业（6.89%）、本省外地企业（5.89%）和欧美企业（1.25%）（见表9-9）。另有10.22%为未知或其他。从历年变化来看，港台企业的比例有所下降，外地企业和外省企业比例有所增加。

表9-9 　　　　　　　　历年工伤者所在企业资本来源　　　　　　单位：%

企业属性＼年份	2003	2004	2005	2006	2007	2008	2009	2010	合计
欧美	1.00	1.78	0.97	1.46	1.27	0.88	0.54	2.15	1.25
日本	0.00	0.00	0.00	0.00	1.27	0.84	0.86	1.14	0.52
韩国	0.00	0.00	0.00	0.00	0.23	0.38	0.32	0.00	0.15
中国香港	12.55	9.44	5.43	5.95	5.30	5.23	4.75	6.45	6.89
中国台湾	25.22	20.45	16.57	17.01	13.94	14.28	13.81	16.18	17.03
本地	38.39	41.05	50.28	40.83	49.19	49.08	38.73	26.42	42.86

年份 企业属性	2003	2004	2005	2006	2007	2008	2009	2010	合计
本省外地	3.51	5.12	3.48	8.63	5.18	6.49	6.80	7.46	5.89
本国外省	11.54	10.91	10.86	16.65	15.44	16.04	21.04	22.12	15.18
不知道	1.00	1.27	2.79	0.49	7.26	5.44	7.66	10.62	4.36
其他	6.78	9.99	9.61	8.99	0.92	1.34	5.50	7.46	5.86
样本数	797	1 971	718	823	868	2 388	927	791	9 283

（四）工伤者多从事一线机器操作性工种

被探访的工伤者从事工种多为开机（33.97%）和冲床（9.51%），其他包括木工（7.69%）、机器修理（2.5%）、电工（1.46%）（见表9－10）。这些职业主要是生产第一线的操作工作，与机器接触最多，最容易发生工伤。另有42.53%未区分工种。

表 9－10　　　　　　　　　历年工伤者职业分布　　　　　　单位：%

年份 工种	2003	2004	2005	2006	2007	2008	2009	2010	合计
电工	1.38	1.63	1.42	1.7	0.92	1.22	1.4	2.2	1.46
机修	2.64	2.29	2.84	1.58	2.89	2.34	3.01	2.9	2.5
冲床	8.43	10.01	11.35	12.12	4.04	7.7	11.09	13.81	9.51
开机	32.96	32.71	37.73	29.7	39.03	38	26.59	31.32	33.97
木工	5.41	7.82	7.38	6.42	10.16	7.25	8.72	8.47	7.69
管理	1.76	2.13	2.41	2.06	1.96	2.3	3.12	3.25	2.34
其他	47.42	43.42	36.88	46.42	40.99	41.2	46.07	38.05	42.53
样本数	795	1 969	705	825	866	2 221	929	862	9 172

（五）少数工伤者在没有进行工商注册的"黑厂"工作

被探访的工伤者有2.45%在没有进行工商注册的工厂工作，这些工厂多为人数在250人以下小规模工厂（占87.9%），多是本地企业（48.3%）和外省企业（28.3%），多分布在东莞（45.1%）和佛山（32.8%），多属于建筑业（24.6%）和五金业（17.2%）（见表9－11）。

表 9 - 11　　　　　　　　　历年工伤者职业分布　　　　　　　单位: %

执照 ＼ 年份	2003	2004	2005	2006	2007	2008	2009	2010	合计
有	84.17	85.93	84.4	86.65	83.11	81.3	80.99	74.91	82.79
没有	2.51	2.58	3.9	2.43	2.24	2.32	2.11	1.88	2.45
不知道	13.32	11.49	11.7	10.92	14.65	16.39	16.9	23.21	14.76
样本数	796	1 976	718	824	894	2 374	947	853	9 382

第三节　权益状况

一、工资与工时

(一) 工伤者工资高于普通农民工, 但大幅低于城镇职工月平均工资

表 9 - 12 显示, 2003 年, 被探访的工伤者平均工资为 767.62 元/月, 2004 年略有增长, 但均低于普通农民工, 2005 年之后, 工伤者工资水平逐渐超过普通农民工, 2010 年则为 2 078.15 元, 7 年间增长了 1.7 倍, 而 2010 年珠三角农民工平均工资为 1 917 元, 工伤者工资水平高于普通农民工 150 多元。尽管工伤者工资呈现逐年递增趋势, 但仍然大幅低于广东省职工月平均工资[1]。

表 9 - 12　　　　　　　　　历年工伤者平均工资　　　　　　　单位: 元

年份	工伤者	珠三角农民工	城镇职工平均工资
2003	767.62	1 006	1 665.5
2004	921.02	1 072	1 843
2005	1 163.98	1 067	1 996.58

---

[1]　职工月平均工资是指在国有、城镇集体、联营、股份制、外商和港、澳、台投资、其他单位及其附属机构工作, 并由其支付工资的各类人员。不包括下列人员: (1) 乡镇企业就业人员; (2) 私营企业就业人员; (3) 城镇个体劳动者; (4) 离休、退休、退职人员; (5) 再就业的离、退休人员; (6) 民办教师; (7) 在城镇单位中工作的外方及港、澳、台人员; (8) 其他按有关规定不列入职工统计范围的人员 (参见国家统计局:《中国统计年鉴 (2005)》, 中国统计出版社 2006 年版)。

续表

年份	工伤者	珠三角农民工	城镇职工平均工资
2006	1 233.00	1 140	2 182.17
2007	1 373.36	1 230	2 453.58
2008	1 653.30	1 521	2 759.16
2009	1 788.76	1 608	3 029.58
2010	2 078.15	1 917	3 363.17

资料来源：珠三角农民工和城镇职工平均工资参见万向东、孙中伟：《农民工工资剪刀差及其影响因素的初步探索》，载《中山大学学报（社会科学版）》2011年第3期；珠三角城镇职工平均工资来自《广东统计年鉴（2011）》，表中数据为年平均工资除以12个月所得。

（二）工伤者工资被拖欠情况比农民工严重

总体观之，被探访的工伤者有13.22%表示所在工厂工资不能按时发放（另有6.08%表示"不知道"），被拖欠比例呈下降趋势，但2010年又有所升高。2010年有12.37%的工伤者表示工资不能按时发放，而我们同期调查显示普通农民工工资拖欠比例为5%，前者是后者的2.5倍多。这表明，工伤者被拖欠工资的情况更为严重（见表9-13）。

表9-13　　　　　　　　历年工资拖欠情况　　　　　　单位：%

按时发放＼年份	2003	2004	2005	2006	2007	2008	2009	2010	合计
能	74.94	81.56	72.66	79.88	86.11	82.21	84	77.62	80.7
不能	17.42	14.55	23.29	16.95	11.42	9.71	8.44	12.37	13.22
不知道	7.64	3.89	4.04	3.17	2.46	8.08	7.56	10.01	6.08
总样本数	798	1 979	717	820	893	2 575	1 019	889	9 690

（三）工伤者工作时间比农民工更长

表9-14显示，被探访的工伤者每天工作时间平均值为10.35小时，76.18%的被探访工伤者每天工作时间超过8小时，35.16%超过12小时；每周工作天数平均值为6.8天，78.24%的被探访工伤者每周工作7天。根据共青团深圳市委、市团校2003年对1 000名深圳外来劳务工的调查，每天工作超过8小时的外来务工人员占41.8%，12小时及以上占3.4%，绝大多数外来劳务工每

个月都有一定的休息日①。根据我们的调查，2010 年珠三角农民工平均每天工作时间为 9.34 小时。由此可见，与农民工相比，工伤者面对更多超时加班的情况。研究表明，超时疲劳工作容易导致工伤事故②。

表 9 - 14　　　　　　　　　历年工伤者工作时间

工作时间 ＼ 年份	2003	2004	2005	2006	2007	2008	2009	2010	合计
日工作小时	10.79	10.77	10.73	10.38	10.09	10.11	9.85	10.16	10.35
周工作天数	6.80	6.82	6.82	6.79	6.81	6.68	6.62	6.56	6.73
周工作小时	73.73	73.66	73.33	70.79	68.71	67.92	65.52	66.88	69.98
每天工时（%）8 小时以下	13.64	15.52	13.99	23.76	28.15	30.59	35.82	22.16	23.83
8～11 小时	43.56	40.19	48.25	44.36	40.43	34.29	39.55	52.98	41.02
11 小时以上	42.80	44.29	37.76	31.88	31.42	35.12	24.63	24.86	35.16
样本数	790	1 967	708	824	885	2 445	992	856	9 467

二、劳动合同与社会保险

（一）工伤者劳动合同签订率低于农民工

表 9 - 15 显示，2008 年以前，被探访的工伤者只有 30% 多的与厂方签订了劳动合同，2008 年以后，随着《劳动合同法》的实施，劳动合同签订率达到 50% 以上，2010 年接近 60%。

表 9 - 15　　　　　　　历年工伤者劳动合同签订率　　　　单位：%

合同 ＼ 年份	2003	2004	2005	2006	2007	2008	2009	2010	合计
有	32.16	30.83	31.43	28.69	34.6	51.32	58.53	59.81	42.28
没有	66.83	68.11	67.59	70.1	63.72	43.45	38.08	36.59	55.01

---

① 陈维真、凌冲：《关注城市外来干涉劳务工的问题——来自深圳外来劳务工发展状况的调查报告》，载《中国青年政治学院院报》2004 年第 4 期。

② 共青团佛山市委员会：《沿海经济发达地区外来务工青年的特点与需求——来自广东省佛山市的调查分析》，载《广东青年干部学院学报》2004 第 2 期；李奎成、唐丹、卢迅文：《不同群体工伤职工流行病学及再就业情况调查》，载《中国康复医学杂志》2006 年第 1 期。

续表

合同＼年份	2003	2004	2005	2006	2007	2008	2009	2010	合计
不知道	1.01	1.06	0.97	1.21	1.68	5.23	3.39	3.61	2.71
样本数	796	1 982	719	826	893	2 582	1 032	943	9 773

《2009 年农民工监测报告》显示，2009 年以受雇形式从业的外出农民工中，与雇主或单位签订劳动合同的占 42.8%[①]。我们的调查表明，2010 年珠三角农民工劳动合同签订率为 64.8%。由此可见，工伤者劳动合同签订率高于全国农民工，但低于珠三角农民工。

通过劳动合同确立用人单位与农民工的劳动关系，是维护农民工合法权益的重要措施[②]。如果农民工没有与用人单位签订劳动合同，在维护自身权益时（如追讨工资、工伤索赔）将面临较大困难。调查显示，当权益受到侵害时，没有签订有效劳动合同的农民工中有 20% 表示只能自认倒霉[③]。

（二）社会保险参保率低于农民工，呈现上升趋势

表 9-16 显示，2003～2010 年，工伤者社会保险的参保率逐渐提高，2010年，有 58.77% 的工伤者参加了社会保险，比 2003 年增长了 11.7 个百分点。我们的调查显示，在珠三角地区，2006 年农民工参加工伤保险的比例为 38.5%，2010 年为 52.3%，均低于工伤者[④]。工伤者的社会保险参保率高于普通农民工的原因可能有二：一是厂方购买的保险，可能是社会保险，也可能是商业保险[⑤]，因此工伤者实际参加社会保险的百分比可能远低于表中数字；二是由于工伤者主要分布于工伤高发的行业，为规避风险，企业可能较为自觉地为员工购买工伤保险。

---

① 国家统计局：《2009 年农民工监测报告》，国家统计局网，2010 年，http：//www.stats.gov.cn/tjfx/fxbg/t20100319_402628281.htm。

② 劳动和社会保障部法制司：《农民工维权手册（2006）》，2006 年，http：//www.cixi.gov.cn/art/2008/7/17/art_19970_174642.html。

③ 四川调查总队课题组：《四川农民工社会保障状况调查》，载《四川省情》2006 年第 1 期。

④ 郑广怀、孙中伟：《劳动法执行中的"次标准"——基于 2006～2010 年对珠江三角洲农民工的调查》，载《社会科学》2011 年第 12 期。

⑤ 许多企业购买商业保险后，故意欺骗工人，说这就是工伤保险（社会保险的一种），并从工资中扣除保险费。而工人由于相关知识的缺乏，难以将两者区分（我们在探访中试图让工伤者区分，但只有极少数人可以做到）。一般而言，很多企业购买的是"雇主责任险"等商业保险项目，其受益人为雇主，而不是工人，一旦事故发生，厂方就将商业保险中对意外事故的赔偿部分用作就工伤事故与工人"私了"的费用，从而大大降低了成本。这样一来，就出现工人出钱买保险厂方受益的情况。

表 9 - 16　　　　　　　历年社会保险参保率　　　　单位：%

社会保险＼年份	2003	2004	2005	2006	2007	2008	2009	2010	合计
有	47.11	49.7	50.56	45.95	50.11	51.58	55.7	58.77	51.28
没有	39.45	37.59	38.02	44.62	34.12	32.19	28.53	27.38	34.68
不知道	13.44	12.71	11.42	9.43	15.77	16.23	15.77	13.85	14.04
样本数	796	1 982	718	827	894	2 588	1 027	946	9 778

三、劳动保护

（一）大部分工伤者的没有接受过生产安全培训

表 9 - 17 显示，被探访的工伤者有 65.8% 在上岗前没有接受过企业提供的生产安全培训。年度比较而言，接受过安全生产培训的被访者越来越多，但个别年份仍有波动。研究表明，缺少安全培训是影响工伤事故发生的重要因素之一[①]。

表 9 - 17　　　　　　　历年生产安全培训情况　　　　单位：%

安全培训＼年份	2003	2004	2005	2006	2007	2008	2009	2010	合计
有	29.49	32.05	22.7	24.76	34.38	29.9	40.42	34.08	31.23
没有	70.26	67.79	76.46	74.63	65.29	64.54	53.36	59.28	65.83
不知道	0.25	0.15	0.84	0.61	0.34	5.56	6.23	6.64	2.93
合计	797	1 981	718	820	893	2 572	1 012	889	9 682

需要指出的是，即使是提供生产安全培训的企业也较为普遍地存在培训流于形式、数据造假等行为。根据国家安全生产监督管理总局的调查，部分企业特别是小企业的培训流于形式，培训时间严重不足，针对性不强，培训效果很差，基本达不到培训的目的和效果。有的企业培训档案不全、培训记录不完整，在一些

---

① 黄子惠、陈维清：《香港建筑业工伤事故住院病人调查分析》，载《中华流行病学杂志》2002 年第 1 期；Tam C. M. , Zeng S. X. and Deng Z. M. . Identifying elements of poor construction safety management in China. *Safety Science* , 2004 , 42.

小煤矿行业存在为应付检查对安全培训档案造假的现象①。

（二）工伤者劳动保护状况比农民工差

表 9-18 显示，总体上，被探访的工伤者有 46.88% 表示企业为其提供了劳动保护工具（50.89% 回答"没有"，2.23% 回答"不知道"）。历年比较可见，有劳动保护工具的比例逐渐增加，但非常不稳定，2003 年为 35.13%，2006 年达到了 61.8%，之后有所下降，2010 年近 50%。根据浙江省农调队 2004 年对 120 名农民工的调查，在回答"工作场所的安全设施是否齐备、规章制度是否健全"时，有 96% 的民工表示肯定；在回答"民工是否统一配有安全防护用具"时，有 94% 的民工认可②。而对 2003~2004 年对 1 400 名安徽外出农民工的调查也表明，雇方劳动安全保护措施比较规范的占 34.6%，有一些劳动保护措施的占 41.5%，仍没有的占 22.3%③。由此可见，工伤者获得企业提供的劳动保护工具百分比低于农民工，劳动保护状况较差，这往往是导致工伤发生的原因之一。

表 9-18   **历年工伤者劳动保护情况**   单位：%

保护工具 ＼ 年份	2003	2004	2005	2006	2007	2008	2009	2010	合计
有	35.13	43.07	50.49	61.8	44.52	43.47	57.36	49.66	46.88
没有	64.24	56.73	49.23	37.71	55.03	52.39	38.74	44.58	50.89
不知道	0.63	0.2	0.28	0.49	0.45	4.15	3.9	5.76	2.23
样本数	797	1 983	717	822	894	2 556	999	886	9 654

四、小结

工伤者基本权益均有不同程度的改善，但改善趋势并不稳定。2003~2010 年，工伤者的工作时间、社会保险、劳动合同等基本劳动权益均有不同程度的改善，但是，改善趋势并不稳定，而且常有反复（见表 9-19）。侵犯工伤者基本劳动权益的企业约 70% 为规模在 250 人以下的小企业，多为香港企业、本地企

---

① 煤矿等高危行业农民工安全培训督查调研组：《煤矿等高危行业农民工安全培训督查调研报告》，载《调查研究》2006 第 10 期。

② 娄跃：《浙江省农民工调查情况》，载《浙江统计》2005 年第 4 期。

③ 戴卫东、王杰：《农民工权益保障的绩效与问题——基于安徽省农民工状况的调查》，载《安徽商贸职业技术学院学报》2005 年第 4 期。

业、台湾企业和外省企业，多集中在东莞和佛山两地，多分布在五金业、家具
业、塑料塑胶业和电子电器业（见表9－20）。

表9－19 工伤者的基本权益年度变化情况

年份 劳动权益指标	2003	2004	2005	2006	2007	2008	2009	2010
工资按时发放的百分比	74.94	81.56	72.66	79.88	86.11	82.21	84.00	77.62
日均工作时间	10.79	10.77	10.73	10.38	10.09	10.11	9.85	10.16
周均工作天数	6.80	6.82	6.82	6.79	6.81	6.68	6.62	6.57
签订劳动合同的百分比	32.16	30.83	31.43	28.69	34.6	51.32	58.53	59.81
参加保险的百分比	47.11	49.7	50.56	45.95	50.11	51.58	55.7	58.77
接受生产安全培训的百分比	29.49	32.05	22.7	24.76	34.38	29.9	40.42	34.08
企业提供劳动保护工具的百分比	35.13	43.07	50.49	61.8	44.52	43.47	57.36	49.66

表9－20 侵犯工伤者基本权益的企业分布 单位：%

工厂分布		工资拖欠	未签订 劳动合同	未参加 保险	未提供生产 安全生产培训	未提供劳动 保护工具
集中的 工厂规模	250人以下企业	70.13	73.14	72.02	68.79	66.97
集中的 工厂类型	本地企业	26.74	29.47	31.13	30.90	30.93
	台湾企业	6.70	6.19	6.94	8.45	9.15
	香港企业	30.49	26.88	24.84	24.71	24.49
	外省企业	15.40	14.0	16.01	14.12	13.82
集中的 地域	东莞	30.26	34.85	34.3	36.07	39.82
	佛山	37.39	33.25	33.06	33.27	31.39
集中的 行业	五金业	25.08	27.70	26.31	27.23	24.67
	家具业	20.12	18.39	12.48	18.48	18.13
	塑料塑胶业	5.8	8.11	8.84	8.11	8.39
	电子电器业	6.81	7.64	7.90	7.28	8.27

第四节　发生和治疗

一、工伤的发生

（一）工伤的高发月份为 3 ~ 5 月、10 ~ 12 月

图 9 - 1 显示，一般而言，春节期间是出货高峰期也是放假停工时间。为完成春节期间的订单和生产任务，10 ~ 12 月往往需要大量加班，完成产量。1 ~ 2 月是春节期间，农民工返乡过年，工厂生产处于淡季，降低了工伤发生的概率。春节后，往往在第二年的 3 ~ 5 月开工，马上又面临着订单高峰，需要加班加点赶订单。工伤发生的月份分布与这种生产周期密切相关。生产任务多、需要大量加班的时候，往往容易导致疲劳、紧张，影响工人在操作中的准确性、协调性和反应速度，造成工伤多发[1]。

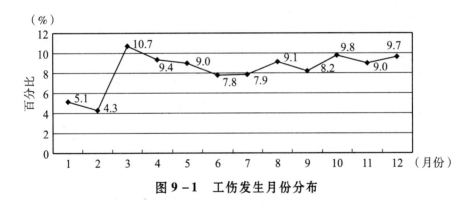

图 9 - 1　工伤发生月份分布

（二）工伤者以新进厂工人为主，熟练工人占有一定比例

被探访的工伤者中，有 19.11% 的农民工进厂不到一个月，30.4% 是进厂时间不足两个月的工人，有 50% 是进厂时间不足五个月的工人，呈现"进厂即受

---

① 孙雄、孙以灵、余春阳、于兴、汪龙辉、朱人、夏昭林、陈纪刚：《某化工厂 1987 ~ 2000 年 164例工伤调查分析》，载《职业卫生与应急救援》2003 年第 1 期。

伤"的状况。同时，也有14.3%的工伤者是进厂时间超过两年的熟练工人。对广州工伤康复医院2001年12月～2004年6月机器伤的外来工的统计也表明工伤者中工龄短者居多，70人中有52.9%工龄不足6个月，25.7%不足3个月[①]。

（三）工伤者以手外伤为主

表9－21显示，被探访工伤者的受伤部位以手为主，占82.56%（含左手手指35.13%；右手手指35.89%；手掌、手腕、手臂11.54%）。以往对五金业、木材加工业工伤事故的研究有类似发现。肖碧梧和黄松林[②]对中山市小榄镇两家医院2002年1～11月住院的615名五金业工伤者的统计表明，有543例为单纯上肢受伤，占88.29%。申利明和张沛[③]对江苏、上海3家木材加工企业于1990～1999年发生的132起工伤事故的统计表明，最容易受到事故伤害的人体部位是手，占事故总数的66%。

表9－21 　　　　　　　　　　　　**工伤者受伤部位**

受伤部位	频数	百分比	累积百分比
左手手指	3 528	35.13	35.13
右手手指	3 604	35.89	71.01
手指（不确定是哪只手）	677	6.74	77.76
手掌手腕	482	4.80	82.56
脚趾	392	3.90	86.46
腿部脚部	770	7.67	94.13
其他	590	5.87	100.00
合计	10 043	100.00	

（四）工伤者轻重伤之比偏高

住院时间是评判受伤程度的重要指标，表9－22记载了受访者的住院时间：根据《企业职工伤亡事故分类标准》（GB6441－86），我们将住院时间超过等于或超过105天的定义为重伤，将住院时间低于105天的定义为轻伤。根据这一分

---

① 李奎成、唐丹、卢迅文：《不同群体工伤职工流行病学及再就业情况调查》，载《中国康复医学杂志》2006年第1期。

② 肖碧梧、黄松林：《中山市小榄镇五金行业工伤情况调查分析》，载《华南预防医学》2003年第2期。

③ 申利明、张沛：《木材工业企业工伤事故调查分析》，载《木材工业》2001年第4期。

类，至探访时可以明确被确定为重伤者达 7.39%，轻重伤之比约为 12.5 : 1。由于探访时，治疗尚未结束，因此这一比例被高估。如果考虑到已经住院时间和预计住院时间之和①，这一比例会下降。

表 9-22　　　　　　　　　　工伤者住院时间　　　　　　　单位：%

住院时间	已经住院时间（N = 9 361）	预计住院时间（N = 8 046）
三天内	15.38	6.60
一周内	20.75	11.96
半个月内	25.85	22.63
一个月内	16.00	21.79
两个月内	9.66	5.99
两个月以上	12.36	4.88
其中，105 天以上	7.39	—
不清楚	—	26.15
合计	100.00	100.00

（五）工伤者多将受伤归因为意外、工厂的安全管理及工人的安全行为

表 9-23 显示，被探访的工伤者有 52.83% 将自己的受伤原因归结为意外。换言之，他们认为工伤事故的发生是偶然的。对钢铁行业工伤者的研究也有类似发现，对某钢铁公司下属 3 个炼钢厂 1995~2002 年工伤者的研究表明，伤害组（N = 123）和对照组（N = 123）工人在对所从事工作的安全性和事故发生的偶然性认知上有所不同，伤害组更倾向于认为所从事的工作不安全，事故的发生是偶然的。这可能由于工伤者不能及时发现异常状态和采取应对处理，因而认为事故的发生是偶然的②。

---

① 预计住院时间为类别选项，我们把回答"三天内"、"一周内"、"半个月内"、"一个月内"、"两个月内"、"两个月以上"，分别取 1.5 天、3.5 天、7.5 天、15 天、30 天、60 天，回答"不清楚者"为缺失，然后将已经住院时间与预计住院时间相加，得到有效样本 5 536，其中，重伤住院 105 天及以上者，为 9%。

② 邵涛：《炼钢工人安全认知和安全行为与职业伤害相关性的调查研究》，载《中华劳动卫生职业病杂志》2004 年第 6 期。

表 9 - 23 工伤者如何受伤

如何受伤	频数	百分比	累积百分比
意外	5 216	52.83	52.83
机器故障	2 102	21.29	74.12
不小心	1 004	10.17	84.29
工作时间长	304	3.08	87.37
交通意外	263	2.66	90.03
缺少安全培训	619	6.27	96.30
其他	365	3.70	100.00
合计	9 873	100.00	

　　除了意外，被探访的工伤者对受伤的归因大致可以分为两个方面，一是工厂的安全管理，包括机器故障（21.29%）、缺少培训（6.27%）、操作时间过长（3.08%）；二是工人的安全行为，主要是自己操作不慎（10.17%）。研究表明，工人的安全行为与工厂的安全管理有关，工人的安全行为作为一种中介变量（mediate variable），工厂的安全管理通过其影响工伤事故的发生[1]。

二、工伤者的治疗情况

（一）工伤者被及时送院治疗，但后续治疗不足

　　被探访的工伤者96.74%在受伤后被厂方及时送到医院治疗（3.2%未及时送院）。叶淦湖、刘小红和叶惠明[2]对东莞石碣镇1998年1月至2000年12月2 427例工伤者的调查表明，伤员住院前时间为0.2～24小时，伤员82.2%院前时间小于0.5小时。这与本报告的发现基本一致。

　　广东省劳动和社会保障厅工伤保险处处长孙同华在接受记者采访时表示，工伤康复、工伤后期服务比较薄弱。比如，一个断掉大拇指的农民工，经过接指手

---

　　[1]　Amparo O. et al. The effects of organizational and individual factors on occupational accidents. *Journal of Occupational & Organizational Psychology*，2002，75（4）.

　　[2]　叶淦湖、刘小红、叶惠明：《东莞石碣镇2 427例工伤患者伤情调查》，载《疾病控制杂志》2003年第4期。

术等康复治疗后，工伤等级可以从 5 级变为 8 级，但很多地方并没有选择积极治疗[1]。叶淦湖、刘小红和叶惠明[2]对东莞石碣镇工伤者的研究也发现工伤者急救后续治疗不足，主要表现为工伤者要求提前出院和断指后再植率低，这就导致并发症的发生率增加，同时也影响机体功能的恢复。

（二）工伤医疗费用越来越高，少数工伤者自己承担医疗费，部分工厂拒绝支付生活费和工资，拒绝派人护理

表 9-24 显示，2003 年，平均医疗费为 6 539.87 元，之后，医疗费用逐渐增加，至 2009 年则达 13 700 余元，2010 年略有下降。就总体而言，被探访的工伤者医疗费[3]均值为 10 197.7 元，标准差为 29 925.82 元，中位数为 5 000 元。由于我们探访时，治疗还是进行中，因此这一数字低于工伤治疗总花费。如此高的医疗费用，农民工个人难以负担。虽然医疗费绝大部分是由厂方承担，但仍存在由工人承担的情况（2.76%），主要分布在 250 人以下的小企业（62.7%）、本地企业（44.3%），及中山（37.8%）、东莞（21.3%）和佛山（21.3%）等地。

表 9-24　　　　　　　　历年工伤者平均医疗费用　　　　　　　单位：元

年份	至探访时平均总花费		平均每天医疗费用	
	平均值	标准差	平均值	标准差
2003	6 539.87	11 324.38	626.24	811.13
2004	7 203.67	10 971.20	643.36	915.12
2005	8 980.21	11 375.07	629.55	1 361.17
2006	9 537.26	18 847.56	537.71	841.54
2007	10 282.29	24 342.99	679.19	850.54
2008	13 492.19	58 596.12	904.05	1 805.60
2009	13 758.27	18 335.82	812.78	1 290.64
2010	13 061.15	18 883.15	910.13	1 405.87
合计	10 197.7	29 925.82	719.33	1 234.68

① 赵东辉、王金涛、吕晓宇、陆裕良：《高风险行业农民工社会保障现状调查》，载《半月谈》2006 年第 15 期，http://www.zggr.cn/data/2006/1204/article_96.htm。

② 叶淦湖、刘小红、叶惠明：《东莞石碣镇 2 427 例工伤患者伤情调查》，载《疾病控制杂志》2003 年第 4 期。

③ 指工伤受伤后到接受工伤探访时的医疗费。

从均值比较来看，由厂方支付者的医疗花费均值为 9 924 元，由工伤者的均值为 10 924 元，由厂方和工伤者分担医疗费的均值为 14 902 元。由此可见，医疗费的高低实际上影响了厂方的支付行为，费用越高，厂方越倾向于与工伤者分担或拒绝支付。有研究也指出，本地（东莞石碣）工伤事件的早期救治费大多数是由厂家提供的，但有些工伤的后期治疗阶段常会出现付费纠纷[1]，因为治疗时间越长，医疗费也越高。

近 20% 的被探访工伤者住院期间生活费用由自己承担（见表 9 - 25）。不支付工伤者生活费的工厂多为人数在 250 人以下小规模工厂（65.32%），多是本地企业（50.97%），多分布在中山（35.7%）、佛山（22.1%）和东莞（20.8%），多属于家具业（27.1%）、五金业（22.1%）。

表 9 - 25　　　　　　　　医疗费和生活费的支付方

支付方	医疗费		生活费	
	频数	百分比	频数	百分比
厂方	9 356	96.19	7 830	79.87
自己	268	2.76	1 909	19.47
厂方和自己分担	43	0.44	50	0.51
其他（肇事者、社会捐款、保险等）	60	0.61	14	0.03
合计	9 727	100	9 803	100.00

被探访的工伤者有 32.8% 表示住院期间厂方正常发给工资，24.1% 表示厂方不发工资，有 10.9% 表示厂方只发给基本生活费（另有 32.2% 回答"不知道"）。不支付工伤者住院期间工资的工厂多为人数在 250 人以下小规模工厂（70.7%），多是本地企业（54.9%），多分布在佛山（35.9%）和东莞（20.6%），多属于五金业（24.5%）、家具业（21.5%）、电子电器业（6.2%）和塑料塑胶业（5.7%）。

被探访的工伤者有 38.5% 住院期间由工友护理，11.5% 由医院护工护理，25.6% 由亲属护理，24.3% 无人护理。年度比较发现，工伤者在住院期间的处境未获明显改善，厂方支付医疗费、生活费和工资的百分比没有提高，工伤者无人护理的百分比没有下降（见表 9 - 26）。

---

[1]　叶淦湖、刘小红、叶惠明：《东莞石碣镇 2 427 例工伤患者伤情调查》，载《疾病控制杂志》2003 年第 4 期。

表 9 – 26 　　　　　工伤者住院期间实际处境年度变化情况　　　　　单位：%

年份 住院处境	2003	2004	2005	2006	2007	2008	2009	2010
厂方支付医疗费	97.74	97.38	94.32	95.99	95.75	96.2	95.31	95.55
厂方支付生活费	88.4	82.17	75.84	74.67	75.42	83.11	76.2	74.49
厂方正常支付工资	44.72	37.88	26.77	33.04	39.48	27.19	29.36	29.16
工伤者无人护理	17.9	23.7	20.5	35.4	34.68	33.88	32.84	34.38

第五节　结　论

根据对工伤探访表的统计分析，并参照相关调查和统计数据，我们有以下 4 个方面的发现：

第一，在人口特征方面，工伤者以男性为主，年龄与普通农民工基本持平，呈逐年上升趋势，工伤者文化程度低于农民工。

第二，在职业分布方面，工伤农民工以一线操作工人为主，主要来自制造业中的五金业、家具业、电子电器、塑胶等行业，这些行业都是劳动密集型行业，多是本地资本与台湾资本，且规模主要在 250 人以下，这与珠江三角洲产业结构和产业水平基本一致。

第三，在劳动权益方面，和普通农民工比，工伤者工资被拖欠情况更严重，工作时间更长，劳动合同签订率和社会保险参保率更低，生产安全培训和劳动保护状况更差。历年比较发现，工伤者基本权益虽有不同程度的改善，但改善趋势并不稳定。

第四，在事故发生方面，工伤的高发月份为 3 ~ 5 月、10 ~ 12 月，夏季以及春节期间工伤发生较少。50% 的工伤者都是进厂不足半年的新人，受伤部位以手外伤为主，轻重伤比例为 12.5：1；工伤者多将受伤归因为意外、工厂的安全管理及工人的安全行为；工伤者被及时送院治疗，但后续治疗不足；工伤医疗费用越来越高，少数工伤者自己承担医疗费，部分工厂拒绝支付生活费和工资，拒绝派人护理。

综上所述，我们可以得出三点基本结论：

第一，工伤的发生具有集中于某些行业（如五金）和某类企业（如小企业），这种分布与珠三角地区的产业结构和发展水平密切相关。在劳动密集型企业中，机器使用率、自动化程度较低，大量工作需要工人直接手工操作，加之缺乏有效的劳动保护，工伤频发成为必然。

第二，工伤者是农民工中的弱势群体。与普通农民工相比，他们学历较低，年龄偏大；基本劳动权益受到更多侵犯、保障状况更差；受工伤后，在身体健康、劳动能力、就业机会等方面均劣于普通农民工。

第三，历年比较发现，工伤者的工资、工时、劳动合同等权益状况略有好转，但是工伤后的实际处境并未获得实质性改善。

自 2003 年以来，各级政府制定了一系列保障农民工权益和改善农民工就业环境的政策措施，做了大量工作，但农民工外出就业和权益保障等方面仍然面临着很多问题[①]。2010 年 3 月，在第十一届全国人大三次会议上，温家宝在《政府工作报告》中提到："我们所做的一切，就是要让人民生活得更加幸福、更有尊严。"同年 4 月 27 日，胡锦涛在全国劳动模范和先进工作者表彰大会上表示："应该不断增加一线劳动者的报酬，让群众体面劳动，完善劳动保护机制。"我们期望，国家有关部门将领导人的讲话精神逐步落到实处，转化为惠及包括劳动者在内的全体公民的具体行动。

---

① 国务院中国农民工问题研究总报告起草组：《中国农民工问题研究总报告》，载《改革》2006 年第 5 期。

第三编

市民权益

第十章

消费与居住[*]

本章主要从消费和居住方式的角度来描述与分析农民工的日常生活。近年来我国农民工的工资虽然有所增长但总体水平仍然不高，农民工消费仍然以维持基本生存为主且结构单一。农民工的消费具有代际差异。住宿费用是农民工个人最主要消费项目之一。农民工身份的特殊性使得他们无法享受与市民同等的住房优惠政策，在所有居住在出租屋的农民工中仅有不到1%（0.9%）的人居住在政府的廉租房里。回归分析结果显示：性别、代际、婚姻状况、企业性质、地区、求职途径、家庭外出人口数等因素对于农民工选择资本主导型或社会主导型居住方式存在显著影响。

在城市化进程中，机器生产需要大量劳动力，城市的扩张与农业的产业化，导致大量的农民离开土地，进入工厂，最终成为市民，但中国在这一过程中却出现了分拆和隔离。改革开放前，政府为控制城市人口数量、人口流动建立起户籍制度；改革开放后，政府放宽人口流动，让农民大规模进城打工，但户籍制度依然保留下来，在城市中产生了一个数量庞大、身份特殊的群体——农民工。农民工从事着城市工人的工作，但是由于户籍原因身份却依然还是农民。他们在城市工作、生活，却无法进入城市福利分配体系，例如在教育、住房、医疗方等面无法享受与市民同等的待遇。以往的研究较多关注农民工的劳动权益遭受侵害或保护问题，本章关注的重点是在生产过程之外，农民工离开了工厂和生产，他们的

---

* 本章作者：朱艳婷。

日常生活是怎样进行的，处于城市收入底层的他们实际的消费状况又是如何等。

人们的衣、食、住、行样样离不开消费，消费是生产力再生产的重要环节。对于农民工日常生活的研究，能够增进我们对农民工真实的消费水平和生活状况的了解，能够为提高农民工的生活水平，制定相应的政策提供参考。本章首先梳理以往关于农民工消费研究的文献；然后依据课题组近几年的调查数据对农民工的收入和支出情况、主要的消费类别进行分析；其次再分析新生代农民工的消费行为与上一代的差异，并探讨其原因；最后，主要描述与分析农民工的居住状况。

第一节 文 献 回 顾

回顾相关理论，可以发现，消费同生产一样重要。穆勒认为，虽然并不是所有的社会成员都是生产者，但是所有的社会成员都是消费者。他将消费分为生产性消费与非生产性消费，"他们在保持或改善健康、体力和工作能力，或抚养下一代生产性劳动者方面的消费，乃是生产性消费。但是娱乐或奢侈方面的消费，不论是懒惰者所为，还是勤劳者所为，因为生产既不是其目的，也不会因此而有任何进步，所以必须看做是非生产性的。不过，也许一定数量的享乐可以认为是必需的，因为缺了它，会使劳动达不到最高效率。"[1] 从生产性消费来说，消费的目的是为了生产，保持健康和体力就在于为生产服务，消费为生产的持续提供动力。

虽然经典马克思主义关注的重点在于资本运作的逻辑、剩余价值的生产等生产过程，但在论述再生产过程时，马克思提到，"工人阶级，即使在直接劳动过程以外，也同死的劳动工具一样是资本的附属物。甚至工人的个人消费，在一定限度内，也不过是资本再生产过程的一个要素……工人的个人消费一方面保证他们维持自己和再生产自己，另一方面通过生活资料的耗费来保证他们不断重新出现在劳动力市场上。"[2] 马克思主义认为工人的消费是资本再生产必不可少的要素之一，并且在资本主义生产过程中不断地卷入生产和再生产资本关系本身，这足以体现消费的重要性和与生产的不可分割性。布若威在讨论俄国工业化时代的劳动力再生产模式时提到，"站在资本的立场来看，移民工人为资本家支付低工资创造了可能，这种工资仅仅能够维持被雇佣劳动者个人的生存。养育新工人和

---

① 约翰·穆勒：《政治经济学原理及其在社会哲学上的若干应用（上卷）》，朱泱、赵荣潜、桑炳彦译，北京：商务印书馆1991年版，第69页。

② 马克思：《资本论》（第一卷），载《马克思恩格斯全集》第23卷，北京：人民出版社1990年版，第629页。

赡养老弱的费用来自混合的生存式生产，这种生产补贴了资本家的利润。"[①] 正因为如此，通过了解农民工的工资、消费状况以及日常生活，才能更加全面地把握这一群体的生存现状。

农民工的消费问题同样也是消费社会学关注的议题之一。王宁总结了消费社会学领域消费研究的三大范式："消费的行为"、"消费的生产"、"消费的文化"。[②] 第一种主要侧重研究消费者购买行为及行为背后的社会学因素分析，所涉及的方面包括："亲缘认同"、"社区"、"亚文化"等，涉及相关方面的学者有：汪和建、朱国宏等[③]。第二种主要侧重消费方式产生的政治、经济、社会制度环境。它包括两个部分：一是由英国社会学家桑德斯所倡导的集体消费社会学，其注意的焦点在于社会化形式（公共消费）和市场化形式（私人消费）的关系[④]；另一部分则是法兰克福学派对战后消费主义的批判。第三种主要侧重消费的符号意义、体验以及文化建构。如布迪厄运用"惯习"、"场域"、"文化资本"等范畴来对社会各阶层文化进行分析。[⑤] 布希亚则从符号的角度对消费社会的性质进行剖析。[⑥]

我们对农民工的消费研究即是在第一种范式下，对调查过程中对农民工群体消费行为进行操作化，从微观的角度了解该群体消费现状的基础上并分析背后的作用因素。

当前国内对于农民工的消费进行了一定的研究，主要包括两个方面：第一类是某一地区的农民工消费状况研究，主要通过问卷调查进行，了解农民工的消费水平、结构以及特征等；第二类通过个案分析、民族志的方法等定性研究方法来探讨农民工中某一群体消费或者是农民工群体的某一具体消费项目研究，如女工的身体消费、青年农民工群体的手机消费、麦当劳消费等。

一、农民工基本消费状况调查研究

钱雪飞通过对南京市外来务工人员调查发现：从消费结构来看，南京市农民

① Burawoy M. *The Politics of Production*, London：Verso, 1985, P. 105.

② 王宁：《消费与认同——对消费社会学的一个分析框架的探索》，载《社会学研究》2001 年第1 期。

③ 汪和建：《现代经济社会学》，南京：南京大学出版社 1993 年版；朱国宏主编：《社会学视野里的经济现象》，成都：四川人民出版社 1998 年版。

④ Saunders Peter. *Social Theory and the Urban Question* 2nd （ed.）, London：Routledge, 1986.

⑤ Bourdieu Pierre. *Distinction*：*A Social Critique of the Judgement of Taste*, trans. By Richard Nice, London：Routledge, 1984.

⑥ Baudrillard Jean. *Selected Writings*, ed. By Mark Poster, Cambridge：Polity Press, 1988.

工吃、住、行等基本消费在所有消费中比重高达 70% 以上，而文化学习、娱乐等方面开支较少。主要原因在于农民工大多数就业于工作环境差、待遇差、福利低劣的次属劳动力市场，劳动辛苦，收入较低；其次，农民工的生活水平低，打工的目的就在于满足基本生存需要；再其次，农民工与农村联系密切，农民工将农村作为经营的后盾，尽量减少迁移成本。[①]

张咏梅等通过对兰州市农民工的调查发现：不同性别、不同年龄和外出务工时间的长短对于农民工的收入水平都有影响。收入的相对较低也影响到农民工的消费情况，用于衣食住行方面的消费占消费主要方面，而用于文化娱乐方面的消费比例较低。从消费的角度看，农民工的生活状况在整个社会分层结构中处于比较低的层次。[②]

于丽敏等根据搜集到的 762 份农民工支出数据，采用灰色关联分析方法，对农民工收入与各项消费支出之间的相对关联度进行分析后，发现东莞市农民工消费结构特点在于：食品支出仍然是影响生活消费总支出的主要因素，居于主导地位；储蓄占收入支出的第二位，主要原因是信息的不完全，农民工对未来不能准确预期；通信和交际支出增加；衣着需求、医疗支出、教育培训支出均较低。[③]

刘程等在农民进城前务工经历是否会影响其家庭生活消费方式的研究中发现，农民工的消费方式正在改变，而引起改变的因素是多样的。[④] 严翅君等通过对长三角江苏 8 个城市农民工消费的调查研究，认为农民工的消费方式转型的确已经开始，在消费结构、消费工具、消费行为、消费心理等方面均在发生改变。[⑤]

根据上述文献，以往对于农民工消费的一般性结论认为：农民工消费处于较低层次，生存型消费在总体的消费中比重较大，文化、发展型消费不足。上述的研究都是某一年度的调查且范围不广，缺乏地区对比与历年的数据对比，我们需要知道，近年来农民工的消费状况是否发生了转变。

---

① 钱雪飞：《进城农民工消费的实证研究——南京市 578 名农民工的调查与分析》，载《南京社会科学》2003 年第 9 期。

② 张咏梅、肖敏霞：《农民工的生活与消费——对兰州市进城务工人员的调查分析》，载《西北人口》2008 年第 5 期。

③ 于丽敏、王国顺：《东莞农民工消费结构的灰色关联度分析》，载《当代经济研究》2010 年第 5 期。

④ 刘程、邓蕾、黄春桥：《农民进城务工经历对其家庭生活消费方式的影响——来自湖北、四川、江西三省的调查》，载《青年研究》2004 年第 7 期。

⑤ 严翅君：《长三角城市农民工消费方式的转型——对长三角江苏八城市农民工消费的调查研究》，载《江苏社会科学》2007 年第 3 期。

二、特殊群体消费研究

部分文献涉及特殊群体的消费研究，主要包括余晓敏、潘毅等人对于女工的研究与新生代农民工消费研究。

（一）对女工消费的研究

余晓敏、潘毅主要从身份塑造认同角度来阐释消费，审视了消费领域中被重新塑造的女工主体性，在打工者消费的研究中加入性别和代际差异的变量，探讨打工妹的消费对主体建构的意义。她们认为，女工积极通过消费来使自己看起来更像城里人，以此来逃离国际资本、社会制度、父权制的三重压迫，然而在看似平等的消费空间中，依然逃离不了作为"打工者"而被歧视的身份烙印。"打工妹的社会身份无法在消费领域获得全新的重建，从而最终强化了其次等的生产主体性。"[①]

王宁把消费作为认同的行为和符号，认为消费在社会学意义上的重要性之一在于它既是用于建构认同的"原材料"，又是认同表达的符号和象征，并从这个角度深入分析了打工妹的身体消费行为，提出了"两栖型消费"的概念。他通过个案分析发现：由于打工妹被激起的消费欲望难以满足与随之产生的心理冲突和地位落差，使得打工妹采取了两栖型消费的策略，并形成了两栖型的消费认同。[②]

张晶通过文化的合法性机制和对生命史的考察，分析女工僭越的消费行为、转变过程和机制。她认为，女工消费习惯的转变有助于女工获得个人独特的生活体验，也可能成为其在城市上升流动的渠道和环节。从深层次来看，这种习惯的转变不一定实现了女工的自我认同和城市融入，对于某些女工来说甚至呈现了相反效果。[③]

（二）新生代农民工消费研究

王春光提出"新生代农村流动人口概念"，认为农村流动人口出现了代际的

---

① 余晓敏、潘毅：《消费社会与"新生代打工妹"主体性再造》，载《社会学研究》2008 年第 3 期。

② 王宁、严霞：《两栖消费与两栖认同——对广州市 J 工业区服务业打工妹身体消费的质性研究》，载《江苏社会科学》2011 年第 4 期。

③ 张晶：《趋同与差异：合法性机制下的消费转变——基于北京地区青年女性农民工消费的实证研究》，载《中国青年研究》2010 年第 6 期。

差异。他认为，新生代农村流动人口与老一代农村流动人口不同：年龄较小多在25 岁以下，出生于 20 世纪 70 年代末 80 年代初，成长和受教育于 80 年代，基本上于 90 年代外出务工经商；有更多的机会和条件接受学校教育，因此他们的受教育水平比其他农村流动人口高，他们参加务农的时间和机会自然就少些，有许多人根本没有务农经历，这些在一定程度上影响了他们外出的动机以及对自己发展的期望。[①]

杨善华通过剖析珠三角地区的社会生态环境和新一代流动民工对环境的认知，指出手机消费对于农民工消费之外的意义。他认为，青年民工在接受手机带来的网络文化的同时也根据自己的生平情境、当下的生存环境和生存状态对手机消费给出了自己独特的解读，并且这种解读与他们成长起来的文化环境息息相关，带有明显的中国传统文化的印记。[②]

邓智平对青年民工的麦当劳消费进行研究，以麦当劳消费作为一个切入点，发现青年民工在进入城市的过程中，通过积极调整自己的消费方式，使其与城市生活接轨，以期在社会、文化以及心理层面上与城市适应，而麦当劳则成为青年民工重构其自我认同和社会认同的工具。[③]

这些研究大多是从个案出发，深层次的挖掘农民工的消费行为以及消费含义。农民工以异乡人的身份进入城市之后面临身份认同问题，由于生活习惯、文化差异以及穿着打扮土气，容易遭受市民的歧视、排斥。因此，部分农民工，尤其是新生代农民工，通过一定的消费行为、利用消费符号以及亲身体验来使自己融入城市生活环境，重构自我身份认同。

综上所述，我们可以梳理出当前国内农民工消费研究的脉络，主要分为两条研究路径：第一是定量的问卷调查，从总体上了解农民工的群体消费行为、消费特征以及消费水平；第二是从消费项目或者特殊消费群体出发，分析某一群体的消费特性，分析消费对于农民工这一身份模糊的群体的特殊意义。而我们近几年的调查基本上属于第一条路径，通过几年的问卷调查，收集了更为翔实的数据，不仅调查地区较广，且具有一定的时间跨度，能够更为清楚地了解和分析近年来农民工消费状况及其变化。

---

① 王春光：《新生代农村流动人口的社会认同与城乡融合的关系》，载《社会学研究》2001 年第 3 期。

② 杨善华、朱伟志：《手机：全球化背景下的主动选择——珠三角地区农民工手机消费的文化和心态解读》，载《广东社会科学》2006 年第 2 期。

③ 邓智平：《融入城市的仪式——麦当劳消费对青年民工的意义》，载《青年探索》2006 年第 5 期。

第二节 收入与消费

由于户籍制度分割，农民工的生产生活虽然在城市，但却无法享受与城市居民同等的权利，例如社会保险、教育、医疗等。同时，企业在支付农民工工资时无须支付劳动力再生产的成本，农民工的工资长期维持在一个较低水平。近年来，国家出台了一系列的法律、法规和政策，农民工的权益状况得到一定的改善。那么，他们的收入状况是否也随之改观呢？面对城市日益增高的物价，农民工的实际消费状况又是如何呢？农民工的打工工资收入越来越成为农村家庭经济收入的主要支柱，打工收入直接影响其家庭的生活水平，影响其收入与消费状况。本章用于衡量工资收入的主要指标为月平均工资，并通过了解收入的构成对收入进行更为细致的分析，然后明确收入分配途径，主要包含两个部分：寄回老家和个人消费，最后分析农民工个人消费水平。

一、近年工资收入状况

如表 10 - 1 结果显示：从均值来看，珠长三角的农民工的月平均工资逐年上升。从长三角珠三角的对比中，我们可以看出，2010 年，长三角地区农民工月平均工资略高于珠三角农民工，且长三角的农民工对于自身工资的期望值更高，但不可忽视的是，从中位值来看，无论在长三角还是珠三角，仍然有不低于一半的农民工收入在 1 800 元以下，并且，农民工对于自身工资的期望与实际获得的收入差距依然较大。

表 10 - 1　　　　　农民工的月平均工资　　　　　单位：元

描述项	月平均工资					月期望工资				
	珠三角				长三角	珠三角				长三角
	2006 年	2008 年	2009 年	2010 年	2010 年	2006 年	2008 年	2009 年	2010 年	2010 年
均值	1 092.7	1 601.0	1 662.3	1 914.4	2 093.8	1 520.8	2 179.4	2 387.2	2 995.6	3 133.7
标准差	561.8	866.4	972.1	955.8	1 488.1	1 088.3	1 424.6	2 031.5	2 652.3	2 803.4
中位值	1 000	1 400	1 500	1 700	1 800	1 300	1 800	2 000	2 500	2 500
众值	1 000	1 200	1 500	1 500	2 000	1 500	1 500	2 000	2 000	3 000
有效样本	3 007	2 477	1 729	2 046	2 106	2 956	2 470	1 702	2 026	2 094

通过表 10-2 可以看出：虽然农民工的工资收入不断增加，但总体水平仍然较低。从工资结构来看，基本工资的增长幅度不大，加班工资在月收入中比重却在 2010 年上升较多，2010 年珠三角农民工加班工资占总收入的 15%（比 2009 年上升 7%），长三角加班工资占总收入的 12%。加班就意味着农民工要持续承受高强度的工作，休息与休闲时间被压缩，这说明实际的工资增长主要是依靠提高农民工的劳动强度来实现的，而这对于农民工劳动状况的改善十分不利。

表 10-2　　　　　　　　　农民工工资构成　　　　　　　　单位：元

| 项目 | 珠三角 | | | | | | | | 长三角 | |
| | 2006 年 | | 2008 年 | | 2009 年 | | 2010 年 | | 2010 年 | |
	金额	%	金额	%	金额	%	金额	%	金额	%
月平均工资	1 092.7	100	1 601.0	100	1 662.3	100	1 914.4	100	2 093.8	100
基本工资	1 007.8	92	1 176.4	73	1 305.8	79	1 382.3	72	1 582.6	76
加班工资			177.8	11	138.3	8	284.0	15	241.0	12
奖金			96.4	6			—	—	—	—
提成	84.9	8			224.6	14	265.0	14	43.3	2
计件			124.1	8			480.9	25	44.5	2
其他					—	—	47.8	2	69.5	3

二、收入分配状况

（一）寄钱回家

维持劳动力的再生产并不仅仅是维持个人的基本生活，还包括代际再生产、家庭日常生活等成本。农民工在城市进行生产活动，但再生产的完成却留在农村，他们的生产与再生产在空间上是分离的，这就导致了农民工尽管收入和消费水平很低，但仍然会将节省下来的收入寄回老家，表 10-3 即为农民工寄钱回家的情况。

表 10-3　　　　　　　　　农民工寄钱回家情况　　　　　　　单位：元

地区	年份	人均年寄钱	标准差	人均打工年收入	标准差	人均寄钱/人均打工年收入（%）	养育孩子年费用
珠三角	2005	3 048.3	4 400.9	8 851.4	8 069.0	34.4	4 687.0
	2007	4 101.5	6 254.4	12 904.0	13 792.9	31.8	6 741.7

续表

地区	年份	人均年寄钱	标准差	人均打工年收入	标准差	人均寄钱/人均打工年收入（%）	养育孩子年费用
珠三角	2008	4 950.1	9 333.2	13 844.1	14 479.5	35.8	—
	2009	5 880.5	8 579.7	16 454.4	16 815.4	35.7	3 812.5
长三角	2009	6 869.2	12 039.7	18 858.1	22 039.9	36.4	5 734.1

注：在 2006 年、2008 年、2009 年、2010 年 4 年的调查当中，该题的设置均为询问调查前一年寄回家的钱数。

表 10-3 显示，在珠三角地区打工的个人寄钱回家的数额逐年增加，从 2005 年的 3 048.3 元增加到 2009 年的 5 880.5 元，这与农民工人均年收入增加的趋势相一致。从数据来看，2009 年在长三角打工的农民工年收入比珠三角打工的农民工多出 2 403.7 元，而相应的长三角地区的农民工比珠三角地区的农民工多寄回家将近 1 000 元。寄钱回家的多少很大程度上受收入的影响。从人均寄钱占人均打工收入的比例上来看，农民工将自身的打工收入至少 30% 选择寄回了老家，这说明寄钱回家是收入分配的主要方式之一。

对于有孩子的农民工来说，用于孩子生活、抚养、教育和医疗等费用也是其重要的收入分配方式之一。珠三角地区的农民工在 2005 年在该项的花费为 4 687 元，平均为 390.6 元/月，2007 年为 6 741.7 元，平均为 561.8 元/月，2009 年为 3 812.5 元，平均为 317.7 元。而在长三角地区打工的农民工在 2009 年养育孩子的费用为 5 734.1 元，平均为 477.8 元/月。可以看出，2009 年长三角地区的农民工比珠三角地区的农民工在孩子身上的花费平均每月多出 160.1 元。

（二）个人消费

通过以上的分析我们可以得出，虽然农民工收入水平不高，却选择将收入的 1/3 以上寄回老家用于维持老人小孩的日常生活等再生产活动，那么，农民工用于自身个人消费的状况如何呢？表 10-4 反映了农民工自身的日常消费情况。

表 10-4　　　　农民工日常消费情况　　　　单位：元

地区	长三角		珠三角							
年份	2010		2010		2006		2008		2009	
各项开支	数值	%	数值	%	数值	%	数值	%	数值	%
人均月开支	933.5	100	859.8	100	567.3	100	749.2	100	823.1	100
住宿	139.6	15.0	104.4	12.1	64.4	11.4	84.4	11.3	109.7	13.3

321

教育部哲学社会科学研究
重大课题攻关项目

续表

地区	长三角		珠三角							
年份	2010		2010		2006		2008		2009	
各项开支	数值	%	数值	%	数值	%	数值	%	数值	%
伙食	345.1	37.0	259.7	30.2	163.8	28.9	242.0	32.3	276.3	33.6
通信	80.9	8.7	91.6	10.7	75.7	13.3	90.0	12.0	88.1	10.7
请客送礼	36.7	4.0	42.8	5.0	41.2	7.3	63.3	8.4	55.5	7.0
文化娱乐	39.1	4.2	60.5	7.0	42.4	7.5	105.2	14.0	109.3	13.3
交通	34.1	3.7	44.1	5.1	33.1	5.8	142.4	19	59.0	7.2
服装	107.9	11.6	95.5	11.1	66.7	11.8			127.1	15.4
生活用品	98.6	10.6	101.1	11.8	69.0	12.2				
其他费用	36.5	4.0	35.1	4.1	35.9	6.3				

根据表 10-4 显示：从地区对比来看，2010 年长三角农民工的人均月开支高于珠三角农民工 73.7 元，意味着一名长三角的打工者比珠三角的打工者一年可能会多花将近 1 000 元。长三角农民工在住宿、伙食、服装等项目的花费高于珠三角，其他项目均低于珠三角。

单从珠三角 2006 年、2008 年、2009 年、2010 年数据来看，农民工人均月开支从 2006 年的 567.3 元增加至 2010 年 859.8 元，人均月开支逐年增加，共增加了 292.5 元，而根据我们的调查，珠三角农民工人均收入从 2006 年至 2010年，月平均工资增加了 821.7 元。这说明，虽然农民工的绝对工资增加了，但他们的消费水平并没有较大幅度的提高，实际购买力依然十分有限。

在各消费项目当中，2006 年珠三角的住宿与伙食人均花费为 228.2 元，到 2010 年增至 364.1 元，而长三角在 2010 年该两项的人均费用为 485.7 元，高于珠三角。总体来看，两项基本消费在各年的人均月开支中所占比例均达到 40% 以上，长三角在 2010 年甚至高达 52%，说明农民工个人消费还是以维持基本生存为主；而在交通、生活日用品、服装等日常生活消费方面，费用占人均月开支的 20% 左右；而用于满足发展型需求及与满足情感交流的通信费用在人均开支比例中均为 15% 以下，拓展人际关系的请客送礼费用比例均在 10% 以下，而文化娱乐消费也不足月开支的 15%。这说明，农民工在城市的消费水平依然不高且消费结构较为单一。

322

农民工权益保护理论与实践研究

三、小结

根据前述调查结果显示：当前长三角、珠三角两地农民工收入水平仍然不高，月人均收入在 2 000 元左右，并有不低于一半的农民工收入在 1 800 元以下。其中，虽然珠三角地区近年工资增长幅度较大，但由于工资基数低，工资的实际增长并不多；从月工资的结构来看，近年来基本工资有所增长，但基本工资在月工资当中的比例却不断下降，而加班工资比例上升，说明月工资的增长主要是靠加班来实现的，意味着工资的实际增长是通过提高农民工的劳动强度来实现的，农民工的劳动权益状况依然堪忧。

从收入分配来看，在收入不高的情况下，大部分的农民工选择将收入的至少 1/3 寄回老家，用于维持农村家庭的日常生活与代际再生产；而在自身消费方面，他们节衣缩食，虽然人均月开支将近 1 000 元，但从消费的结构来看，近一半的花费用在住宿与伙食等基本生存型消费中，而用于文化、娱乐等发展与休闲型的消费在总消费中的比例较低。因此，当前农民工仍然是以基本生存消费为主导的消费类型，日常消费水平低下、结构单一，精神文化等发展型消费不足。

第三节　代际消费差异

虽然总体上农民工的消费水平不高，并且是以满足基本生存需求的消费类型，但我们在调查中发现，与老一代农民工相比，年轻一代的农民工拥有更多的电子产品，使用高档的手机、电脑，穿着新潮的服饰，俨然与城市青年无异，这不禁让我们思考农民工内部代际消费差异的问题。

自 20 世纪 80 年代初允许农民进城以来，已经过去 30 年。按照 10 年一代的说法，农民工群体内部已经有 3 代人。不同的阶层具有不同的消费习惯，消费不仅可以表现阶层差异，代际差异同样可以通过消费差异来表现。

一、代际划分标准

对于农民工的代际研究不可避免地涉及代际划分的标准问题。最初，王春光提出"新生代农村流动人口概念"，认为农村流动人口出现了代际差异。在他看来，新生代农村流动人口与老一代农村流动人口不同：年龄较小，多在 25 岁以

323

下，出生于 20 世纪 70 年代末 80 年代初，成长和受教育于 80 年代，基本上于 90 年代外出务工经商；有更多的机会和条件接受学校教育，因此他们的受教育水平比其他农村流动人口高，他们参加务农的时间和机会自然就少些，有许多人根本没有务农经历，这在一定程度上影响了他们外出的动机以及对自己发展的期望。由于具有以上的特征，新生代农村流动人口表现出不同的社会认同。王春光将初次外出务工的年份作为划分标准，20 世纪 80 年代初次外出的为第一代，而 20 世纪 90 年代初次外出的为新生代，从出生年份来看，上述两代人近似 1980 年前后出生。[①] 虽然赵芳[②]对此标准存在争议，但这一划分标准逐步为学界普遍认可和使用，我们亦使用该划分标准。

随着 1990 年后出生的一代逐步进入社会，为了更加贴近现实和细致地分析，我们在原有划分标准的基础上增加 1990 年作为划分的另一个节点，将农民工划分为 1980 年前出生、1980～1989 年出生、1990 年后出生三代人，分别简称"80前"、"80后"和"90后"。我们问卷调查样本的代际分布见表 10 - 5。

表 10 - 5   农民工的代际分布

代际	人数（人）	比例（%）
"90 后"	542	13.05
"80 后"	1 843	44.39
"80 前"	1 767	42.56
总计	4 152	100.00

从表 10 - 5 看来，"80 前"、"80 后"依然是农民工的主要组成分布，但"90 后"已经占到总体的 13%。

二、代际收入与消费状况对比

收入之于消费犹如源头之于流水，因此，我们首先分析代际收入差异，再对消费做具体分析。

---

① 王春光：《新生代农村流动人口的社会认同与城乡融合的关系》，载《社会学研究》2001 年第 3 期。

② 赵芳：《"新生代"，一个难以界定的概念——以湖南省青玄村为例》，载《社会学研究》2003 年第 6 期。

（一）代际收入、消费的总体情况

"80前"、"80后"和"90后"三代农民工收入情况（见表 10 − 6）、月开支情况（见表 10 − 7）如下。

表 10 − 6　　　　　　　　　　农民工代际收入差异　　　　　　　单位：元

变量	代际				
	"90后"	"80后"		"80前"	
	平均值	平均值	与"90后"差异	平均值	与"90后"差异
月均收入	1 594.82	2 073.52	478.7	2 015.87	421.05

表 10 − 6 显示，"80后"月平均收入最高，"80前"次之，"90后"最低。"90后"比"80后"月平均收入少近 480 元。

表 10 − 7　　　　　　　　　　农民工月消费情况　　　　　　　单位：元

描述项	代际				
	"90后"	"80后"		"80前"	
	平均值	平均值	与"90后"差异	平均值	与"90后"差异
月均总开支	769.55	1 025.38	255.83	802.74	33.19
住宿	76.47	142.19	65.72	115.44	38.97
伙食	210.92	318.53	107.61	314.86	103.94
通信	89.28	95.34	6.06	75.63	− 13.65
交通	28.44	48.59	20.15	32.38	3.94
请客送礼	29.65	54.01	24.36	27.87	− 1.78
生活日用品	96.57	112.16	15.59	87.95	− 8.62
服装	137.71	122.15	− 15.56	69.43	− 68.28
文化娱乐	48.97	69.08	20.11	29.68	− 19.29
其他开支	14.95	40.41	25.46	37.26	22.31

从表 10 − 7 可以看出："80前"在通信、请客送礼、生活日用品、服装以及文化娱乐等项目支出均低于"90后"，而"80后"恰好相反，除服装之外，月均总开支和其他项目开支都高于"90后"。

月消费是否存在代际差异难以从平均值对比中做出准确判断，为此我们建立回归模型进行分析。回归模型以个人变量、企业变量、地区等作为控制变量，以月均总支出的对数为因变量，命名为个人月消费。为了判断代际是否存在差异，我们引入代际作为自变量（模型二纳入代际）。回归结果见表10-8。

表10-8　　　　　　　　月消费代际模型的回归结果报告

自变量		模型1		模型2	
		系数	标准误	系数	标准误
个人变量	性别（女=0）	0.016	0.017	0.020	0.018
	户口（非农=0）	-0.118***	0.025	-0.127***	0.025
	婚否（未婚=0）	0.028	0.041	0.009	0.041
	孩子（无=0）	-0.142***	0.040	-0.051	0.042
	教育年限	0.024***	0.004	0.017***	0.004
	务农经历（无=0）	-0.048***	0.018	-0.037**	0.018
	月平均收入	0.0002***	8.02e-06	0.0002***	7.95e-06
企业变量	工种（一般工人=0）				
	中低层经营管理人员	0.027	0.028	0.026	0.028
	企业性质（国有、集体企业=0）				
	股份制企业	0.006	0.039	0.004	0.039
	港澳台外资企业	0.045	0.034	0.034	0.033
	私营、个体及其他	0.006	0.030	-0.002	0.029
	企业规模（100人以下=0）				
	100~999人	-0.001	0.020	-0.006	0.020
	1 000人及以上	0.046*	0.025	0.041*	0.024
区域	长三角（珠三角=0）	0.099***	0.017	0.103***	0.017
代际	代际（"90后"=0）				
	"80后"			0.149***	0.028
	"80前"			-0.042	0.036
	常数	6.170***	0.061	6.163***	0.063
	样本量	4 054		4 054	
	R^2	0.186		0.204	

注：*** 表示 $p<0.01$，** 表示 $p<0.05$，* 表示 $p<0.1$。

表10-8为一个嵌套模型，结果显示：①孩子和务农经历两个因素在纳入代际之后显著性下降。这可能是由于代际与两者相关，部分为代际所解释了；②从模型1和模型2的比较来看，个人变量、企业变量、地区对月消费的解释力为

18.6%，代际变量对月消费的解释力为 1.8%（20.4% ~ 18.6%）；③ "90 后"与 "80 后"差异是显著的，而 "90 后"与 "80 前"的差异并不显著。从总体来看，部分验证了前面所提出的假设，"90 后"与 "80 后"差异显著。那么这些差异主要体现在哪些方面呢？为何 "90 后"与 "80 前"的差异不显著呢？这就需要进一步分析具体项目花费的差异来找寻答案。我们需要问的是：每个项目差异在总体中是否显著呢？从表 10 - 7 可以看出，"80 前"、"80 后"与 "90 后"的消费差异主要体现在住宿、伙食、服装三个项目当中，因此我们分别对住宿、伙食、服装进行进一步的回归分析。

（二）住宿、伙食、服装代际差异分析

1. 住宿费的代际差异

通过表 10 - 8 可以看出个人变量对于月消费影响较为显著，企业变量中仅有公司规模显著，地区显著，因此剔除不显著的控制变量，对住宿进行进一步的分析。回归模型中将个人变量、企业变量、地区、吃住类型、居住地方等因素作为控制变量；通过处理，以住宿费的开方为因变量；以代际为自变量（模型一为原模型，模型二纳入吃住类型、居住地方，模型三纳入代际）。回归结果见表 10 - 9。

表 10 - 9　　　　月住宿费—代际模型的回归结果报告

变量		模型 1		模型 2		模型 3	
		系数	标准误	系数	标准误	系数	标准误
个人变量	户口（非农 = 0）	- 0.361	0.361	- 0.704 ***	0.263	- 0.691 ***	0.263
	婚否（未婚 = 0）	0.688	0.597	- 0.268	0.434	- 0.465	0.441
	孩子（无 = 0）	0.253	0.593	0.0422	0.430	0.131	0.450
	教育年限	0.122 **	0.052	0.219 ***	0.038	0.200 ***	0.039
	务农（无 = 0）	- 0.355	0.263	0.0707	0.191	0.0678	0.192
	月收入对数	1.969 ***	0.302	2.158 ***	0.219	2.075 ***	0.220
企业变量	企业规模（100 人以下 = 0）						
	100 ~ 999 人	0.325	0.283	0.393 *	0.205	0.383 *	0.205
	1 000 人及以上	1.052 ***	0.331	0.801 ***	0.240	0.800 ***	0.240
地区	长三角（珠三角 = 0）	1.719 ***	0.248	- 0.283	0.186	- 0.272	0.186
吃住类型	不包住（包住 = 0）			4.623 ***	0.226	4.618 ***	0.226

续表

变量		模型 1		模型 2		模型 3	
		系数	标准误	系数	标准误	系数	标准误
居住地方	居住地（工作场所或宿舍 = 0）						
	出租屋			7.607***	0.232	7.574***	0.232
	自购房			−1.899***	0.470	−1.861***	0.470
	其他			−1.958***	0.576	−1.960***	0.575
代际	代际（90 后 = 0）						
	"80 后"					0.887***	0.299
	"80 前"					0.600	0.375
常数		−9.454***	2.265	−16.38***	1.647	−16.14***	1.649
样本量		4 056		4 056		4 056	
R²		0.038		0.497		0.498	

注：*** 表示 p < 0.01，** 表示 p < 0.05，* 表示 p < 0.1。

从模型来看：教育年限、月收入对数、大型企业在模型中呈现显著，表明在其他条件一定的情况下，教育程度越高、收入越高、企业规模越大，住宿花费越高；吃住类型、居住地方、代际在模型中均显著；在纳入了吃住类型和居住地方两个因素之后，户口、中等规模企业由不显著变为显著，而地区因素的显著性消失，表明不同地区的住宿费并没有显著的差异。

模型结果显示：模型 1 的解释力为 3.8%，而纳入吃住类型后，模型 2 的解释力达到 49.7%，吃住类型和居住地的解释力为 45.9%（49.7% ~ 3.8%），在同时纳入代际、吃住类型和居住地方之后，模型 3 解释力仅增加了 0.1%，即代际对于住宿的解释力仅为 0.1%。虽然代际对于住宿费解释力不大，但在住宿费上确实存在部分代际差异："90 后"与"80 后"的住宿费用的差异是显著的，而"90 后"与"80 前"在住宿花费上差别却不显著。

宛恬伊的研究表明：与一代农民工（相当于本章中"80 前"）相比，新生代农民工（相当于"80 后"与"90 后"之和）居住在单位宿舍工棚的比例显著高于一代农民工，并且在不同住房来源下，两组人群在房租支付水平上无显著差异。[①] 这一结果与我们的结论有部分吻合之处，由于我们对代际做了更为细致的划分，"80 后"与"90 后"在住宿费上呈现差异显著，这值得进一步探究。

---

① 宛恬伊：《新生代农民工的居住水平与住房消费——基于代际视角的比较分析》，载《中国青年研究》2010 年第 5 期。

2. 伙食费的代际差异

为了判断伙食费上是否存在代际差异，通过处理，我们以伙食费的开方为因变量，以代际为自变量，将个人因素、企业因素、地区、吃住类型、是否在食堂吃饭等因素作为控制变量（模型 1 为原模型，模型 2 纳入吃住类型、是否在食堂吃饭，模型 3 纳入代际）。回归结果见表 10 - 10。

表 10 - 10　　　　　　　月伙食费—代际模型的回归结果报告

变量		模型 1		模型 2		模型 3	
		系数	标准误	系数	标准误	系数	标准误
个人变量	户口（非农 = 0）	- 0.227	0.410	- 0.202	0.354	- 0.190	0.355
	婚否（未婚 = 0）	1.567 **	0.676	1.760 ***	0.584	1.403 **	0.593
	孩子（无 = 0）	- 0.215	0.672	- 0.961 *	0.581	- 0.757	0.607
	教育年限	0.096	0.059	0.134 ***	0.051	0.100 *	0.052
	务农（无 = 0）	- 0.265	0.299	- 0.112	0.258	- 0.109	0.259
	月收入对数	2.899 ***	0.342	2.937 ***	0.295	2.783 ***	0.297
企业变量	企业规模（100 人以下 = 0）						
	100 ~ 999 人	0.781 **	0.321	1.232 ***	0.282	1.207 ***	0.281
	1 000 人及以上	2.336 ***	0.376	2.226 ***	0.332	2.219 ***	0.331
地区	长三角（珠三角 = 0）	2.889 ***	0.281	3.025 ***	0.243	3.037 ***	0.243
吃住类型	包吃（不包吃 = 0）			- 7.222 ***	0.273	- 7.213 ***	0.273
饭堂	吃饭堂（否 = 0）			- 2.788 ***	0.286	- 2.769 ***	0.285
代际	代际（"90 后" = 0）						
	"80 后"					1.640 ***	0.404
	"80 前"					1.039 **	0.508
常数		- 10.67 ***	2.566	- 5.965 ***	2.220	- 5.549 **	2.220
样本量		4 045		4 045		4 045	
R²		0.069		0.306		0.309	

注：*** 表示 p < 0.01，** 表示 p < 0.05，* 表示 p < 0.1。

在伙食费模型中：婚姻、月收入对数、企业规模、地区、吃住类型、是否在食堂吃饭、代际等因素在模型中均显著，而教育年限、是否有孩子在模型 2 中显著，在纳入代际后，教育程度的系数减小但仍然显著，而是否有孩子因素显著性消失。说明在其他条件不变的情况下，已婚、教育程度越高、收入越高、企业规模越大、在长三角工作、吃住类型为不包吃、不在食堂吃饭的人伙食费用较高。

模型结果显示：模型 1 的解释力为 6.9%，模型 2 中纳入吃住类型、是否在食堂吃饭后，解释力达到 30.6%，说明吃住类型和是否在食堂吃饭的解释力为 23.7%（30.6% ~ 6.9%），模型 3 中纳入代际，代际对模型的解释为 0.3%（30.9% ~ 30.6%）。虽然解释力不大，但代际因素呈现显著，"90 后"与"80 后"、"90 后"与"80 前"在伙食上的花费均存在差异，"80 前"、"80 后"群体比"90 后"伙食花费更多。

3. 服装费的代际差异

为了判断在服装费上是否存在代际差异，通过处理，以服装费的开方为因变量；代际为自变量；个人变量、企业变量、地区变量为控制变量（模型 1 为原模型，模型 2 纳入代际）。回归结果见表 10 - 11。

表 10 - 11　　　　　　　　服装—代际模型的回归结果报告

变量		模型 1		模型 2	
		系数	标准误	系数	标准误
个人变量	户口（非农 = 0）	- 0.238	0.267	- 0.459 *	0.265
	婚否（未婚 = 0）	- 0.969 **	0.440	- 0.390	0.442
	孩子（无 = 0）	- 1.778 ***	0.438	- 0.500	0.453
	教育年限	0.041	0.038	0.009	0.039
	务农经历（无 = 0）	- 0.738 ***	0.195	- 0.535 ***	0.193
	月收入对数	1.858 ***	0.223	1.952 ***	0.222
企业变量	企业规模（100 以下 = 0）				
	100 ~ 999 人	- 0.313	0.210	- 0.327	0.208
	1 000 人及以上	- 0.269	0.245	- 0.303	0.242
地区	长三角（珠三角 = 0）	0.845 ***	0.184	0.889 ***	0.181
代际	代际（90 后 = 0）				
	"80 后"			- 1.232 ***	0.301
	"80 前"			- 3.469 ***	0.379
常数		- 4.159 **	1.677	- 3.521 **	1.660
样本量		4 020		4 020	
R^2		0.081		0.103	

注：*** 表示 $p < 0.01$，** 表示 $p < 0.05$，* 表示 $p < 0.1$。

在服装—代际模型中，在纳入代际因素之后，户口由不显著变为显著，婚姻、有无孩子对服装消费的影响变为不显著，而务农经历、月收入对数和地区在两个模型中都显著，说明这三个变量是影响服装的基本变量，在其他条件保持一定的情况下：有过务农经历的人服装费少；月收入越高、在长三角地区工作的人服装花费多；就代际来说，"90后"比"80前"、"80后"在服装花费上更多。

模型结果显示：模型1的解释力为8.1%，而纳入代际因素后，解释力达到10.3%，代际因素解释力为2.2%，解释力较强。

三、小结

"80前"、"80后"、"90后"三代人在婚姻状况、是否有孩子等个人因素上存在较大差别，在工作状况中差异并不大，存在一定的地区差异，在对以上三类因素进行控制之后，代际差异对于月消费影响呈现部分显著，说明在以上因素之外，代际差异对于月消费具有一定的解释力，结果显示："90后"与"80后"在月消费上是存在代际差异的，而"90后"与"80前"月消费差异不显著。按照常理来说，"90后"与"80前"的年龄差距较大，成长于不同的社会环境，如果"90后"与"80后"差异既然都显著，那么"90后"与"80前"的差异应当同样显著，但是结果却恰恰相反，是什么导致"90后"与"80前"的月消费差异不显著呢？

我们通过建立住宿—代际、伙食—代际、服装—代际三个嵌套回归模型对月消费进行细致的分析，结果发现：代际对于住宿、伙食及服装费用均有一定的解释力，但代际对于住宿和伙食费用的解释力小（0.1%和0.3%），而对服装费用的解释力较大（2.2%）。"90后"与"80后"、"80前"在伙食、服装费用均存在显著差异，而在住宿费用上，"90后"与"80后"差异显著，而"90后"与"80前"差异不显著，由于住宿费在月消费中所占比重较大，这可能是导致这两个代际农民工总体月消费呈现无差异的原因。

第四节 居住形式

住所是农民工实现劳动力再生产的重要场所。当下农民工的居住形式主要包括以下几种：企业提供的员工宿舍、出租屋、借助亲友家、工作场所以及自购房等，其中最主要的居住形式为宿舍和出租屋。

对于农民工的居住问题，很多研究已经涉及，如吴维平、王汉生对北京、上海两地的流动人口的住房（主要是出租屋）质量进行分析，认为由于户籍制与城市住房获取之间的联系，流动人口被置于主流的住房分配体制之外，导致他们更多选择租赁房屋，并且与城镇居民相比，流动人口的人均住房使用面积和质量均较低[①]；此外，任焰、潘毅对宿舍劳动体制进行研究，她们将工厂宿舍看做是劳动控制与抗争的另类空间，认为一方面资本通过宿舍对工人们的劳动与生活进行直接控制、塑造工人的生活方式，另一方面宿舍劳动体制却又为工人抗争开辟出一个空间。[②]

我们的问卷调查所表现的长三角、珠三角两地的农民工的实际居住状况到底如何呢？让我们先分析近年农民工总体的吃住情况，再进一步了解具体的居住形式和居住质量，最后研究农民工居住形式的偏好问题。

一、近年食宿情况

农民工在所在城市的食宿情况主要分为四种类型：包吃包住、只包吃、只包住、不管吃住，我们近年的调查结果见表 10 – 12。

表 10 – 12　　　　　　　　　农民工的食宿情况

食宿类型	珠三角								长三角	
	2006 年		2008 年		2009 年		2010 年		2010 年	
	频数	百分比	频数	百分比	频数	百分比	频数	百分比	频数	百分比
包吃住	1 517	49.3	1 390	50.5	783	45.8	913	44.7	527	25.0
只包吃	140	4.5	113	4.1	90	5.3	132	6.5	545	25.9
只包住	766	24.9	640	23.2	389	22.8	415	20.3	276	13.1
不管吃住	655	21.3	609	22.2	447	26.1	583	28.5	757	36.0

2010 年的数据显示：在珠三角，包吃包住的比例近 45%，比 2006 年、2008 年和 2009 年都有所下降；只包吃的比例为 6.5%；只包住的比例为 20.3%，从 2006 年到 2010 年逐年下降；不管吃住的比例为 28.5%，从 2006 年到 2010 年逐年上升。长三角情况和珠三角不太一样，不管吃住的比例最高，包吃包住和只包吃的比例都

---

① 吴维平、王汉生：《寄居大都市：京沪两地流动人口住房现状分析》，载《社会学研究》2002 年第 3 期。

② 任焰、潘毅：《宿舍劳动体制：劳动控制与抗争的另类空间》，载《开放时代》2006 年第 3 期。

在 25%。总的来说，珠三角的企业比之长三角的企业更倾向于管工人的吃住。

因为企业为农民工提供食宿有时候并不是完全免费的，有些企业会扣除一定的费用，表 10-13 表现了企业在食宿方面扣除的平均费用。

表 10-13　　　　企业在食宿方面的扣除费用　　　　单位：元

地区	年份	项目	样本数	平均值	标准差
珠三角	2006	包吃包住	1 404	49.8	90.6
		只包吃	125	50.6	114.6
		只包住	698	23.2	47.9
	2008	包吃包住	1 235	50.7	89.3
		只包吃	112	38.9	72.2
		只包住	566	25.1	53.1
	2009	包吃包住	783	37.8	80.5
		只包吃	90	34.2	70.5
		只包住	388	27.3	55.5
	2010	包吃包住	895	43.6	109.7
		只包吃	130	51.0	92.9
		只包住	398	17.7	54.3
长三角	2011	包吃包住	517	17.4	55.6
		只包吃	539	10.9	63.0
		只包住	269	19.2	90.0

珠三角的数据显示：2010 年与 2009 年相比，包吃包住的扣除费用增加 5.8 元，只包吃的扣除费用增加 16.8 元，只包住的扣除费用减少 9.6 元。对比珠三角，2010 年长三角包吃包住的企业扣除的费用为 17.4 元，只包吃的企业扣除 10.9 元，只包住的企业扣除 19.2 元，均低于珠三角。

总体看来，企业在扣除食宿方面的费用并不多，从 2006 至 2010 年的费用变化也不大，确实能够为农民工提供一定的福利，减少他们在城市的生活成本。

二、居住形式与居住质量

（一）居住形式

表 10-14 提供了 2010 年珠三角和长三角总体样本的农民工居住形式。

表 10 – 14　　　　　　　　农民工居住形式

居住方式	样本数	百分比	累积百分比
企业员工宿舍	1 497	36.1	36.1
出租屋	2 234	53.8	89.9
借住亲友家	53	1.3	91.2
工作场所	112	2.7	93.9
自购房	196	4.7	98.6
其他	57	1.4	100.0
总体	4 149	100.0	

根据表 10 – 14 所示：有 53.8% 的受访者住在出租屋内，占总体的一半以上，36.1% 的受访者住在企业员工宿舍，两种方式的总和占总居住方式的 89.9%，其他几种居住方式的总和占总居住方式的 10.1%，这说明农民工的居住问题主要是通过出租屋、员工宿舍这两种方式解决。那么为何会有一半以上的受访者选择居住在出租屋内呢？下面我们对选择出租屋的原因进行分析（见表 10 – 15）。

表 10 – 15　　　　　　　　农民工选择出租屋的原因

原因	单位不提供宿舍	离工作地点近	生活便利	价格便宜	工厂宿舍条件差	与家人、朋友同住	其他
频数	761	691	894	478	171	1 065	106
百分比	34.2	31.0	40.2	21.5	7.7	47.8	4.8

注：该题设置为多选题，故百分比之和大于 1。

如表 10 – 15 所示，近 48% 的受访者表示，选择出租屋的原因在于可以与家人、朋友同住，亦有 40.2% 的受访者选择出租屋的原因在于生活便利，34.2% 的受访者是由于工作单位不提供宿舍才选择居住在出租屋里，31% 的受访者住在出租屋是因为离工作地点近，而仅有 21.5% 是因为租房便宜才选择出租屋。

更为我们关注的是，在租住出租屋的农民工中，有多少可以住在当地政府建的廉租房里。我们对受访者居住出租屋的具体类型做了调查，结果显示：在所有居住在出租屋的受访者中，有 2 094 名受访者表示居住在私人出租屋，占出租屋居住总体的 93.9%，69 名受访者表示居住在村镇集体出租屋，占出租屋居住总体的 3.1%，仅有 21 名受访者表示居住在政府建的廉租房里，比例仅占所有居住在出租屋受访者的 0.9%，另约有 2% 受访者居住在其他类型的出租屋中，因此，真正享受政府优惠住房的农民工在所有居住在出租屋的农民工中的比例不到1%。

（二）居住质量

我们用家用电器配备和一些基本设施来测量农民工的居住条件，具体情况见表 10 - 16。

表 10 - 16　　　　　　农民工居住条件总体情况

描述项		频数	拥有率（%）
家用电器配备	热水器	1 784	43.0
	洗衣机	1 041	25.07
	电视机	2 895	69.72
	电风扇	3 724	90.0
	饮水机	1 421	34.22
	空调	1 194	28.76
	电冰箱	1 032	24.86
住房设施	冲凉房	3 069	73.92
	厕所	3 641	87.70
	阳台	2 311	55.66
	厨房	2 541	61.20
	衣柜	2 433	58.60
	总人数	4 152	

如表 10 - 16 所示，从家用电器配备来看，90% 的被调查者表示居住地有电扇，其次约有 69.7% 的人表示有电视机，而热水器、洗衣机、饮水机、空调、电冰箱的拥有率均在 50% 以下，其中洗衣机、空调、电冰箱的拥有率较低，均在 30% 以下；从住房设施来看，冲凉房、厕所、阳台、厨房、衣柜等设施的拥有率均在 50% 以上，其中厕所的拥有率最高，达到 87.7%，其次是冲凉房，拥有率为 73.9%。从表 10 - 16 可以看出，被调查者中仅有少部分人拥有洗衣机、空调、电冰箱等城市居民必备的家用电器，且住房设施并不完善，与普通市民相比，农民工在城市的居住条件并不理想。

居住在企业宿舍和出租屋是农民工最主要的两种居住方式，因此我们进一步将企业宿舍和出租屋加以对比，具体情况见表 10 - 17。

表 10 - 17　　　　　　　企业宿舍和出租屋的居住条件

描述项		企业宿舍		出租屋		拥有率差（%）
		频数	拥有率（%）	频数	拥有率（%）	（宿舍—出租屋）
家用电器配备	热水器	821	54.84	669	29.95	24.89
	洗衣机	264	17.64	509	22.78	- 5.14
	电视机	767	51.24	1 774	79.41	- 28.17
	电风扇	1 270	84.84	2 064	92.39	- 7.55
	饮水机	503	33.60	666	29.81	3.79
	空调	486	32.46	449	20.10	12.36
	电冰箱	205	13.69	561	25.11	- 11.42
住房设施	冲凉房	1 322	88.31	1 409	63.07	25.24
	厕所	1 439	96.13	1 814	81.20	14.93
	阳台	960	64.13	1 060	47.45	16.68
	厨房	577	38.54	1 626	72.78	- 34.24
	衣柜	770	51.44	1 333	59.67	- 8.23
样本量		1 497		2 234		

如表 10 - 17 所示，对比企业宿舍与出租屋的居住条件：在家用电器配备上，企业宿舍比出租屋更多配备热水器、饮水机和空调，而出租屋更多地拥有洗衣机、电视机、电风扇和电冰箱；从住房设施来看，除去厨房和衣柜，其他住房设施企业宿舍均优于出租屋。

总体看来，企业宿舍与出租屋的居住条件相差并不大，但仍然有超过一半的被调查者选择居住在出租屋内。如前所述，能够与亲友同住、生活便利、工作单位不提供宿舍，这 3 项为农民工选择出租屋的主要原因。虽然能够和熟人在一起进行情感交流是农民工选择出租屋最重要的因素，但仍然有 34.2% 的人表示是由于企业没有提供宿舍才租房住。那么，哪些农民工倾向于在外租房，而哪些农民工倾向于居住在企业宿舍呢？农民工选择不同居住方式的依据是什么呢？

三、居住方式的选择

任焰将农民工的居住方式分为资本主导和社会主导型劳动力日常再生产模式，并指出所谓资本主导型劳动力再生产模式主要特点是具有工作与生活一体化的特征，并且多由企业（或资本）负责提供食宿；社会主导型劳动力日常再生产模式，主要是由社会非正式部门通过房屋租赁市场来解决农民工在城市的日常生活再生产。[①] 按照这样一种划分方法，我们可以将企业员工宿舍、工作场所的居住方式归纳到资本主导型再生产模式，而将出租屋、借住亲友家、自购房、其他居住方式纳入社会主导型劳动力再生产模式。那么我们的问题则变为：在资本主导型居住方式和社会主导型居住方式中，农民工如何做出选择？下面我们使用 Logistic 回归来进行分析。

因变量为两种居住方式：资本主导型居住方式和社会主导型居住方式。将资本主导型居住方式赋值为 0，作为参照组，社会主导型居住方式赋值为 1。根据前面分析，选择出租屋的最主要的原因在于情感交流和熟人网络。因此自变量的选择在常用的个人变量、企业变量、社会环境变量之外，加入社会网络变量，具体变量如下。

（1）个人因素。

性别：将女性作为参照组，赋值为 0；年龄：分为两组 1980 年前出生与 1980 年后出生（包含 1980 年），将"80 前"出生的人赋值为 0；婚姻状况：分为未婚和已婚，将未婚作为参照组；是否有孩子：将没有孩子作为参照组，赋值为 0；受教育年限；月收入对数。

（2）企业因素。

企业性质：包括国有、集体、私有、外资、其他，以国有集体企业作为参照组；企业规模：分为小规模（99 人及以下）、中等规模（100～999 人）、大规模（1 000 人及以上），以小规模作为参照组；是否缺工，以不缺工作为参照组。

（3）社会环境因素。

企业所在地：包括长三角与珠三角，以珠三角作为参照组。

（4）社会网络因素。

求职途径：包括通过亲友介绍工作和非亲友介绍两种，以非亲友介绍为参照组；打工地好朋友的人数；家庭外出打工的人数。

回归结果见表 10 - 18。

表 10 - 18　　　　　　农民工居住方式选择的 Logistic 回归结果

自变量		回归系数	标准误	优势比
个人因素	性别（女 = 0）	- 0. 363***	0. 073	0. 696
	代际（"80 前" = 0）	0. 274***	0. 102	1. 315

[①] 蔡禾、刘林平、万向东等：《城市化进程中的农民工：来自珠江三角洲的研究》，北京：社会科学文献出版社 2009 年版。

续表

自变量		回归系数	标准误	优势比
个人 因素	婚姻（未婚 = 0）	0.724***	0.168	2.063
	孩子（无 = 0）	0.275	0.177	1.316
	教育程度	− 0.002	0.014	0.998
	月收入对数	0.132	0.088	1.142
企业 因素	企业性质（国有制、集体制 = 0）			
	股份制	0.270*	0.157	1.310
	港澳及外资	0.767***	0.137	2.153
	私营及其他	0.431***	0.118	1.539
	企业规模（小规模 = 0）			
	中等	− 0.098	0.081	0.907
	大型	− 0.136	0.101	0.873
	缺工（缺 = 0）	− 0.019	0.070	0.981
社会环境	地区（珠三角 = 0）	0.681***	0.071	1.976
社会网络	求职（非亲友 = 0）	− 0.419***	0.070	0.657
	朋友数	0.001	0.002	1.001
	家庭打工人数	0.134***	0.028	1.144
	截距	− 1.821***	0.650	
Pseudo R^2		0.0712		
有效样本量		4 028		
分类正确率		65.17%		

注：① *** 表示 p < 0.01，** 表示 p < 0.05，* 表示 p < 0.1；

②优势比（Odds Ratio），Logistic 输出的"Odds Ratio"一栏中的数字表明，该自变量每增加一个单位时，事件（y = 1）的发生比的变化倍数（如有其他自变量保持不变为条件）；分类正确率（correctly classified）指模型成功预测的个案数占总样本的比例，是反映模型拟合程度的指标（劳伦斯·汉密尔顿：《应用 STATA 做统计分析》，郭志刚等译，重庆：重庆大学出版社 2008 年版，第 234 ~ 236 页。）。

如模型所示：

（1）从个人变量来看：性别、代际、婚姻状况等变量为显著变量。在其他条件保持一定的情况下：男性选择社会主导型居住方式的发生比是女性的 69.6%，换句话说，女性比男性更倾向于选择社会主导型居住方式，即出租屋、借住亲友家等；1980 年以后出生的人选择社会主导型居住方式的发生比是 1980

年以前出生的 1.32 倍；已婚的受访者选择社会主导型居住方式的发生比是未婚的 2.06 倍。

（2）从企业变量来看：只有企业性质变量显著，与国有集体企业相比，股份制企业员工选择社会主导型居住方式的发生比是前者的 1.31 倍，而港澳台外资企业的发生比则更高，为国有集体的 2.15 倍，私营及其他的员工选择社会主导型居住方式的发生比是国有集体的 1.54 倍，这意味着国有企业和集体企业的受访者比其他类型企业的受访者更倾向于选择资本主导型的居住方式。

（3）地区因素显著：长三角、珠三角两地的受访者在居住方式上存在差异：长三角地区的受访者选择社会主导型居住方式的发生比是珠三角地区的 1.98 倍，长三角的受访者更倾向于社会主导型居住方式。

（4）从社会网络因素来看：求职和家庭打工者人数为显著变量，与通过其他途径找工作相比，通过亲友找工作的受访者选择社会主导型居住方式的发生比是前者的 65.7%，说明靠亲友找工作的受访者更倾向于选择资本主导型的居住方式；家庭外出打工人数每增加 1 人，选择社会主导型居住方式的发生比提高 14%，这表明核心家庭的成员更倾向于选择居住在一起；朋友因素对于居住方式选择的影响是不显著。

四、小结

从吃住安排上看，珠三角地区以包吃包住为主要类型，而长三角地区企业更多的是不管吃住。从近年的调查数据中可以看出，珠三角地区不管吃住的比例持续上升，未来几年内可能成为最主要的类型。在分析企业扣除吃住费用中，我们发现，企业扣除的实际金额并不多，大多是象征性的收费，为农民工提供了一定的福利。

从居住形式来看，超过一半的受访者居住在出租屋内，亦有 36.1% 的受访者居住在企业提供的员工宿舍，这两种居住形式构成了农民工居住的最主要的类型，并且，从出租屋类型来看，居住在出租屋的受访者当中，仅有 0.9% 的受访者住在当地政府建的廉租房里，农民工所能享受到的政府在住房政策上的优惠十分有限。从居住质量来考察，宿舍与出租屋在基本生活家电与住房设施的配备上差异并不大，但总体居住质量不高。

在探讨农民工群体的住房偏好的问题时，我们通过模型分析得出：在选择居住形式上，个人、企业因素、地区以及社会网络因素均发挥影响。总体来看，女性、"80 后"、已婚、工作地为长三角、非国有集体企业及家庭外出打工人数较多的农民工更倾向于选择出租屋等社会主导型的居住方式；而男性、"80 前"、未婚、工作在珠三角、国有集体企业工作的农民工、家庭外出打工人数少的农民工更倾向于选择企业宿舍等资本主导型居住方式。造成这种差异的原因是什么呢？一种可能解释是：出租屋相比企业宿舍能够提供更多的个人私密空间并且亲友能够居住在一起、减少陌生环境所带来的压力。这可能对于女性、"80后"、已婚者具有更大的吸引力，而出租屋可能需要支付比住企业宿舍更高的成本，在家庭打工人数较多的情况下，家庭总收入较高，越多的家庭成员住在一起越能够降低住宿费用。至于造成企业性质及地区的差别的原因，需要我们今后进行更为细致的讨论。

第十一章

子女教育*

本章讨论了外来农民工的子女教育问题，重点分析两方面内容：一是外来工父母是否把子女带入城市的选择问题；二是流动子女在接受教育过程中出现的问题。

研究发现，大约6成外来工父母把子女留在老家，另外4成则把子女带到身边。有几方面因素可能影响外来工父母为其子女所做的流动决定：子女年龄；城市的教育接纳政策；家庭社会经济地位；家庭结构；家庭城市居住环境。其中，家庭经济地位的作用最为关键，社会经济地位高的家庭更可能全家迁移到城市，有较好的居住环境，把适龄阶段的子女送到较好的学校就读。

关于流动子女的教育状况，研究发现：流动青少年的家庭、学校和社区居住环境较差，他们面临着对城市文化的不适应以及较为频繁的学校流动经历。其中，民办学生的教育环境尤其值得关注。

流动青少年的社会融合状况也并不是很理想。虽然他们表现出较高的融合意愿，但是他们的社会交往和社会认同却不够高。流动青少年的社会融合状况主要受家庭、学校、社区以及文化的影响。那些父母学历较低、就读于民办学校、居住在工厂或宿舍、获得支持较少、来自省外且到广州的时间比较短的流动青少年，社会融合情况相对差得多。

流动青少年的越轨行为较为严重。家庭社会经济地位、学校类型、社区类型、经济压力、学习压力、学校流动频率会显著地影响流动青少年越轨，其中家

---

* 本章作者：舒玢玢。

庭社会经济地位的作用最为根本。

　　总之，家庭社会经济地位的作用始终贯穿外来工子女的流动决定与流动后果。

　　子女教育问题是外来工父母在打工过程中会重点考虑的问题。随着"举家迁移"新趋势的出现，越来越多的外来工把子女带到身边，在城市生活和学习，他们的子女被统称为"流动儿童"。但是，还有很多外来工出于工作、经济等方面的压力，把子女留在流出地请亲友托管，这些子女也就是我们所谓的"留守儿童"。根据 2005 年全国 1% 人口抽样调查数据分析，我国 14 周岁以下的农村留守儿童约占 4 000 多万①，而同龄阶段的流动儿童约占 1 834 万。②

　　已有研究表明，外来工子女教育仍存在非常多的问题。首先，留守子女长期得不到父母的照顾，容易产生自卑、压力等消极心理，而且辍学率高，也容易受不良少年的影响，产生越轨行为。其次，流动子女的教育并不完全优于留守子女的教育。虽然他们和父母一方或双方生活在一起，但是在学习上获得的照顾并不多，而且他们的学习环境和生活环境都相对本地子女要差，很难较快地融入城市社会，产生越轨行为的风险性也较大。

　　研究外来工的子女教育问题具有重要的社会意义。一方面，子女教育问题可能会影响外来工的工作，也会影响他们对城市社会的融入与认可。另一方面，只有完善的外来工子女教育才有助于培养更多的社会合法公民，才能更好地促进劳动力市场的更新换代。

　　针对这个问题，我们首先将对已有的文献进行回顾；接着，本章将结合对外来工家长的调查数据以及对流动子女的调查数据，重点分析两方面内容③：一是描述外来工父母在应对子女教育问题时的无奈与担忧，具体而言，是否让子女随迁的无奈选择，以及是否能让子女在城市得到良好教育的担忧；二是分析流动子女在城市受教育过程中所体现出的问题，包括他们的教育环境状况，以及适应融入和行为表现问题。最后，我们将进行反思，提出对策建议。

---

　　①　全国农村留守儿童的统计数据来自于 2008 年 2 月 27 日全国妇联在召开《未成年人家庭教育和农村留守儿童状况调查发布会》上妇女研究所政策法规室主任蒋永萍的汇报。资料来源：http：//www.china.com.cn/zhibo/2008 - 02/27/content_10180165.htm。
　　②　段成荣、杨舸：《我国流动儿童最新状况——基于 2005 年全国 1% 人口抽样调查数据的分析》，载《人口学刊》2008 年第 6 期。
　　③　其中，外来工家长的调查数据即本次项目的调查数据（2010 年"农民工权益保护理论与实践研究"项目），流动子女调查数据即 2011 年我们与香港中文大学社会学系、广州市团校合作完成的"广州市青少年生活研究"调查数据，该项目获得香港中文大学南中国社会研究基金支持。由于我们尚未展开对留守儿童的深入调查，故而本章主要是对流动子女的分析。

第一节 文献回顾

一、两难选择：留守或流动

留守现象是伴随着外来务工潮而同时出现的。早在 20 世纪 90 年代初，人们就发现了留守带来的辍学问题。到 21 世纪初，"留守儿童"作为一个新的群体备受关注。总体来讲，留守儿童确实处于不利的情势下。这种不利不仅是由于家庭结构不完整所带来的亲情缺失，从而导致一定的心理、教育、健康、安全的问题，更在于各种不利结构的交织和可利用资源的匮乏。[①]

相对而言，子女的流动现象或者说随迁现象出现得较晚。从 1994 年第一所农民工子弟学校的出现[②]，到 21 世纪"两为主"教育政策的提出及落实，再到目前民办学校的日趋合法化、完善化，城市入读机会的提供使得留守儿童向流动儿童的转变成为更有可能。从而，这种转变在一定程度上促进子女获得较好的家庭教育。已有研究表明，流动子女的总体社会化程度会高于留守子女。[③] 但是，流动子女教育仍存在诸多问题。首先，流动子女所受的学校教育并不一定优于留守子女。有研究发现，流动子女的教育机会比留守子女显著要少。[④] 原因在于，即便城市能够提供足够的学位，但是流动子女还面临着是否读得起、在哪读、读什么学校这些问题。简而言之，好的学校对学生能力和家庭经济要求相对要高，而差的学校教育条件可能相当简陋。其次，人们会将流动子女与城市的本地子女进行比较。一般来说，流动子女的家庭、学校、社区环境都相对要差，他们较难适应新的环境，容易产生心理负担和偏差行为。

综合上述两个方面，外来工父母无论是选择让子女留守还是流动，都并不是完美的、无忧的选择。那么，他们会如何做出这个决定呢？梁宏、任焰的研究对此展开了探讨。她们发现，子女的年龄，外来工父母的年龄、受教育程度、来源

---

① 谭深：《中国农村留守儿童研究述评》，载《中国社会科学》2011 年第 1 期。

② 倪娟：《广州农民工子弟学校 17 年心酸办学史》，2011 年 9 月 6 日，http：//baby. mama. cn/art/20110906/50151. html。

③ 王水珍、刘成斌：《流动与留守——从社会化看农民工子女的教育选择》，载《青年研究》2007 年第 1 期。

④ 杨菊华、段成荣：《农村地区流动儿童、留守儿童和其他儿童教育机会比较研究》，载《人口研究》2008 年第 1 期。

地、家庭人口规模和配偶是否在农村、在城市的居住方式、居住质量以及所在企业性质对其子女的流动与否都有显著影响，并且，这些作用都比较稳定。其中，配偶所在地、子女年龄，在城市的居住类型以及居住质量影响最大。[1] 而另一项研究也发现，留守或流动可能只能描述外来工子女的即时的居住状况，大部分流动子女会在两种状态间呈现钟摆式流动，有留守或流动两种经历。一般的外出夫妇主要是根据子女的年龄和家庭资源做调整。如从 3 岁后到小学阶段，家庭的积累还没完成，花费却增多，但孩子逐渐可以离开成人的照顾，而祖辈体力尚可，因此，这是父母外出最集中的两个时期，孩子更可能被留守；待子女进入初中，步入多事的青春期，独立性和反抗心理正在形成，而祖辈的精力和体力都在下降，这个年龄的孩子"不听话"、"管不了"，这时是家庭转折的关键时期。父母不得不重新做安排，或把孩子接到务工地，或父母的一方回到家乡。[2]

总而言之，对外来工父母而言，让子女留守或流动是一个两难的选择，他们会综合子女和家庭多方面的信息来做出谨慎决定。下面将运用调查数据对此予以检验。

二、流动子女的研究回顾

国内最早涉及流动子女教育的文章出现于 1995 年初[3]，但真正意义上的调查研究大致开始于 1998 年。[4] 到目前为止，已有的研究结果已经非常多，下面将按照本章所涉及的研究内容对已有的文献进行梳理。

（1）人口特征。在人口结构上，流动子女规模庞大，已经形成了一个特殊的群体，而且其性别比偏高，年龄分布均匀。[5] 与正常学龄儿童相比，流动子女的入托率、入学率和在学率等明显较低，存在入学延迟、成绩滑坡和辍学等问题[6]，而且流动子女在整体上学习成绩较差，学业成就不高，教育期望偏低。[7]

（2）教育选择。前一部分我们指出，外来工子女是否选择流动是基于个体

① 梁宏、任焰：《流动，还是留守？——农民工子女流动与否的决定因素分析》，载《人口研究》2010 年第 2 期。
② 谭深：《中国农村留守儿童研究述评》，载《中国社会科学》2011 年第 1 期。
③ 李建平：《流动的孩子哪上学——流动人口子女教育探讨》，载《中国教育报》，1995 年 1 月 21 日。
④ 中国社会科学院社会学所课题组：《农民工流动对儿童的影响课题报告》，2008 年，未出版。
⑤ 段成荣、梁宏：《我国流动儿童状况》，载《人口研究》2004 年第 1 期。
⑥ 黄祖辉、许昆鹏：《农民工及其子女的教育问题与对策》，载《浙江大学学报》2006 年第 4 期。
⑦ 周皓、巫锡炜：《流动儿童的教育绩效及其影响因素：多层次线性模型分析》，载《人口研究》2008 年第 4 期；蔺秀云、王硕、张曼云、周冀：《流动儿童学业表现的影响因素——从教育期望、教育投入和学习投入角度分析》，载《北京师范大学学报（社会科学版）》2009 年第 5 期。

和家庭因素，另外还受制于国家、地方、生产等方面的制度因素。[1] 那么在流入城市之后，外来工子女一般会进入何种类型的学校呢？事实上，大部分子女并没有选择进入公立学校的机会。有研究表明，家庭经济状况对是否能进入公立学校产生显著影响，而且该作用也与到达流入地时间长短有关；另外，在选择有证或无证打工子弟学校时，家长和学生对学习投入的看重是主要影响因素。[2]

（3）教育环境。流动子女的父母往往工作于城市社会底层，故而其家庭经济状况明显低于城市户籍人口家庭，其教育、娱乐、居住空间以及受照顾状况也较差。[3] 具体而言，首先，在学校教育上，流动子女大多就读于农民工子弟学校，这些学校的教育环境和教育质量是非常令人担忧的。[4] 其次，在家庭教育上，流动子女的家庭条件相对较差，父母的素质较低，给予的照顾及学习上的帮助要少；最后，流动子女往往居住于城中村或其他条件较差的社区，社区的整合性较差，居民的素质也较低，流动子女容易产生模仿行为。

（4）适应与融入。流动子女会面临一些特殊的生活经历，市民对流动人员的态度可能会再生产或复制到流动子女群体，使之遭遇较高的歧视或排斥风险系数，而且这种态度分化又会直接映射到流动子女的认知上，影响他们的社会适应和融入状况。[5] 此外，流动子女离开了原来的同龄群体，感觉被居住的城市所排斥，故很难获得安全感、归属感，适应会相对缓慢。[6] 但也有研究提出了不一样的看法，他们认为流动子女有积极的人生态度、吃苦耐劳的品质、较强的家庭责任，很快就能适应城市生活。[7] 还有一些研究从更客观的角度进行了分析，他们发现，学校、家庭、社区是影响流动子女适应融入的重要场域，具体表现为家庭经济地位、到迁入地的时间、教育安置方式等因素。[8] 如何消除对城市社会的不

---

[1] 梁宏、任焰：《流动，还是留守？——农民工子女流动与否的决定因素分析》，载《人口研究》2010年第2期。

[2] 张绘、龚欣、尧浩根：《流动儿童学校选择的影响因素及其政策含义》，载《人口与经济》2011年第2期。

[3] 邹泓、屈智勇、张秋凌：《中国九城市流动儿童发展与需求调查》，载《青年研究》2005年第2期；中央教育科学研究所课题组：《进城务工农民随迁子女教育状况调研报告》，载《教育研究》2008年第4期。

[4] 沈小革：《广州市外来人员子女教育模式的社会学分析》，载《青年研究》2004年第11期。

[5] 王毅杰、王开庆、韩允：《市民对流动儿童的社会距离研究》，载《深圳大学学报（人文社会科学版）》2009年第6期；刘霞：《流动儿童的歧视知觉及与自尊的关系》，载《心理科学》2010年第3期。

[6] 吴新慧：《关注流动人口子女的社会融入状况——"社会排斥"的视角》，载《社会》2004年第9期。

[7] 郭良春、姚远、杨变云：《流动儿童的城市适应性研究——对北京市一所打工子弟学校的个案调查》，载《青年研究》2005年第3期。

[8] 王毅杰、史晓浩：《流动儿童与城市社会融合：理论与现实》，载《南京农业大学学报（社会科学版）》2010年第2期；袁晓娇、方晓义、刘杨、蔺秀云、邓林园：《流动儿童社会认同的特点、影响因素及其作用》，载《教育研究》2010年第3期。

适应感呢？根据社会认同理论，流动子女可以通过转换比较方向与比较维度、客观看待城乡差距等策略来追求高自尊并建构正面的认同。[1]

（5）越轨行为。目前对流动子女的越轨研究还不够深入。但有调查发现，约17%的子女反映周围有流动子女曾被捕，其中大部分是由于打架斗殴或偷盗。[2] 更有报告直接将农民工子女划分为城市犯罪问题的高危人群之一，据广州市中级人民法院统计，2008年非广州籍的未成年人犯罪已经占到广州市未成年人犯罪的93.1%，其中农民工子女占绝大多数。[3] 流动子女的越轨行为会带来较为严重的后果。首先，他们的行为会对群体或社会规范造成不良影响；其次，他们在青少年阶段的行为特征可能会对其一生的行为和生活方式产生影响。[4] 由此可见，理解和防范流动子女越轨行为刻不容缓。阿格纽的一般紧张理论为我们理解流动子女的越轨行为提供了很好的理论依据，我们将结合该理论对越轨因素进行深入探讨（本章第五节会对该理论进行介绍）。

三、两种学校类型下的流动子女

上述对流动子女的研究都基于与本地子女的比较，那么，不同的教育环境是否会对流动子女产生不同影响呢？我们以学校类型作为分类，进入公办学校的流动子女与民办学校流动子女是否具有不同的特征？已有的研究也将流动子女划分为公办外地生与民办外地生两类与本地生进行对照。

首先，周皓、蔺秀云等对三类学生的学习成绩进行了比较研究。他们发现，民办外地生的整体学习状况明显差于公办外地生，而公办外地生与本地生的学习成绩却没有显著差异。究其原因，虽然学生自身的各种特征及其家庭背景（特别是其家庭社会经济地位）是影响他们学业成绩的主要原因，但是学校特征和班级规模等将通过他们自身及家庭特征间接地影响到其学业成绩，并且对外地公办生和外地民办生产生不同的作用路径。[5] 蔺秀云等人则主要探讨了父母及个人教育期望与教育投入的影响。他们发现，本地公办生的父母教育投入最多，外地公办生在自身学习投入和学业表现上最优，而外地民办生在各项得分上都最低，

---

① 王毅杰、史秋霞：《流动儿童社会认同的策略性选择》，载《社会科学研究》2010年第1期。

② 邹泓、屈智勇、张秋凌：《中国九城市流动儿童发展与需求调查》，载《青年研究》2005年第2期。

③ 林洁：《广州未成年人犯罪外来工子女占多数》，载《羊城晚报》，2009年4月28日。

④ Farrington D. P. et al. *Criminal Careers up to Age 50 and Life Success up to Age 48*: *New Findings from the Cambridge Study in Delinquent Development*. Home Office，2006；Joni Reef et al. Predicting Adult Violent Delinquency: Gender Differences Regarding the Role of Childhood Behaviour. *European Journal of Criminology*，2011（8）.

⑤ 周皓、巫锡炜：《流动儿童的教育绩效及其影响因素：多层次线性模型分析》，载《人口研究》2008年第4期。

并且流动子女学习投入在教育期望差、父母教育投入与自身的学业表现之间起到完全中介的作用。[①]

其次，也有学者对两类流动子女的社会适应和融入状况进行了探讨。王毅杰、史晓浩从理论和观察出发，结合社区、学校、家庭三方面将外地公办生与外地民办生的融入过程理解为两种不同路径——前者较快融入主流文化，后者容易建构"亚文化"。[②] 袁晓娇等人则用数据发现了教育安置方式对流动子女城市适应的显著预测作用。他们的研究表明，外地公办生的融入以同化为主，外地民办生则以分离为主，二者对城市的认同均高于老家认同，但外地公办生的社会文化适应明显更好。[③]

另外，也有一些心理层面的研究发现。周皓的三次追踪调查表明，三类学生的心理状况均表现出改善的趋势，但是流动子女的孤独感和抑郁感仍然更强，尤其是外地民办生的抑郁感并没有得到明显改善。[④]

综合上述研究，非但流动子女与本地子女存在不同的特征，流动子女内部也存在较大的差异，民办外地生在大部分情况下处于弱势地位。因此，我们对流动子女群体进行分析时，也将注意不同学校类型的流动子女在教育环境、融入与适应以及行为表现上所产生的分化。

第二节　选　择　决　定

留守子女与流动子女在生活和学习上是否有显著差异呢？年龄与家庭因素是否会影响流动决定？我们将先对此进行研究。

本节所用数据来自于我们2010年对外来工的调查。数据结果表明（见表11-1）：珠三角的已婚外来工约占一半，长三角则将近7成，其中，已经生儿育女的均占9成以上。大部分外来工家庭只有1个小孩，珠三角的子女平均数为1.66

[①] 蔺秀云、王硕、张曼云、周冀：《流动儿童学业表现的影响因素——从教育期望、教育投入和学习投入角度分析》，载《北京师范大学学报（社会科学版）》2009年第5期。

[②] 王毅杰、史晓浩：《流动儿童与城市社会融合：理论与现实》，载《南京农业大学学报（社会科学版）》2010年第2期。

[③] 袁晓娇、方晓义、刘杨、李芷若：《教育安置方式与流动儿童城市适应现状的关系研究》，载《北京师范大学学报（社会科学版）》2009年第5期；袁晓娇、方晓义、刘杨、蔺秀云、邓林园：《流动儿童社会认同的特点、影响因素及其作用》，载《教育研究》2010年第3期。

[④] 周皓：《流动儿童的心理状况与发展——基于"流动儿童发展状况跟踪调查"的数据分析》，载《人口研究》2010年第2期。

347

人，长三角略少，为 1.47 人。问卷进一步请外来工父母报告其子女的现状。对于有 3 个以上子女的家庭，我们则请他们报告年龄最大的子女以及两个年龄最小的子女。由于我们主要讨论未成年子女的现状，在筛除了成年子女的信息之后①，我们最终共收集了 2 441 个样本，其中珠三角的样本数为 1 059 个，长三角为 1 382 个。②

表 11 - 1　　　　　　　　外来工的婚姻状况及子女情况　　　　单位：%

描述项		珠三角		长三角	
		样本数	百分比/（标准差）	百分比	百分比/（标准差）
婚姻状况	未婚	1 019	49.83	677	32.15
	丧偶	6	0.29	12	0.57
	离婚	24	1.17	16	0.76
	已婚	996	48.70	1 401	66.52
子女情况	无子女	73	7.33	103	7.36
	有子女	923	92.67	1 296	92.64
	子女平均数	1.66	（0.80）	1.47	（0.65）
被调查子女数		1 059	43.38	1 382	56.62

一、留守与流动状态比较

我们以外来工子女的留守或流动状态进行分类，把他们区分为留守子女和流动子女。具体而言，由于我们所调查的是外来工，因此如果他们的子女留在老家，我们就将其子女统称为留守子女③，其他跟随在他们身边的子女则归为流动子女。结果发现（见表 11 - 2），留守子女所占比重较大，约占 6 成。同时，两个地区的外来工在子女的安置上存在较大差异，珠三角的外来工更可能把子女留在老家，比例超过了 66%。

---

① 考虑到有些农村学生入学晚，文中也会将部分年龄为 18 岁或 18 岁以上的高中或中专生考虑入内。

② 该处珠三角和长三角只是用来说明其外来工父母的工作区域，虽然也代表流动子女的学习生活区域，但并不能说明留守子女的所在地区。我们出于简便的原因会表述为"两个地区的流动子女与留守子女"，但其实是用来表达通过对两个地区外来工的访谈所获知的其流动子女和留守子女的现状。

③ 目前，对于留守状况的界定并不完全统一。有的学者将留守界定为父母双方或一方外出务工而把子女留在家乡的情况，也有学者将留守严格界定为双亲都外出的现象（参见谭深：《中国农村留守儿童研究述评》，载《中国社会科学》2011 第 1 期）。由于我们将比较把子女留在家乡与把孩子带入城市这两种情况，所以沿用了第一种界定方式。

表 11 - 2　　　　　　　　　外来工子女的留守或流动状态

描述项		珠三角	长三角	共计	sig	
留守	样本数	706	743	1 449	***	
	百分比	66.67	53.76	59.36		
流动	样本数	353	639	992		
	百分比	33.33	46.24	40.64		

注：sig. 为显著度，即说明留守子女与流动子女在相关特征上是否存在显著差异。n. s. = not significant， *** 表示 p < 0.01， ** 表示 p < 0.05， * 表示 p < 0.1。

那么，留守子女与流动子女表现出哪些不一样的特征呢？我们以其父母工作所在地区作为比较单位，分别对两个地区进行了统计（见表 11 - 3）。

表 11 - 3　　　　　　　　　留守子女与流动子女特征比较

描述项			珠三角				长三角			
			留守	流动	共计	sig	留守	流动	共计	p
性别	女	样本数	322	123	445	***	313	270	583	n. s.
		百分比	45.61	34.84	42.02		42.13	42.25	42.19	
	男	样本数	384	230	614		430	369	799	
		百分比	54.39	65.16	57.98		57.87	57.75	57.81	
年龄	—	平均年龄	8.28	8.03	—	**	8.94	8.23	—	n. s.
		标准差	5.36	5.87	—		5.42	5.25	—	
教育阶段	学前教育或更早	样本数	310	165	475	***	287	296	583	***
		百分比	43.91	46.74	44.85		38.63	46.32	42.19	
	小学	样本数	220	107	327		248	198	446	
		百分比	31.16	30.31	30.88		33.38	30.99	32.27	
	初中	样本数	114	40	154		125	89	214	
		百分比	16.15	11.33	14.54		16.82	13.93	15.48	
	高中	样本数	53	10	63		73	21	94	
		百分比	7.51	2.83	5.95		9.83	3.29	6.8	
	中专或技校	样本数	9	15	24		8	24	32	
		百分比	1.27	4.25	2.27		1.08	3.76	2.32	
	工作或无业	样本数	0	16	16		2	11	13	
		百分比	0	4.53	1.51		0.27	1.72	0.94	

描述项			珠三角				长三角			
			留守	流动	共计	sig	留守	流动	共计	p
由谁照看	父母双方	样本数	0	88	88	***	9	234	243	***
		百分比	0	24.93	8.32		1.21	36.79	17.65	
	母亲一方	样本数	126	125	251		129	191	320	
		百分比	17.87	35.41	23.72		17.41	30.03	23.24	
	父亲一方	样本数	35	37	72		14	67	81	
		百分比	4.96	10.48	6.81		1.89	10.53	5.88	
	除父母外其他亲友	样本数	527	66	593		541	90	631	
		百分比	74.75	18.7	56.05		73.01	14.15	45.82	
	不用照看	样本数	17	37	54		48	54	102	
		百分比	2.41	10.48	5		6.48	8.49	7.41	

注: sig. 为显著度。n. s. = not significant，*** 表示 $p < 0.01$，** 表示 $p < 0.05$，* 表示 $p < 0.1$。

表 11 - 3 结果发现:

首先，珠三角地区的流动子女与留守子女在性别结构上存在一定差异，其中流动子女的性别比更大，但是两个群体在长三角地区却几乎没有差别。

其次，流动子女与留守子女在平均年龄上没有显著差异，但是长三角地区的外来工子女年龄比珠三角地区的略微偏大。具体从他们所就读的教育阶段来看，流动子女与留守子女的年龄结构存在一定差异。流动子女中有将近一半是尚未接受或正处于学前教育的儿童，比留守子女中处于该教育阶段的比重要高；但流动子女就读于小学、初中尤其是高中阶段的比重却低于留守子女中相应的比重，可见接受教育可能是部分外来工子女回流到老家的原因；而一旦他们完成义务教育或高中教育后，他们又可能进入城市接受技术教育或直接参加工作。

最后，两个群体所获得的照顾也不同。母亲在传统家庭教育中扮演了最为关键的角色，然而两个地区的留守子女能够获得母亲照看的比例都不及20%，他们中有7成都由其他亲友照看。相比之下，流动子女获得的双亲照顾可要多得多。珠三角的流动子女分别有35%、25%、10%由母亲一方、父母双方、父亲一方照看，长三角的流动子女则更能接受到父母双方的照看，该比例达到了36%。

我们再重点来讨论两个群体在义务教育阶段的受教育状况。表 11 - 4 统计了学龄子女所就读的学校类型。结果发现，珠三角地区留守子女与流动子女的差异非常显著，86%的留守子女就读于公办学校，但流动子女中不到60%就读于公办学校，超过 40% 就读于民办学校。相对而言，长三角地区两个学龄群体的差异并不是很大，各有 8 成左右的留守子女和流动子女就读于公办学校。

表 11－4　　　　　　　　义务教育阶段学龄子女就读学校类型

描述项		珠三角				长三角			
		留守	流动	共计	sig	留守	流动	共计	sig
公办学校	样本数	288	85	373	***	305	223	528	n. s.
	百分比	86.23	57.82	77.55		81.77	77.97	80.12	
民办学校	样本数	38	59	97		55	50	105	
	百分比	11.38	40.14	20.17		14.75	17.48	15.93	
不清楚	样本数	8	3	11		13	13	26	
	百分比	2.4	2.04	2.29		3.49	4.55	3.95	

注：sig. 为显著度。n. s. = not significant，*** 表示 $p < 0.01$，** 表示 $p < 0.05$，* 表示 $p < 0.1$。

　　表 11－5 是对学龄子女所缴纳学费情况的统计。首先，两类学龄群体要缴纳的学费存在显著差异。珠三角的流动子女缴纳的学费平均要比留守子女交的多近 300 元，而长三角的流动子女反而比留守子女少将近 400 元，进一步的统计发现主要是他们在初中阶段缴纳的学费比留守子女少。其次，公办外来生与民办外来生所缴纳的学费也明显不同。两个地区的公办学校收费都要比民办学校低得多，珠三角的差异为约 1 400 元，长三角的差异为约 800 元。结合表 11－4、表 11－5 的信息，长三角地区的公办学校对外来子女更为开放，而且城市公办学校的学费也比民办学校甚至老家的学校要低，这可能也正是在长三角工作的外来工更愿意把子女带到身边的重要原因之一。

表 11－5　　　　　　　　义务教育阶段每学期所缴纳的学费

描述项	珠三角			长三角		
	平均数（元）	标准差	sig	平均数（元）	标准差	sig
留守	332.24	718.89	***	554.15	1 070.14	***
流动	988.34	1 063.5		470.34	661.86	
公办	281.56	560.02		384.87	707.85	
民办	1 485.74	1 227.73	***	1 177.97	1 453.16	***
不清楚	322.22	494.41		458.75	451.92	

注：sig. 为显著度。n. s. = not significant，*** 表示 $p < 0.01$，** 表示 $p < 0.05$，* 表示 $p < 0.1$。

在我们的问卷调查中，共有 10 个未成年子女在义务教育阶段遭遇了失学。其中，有 6 个是因为他们自己不愿上学或者太过调皮而退学，有 3 个是因为家庭有经济负担或父母想让子女早点赚钱，另有 1 个是因为找不到合适的学校而导致失学。

二、流动决定与家庭因素

根据上述统计描述，我们也发现，子女年龄以及城市的教育接纳政策都会影响外来工父母在子女教育上所做的考虑。那么，除此之外，还有哪些家庭方面的因素会影响他们的决定呢？我们在梁宏、任焰的研究基础上[①]，对家庭因素进行了归纳验证（见表 11-6），具体分成三组因素：

第一是家庭社会经济地位。父母的学历越高，可能越重视对子女的教育，更有可能会把子女带到身边。把子女带到城市会产生很多除了学费之外的附加支出，因此家庭的收入越高，能够把子女带到身边的机会就越大。我们的数据对此进行了验证。我们发现，虽然大部分外来工为小学、初中学历，但把子女带到城市的外来工获得高中及以上学历的比重比让孩子留在老家的高 8%。另外，流动子女所在家庭的人均年收入比留守子女家庭要高 2 250 元。

表 11-6　　　　　　　　影响流动决定的家庭因素

家庭社会经济地位			留守	流动	共计	sig
父母学历	小学	样本数	358	237	595	***
		百分比	24.71	23.89	24.38	
	初中	样本数	762	454	1 216	
		百分比	52.59	45.77	49.82	
	高中	样本数	193	155	348	
		百分比	13.32	15.63	14.26	
	中专或技校	样本数	80	81	161	
		百分比	5.52	8.17	6.6	
	大专或以上	样本数	56	65	121	
		百分比	3.86	6.55	4.96	
家庭人均收入	—	平均数	8 120.19	10 371.72	9 036.92	***
	—	标准差	5 807.95	8 930.35	7 325.82	

---

① 梁宏、任焰：《流动，还是留守？——农民工子女流动与否的决定因素分析》，载《人口研究》2010 年第 2 期。

续表

家庭社会经济地位			留守	流动	共计	sig
子女数	1 个	样本数	615	481	1 096	**
		百分比	42.44	48.49	44.9	
	2 个	样本数	709	444	1 153	
		百分比	48.93	44.76	47.23	
	3 个或以上	样本数	125	67	192	
		百分比	8.63	6.75	7.87	
老家家庭成员数	0 个	样本数	336	574	910	***
		百分比	23.25	58.1	37.4	
	1 个	样本数	185	123	308	
		百分比	12.8	12.45	12.66	
	2 个或以上	样本数	924	291	1 215	
		百分比	63.94	29.45	49.94	
城市居住环境			留守	流动	共计	sig
住所类型	工厂或宿舍	样本数	540	171	711	***
		百分比	37.29	17.24	29.14	
	出租屋	样本数	871	658	1 529	
		百分比	60.15	66.33	62.66	
	自购房	样本数	11	123	134	
		百分比	0.76	12.4	5.49	
	其他	样本数	26	40	66	
		百分比	1.80	4.03	2.70	
住所设施	—	平均数	5.77	7.33	6.41	***
	—	标准差	2.50	3.20	2.90	

注：①sig. 为显著度。n.s. = not significant，*** 表示 $p < 0.01$，** 表示 $p < 0.05$，* 表示 $p < 0.1$。

②"住所设施"统计了外来工在所居住的地方可使用的设施数量，可供选择的有热水器、冲凉房、厕所、阳台、厨房、洗衣机、电视机、电风扇、衣柜、饮水机、空调、电冰箱这12种设施。

第二是家庭结构因素。家庭的子女数以及家庭成员结构都可能影响子女的安置选择。对于有两个以上孩子的外来工而言，他们可能很难把子女都带到自己身边。另外，如果老家有老人或者其他亲友能够帮忙照看小孩，外来工才更有可能把子女留在老家托人看管。我们的数据一定程度而言支持了这两个观点。首先，留守子女的家庭中有超过两个子女的比重占到了58%，流动子女家庭中的比重则为52%，少了6%并通过了显著性检验。其次，选择让子女留守的外来工有64%在老家有两个或以上的亲戚，而把子女带入城市的外来工则只有29%有两个或以上的亲戚，差异比较大。

第三是城市居住环境。住所类型和住所设施都会影响外来工对子女的流动决定。若外来工生活在嘈杂的工厂区，或是非常简陋的"蚁巢"，他们会不太愿意把子女接到身边。我们的数据发现，37%的留守子女父母生活在工厂或集体宿舍，而流动子女的父母中有66%居住在出租房，还有12%在城市拥有自己的房子。此外，流动子女家庭的住所设施也要比留守子女家庭的要多，虽然这种差异在我们的统计中并不是很大。

总之，外来工父母由于经济负担以及城市居住环境限制等方面的原因，在老家有监管人的情况下更可能把子女留在老家生活，尤其是让他们回老家接受教育，无奈之处在于他们不能给子女提供直接的监管和照顾。那么，相比而言，选择让子女跟在自己身边的父母是否能够提供良好的家庭照顾呢？当流入城市的学费远高于老家学费的情况下，流动子女所受到的教育是否也会得以优化？虽然父母提供的居住条件使得子女留在城市成为了可能，但他们的社区环境又如何？接下来我们将进一步探讨流动子女的教育环境问题。

第三节　教育环境

下面的流动子女研究（包括本章第三至五节的内容）的数据源于我们2011年5～6月完成的"广州市青少年生活研究"调查。该调查旨在了解青少年现状及家庭、学校、同伴、社区的影响，并分别针对流动青少年与本地青少年的特殊情况设计了两套不同的问卷。调查之所以选择在广州进行，是因为广州的流动青少年多，且分布较为广泛。为此，我们进行了较为科学的多段抽样方法，从广州市10个区中抽选了22所公办学校（其中6所学校接纳外地生的比例为20%以上）以及10所农民工子弟学校，并要求学校在不指定尖子班的情况下抽选一个初二班级作为抽样对象。最终，共有1 411名初二学生（流动青少年 = 573，本地青少年 = 838）参与了问卷调查。我们对两套问卷的部分相同问题进行了整合，并对样本进一步筛选，最后统计了1 399名学生（流动青少年 = 563，本地青少年 = 836）的情况。

先来探讨流动青少年的教育环境问题。除了上文所涉及的家庭环境、学校环境、社区环境外，我们也将考虑一个更宏观的文化环境维度。当流动青少年进入一个完全陌生的、繁华的城市时，他们原有的社区生活经历以及价值观可能受到新文化的冲击，而新的文化环境可能会使他们在城市接受教育过程中面临新挑战。

我们以本地生为参照对流动青少年的教育环境进行了比较。正如文献回顾中所提及到的，就读的不同学校类型可能也是流动青少年内部产生差异的一个分水岭，因此我们也对就读于公办学校的流动青少年和就读于民办学校的流动青少年进行了比较（文中分别简称为公办外地生和民办外地生），结果见表11-7。

表 11-7　　　　　　　　流动青少年的教育环境

变量	选项/取值范围	本地生（n=836）	外地生（n=563）	sig.	公办外地生（n=161）	民办外地生（n=402）	sig.
个人特征							
性别（%）	男	51.57	58.29	n. s.	54.37	59.85	n. s.
	女	48.43	41.71		45.63	40.15	
年龄	11~18	14.41	14.70	***	14.56	14.76	*
家庭环境							
父母受教育年限	6~18	12.18	10.34	***	11.08	10.04	**
家庭财物水平	0~2.24	0.64	0.56	n. s.	0.63	0.53	n. s.
父母抚养方式（%）	父母双方	89.35	87.39	*	85.71	88.06	n. s.
	父母一方或其他人	10.65	12.61		14.29	11.94	
父母支持	2~10	7.21	6.87	n. s.	7.19	6.75	n. s.
父母管教	1~5	3.48	3.54	n. s.	3.71	3.47	**
父母是否暴力管教	2~8	3.43	3.45	n. s.	3.49	3.43	n. s.
学校环境							
学校支持	2~10	7.63	7.56	*	7.97	7.39	***
学校管理	1~5	3.78	3.61	n. s.	3.74	3.56	***

续表

变量	选项/取值范围	本地生（n＝836）	外地生（n＝563）	sig.	公办外地生（n＝161）	民办外地生（n＝402）	sig.
是否受过教师体罚	1～4	1.47	1.66	***	1.43	1.75	***
社区环境							
社区类型（%）	城中村或工厂宿舍	43.82	47.53	n. s.	39.87	50.64	n. s.
	一般或高级社区	57.18	52.47		60.13	49.36	
社区支持	3～15	11.13	10.46	n. s.	11.20	10.17	n. s.
同伴越轨情况	0～14	4.80	5.50	n. s.	4.66	5.84	n. s.
文化环境							
流出地文化冲突（%）	户籍地为广东省内	—	63.75	—	76.40	58.65	**
	户籍地为广东省外		36.25		23.60	41.35	
城市文化冲突（%）	户籍地为城市	—	15.33	—	23.93	12.28	***
	户籍地不为城市		84.67		77.07	87.72	
学校流动频率	1～5	1.27	1.68	***	1.41	1.79	***
流入城市时间	0～18	13.81	8.65	***	10.11	8.05	n. s.
经济（零花钱）压力	1～4	2.15	2.25	n. s.	2.18	2.28	n. s.
学习压力	1～5	2.72	2.89	n. s.	2.58	2.11	**

注：①sig. 为显著度，即说明本地生与外地生，或者公办外地生与民办外地生在相关特征上是否存在显著差异。n. s. ＝ not significant， *** 表示 p＜0.01， ** 表示 p＜0.05， * 表示 p＜0.1。

②家庭环境中变量测量方法：父母受教育年限——测量父母中最高的教育水平，以教育年限赋值；家庭财物水平——根据家庭是否有冰箱、洗衣机等指标，通过因子分析获得 4 个主因子，再进行二次综合，获得家庭财物水平总得分，分值越高代表经济水平越高；父母支持——包括对父母沟通的满意程度（1＝很不满意；2＝不太满意；3＝一般；4＝比较满意；5＝非常满意）和父母对该子女的评价（1＝很差；2＝比较差；3＝一般；4＝比较好；5＝很好），两项得分加总；父母管教——1＝非常松；2＝比较松；3＝一般；4＝比较严；5＝非常严；父母是否采

取暴力管教——包括是否经常被父母动手打、与父母发生冲突（1 = 从不；2 = 很少；3 = 有时；4 = 经常），两项得分加总。

③学校环境中变量处理方法：学校支持——包括教师对学生的关心程度（1 = 很不关心；2 = 不太关心；3 = 一般；4 = 比较关心；5 = 非常关心）以及教师对该学生的评价（1 = 很差；2 = 比较差；3 = 一般；4 = 比较好；5 = 很好），两项进行加总；学校管理——1 = 非常松；2 = 比较松；3 = 一般；4 = 比较严；5 = 非常严；是否受过教师体罚——1 = 从不；2 = 很少；3 = 有时；4 = 经常。

④社区环境中变量处理方法：社区支持——包括对社区环境、社区设施与社区活动的满意程度（1 = 很不满意；2 = 不太满意；3 = 一般；4 = 比较满意；5 = 非常满意）三项加总；同伴越轨程度——包括是否发生吸烟、喝酒等十四种越轨行为（0 = 不知道或没有；1 = 有），进行加总。

⑤文化环境中变量处理方法：学校流动频率——1 = 没有；2 = 1 次；3 = 2 次；4 = 3 次；5 = 4 次及以上；经济压力——根据当前零花钱是否够用，1 = 非常够；2 = 比较够；3 = 比较不够；4 = 非常不够；学习压力——根据学业成绩排名。1 = 上游；2 = 中上游；3 = 中游；4 = 中下游；5 = 下游。

表格中第 3 ~ 5 列是以本地生为参照对流动青少年整体的描述，第 6 ~ 8 列则是对流动青少年内部差异的分析。数据结果显示：

第一，在个人特征方面：流动青少年的性别比偏高，年龄偏大，这些特征尤其是在民办学校的流动学生中更为明显。然而，不论是将流动青少年与本地生相比，还是将流动青少年群体内部做比较，他们个人特征上的差异在统计意义上都并不显著。

第二，在家庭环境方面：流动青少年的家庭社会经济地位可能比留守青少年的家庭要高，但与本地生家庭相比却是较低的。他们虽然跟父母居住在一起，但是由父母共同抚养的比例较小，从父母那里得到的支持也很少。而且，在流动青少年群体内部也存在差异，公办学校学生的父母学历较高，管教也更为严厉。

第三，在学校环境方面：流动青少年与本地生的群体差异以及流动青少年群体内部的差异都比较显著。流动青少年从学校获得的支持和控制较少，但受过的体罚却较多。另外，大部分流动青少年就读于条件较差的农民工子弟学校。官方数据也表明，截至 2011 年 9 月，就读于民办学校的广州市流动子女为 30.58 万人，占义务教育阶段流动子女总体的 59.85%。[①] 然而，这些学校几乎没有本地生，学校资源非常紧缺，教学质量与管理现状也十分令人担忧（沈小革，2004）。我们的数据发现，民办学校的流动青少年获得的学校支持和学校控制更

---

① 该数据摘自 2011 年 11 月 30 日广州市教育部门在《广东外来务工人员社会融合制度设计》座谈会上向我们提供的有关报告。

少，但受到的体罚更多。

第四，在社区环境方面：虽然外来工父母能够为子女留出一席容身之处，但很多流动子女不得不生活在城中村或工厂宿舍，尤其是民办学校的学生。值得关注的是，公办学校的流动学生居住在一般或高级社区的比例与本地学生相当，甚至略高，这说明是否能就读于广州市的公办学校与家庭的经济能力可能有较大关联。此外，流动青少年从社区感受到的支持要比本地生少。最后，流动青少年的同伴参与较多越轨行为，尤其是民办外地生的同伴。但上述群体之间以及群体内部的差异都不是很显著。

第五，在文化环境方面：流动青少年感受到的零花钱压力、学习压力与本地青少年相差不大，但他们的转学经历较多，教育环境很不稳定。流动青少年到达广州的平均时间超过了8年，他们中的4成来自广东省外，而且超过8成户籍所在地不在城市。相对而言，民办学校的外地生到达广州的时间更短，他们中更多来自广东省外以及非城市地区，转学经历更为频繁，而且民办学校外地生的学习压力较公办学校外地生要大一些。

综合上述内容：一方面，与本地学生相比，流动青少年的家庭环境、学校环境、社区居住环境较差，而且他们面临着对城市文化的不适应以及较为频繁的学校流动经历；但是除文化环境和年龄、父母学历、受教师体罚经历、转学经历外，二者的差异并不显著。另一方面，在流动青少年群体内部，民办学校学生的生活、教育环境整体而言更差，但他们中有更多人能获得父母共同抚养的机会。民办学校学生更多来自广东省外和农村地区，而且流入城市的时间更短，转学经历更多，同伴越轨的情况更为普遍；民办学校学生与公办学校学生在父母学历、学校支持等10项指标上存在显著差异。由此可见，虽然大部分外来工父母承受着巨大的经济压力和照顾子女的压力把孩子带到身边，但他们并不能提供良好的居住环境和家庭教育，也很难把子女送到教学质量较好的公办学校读书。流动子女的教育环境与本地生存在较大差距，尤其是民办学校学生的教育环境比较差。

第四节　融合状况

最早对流动子女融合状况的研究大多建立在"适应"的范式内，即流动子女进入城市后逐步接受城市社会的语言、文化、行为和思维方式，并最终成为城市社会一员的一种模式。逐渐深化的经验研究对这种研究范式提出质疑。目前最重要的解释理论包括"融合论"（Assimilation）（也称"同化论"）、"多元文化论"（Pluralism or Multiculturalism）和"区隔融合论"（Segmented Assimilation）。①② 具体而言，有研究指出，流动人口对城市社会并不是线性、单向的"适应"、"融入"或"同化"，而是双方通过具体实践积极地建构出一种新的"社会融合"关系。在这一模式中，流动人口与城市社会的融合意愿存在融入、选择性融入乃至不融入的差异，融合过程存有结构性限定与能动性超越的双重动力，融合结果则存在相互融入、相互隔离与二者之间的中间状态等差异。③ 那么，流动青少年的融合状况怎样？融合意愿如何？表现出哪一种融合结果？而他们的融合状况又受哪一些因素的影响？我们将利用流动青少年的数据对这些问题一一进行回应。

社会融合是一个多维度的概念，不同的学者制定了不同的指标测量体系。杨菊华的研究将社会融合分为经济、文化、行为、身份四个维度。④ 周皓对此进行了修订，他概括了已有的研究，认为应该主要分为经济融合、文化适应、社会适应、结构融合、身份认同这五部分的内容。⑤ 也有一些专门针对流动子女社会融合问题的思考。其中，王毅杰、史晓浩的研究认为以往测量的指标不一定完全适用于对儿童的分析，他们根据流动儿童在年龄、背景上的特殊性，选取了社会交往与社会认同两个维度。⑥ 综合上述讨论，我们将从融合意愿、社会交往与社会认同这三个指标来探讨流动青少年的社会融合问题。

流动青少年的社会融合状况是如何形成的呢？王毅杰、史晓浩的研究认为这是家庭、学校、社区三种情境相互交织的结果。首先，家庭社会经济地位高的流动子女更可能融入城市，而家庭地位低的可能会选择"隔离性"融合方式；而且，不同的家庭教育方式可能会影响流动儿童对城市社会的态度，从而影响着他们的行动策略选择；家庭的内部关系也产生同样的影响。其次，不同的学校类型可能作用不同，公办学校的流动子女有更多与本地生交流的机会，可能更容易融入城市；学校的教育质量和教师的教育方式则直接作用于流动子女的认识及态度。最后，社区的物质设施和组织能力为流动子女的接触和交往提供了机会，也会

① 张文宏、雷开春：《城市新移民社会融合的结构、现状与影响因素分析》，载《社会学研究》2008 年第 5 期。

② 杨菊华：《从隔离、选择融入到融合：流动人口社会融入问题的理论思考》，载《人口研究》2009 年第 1 期。

③⑥ 王毅杰、史晓浩：《流动儿童与城市社会融合：理论与现实》，载《南京农业大学学报（社会科学版）》2010 年第 2 期。

④ 杨菊华：《流动人口在流入地社会融入的指标体系——基于社会融入理论的进一步研究》，载《人口与经济》2010 年第 2 期。

⑤ 周皓：《流动人口社会融合的测量及理论思考》，载《人口研究》2012 年第 3 期。

359

影响他们的融合状况。除此之外，国外有研究从文化背景方面进行了讨论。该研究结果指出，移民感知的"经历差异"对移民的适应有着重要影响：移出地与移入地经历差距越大，移民的适应越差；差距越小，适应越好。[①] 所以，除了家庭、学校、社区三个方面的因素之外，我们也将有关文化环境的指标纳入探讨。

一、流动青少年的融合现状

我们从融合意愿、社会交往、社会认同三个维度来测量流动青少年的社会融合程度，并对就读于公办学校与民办学校的外地生进行了比较。结果见表11 - 8。其中，我们以"是否愿意和本地人交朋友"、"是否想一直留在本地"两个变量来测量"融合意愿"，以"与老家朋友交往频率"与"与本地人交往频率"测量"社会交往"，以"城市认同感"与"自我身份认同"来测量"社会认同"。

表11 - 8 流动青少年的融合现状

	描述项	测量及赋分	所有外地生	公办外地生	民办外地生	p
融合意愿	和本地人交朋友	根据意愿程度赋值：1 = 很不愿意；2 = 不太愿意；3 = 较愿意；4 = 很愿意	3.39	3.53	3.34	n. s.
	想一直留在本地	同上	3.19	3.30	3.14	*
	融合意愿维度	上述两个指标加总，取值为2 ~ 8，分值越高说明融合意愿更大	6.58	6.83	6.48	n. s.
社会交往	与老家朋友交往	根据交往频率赋值：1 = 经常；2 = 有时；3 = 很少；4 = 从不	2.63	2.62	2.63	n. s.
	与本地人交往	根据交往频率赋值：1 = 从不；2 = 很少；3 = 有时；4 = 经常	2.94	3.38	2.77	***
	社会交往维度	上述两个指标加总，取值为2 ~ 8，分值偏高说明以本地融合为主，分值偏低说明以区隔融合为主	5.58	6.01	5.41	n. s.

[①] Ward C. and W. C. Chang. Cultural Fit: A New Perspective on Personality and Soujourner Adjustment. *International Journal of Intercultural Relationship*, 1997 (21).

续表

描述项		测量及赋分	所有外地生	公办外地生	民办外地生	p
社会认同	城市认同感	根据对广州能承办亚运会的态度：0 = 无所谓；2 = 有点自豪；4 = 很自豪	2.8	2.87	2.77	n. s.
	自我身份认同	根据自我认同情况：0 = 差不多；1 = 家乡人；2 = 在广州的外地人；3 = 新广州人；4 = 广州人	2.42	2.62	2.34	n. s.
	社会认同维度	上述两个指标加总，取值为2 ~ 8，分值越高说明在城市中的社会认同更高	5.22	5.49	5.11	n. s.

注：①sig. 为显著度。n. s. = not significant，*** 表示 $p < 0.01$，** 表示 $p < 0.05$，* 表示 $p < 0.1$。

②如果流动儿童（或者是迁移人口）与老家（或迁出地）有着很强的联系，那么，迁出地的各种社会文化仍然会影响到迁移人口，使他们在迁入地有更强烈的想法与愿望去保持这种文化传统，并阻碍他们在迁入地的社会融合，从而形成区隔融合（参见周皓：《流动人口社会融合的测量及理论思考》，载《人口研究》2012 年第 3 期，第 27 ~ 37 页）。据此，我们对"与老家朋友交往"和"与本地人交往"采取了相反的赋分规则，并进行加总。

表 11 - 8 统计结果表明：

首先，流动青少年的融合意愿很高，大部分人都表示很愿意与本地人交朋友，也比较希望能一直住在现所在的城市。其中，公办外地生的融合意愿相对略高，但二者的差异并不显著，只是"想一直留在本地"这个指标的差异在一定程度上通过了显著性检验。

其次，虽然流动青少年的社会交往较偏向于与本地融合，但他们的实际交往得分却相对融合意愿要低。公办外地生与民办外地生都很少与老家的朋友联系，但是公办外地生却比民办外地生与本地人交往得更为频繁，而且这种差异是非常显著的。

最后，流动青少年的社会认同得分是 3 个指标中最低的。分开从两个指标来看，公办外地生和民办外地生都对广州能承办亚运会持有较自豪的态度，换言之，他们对所在的城市还是有一定的认可。然而，当明确问他们对自己身份的认知时，很多人认为自己是外地人，虽然公办学校的流动青少年中较多认为自己是广州人或新广州人，但这种差异在统计上并不是很明显。

二、影响融合状况的因素分析

流动青少年的融合状况受哪些因素的影响呢？对应已有的文献，我们选取了相应的教育环境变量作为自变量，以个人特征为控制变量，分别以表 11-8 中社会融合的 3 个维度作为因变量，建构多元回归模型组。结果见表 11-9。

表 11-9　　　　　　　　流动青少年融合状况的影响因素

变量	模型1：融合意愿	模型2：社会交往	模型3：社会认同
性别（女=1）	0.161	0.241**	0.298
年龄	-0.028	-0.067	0.089
父母受教育年限	-0.008	0.050**	0.030
家庭财物水平	0.101	0.031	0.149
父母抚养方式	-0.153	-0.157	0.019
父母支持	0.058*	-0.043	0.096*
学校类型（民办=1）	-0.004	-0.253**	0.066
学校支持	0.149***	0.013	0.123**
社区类型（一般或高级社区=1）	-0.083	0.197*	0.070
社区支持	0.044***	-0.020	0.048
户籍所在省份（省外=1）	-0.317***	-0.222*	-0.478**
户籍所在地区（非城市=1）	-0.013	-0.130	0.323
学校流动频率	0.005	-0.064	0.012
流入城市时间	0.049***	0.088***	0.027
经济（零花钱）压力	-0.003	-0.074	0.049
学习压力	-0.002	-0.008	-0.065
常数	4.323***	5.162***	2.333**
样本量	507	503	507
R^2	0.178	0.191	0.076

注①：*** 表示 $p < 0.01$，** 表示 $p < 0.05$，* 表示 $p < 0.1$。

②由于流动青少年的年龄比较集中，因此我们在模型中对年龄这个变量进行了去中心化处理，即将变量各数值减去该变量的均值。其他变量的处理与表 11-8 保持一致。

我们分别对三个模型进行讨论：

模型 1 研究了影响流动青少年融合意愿的因素。结果表明，流动青少年的融合意愿与个人特征关系不大。家庭、学校、社区的支持是非常关键的。父母对子女的认可、关心以及沟通都在一定程度上促进了流动青少年的融合意愿。特别是学校支持和社区支持的作用非常明显，这主要表现在教师的作用以及社区共同环境、社区组织活动的作用上。另外，我们也发现，来自省内的子女以及流入时间较长的子女的融合意愿比较高，由此可见，流动青少年的融合意愿与他们对现居城市文化环境的了解有关。

模型 2 研究了影响流动青少年社会交往的因素。结果发现，女生与本地社会的交往情况比男生要多近 1/4，这也有可能是因为女生性格比较温和，容易接受新的同学，也容易被他人所接受。对社会交往产生作用的家庭环境因素主要是父母的受教育程度，父母的受教育年限每增加一年，会促进流动青少年的社会交往水平增加 5%。这说明受教育程度较高的父母会鼓励子女多与本地人交流，也能为他们提供更多认识和交往的机会。学校类型与社区类型的影响作用都是非常显著的，说明就读于公办学校、居住在较好社区的流动青少年有更多机会与本地人交流。我们也同样发现，来自省外的子女以及流入时间较短的子女与本地人的社会交往相对较弱。

模型 3 研究了影响流动青少年社会认同的因素。首先，个人特征因素也并不会对流动青少年的社会认同产生直接影响。其次，父母的支持和学校的支持都有助于他们在城市社会中产生认同感。最后，来自省内的学生更容易产生认同感。另外值得关注的是，在我们的数据中，家庭社会经济地位、学校类型和社区类型对社会认同的影响并不显著，这与王毅杰等人的研究结论不同。

总结该部分的内容，我们认为：

第一，流动青少年的社会融合状况并不是很理想。虽然他们表现出较高的融合意愿，但是他们的社会交往和社会认同却不够高，尤其是在与本地人的交往与对自我身份的认同上。相对而言，公办外地生在上述两个指标上表现得较好，但他们的整体融合水平也并不高。

第二，流动青少年的社会融合状况主要是受家庭、学校、社区以及文化因素四方面的影响。在家庭方面，父母的文化资本可能影响流动青少年的社会交往情况，父母的支持有助于提高他们的融合意愿和社会认同。在学校方面，就读于公办学校的学生与本地人的社会交往可能更多，学校的支持也可能促进他们的融合意愿和社会认同。在社区方面，居住在较好社区的流动青少年与本地的社会交往可能更多，社区的支持对融合意愿的作用也非常明显。在文化因素方面，来自广东省内的流动青少年，在 3 个维度上的社会融合情况都相对较好；到广州的时间越久，融合意愿和社会交往情况可能越好。相反，那些父母学历较低、就读于民办学校、居住在工厂或宿舍、获得支持较少、来自省外且到广州的时间比较短的流动青少年，社会融合情况可能差得多。

第五节　越　轨　行　为

目前，西方犯罪学理论已经日趋成熟，许多理论在实证研究中得到了验证。这些研究中不乏对流动青少年的讨论，但主要是在美国社会为主的西方社会背景下，结合阶层、种族、社区、文化等多个角度的研究。相比而言，在对中国社会的讨论中，虽然有越来越多的学者运用西方理论来解释中国青少年的越轨行为[1]，但真正关于中国流动青少年较高越轨风险的理论分析和实证研究却极为少见，即便已经有研究人员发现了这一现象。[2] 当然，建构外来工子女的越轨模型，绝不能照搬西方的解释逻辑，至少中国流动青少年并不面临种族问题，而且可能受其他中国背景或制度的影响，比如中国的户籍制度、中国对外来工子女的教育安置模式。因此，我们将在西方犯罪学理论的基础上建构中国流动青少年越轨行为的解释逻辑。

具体而言，我们将选取一般紧张理论作为主要理论对话点，并结合其他理论来建构解释模型。一般紧张理论是由紧张理论（失范理论）演变而来。紧张理论认为现代文化过分强调获取财富的目标，但它所提供的制度性手段却不能帮助所有个体实现该文化目标，因此制度性手段的价值被忽略，社会处于一种严重的紧张状态。紧张理论很好地解释了社会结构对越轨行为的影响，主要用来分析社会底层的越轨现象。然而，它对其他社会阶层的解释力不够，同时也无法解释为什么有很多生活在底层的人并未采取越轨行为，对此，阿格纽的一般紧张理论做

---

① 刘能：《越轨社会学视角下的青少年犯罪》，载《青年研究》2003 年第 11 期；Bao W. N.，Ain Haas and Pi Y. J. . Life Strain，Negative Emotions，and Delinquency：An Empirical Test of General Strain Theory in the People's Republic of China. *International Journal of Offender Therapy and Comparative Criminology*，2004（48）；Bao W. N.，Ain Haas and Pi，Y. J. . Life Strain，Coping，and Delinquency in the People's Republic of China：An Empirical Test of General Strain Theory from a Matching Perspective in Social Support. *International Journal of Offender Therapy and Comparative Criminology*，2007（51）.

② 邹泓、屈智勇、张秋凌：《中国九城市流动儿童发展与需求调查》，载《青年研究》2005 年第 2 期。

出了重要的推进①：一方面，它既从结构论入手讨论了可能造成越轨的社会背景，同时又超越了宏观层面的局限，认为紧张的社会结构会转换成微观的个人压力作用于个体，即从个人层面对越轨因素展开了分析。另一方面，它也引入了过程论的一些观点，探讨了加强或抑制压力导致越轨的重要条件，如个人与传统社会的关系（家庭、学校、社区）、违法朋友的影响及个人的心理素质。② 一般紧张理论解释了宏观层面的社会变革或社会结构可能对个体层面带来的生活压力，因而可以有针对性地解释转型中的中国现状。③

运用该理论，针对已存在的流动子女越轨现象，我们将结合两方面内容对越轨因素进行探讨：首先，从结构论的视角来分析流动青少年这一特殊群体可能面对的压力来源。西方社会有不少从结构论出发对流动青少年越轨行为的研究，分析的角度包括阶层、种族、社区、文化等。中国情境下的流动青少年几乎没有种族问题，甚至连民族影响也可以忽略不计，而学校类型是一个重要的分析维度。因此，我们认为压力来源可以分为阶层地位、社区类型、学校类型、文化环境四个方面（其中，文化环境的影响作用可能表现两方面：第一，流出地与流入地文化的冲突可能影响个人行为；第二，现实状况与文化价值观的冲突可能影响其行为）。其次，要从过程论的视角来分析导致流动青少年越轨的重要条件。阿格纽指出影响压力导向越轨的三个条件：个人与传统社会的关系、越轨同伴的影响及个人的心理素质。个人与传统社会的关系能够有效减少压力对越轨行为的影响作用，主要表现为由家庭、学校、社区提供的支持与控制；违法同伴则会增加压力导向越轨的效果；个人的心理素质是指个人的自我控制能力，有较强自我控制能力的青少年能够更加弹性化地处理压力，因而可以减少越轨行为。④ 这些观点在大量的实证研究中被验证，后面也会从这三个角度进行分析。

具体而言，我们将采用比较的视角进行分析，既要以本地生为参照，对流动青少年整体的越轨现象进行描述及说明，又要以学校类型为划分标准，对流动青少年内部越轨现象进行分析与探讨。

---

① Agnew Robert. *Pressured into Crime：An Overview of General Strain Theory*. Roxbury Publishing Company, 2006；鲍婉宁：《失范理论与一般压力理论》，载曹立群、任昕：《犯罪学》，中国人民大学出版社 2008 年版，第 111 页；［美］斯蒂芬·E·巴坎：《犯罪学：社会学的理解》，秦晨等译，上海人民出版社 2011 年版。

②③ Bao W. N., Ain Haas, & Pi Y. J.. Life Strain, Coping, and Delinquency in the People's Republic of China：An Empirical Test of General Strain Theory from a Matching Perspective in Social Support. *International Journal of Offender Therapy and Comparative Criminology*, 2007（51）.

④ Bao W. N., Ain Haas, & Pi Y. J.. Life Strain, Coping, and Delinquency in the People's Republic of China：An Empirical Test of General Strain Theory from a Matching Perspective in Social Support. *International Journal of Offender Therapy and Comparative Criminology*, 2007（51）.

一、流动青少年的越轨现象

什么是越轨行为？我们把违反道德准则与社会规范，并对个人、社会带来不良影响的行为称为越轨行为。西方犯罪学也称为犯罪行为，但越轨行为这种提法可以更好地与狭义的犯罪行为相区别，以免产生误解。

国外对青少年越轨的研究一般是用量表来测量调查对象在过去 12 个月内是否产生过抢劫等具体越轨行为。[①] 我们的研究根据中国学生的特殊情况对量表进行了修正，共测量了 14 种越轨行为的发生频率。其中，包括吸烟、喝酒、离家出走、打架斗殴、说粗话脏话、深夜归宿或夜不归宿、赌博、连续网游 5 小时、破坏公物（包括乱涂乱画）、早恋这 10 种一般越轨行为，也包括恐吓勒索、偷窃、抢劫、诈骗财物这 4 种具有反社会性的严重越轨行为。我们对越轨行为的测量采取的是学生自我报告的形式，尽管存在局限性，但这种测量仍然是获取该类信息最便捷、最常见的方法。[②] 测量越轨频率的量度为"从不"、"很少"、"有时"、"经常"，由于经常性的越轨行为比较少见，频率分布呈现出严重的偏态。因此，在研究中将不考虑越轨频率，主要调查青少年是否发生过上述 14 种越轨行为。具体而言，对回答"从不"的赋值 0 分，对回答"很少"、"有时"、"经常"的赋值 1 分，然后进行加总。加总后新生成的"越轨行为"变量分值为 0 ~ 14 分，与先前 14 个原始变量的相关度为 0.77（alpha = 0.77）。一方面，可以将该变量理解为青少年参与的越轨行为种类数。另一方面，由于那些自我报告参与过严重越轨行为的青少年也参与过轻微越轨行为，也就是说，参与的越轨行为种类越多，报告者的越轨行为就更为严重，所以新生成的变量也可以用来说明青少年的越轨程度，处理方法参见伊娃（Eva）。[③]

经过处理及统计，表 11 - 10 说明了流动青少年的越轨现状。

① Elliott D. S., Huizinga D and Menard S.. *Multiple Problem Youth：Delinquency，Substance Use and Mental Health Problems.* Springer，1989.

② Crosnoe R.. High School Curriculum Track and Adolescent Association with Delinquent Friends. Journal of Adolescent Research，2002（17）.

③ Eva Schmitt-Rodermund and Rainer K. Silbereisen. The Prediction of Delinquency among Immigrant and Non - Immigrant Youth Unwrapping the Package of Culture. *International Journal of Comparative Sociology*，2008（49）.

表 11 - 10　　　　　　　　流动少年越轨行为差异

变量	本地生 （n = 836）	外地生 （n = 563）	sig.	公办外地生 （n = 161）	民办外地生 （n = 402）	sig.
越轨行为	2.38	2.62	***	1.92	2.90	***
说粗话脏话	74.10	73.66	n. s.	70.44	74.94	n. s.
连续打网络 5 小时以上	41.18	42.96	n. s.	28.75	48.63	n. s.
喝酒	28.70	31.02	n. s.	18.75	35.91	***
早恋	23.05	23.89	n. s.	16.25	26.93	***
破坏公物 （包括乱涂乱画）	21.54	21.03	n. s.	16.88	22.69	n. s.
打架斗殴	11.96	17.59	***	11.32	20.10	***
深夜归宿或夜不归宿	14.42	17.53	n. s.	11.32	20.00	***
吸烟	5.88	11.79	***	5.00	14.50	***
赌博	8.65	9.82	n. s.	6.88	11.00	***
离家出走	6.13	7.32	n. s.	3.13	9.00	***
偷窃	1.44	2.68	***	1.88	3.00	***
恐吓勒索	2.39	2.13	n. s.	0.00	2.99	—
诈骗财物	1.08	1.60	***	0.63	2.00	***
抢劫	0.24	1.43	***	0.00	2.00	—
F（Wilks's Lamba）	2.18		***	2.14		***

注：sig. 为显著度。n. s. = not significant，*** 表示 $p < 0.01$，** 表示 $p < 0.05$，* 表示 $p < 0.1$。

表 11 - 10 统计结果显示：

首先，整体而言，青少年的越轨程度并不算太严重（最小值 = 0，最大值 = 14，平均值 = 2.48），出现抢劫、诈骗财物、恐吓勒索、偷窃等严重越轨行为（反社会行为）的比例非常小，但也有 5 个男生参与过所有越轨行为，因此这个问题也不容小觑。青少年的越轨行为主要表现为语言不文明、网络沉迷、喝酒、早恋、破坏公物，参与过这些行为的比例占到了 7 成以上，而且平均有 4 成以上的学生有时会连续上网 5 小时以上。

其次，对流动青少年与本地青少年进行比较（即以身份为流动青少年或本地青少年为自变量进行方差分析），先以 14 类具体越轨行为作为多元因变量进行单向多元方差分析，结果发现，流动青少年与本地青少年在越轨行为上存在显著差异（F = 2. 29，p < 0.01），流动青少年的越轨行为较多。具体再以 14 项具体越轨行为分别作为因变量做单因素方差分析，结果显示，流动青少年与本地青少年的差异主要体现在打架斗殴、吸烟、偷窃、诈骗财物、抢劫这 5 项指标上，而且明显在这 5 项越轨行为中，流动青少年的参与率更高。

同时，对流动青少年群体内部的差异进行比较，同上分别进行多元方差分析和单因素方差分析。结果表明，流动青少年群体内部也存在显著差异（F = 2. 14，p < 0.01），公办学校的流动青少年参与越轨行为的情况比本地生还少，但民办学校学生参与的情况却显著要多一些。很明显在 14 项具体越轨行为中，民办学校学生的参与率都要高于公办学校学生，尤其是在喝酒、打架斗殴、深夜归宿或夜不归宿、吸烟、赌博、离家出走这几项上，前者的参与率比后者高出两倍以上。除说粗话脏话、连续上网 5 小时、破坏公物外，流动青少年群体内部的差异在其余 11 项指标上都通过了显著性检验。

综合上述内容：流动青少年的越轨行为相比本地青少年较为严重，尤其是在打架斗殴、吸烟、偷窃、诈骗财物、抢劫这 5 项指标上，流动青少年的参与率较高；此外，流动青少年群体内部的差异较群体间的差异更为显著，除说粗话脏话、连续上网 5 小时、破坏公物这 3 个指标外，民办学校学生的越轨情况都显著要比公办学校学生多。

二、影响流动青少年越轨的压力来源

我们在前面的讨论中已发现，流动青少年群体参与的越轨行为比本地青少年要多，尤其是部分流动青少年（民办学校的青少年）的越轨参与率比较高。那么，是哪一些因素可能导致了越轨差异呢？表 11 - 11 以流动青少年的越轨行为为因变量，同时把阶层地位、学校类型、社区类型、文化环境这四组自变量依次纳入模型，其结果可以用来探讨影响流动青少年越轨的压力来源。

具体而言，表 11 - 11 中的嵌套模型由 6 个负二项回归模型组合而成：模型 1 是只纳入个人特征的基础模型，模型 2 在模型 1 的基础上加入了阶层地位自变量组，模型 3 在模型 2 的基础上加入了学校类型变量，模型 4 加入了社区类型变量，模型 5 和模型 6 加入了文化环境变量（其中，模型 5 加入了当前金钱、学习压力变量，模型 6 加入了文化冲突变量）。表 11 - 11 中既报告了负二项回归模型中的系数结果（B），也报告了对系数指数化处理后的结果［Exp（B）］：前者代表自变量每变化一个单位，会导致因变量对数的百分比关系变化；后者代表自变量每变化一个单位，会导致因变量的倍数关系变化。本文将用系数指数化后的结果来说明自变量的影响作用。

表 11-11　有关流动青少年越轨压力来源的负二项回归模型

自变量	模型 1		模型 2		模型 3		模型 4		模型 5		模型 6	
	B	Exp (B)	B	Exp (B)	B	Exp (B)	B	Exp (B)	B	Exp (B)	B	Exp (B)
父母受教育年限			-0.041***	0.960	-0.034**	0.967	-0.032**	0.968	-0.024	0.977	-0.023	0.978
家庭财物水平			-0.137*	0.872	-0.100	0.905	-0.077	0.926	-0.059	0.942	-0.055	0.947
学校性质（民办=1）					0.299***	1.349	0.283***	1.328	0.229***	1.257	0.238***	1.269
社区类型（一般或高级社区=1）							-0.168**	0.845	-0.135**	0.873	-0.130*	0.878
经济（零花钱）压力									0.121***	1.129	0.117***	1.124
学习压力									0.147***	1.158	0.146***	1.157
流出地文化冲突											-0.032	0.969
城市文化冲突											-0.026	0.975
学校流动频率											0.039*	1.039
流入城市时间											0.012	1.013
性别（女=1）	-0.384***	0.681	-0.375***	0.687	-0.360***	0.698	-0.348***	0.706	-0.262***	0.769	-0.273***	0.761

续表

自变量	模型 1		模型 2		模型 3		模型 4		模型 5		模型 6	
	B	Exp (B)	B	Exp (B)	B	Exp (B)	B	Exp (B)	B	Exp (B)	B	Exp (B)
年龄	0.205***	1.228	0.192***	1.211	0.181***	1.198	0.175***	1.192	0.167***	1.182	0.170***	1.185
自我控制能力	-0.039***	0.962	-0.039***	0.962	-0.038***	0.963	-0.038***	0.963	-0.032***	0.968	-0.031***	0.969
lnalpha	-1.459***	0.233	-1.565***	0.209	-1.635***	0.195	-1.665***	0.189	-1.932***	0.145	-1.958***	0.142
Pseudo R^2	0.076		0.082		0.088		0.090		0.106		0.108	
样本数	503		503		503		503		503		503	

注：①在模型中我们对年龄进行了去中心化处理，即将变量各数值减去该变量的均值。其他变量的处理与表 11-8 保持一致。

②根据量表的"在困难面前无能无力"等 24 个指标，选择很不同意、较不同意、较同意、很不同意，故取值范围为 24～96（alpha = 0.86），分值越高代表控制能力越强。经过统计，本地生与外地生的自我控制能力得分分别为 65.91 和 65.80，公办外地生与民办外地生的得分分别为 68.51 和 68.63，但这些差异都没有通过显著性检验。

③*** 表示 p < 0.01，** 表示 p < 0.05，* 表示 p < 0.1。

表 11-11 的回归模型结果显示：

首先，人口特征和个人特质会对流动青少年越轨带来显著影响。从性别上来看，女生参与的越轨行为比男生要少，即使在控制阶层地位、学校类型、社区类型、文化环境的影响后，女生参与的越轨行为仍是男生的 76%。此外，在我们调查的年龄范围内（11~18 岁），流动青少年的越轨行为会随年龄的增长而增加，具体来说，年龄增长 1 岁，参与的越轨行为会增加 18.5%。尤其值得说明的是自我社会控制能力的作用，阿格纽认为它是影响越轨的一项重要条件，这在我们的数据中也得到了验证。

其次，值得关注家庭社会经济地位的作用。在模型 2 中，父母学历对流动青少年的越轨行为具有显著影响，家庭经济水平的影响也在一定程度上得以验证。具体而言，父母学历越高，家庭经济水平越高，流动青少年的越轨行为就越少。但在模型 2 至模型 6 中，当控制住其他变量后，尤其是控制住学校类型、社区类型、零花钱压力、学业压力后，家庭社会经济地位的作用变得并不显著。为了了解其中机制，我们分别以学校类型、社区类型、经济压力、学习压力为因变量建立了模型，结果发现：父母学历、家庭经济水平对流动青少年的就读学校类型及居住社区类型具有显著影响，父母学历和家庭经济水平越高，流动青少年更可能就读于公办学校、居住于较好的社区；同时，父母学历对流动青少年的学习压力也具有显著影响，父母学历越高，流动青少年的学习状况可能更好，也就是说他们的学习压力可能更小。而另一方面，模型 6 的结果也表明，学校类型、社区类型、当前学习压力对越轨产生显著影响。结合这两项结果，家庭社会经济地位对越轨产生重要作用，学校类型、社区类型、学习压力是其作用的具体机制。

再具体来分析就读学校类型及居住社区类型对流动青少年越轨行为的影响。阿格纽指出，对就读于较底层学校的学生而言，他们不仅仅在追求成功的过程中会受到限制，而且在规避逆境的过程中也将受到阻挠，所以越轨表现可能更为突出。[1] 社会解组理论认为，具有高度贫穷、种族异质性与居民流动性的社区较易产生高度解组与犯罪及越轨行为。[2] 我们的数据都对此有所验证，发现就读于民办学校的流动青少年以及居住在城中村或工厂宿舍的流动青少年越轨现象更严重。即使在控制其他变量的影响后，在模型 6 中，民办学校学生的越轨行为仍然比公办学校学生高出 1/4 以上；而相比居住在一般或高级社区的流动青少年，居住在城中村或工厂宿舍的流动青少年参与的越轨行

① Agnew Robert. A Revised Strain Theory of Delinquency. *Social Forces*，1985（64）.
② Shaw C. and H. McKay. *Juvenile Delinquency and Urban Areas*，University of Chicago Press，1942.

为要多出近 15%。

此外，文化环境也可能造成流动青少年越轨，尤其是个人现状与文化价值观的冲突对流动青少年越轨的影响比较显著（Pseudo R^2 增加了 1.6%）。阿格纽认为，社会广泛倡导经济成功与教育成就等非经济成功，这些价值观对社会中个体的影响很大，对青少年而言则主要表现在当前零花钱状况和学习状况带来的刺激上。我们的调查发现，认为零花钱比较不够用的青少年的越轨行为比认为比较够用者高出近 12%，学习处于班级中下游的也要比处于中游者高近 16%。然而，流动带来的文化冲突并不一定造成越轨。在我们的调查中，是否熟知粤文化（来源地是否是广东）、是否熟悉城市文化（来源地属于城市）和流入城市时间对越轨的影响都并不显著，但是学校流动频率在一定程度上可以解释流动青少年的越轨行为。具体而言，转学经历每增加一次，流动青少年的越轨程度就增加 4%。

综合上述内容，性别、年龄以及个人的自我控制能力对流动青少年越轨产生显著影响。家庭社会经济地位也对越轨产生作用，该作用主要是通过影响流动青少年的学校类型、社区类型、学习压力而产生。家庭社会经济地位较弱的流动青少年更可能就读于民办学校、居住在城中村或工厂宿舍，但在这种环境下，青少年的越轨程度比就读于公办学校、居住在较好社区者更为严重。如果父母学历较低，流动青少年的学习情况也可能相对较差，也就是说学习压力可能更大，同时学习压力较大的流动青少年参与的越轨行为也可能更多。除此之外，当前的零花钱状况也影响流动青少年越轨，认为零钱不够用的青少年参与越轨行为会较多。

三、导致流动青少年越轨的重要条件

经过上述分析，家庭社会经济地位、学校类型、社区类型以及部分文化因素都对流动青少年越轨产生影响。那么，这些因素在作用过程中又受到了哪些条件的控制？可以通过哪些渠道来抑制流动青少年越轨？我们在模型 6 的基础上依次纳入了个人与家庭的关系、个人与学校的关系、个人与同伴的关系以及越轨同伴影响这四组变量，建构了表 11－12 所示的嵌套模型组，来探讨导致流动青少年越轨的重要条件。

结果发现：

第一，家庭的管理控制对流动青少年越轨产生了比较大的影响。家庭的有效管教能够减少流动青少年越轨。在控制其他层面的变量后，家庭管教比较严的流动青少年参与的越轨行为比家教一般者少一成。但是过于严厉的家庭教育反而会

表11-12 有关流动青少年越轨条件的负二项回归模型

自变量	模型6		模型7		模型8		模型9		模型10	
	B	Exp(B)	B	Exp(B)	B	Exp(B)	B	Exp(B)	B	Exp(B)
父母受教育年限	-0.023	0.978	-0.021	0.979	-0.019	0.982	-0.019	0.981	-0.016	0.984
家庭财物水平	-0.055	0.947	-0.041	0.960	-0.077	0.926	-0.069	0.934	-0.122	0.885
学校性质（民办=1）	0.238***	1.269	0.215**	1.239	0.147*	1.159	0.146*	1.158	0.086	1.089
社区类型（一般或高级社区=1）	-0.130*	0.878	-0.136**	0.873	-0.130**	0.878	-0.116*	0.890	-0.093	0.911
经济（零花钱）压力	0.117***	1.124	0.079**	1.082	0.059	1.061	0.056	1.058	0.055	1.057
学习压力	0.146***	1.157	0.126***	1.134	0.101***	1.107	0.101***	1.106	0.100***	1.105
流出地文化冲突	-0.032	0.969	-0.038	0.963	-0.023	0.978	-0.025	0.975	0.008	1.008
城市文化冲突	-0.026	0.975	-0.021	0.979	-0.024	0.977	-0.014	0.986	0.008	1.008
学校流动频率	0.039*	1.039	0.022	1.022	0.029	1.029	0.029	1.029	0.032	1.032
流入城市时间	0.012	1.013	0.014	1.014	0.010	1.010	0.009	1.010	0.005	1.005
父母抚养方式			-0.159	0.853	-0.185*	0.831	-0.184*	0.832	-0.171*	0.843
父母支持			-0.034	0.967	-0.027	0.974	-0.022	0.978	-0.024	0.976
父母管教			-0.104***	0.902	-0.107***	0.899	-0.103***	0.902	-0.105***	0.901
父母是否暴力管教			0.073***	1.076	0.054**	1.056	0.056**	1.057	0.033	1.034
学校支持					-0.031	0.969	-0.031	0.970	-0.015	0.985
学校管理					-0.025	0.975	-0.024	0.976	-0.017	0.983

373

续表

自变量	模型 6		模型 7		模型 8		模型 9		模型 10	
	B	Exp（B）	B	Exp（B）	B	Exp（B）	B	Exp（B）	B	Exp（B）
是否受过教师体罚					0.120***	1.128	0.119***	1.126	0.101***	1.106
社区支持							-0.032	0.969	-0.028	0.973
同伴越轨情况									0.055***	1.057
性别（女=1）	-0.273***	0.761	-0.310***	0.734	-0.257***	0.774	-0.261***	0.770	-0.280***	0.756
年龄	0.170***	1.185	0.182***	1.199	0.166***	1.181	0.171***	1.187	0.122***	1.130
自我控制能力	-0.031***	0.969	-0.027***	0.973	-0.024***	0.976	-0.024***	0.976	-0.019***	0.981
lnalpha	-1.958***	0.142	-2.152***	0.116	-2.353***	0.095	-2.388***	0.092	-2.970***	0.051
Pseudo R²	0.108		0.121		0.129		0.130		0.153	
样本数	503		503		503		503		503	

注：①在模型中我们对年龄进行了去中心化处理，即将变量各数值减去该变量的均值。其他变量的处理与表 11－8 保持一致。

②*** 表示 $p < 0.01$，** 表示 $p < 0.05$，* 表示 $p < 0.1$。

促进流动青少年越轨。若父母采取暴力体罚，流动青少年的越轨程度反而会增加，但这一变量在最后的模型中没有通过显著性检验。此外，父母的沟通与认同并不能显著减少流动青少年越轨。与父母一方或其他亲人同住的流动青少年反而比与父母同住的青少年越轨表现更少，而且越轨程度低出 16%。进一步分析发现，这些与父母一方同住的青少年约七成是和母亲住在一起，与父母同住的青少年则可能是受到父亲不恰当的管教方式的影响，发生叛逆或不良行为的风险较高。

第二，学校的支持控制对流动青少年越轨的解释力并不是很明显。教师的关心与认同以及学校的管理都能够减少青少年越轨，但这些作用并不显著。然而，教师的体罚行为明显会加大流动青少年越轨风险。具体而言，在控制其他变量后，受过教师体罚的流动青少年比没受过体罚者所表现出的越轨程度要高出近1 成。

第三，社区支持的作用并不显著。结果显示，良好的社区环境，完善的社区设施，丰富的社区活动都有益于减少流动青少年越轨，但这一结果并没有通过显著性检验。

第四，同伴群体的越轨行为对流动青少年的行为影响很大（仅一个变量就使得 Pseudo R^2 增加了 2.3%）。具体而言，同伴群体的越轨行为每变化一个标准化单位，即变化 4.12 个量度，会促进流动青少年的越轨行为以同样的方向增长1/4 以上〔Exp(B) * Std. Dev〕。

那么，这些因素的作用是否能调整阶层特征、学校类型、社区类型、文化影响对青少年越轨的影响呢？在模型 6 中，学校类型、社区类型、经济及学习压力、原居住地的城市文化、转学经历都对越轨行为产生显著性影响，但在最后一个模型（模型 10）中，学校类型、社区类型以及经济压力的作用变得并不显著。换言之，这些新加入的变量能够有效地调整学校类型、社区类型、经济压力的作用，即使是就读于民办学校、居住于贫困社区、面临经济压力的流动青少年，如果他们能够得到有效的家庭、学校以及同伴支持，那么他们的越轨现象也能得到相应控制。因此，为了防控、减少流动青少年越轨甚至犯罪，应该加强家庭、学校的合理管理，对青少年的越轨同伴群体进行监控。

最后，我们进行小结：

其一，流动青少年的越轨行为相比本地青少年较为严重，尤其是在打架斗殴、吸烟、偷窃、诈骗财物、抢劫这 5 项上；此外，流动青少年群体内部的差异较群体间的差异更为显著，除说粗话脏话、连续上网 5 小时、破坏公物 3 项外，民办学校学生的越轨情况都显著要比公办学校学生多。

其二，家庭社会经济地位、学校类型、社区类型、经济压力、学习压力、学

375

校流动频率都对流动青少年造成压力，并会显著性地影响流动青少年的越轨行为。家庭社会经济地位的作用最为根本，家庭社会经济地位较弱的流动青少年越轨行为可能较多，而且这种作用主要是通过家庭社会经济地位对流动青少年的学校类型、社区类型、当前学习压力的影响而间接存在。具体而言，家庭社会经济地位较弱的流动青少年更可能就读于民办学校、居住在城中村或工厂宿舍，而且可能学习情况也相对较差，学习压力可能更大。而与此同时，就读于民办学校、居住在城中村或工厂宿舍的流动青少年参与的越轨行为比就读于公办学校、居住在较好社区者更为多见；学习压力较大的流动青少年参与越轨的行为也可能更多。此外，个人当前的零花钱状况也会影响流动青少年越轨，认为零钱不够用的青少年越轨行为会较多。最后，转学经历较多的青少年越轨行为较多。

其三，家庭的管教、学校的控制方式、同伴的越轨情况能够加强或抑制流动青少年越轨，自我控制能力也对越轨行为造成影响。严格且不采取暴力体罚的家庭教育能够有效减少越轨，教师的体罚手段以及同伴的越轨行为却反而起到促进越轨的作用。当对家庭管教、学校的控制方式、同伴越轨情况这些变量进行控制之后，学校类型、社区类型以及金钱压力对越轨的影响变得并不显著，说明这些控制变量能够起到调节的作用。此外，自我控制能力的加强也有利于减少流动青少年越轨。

第六节　结论与建议

一、结论与讨论

从 20 世纪 90 年代起，外来工子女教育问题就引起了媒体和学者的关注。人们较早讨论留守儿童的教育问题，近年较多讨论流动子女在城市教育过程中可能面临的问题。我们先通过 2010 年对外来工父母的调查数据讨论了两类子女的教育现状，并就影响家长让子女留守或随迁的因素进行了分析。

结果发现，大约 6 成外来工子女处于留守状态，4 成处于流动状态。其中，有 8 成留守子女完全得不到父母的照顾，他们可能面临着辍学、健康、安全等隐患；相比而言，流动子女中有 3/4 以上可以获得父母的照顾，但他们要缴纳的学费比留守子女高，而且他们就读于民办学校的比重也较大。影响外来工父母为其子女所做是否流动决定的因素是：第一，子女年龄。当子女达到上小学、初中、高中的年龄时，回老家的可能性会依次增大。第二，城市的教育接纳政策。工作在长三角的外来工更可能把子女带入城市，这可能与长三角地区较为开放的教育接纳政策有关（该地区流动子女入读公办学校的比重更高，缴纳的学费更低）。第三，家庭社会经济地位。把子女带到城市的外来工中获得高中及以上学历的比重比让孩子留在老家的高 8%；另外，流动子女所在家庭的人均年收入比留守子女要高 2 250 元。第四，家庭结构因素。流动子女的家庭中有超过两个子女的比重比留守子女家庭少 6%；留守子女家庭中有 64% 在老家有两个或以上的亲戚，而流动子女家庭只有 29%。第五，城市居住环境。37% 的留守子女父母生活在工厂或集体宿舍，而流动子女的父母中 66% 居住在出租房，还有 12% 在城市拥有自己的房子。

总之，虽然让子女留在家乡可能存在问题，但是很多外来工父母还是会出于经济负担以及城市居住环境限制等原因，把子女托管给老家的亲戚，尤其是让他们回老家接受教育。当然，目前也有越来越多的外来工父母意识到应该给子女更多的照顾，所以他们承受着巨大的经济压力和照看负担把孩子带到了城市。那么，这些流动子女的教育状况如何呢？我们利用 2011 年对广州市青少年的调查数据，重点就流动青少年的教育环境、融合状况和越轨行为展开了讨论。

与本地学生相比，流动青少年的家庭环境、学校环境、社区居住环境较差，而且他们面临着对城市文化的不适应以及较为频繁的学校流动经历。其中，民办学校学生的教育环境尤其值得关注。他们更多来自广东省外和农村地区，流入城市的时间更短，而且可能由于父母工作的不稳定性在不同城市或城区之间频繁流动；他们虽然来到了城市，但是所居住的社区环境较差，同伴越轨的情况更为普遍；他们在生活和学习上得到的照顾也相对欠缺。

流动青少年的社会融合状况也不是很理想。虽然他们表现出较高的融合意愿，但是他们的社会交往和社会认同却不够高，尤其是在与本地人的交往和对自我身份的认同上。相对而言，公办外地生表现较好，但他们的整体融合水平也并不高。影响流动青少年社会融合状况的因素主要分为家庭、学校、社区以及文化因素四个方面。在家庭方面，父母的文化资本可能影响流动青少年的社会交往情况，父母的支持有助于提高他们的融合意愿和社会认同。在学校方面，就读于公办学校的学生与本地人的社会交往可能更多，学校的支持也可能促进他们的融合意愿和社会认同。在社区方面，居住在较好社区的流动青少年与本地的社会交往可能更多，社区的支持对融合意愿的作用也非常明显。在文化因素方面，来自广东省内的流动青少年，在 3 个维度上的社会融合情况都相对较好；到广州的时间越久，融合意愿和社会交往情况可能越好。相反，那些父母学历较低、就读于民办学校、居住在工厂或宿舍、获得支持较少、来自省外且到广州的时间比较短的流动青少年，社会融合情况相对差得多。

流动青少年的越轨行为相比本地青少年较为严重，而且民办外地生参与的越轨情况要比公办外地生多。一方面，家庭社会经济地位、学校类型、社区类型、经济压力、学习压力、学校流动频率都对流动青少年造成压力，并会显著地影响其越轨行为。其中，家庭社会经济地位的作用最为根本，家庭社会经济地位较弱的流动青少年越轨行为可能较多，而且这种作用主要是通过家庭社会经济地位对流动青少年的学校类型、社区类型、当前学习压力的影响而间接存在。具体而言，家庭社会经济地位较弱的流动青少年更可能就读于民办学校、居住在城中村或工厂宿舍，而且可能学习情况也相对较差，学习压力可能更大。而与此同时，就读于民办学校、居住在城中村或工厂宿舍的流动青少年参与的越轨行为比就读于公办学校、居住在较好社区者更为多见；学习压力较大的流动青少年参与越轨的行为也可能更多。此外，个人当前的零花钱状况也会影响流动青少年越轨，认为零钱不够用的青少年越轨行为会较多。而且转学经历较多的青少年越轨行为较多。另一方面，家庭的管教、学校的控制方式、同伴的越轨情况能够加强或抑制流动青少年越轨，自我控制能力也对越轨行为造成影响。严格且不采取暴力体罚的家庭教育能够有效减少流动青少年越轨，教师的体罚手段以及同伴的越轨行为却反而起到促进越轨的作用。当对家庭管教、学校的控制方式、同伴越轨情况这些变量进行控制之后，学校类型、社区类型以及金钱压力对越轨的影响变得并不显著，说明这些控制变量在理论上能够起到调节的作用。然而，在现实中，大部分流动青少年的家庭、学校、同伴能够为他们提供的支持有限，归根到底是受家庭条件的限制。在条件较差的家庭中，父母的家庭社会经济地位较低，他们在城市中主要从事体力劳动，工作时间长，工作收入低，他们能给子女提供的家庭教育不够，同时也不能提供良好的学校教育环境和社区环境。

综合上述内容，虽然很多外来工父母付出了巨大的代价把子女带到身边，但这些流动子女的教育状况却没法得到保障。尤其是民办外地生面临的教育环境比较差：较差的家庭背景使他们只能得到有限的生活或学习上的照顾；外来身份和生活水平将他们区隔于社会和教育制度的边缘，阻碍了他们的角色认同和社会融入；这些不利因素最终容易引发越轨行为。

根据以上结论，不难发现，家庭社会经济地位的作用始终贯穿外来工子女的流动决定与流动后果，这也反映出外来工的被动与无奈。他们在城市中从事最低劣的工作，生活水平低，难以真正融入城市社会。但当他们希望给子女提供更好的教育，千辛万苦地把子女接到城市时，他们却很难给子女提供足够的照顾。他们的子女不得不接受与本地子女隔阂的学习和生活，也很难融入这个社会，甚至表现出问题心理和问题行为。由此可见，为流动青少年提供平等的教育机会，提

高流动青少年的教育环境水平是非常有必要的，这既能保障青少年儿童在城市的
受教育权，也是对他们父辈所作出贡献的回报。

二、政策建议

以上研究分析表明，留守子女与流动子女的教育状况都是令人担忧的。因
此，劳动力输出地和输入地两方都应该加强对外来工子女的教育与服务工作。

完善留守子女管理服务工作是统筹城乡发展和提高社会公共服务建设的重要
举措。首先，输出地政府要解决好外来工在农村的子女托管问题，建立劳务输出
人员家庭档案，保证适龄儿童能够如期、正常地接受义务教育，同时要加强外来
工父母的教育观念，鼓励亲子沟通。其次，各级教育部门应发挥学校的育人主阵
地作用，监督学校对留守子女的管理进程和设施建设，比如加强农村寄宿制中小
学的建设和管理；也要鼓励学校对留守子女开展特殊的服务，比如留守子女帮扶
工作、留守子女安全保护和应急机制、留守子女的心理沟通与实践活动。最后，
要促进社会各界的广泛参与，鼓励有条件的社区和其他社会力量创办"留守子
女托管中心"，建立学校、社会、家庭共同参与关爱留守儿童的管理网络。目前
有一些实践经验值得推广，比如陕西石泉县的"党政统筹、责任共担"的管理
计划、江西于都县为留守儿童建立的社会托管中心和周末学校。[①]

提高流动子女的教育服务工作更是迫在眉睫，早在 2003 年中央就提出了
"两为主"的教育方案。公办学校应该是解决外来工子女教育问题的主要途径，
但当公共教育资源供不应求时，应该加大对民办学校的监督和扶持。地方政府财
政应建立"外来工子女义务教育专项经费"并纳入财政预算，专门用于按入学
人数对民办学校予以财政补贴；也要鼓励公办学校和大学机构对民办学校进行设
备援助和师资培训；最后要保障、提高民办学校教师的薪酬待遇，从而减少教师
的流失率。

2010 年 8 月 30 日中央四部委《关于做好进城务工人员随迁子女接受义务教
育后在当地参加升学考试工作的意见》指出："进一步做好随迁子女升学考试工
作，是坚持以人为本、保障进城务工人员随迁子女受教育权利、促进教育公平的
客观要求，对于保障和改善民生、加强和创新社会管理、维护社会和谐具有重要
意义"。我们在调查中发现，由于不同地区的教育状况、考试形式或多或少存在
一些差异，因此最终的升学考试问题也可能会影响外来工父母为其子女作出的流

---

① 雷万鹏、杨帆：《对留守儿童问题的基本判断与政策选择》，载《教育研究与实验》2009 年第
2 期。

动决定；另外，由于有部分流动青少年最终要回到老家参加中考、高考，这可能
也会影响他们的社会认同。因此，我们认为落实这一《意见》非常有必要，各
地政府应该因地制宜地制定随迁子女升学考试的具体政策，提供经费支持，同时
要为民办学校的学生提供平等的升学机会。

第十二章

精神健康[*]

文献回顾表明，影响员工精神健康的因素遍及工作场所内外，其中，劳动权益—管理体制构成主要分析维度。在社会学分析精神健康问题的众多模型中，结构—行动是其主要分析维度。基于以上两个维度，我们构建出一个理解员工精神健康的社会学框架。结合现有的中国劳工问题研究，本章指出，劳动权益普遍被侵犯的现实催生了员工的精神健康问题。基于 2010 年珠三角和长三角问卷调查数据，我们发现，外来工精神健康问题与劳动权益状况密切相关。Logit 回归分析表明，超时加班、工作环境有危害和强迫劳动会恶化外来工精神健康状况，社会网络对调节外来工精神健康作用甚微。在当前的用工模式下，我们认为，马克思关于异化劳动损害工人精神健康的分析仍然符合中国现实。我们主张，精神健康是劳动权益的题中应有之义。

2012 年 10 月 23 日，十一届全国人大常委会对精神卫生法草案进行第三次审议，再次引发社会对精神健康问题的关注，维护公民精神健康有望成为政府的法定责任。2010 年以来接连发生的员工非正常死亡的事件，如富士康工人的"连跳"事件[①]、台州"90 后"农民工相约自杀事件[②]及佛山外来工砍杀六女子后自杀事件[③]，引发了社会各界对员工精神健康问题的高度关注。本章试图以员

---

[*] 本章作者：刘林平、郑广怀、孙中伟。

[①] 刘志毅、杨继斌：《富士康"八连跳"自杀之谜》，载《南方周末》，2010 年 5 月 12 日，http://www.infzm.com/content/44878/1。

[②] 田国垒、吉玲：《他们的青春如何安放？》，载《中国青年报》，2010 年 5 月 21 日，http://zqb.cyol.com/content/2010-05/21/content_3242356.htm。

[③] 陈荣炎、胡珊霞、南公宣：《一路砍伤六女子行凶男子坠楼亡》，载《新快报》，2010 年 5 月 17日，http://epaper.xkb.com.cn/view.php?id=506779。

工精神健康的影响因素为关注点，基于近年来国外相关文献的回顾和社会学对精神健康问题的既有解释，构建出一个理解员工精神健康的社会学分析框架，并结合当代中国雇佣关系（劳动关系）的实践，使用问卷调查数据，探讨劳动权益与精神健康的关系。

第一节　概念框架与文献回顾

一、员工精神健康的影响因素：遍及工作场所内外

影响员工精神健康的因素错综复杂。基于既有研究，我们将影响员工精神健康的因素区分为外在于工作场所的因素、工作场所因素和跨越工作场所内外的因素3个方面进行回顾。外在于工作场所的因素是指在员工进入具体的工作场所之前就已经确定的因素，如人口统计学特征、企业特征等。工作场所因素是指员工进入具体工作场所中产生的因素，如工作场所的暴力和虐待、工作要求与工作控制、工作负荷等。跨越工作场所内外的因素是指同时在工作场所内外影响员工精神健康的因素，它既不完全内在于工作场所，也不完全外在于工作场所，如社会支持既在工作场所中发挥作用，也在工作场所外的其他生活空间中发挥作用（如图 12-1 所示）。

（一）外在于工作场所的因素

如图 12-1 所示，既有研究对外在于工作场所的因素的分析集中在组织结构调整、雇佣期限和个人特征等方面。斯旺森和鲍尔（Swanson and Power）的研究发现，员工在组织结构调整过程中普遍感知到角色压力的增加，员工对压力的认知差异因工作职位、他人的社会支持和个体的气质性（disposition）而异。[1] 中尾和矢野（Nakao and Yano）考察了雇佣期限对员工心理健康的影响。该研究发现，在控制年龄的情况下，有期限雇佣与无期限雇佣员工的疲劳程度存在显著差异。而在控制年龄和雇佣地位的情况下，疲劳与工作时间和早餐不规律存在显著相关，疲劳最终可能导致抑郁发作，包括自杀意念。[2] 黄等（Wong et al.）以上

---

[1] Swanson V. and Power K.. Employees Perceptions of Organizational Restructuring: the Role of Social Support. *Work & Stress*, 2001, 15.

[2] Nakao M. and Yano E.. A Comparative study of Behavioural, Physical and Mental Health Status between Term - limited and Tenure - tracking Employees in a Population of Japanese male Researchers. *Public Health*, 2006, 120.

海的外来工为研究对象，分析了社会—人口统计学特征与精神健康的关系。该研究发现，性别、婚姻状况、工种和压力经验是影响精神健康的显著因素。[①] 李等（Li et al.）则指出，就外来工而言，未婚者、与配偶一起出来打工者、高收入者、自我报告健康状况较好者、与同事关系较好者的精神健康状况更好。[②] 帕斯路等（Parslow et al.）考察了员工的职位等级与精神健康的关系。该研究发现，在控制工作压力和个人因素的条件下，低层职位的男性员工的精神健康状况更好。[③] 需要指出的是，由于人口统计学特征、工种和职位等因素通常是无法改变的既定因素，因此在很多研究中都将它们作为控制变量，在此基础上考察其他可改变因素对员工精神健康的影响。

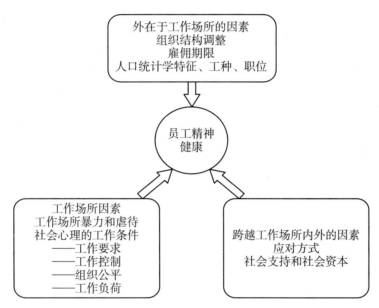

图 12 - 1　员工精神健康影响因素

注：为了简化起见，本图未标明不同影响因素之间的关系和各影响因素发生作用的具体路径，详见本章中提及的相关文献。

---

① Wong F. K. D. , He X. , Leung G. , Lau Y. and Chang Y. . Mental Health of Migrant Workers in China：Prevalence and Correlates. *Social Psychiatry and Psychiatric Epidemiology*，2008，Vol. 43，No. 6.

② Li L. , Wang H. , Ye X. , Jiang M. , Lou Q. and Hesketh T. . The Mental Health Status of Chinese Rural-urban Migrant Workers：Comparison with Permanent Urban and Rural Dwellers. *Social Psychiatry and Psychiatric Epidemiology*，2007，42.

③ Parslow R. A. , Jorm A. F. , Christensen H. , Broom D. H. , Strazdins L. and Souza R. M. D. . The Impact of Employee Level and Work Stress on Mental Health and GP Service Use：an Analysis of a Sample of Australian Government Employees. *BMC Public Health*，2004，4（41）.

（二）工作场所因素

研究者对工作场所因素的分析聚焦于两个方面：一是工作场所的暴力和虐待，二是社会心理的工作条件（psychosocial working conditions）。马堪达威尔－瓦尔姆（Mkandawire-Valhmu）考察了暴力对家政女工精神健康的影响。家政女工的叙述表明，精神健康问题在贫困、非人道待遇、社会隔离（social isolation）和丧失希望的情况下更容易发生。例如，对某些女工而言，希望的丧失使得她们开始考虑采用自杀的方式逃离随时可能发生的针对她们的暴力。[①] 修斯、傅厄和斯瑞克瑞斯南（Suresh，Furr and Srikrishnan）以印度钦奈（Chennai）的性工作者为对象，考察工作场所暴力和精神健康的关系。该研究揭示了导致抑郁和自杀意念的社会路径。[②] 王等（Wang et al）以广西的女性性工作者为研究对象，考察了性强迫（sexual coercion）与自杀意念和自杀未遂的关系。[③] 与暴力一样，虐待也是重要的人际的工作场所压力源。Logistic 回归表明，性骚扰和一般工作场所虐待与大多数精神健康结果显著相关。具体而言，性别骚扰、不受欢迎的性注意、性强迫、言语攻击、无礼行为、隔离/排斥和威胁/贿赂与抑郁、焦虑、敌意和饮酒频率存在显著相关[④]。不难发现，关注工作场所暴力和虐待因素的研究多集中于非正规就业领域（如家政业和性产业）。这可能与正规就业处于法律相对严格的监管之下，暴力和虐待问题相对不突出有关。

随着现代社会工作环境的复杂化，相对于体力工作负荷而言，社会心理的工作条件对员工精神健康的影响日益突出。拿克松等（Laaksone）的研究发现，社会心理的工作条件[⑤]越差，员工的精神健康状况越差。同时，组织内程序公平对精神健康具有独立影响。[⑥] 此项研究的不足在于未能注意到社会心理的工作条件

① Mkandawire-Valhmu L. . Suffering in Thought：An Analysis of the Mental HealthNeeds of Female Domestic Workers Living with Violence in Malawi *Issues in Mental Health Nursing*，2010，31.

② Suresh G. ，Furr L. A. and Srikrishnan A. K. . An Assessment of the Mental Health of Street － Based Sex Workers in Chennai. *Journal of Contemporary Criminal Justice*，2009，25（2）.

③ Wang B. ，Li X. ，Stanton B. ，Fang X. ，Yang H. ，Zhao R. and Hong Y. Sexual Coercion，HIV － Related Risk and Mental Health Among Female Sex Workers in China*Health Care for Women International*，2007，28.

④ Richman J. A. ，Rospenda K. M. ，Nawyn S. J. ，Flaherty J. A. ，Fendrich M. ，Drum M. L. and Johtison T. P. . Sexual Harassment and Generalized Workplace Abuse Among University Employees：Prevalence and Mental. *Health Correlates American Journal of Public Health*，1999，89（3）.

⑤ 在该研究中，社会心理的工作条件主要从工作要求与工作控制、组织公平和体力工作负荷3个方面来测量。

⑥ Laaksone M. ，Rahkonen O. ，Martikainen P. and Lahelma E. . Associations of Psychosocial Working Conditions with Self － rated General Health and Mental Health among Municipal Employees. *International Archives of Occupational and Environmental Health*，2006，79.

的行业差异。范达能等（Van Daalen et al.）着重分析了从事"人的工作"的员工的工作特征[1]与情感透支（emotional exhaustion）和精神健康的关系。[2] 该研究提醒我们，不同行业的社会心理的工作条件或工作特征存在明显差异，应当注意区分一般工作压力源（如工作负荷、自主性）和特殊工作压力源（如服务业特有的情感要求），同时应当注意一般工作压力源与特殊工作压力源存在的相乘的互动效应（multiplicative interaction effect）。

（三）跨越工作场所内外的因素

某些因素对员工精神健康的影响是跨越工作场所内外的，如应对方式和社会支持。陈等（Chen et al.）[3] 以海上钻井平台的中国石油工人为对象，通过统计分析发现，在控制年龄、教育程度、婚姻状况、海上工作年限的条件下，工人的精神健康与"内部行为"的应对方法及职业压力与内部行为应对的互动效应存在显著相关[4]。斯诺等（Snow et al.）发现，回避式应对导致心理症状上升，积极应对则带来心理症状的减少。工作相关的社会支持是工作压力源与积极应对之间的调节变量（moderator variable），即工作相关的社会支持可以降低工作压力，同时提高积极应对方式的使用。[5] 范达能等（Van Daalen et al.）同样也发现，同事的社会支持有利于员工的精神健康，它可以弱化家庭—工作冲突与情感透支之间的关联。而情感透支则与精神健康存在显著负相关。[6] 黄和梁（Wong and Leung）则指出社会伙伴支持（social companionship support）是影响精神健康的显著因素。[7] 范拿能等（Vaananen et al.）表明异质化的社会网络可以降低经历经

---

① 在该研究中，工作特征从工作负荷、情感要求（emotional demands）、自主性（autonomy）和同事的社会支持4个方面测量。

②⑥ VanDaalen G., Willemsen T. M., Sanders K. and van Veldhoven M. J. P. M.. Emotional Exhaustion and Mental Health Problems among Employees Doing 'People Work': the Impact of Job Demands, Job Resources and Family-to-work Conflict. *International Archives of Occupational and Environmental Health*, 2009, 82.

③ Chen W. Q., Wong T. W. and Yu T. S.. Mental health2007, issues in Chinese offshore oil workers. *Occupational Medicine*, 2009, 59.

④ 应对职业压力的方式分为以问题为中心的应对（problem – focused coping）和以情感为中心的应对（emotion-focused coping）。前者包括信息搜寻和问题解决，后者包括情感表达和情感控制。在某些情况下，这两种方式还受到以评估为中心的应对（appraisal – focused coping）方式的补充，包括否认、接受、社会比较、再定义和逻辑分析（Taylor, 1999; Lazarus and Folkman, 1984）。

⑤ Snow D. L., Swan S. C., Raghavan C. A., Connell C. M. and Klein I.. The Relationship of Work Stressors, Coping and Social Support to Psychological Symptoms among Female Secretarial Employees. *Work & Stress*, 2003, 3.

⑦ Wong F. K. D., He X., Leung G., Lau Y. and Chang Y.. Mental Health of Migrant Workers in China: Prevalence and Correlates. *Social Psychiatry and Psychiatric Epidemiology*, 2008, Vol. 43, No. 6.

济困难后发生精神疾病的风险。[①] 寇为能等（Kouvonen et al.）引入社会资本的测量，指出工作场所社会资本较低的员工其抑郁的发生比（odds ratio）是社会资本较高的员工的 1.2～1.5 倍。[②] 值得注意的是，尽管社会支持或社会资本可以起到改善员工精神健康的作用，但社会支持的作用往往是"治标不治本"。正如布来塞等（Plaisier et al.）所指出的，虽然社会支持可以阻止抑郁和焦虑困扰的发生，但却不能减缓工作条件带来的负面精神效应。[③]

总结上述文献，我们不难发现，遍及工作场所内外的影响员工精神健康的因素可以区分为两个层面：一是企业的管理体制，大多数研究其实都聚焦在这一领域，如工作要求与工作控制、组织公平、工作负荷、雇佣期限、社会支持等（参见图 12-1 中的斜体字部分）。二是员工的劳动权益，如工作场所的暴力和虐待。不过相对而言，研究者对劳动权益的关注较少，且多集中在非正规就业领域。简而言之，管理体制—劳动权益是既有研究分析员工精神健康的主要维度。

二、社会学对员工精神健康的理解：行动与结构

从社会学角度分析精神健康问题存在两个基本议题：一是分析层次的问题，即社会因素对精神健康的影响是源于个体层次还是群体层次；二是行动议题，即精神健康是社会结构限制的结果还是个人独立决策能力的结果。穆塔内等（Muntaner et al.）从结构限制—选择（structural constrains-choice）和分析层次两个维度[④]区分了社会学分析精神健康的不同模型。这些模型可以分为三类：一是强调结构限制的模型，如行为主义模型、经济变迁模型等；二是强调个体或群体行动的模型，如理性选择模型和集体效能（collective efficacy）模型；三是同时

---

① Vaananen A，Vahtera J，Pentti J and KivimakiM. Sources of social support as determinants of psychiatric morbidity after severe Life events：Prospective cohort study of female employees. *Journal of Psychosomatic Research*，2005，58（5）.

② Kouvonen A.，Oksanen T.，Vahtera J.，Stafford M.，Wilkinson R.，Schneider J.，Vaananen A.，Virtanen M.，Cox S. J.，Pentti J.，Elovainio M. and Kivimaki M.. Low Workplace Social Capital as a Predictor of Depression：The Finnish Public Sector Study. *American Journal of Epidemiology*，2008，167（10）.

③ Plaisier I.，de Bruijn J. G. M.，de Graaf R.，ten Have M.，Beekman A. T. F.，Penninx B. W. J. H.. The Contribution of Working Conditions and Social Support to the Onset of Depressive and Anxiety Disorders among Male and Female Employees. *Social Science & Medicine*，2007，64.

④ 结构限制—选择是指社会因素对精神健康的影响是源于个人自由意志还是源于超出个人或群体控制的力量的作用。"选择"意味着个人或群体具有独立决策和行动的能力，而"结构限制"意味着社会环境决定或限制了人们的精神健康状况。分析层次是指社会因素对精神健康的影响是源于个体还是群体层次。

强调结构限制和行动的模型，如社会生产模型和社会结构与人格模型。[①]

行为主义强调结构限制发生在个人层次，精神健康状况是社会分层或阶级分化带来的个体化的结果，例如对海洛因的依赖完全决定于过去人与环境互动的历史，没有任何自主选择或行动的空间。对激进的行为主义者来说，自由意志的经验只不过是人脑结构中的幻觉。经济变迁模型则强调结构限制发生在群体层次，精神失调的发生率（如抑郁的发生率）完全决定于商业周期、经济衰退或其他宏观经济事件，不存在群体采取有效集体行动的可能，如要求通过相关法律和政策保护自身免受失业影响。生物心理社会模型和工作组织模型认为结构限制既发生在个体层次也发生在群体层次，如精神失调既可能是工作场所劳动分工的结果，也可能是某个工人工作表现的结果。

理性选择模型和集体效能模型都强调个人或群体的能力，认为个人或群体层次的行动可以对精神健康有显著影响。例如，就个体层次而言，个人可以决定戒烟，就群体层次而言，社区成员可以选举代表其利益的官员改变影响其精神健康的社会因素。

社会生产模型既强调结构限制，也关注行动者的选择，同时认为这两种作用既发生在个体层次，也发生在群体层次。这种观点认为，尽管个人因其所属的社会阶层（阶级）面临结构限制，但是仍然可以做出独立决策，如是否吸烟。尽管经济衰退等宏观经济因素决定了精神失调的发生率，但是社会阶层（阶级）并非经济变迁消极的牺牲者，他们可以组织起来采取行动影响精神失调的发生率。社会结构与人格模式则认为社会因素对精神健康的影响既表现为群体层次的限制（如对某工种的工作控制），也表现为个体层次的选择（如个体对抑郁的应对行为）。

总结以上社会学对精神健康与失调问题的回答，具体到员工精神健康问题上，我们可以得出如下启示：第一，对员工精神健康的理解不能忽视结构限制，这种限制既可能发生在宏观层次，如国家制度（如户籍制度）对员工精神健康的影响，也可能发生在微观层次，如特定的工厂体制对员工精神健康的损害。第二，面对结构限制，员工并非毫无作为的被动个体，而是积极的行动者。在群体层次，员工可能通过工会行动改善损害其精神健康的工作环境，在个体层次，员工也有可能积极应对不同压力的冲击。例如席尔威（Silvey）指出，外来女工可以在冲突的角色中实现角色的平衡。作者表明，尽管印度尼西亚国家的性别意识形态是根本冲突的，一方面要求女性为家庭作出自己的牺牲（不外出工作），另

---

① Muntaner C. , Eaton W. W. and Diala C. C. . Social Inequalities in Mental Health：A Review of Concepts and Underlying Assumptions. *Health*, 2000, 4 (1).

一方面又期待她们在国民经济发展过程中作出贡献，积极参与生产和消费活动。但是，这种冲突的意识形态并未在移民女工身上产生焦虑和紧张，相反，在表达了对宗教的虔诚和对家庭的责任外，她们也表达了消费活动中的愉悦，她们在两难角色中找到了平衡。① 第三，对员工精神健康的理解不能忽视其心智过程，尤其应当关注形塑其动机和目标的社会因素。例如，面对新生代农民工暴露出来的越来越多的精神健康问题，我们与其将它归因于新生代农民工脆弱的心理状态，不如深入分析隐藏在愤怒、无奈、挫败、绝望、冲动背后的社会和制度基础。

　　基于既有员工精神健康研究展现出的管理体制—劳动权益维度和社会学对精神健康的分析模型中突显的行动—结构维度，本章构建出一个理解员工精神健康的社会学框架，区分出微观的劳动权益、微观的管理体制、宏观的劳动权益和宏观的管理体制 4 个影响员工精神健康的层面。该框架既可以对既有研究涉及的员工精神健康的影响因素进行定位，也可以提出新的研究议题（如图 12 - 2 所示）。

图 12 - 2　理解员工精神健康的社会学框架

---

① Silvey R. . Consuming the transnational family: Indonesian migrant domestic workers to Saudi Arabia. *Global Networks*, 2006, 6 (1).

就微观的管理体制而言，如前所述，现有研究涉及的组织结构调整、雇佣期限、社会支持和社会资本、社会心理的工作条件都可以归于此层面。但此层面尚有一个重要的被忽视的影响员工精神健康的因素，即工厂体制（factory regime）。就微观的劳动权益而言，除了工作场所的暴力和虐待外，工资、工时和劳动保护等基本劳动权益的实现情况同样影响着员工的精神健康。例如，如果工资被拖欠，员工就会经历经济困难的压力，进而引发精神失调。就宏观的管理体制而言，国家政策和工会的地位和作用是影响员工健康的重要因素。例如，如果工会有效发挥作用，损害员工精神健康的雇佣关系实践就有可能通过工会行动得到改变。就宏观的劳动权益而言，国家对劳动权益的保护（如劳动法的执行力度）是影响员工精神健康的不容忽视的因素。例如，如果国家在劳动法的执行过程中偏向资方，那么员工和雇主发生的劳动争议进入仲裁或司法程序后就会面临重重阻挠，这种人为制造的程序上的困难毫无疑问会成为员工面对的新压力源。基于以上四个层面的区分提出的新的研究议题，下面将结合中国情境展开分析，重点就劳动权益与精神健康的关系问题展开讨论。

三、劳动权益与精神健康：中国现实

在当代中国，员工（特别是外来工）的劳动权益普遍被侵犯是一个既存的事实。陈佩华指出，劳动权利广受侵犯已成为当代中国社会的严重弊端，而劳动法则成为中国执行最差的法律之一。[1] 陈佩华和朱晓阳的研究表明，中国工人面临的长时间工作、强制性加班和恶劣的工作条件与19世纪英国工人阶级的状况并无二致。[2] 陈峰则强调，在迅速发展的私营和外资企业中，对工人的剥削和权利的侵犯异常普遍，外来工已经成为当代中国牺牲最大的社会群体之一。[3] 在中国走向市场经济的过程中，劳动权利已经成为一个痛苦的议题。

学者对劳动权益问题严重性的判断得到了统计数据的印证。由于大部分的劳动争议都是因雇主或管理者对员工的权益侵犯引起，越来越多的员工开始在被侵权后采用法律手段来寻求正义[4]。因此，劳动争议可以作为劳动权益被侵

① Chan A.. *China's Workers under Assault*. M. E. Sharpe，Armonk，2001，pp. 7 – 16.

② Chan A. and Zhu X.. Disciplinary Labor Regimes in Chinese Factories. *Critical Asian Studies*，2003，35（4）.

③ Chen F.. Individual Rights and Collective Rights：Labor's Predicament in China. *Communist and Post - Communist Studies*，2007，40（1）.

④ Lee C. K.. From the Specter of Mao to the Spirit of the Law：Labor Insurgency in China. *Theory and Society*，2002，31；Chen F.. Legal Mobilization by Trade Unions：The Case of Shanghai. The China Journal，2004，52.

犯的指标①。根据官方统计，从 1996 年到 2007 年，全国劳动争议案件当期受理数从48：121 件增加到 350：182 件，增长率为 730.3%。由劳动者提出申诉的案件数所占百分比由 87.0% 提高到 93.0%②。需要指出的是，官方的劳动争议的统计资料只是工人遭遇的权益侵犯的"冰山一角"，因为有很多人在权益被侵犯后选择忍气吞声或与老板"私了"。

毫无疑问，劳动权益被普遍侵犯的状况会影响到员工的精神健康。如果某个员工被拖欠工资，他就可能经历"经济困难"压力，从而引发精神失调。如果某个员工处于长期超时加班的境地，他就可能出现前述研究提及的疲劳、饮食不规律和酗酒等精神失调的症状。如果某个员工因劳动保护不到位出现工伤，那么工伤作为一个突发的生活事件，无疑也会极大地影响其精神健康。不仅如此，工资拖欠、加班工资未足额支付和工伤发生等通常会产生劳动争议，由于地方政府在劳资关系中的偏向③，员工通常在劳动争议处理过程中被带入一个个"程序黑洞"中，劳动权益难以得到公力救济④。如果说工资拖欠、超时加班和工伤频发可能诱发员工的精神失调，那么随着而来的劳动争议的"程序黑洞"则无疑会进一步恶化员工的精神健康状况。

值得一提的是，关注影响员工精神健康的劳动权益因素，可以深化我们对社会学分析精神健康模型的认识。如前所述，按照经济变迁模型的假定，经济衰退可能引起失业增加，从而给员工带来压力，造成员工的精神失调或疾病。那么，这是不是意味着宏观经济状况较好时员工的精神健康就较好呢？如果引入劳动权益的因素，我们就可以发现，在中国这样一个高速增长的经济体中，由于劳动权益普遍被侵犯，它仍然会引发严重的员工精神健康问题。需要指出的是，尽管劳

① Chen F. Individual Rights and Collective Rights：Labor's Predicament in China. *Communist and Post-Communist Studies*，2007，40（1）.

② 国家统计局人口和就业统计司、人力资源和社会保障部规划财务司（编）：《中国劳动统计年鉴（2008）》，中国统计出版社 2008 版，第 495～496 页。

③ 有研究者指出，在地方层面，如果地方当局和外资企业能够达成非正式的联合，劳动政策和法律法规就经常以有利于外资企业利益的方式执行（参见 Zhu Y.. Workers, Unions and the State：Migrant Workers in China's Labour-intensive Foreign Enterprises. *Development and Change*，2004，35（5））。苏黛瑞则指出，尽管地方政府被假定为代表国家在企业所有者和管理者与劳工之间扮演中间角色，但实际上，地方政府却与外资企业的所有者和管理者联合起来对付"碎片化的和没有防卫能力的无产阶级"（参见 Solinger D.. *Contesting Citizenship in Urban China：Peasant Migrants, the State and the Logic of the Market. Berkeley*. CA：University of California Press，1999，P. 280）。

④ 中国劳工通讯指出，在劳动争议处理过程中，劳动者当事人能够获得公力救济与救济程序的设置本身并无多大关系，关键是掌握公力救济的官员们缺乏提供救济的意愿，这就导致他们在审理这类案件的时候，可以任意使用手中的权力，将当事人拖进一个"程序黑洞"中，使公力救济的程序沦为了公力救济的最大障碍（参见中国劳工通讯：《公力救济在劳工维权过程中的异化：对三起工伤（职业病）索赔案的分析》，2007 年，http：//www. china - labour. org. hk/schi/node/208207）。

动权益是影响员工精神健康的重要因素，但它更多是一个中介变量（而非自变量），因为它还受到工厂体制和国家制度的影响。

第二节　实证分析

一、研究假设

基于上述概念框架，我们认为，劳动权益受损和劳动条件恶劣可能损害外来工的精神健康，而社会支持则有益于外来工的精神健康。为此，我们提出三项基本假设：

假设1：劳动权益状况影响外来工精神健康，具体而言：

1a：被拖欠工资者，精神健康状况更差；

1b：加班时间越长，精神健康状况越差；

1c：被强迫劳动者，精神健康状况更差；

1d：对劳动权益有意见者，精神健康状况更差。

外来工精神健康是当下生存状态的反映，而劳动权益状况直接决定了他们的生存状态。外来工工资水平较低，生存压力较大，被拖欠工资者往往感受到较大的经济压力。在工作中，一般来说，工作时间越久，身心会越疲惫，也缺乏自由活动与放松身心的机会，会使员工产生心理压力以及焦虑、烦躁等情绪，也可能因为疲劳而发生工伤。被强迫劳动导致劳动者工作并非出于自己的意愿，影响到他们对工作的态度和工作时的情绪，可能会损害精神健康。对劳动权益是否有意见，是一个主观变量，反映了不同外来工对权益状况的敏感程度和主观认识，对劳动权益有意见者精神健康状况可能更差。

假设2：劳动条件影响外来工精神健康，具体而言：

2a：冒险作业者，精神健康状况更差；

2b：工作环境有危害，精神健康状况更差。

我们采用是否冒险作业以及工作环境是否有危害两项指标来测量外来工的劳动条件。劳动安全保障是劳动权益的基本要求，但实际上许多任务人因为工作原因经常暴露在对身体健康有毒有害的粉尘、气体或噪声中，或者缺乏基本的安全措施，这样的劳动条件会直接影响外来工的身体健康，一旦身体受到损害，往往会表现在精神健康上。即使身体健康一时没有受到侵害，但外来工也可能出现焦虑、紧张或恐慌等影响精神健康的心理状态。

假设3：社会支持有益于外来工的精神健康，具体而言：

3a：有企业内部朋友者，精神健康状况更好；

3b：生产班组中有老乡者，精神健康状况更好；

3c：参与社会组织（如工会、共青团和妇联）者，精神健康状况更好；

3d：与本地人交往有困难者，精神健康状况更差。

在假设1和假设2中，我们主要想探讨的是哪些因素损害了外来工的精神健康，而假设3则试图从社会网络的角度分析哪些社会支持有益于外来工的精神健康。朋友是社会支持的重要来源，是否在本企业内部有朋友反映了外来工在工作场所的社会支持状况，有朋友，则可能获得更多的社会支持，精神状况也可能较好。对于外来工来说，老乡不仅仅能够提供物质帮助，也能够提供较多的情感支持。工作班组中老乡越多，则可能得到的帮助和支持也越多，精神健康状况可能较好。工会、共青团和妇联等组织能够为其成员提供一定的社会支持，因此我们假设参与这些组织者的精神健康状况更好。除以上指标外，是否存在交往障碍也可能影响外来工精神健康状况，如果外来工无法与本地人交往，难以融入当地社会网络，精神健康状况可能较差。

二、数据与测量

（一）数据

我们使用的数据是2010年本课题组在珠三角和长三角对外来农民工进行问卷调查所获得的数据。关于抽样和数据的基本情况参见第一章。

（二）测量

本次问卷调查的主题是劳动权益问题，"富士康事件"的发生引起了我们对外来工精神健康问题的关注，因此我们在问卷中加入了 GHQ – 12 来测量外来工精神健康状况。作为一种筛查量表，GHQ – 12 的目的在于快速筛查出精神疾病的高危人群。需要指出的是，GHQ – 12 所测量得出的高危人群不表示该群体存在严重的精神问题或精神疾病，只是表明与低危和中危人群相比，其中存在精神疾患的个体的比例较高。若想确认是否患病，还需要进一步客观、全面、准确的心理诊断。

GHQ – 12 为总加量表，是将目前（1～4周）的精神健康状况与平时进行对

比。我们询问最近两周与平时相比的情况。该量表选择项为："完全没有"、"与平
时一样"、"比平时多一些"、"比平时多很多"。按照世界卫生组织（WHO）的建
议[1]，我们采用 0 - 0 - 1 - 1 赋分方法，即选择前两项均记为 0 分，选择后两项均
记 1 分。因此，12 个条目之和的最低分为 0 分，最高分为 12 分，最佳分界值为
3/4 分[2]。根据测量结果，参照石其昌等[3] 及张杨等[4]的研究，我们将外来工分
为高危人群、中危人群、低危人群三类。高危人群表示 GHQ - 12 测量结果大于
等于 4 分，中危人群为 2 或 3 分，低危人群为 0 或 1 分。

三、统计分析

（一）外来工精神健康状况及与其他群体的比较

统计显示，外来工精神健康的低危人群占 66.4%，中危人群占 18.9%，高
危人群占 14.7%。与一般成人相比，精神健康状况相对较好。根据近期相关研
究（与本研究采用相同量表和相同赋分方法）的报告，一般成人群体中高危人
群最高比例为 36.9%，最低为 12.5%，大多高于 15%。与其他工作群体相比，
外来工精神健康也相对较好，明显好于石油作业人员、护士和铁路女工。与其他
青年群体（如大学生和青少年）相比，外来工中高危人群所占比例也相对较低
（见表 12 - 1）。这表明外来工群体的精神健康状况并不比其他群体更为严重。

表 12 - 1   外来工精神健康状况与其他群体的比较

数据来源	调查地点	调查对象	样本量	分界值	高危人群比例（%）
本调查（2010）	长三角珠三角	外来工	4 152	≥4	14.7
汤济松等（2002）	近海	石油作业人员	561	见说明 1	29.4
石其昌等（2005）	浙江省	15 岁及以上人群	14 639	≥4	20.7

---

[1][3]　石其昌、章健民、徐方忠、费立鹏、许毅、傅永利、顾卫、周夏江、王淑敏、张澄和俞敏：
《浙江省 15 岁及以上人群精神疾病流行病学调查》，载《中华预防医学杂志》2005 年第 4 期。

[2]　杨廷忠、黄丽、吴贞一：《中文健康问卷在中国大陆人群心理障碍筛选的适宜性研究》，载《中
华流行病学杂志》2003 年第 9 期。

[4]　张杨、崔利军、栗克清、江琴普、孙秀丽、高良会、韩彦超、李建峰、刘永桥、严保平、吕华、
杨保丽：《增补后的一般健康问卷在精神疾病流行病学调查中的应用》，载《中国心理卫生杂志》2008 年
第 3 期。

续表

数据来源	调查地点	调查对象	样本量	分界值	高危人群比例（%）
袁家珍等（2005）	上海市	16 岁以上社区人群	2 749	≥3	15.2
张燕敏等（2005）	浙江省	15～19 岁青少年	1 194	2/3	23.2
贝志红等（2009）	广西桂东	综合医院护士	190	见说明2	42.1
顾华康（2009）	不明	铁路女工	1 965	3/4	41
崔春青等（2009）	河北省	18 岁及以上人群	14 408	≥4	16.4
陈婷婷等（2010）	广州市	医学院学生	538	≥4	64.9
丁志杰等（2010）	天水市	18 岁及以上人群	10 249	≥4	17.9
逄淑涛等（2010）	青岛市	18 岁及以上人群	4 776	≥4	16.2
茹建国等（2010）	乌鲁木齐	18 岁以上社区居民	1 156	≥4	36.9
宋志强等（2010）	青海省	18 岁及以上人群	11 178	≥4	12.5
张敬悬等（2010）	山东省	18 岁及以上人群	22 718	≥4	14.2

注：①该研究采用 Likert 4 分法（0，1，2，3）对 GHQ－12 赋分，某条目得分为 2 分或 3 分为阳性，12 个条目中任何 3 个条目阳性，判定为"精神状况差"的高危人群。

②该研究未报告具体赋分方式，得分超过 27 分者被判定为"心理状况不佳"的高危人群。

（二）自变量统计描述

下面，我们对自变量进行简要说明，并比较高危人群与非高危人群的组间差异。我们将个人变量、生活环境、企业特征作为控制变量，解释变量为劳动与人身权益状况以及社会支持状况。

在人口特征方面，总体平均年龄为 30.45 岁，其中高危人群平均为 27.75 岁；男性占 54.42%；58.7% 已婚，而高危人群中已婚者仅占 40.41%。被调查外来工平均教育年限为 10 年，略高于初中水平，而高危人群的受教育年限接近 11 年。身体健康状况的评估较为困难，我们采用自评法进行测量，有 5.34% 的外来工明确表示自身健康状况不好，而高危人群这一数字上升至 8.71%。

在地区方面，珠三角占总体的 49.12%，但在高危人群中，却高达 59.13%，可见珠三角外来工的精神健康状况可能差于长三角。从来源地看，样本中大多数都是跨省打工的外省人，近 26% 为本省人，高危人群和非高危人群的组间差异并不明显。

收入和支出状况对外来工的生活影响甚大，在此，我们构建一个辅助变量收支比，即月收入与支出的比值，收支比越高则经济压力越小。从表 12－2 可见，高危人群的收支比低于非高危者。居住环境会影响到个人的精神健康，我们将居住地点分为企业内和企业外，企业内主要指员工宿舍和工作场所，企业外则包括出租屋、自购房、借宿等。居住在企业内近39%，高危人群略高，大部分外来工住在企业外。

我们把工种分为普工、技工与中低层经营管理人员以及其他4类，其中普工近一半，占47%，高危人群中，中低层经营管理人员较高，约24.5%。外来工主要从事制造业、建筑业和服务业，因此我们把产业分为第二产业（制造业与建筑业）和第三产业（服务业），高危人群中，第三产业比例占32.16%，比非高危人群高4个百分点。

企业规模和性质是重要的组织特征。一般来说企业规模越大，劳资关系越规范，但是劳动控制过程也可能越严格；不同性质企业的管理模式、劳资关系取向可能不同，一般来说，国有、集体或外资企业劳资关系较为规范。不同性质和规模企业的管理制度直接影响外来工权益状况，也会影响他们的精神健康。在规模上，高危人群中，在1000人以上规模企业者近30%，明显高于非高危人群；在性质方面，只有在外企中高危人群所占比例相对较高，但差异并不明显。

本研究中，测量劳动权益状况主要指标包括工资拖欠、加班、强迫劳动、冒险作业、工作环境等。具体来看，3.79%的外来工过去半年来曾经被拖欠过工资，高危人群中则有4.36%。工作时间是反映劳动权益的重要变量，加班时间在2小时以下者占总体的45%，加班4小时以上者占14.75%，而高危人群中加班4小时以上者占16.75%。是否存在强迫劳动通常反映企业的管理模式，5%的外来工在本企业遭受过强迫劳动，而高危人群则占8.38%。工作中存在冒险作业的占4.23%，而高危人群则占5.36%。工作环境有无危害是指外来工工作的场所是否存在有毒有害的物质、气体或噪声等，有近19%的外来工表示工作环境存在危害性，其中高危人群占24.46%。另外，我们还在调查中直接询问了"您就劳动权益问题对企业是否有意见"。此处劳动权益主要指工资、工时、加班工资、福利保险、劳动合同、劳动安全与卫生等方面的问题，结果表明，过去一年来，22.15%的外来工对所在企业的劳动权益方面有意见，其中高危人群则高达30%以上。

在社会支持方面，朋友是社会支持的主要来源，尤其是企业内部朋友，可以提供一定的情感支持，缓解心理压力。调查表明，总体上28.93%的外来工没有本企业朋友，高危人群与非高危人群之间的组间差异并不明显。外来工一般都存在老乡聚集的特点。我们询问了他们所在班组中老乡的多少。如果是外省人，我们以省为界定义老乡；如果是本省人，我们则以市为界定义老乡。数据表明，近26%的表示没有老乡，约50%的表示老乡很少，近24%的表示老乡较多。

高危人群与非高危人群的组间差异并不明显。组织参与是指外来工是否是共产党、共青团、工会、妇联的成员，参与其中之一则表示有组织参与，数据显示13.8%的外来工有组织参与。另外，我们还在调查中，询问了他们与本地人交往是否存在困难，64.62%的表示存在困难，而高危人群中表示存在困难的达75.71%。

综上可知，从控制变量来看，年轻、未婚、教育程度高、收支比低、中低层经营管理人员、从事三产，在千人以上大企业者精神健康状况稍差，属于高危人群的可能性更高；在我们将要研究的解释变量中，强迫劳动、工作环境危害、对劳动权益有意见等都可能提高外来工成为高危人群的可能性。但这仅仅通过频数描述是不够的，因此我们将在下面建立模型检验影响外来工精神健康的因素。

（三）Logit 模型分析

我们以外来工精神健康状况作为因变量。具体来说，根据 GHQ-12 测量结果，我们将因变量分为高危人群和非高危人群（低危和中危人群），这是一个二分类别变量，因此采用二分 Logit 模型。模型结果见表 12-2。

表 12-2　　　　　　　外来工精神健康状况 Logit 回归结果

变量	回归系数	标准误	发生比（%）
年龄	-0.00892	0.00816	0.991
女性（男性=0）	-0.0462	0.101	0.955
教育年限	0.0829***	0.0195	1.086
已婚（未婚=0）	-0.458***	0.139	0.633
身体健康正常（不好=0）	-0.401*	0.184	0.670
长三角（珠三角=0）	-0.406***	0.101	0.666
外省人（本省人=0）	-0.171	0.116	0.843
月收支比	-0.0678*	0.0298	0.934
住在企业外（企业内=0）	0.0595	0.254	1.061
工种（普工=0）			
技工	-0.189	0.132	0.827
中低层经营管理人员	0.0925	0.132	1.097
其他	0.115	0.167	1.121
服务业（制造业=0）	0.134	0.115	1.143

续表

变量	回归系数	标准误	发生比（％）
企业规模（1~99 人 =0）			
100~299 人	-0.219	0.138	0.804
300~999 人	-0.134	0.139	0.874
1 000 人以上	0.179	0.134	1.197
企业性质（国有 =0）			
私有	0.0893	0.172	1.093
外资	0.301	0.223	1.351
中国香港	-0.498	0.272	0.608
中国台湾	-0.442	0.286	0.642
被拖欠工资（无 =0）	-0.102	0.241	0.903
加班时间（0≤小时 <2 =0）			
2≤小时 <4	0.0769	0.112	1.080
4≤小时	0.188 *	0.143	1.207
强迫劳动（无 =0）	0.393 *	0.193	1.482
对劳动权益有意见（无 =0）	0.301 **	0.111	1.351
冒险作业（无 =0）	0.218	0.228	1.244
环境危害（无 =0）	0.220 *	0.123	1.246
有企业内朋友（无 =0）	-0.147	0.103	0.863
生产线（班组）老乡（无 =0）			
较少	0.188	0.12	1.206
较多	0.396 **	0.141	1.486
组织参与（无 =0）	0.116	0.145	1.123
与本地人交往有困难（无 =0）	0.625 ***	0.111	1.868
截距	-2.242 ***	0.507	
样本数	3 890		
Pseudo R^2	0.0757		
分类正确率	85.50%		

注：①显著性水平：*** 表示 $p < 0.001$，** 表示 $p < 0.01$，* 表示 $p < 0.05$。

②分类正确率（correctly classified）指模型成功预测的个案数占总样本的比例，是反映 Logit 模型拟合程度的指标。

从表 12－2 可知，控制变量中的教育年限、婚姻状况、身体健康状况、区域、月收支比是影响外来工精神健康的显著因素。值得一提的是，已婚者的精神健康状况较好，其成为高危人群的发生比①只有未婚者的 63.3%。这表明婚姻本身存在一定的精神慰藉作用。另外，月收支比越高者，精神健康状况越好，这表明外来工的精神健康与经济压力密切相关。

在解释变量中，加班时间（4 小时及以上）、强迫劳动、环境危害、对劳动权益有意见、生产线老乡（较多）、与本地人交往有困难是显著变量。具体而言，每日加班时间在 4 小时及以上的外来工成为高危人群的发生比是加班时间在 2 小时以下者的 1.2 倍，假设 1b 得到支持。被强迫劳动者成为高危人群的发生比是未被强迫劳动者的 1.48 倍，假设 1c 得到支持。对劳权有意见者成为高危人群的发生比是没有意见者的 1.35 倍，假设 1d 得到支持。工作环境有危害者成为高危人群的发生比是没有危害者的 1.25 倍，假设 2b 得到支持。与本地人交往有困难者成为高危人群的发生比是无困难者的 1.87 倍，假设 3d 得到支持。值得注意的是，尽管统计显示生产线老乡数量与外来工精神健康显著相关，但却与研究假设的影响方向相反，即生产线老乡较多者成为高危人群的发生比是没有老乡者的 1.47 倍。"被拖欠工资"在模型中不显著，假设 1a 未得到支持。同时，冒险作业、有没企业内朋友、组织参与等变量不显著，假设 2a、3a、3b、3c 未获得支持。

综上所述，我们有如下发现：第一，劳动权益状况对外来工的精神健康状况有显著影响，加班时间越长，精神健康状况越差；被强迫劳动者，对企业劳动权益有意见者，精神健康状况更差。第二，劳动条件显著影响精神健康，工作环境有危害者，精神健康状况更差；第三，社会交往显著影响外来工的精神健康，同一生产线上有较多老乡者，精神健康状况更差；与本地人交往有困难者，精神健康状况更差。

第三节 结论与讨论

本研究发现，与普通群体（如学生、护士、普通市民等）相比，外来工精神健康问题并不特别突出，仅有 14.7% 的外来工属于精神健康问题的高危人群。

---

① 发生比指事件发生与不发生的概率之比。自变量每变化一个单位，相应发生比的变化为 $(e^{\beta} - 1) \times 100\%$。

影响外来工精神健康的显著变量有两类：一是表明劳动权益状况的指标，包括加班时间、强迫劳动、工作环境等客观指标和对劳动权益有意见这一主观指标，二是表明社会支持状况的指标，包括生产线老乡比例和与本地人交往是否困难。下面，我们对这些变量及其相关变量的作用机制逐一讨论。

一、劳动权益与精神健康

（1）工时和工作环境。一般来说，企业为节约用工成本，不愿增加员工数量，将有限的员工过度使用。我们的调查表明，16%的外来工每天工作12个小时或以上，31.6%的每周工作7天，14%的工作1个月也没有得到1天的休息。他们的身体长期处于疲劳状态，难以得到放松与调节，很容易产生无聊、烦躁等负面情绪，也容易造成工伤事故。我们的调查也表明，近20%的外来工所在的工作场所存在有害物质、气体或噪声等，而这不仅直接危害到他们的身体健康，也容易产生职业病，进而影响到精神健康。

（2）拖欠工资。被拖欠工资对精神健康的影响不显著，数据表明，53.7%的人已经得到了补发，再者两者之间可能存在某些调节变量和中介变量，被拖欠工资如向朋友借钱可以缓解因工资被拖欠带来的经济压力，从而不至于恶化精神健康状况。但是，在控制变量中，收支比对外来工精神健康问题具有显著影响，这表明，工资收入对外来工精神健康问题依然存在影响。当前外来工工资普遍较低，也缺乏良好的社会保障，尤其在当下，城市物价水平较高并不断上涨，但工资却得不到同步增长，这不可避免地会给外来工造成心理压力。

（3）强迫劳动和冒险作业。在我们的回归分析中，强迫劳动对外来工精神健康具有显著影响，而冒险作业则没有。从事冒险作业的约74%是"80后"男性外来工，他们往往缺乏较强的安全意识，尽管意识到了工作存在危险，但也习以为常，并没感觉到恐惧或压力。而强迫劳动（7%）直接违背劳动者意愿，其个人自主性没有得到充分尊重，会给劳动者心理造成直接、持续的压力。

（4）对劳动权益有意见。在我们的测量中，劳动权益主要由一系列客观指标构成，但是不同人的认识和感受不同，因而对劳动权益状况的评价可能不同。对劳动权益是否有意见反映了劳动者的心理敏感程度和权益意识，心理越敏感、权益意识越强，越能够感受权益问题的存在，更容易产生精神健康问题。

（5）地区比较。珠三角外来工精神健康状况明显差于长三角。在对珠三角和长三角劳动权益的比较研究中，我们发现，31项有关劳动权益保障的重要指标，珠三角和长三角地区有22项存在显著差异，除工伤保险和带薪休假外，其余20项，长三角均好于珠三角地区，特别表现在工资水平、劳动合同签订率、社会保险购买率和工作环境等方面[①]。因此，我们可以做出推测，劳动权益状况的差异是导致两地外来工精神健康状况差异的主要原因。

简而言之，在现有的用工模式下，劳动权益是影响外来工精神健康的重要因素，马克思关于劳动异化恶化工人精神健康的分析仍然符合中国当前的现实。但是，我们也不必过分夸大外来工的精神健康问题。总体来说，样本中外来工的精神健康状况处于正常水平，尽管如此，他们的精神健康问题需要社会关注。与白领职员、大学生等由于情感、理想、就业、前途等问题所产生的迷茫、抑郁、焦虑情绪不同，外来工精神健康问题主要是由劳动权益问题引起的，而劳动权益又与他们的生存状况紧密相关，对他们来说，当务之急仍然是争取体面劳动，维持基本生存，因此，我们认为外来工精神健康问题仍然属于传统的生存型精神健康问题。

二、社会支持与精神健康

本研究还表明，生产线上老乡数量较多者，精神健康状况更差。这可能表明，尽管老乡之间可能存在一定的社会支持，但同一生产线上的老乡因其同质性可能更容易形成相互竞争乃至攀比，从而恶化精神健康状况。同时，同一生产线上的老乡关系也可能是上下级关系（如拉长和普工），这也构成压力的来源。换言之，老乡关系可能与工厂内部的竞争关系和等级关系扭结在一起，从而构成外来工面对的新压力源。

本研究还发现，与本地人交往是否通畅是影响精神健康的显著因素。这可能与外来工相对封闭的社会交往模式乃至珠三角和长三角的用工管理模式存在关联。首先，相当数量的外来工居住在企业宿舍中，他们过着"宿舍—车间—食堂"三点一线的生活，其交往范围自然就限于工友和一同进厂的老乡，缺乏与本地人接触的机会。其次，由于大量企业存在超时加班现象，疲惫不堪的外来工在加班后的第一要务是休息，他们有效的社会交往时间也随之被压缩。由此可见，消除外来工与本地人的社会交往障碍既要消除语言和歧视等具体障碍，也要调整既有的用工管理模式，改变长期加班的现状。

此外，我们发现企业内部是否有朋友、是否有组织参与对外来工精神健康没有显著影响，这些因素并不能有效缓解外来工的精神压力，提高其精神健康水平，社会支持作用没有得到体现。根据我们在珠三角的调查，许多企业对亲友、

---

① 刘林平、雍昕、舒玢玢：《劳动权益的地区差异——基于对珠三角和长三角地区外来工的问卷调查》，载《中国社会科学》2011 年第 2 期。

老乡等非正式关系比较抵触，刻意切断外来工的网络关系，不允许亲友、老乡在一个班组工作，在一个宿舍居住，将他们原子化，以防他们拉帮结伙对抗企业正式管理制度，这在一定程度上阻碍了外来工社会支持网的建立和效用的发挥。而工会、妇联、共青团等社会组织在外来工中覆盖率较低，影响面较窄，而且具有浓厚的官方特征，一方面较少向他们提供维权或生活帮助，另一方面也很少深入到外来工中真正关怀他们的生活环境和精神健康。因此，我们希望这类社会组织尽快改变传统的组织方式和工作方式，在解决劳动争议、缓解工作压力、改善工作环境等方面发挥积极作用，成为向外来工提供企业社会工作服务的主要力量。

三、精神健康应是劳动权益的组成部分

本章的结论还引申出工人精神健康本身是否构成劳动权益的组成部分的议题。与国际上存在的将精神健康与压力方面的问题纳入国际劳工标准的趋势（International Labour Organization）[1] 不一样，中国的劳工标准还未将精神健康纳入议事日程。不仅如此，中国现行的劳动争议处理的某些制度还限制了工人主张精神损害赔偿的权利。以工伤为例，它不仅给个人带来身体损害，也带来巨大的精神创伤，工人主张精神损害赔偿理所应当却于法无据。不但《工伤保险条例》（2003 年公布，2010 年修订）未规定精神损害赔偿，《最高人民法院关于审理人身损害赔偿案件适用法律若干问题的解释》（法释［2003］20 号）第二十条更是排除了工伤者依据民事侵权中的精神损害赔偿向用人单位索赔的可能。该条规定，"依法应当参加工伤保险统筹的用人单位的劳动者，因工伤事故遭受人身损害，劳动者或者其近亲属向人民法院起诉用人单位承担民事赔偿责任的，告知其按《工伤保险条例》的规定处理"。我们推测，导致劳工标准和劳动争议处理制度排斥工人精神健康议题的原因之一可能是"分层次"解决劳动权益问题的思路，即认为相对于工人的精神健康，身体健康更具有紧迫性和重要性。这一观点是值得商榷的。在经验层次上，我们很难区分管理者对工人的一次辱骂对工人的损害大还是一次加班对工人的损害大，前者可能演变为工人的极端行为（如自杀或杀人），而后者足够休息就可能恢复。在理论层次上，马克思关于异化劳动的论述告诉我们，异化的过程是身体受损和精神受损的同步过程[2]。因此，我们主张，精神健康是劳动权益的题中应有之义。

---

① International Labour Organization. *ILO Standards – related Activities in the Area of Occupational Safety and Health*：*An in-depth Study for Discussion with a View to the Elaboration of a Plan of Action for such Activities*，Geneva. International Labour Office，2003.

② 马克思：《1844 年经济学——哲学手稿》，北京：人民出版社 1979 年版。

四、结语

本章在构建社会学理解员工精神健康概念框架的基础上，利用调查数据证实了劳动权益的若干变量对外来工人的精神健康具有显著影响。这说明外来工的精神健康问题不是偶然的、随机的，而是受到系统性因素的影响，它也不是个体的问题，而是一个群体的问题。进而言之，外来工的精神健康问题是体制性或制度性的，它的发生与资本稀缺、劳动剩余的基本国情有关，与"过度消耗"劳动力的粗放式经济发展阶段有关，与"规训"和"军事化"的企业管理制度有关，与立法不完善、执法不到位的劳动法体系有关，与专注经济发展、忽视社会后果的 GDP 主义的意识形态有关，与社会管理和社会服务滞后于经济发展的制度建设有关，与维护劳工权益的社会力量弱小的社会环境有关。它同时也说明，劳动权益从拖欠工资、超时加班、工伤频发等外显的问题开始向工人精神健康的"内伤"发展，而对此进行的干预绝不仅是心理医生就可以解决的问题，绝不仅是一个人文关怀的问题，更需要反思"强资本、弱劳工"的总体格局，反思企业管理和社会管理的基本制度，反思经济发展的目的与社会和谐的真正内涵，从而对精神健康问题开出一个内外兼顾、辨证施治的"总体性"治疗方案。

需要说明的是，作为一项探索性研究，我们只是初步证实了劳动权益与外来工精神健康之间的关系，实际上两者之间的关系非常复杂，其中许多机制在本章中未能充分挖掘，例如，在劳动权益与精神健康之间可能还存在应对方式、工作压力源等中介变量或调节变量未能充分考虑到；又例如，社会支持不仅可能是与劳动权益共同作用于精神健康的因素，它也可能是劳动权益与精神健康之间的调节变量，即社会支持在有利于精神健康的同时促进劳动权益的保护。我们的观点与结论还有待进一步的随机样本的、更大规模的专题实证研究验证。

第四编

维权与劳动体制

第十三章

群体事件[*]

本章以增城新塘事件（并对比潮州古巷事件）为案例，研究了农民工群体性事件。我们认为，这一类事件发生的社会基础是外来务工人员劳动、人身及财产权益普遍受到侵害，公共权力非法转让，外来务工人员心中普遍形成不满、愤怒和看轻生命价值的社会心理和地方社会的黑社会化。我们从引发事件的恶劣性、小贩与城管的冲突概率、非正式就业者的反抗性、同乡的联系纽带和地方政府缺乏危机应对能力等方面分析了事件的发生机制。我们认为，事件发生的深层社会矛盾源于劳资矛盾与劳工政治的广阔背景，劳资矛盾容易转化为官民矛盾乃至外来人与本地人的族群冲突，某些地区形成了地方特殊的社区治理结构，而大敦村就是这样的典范。总之，增城新塘事件和潮州古巷事件是由恶劣事件引发的、交织了劳资矛盾、官民矛盾和族群矛盾，走出了工厂围墙、引起激烈社会震荡的外来务工经商人员（主体是农民工）的集体行动。这种运动不是一般意义上的社会运动或新社会运动，它的功能在于揭露农民工的悲惨遭遇，引起社会关注，它的前景取决于社会的"政治机会结构"。

2010 年，广东发生了两起震动国际社会的劳资事件：富士康事件与南海本田罢工事件[①]。由此，这一年也被认为是中国 30 多年经济发展的"劳资关系转折点"。[②] 时隔一年，这两起事件的根源及性质尚无定论，而广东再次聚集了全

---

* 本章作者：刘林平、孙中伟、郑广怀。

① 参见《本田深陷"罢工门"》http://carschina.com/bentianbagong/。

② 戴维·皮林：《中国劳资关系的转折点》，FT 中文网，2010 年 6 月 4 日，http://www.ftchinese.com/story/001032941。

球媒体目光。

2011年6月，在不到半个月的时间里，广东潮州市古巷镇与增城市新塘镇接连发生两起大规模群体性事件（下文简称古巷事件与新塘事件），造成了重大的人身和财产损失，严重影响了当地及周边社会的稳定与和谐。

类似于古巷与新塘的事件在广东，尤其是珠江三角洲时有发生。最新的一起发生于2012年6月25日至27日的中山市沙溪镇，一名重庆籍少年和一名本地少年发生争执和斗殴，引发大量外来人员聚集并和警方冲突①。这些事件引发了激烈的社会震荡和国际舆论的强烈关注。然而，可惜的是，过后却几乎没有严肃的学术研究，缺乏对事件的性质、起因和后果进行分析和总结。在英文文献中，对类似事件的研究也不多见。②

在本章中，我们先对事件的经过进行描述，然后说明我们的研究方法和过程，再就事件的发生机制进行阐述，并对事件发生的社会基础给予分析，最后对事件的性质、功能、后果和前景进行讨论。

第一节　事件经过

我们主要对新塘事件进行研究，由于古巷事件和新塘事件有一定的联系，并且可以作为进行对比的个案，所以，我们将两个事件一并描述如下。综合各家媒体的相关报道以及地方政府的情况通报，我们基本上可以确定以下事实。

一、潮州古巷事件

潮州古巷事件起因于2011年6月1日四川籍民工熊汉江与其父母到该地"华意陶瓷厂"向苏姓老板要工钱，但苏老板想拖欠工资，于是双方爆发矛盾。接着苏老板指使两个亲戚追砍熊汉江，并将其手脚筋挑断。③6月4日开始，四川民工到当地镇政府进行抗议，要求严惩凶手，但政府一直不理睬他们。6月6日晚，四川民工约200人，聚集到古巷镇镇政府门口抗议示威，并向楼内投掷石块、燃烧瓶，期间有过激民工将矛头转向当地人，对路过的当地人进行追砍，这

①　见《维基百科：沙溪事件》，http：//zh. wikipedia. org/。

②　克里斯·金、陈迟对深圳一家台资企业2004年的一次罢工事件进行过研究（参见 Chris King-Chi Chan. Strike and changing workplace relations in a Chinese global factory. *Industryial Relations Journal*，2009，Vol. 40：1）。

③　廖奕文：《讨薪被砍伤　聚众要说法》，载《南方日报》，2011年6月8日，A11版。

造成当地人开始组织反击，引发了更大规模的当地人与四川人的族群冲突。[①] 据潮州当地政府通报：经调查核实，截至 6 月 7 日晚，6 月 6 日晚聚集事件中，共有 1 辆汽车被烧毁，3 辆汽车被毁坏，15 辆汽车受损；共有 18 名群众受伤，其中 15 名为外来工，3 名为当地群众，没有人员死亡。[②] 潮州市政法、公安部门已对 6 月 1 日伤害外来工熊某的 3 名犯罪嫌疑人予以正式批捕，并移交司法部门追究刑事责任。

二、增城新塘事件

古巷事件尚未完全平息，6 月 11 日，广州增城市新塘镇大敦村再次发生大规模群体暴力事件。起因于 6 月 10 日晚 9 点左右，四川籍孕妇王联梅（女，20 岁，四川省开江县人）和丈夫在一超市门口摆摊卖牛仔裤。大敦村治安队出现后，没有任何交涉便将摊子没收，双方发生肢体冲突，孕妇见状上去保护丈夫，遭到殴打，并流血。在打斗过程中人群向小摊聚集。[③] 民警会同新塘镇相关部门领导赶到，欲将王某夫妇送医院治疗，但现场有群众不让孕妇上车，围观群众达 500 余人，情绪上涨，开始向现场的政府工作人员以及救护车、警车等投掷矿泉水瓶和砖块，公安防暴队赶到现场，投放烟雾弹试图驱散人群。随后从各个工厂集聚起来的外来工人向村广场方向进发。人数约在 2 000～4 000 人。人群到达大敦派出所，焚烧了派出所及一些车辆。第二天白天，人群聚集数量超过前一天晚，下午 2～3 点人群突破大敦东西连接的桥，冲向村委大楼。村委围栏遭到破坏，人群涌进村委，未及时开走的警车遭到焚烧，在广场边的一栋治安办公楼也遭到焚烧。随后两天又有大规模人群聚集，但武警及时出动，人群逐渐散去。[④] 事态没有继续扩大。

从起因、过程与结果来看，这两起事件具有较强的共性：两起事件在时间和空间上具有很强的关联性，当事一方均是外来务工人员（主要是四川籍），地方政府、村级权力机构及工作人员均作为矛盾所指向的对象，最终引发了当地人与外来人的对立。

[①] 《潮州市古巷事件》，维基百科，2011 年 6 月 20 日，http://zh.wikipedia.org/zh-cn/。

[②] 《我市积极稳妥做好"6·6"事件善后工作》，载《潮州日报》，2011 年 6 月 8 日，A1 版。

[③] 另据增城市市长叶牛平介绍说：6 月 10 日 21 时许，四川籍孕妇王联梅在增城市新塘镇大敦村隆家福超市门口违章占道经营摆摊档，阻塞通道，该村治保会工作人员见状后，要求其不要在此处乱摆乱卖，双方因此发生争执。（参见董柳、周松、蒋铮：《广州新塘镇群体事件当事孕妇丈夫称母女平安》，网易网，2011 年 6 月 12 日，http://news.163.com/11/0612/14/76BSCS7000014AED.html）。

[④] 李戈洋：《广州新塘骚乱独立调查：大敦村事件初步描述性报告》，羊城网，2011 年 6 月 17 日，http://gznf.cn/forum.php?mod=viewthread&tid=108048&page=1#pid564425。

三、大敦村

大敦村地处广州增城市新塘镇，与东莞市隔着一条东江，总面积约 8 平方公里，辖 17 个合作社，常住人口 7 408 人，外来人口 6 万多人，主要产业为牛仔纺织服装业。2011 年全村实现工农业总产值 6 亿元，总税收 4 000 多万元，村集体经济收入 1 500 多万元，村民人均纯收入 12 000 元。大敦所在的新塘镇素以牛仔制造业而闻名，有牛仔服装及相关配套企业 2 600 多家，占全镇工业企业的 60%。

全世界生产的牛仔裤中，有 1/3 来自于这里。大敦村是新塘镇的一个缩影，村里第一家服装厂，创办于 1981 年，经过近 30 年的发展，全村有登记注册的纺织服装企业有 519 家，未注册的还有若干，其中大多是牛仔服装加工厂。

据调查，大敦村的外来工人主要以四川（30%）、湖北（13%）、湖南（12%）、重庆（9%）、江西（8%）、广西（7%）、广东（7%）为主，尤其是来自四川达州的工人，占 15.5%；这些工人中，60% 以上只有初中学历，约 60% 的人月平均收入不到 2 000 元。[1]

事件发生之前，大敦村作为全国闻名的牛仔服装工业村，一直是新塘镇的典型。2008 年 3 月 18 日，南方日报、广州日报、广州电视台、信息时报以及增城日报、增城电视台等新闻媒体曾经齐聚大敦村，采访该村的辉煌发展史，采访结束后，"众媒体记者纷纷认为，新塘之所以成为全市经济重镇，正是因为有了诸多像大敦村这样的开路先锋村"。

2012 年 5 月 12 日，我们到访大敦村，只见服装厂遍布村内的各条街道两边，一家挨着一家，几乎都生产着同样的牛仔服装。厂房门口不大，但进深很长，面积大约 100 多平方米，一楼二楼是生产车间，二楼往往还有一个玻璃隔开的办公室，三楼四楼是工人宿舍。每个工厂雇用的工人数量不等，平均约二三十人。

我们在街上转了一圈，村中心的街道人流较多，摩托车、自行车夹杂着行人，交道路口有许多摩托车搭客者，隔几百米就有一个岗亭，岗亭上写着报警电话，岗亭里的治安人员大都面无表情。马路上尘土飞扬，村里的小河两边堆满垃圾，河里的水又臭又黑。

---

[1] 广州市穗港澳青少年研究所：《增城外来务工青年需求及现状调查报告》，2011 年 9 月 6 日，未刊稿。

第二节　研究过程与方法

一、质性研究

对新塘事件进行研究，我们的主要研究方法是质性的个案研究。我们认为，单一的个案研究难以解决反事实问题，因此必须进行对比的个案研究。而可以用作对比的个案正好有潮州古巷事件，两个个案具有一定的关联性，但又是独立的个案，正好符合对比个案的要求。因此，我们力图以比较的视角进行案例研究。主案例是新塘事件，古巷事件是进行比较的辅助性案例。新塘事件发生时，事件高度敏感，立即去做调查并不现实，所以，我们只能延后调查。我们于2012年3~5月，对居住在大敦村的18位外来人员进行了访谈，访谈都有详细的记录。访谈资料较为深入、细致，被访者的分析、判断也能给研究者以启发。访谈资料也可能更易揭示事物的发生机制。我们运用访谈资料支持我们的分析。这18位被访谈者的基本情况见表13-1。

此外，我们还走访了大敦村的一个社工机构，并对大敦村进行了实地观察。

表13-1　　　　　　　　大敦村被访谈者基本情况

姓名	年龄	教育程度	户籍	婚姻	家庭人口	职业	工作时间	月工资
王先生	46	小学	四川大竹	已婚	6	餐馆服务生	新塘14年	3 000
杨女士	25	高中	重庆开县	已婚	2	制衣工	新塘1年3个月	2 800
谭女士	33	小学	重庆麻柳	已婚	4	餐馆服务生	新塘8年3个月	2 000
张女士	45	文盲	四川开江	已婚	4	制衣工	新塘4年	1 300
谭女士	36	初中	四川开江	已婚	4	制衣工	广州22年	2 000
高先生	43	高中	四川达州	已婚	4	制衣工	新塘13年	3 500
谭先生	51	小学	四川开江	已婚	4	制衣工	新塘4年	1 800
王女士	48	小学	四川宣汉	已婚	4	制衣	新塘12年	1 200
张先生	38	初中	四川开江	已婚	5	制衣	新塘22年	4 000
刘先生	17	初中	四川开江	未婚	4	制衣	新塘1年半	4 000

姓名	年龄	教育程度	户籍	婚姻	家庭人口	职业	工作时间	月工资
陈先生	62	初中	四川达州	已婚	4	小店老板	新塘 5 年	7 000
陈女士	19	初中	重庆忠县	未婚	1	制衣	新塘 2 年	2 000
摊贩 A 女士			江西	已婚	4	蛋糕摊贩	大敦 4 年	
摊贩 B 陈女士			增城新塘	已婚		服饰摊贩	大敦 3 年	
摊贩 C 朱女士			湖南郴州	已婚		服饰摊贩		
工人 A 女士			四川	已婚	3	主管	10 多年	6 000
工人 B 女士	27			已婚	2	车管		5 000
工人 C 男士	41		四川达州	已婚	1		11 年	3 000

二、量化研究

我们认为，单一（或少数）个案研究中关于因果关系或发生机制的分析所得结论，可能是偶然的或不稳定的。定量资料可以对此加以补充。访谈资料带有较强烈的被访者的主观叙述色彩，可以用定量资料进行判断和校正。

我们并没有专门为了研究新塘事件进行问卷调查。但是，在此之前，我们在2006 年 7 月对广州非正式就业的外来工进行了问卷调查，回收有效问卷 887 份。当时，我们还调查了正式就业的外来工 3 000 多人[①]。这些定量数据可以用来说明事件的社会背景和某些变量之间的关联。

---

① 关于此次对非正式就业的外来工调查的抽样过程和样本情况，参见万向东：《农民工非正式就业的进入条件与效果》，载《管理世界》2008 年第 1 期。对正式就业的外来工的调查的抽样方法和样本的基本情况，参见第一章"导言"的有关说明。

三、文献

我们尽可能收集了报刊上公开发表的文献,这些文献可以基本描述事件的发生过程。此外,在新塘事件发生时,几位中山大学学生撰写了一个调查报告,我们获得了这份报告。

四、混合研究方法

我们赞成克雷斯韦尔和普莱诺·克拉克(J. W. Creswell and V. L. Plano Clark)所说的:"当单一研究取向(量化或质性)不足以解决研究问题时,混合方法研究就是较佳的设计。质性与量化资料的结合不仅注意到趋势与类推性,也重视参与者观点的深层知识,因此提供了一个更完整的图像。"[①]

本项研究由于是个案例研究,我们以定性资料为主,以定量资料为补充。两种资料并不矛盾,并且的确可以相辅相成。质性数据和量化数据的综合运用,对于完整的分析是非常必要的。采用质性和定量的混合研究方法,可能是对此类事件研究的一个较新的做法,尤其是在群体性事件研究当中。

第三节　社 会 基 础

一、劳动、财产及人身权益侵害

在广东,外来务工人员劳动、人身及财产权益普遍受到侵害。

古巷事件的起因是欠薪。事实上,近年欠薪情况已经好转,我们多年的问卷调查表明,2006 年珠三角 9% 的农民工被拖欠工资,而 2010 年下降至 5%。国家统计局《2009 农民工监测报告》显示,珠三角地区有 3 282 万农民工[②]。按照 5% 的

---

① J. W. Creswell and V. L. Plano Clark. *Designing and Conducting Mixed Methods Research*. Sage Publications,Inc. 2007:32.

② 国家统计局:《2009 年农民工监测报告》,2010 年 3 月 19 日,http://www.stats.gov.cn/tjfx/fxbg/t20100319_402628281.htm。

比例推算，被欠薪者有 164 万人，绝对数庞大，因此欠薪的影响仍然非常广泛。

新塘事件起因于治安队的违规执法，城管、警察和其他人员胡乱执法对从事非正式就业的人员造成严重伤害，我们在 2006 年 7 月对广州非正式就业人员的问卷调查中，提问"2005 年以来，在跟政府有关部门打交道的过程中，遭遇过下列哪些事件"，调查数据结果可以总结为表 13 - 2。

表 13 - 2　　　　　　非正式就业者的遭遇（n = 887）

描述项	频数	有效百分比
工具或财物被毁坏	100	12.61
工具或财物被没收	207	26.10
被勒令停业	101	12.74
被管理人员骂	128	16.14
被管理人员打	37	4.67
消费后不付钱	32	4.04
被管理人员勒索	21	2.65
被有关部门罚款	401	45.2

注："有效百分比"是指回答了问题者中所占百分比。

从表 13 - 2 可以看出，非正式就业人员遭遇最为普遍的是罚款，其中最为严重的被打者也有近 5%，说明这一类现象较为普遍，远不是个案。

具体到大敦村，在访谈材料中，有被访者谈到这一类情况说：

这个费用叫摊位费，开的票上面写的是摊位费，罚钱就没有单据。交了钱就不罚了。500 元一个月。他们一般都是要么砸摊或者割你的车胎，不让，就是把东西都收到治安队去，然后交钱去赎。罚一次 200 元，开始是 100 元，反正都是他乱说的。

出事的那个人，是开江人，现在好像已经不在这里了，那时候我经常和她一起摆摊嘛。其实很早的时候那个人就说过，他要搞我，我就叫几个人打他，让他在这里做不下去。其实很多人都想打治安队的人的，他们也被打过。不过你打得赢他啊，他一下子能叫好多人，你打了就不要在这里做了，要赶紧跑，不然就被治安队打死去。

——2012 年 3 月 18 日上午访谈卖蛋糕女

外来务工人员劳动及人身权益经常受到侵害，积累了大量的不满，为大规模社会冲突的爆发提供了基础。

二、公共权力非法转让

政府执法权来自于法律规定，权力不得随意转让。但在现实中，我们看到不少政府公共权力的转让和出租。新塘事件中，当事一方是村治安队员，这些人并不是具有正规编制的执法人员，只是聘用的协助人员，他们没有执法权，但却对路边摊贩、商店进行各种名目的执法检查，甚至明目张胆地收取保护费。

最引人注目的一起案例发生在深圳。2012年8月4日北京的《经济观察报》报道：

2011年9月9日，深圳南山区粤海街道办城管执法队协管员龚波在与烧烤摊主赵晓强发生冲突时，被后者刺死。事发后，龚波一度被渲染为英雄，其所在的城管外包物业公司还曾经为龚波申请"革命烈士"称号，最终未获批准。

日前，深圳南山警方在破获的一起涉黑团伙案件中，龚波竟然作为骨干成员赫然在列。至此谜底终于被揭开，这个盘踞在粤海街道的犯罪团伙，其中不少成员和龚波一样，是"披着城管协管外衣"对辖区商贩大肆敲诈勒索收取保护费的"黑社会"。

公开的资料显示，黑社会团伙头目张强与汇运丰实业有限公司合作，利用该公司物业管理资格，采取"围标"等方式竞标到粤海街道的城管外包业务。2010年4月，粤海街道与该物业公司签约取得清理乱摆卖的权力后，该公司20多名"马仔"开始对粤海街道辖区的商贩收取保护费、打架斗殴、故意伤害，还敲诈南油附近的山海天酒楼15万元"保护费"。

事实上，即使是在龚波死亡后，粤海街道与张强所在的物业公司解约的情况下，张强竟然又安排另外一批"马仔"进入另一家保安公司，继续用合法的"城管协管"身份从事不法勾当。直到今年6月4日，深圳南山警方利用张强为龚波遗腹子举办满月喜宴之机，才一举将这一称霸粤海街道由30余人组成的涉黑性质团伙打掉。

据了解，根据双方签署的协议，粤海街道办为此每月付给汇运丰公司的外包费用为11.5万元。汇运丰公司本该据此按照每人每月工资2 500元的工资聘请46名协管员，然而该公司却只聘请了25人，并且每人月薪只有2 000元，剩下的6.5万元，除被团伙中的三人，每人每月多分8 000元外，其余4.1万元，去向不明。

珠三角地区很多镇的人口规模已经超过了内陆地区的一个县，但是，工作人员的编制仍然按照常住人口配给，大量的外来人口则没有被考虑，因此导致了政府工作人员编制相对短缺，工作任务较重，不得不大量聘请合同制工作人员，或者将一些执法任务外包。上述《经济观察报》的报道还说：

2007年起，深圳市政府便以政府购买社会服务的方式在全市配备使用城市协管员。截至目前，深圳全市共有35家公司参与城管服务外包。上述公司主要有两种类型，一种是物业服务公司，一种是保安公司。35家公司共雇佣了3 204名协管员。这些公司雇佣的协管员多的有近500名，少的不到10名。按照深圳市城管局提供的数据，目前深圳全市正式在编的城市管理执法人员共1 531人，与全市1 500多万的实际人口相比，人手依然严重不足。

与正式聘用的工作人员相比，合同工学历水平、业务能力较低，这制约了他们的"执法"能力；另外，他们没有向上晋升的机会，不会像正式编制的公务人员那样恪尽职守，对于他们来说，这份职业是一种短期博弈，在短期博弈中，追求的是短期利益的最大化，因此这些获得或未获得政府授权的治安队员，往往打着执法的旗号为自己牟取私利。他们非但没有起到制止非法经营的作用，还经常给合法经营的商铺带来极大的负面影响，而最为严重的是，这类现象与行为严重损害了政府在民众中的公信力。

显然，在大敦村也是这样：

治安队有没有罚款的权力，你根本问不到的，他也不会理你。基本上每个进入这个村做生意的人都被他们砸过或者罚过。就是每一个做生意的人进来就要被他抓被他罚，最多2～3次，第4次他就要罚或者抓了，因为村里也有监控的嘛，他治安队有专门看这个的嘛。

——2012年3月18日上午访谈卖蛋糕女

三、不满、愤怒和看轻生命价值

由于外来务工人员劳动、人身权益遭到侵害，在他们心中形成了普遍不满和愤怒的社会心理。

这种不满和愤怒的强烈情绪，在我们对大敦村外来人员的访谈中溢于言表：

那些治安队，和强盗一样。

在整个大敦，90%的人可能都要恨治安队，他动不动就打人呢。不管有没有那件事，好像平时，你踩个摩托车，抓到了罚你两百块。但你来了，追我，我肯定要跑是不？谁不想这个钱啊，他，你要跑的话，就两三个摩托车给你拦住，那你就麻烦了。他那个动不动就要打你两下。

——2012年4月21日下午访谈四川达州牛仔厂51岁男工

他们开始态度就不好的，很差的，他们好远就说，你又来，看到他们就跑的，不敢在这里的，有几次他就追我的车子，撞我的车子。我跟他们说过了，你本地人就不砸，就砸我们外地人，他就说人家去当官你当嘛，他的意思就是你也跟得住人家，我们是本地人嘛。我们说过好多次的，你们这样不公平嘛，外地人搞一点小生意你进来就砸，他就说关你屁事啊。

——2012 年 3 月 18 日上午访谈卖蛋糕女

大敦村治安队执法向来都不是很规矩，引起很多人的公愤嘛。

在 2006 年 7 月对广州非正式就业人员的问卷调查中，我们列举了一些说法，来测量外来人员的赞成程度，其中关于生命价值的看法结果见表 13 - 3。

表 13 - 3　　　　　　非正式就业人员对生命价值的看法

描述项	选项					
	很赞成	比较赞成	无所谓	不太赞成	很不赞成	不知道
我们这些人命不值钱，为了钱可以拼命，做什么都无所谓	61 (6.88%)	85 (9.58%)	54 (6.09%)	164 (18.49%)	503 (56.71%)	20 (2.25%)

从表 13 - 3 中可以看出，尽管有近57%的人很不赞成"命不值钱"的看法，但是，竟然有将近7%的人很赞成这一看法，如果他们真的实践"为了钱可以拼命，做什么都无所谓"的观念，这些个体行为将会引发广泛的社会冲突。

四、地方社会黑社会化

在上面所引述的《经济观察报》关于深圳的案例中，明确告诉我们，所谓的城管人员，其实是黑社会成员。在珠江三角洲，显然这不是个案，相当一部分地方镇政府及村级权力机构的工作人员也表现出了黑社会化的倾向。治安队以维护治安的名义收取保护费的行为就是一种类似的黑社会行为，所不同的是，治安队是身穿制服以"执法"的名义进行强行收取，是光天化日之下的"依法敲诈"，也是赤裸裸的"依法施暴"。

对于大敦村的治安队，不少人认为，他们的行为就是黑社会行为：

治安队在路上看谁不顺眼，也会打他们，比如有一个男生被打过，就是他头发是黄的，治安队就打了他。

——2012 年 3 月 30 日大学城访问女生

原来就是治安队在外面搞事嘛，又搞事又搞钱嘛……治安队，打死好多人嘛。治安队的人，打死一个湖北的人，那个湖北的也有后台，湖北的那个公安机关来那么多人，都没有把那个搞翻。

——访谈某牛仔厂男工

毋庸讳言，在广东这个外来人口占近 1/3 的省份，一些具有帮派性质的同乡会始终存在。新塘与潮州这两起事件，都有黑社会的身影，带头打、砸、烧的一些人可能具有黑社会背景。一位工人说：

那些从外地跑来的不是打工的，是那些毒贩子啊，卖粉粉（白粉）的这些，他们有交通工具，他们也跑到这里来，跟着闹啊。那些打工的哪个没得事情跑起来这里哦。那些警察还来放催泪弹嘛，他们丢起过来，这些人再捡起丢回去，那哈子才好玩哦。

——4 月 12 日下午，访谈一位 41 岁的四川达州老工人

黑社会存在的主要理由之一就是收保护费，保护老乡或所属辖区的住户安全。一些地方政府在社会管理中缺位，正规的社会组织不能扎根基层使得外来工在自身权益遭到侵害时缺少可以依靠的力量，不得不转向黑社会，这给黑社会的存在提供了市场和空间。许多打工者都能解释"同乡会"存在的必要：老板都是本地人，有钱有权有关系，农民工只有"抱团"才能对抗，只有闹出气势，才会得到（政府）重视①。

在上述 4 个方面，外来务工、经商人员的劳动、财产及人身权益普遍遭受侵害，导致在他们中间产生不满、愤怒和看轻生命价值的社会心理；公共权力非法转让，让没有执法资格的人实行执法管理，导致粗暴执法的普遍化，极易引发个体冲突；地方社会黑社会化，将使得个体冲突转变为群体冲突，形成大规模的群体性事件。

当然，上述社会条件，只是提供了外来工和本地人冲突的社会土壤，群体性事件的发生，还要有更为具体的社会机制。

第四节　发生机制

如果将潮州古巷事件和增城新塘事件加以对比，我们看到，两起事件具有大体相同的发生机制：具有偶发性的恶劣事件②（如讨薪被打、孕妇被打）引起争执和公愤；事件发生后地方政府处置不当，事件转变为针对地方政府及工作人员

---

① 于松：《广东潮州事件背后：劳动保障疲软打工者靠同乡会出头》，载《东方早报》，2011 年 6 月 14 日，A2~3 版。

② 所谓非常恶劣的事件，是指突破人的伦理道德底线和威胁人的基本生存的事件，这类事件往往是引发冲突的导火线。例如，2011 年 6 月 20 日发生在广州番禺华龙罢工事件，是由于韩国董事长到女厕所检查员工是否偷懒（参见曾实：《抗议工资低和非人待遇　广州韩资企业四千工人罢工》，联合早报网，2011 年 6 月 24 日，http://www.zaobao.com/special/china/cnpol/pages4/cnpol110624e.shtml）。

的官民矛盾和冲突；最终转变为外来人和本地人的族群冲突。

下面，我们进一步来具体讨论新塘事件的发生机制。

一、恶劣事件引起公愤：说法之一——两条人命

引发新塘事件是孕妇和治安队的争执与斗殴。为什么普通的斗殴不会形成群体性事件，而与孕妇的斗殴则会呢？显然，中国传统的生命价值观念起了很大的作用。在访谈中，有被访者这么说：

治安队过来不准摆摊，要喊他们拿钱，他们说还没有开张，没得钱，就要把他们的裤子拿走。你拿人家的裤子肯定不准嘛，那是人家的命根子啊，人家靠那个赚钱生活的，你拿起走了那怎么能行呢？那个孕妇和他老公两个就拦住不准他拿，就打起来，孕妇被推到了。推倒了，好像流血了，有个娃娃就在旁边讲，咋能打孕妇哦，太过分了。大家就觉得太过分了，你咋能打孕妇嘛，人家是两条命嘛。后来就闹起来了，人越来越多。后来还整起把他们的办公室那边都砸了。他们讲这些都是出来打工的闹起来的，我讲不一定是打工的。讲真的，我们打工的出来就是一句话，是来求财的，哪个一天没得事情跑起来这边惹事情嘛。

——2012 年 4 月 12 日下午，访谈粮油店铺老板

"一个孕妇两条命"，在中国民间社会，和孕妇发生争执甚至殴打孕妇，肯定是违反人伦道德底线的，极易引起公愤。一般的打工者并不想惹事，但是，面对跨越道德底线的行为，也难以无动于衷。

二、恶劣事件引起公愤：说法之二——用金钱来衡量生命

新塘事件中，未得到确切证明但传得沸沸扬扬的一个说法是，治安队或镇领导中有人说，"打死一个人，我们赔 50 万元"。这使得群众的情绪被点燃，冲突激烈化。在访谈中，有被访者这么说：

那个事情才闹得大哦，派出所都被烧了。当时那个队长说："打死你们，一个 50 万元。"后来有的人冒火了就喊："打死他，给你们 5 000 万元。"大家就追起打，那个队长后来就跑了。那个时候好多人来哦。有的厂里面的娃娃（男孩子）拿起厂里面的东西就出去砸哦。也管不了那些，好多人哦，那个时候。我们做衣服那个时候是淡季，没有什么事情的，好多人就去看。大家喊"四川人雄起"，好多人出去跟到一起打，反正人多你也抓不到的。

——2012 年 4 月 12 日下午，访谈一位 41 岁的四川达州老工人

417

三、恶劣事件引起公愤：说法之三——参与者的逻辑：报仇与回应

一般说来，外来务工人员在异地他乡，行为会收敛一些，他们为什么会参与到群体性冲突中去呢？新塘事件参与者之一，接受我们的访谈时说：

事发第二天上午，我在睡觉，武警及防暴部队已经赶到。第二天下午出门后看到人多，我便参与进对抗治安队的队伍中去了，那天的情况比事发当天严重得多。当时我拿着砖头，对着停放在外面的车一通乱砸，全然不顾是什么牌子，也不害怕，就觉得自己的行为是帮那名孕妇报仇以及对治安队长期以来欺负外来务工者的行为给个回应。

——2012年4月6日访谈四川17岁工人小刘

"报仇"、"回应"，显然，淤积于心的情绪已经很久、很深了，一有机会，就会发泄出来，"报仇"，就是他们行动的主要动机之一。

四、小贩与城管：冲突的概率

新塘事件是由于大敦村治安队和小贩冲突引发的，类似的小贩和管理人员的冲突在其他地方也时有发生，说明这不是偶然的，具有一定的发生概率。

在表13-2中，我们看到，在广州从事非正式就业的外来人员中，有4.67%的人被管理人员打过。那么，是什么因素影响这些人员被打呢？我们以是否被打作为因变量，以年龄、性别、教育程度、职业类别等为自变量，构建回归模型，回归结果见表13-4。

表13-4　　非正式就业人员被打的影响因素回归分析结果

自变量	被打（1=是，0=否）
年龄	0.00416（0.0212）
男性（女性=0）	0.747（0.538）
初中（小学=0）	-0.664*（0.403）
高中（小学=0）	-0.830（0.596）
已婚分居（未婚=0）	-0.0353（0.639）
已婚同居（未婚=0）	-0.349（0.635）
月毛收入（1 000元以下=0）	
1 001~3 000元	0.457（0.427）

续表

自变量	被打（1 = 是，0 = 否）
3 001 元以上	0.577（0.716）
工作形式（单干 = 0）	
与配偶一起	0.288（0.566）
与亲友一起	− 0.577（0.778）
其他	− 0.624（1.089）
行业（小店经营人员 = 0）	
流动摊贩	2.026*（1.072）
各类散工	1.507（1.118）
摩托拉客者	2.314**（1.130）
拾荒者（收废品）	1.718（1.117）
来源地（广东 = 0）	
四川、重庆	0.0841（0.915）
其他	0.798（0.579）
截距	− 5.674***（1.475）
样本量	697
LRchi^2	25.24
Log likelihood	− 129.11
Pseudo R^2	0.0891

注：显著性水平：*** 表示 p < 0.01，** 表示 p < 0.05，* 表示 p < 0.1。

表 13-4 的模型回归结果显示：

（1）教育程度越低，越有可能被打，其中，初中相对小学可以显著降低被打的概率；

（2）与小店经营人员相比，流动摊贩和摩托搭客者被打的概率显著增加；

（3）其他变量都不具有显著性，四川人、重庆人和广东人以及其他地方人没有显著差异。

这个结果告诉我们，流动摊贩是最容易和城管类管理人员发生冲突的人群。大敦村小贩和治安队发生冲突并不是偶然的。

五、拼命：哪一个群体最可能反抗

表 13-3 展示了广州非正式就业人员对"我们这些人命不值钱，为了钱可

419

第十三章 群体事件

以拼命，做什么都无所谓"说法的认同程度，我们以此为因变量，以年龄、性别、教育程度、职业分类等为自变量，构建回归模型，结果见表13-5。

表13-5　　　非正式就业人员对生命价值认同与否的回归结果

自变量	（1＝同意，0＝不同意）
年龄	0.0272** （0.0120）
与政府部门打交道的遭遇（没有＝0）	0.543** （0.215）
职业（小店经营人员＝0）	
流动摊贩	0.750* （0.428）
各类散工	0.849** （0.429）
摩托拉客者	0.772 （0.502）
拾荒者（收废品）	1.171*** （0.444）
无牌小厂工人	0.477 （0.767）
其他	1.153 （0.920）
来源地（广东＝0）	
四川、重庆	0.775* （0.439）
其他省份	0.630* （0.325）
截距	－4.412*** （0.684）
Observations	751
Log likelihood	－314.8205
LR chi²	43.33
Pseudo R²	0.0644

注：①关于模型2说明如下：a. 表13-5只报告了具有显著性影响的变量，其余变量还有性别、婚姻和居住状况、教育程度、月收入、工作形式等；b. 变量"与政府部门打交道的遭遇"，我们在表13-2中已经给出了9项遭遇的频数分布，我们将有任意一项遭遇设定为"有"，结果显示41.61%的人有过不幸遭遇，没有者则为0。

②显著性水平：*** 表示 $p<0.01$，** 表示 $p<0.05$，* 表示 $p<0.1$。

表13-5回归模型的结果显示：

（1）年龄对生命价值认知有微弱的影响，年龄越大，越同意命不值钱。

（2）与政府工作人员打交道的遭遇对生命价值认知有重要影响，遭遇过不幸事件的人，更加同意命不值钱，可以拼命。

（3）职业类型对生命价值认知有重要影响，与小店经营人员相比，拾荒者（收废品）、散工、流动摊贩显著地看低自己的生命价值。

（4）外来工的来源地对其生命价值认知有重要影响，与广东人相比，四川、重庆和其他外省人更加看低自己的生命价值。

这样的回归结果可以进一步总结为，遭遇过政府管理人员侵害的，来源于四川、重庆的，拾荒者、散工、流动摊贩显著地看低自己的生命价值，更容易拼命反抗。这也说明了大敦村发生的四川籍孕妇夫妇和治安队的冲突不是偶然的。

六、联系纽带：老乡

上述回归模型结果所表明的只是作为个体的哪一类人易于和政府或相关城市管理人员发生冲突并反抗而引发事件，但仅仅是个体冲突，未必会形成群体事件，群体事件的发生，还必须有其他条件。

试想，如果单个的外来人员和城管发生冲突，周围没有亲朋好友和老乡相助，他就有可能退让、逃跑或被彻底征服，难以形成大规模的群体冲突。

我们在对广州非正式就业的 887 个外来人员进行的问卷调查中，询问了当他们遭到欺负是向谁求助，回答结果见表 13 - 6。

表 13 - 6　　外来人员被人欺负的求助对象（N = 887，多选）

描述项	频数	百分比
家乡政府	3	0.34
当地政府	30	3.38
家人	15	1.69
亲戚	13	1.47
朋友	24	2.71
工友	9	1.01
老乡	55	6.20

同样，我们在问卷中也询问了"和别人发生纠纷时找谁帮忙处理"，回答结果见表 13 - 7。

表13-7 外来人员遭遇纠纷时给予帮助的社会关系 （N＝887，多选）

描述项	频数	百分比
家人	157	17.70
亲戚	80	9.02
同学	16	1.80
老乡	151	17.02
老板	21	2.37
其他人	20	2.25

表13-6和表13-7都表明，外来人员被人欺负和发生纠纷时，第一位的都是求助于老乡，如果将家人、亲戚都纳入老乡的范畴，那就更是这样。

在新塘事件发生的大敦村，四川人非常之多，占外来人员的30%，而且集中于四川达州人，占15.5%①，这就是一个四川人聚居的社区。这也就是说，一旦发生四川人与政府人员、村里人员及其他人员的冲突，四川人很容易召集，个体冲突就容易转化为群体冲突。

七、地方政府：缺乏危机应对能力

在古巷事件和新塘事件中，地方政府及工作人员在第一时间的反应都对事态的发展起到了推波助澜的作用。古巷事件中，四川农民工到镇政府抗议，请求严惩凶手、赔偿医药费和所欠工资，但是遭到政府工作人员的无视；新塘事件中，新塘镇领导的态度首先是劝解当事方，无视孕妇被打的事实，力图息事宁人，有的人甚至口出狂言。一些政府工作人员对民众的尊严与人身安全的冷漠与无视，对地方资本与强权的纵容，直接导致了围观民众的愤怒，加剧了事态的发展。因此，我们看到，两起事件最终所对准的矛头都是地方政府及工作人员（例如，被焚烧的车辆主要是警车）。而后面的处置，也难说合理。

新塘事件发生时到现场采访的一位大学女生接受我们访谈时说：

他们的危机公关主要就是断网、新闻发布会吧，还有就是开着车在村里面转，用高音喇叭说让参与闹事的人出来自首，不要窝藏。还有就是一些比较重要的地方，让武警拦起来，用东西盖住。反正到第三天所有可以见到被烧过的地方

---

① 广州市穗港澳青少年研究所：《增城外来务工青年需求及现状调查报告》，2011年9月6日，未刊稿。

都被清除了，除了派出所被砸了，没有办法。

——2012 年 3 月 30 日大学城访问女生

现在看来，中国的某些地方政府还缺乏危机处理的能力，怎么改变现有的维稳的思路和策略，是政府必须深刻反思的。

第五节　特殊的地方社区治理结构

一、劳资矛盾与劳工政治

我们认为，古巷事件和新塘事件蕴含了当前中国社会普遍存在的三种矛盾：劳资矛盾、官民矛盾与族群矛盾。这三种矛盾相互交织，共同构成了这两起事件深刻的社会根源，但最基础的仍是劳资矛盾，另两种矛盾在一定程度上可以看做是劳资矛盾的演化与升级。

古巷事件的直接起因是劳资纠纷。而新塘事件并非由典型的劳资争议引发，似乎与劳资问题无关。但是，我们认为，作为非正规就业的小商小贩们依然处在广阔的"中国劳工政治"[①] 之中。

首先，新塘事件的当事一方是外来务工经商（流动小贩）人员（主要是农民工），而外地人来广东主要是为了打工，这决定了与外来务工人员关系最密切的是与劳动就业相关的权利问题。其次，无论是正规就业的农民工，还是非正规就业的小摊小贩都处于低端劳动力市场中，而造成低端劳动力市场的根源在于以户籍制度为主的一系列社会制度。最后，从事非正规就业的人员，有相当比例者是被正规劳动力市场排斥或淘汰的，这部分人大多没有技术、没有文化或不能忍受工厂的苛刻管理；还有一些人，摆摊或者从事其他非正规工作，本身就是第二职业，他们的第一职业（工厂打工）不足以维持生存。因此，尽管小摊小贩属于自雇群体，不存在明确的雇佣关系，但仍然处于广泛的劳资矛盾中。

加拉赫盖尔（Gallagher）认为，中国的社会主义改革实验对于工人和外出打工的农民来说，是一个和全球资本（包括国内资本）正在发生的结合、排除和再结合的双重过程。城市工人放弃了他们在社会主义制度下所享有的福利，被结

---

① Gallagher Mary E., *Contagious Capitalism: Globaliztion and Politics of Labor in China*, Princeton University Press, 2005.

合进一个新的资本主义和竞争的道德经济学中。而所谓下岗失业人员、从事非正式经济的就业人员，就是被资本所排斥的。[1] 资本和正式工人的结合，以及对工人的排除，在我们看来，是中国劳工政治的两个方面。以往，人们较为重视正式就业工人和资本的关系，即所谓劳资关系中的劳工政治，而很少关注被资本排斥的非正式就业人员，实际上也处于劳工政治之中。

中国工厂中的劳资关系所形成的"资强劳弱"的格局非常稳固，中国工人维护和表达自身利益诉求的渠道较少，劳资关系处于极度的不平衡中，这已经是学界的共识。但是，从事非正式经济的自雇就业者，他们大都是被正式企业所排斥者。尽管他们没有和资本形成直接的劳资关系，但是，他们被资本赶出工厂的经历，以及后来在市场竞争中被大资本打压的现实，说明资本的强势是无所不在的，他们脱离不了资本以及为资本服务的权力的欺压。显然，正式就业和非正式就业的外来人群处于分割的劳动力市场，而这种"劳动力市场的现状并不是被动地反映一个人家庭或社会背景的优劣及素质的高低，而是经济不平等的延伸及其组成部分。"[2]

二、劳资矛盾与官民矛盾：直接转化和潜在基础

作为最基本的社会矛盾之一，劳资矛盾往往极容易被政治化，演化、升级为官民冲突和族群冲突。古巷事件给我们提供了显而易见的直接案例：讨薪纠纷导致恶劣事件，地方政府置之不理演变成官民冲突，最后升级为本地人与外来务工人员的大规模族群冲突。

新塘事件与古巷事件的不同之处在于：流动小贩与治安队的纠纷，并不是劳资纠纷，而是直接与村级权力机构的冲突，也可以说是官民冲突。但是，一个基本的事实是，在非正式经济中寻求生存的小商小贩，如果他们能获得较高的报酬，就会大大降低发生纠纷的概率，他们纳税或缴纳一些费用的负担就不会太重，就可能降低对治安队或城管行为的不满程度。但是，被正规劳动力市场排斥，又被大资本在市场竞争中打压的小商小贩，其实已经无力缴纳税费，哪怕在官方看来并不高的税费。

更为重要的是，参与新塘事件的大多数外来人员，如果他们的劳动权益和生

---

[1]　Gallagher Mary E., *Contagious Capitalism：Globaliztion and Politics of Labor in China*，Princeton University Press，2005.

[2]　罗伯特·麦克纳布和保罗·瑞安（Robert McNabb and Paul Ryan）：《劳动力市场分割理论》，见大卫·桑普斯福特、泽弗里斯·桑纳托斯主编：《劳动经济学前沿问题》，北京：中国税务出版社、北京腾图电子出版社2000年版，第191～192页。

存权益在劳资关系和政府管理中没有受到过侵害，他们单凭老乡关系或道德愤慨就会踊跃参与吗？

官民矛盾经常表现为民众对一些地方政府勾结资本，无视外来务工人员的基本权益，在处理劳资事件中行政不作为的强烈不满。这导致了民众对地方政府及工作人员的普遍愤怒，这种愤怒情绪极容易引起共鸣，在人群中相互传染，成为集群暴力事件发生的催化剂，也使得民众将冲突矛头指向了地方政府。以往爆发的这类事件，一些地方政府往往成为众矢之的，像一个矛盾黑洞，最终将各种社会矛盾吸收过来，但古巷事件和新塘事件的特殊之处在于，由于地方政府处置不力，矛盾进一步升级为本地人和外地人的族群冲突。

三、族群冲突：外来人与本地人的关系

中国地域辽阔，方言众多，不同省份和地区之间有较大差异，往往形成地域风俗、习惯的不同和文化特色。从不同地域来到广东，来到珠江三角洲的打工者，往往聚集居住，形成许多外来人的居住社区。① 在这些社区里，老乡们相邻而居、守望相助，共同应付生活的挑战。外来人租住在本地人的出租屋里，和本地人形成房东与租客的基本关系。自 20 世纪 90 年代以来，未见过关于外来人和本地人因为房屋出租纠纷和日常生活琐事而引发的大规模群体性冲突的报道。本章研究并提及的古巷事件、新塘事件和中山沙溪事件，是因为村级治安队横行霸道和地方政府处理不当而引发并升级为外来人和本地人的大规模群体性冲突。这也说明，如果没有权力机构不合情理的处置，民间纠纷是有着自我调节的机制，哪怕是外来人和本地人的纠纷。

从利益结构来说，本地人和外来人并不互相冲突。外来人为本地人带来了大量的廉价劳务、商品，缴纳了房屋租金，促进了市场消费，也给当地政府带来一定的直接的税费收入。有一些本地人和外地人甚至成为朋友，在我们的访谈中，有的被访者讲：

其实不是本地人和外地人之间的矛盾。我觉得本地人挺好的。像隔壁那个陈女士就是本地人，她三姊妹都是摆摊的，跟我们都玩得很好。没有什么本地人外地人的区别。

——2012 年 4 月 21 日访谈朱女士（湖南郴州）

当然，本地人和外来人并不是没有矛盾。显然，外地人并非本地公民，缺乏

---

① 刘林平：《外来人群众中的关系运用——以深圳"平江村"为个案》，载《中国社会科学》2001 年第 5 期。

对当地社会的归属感，他们除了经济活动之外，较少愿意投身到本地社区共同体的建设中。外来人也往往因为本地人有钱、有权、有社会关系，而将本地人视为不同的社会阶级或阶层，他们交往的社会圈子也主要是外来人自己的圈子。而本地人往往因为外来人对当地社会治安和卫生环境的影响等因素，对外地人产生心理上的排斥。外来人和本地人的这些差异和矛盾，在平时并不特别显现，但一当发生大规模的冲突时，也可能爆发出来。

但是，外来人与本地人的族群对立甚至冲突，并不是普通百姓之间的对立和冲突，而是外来人和本地权贵阶层的冲突。造成这种冲突的基本原因就是制造区隔，对外地人施行严格的非法行政管制和非本地公民待遇，保护本地权贵利益的特殊的社区治理结构，我们将之称为"地方专制资本主义"。

四、特殊的社区治理结构

迈克尔·布若威认为，资本主义的劳动体制已经从"专制"走向了"霸权"。前者建立在对工人的强迫上，后者则奠基于工人的"同意"。同意的产生是建立在内部国家、内部劳动市场以及赶工游戏等企业内部制度安排之上的。[1]李静君沿用布若威的基本概念，运用比较研究方法，研究了同一所有权，但分别位于深圳和中国香港的两家工厂。她发现：中国香港工厂的管理属于"家族式霸权"，深圳工厂对女工实施身体上的控制、严格定时的工作和罚扣工资，施行"地方专制主义"的管理。[2] 作为世界工厂，中国劳动体制非常复杂，布若威所描述的各种生产政体都汇聚至此，展现出复杂的多样性，就像一座工厂政体的博物馆，既有传统的父权制体制，也有现代的跨国厂商治理体制。[3] 而"专制"与"霸权"仍然是生产政体这一体系中最重要的两个维度。

改革开放30多年来，中国总体上朝着更加民主、更加开放、更加自由的方向发展，但地方强权依然广泛存在。一些地方政府（镇）及村级权力机构在经济利益的驱使下，与资本勾结，并利用行政外包，通过强权"依法施暴"，对外来务工人员施行严格的行政管制和非公民待遇。

在劳资关系上，一些地方的突出表现是：地方权力体系在面对劳资矛盾和冲突时不以国家制定的劳动法律法规为准绳，而是各行其是，默认、纵容乃至鼓励

---

① 迈克尔·布若威：《制造同意——垄断资本主义劳动过程的变迁》，李荣荣译，北京：商务印书馆2008年版。

② Ching Kwan Lee. Engendering the Worlds of Labor: Women Workers, Labor Markets and Production Politicsin the South China Economic Miracle. *American Sociological Review*, Jun, 1995, Vol. 60, No. 3.

③ 沈原：《市场、阶级与社会：转型社会学的关键议题》，北京：社会科学文献出版社2007年版。

各种侵犯劳工权益的行为。当资本和劳动发生矛盾时，地方权力机构尽力维护资本的利益，有时甚至肆无忌惮，不顾基本事实，不怕社会舆论。地方强权尽力维护工厂的专制式管理或专制劳动体制。

更为重要的是，我们认为，某些地方是一种特殊的社区治理结构：对走出工厂围墙的工人（尤其是外来工人）和从事非正式经济活动的外来人员施行严格、残酷、差别化的非法的专制式管理或专政，以暴力为后盾，以惩罚为基本手段，剥夺正常公民权利，对本地人和外来人分别对待，动辄检查、罚款、驱赶、殴打、拘禁，将国家法制破坏殆尽；对辖区居民分别对待，将本地人和外来人的差异强化、固化、制度化，当本地人和外来人发生纠纷和冲突时，不问是非，无原则、无条件地袒护本地人，制度性地恶化本地人和外来人的族群对立；打着维护本地人的旗号，对本地人中的普通老百姓也施行残酷统治，完全罔顾地方自治的基本制度。地方特殊的社区治理结构集官、商、匪于一身，是封建强权、专制资本和黑恶势力的强化结合。

地方特殊的社区治理结构管理的最终结果是激化劳资矛盾、恶化官民对立、强化族群对立，建立独立王国，破坏国家法制，与现代企业产业民主和社区民主治理的方向背道而驰，严重危及执政党的合法地位。这一概念既包含地方经济发展模式，也包含了地方社会管理的基本模式，核心是现代专制资本主义的唯利是图，加上家长制或类似权威的地方主义统治，既有古代恶霸经济的特点，又有"文革"时代群防群治的阶级斗争色彩。地方特殊的社区治理结构会形成《水浒传》中祝家庄式的"土围子"。地方特殊的社区治理结构成为底层外来务工人员乃至本地下层老百姓难以冲破的社会藩篱，他们被压制在低端、非正规劳动力市场，从事着艰苦的劳动，承受着非公民待遇，必将激起心中的不满和愤怒，一有机会，便会以暴力的形式发泄出来。地方特殊的社区治理结构成为外来人和本地人一次次民众反抗的矛头所向，它们统治的地方已经成为社会暴力事件发生的火药桶。

五、大敦村：地方特殊的社区治理结构的典型

大敦村是一个什么样的地方？我们在访谈中了解到的，它是一个地方专制资本主义统治的典型代表。

先看本地人的反映：

村委会卖了这么多地，我们村民一分钱都没得到，村委会里面的人用光了。我们村民也是借着这次事件，每天都去村委会闹，闹了一段时间。现在听说呢，村委书记、治安队主任、村长都被捉了。我们村是放了鞭炮，庆祝了一下。很多人都说大敦好，很有钱，我说哪有钱啊，都是当官的才有钱，我们这些小农民都

没有钱。

这次事件他们去烧村委会嘛，其实村委会如果是好的，那些干部是好的，村民是会出来帮忙的。比如隔壁的久裕村，那些人到久裕去闹事的时候，他们全部村民都出来，所以久裕村委会没有事，只有治安队被烧了。他们被烧是因为久裕治安队捉了几个人，他们把人救出来后就把治安队烧了。久裕村福利好嘛，凡是男丁个个都拿着锄头、水管，在村口守着嘛。所以说想去那里闹不了的。久裕村每个人每年分红都有一万多块钱，像我们什么都没有，你看卖地都卖那么多，什么都没有。

村委会在外面吹水①就厉害，实际上为村民办事就一点都没有。

——2012 年 4 月 21 日大敦村访谈陈女士（当地人，摆摊卖衣服）

陈女士反映的是，村委会卖了地，村民没有得到，全部被干部侵占了。类似的情况曾经引发了 2005 年 7 月番禺的太石村事件②和 2011 年 9 月汕尾的乌坎事件③。和大敦村不同，隔壁的久裕村尽管在事件中也被波及，但村民却出来维护村委会，因为久裕村给村民分红，而大敦村"为村民办事就一点都没有"。

在大敦村摆摊的外来人朱女士对本地人被欺压的情况也有一些了解，她说：

事情发生之前，我有个邻村的朋友告诉我，大敦本地人谁敢去跟村委会去闹的话，当面不会对你怎么样，过得几个月把你抓去坐牢。所以以前本地人是不敢闹的。外地人也不吭声，以前每年都要收 100 块钱，快过年的时候，好像是叫什么治安费吧。

——2012 年 4 月 21 日访谈朱女士（湖南郴州，大敦村摆地摊卖衣服）

对于大敦村治安队横行霸道反映的说法，我们在前面已经说到过，到大敦村做过调查的学生讲述了一些离奇的案例：

有一个人跟我说他在大敦村被治安队一天之内抓进去过 3 次。他刚出来，交了罚款，放出来，还没走到 10 米，就又被抓进去，然后交了罚款，又放出来，再被抓进去，他当时都崩溃了。还有，就是有时候走在路上，就要被检查，如果没有相关证件，就被打一顿，然后抓进去。我们也采访过一个人一天被治安队和派出所分别抓进去过一次。也就是说在当地被抓进去其实见怪不怪了。这次也是因为是个孕妇，才闹得比较大。

——2012 年 3 月 30 日大学城访问女生

---

① 吹水：方言"吹牛"的意思。

② 见《维基百科：太石村罢免事件》，Http：//zh.wikipedia.org/wiki/%E5%A4%AA%E7%9F%B3%E6%9D%91%E4%BA%8B%E4%BB%B6。

③ 见《维基百科：乌坎事件》，http：//zh.wikipedia.org/zh/%E7%83%8F%E5%9D%8E%E4%BA%8B%E4%BB%B6。

一天之内就被治安队抓了 3 次，简直是闻所未闻。另外一些被访者说：

问：听说原来那个治安队打人打得凶得很哦？

答：太厉害了，真的太厉害了。

问：治安队都是本地人？

答：全是本地人。

问：那是不是觉得本地人欺负外地人呢？

答：那就是嘛。

——2012 年 4 月 21 日下午，访谈牛仔厂 38 岁四川达州男工

城管那些管（占道摆摊），还不是只管我们外地的。他看你穿的衣服、讲话不会讲白话，一看就知道是外地人，就不准你摆摊，他们本地人基本上都认得到，本地人摆就不管。凭哪样哦，我们外地人要比人家低一等，给人家欺负看不起了嘛。

——4 月 12 日下午，访谈粮油店铺老板

治安队通过口音能分辨出本地人和外地人，这个很难改的，地方口音很浓的。

——2012 年 4 月 21 日大敦村访谈陈女士（当地人，摆摊卖衣服）

还有一些离奇的事情，大敦村居然自己发放车牌：

治安队给整个大敦村受到他们保护的人发一个大敦牌（车牌），但是这个牌却不能出村。也就是说你出了这个村，就被派出所抓；没有这个牌到了大敦村就被治安队抓。很多人都办不到这个车牌，要几万块钱买的。

——2012 年 3 月 30 日大学城访问女生

他一个村都有一个牌出来。你看现在有的摩托车上面都挂着有嘛。

——访谈某牛仔厂男工

这个村的权力机构出卖土地并私分土地款，利用治安队实施残酷统治，私设车牌，等等。这可以认为是地方专制统治。

第六节　性质、后果和前景

一、性质：特征、定性与功能

增城新塘事件和潮州古巷事件是由恶劣事件引发的、交织了劳资矛盾、官民

矛盾和族群矛盾，走出了工厂围墙、引起激烈社会震荡的外来务工经商人员（主体是农民工）的集体行动。我们认为，这类事件具有如下特点：

（1）偶发性：尽管事件的发生有着必然的社会基础，但就事件本身来说，还是偶然发生的。

（2）单一性：这些事件不是包含广泛社会阶层的运动，尤其是缺乏城市中产阶级的直接参与①；事件基本上是单独发生，持续时间也较短，在同一地方也没有形成接连发生的事件。

（3）非组织性：没有正式的组织力量和组织形式，没有党派和社会团体的领导，事件过程中也没有形成组织或领导力量，传统的地缘老乡关系成了组织联系的纽带。

（4）非政治性：没有明确的政治目标，没有浓厚的意识形态色彩，只有具体的维权诉求；不是要改变所有权、打到资本家，更不是要推翻政府，而只是要求政府落实法律、法规。

（5）生存性：维护的是基本生存权益、劳动权益，要求一个人性化的企业管理、社区治理和政府管理。

（6）半合法性：在法律意义上，这一类运动的发生，往往没有经过合法的程序，所以不具有合法性。但是，这一类运动的发生，具有伦理上、道德上的正当性，得到社会阶层的广泛同情，因而具有更深层次上的合法性。

查尔斯·蒂利认为，社会运动是三个要素的结合：其一，不间断和有组织地向目标当局公开提出群体性的诉求伸张；其二，下列政治行为方式的组合运用：为特定目标组成的专项协会和联盟、公开会议、依法游行、守夜活动、集会、示威、请愿、声明、小册子（即常备剧目）；其三，参与者协同一致所表现出的WUNC：价值、统一、规模，以及参与者和支持者所作的奉献。②

从蒂利所说的这些要素的组合来看，中国的农民工群体事件，如潮州古巷事件、增城新塘事件、中山沙溪事件都不是社会运动。

这些事件有诉求，但诉求是具体的，如补工资、惩罚凶手等，但基本没有政治性的诉求，也基本没有明确的纲领诉求、身份诉求和立场诉求。这些事件有活动，但基本不是集会、游行，而是骚乱、同警察的冲突。这些事件更没有表现出价值、统一、规模和奉献等要素。

从以上特点来看，我们认为，新塘事件和类似运动既不是查尔斯·蒂利所定义和归纳的社会运动，更不是所谓"新社会运动"。恩斯特·克劳、查特尔·墨

---

① 2012 年发生的四川什邡、江苏启东的环境运动有广泛的城市中产阶级参与，而农民工群体性事件基本没有城市中产阶级参与。

② 查尔斯·蒂利：《社会运动，1768 ~ 2004》，上海：世纪出版集团、上海人民出版社 2009 年版。

菲说："'新社会运动'……把一系列极端不同的斗争汇集在一起，这些斗争包括都市的、生态主义的、反权力主义的、反制度化的、女权主义的、反种族歧视的、少数民族权力的、地区的或性少数的斗争，它们的共同点就是它们与被当成"阶级"斗争的工人斗争有所区别。强调那个成问题的阶级斗争概念是毫无意义的，这一概念在生产关系的水平上混合了一系列非常不同的斗争……我们对于新社会运动的兴趣，不是它把各种斗争归属为与阶级观念相对的一个范畴，而是它在把迅速消融的社会冲突解释为越来越多的关系方面所起的新作用。这种越来越多的关系，是高度发达工业社会的特征。"①

因而，我们认为，新塘事件这一类集体行动，不是马克思主义意义上的阶级斗争，也不是现代西方意义上的"新社会运动"和"新的工人斗争"，当然也不是传统中国的农民起义，而是中国工业化、城市化进程中的、转型时期的"半职业化工人运动"。

这一类运动的主要功能是：揭露外来农民工的悲惨生活，使问题公开化、激化而引起社会公众的关注和政府的重视，维护基本的劳动权益和生存权益。

二、后果：社会工作

2012年5月19日，离事件发生快一周年了，我们到新塘镇大敦村访问。我们发现，有了两点变化：

第一，进驻了一个社工机构。

第二，社工和居民们都反映，现在治安队的执法柔性一些了。一些摆摊的人，只是去劝阻，实在不听，也就算了。

但是，街道依旧，工人依旧。只是无人知道那位孕妇（孩子）和她的丈夫去了哪里。在那次行动中被抓的人，到底怎么样了，也没有确切消息。

我们来到2011年事件的发生地，也就是隆家福超市边上的马路，过往的车流和人流已经将昔日的痕迹碾压得毫无踪影，跌倒的孕妇和可能洒落的血迹以及曾经和治安队的激烈口角和拳打脚踢都化成了好事的人们的记忆。路边餐馆和路人响起的独特的四川口音，使人联想起足球场上"雄起"的吼叫，如果这里的四川人，都能从容地放下手头的工作，而到足球场上用四川话去声嘶力竭地吼喊着"雄起"的时候，也许，我们这个国家就真正地"雄起"了。而现在，他们还在为生计而忙碌着。

---

① 恩斯特·拉克劳、查特尔·墨菲：《领导权与社会主义的策略——走向激进民主政治》，哈尔滨：黑龙江人民出版社2003年版，第177～178页。

而在头一天，一个社工和我们交谈时说：

2011 年的事件就像一场惨烈的车祸，现场已经处理了，用水龙头冲洗过了，后面的车水马龙，就什么都看不见了。

现在真的是什么都看不见了，看得见的就是学校旁边的那家社工机构。中午，我们和社工机构的几个工作人员一起吃饭，他们说，对孩子们开展社工活动最容易，农民工的孩子都乐于参加，开了一些兴趣班。但是，他们很难接触到工人，工人要上班，更不敢到工厂宣传劳动法。

三、前景：重复与改变

恩斯特·拉克劳、查特尔·墨菲说："工厂之内的斗争形式在何种程度上要依赖一种话语环境，这一环境要远远超过生产关系的范围。工人置身其中的其他一些社会关系将会决定他们在工厂之内的反应方式。不能为构建一个单纯的工人阶级而消除这些关系的复杂性。"他们还说："工人阶级的真正定位要依赖于各种力量的政治平衡和相当程度上决定于本阶级之外的多元民主斗争的激进化。"①

查尔斯·蒂利认为，"唯有具有广泛的民主制度和民主实践的政权，才会发生社会运动的可利用性。"② 社会运动和民主化有着复杂的关系：互为因果，互相交织，相互影响，相互加强。社会的民主和开放，会创造社会运动的"政治机会结构"③。

我们赞同他们的看法。我们认为，像新塘事件这一类运动尽管不是社会运动或新社会运动，但它们的发展前景和社会运动一样，主要由中国的改革进程塑造，由具体的政策和处理手段塑造，当然也由社会舆论、社会意识塑造。如果有明确的法律、法规进行规范，那么，这一类运动将会合法化，被纳入现代国家体系，将其破坏性减至最低。否则，这一类运动则会始终停留在"群体性事件"的名称与内涵里，停留在骚乱与维稳的对立中，给社会造成动荡和不安，尽管也许能够获得一定的积极的成果，但代价实在太大。

---

① 恩斯特·拉克劳、查特尔·墨菲：《领导权与社会主义的策略——走向激进民主政治》，哈尔滨：黑龙江人民出版社 2003 年版，第 187、199 页。

② 查尔斯·蒂利：《社会运动，1768～2004》，上海：世纪出版集团、上海人民出版社 2009 年版，第 174 页。

③ Eisinger Peter K.. The Conditions of Protest Behavior in American Cities. *American Political Science Review*, 1973，6，7.

第十四章

新生代农民工[*]

本章通过对"80 前"和"80 后"农民工问卷调查的数据对比，揭示了新生代农民工的群体特征，这些特征有的验证了过往研究，比如人力资本高、发展型外出动机、频繁的流动、日常消费增加、身份认同发生变化等，同时也有新的发现：新生代农民工外出打工决策的自主性不如老一代；加班的目的是获得升迁或遵守企业规定；参与劳动合同协商比例上升，但合同满意度并没有随之升高；社会保险和相关福利待遇提高；社会不公平感、被剥削感、被排斥感都不强，甚至社会不公平感的感受要弱于老一代；社会网络结构发生变化，学缘纽带更为重要；新生代农民工的维权意识并不比老一代强烈，受侵害比例、投诉率和参加群体性活动比例的差别都不显著；新生代农民工虽然认同自己是工人，但是迁移意愿并不强烈，对土地的认识程度要更模糊。这说明，新生代农民工并不比老一代更向往城市，也并不比老一代更具有反抗意识和行为。通过对生命周期和社会变迁、劳动力拆分型再生产模式、精神圈地等概念的讨论，本章进一步论述了新生代农民工特征的形成机制。

中国的经济改革发轫于 20 世纪 70 年代末、80 年代初，伴随着改革开放进程出现了农村人口大规模向城市和沿海地区流动的历史进程。现在，这一过程已有 30 余年，当初外出或没有外出打工的农民哺育出了下一代，他们中外出打工的人被称为"新生代农民工"①。和老一代人不同，他们成长于完全有别于计划

---

* 本章作者：王苗。
① 我们将新生代农民工界定为 1980 年后出生的农民工。

第十四章　新生代农民工

经济的市场经济的孕育、萌芽、成长和基本成型的过程，这一过程表现为珠三角以及后来的长三角和东南沿海地区成为世界工厂，外资的大规模进入中国以及本土的私有企业崛起，商品短缺转身而成消费主义，信息网络技术快速运用和大众化，全球化浪潮几乎已经波及中国每一个偏远的山村，但基本的社会管理体制一如 30 年前依旧。

"新生代农民工"已经成为备受关注的话题，有关研究也成为社会学和社会科学的显学。本章在大规模问卷调查数据的基础上，试图描述与分析新生代农民工的特征并与以往相关研究对话。

第一节　文　献　回　顾

韩长赋将农民工划分为三代：第一代是 20 世纪 80 年代出来打工的，这批人亦工亦农，离土不离乡；第二代大多是 20 世纪 80 年代成长起来的，是目前农民工的主力军；第三代则是 20 世纪 80 年代和 90 年代出生的。他认为，第二代和第三代农民工是农民工的主体，也就是新生代农民工。同时，韩长赋还分析了"90 后"农民工的特征，他认为这一群体对土地和农村的依恋减少，进城打工是为了改变自己的生活，不想回农村；城市文明对他们具有巨大的吸引力，生活相对优越，忍耐力和吃苦精神不及父辈，在服务行业就业的比例上升；心理平衡较差，难以接受"被歧视"，已经具有了朴素的但有些盲目的平等和民主观念，对城乡差距、一城两制现象不认同，要求平等就业、平等权利。[①]

学术界对新生代农民工的研究要从王春光首提"新生代流动人口"开始。他认为，农村流动人口出现了代际差异，出生于 20 世纪 80 年代的农村流动人口比老一代有更多的机会和条件接受学校教育，知识水平比其他农村流动人口高，参加务农的时间和机会相对少，这在一定程度上影响了他们外出的动机以及发展。因此，新生代农村流动人口表现出不同的社会认同。[②]

自此之后，很多学者也对这个群体进行了划分和研究，并逐渐提出了新生代农民工的说法和划分标准。[③] 目前通用的划分标准是以 1980 年作为分界线。对

---

① 韩长赋：《谈关于 90 后农民工》，《人民日报》，2010 年 2 月 8 日。
② 王春光：《新生代农村流动人口的社会认同与城乡融合的关系》，载《社会学研究》2001 年第 3 期。
③ 赵芳：《"新生代"，一个难以界定的概念》，载《社会学研究》2003 年第 6 期。王兴周：《新生代农民工的群体特性探析》，载《广西民族大学学报（哲学社会科学版）》2008 年第 7 期。符平：《青年农民工的城市适应：实践社会学研究的发现》，载《社会》2006 年第 2 期。

新生代农民工的讨论，可以分为综合性和特征性研究，综合性研究侧重于新生代农民工的群体概念界定和群体特征，特征性的则是针对新生代农民工的某一方面进行研究，比如流动和就业、生活和消费、婚恋和犯罪、社会认同和城市融合、社会保障和政治诉求等。

在综合性研究方面，杨菊华认为新生代流动人口在劳动就业、社会保障、身份认同等方面展现出"五低"、"二差"的特点：即职业声望低、收入水平低、保障程度低、标准劳动时间低、身份认同低；就业行业差、住房条件差。虽然他们渴望融入城市社会，成为新市民，但是理想与现实之间的冲突也越深，因此出现"渴求—失落—退缩"的怪圈。[①] 王兴周通过定量数据分析认为，新生代农民工具有较高的人力资本和个人素质；有理想，有目标；注重市场原则；更有平等意识；独立自主意识更强。[②] 吴红宇和谢国强发现，新生代农民工的性别构成有所改变、文化程度明显提高、求职和生活的社会网络效应增强、职业变换多且快，并且有主动融入社会环境的要求。[③]

新生代农民工虽然是一个有着强烈中国语境的词语，但是国外的一些学者对此也有研究。张彤禾（Leslie T. Chang）在东莞对打工妹进行长期的观察和生活，在《工厂女工》一书中对新生代农民工进行了全景式的描述，记录了在社会转型期中国女工的变迁过程。她发现，东莞的工作流动性很强，她遇见的所有工厂高层管理人员几乎都是从生产线上开始自己的工作生涯，这是典型的东莞打工妹风格。作者通过重点观察的两个个案向我们展示了打工妹们的人生起伏，换工作，顶撞老板，为了成功愿意牺牲一切。她们也为自己的爱情而努力，在网络聊天室里寻求自己的另一半。[④]

潘毅、任焰（2008）认为农民工群体内部出现了代际的更替和分野，新生代农民工相比第一代农民工对城市实现了一定的心理认同，融入城市的欲望更强烈。她们将新一代农民工和土地联系减少这一过程称之为"精神圈地"。这种过程使得新生代农民工陷入进退两难的境地：既不可能从农民变成城里人，也不可能回到农村。[⑤]

精神圈地不仅体现在身份认同上，还体现在新生代农民工的集体行动上。潘毅等认为，新生代农民工表现出更强烈的集体行动意愿，她分别从个体、愤怒和阶级行动三个层面来分析新生代农民工未完成的阶级化。在潘毅的个案分析中，

① 杨菊华：《对新生代流动人口的认识误区》，载《人口研究》2010 年第 2 期。

② 王兴周：《新生代农民工的群体特性探析》，载《广西民族大学学报》2008 年第 7 期。

③ 吴红宇、谢国强：《新生代农民工的特征、利益诉求及角色变迁——基于东莞塘厦镇的调查分析》，载《南方人口》2006 年第 2 期。

④ Leslie T. Chang. *Factory girls: from village to city in a changing china.* Spiegel & Grau Press, 2008.

⑤ 潘毅、任焰：《国家与农民工：无法完成的无产阶级化》，载《21 世纪》2008 年第 107 期。

阿星作为新生代农民工的一个个体，由第一代压抑失语的状态转化为愤怒，接着由愤怒的感情转化为集体的行动，这种由意识到行动的变化都是新生代不同于老一代之处。在潘毅看来，所谓的阶级化就是由农民转化为工人，而新生代农民工正在进行这个过程，可以称之为"未完成的阶级化"。①

在特征性研究方面，罗霞和王春光发现新生代流动人口对外出有着更多的期望，不仅仅限于解决生存问题之需要，他们在外出的过程中不断地建构他们采取行动的动因和理由。② 符平和唐有财通过调查数据发现，新生代农民工的流动呈现倒"U"型的发展轨迹。③ 潘寄青、谭海燕和李娜发现新生代农民工选择出来务工具有经济型和生活型并存的特点，即在考虑赚钱的同时，更考虑把出来务工作为改变生活状态和人生道路的一种途径，对职业的期望值也要高于老一代，同时他们也看到了新生代农民工面临着城乡二元体制的制度性障碍、知识和技术的瓶颈，以及权益难以得到充分保护等问题。④

关于新生代农民工的社会认同问题则是探讨较多的。王春光认为新生代农村流动人口对制度性身份的认可在减弱，农民身份被赋予了更多的社会涵义。⑤ 许传新认为新生代农民工是"落地未生根"，也就是说他们的城市工作适应、人际适应都处于中等水平，而生活适应处于较低水平。⑥ 胡晓红认为新生代农民工在对自己身份作总体性的认知和评价时，呈现出模糊性、不确定性和内心自我矛盾性，他们是心灵上的"漂泊一代"，这导致了认同困境与身份焦虑。⑦ 有学者借用"内卷化"概念，认为新生代农民工的社会认同呈"内卷化"趋势，融入城市面临障碍，认同于自己这个特殊的社会群体，不认同城市社区和农村社区。⑧新生代农民工是城市的"边缘人"或"两栖人"，无法"扎根"也无法"归根"。⑨

除此之外，还有学者对新生代农民工的生活和消费进行了研究，认为新生代

---

① Pun Ngai and Lu Huilin. UnfinishedProletarianization: Self, Anger, and Class Action among the Second Generation of Peasant-Workers in Present-Day China. " *Modern China*, 2010, 36 (5).

② 罗霞、王春光：《新生代农村流动人口的外出动因与行动选择》，载《浙江社会科学》，2003年第1期。

③ 符平、唐有财：《倒"U"型轨迹与新生代农民工的社会流动——新生代农民工的流动史研究》，载《浙江社会科学》2009年第12期。

④ 潘寄青、谭海燕、李娜：《新生代农民工城乡转移及就业路径探析》，载《当代青年研究》2009年第2期。

⑤ 王春光：《新生代农村流动人口的社会认同与城乡融合的关系》，载《社会学研究》2001年第3期。

⑥ 许传新：《"落地未生根"——新生代农民工城市社会适应研究》，载《南方人口》2007年第4期。

⑦ 胡晓红：《社会记忆中的新生代农民工自我身份认同困境》，载《中国青年研究》2008年第9期。

⑧ 刘传江：《新生代农民工的特点、挑战与市民化》，载《人口研究》2009年第2期。

⑨ 刘传江、程建林：《第二代农民工市民化：现状分析与进程测度》，载《人口研究》2008年第9期。汪国华：《两代农民工文化适应的逻辑比较与实证研究》，载《西北人口》2009年第5期。

农民工的消费方式越来越接近城市人，受城市的影响也越来越大等。①

综合上述研究，有关新生代农民工的认知可以总结为表14-1。

表14-1　　　　现有文献关于新生代农民工特征的描述与分析

研究内容	主要观点
概念界定	新生代农民工的提出，概念的界定，以1980年为划分标准
总体描述	打工历程，半阶级化过程，人力资本和个人素质高，务农经历少
流动与换工	职业期望高，发展型发展需求，倒"U"型流动轨迹
工作状况	收入低，保障差，从事行业差
消费与生活	消费观念接近城市人，婚恋观受城市影响
社会认同	"内卷化"趋势融入，边缘人，两栖人

我们认为，目前学术界对新生代农民工的研究还存在一些问题：其一，对整体特征的认知没有建立在大规模问卷调查的基础上，一些特征的得出仅仅是个案或者经验感知的结果，有的研究即使有问卷数据做基础，其样本量也不够大，这样必然会造成对整体特征认识的偏差。其二，既然是特征分析，就必须要建立在对比的基础上，也就是要将新生代农民工和老一代农民工进行对比，但一些研究并未进行对比。其三，因果分析和理论分析都不够。因此，我们力图在大规模样本数据的基础上，采用对比研究的方式，梳理新生代农民工的特征，并试图在理论的指导下分析这些特征的形成原因。

第二节　基本情况

2010年7～8月，我们对珠三角和长三角的外来工进行了大规模的问卷调查，回收有效问卷4 152份。我们进一步将样本基本情况划分为1980年以前出生者和1980年以后出生者加以对比，见表14-2。

---

① 施磊磊：《青年农民工"闪婚"现象的动因探析》，载《青年研究》2008年第12期。舒仁华：《青年农民工婚变行为的社会学解读》，载《中国青年研究》2008年第9期。李涛：《新生代农民工市民化问题的社会学分析》，载《长春理工大学学报（社会科学版）》2009年第9期。焦亚波：《青年农民工主观生活质量满意度评价分析》，载《兰州学刊》2009年第6期。汪国华：《生活意义的再造：新生代农民工日常行为的仪式化研究》，载《中国青年研究》2010年第4期。

表14-2　　　　　　　　　　　样本基本情况

描述项		"80前"		"80后"		差距（%）
		频数	百分比	频数	百分比	
性别	男	910	60.42	981	49.12	11.3
	女	596	39.58	1 016	50.88	-11.3
年龄	平均值（岁）	40.05		23.39		16.66
	标准差	6.65		3.54		—
婚姻状况	已婚	1 412	93.82	626	31.35	62.47
	未婚	49	3.26	1 369	68.55	-65.29
	丧偶和离婚	44	2.93	2	0.1	2.83
教育程度	小学	484	32.14	147	7.36	24.78
	初中	727	48.27	929	46.52	1.75
	高中	227	15.07	350	17.53	-2.46
	中专技校	41	2.72	351	17.57	-14.85
	大专	27	1.8	220	11.02	-9.22
	平均受教育年限（年）	8.68	—	10.52	—	-1.84
获得资格证书情况	没有证书	1 317	87.51	1 629	81.57	5.94
	1个	158	10.50	265	13.27	-2.77
	2个及以上	30	1.99	103	5.16	-3.17
技能培训情况	没有参加过	1 087	72.23	1 277	64.01	8.22
	参加过	418	27.77	718	35.99	-8.22
务农经历	有	1 183	78.60	1 237	61.97	16.63
	没有	322	21.40	759	38.03	-16.63

注：我们将农民工的"受教育程度"转换为"受教育年限"，即分别将小学及以下、初中、高中、中专和技校、大专5个等级转换为6年、9年、12年、13年和15年。

从表14-2我们可以看出以下几点：

第一，人口特征：新生代农民工的平均年龄为23.39岁，老一代则为40.05岁，两者差16.66岁。婚姻状况受生命周期的影响，新生代的未婚比例近70%，高出老一代65个百分点。新生代农民工男女比例相当，女性占50.88%，性别比为0.96，老一代农民工中女性只有39.58%，性别比为1.53。

第二，人力资本：新生代农民工的受教育年限平均为10.52年，老一代为8.68年，从分布上看，新生代农民工初中以上学历的人数较多，其中大专和技校学历明显增多，老一代农民工则较多是初高中学历。新生代与老一代相比，获得证书的比例明显增加,高出 5.94 个百分点,参加培训的比例也明显增加,高出 8.22 个百分点。

第三,务农经历:新生代农民工有过务农经历的比例明显减少 16.63 个百分点。

第三节　外出打工和流动

一、外出动机

问卷对农民工外出打工动机进行了询问,结果见表 14 - 3。

表 14 - 3　　　　　　　　外出打工动机

描述项	"80 前"频数（百分比）			"80 后"频数（百分比）		
	符合	一般	不符合	符合	一般	不符合
在家收入低	1 163 (77.23)	173 (11.49)	170 (11.29)	899 (45.04)	482 (24.15)	615 (30.81)
赚更多的钱	1 288 (85.22)	127 (8.43)	91 (6.05)	1 370 (68.67)	345 (17.29)	280 (14.04)
在家没事干	519 (34.53)	307 (20.43)	677 (45.04)	730 (36.66)	434 (21.80)	827 (41.54)
出来学技术	883 (58.67)	316 (21.00)	306 (20.33)	1 580 (79.28)	273 (13.70)	140 (7.02)
自己创业	704 (46.87)	305 (20.31)	493 (32.82)	1 220 (61.28)	435 (21.85)	336 (16.88)
家乡生活差	865 (57.44)	349 (23.17)	292 (19.39)	653 (32.78)	598 (30.02)	741 (37.20)
为了自己	482 (32.03)	298 (19.80)	725 (48.17)	751 (37.64)	468 (23.46)	776 (38.90)
打工由自己决定	1 294 (85.98)	110 (7.31)	101 (6.71)	1 658 (83.02)	196 (9.81)	143 (7.16)

439

可以看到，和老一代相比，新生代农民工的外出打工动机已经发生了改变，出来学技术和自己创业的比例有了很大的提升。我们进一步对择业动机进行因子分析后提炼出两个主成分（注：已经通过 kmo 检验，可以做因子分析），从而得到两个主因子：生存型和发展型动机。生存型因子所包含的选项有 1、2、3、6 项，发展型则包括 4、5 项，然后再将两个因子和两个群体进行 t 检验，结果见表 14-4、表 14-5。

表 14-4　　　　　　　　外出动机的因子分析

描述项	F1	F2	共同度
1. 在家收入低，不得不出来打工	0.7612	-0.3552	0.7055
2. 想出来赚更多的钱	0.7736	-0.1627	0.6249
3. 在家里没事干	0.3702	0.0631	0.1411
4. 想出来学技术、长见识	0.3442	0.7824	0.7306
5. 想通过打工实现创业	0.3434	0.7669	0.706
6. 家乡生活条件差，打工地生活更好	0.7225	-0.2212	0.571
方差贡献率（%）	0.3305	0.2493	—
累计方差贡献率（%）	0.3305	0.5798	—

表 14-5　　　　　　　　外出动机的因子得分

描述项	"80 前"		"80 后"		差距
	均值	标准差	均值	标准差	均值之差
生存型因子得分	0.4463	0.8402	-0.2229	0.9705	0.6692***
发展型因子得分	-0.3201	0.8984	0.2374	0.8983	-0.5576***

注：*** 表示 $p < 0.001$，** 表示 $p < 0.01$，* 表示 $p < 0.05$。

结果显示，新生代农民工发展型因子得分平均值高于老一代，而老一代生存型因子得分平均值高于新生代，这说明，新生代农民工外出打工动机更多是发展型，而老一代则是生存型。如果以"推拉理论"进行解释，老一代农民工外出打工主要是农村的"推"力，而新生代农民工则是以城市"拉"力为主了。值得注意的是，无论是新生代还是老一代，都有超过 8 成的人表示外出打工是由自己决定的，但是，令人惊奇的是，老一代人自主决定的百分比还高出近 3 个百分点，新生代外出打工的自主性有所减弱①。

———————
① "外出打工自己决定"这一选项通过了卡方检验。

二、求职途径与换工频率

运用社会网络求职是农民工群体中非常普遍的现象。那么代际的差别是否会影响求职网络呢？从表 14 - 6 可以看到，无论是老一代还是新生代，利用亲友介绍的比例都是最高的。但是，新生代对于亲友网络的依赖已经显著减低。此外，新生代利用互联网应聘和学校或政府组织的比例都有显著增加，利用其他途径求职尽管有显著性差异，但差异并不大。

表 14 - 6　　　　　　**求职途径和换工频率（百分比%）**

描述项		"80 前"	"80 后"	差距
求职途径	学校和政府	5（0.33）	62（3.11）	- 2.78 ***
	亲友介绍	821（54.73）	935（46.94）	7.79 ***
	劳务市场和中介	144（9.60）	242（12.15）	- 2.55 **
	网络应聘	12（0.80）	96（4.82）	- 4.02 ***
	新闻媒体和街头广告	104（6.93）	153（7.68）	- 0.75
	企业直招	321（21.40）	398（19.98）	1.42
	其他	93（6.20）	106（5.32）	0.88
换工频率		0.33	0.78	0.45 ***

注：*** 表示 $p < 0.001$，** 表示 $p < 0.01$，* 表示 $p < 0.05$。

农民工是一个流动非常频繁的群体。本次调查发现，老一代农民工有 66.16% 的人换过工作，新生代则高出 2 个百分点。从年换工频率来看，老一代的换工频率是 0.33 次/年，新生代则是 0.78 次/年，新生代比老一代高出了 0.45 次/年，具有显著差异。这说明新生代农民工的流动更频繁，工作更不稳定。

第四节　工作与生活

一、职业分布

从表 14 - 7 我们可以看出：

441

第一，新生代农民工和老一代在制造业和服务业的分布没有显著差异①。

第二，老一代农民工更多在国有或集体企业工作，而新生代农民工更多在港澳台和其他外企工作。

第三，新生代农民工更多在较大规模的企业工作，而老一代则相反。

第四，老一代农民工更多的是普工，而新生代农民工更多的是技工、文员和销售人员。

表 14 - 7　农民工在产业和企业的分布情况频数（百分比%）

描述项		"80 前"	"80 后"	差距（%）
行业	制造业	1 103 (71.93)	1 433 (71.87)	0.06
	服务业	378 (28.07)	561 (28.13)	- 0.06
企业性质	国有和集体	170 (11.37)	158 (7.96)	3.41 ***
	私有	878 (58.73)	1 144 (57.63)	1.10
	港澳台	122 (8.16)	231 (11.64)	- 3.48 **
	外企	74 (4.95)	178 (8.97)	- 4.02 ***
	股份	124 (8.29)	153 (7.71)	0.58
	其他	127 (8.49)	121 (6.1)	2.39
	合计	1 495 (100)	1 985 (100)	—
企业规模	100 人以下	538 (36.33)	604 (30.47)	5.86 ***
	100 ~ 300 人	383 (25.86)	419 (21.14)	4.72 ***
	300 ~ 1 000 人	275 (18.57)	419 (21.14)	- 2.57
	1 000 人以上	285 (19.24)	540 (27.25)	- 8.01 ***
	合计	1 481 (100)	1 982 (100)	—
工种	普工	843 (56.05)	899 (45.01)	11.04 ***
	技工	312 (20.74)	455 (22.83)	- 2.09
	文员和销售人员	48 (3.19)	265 (13.30)	- 10.11 ***
	管理人员	154 (10.24)	178 (8.93)	1.31
	其他	147 (9.77)	196 (9.83)	- 0.06
	合计	1 504 (100)	1 993 (100)	—

注：*** 表示 $p < 0.001$，** 表示 $p < 0.01$，* 表示 $p < 0.05$。

---

① 由于行业分类复杂，若划分过细，会导致累赘，我们将行业划分为两类。

二、收入水平

农民工的收支状况是非常基本和重要的，具体情况见表14-8。

表14-8 农民工的收入与开支 单元：元

描述项	"80前"			"80后"			差距
	样本数	平均值	标准差	样本数	平均值	标准差	
月工资	1 502	1 913.89	860.54	1 994	1 888.05	758.98	25.84
加班工资所占比重	496	49.17%	0.53	870	54.50%	0.43	-5.2
期望月薪	1 494	2 806.419	2 014.21	1 985	2 976.97	2 091.77	-170.55*
实际月薪与期望月薪之差	1 490	850.42	1 441.37	1 982	1 053.41	2 373.87	-202.99**
月总开支	1 503	753.34	446.84	1 985	924.17	577.69	-170.82***
住宿	1 500	107.03	147.68	1 982	117.01	157.64	-9.98*
伙食	1 503	309.35	250.55	1 974	284.45	255.82	24.90**
生活日用品	1 489	84.44	92.50	1 974	104.59	104.97	-20.15***
服装	1 477	63.87	77.44	1 968	124.42	125.51	-60.55***
交通	1 485	27.08	63.17	1 969	39.44	77.95	-12.36***
通信	1 497	71.66	63.84	1 986	92.24	131.56	-20.58***
文化娱乐	1 479	23.92	104.93	1 963	62.02	129.15	-38.09***
请客送礼	1 483	25.33	71.33	1 984	44.47	154.81	-19.14***
开支与收入之比	1 499	42.84%	0.25	1 982	51.05%	0.26	-8.20%***

注：*** 表示 $p < 0.001$，** 表示 $p < 0.01$，* 表示 $p < 0.05$。

表14-8显示：

第一，新生代农民工的月平均工资比老一代少25.84元，差异不显著。但是他们对于工资的期望值却高于老一代，具有显著差异。

第二，尽管新生代农民工工资收入低于老一代，但他们的平均月开支却高于老一代170.82元。从消费结构来看，从住宿、伙食到生活日用品、服装、交通、通信、文化娱乐和请客送礼方面都有显著差异，分别高出近10元到56元不等。

三、工时和加班

表 14 - 9 和表 14 - 10 对比了新生代农民工和老一代的工作时间和加班情况，从中可以看出：

第一，新生代农民工和老一代日工作时间并无显著差异，日加班时间和周工作时间以及周上班天数尽管有显著差异，但差别并不大，当然，他们的周工作时间都超过了法定的 44 小时。

第二，和一般人们预想的不同，新生代农民工加班比例显著高于老一代9个百分点，这可能和他们年轻力壮有关。在加班意愿方面，新生代农民工表现出选择性，完全自愿的情况显著低于老一代 8.98 个百分点，但是"有时是，有时不是"的比例则又高于老一代 7.81 个百分点，他们可以接受的日加班时间低于老一代 0.24 小时。

第三，显然，老一代农民工更多的是为了增加收入而加班，而新生代农民工则更多的是为了获得升迁或要遵守企业制度。

表 14 - 9 农民工工作时间对比

描述项	"80 前" 平均值	"80 后" 平均值	差距
日工作时长	9.37	9.31	0.05
日加班时长	2.86	2.74	0.12 *
周工作时长	58.30	56.24	2.06 ***
周上班天数	6.19	6.02	- 0.18 ***
月休息天数	3.57	4.10	- 0.53 ***
可以接受的日加班时间	3.22	2.98	- 0.24 **

注：*** 表示 $p < 0.001$，** 表示 $p < 0.01$，* 表示 $p < 0.05$。

表 14 - 10 农民工加班情况

描述项		"80 前" 频数	百分比	"80 后" 频数	百分比	差距
有没有加过班	有	915	63.94	1 426	72.94	- 9.00 ***
	没有	516	36.06	529	27.06	9.00 ***

续表

描述项		"80 前"		"80 后"		差距
		频数	百分比	频数	百分比	
是否自愿加班	是	615	66.56	828	57.58	8.98***
	有时是，有时不是	118	12.77	296	20.58	-7.81***
	不是	150	16.23	232	16.13	0.10
	说不清	41	4.44	82	5.7	-1.26
加班原因（多选题）	增加收入	587	63.67	767	53.26	10.41***
	获得升迁	27	2.93	82	5.69	-2.76**
	为企业分忧	162	17.55	227	15.76	1.79
	没其他事干	64	6.93	142	9.86	-2.93*
	企业规定	318	34.4	557	38.68	-4.28*
	大家都加班	121	13.11	207	14.38	-1.27
	不加班会罚款	48	5.21	73	5.07	0.14

注：*** 表示 $p < 0.001$，** 表示 $p < 0.01$，* 表示 $p < 0.05$。

四、合同与保险

劳动合同对于农民工具有重要意义，相关情况见表 14 - 11。

表 14 - 11　　　　　农民工劳动合同签订情况

描述项		"80 前"		"80 后"		差距
		频数	百分比	频数	百分比	
是否签订合同	签订	945	62.79	1 338	67.07	-4.28**
	没有签订	532	35.35	632	31.68	3.67**
	不清楚	28	1.86	25	1.25	0.61
合同期限	固定期限	660	84.51	912	84.37	0.14
	无固定期限	121	15.49	169	15.63	-0.14
合同类型	个人	669	85.01	901	82.74	2.27
	集体	88	11.18	142	13.04	-1.86
	不清楚	30	3.81	46	4.22	-0.41

续表

描述项		"80 前"		"80 后"		差距
		频数	百分比	频数	百分比	
合同协商	是	280	35.58	477	43.80	-8.22
	否	506	0.64	612	56.20	-55.56
合同评价	非常满意	60	7.63	65	5.97	1.56
	比较满意	371	47.20	497	45.64	1.56
	有些不平等但能接受	173	22.01	294	27.00	-4.99 *
	不平等，只能忍受	73	9.29	67	6.15	3.14 *
	说不清	109	13.87	166	15.24	-1.37

注：*** 表示 $p < 0.001$，** 表示 $p < 0.01$，* 表示 $p < 0.05$。

新生代农民工劳动合同签订率高出老一代 4.28 个百分点，但所签合同期限和合同类型则无显著差异。值得注意的是，新生代农民工参与劳动合同协商的比例达到了 43.80%，超过老一代 8 个百分点。不过，他们对合同的满意度并没有提高，其中，新生代农民工对于合同"有些平等但只能接受"的状况显著高于老一代近 5 个百分点，"不平等只能忍受"的状况则是老一代显著高于新生代 3 个百分点。

新生代农民工拥有社会保险和相关福利待遇的情况都要好于老一代，二者大都具有显著差异：社会保险差距较小，从近 1 个百分点到近 5 个百分点；福利待遇差距较大，从 7 个百分点到 13 个百分点之间（见表 14-12）。

表 14-12 农民工福利状况

描述项	"80 前"		"80 后"		差距
	频数	百分比	频数	百分比	
养老保险	589	39.64	827	41.66	-2.02 ***
失业保险	296	19.95	476	23.99	-4.04 **
工伤保险	695	46.86	1 020	51.46	-4.6 ***
医疗保险	654	44.04	986	49.67	-5.63 ***
生育保险	244	16.44	412	20.79	-4.35 ***
病假工资	442	29.37	736	36.89	-7.52 ***
带薪休假	492	32.69	876	43.93	-11.24 ***
产假工资	344	22.95	703	35.40	-12.45 ***

注：*** 表示 $p < 0.001$，** 表示 $p < 0.01$，* 表示 $p < 0.05$。

第五节 社会交往和心理特征

一、社会网络

社会网络对于农民工的交往、获取资源和社会支持都具有重要意义。我们用朋友的个数来测量网络规模，结果是新生代农民工平均有 6.48 个朋友，老一代平均有 6.40 个朋友，二者之间并无显著差别（见表 14-13）。

表 14-13　　　　　　　社会网络结构频数（百分比%）

描述项		"80 前"	"80 后"	差距
朋友个数		6.48	6.40	0.08
朋友类型	同学	50（3.32）	307（15.37）	-12.05***
	老乡	584（38.78）	628（31.45）	7.33***
	工友	883（58.63）	1 188（59.49）	-0.86
	主管	27（1.79）	48（2.40）	-0.61
	企业负责人	13（0.86）	12（0.60）	0.26
	政府人员	2（0.13）	1（0.05）	0.08
	企业家	5（0.33）	1（0.05）	0.28*
	当地人	58（3.85）	53（2.65）	1.2*

注：*** 表示 $p < 0.001$，** 表示 $p < 0.01$，* 表示 $p < 0.05$。

表 14-13 告诉我们，新生代和老一代的网络规模没有显著差别。无论是新生代还是老一代，工友是农民工朋友中最主要的人，两者没有显著差异。老乡关系对于老一代比新生代更具有重要意义，朋友中的老乡比例老一代比新生代高出 7 个百分点。而同学对于新生代则具有重要意义，高出老一代 12 个百分点。老一代与新一代相比，他们更多地接触了当地人和企业家。新生代和老一代的网络构成大致一样，只是各部分的比重发生了变化。

二、心理感受

我们从社会公平感和城市归属感两方面来考察农民工的心理感受，将选项合并赋分后的结果见表 14 – 14。

表 14 – 14   农民工心理感受得分

	描述项	"80 前"	"80 后"	差距
社会公平感	这个社会很不公平	2.06	1.97	0.09 **
	我的收入没有体现劳动价值	1.89	1.95	− 0.05
	我受到了老板剥削	1.44	1.46	− 0.01
城市归属感	我不属于这里	1.98	1.79	0.19 ***
	城市人很排斥外来打工者	1.82	1.77	0.05
	我在城市里低人一等	1.55	1.31	0.24 ***

注：① "从来没有 = 1"，"偶尔有 = 2"，"经常有 = 3"，"总是有 = 4"，"说不清" 被剔除。
② *** 表示 $p < 0.001$， ** 表示 $p < 0.01$， * 表示 $p < 0.05$。

表 14 – 14 告诉我们：

第一，农民工的被剥削感较低，得分区间属于 "从来没有" 和 "偶尔有" 之间，新生代和老一代没有显著差异。

第二，农民工对于劳动价值、城市归属、被排斥和低人一等的感受都较低，新生代和老一代相比甚至更低，得分区间属于 "从来没有" 和 "偶尔有" 之间。

第三，老一代农民工对社会的不公平感较为强烈，高出新生代 0.09 分，两者具有显著差异。

三、心理健康

富士康事件的发生使新生代农民工的心理健康问题成为热点话题，我们选用国际上常用的 GHQ – 12 量表[①]对农民工的精神健康状况进行测量。

根据测量结果，参照石其昌等[②]、张杨等[③]的研究，我们将农民工分为高危

---

① GHQ ~ 12 为总加量表，是将目前（1 ~ 4 周）的心理状况与平时进行对比，我们询问最近两周与平时相比的情况。该量表选择项为：完全没有、与平时一样、比平时多一些、比平时多很多。按照 WHO 的建议，我们采用 0 - 0 - 1 - 1 评分方法，即选择前两项均记为 0 分，选择后两项均记 1 分。因此，12 个条目之和的最低分为 0 分，最高分为 12 分，最佳分界值为 3 ~ 4 分（参见 Von Korff M, Ustun T. B Methods of the WHO collaborative study on psychological problems in general care'. In Ustun T. B, Sartorius N, eds. . *Mental Illness in General Health Care*, *An International Study.* Chichester：John W iley and Sony 1995）。

② 石其昌、章健民、徐方忠、费立鹏、许毅、傅永利、顾卫、周夏江、王淑敏、张澄和俞敏：《浙江省 15 岁及以上人群精神疾病流行病学调查》，载《中华预防医学杂志》，2005 年第 39 卷第 4 期。

③ 张杨、崔利军、栗克清、江琴普、孙秀丽、高良会等：《增补后的一般健康问卷在精神疾病流行病学调查中的应用》，载《中国心理卫生杂志》2008 年第 3 期。

人群、中危人群、低危人群三类。高危人群 GHQ 测量结果≥4 分，中危人群为 2 分或 3 分，低危人群为 0 或 1 分。

表 14 - 15 显示，农民工中低危人群占 66.44%，18.81% 属于中度危险人群，这两个群体精神健康状况较为正常；高危人群占 14.74%，即为总时点患病率①。高危人群的农民工，可能存在心理或精神健康问题，需要进行心理干预。农民工群体和其他普通群体心理健康状态基本一致，但是，"80 后" 和 "80 前" 相比较，高危人群的比例增加了 8 个百分点，而且差异显著。

表 14 - 15　　　　　　　GHQ - 12 心理健康状况筛查

描述项	总体	"80 前"	"80 后"	差距
低危	2 281（66.44）	1 102（74.41）	1 179（60.39）	- 14.02% ***
中危	646（18.81）	231（15.60）	415（21.26）	5.66% ***
高危	506（14.74）	148（9.99）	358（18.34）	8.35% ***

注：*** 表示 $p < 0.001$，** 表示 $p < 0.01$，* 表示 $p < 0.05$。

四、法律意识与维权行动

农民工对法律法规的熟悉程度是其法律意识的基础，我们进行了相关测量。表 14 - 16 显示，新生代农民工对法律的熟悉程度得分均高于老一代，其中《妇女权益保障法》和《就业促进法》得分低于两分，处于 "完全不知道" 和 "不熟悉" 之间，其他法律的熟悉程度均介于 "不熟悉" 和 "一般" 之间。

表 14 - 16　　　　　　　法律法规熟悉程度赋分表

描述项	"80 前"		"80 后"		差距
	样本数	平均分	样本数	平均分	
《劳动法》	1 506	2.48	1 997	2.64	- 0.16 ***
《劳动合同法》	1 506	2.37	1 995	2.57	- 0.20 ***
《妇女权益保障法》	1 506	1.84	1 995	1.93	- 0.09 *
《工伤保险条例》	1 506	2.00	1 995	2.17	- 0.17 ***

---

① 石其昌等采用 GHQ - 12 对浙江省 15 000 名 15 岁及以上人群精神疾病调查结果显示，这一群体的总时点患病率为 13.4%，与本研究基本一致（参见石其昌、章健民等：《浙江省 15 岁及以上人群精神疾病流行病学调查》，载《中华预防医学杂志》2005 年第 39 卷第 4 期）。

描述项	"80 前"		"80 后"		差距
	样本数	平均分	样本数	平均分	
《工资支付条例》	1 505	1.97	1 994	2.19	-0.22 ***
《最低工资规定》	1 506	2.37	1 995	2.54	-0.17 ***
《就业促进法》	1 505	1.71	1 995	1.90	-0.18 ***

注：①完全不知道 = 1、不熟悉 = 2、一般 = 3、比较熟悉 = 4、很熟悉 = 5，分值越大，越熟悉。

②*** 表示 p < 0.001，** 表示 p < 0.01，* 表示 p < 0.05。

表 14 - 17 告诉我们，新生代和老一代有 6% 左右的人权益受过侵害，两者没有显著差异；其中，投诉的比例都超过 3 成，也没有显著差异；在这些受到侵害的农民工中，老一代有 10% 的人参加过群体性维权活动，新生代有 14%，二者差异不显著。

表 14 -17   农民工投诉和维权情况

描述项	"80 前"		"80 后"		差距
	频数	百分比（%）	频数	百分比（%）	
受过侵害	87	5.78	127	6.36	-0.58
投诉过	28	33.33	48	38.10	-4.77
是否参与过群体性维权活动	9	10.47	18	14.4	-3.93

第六节 落户意愿与身份认同

一、落户意愿

和一般人们预料的不同，新生代农民工迁移落户的意愿并不十分强烈，如表 14 - 18 所示，他们想落户的比例甚至低于老一代，而对于这个问题认识并不清晰的比例也高于老一代。

表 14 – 18　　　　　　　　　农民工落户意愿

描述项	"80 前"		"80 后"		差距
	频数	百分比	频数	百分比	
想	574	38.14	546	27.44	10.70 ***
不想	831	55.22	1 215	61.06	– 5.84 ***
说不清	100	6.64	229	11.51	– 4.87 ***

注：*** 表示 $p < 0.001$，** 表示 $p < 0.01$，* 表示 $p < 0.05$。

　　在想落户的人中，新生代和老一代的落户原因有明显差异，老一代更多出于生活、保障和家庭的考虑，新生代更多出于发展的考虑。新生代选择"有更多发展机会"的比例高出老一代 15 个百分点，有显著差异。而在子女教育等有显著差异的方面，老一代则分别高出新生代 5～21 个百分点（见表 14 – 19）。值得我们注意的是，仅有 1/4 左右的人选择"获得城市身份"，新老两代也无显著差异，表明农民工对通过入户获取城市身份并不特别重视。

表 14 – 19　　　　　　农民工欲落户原因（多选题）

描述项	"80 前"		"80 后"		差距
	频数	百分比	频数	百分比	
有更多发展机会	194	50.39	297	65.56	– 15.17 ***
子女可以接受更好教育	256	66.49	207	45.70	20.79 ***
享受城市社会保障	214	55.58	197	43.49	12.09 ***
办事方便	119	30.91	162	35.76	– 4.85
生活条件好	185	48.05	172	37.97	10.08 **
获得城市身份	102	26.49	110	24.28	2.21
收入高	150	38.96	106	23.40	15.56 ***
已经适应当地生活	128	33.25	120	26.49	6.76 *
与家人团聚	47	12.21	32	7.06	5.15 *
觉得家乡不好	44	11.43	31	6.84	4.59 *
其他	11	2.85	11	2.43	0.42

注：*** 表示 $p < 0.001$，** 表示 $p < 0.01$，* 表示 $p < 0.05$。

　　落户和农村土地紧密相连，相关情况见表 14 – 20。

表 14 - 20　　　　　　　　是否愿意放弃家乡土地

描述项	"80 前"		"80 后"		差距
	频数	百分比	频数	百分比	
不愿意放弃	561	37.50	660	33.43	4.07 *
愿意放弃	556	37.17	536	27.15	10.02 ***
无所谓	165	11.03	347	17.58	-6.55 ***
没有田地	75	5.01	188	9.52	-4.51 ***
说不清	139	9.29	243	12.31	-3.02 **

注：*** 表示 $p < 0.001$，** 表示 $p < 0.01$，* 表示 $p < 0.05$。

从表 14 - 20 可以看出，老一代比新生代明显愿意放弃土地，高出 10.02 个百分点，但是新生代对于土地的认识程度比老一代模糊，"无所谓"和"说不清"的比例都分别高出 6.55 和 3.02 个百分点，同时新生代中没有田地的比例也高于老一代 4.51 个百分点。

二、身份认同

农民工到底是工人还是农民？他们对比作何判断，相关情况见表 14 - 21。

表 14 - 21　　　　　　　　农民工的身份认同

描述项	"80 前"		"80 后"		差距
	频数	百分比	频数	百分比	
农民	694	46.11	443	22.18	23.93 ***
工人	564	37.48	1 012	50.68	-13.20 ***
其他	82	5.45	131	6.56	-1.11
说不清	165	10.96	411	20.58	-9.62 ***

注：*** 表示 $p < 0.001$，** 表示 $p < 0.01$，* 表示 $p < 0.05$。

表 14 - 21 清楚地告诉我们，新生代农民工中，两成的人仍然认同自己是农民，比老一代大幅度下降近 24 个百分点，他们中一半以上的人认同自己是工人，比老一代增加了 13 个百分点，但是，新生代农民工中 1/5 的人对自己的身份认同模糊，比老一代增加近 10 个百分点。

第七节　结论与讨论

我们将上述讨论总结为表 14 - 22。

表 14 - 22　　　　两代农民工主要指标比较汇总

描述项			"80 前"	"80 后"	差别
人力资本	教育程度	受教育年限	8.68	10.52	- 1.84 ***
		高中学历及以上	17.97%	46.12%	- 28.15% ***
	技能水平	参加培训比例	27.77%	35.99%	- 8.22% ***
		拥有证书比例	12.49%	18.43%	- 5.94% ***
流动与就业	外出动机	生存型	0.3939	- 0.2978	0.6917 ***
		发展型	- 0.3167	0.2395	- 0.5562 ***
		自主性	85.98	83.02	2.96 ***
	流动	换工率	0.33 次/年	0.78 次/年	- 0.45 ***
	收入与生活	月工资	1 913.89	1 888.05	25.84
		收入开支之比	42.84%	51.05%	- 8.20% ***
	工时与加班	周工作时间	58.30	56.24	2.06 ***
		加班比例	63.94%	72.94%	- 9.00% ***
	合同	合同签订率	64.65%	68.32%	- 3.67 *
		参与合同协商比例	35.58%	43.80%	- 8.22%
	保险拥有率	工伤保险	46.86%	51.46%	- 4.6 **
社会交往和心理特征	社会网络	工友比例	58.63%	59.49%	- 0.86
		老乡比例	38.78%	31.45%	7.33% ***
		同学比例	3.32%	15.37%	- 12.05% ***
	社会不公平感得分		2.06	1.97	0.09 **
	高危人群		9.99%	18.34%	8.35% ***
	法律意识和维权行动	《劳动法》认知得分	2.48	2.64	- 0.16 ***
		受侵害率	5.78%	6.36%	- 0.58%
		投诉率	33.33%	38.10%	- 4.77%
		参加群体性活动率	10.47%	14.4%	- 3.93%

453

续表

描述项		"80 前"	"80 后"	差别
落户意愿与身份认同	迁移意愿 落户意愿	38.14%	27.44%	10.70%***
	迁移意愿 愿意放弃土地	37.17	27.15	10.02***
	身份认同 农民	46.11%	22.18%	23.93%***
	身份认同 工人	37.48%	50.68%	−13.32%***

注：*** 表示 p < 0.001，** 表示 p < 0.01，* 表示 p < 0.05。

根据表 14 - 22 以及前面的描述与分析，我们可以得出如下结论：

第一，新生代农民工的人力资本明显强于老一代，无论是从教育程度和技能水平来看。

第二，新生代农民工的外出动机主要是发展型的，而老一代农民工则主要是生存型的，但是新生代农民工外出决策的自主性还不如老一代。

第三，新生代农民工的流动更为频繁，换工率明显高于老一代。

第四，新生代农民工的工资收入不如老一代农民工，但开支则明显高于老一代，尤其体现在通信、娱乐、请客送礼等方面。

第五，新生代农民工的周工作时间低于老一代，但加班比例则高于老一代，他们对加班更具有选择性，而加班的目的也不尽相同，老一代更多的是为了增加收入，而新生代农民工则更多的是为了获得升迁或遵守企业制度。

第六，新生代农民工的合同签订率高过老一代，参与合同协商的比例也高于老一代，但是他们对合同的满意度并不比老一代高。

第七，新生代农民工拥有社会保险和相关福利待遇的情况都要好于老一代。

第八，新生代农民工和老一代的社会网络构成都以业缘、地缘和学缘为基础，大致一样，但是各部分的比重有所变化，学缘在新生代农民工的网络构成中位置更为重要。

第九，新生代农民工和老一代农民工对于社会不公、剥削和被排斥的感受都不强，老一代对于社会不公平的感受甚至超过新一代。

第十，农民工的心理健康是一个正常分布，和普通人相比，并无太大差异。值得注意的是，"80 后"农民工中心理健康状况高危人群的比例显著高于老一代。

第十一，新生代农民工对于法律的认知明显强于老一代，但是无论是劳动权益是否受到侵害、是否投诉、是否参加群体性活动的比例，两者都无明显差异。

第十二，新生代农民工迁移落户的意愿并不十分强烈，他们想落户的比例甚至低于老一代，老一代农民工比新生代明显愿意放弃土地，新生代对于土地的认识程度比老一代模糊。

第十三，新生代农民工中一半的人认同自己是工人，两成认同自己是农民，两成对自己的身份认同模糊，他们的身份认同与老一代相比发生了很大的变化。

将上述结论进一步概括，新生代农民工的特征可以归纳为：

第一，客观方面：人力资本较高，职业流动频繁，工作时间减少，个人消费增加，合同签订率提高，社会保险加强，网络构成有变；

第二，主观方面：发展型外出动机，社会不公平感、归属感降低，心理健康中高危人群比例增加，法律知识增强，落户意愿不强，土地认知模糊，身份认同倾向工人。

上述结论向我们展示了新生代农民工的群体特征，这些特征有的验证了以往研究，比如人力资本高、发展型外出动机、频繁的流动、身份认同发生变化等，同时也有了一些新的发现：新生代农民工外出打工决策的自主性不如老一代；加班的目的是获得升迁或遵守企业规定；参与劳动合同协商比例上升，但合同满意度并没有随之升高；社会保险和相关福利待遇提高；社会不公平感、被剥削感、被排斥感都不强，甚至社会不公平感的感受要弱于老一代；新生代农民工的维权意识并不比老一代强烈，受侵害比例、投诉率和参加群体性活动率的差别都不显著；新生代农民工虽然认同自己是工人，但是迁移意愿并不强烈，对土地的认识程度要更模糊。

这说明，新生代农民工并不是不能吃苦耐劳，并不比老一代更向往城市，也并不比老一代更具有反抗意识和行为。那么如何认识新生代农民工的这些特征呢？形成的原因是什么呢？我们认为解释新生代农民工特征形成的原因主要有两个方面的因素：生命周期[①]和社会变迁。

从生命周期来看，比如新生代农民工的工资收入不如老一代，这是因为新生代农民工年龄小，进入劳动力市场的时间短，工作经验少，自然导致他们工资低。再如新生代农民工的加班比例高，这是因为他们年轻力壮，自然就可能多加班。还有，新生代农民工的落户意愿并不强烈，因为他们年轻，很多还未成家，自然还没有慎重考虑未来定居的问题。

这里所说的生命周期是自然规律，它主要不是一种社会性的解释。时代和社会变迁是另一个重要的解释路径。随着教育的普及，新生代农民工的受教育程度必然高出老一代，人力资本水平得到提升是必然趋势。计划生育政策的推行，使

---

① 生命周期的原义是指由自然人口的再生产机制所驱使的成熟和生育过程。这个概念常常在比喻的意义上被使用，从而使人们在对个人和组织的发展现象进行分析时受到启发。在社会学里主要有三个问题与生命周期概念相关：个体老化（aging）、家庭生命周期和组织生命周期（参见 O'Rand, Angela M. and Margaret L Kreker. Concepts of the Life Cycle: Their History, Meanings and Uses in the Social Sciences *Annual Review of Sociology*, 1990, 16。

得他们出生的家庭结构发生变化，由多子女家庭变为独生子女或两孩家庭，个人意识增强，注重个人发展。他们中学就开始集体生活，和同学来往密切，这导致他们的社会网络结构发生变化。同样，法律意识的提高和教育水平的提高有很大关系，而社会保险和相关福利待遇的提高则是国家政策推行的结果，这些都体现着时代和社会变迁的作用，作为社会中的个体必然会受其影响。

可见，对新生代农民工特征形成原因的认识要区分个体生命周期还是社会变迁的作用，生命周期的存在是客观的，是每个个体都会经历的阶段，而社会变迁则将时代烙印打在个体乃至群体身上。之所以要做这样的区分，是在于能使我们更加清晰地认识新生代农民工的特征。由于生命周期作用所带来的特征，并不是新生代农民工所独有的，当老一代农民工处于这个年龄阶段可能也是这样的。

但是，宏观的社会变迁是通过什么样的微观机制作用于新生代农民工的成长历程的呢？

布洛维分析了移民劳动力（migrant labor）的再生产模式。与一般劳动力再生产模式不同，移民劳动力的再生产表现为持续和补充过程中的制度分化和物理分离，即持续过程通常是在劳工流入地（工作所在地）实现的，而补充过程则是劳工流出地（家庭所在地）实现的。[1] 流动工人在就业地劳动力市场以及法律和政治体系中的无权地位是这一再生产机制的前提。沿着这一思路，潘毅、任焰认为劳动力再生产模式是农民工阶级形成的基础，这种观点将社会变迁这一宏观背景纳入实际的讨论中，具有启发意义。在她们的论述中，农民工在城市中只有劳动身份而没有公民身份，面临双重压迫：第一重压迫来自控制生产过程的资本；另一重则来自缺位于劳动力再生产的国家。正是由此而导致拆分型劳动力再生产模式，不仅使社会不平等的制度安排在市场转型期得到延续，同时使农民工的无产阶级化无法完成。在工业化和城市化的作用下，无论是资本主导还是社会主导的劳动力再生产模式，都因其自身所固有的局限性，无法填补劳动力使用与再生产之间的裂痕，造成了更大的张力和矛盾，使得新工人阶级的形成变得更加复杂。[2]

简而言之，拆分型劳动力再生产模式造成了外来农民工非工非农的尴尬地位，既无法在城市定居，也难以回到农村生活。他们在打工地完成自身的劳动力再生产，在家乡完成代际的再生产，频繁往来于农村和城市等不同的社会空间之间。[3]

我们认为，与拆分型再生产模式相对立的是理想型的非拆分型劳动力再生产

---

① Buraowy M.. The Functions and Reproduction of Migrant Labor: Comparative Material from Southern Africa and the United States. *The American Journal of Sociology*，1976，81（5）.

② 潘毅、任焰：《国家与农民工：无法完成的无产阶级化》，载《21 世纪》2008 年第 107 期。

③ 郑广怀：《迈向对员工精神健康的社会学理解》，载《社会学研究》2010 年第 6 期。

模式，表现为已经完成了工业化和城市化的西方工人阶级的再生产，在中国则是城市工人的再生产。非拆分型劳动力再生产模式应该具有这样的基础：城市提供稳定的住房、充足的教育资源、医疗资源和其他社会保障等。但是，显然这在目前的中国并不具备。如果以地理空间作为拆分标准，那么通过观察两代人的成长经历可以看到，"80 前"农民工的小学和初中阶段和父母生活在一起的比例很高，至于高中阶段则由于受教育程度低大多已经没有上学了，也就是说在他们外出打工前，他们的生长模式是非拆分型的成长环境。然而"80 后"的情况发生了很大变化，数据显示，从初中到高中及技校阶段，新生代农民工和父母在一起生活的比例出现了大幅度的下降[1]，也就是说，在初中和高中两个形塑性格和行为的阶段，他们和父母的生活出现了拆分。由此可见，拆分型再生产模式是"80后"农民工成长的主要背景，"80 前"则是在农村简单再生产模式下成长的。

在论及新生代农民工时，潘毅等提出了"精神圈地"的概念，认为新生代农民工和土地联系减少的过程就是精神圈地，即新生代农民工与土地的联系疏远，通过对城市的向往来填补土地的缺失，从而实现精神上脱离土地的过程。[2]我们认为，劳动力由农村向城市的转移是社会发展的必然过程。年青一代对于土地的依赖减少应该被看做是社会的进步，他们只是减少了土地耕作的经验，与乡村并不完全脱离，这是一种积极的变化，而不能简单称之为"精神圈地"。每一代人都可能有不同的发展路径，新生代农民工的生长背景决定了他们的发展路径必然要经历和土地联系减少，进入城市打工这一过程。没干过农活不代表他们不能吃苦耐劳，或许对于他们来说，离开农村来到城市这一行为仅仅只是生命历程中的一部分，是建立在父辈基础上的选择，对于未来，他们有着自己不同的解读。

我们上面的论述是建立在两代农民工对比基础上的研究，两代人的生长背景很大程度上决定了不同的行为特征。通过对比可以看到，老一代农民工是在短缺经济、计划经济和农业经济下成长的一代人。而新生代农民工则不同，他们大多成长于拆分型再生产模式的家庭，从小父母外出打工，与城市有或多或少的联系，和土地的联系减少。在潘毅等的论述中，拆分再生产模式下的精神圈地造就了新生代农民工的群体特征。[3]我们认为，当非拆分型劳动力再生产模式无法得以实现，拆分型模式对于新生代农民工就变成了一种客观存在。老一代农民工将城市打工的钱寄回家里，改善新一代的生活，某种程度上说，新生代农民工甚至是拆分型再生产模式的利益获得者。而且，在城市打工的父母等人或多或少会给

---

[1]　小学阶段、初中阶段和高中及技校阶段和父母生活的比例分别为 86.70%、69.85%、26.07%。

[2]　潘毅、任焰：《国家与农民工：无法完成的无产阶级化》，载《21 世纪》2008 年第 107 期。

[3]　Pun Ngai and Lu Huilin. UnfinishedProletarianization：Self，Anger，and Class Action among the Second Generation of Peasant-Workers in Present-Day China. *Modern China*，2010，36（5）.

他们带来与农村不同的信息，拓展了他们获取信息的渠道，开拓了他们的视野。当然，也会形成父母直接教育减少，隔代教育增多的情况。

显而易见的是，家庭教育只是青少年成长中的一个方面，学校和社会的影响也许更大。从我们的经验判断，"80后"农民工当然有更多的机会进入小学和初中就读，但是，和城市严格的应试教育不同，农村的小学和初中教育是放任型的，不规范的，家长和学生自身的人生预期和目的性都不强。从20世纪80年代以来，世界信息化浪潮对中国产生了非常大的影响，以电脑和网络为基本的信息传播工具的新的信息机制形成，乡土社会的传统信息机制作用在逐渐减弱，而海量般的信息对"80后"成长所起的作用还难以完全评估，有待于深入研究。和信息革命相伴随的是，中国也已经从传统的短缺经济转变为消费主义，新生代农民工的消费行为也必然会发生改变。但是，市场经济、信息革命并没有根本改变中国的社会管理体制，和老一代农民工一样，新生代农民工也是作为原子化的个人而存在的，集体行动的合法性并没有被现行体制认可，所谓的阶级意识和集体行动并非是普遍的客观事实，而仅仅只是少数的个案，这一点从我们的数据可以得到验证。

总而言之，我们认为，新生代农民工的特征是建立在拆分型劳动力再生产模式、放任型基础教育、现代信息传播机制和传统社会管理体制共同作用基础上的。当然，对于这些作用机制，现有的研究还不够深入，还有待于新的发现。

第十五章

劳动体制[*]

企业管理权力对工人是实行强制还是被工人接受或认可，是关系权力合法性的重要问题，也是判断企业劳动管理体制的标准之一。接续从葛兰西到布若威等人的研究思路，我们在类似研究中首次提出了一个划分企业劳动管理体制的指标体系。通过数据分析发现：珠三角地区的企业存在多种劳动管理体制，除了专制和霸权体制之外，还有霸权和专制的混合体制、既非霸权又非专制的中性体制以及奴役制（带有奴役特征）。其中，专制型劳动体制是主导体制，中性体制和混合体制是辅助性体制。回归分析发现，港资企业和私有企业最有可能实行奴役制，私有企业最不可能实行霸权式劳动管理体制，企业规模越大，越可能实行中性管理体制。外来工中的男性、农村户籍者处于奴役式劳动管理体制的可能性较高，而教育程度越高者越不可能进入奴役制和专制型企业、越可能进入霸权型企业。企业劳动管理体制对外来工劳动权益和主观感受都有显著影响，处于奴役、专制管理体制之下的外来工工资更低，劳动权益更易受到侵害，更强烈地感到自己正在受到剥削，离职意愿也更高。

本章还讨论了珠三角企业劳动管理体制存在和变化的社会基础，这涉及粗放式的经济发展阶段、改革进程中的过渡性与不彻底性、资本来源的多元化、国家干预的形式与力度、珠三角地区的特点、工人的价值观念和劳动力市场的变化等方面。我们最后对恩格斯、韦伯、葛兰西和布若威等人关于权威的理论进行了再讨论，回到了社会学的基本命题。

2008 年 4 月 28 日《南方都市报》报道，许多未满 16 周岁来自四川凉山的童工在东莞一些工厂打工，他们常被打骂，几天才能吃一顿饱饭，一些小女孩甚至惨遭强奸。工头用低廉的价格，将他们"卖"给工厂。他们日复一日从事繁

---

* 本章作者：刘林平、万向东、孙中伟。

重的工作，超负荷的运转让他们疲惫不堪，一些孩子想要逃跑，但无路可逃，工头们用死亡进行威胁，在暴力与金钱控制下，他们只能依附于工头。①

2010年1月至8月，深圳富士康科技集团陆续发生了17起自杀事件。这一系列被媒体称作"连环跳"的事件造成13死4伤的惨剧，引发了社会的广泛关注。

2011年1月，广东省人力资源社会保障厅、省总工会等部门联合授予广州宝洁有限公司等100家企业"广东省和谐劳动关系先进企业"② 称号。③

上述事例告诉我们，在珠江三角洲存在着多种类型的企业，多种类型的劳资关系，进而可以说存在着多种类型的劳动体制。使用凉山童工的企业，可以称之为"工头奴役制"。中国内地、香港和台湾高校调研组认为，使人跳楼的富士康，它的劳动体制是一套复杂的工厂管理制度，包括了对工人工作、生活的全方位控制、对工人身体和思想的规训、弱化工人之间的联系使之成为原子化的个体等。总之，是一种规训与惩罚的劳动集中营生产体制。④ 而最后一类，是和谐的劳动关系，但属于一种什么样的劳动体制，还需要深入的调查和思考。

自20世纪70年代末、80年代初以来，珠江三角洲先行一步，大量引进外资，发展私有经济，各类企业无以数计，劳资关系复杂多变，劳资冲突时有发生，时而引起巨大的社会震动。对珠三角劳资关系或劳动体制类型，学者们有所研究。⑤ 这些研究将劳资关系类型概念化，对人们系统地、制度性地进行思考与研究具有启发意义。但是，这些研究的基本缺陷是，由于它们基于个案研究、经验观察或理论抽象，只能划分劳动体制的基本类型，无从判断这些类型的总体分布。而不弄清劳动体制类型的总体分布，使得我们对哪一类劳动体制是社会的主导体制，而另一些则仅仅是个案或分布极为稀少难以做出判断，也使得我们难以正确判断劳资关系的基

---

① 饶德宏、韦星、刘辉龙、黎明、寇金明、成希、卫学军：《凉山童工像白菜般在东莞买卖》，载《南方都市报》，2008年4月28日，DA26版。

② 这些企业要求全面落实劳动合同制度，建立集体协商制度，落实职工收入分配制度，执行劳动标准和社会保险制度，完善安全生产制度，组建工会，建立企业内部协调机制；而凡有2008年以来发生非法使用童工、未按规定签订劳动合同、未依法参加社会保险、未依法建立工会、违反法律法规引发严重影响社会稳定事件、重大安全生产责任事故、重大职业病危害事件，以及其他严重违反法律法规的企业，实行"一票否决"（古国真、粤仁宣，2010）。

③ 杨进、胡键、岳宗、符信、粤仁宣：《广东隆重表彰和谐劳动关系先进企业》，载《广州日报》，2011年1月19日，A1版。

④ 高校富士康调研组：《"两岸三地"高校富士康调研总报告》，2010年，http://down. tech. sina. com. cn/content/49003. html.

⑤ Ching Kwan Lee. Engendering the Worlds of Labor: Women Workers, Labor Markets and Production Politicsin the South China Economic Miracle. *American Sociological Review*, Jun., 1995, Vol. 60, No. 3 Alan Smart and George C. S Lin. Local Capitalisms, Local Citizenship and Translocality: Rescaling from Below in the Pearl River Delta Region, *China. International Journal of Urban and Regional Research*, 2007, Vol. 31, No. 2. 张璐：《全球化时代中国汽车工业的劳动控制和精益生产》，见郑广怀、朱健刚主编：《公共生活评论（第二辑）》，北京：中国社会科学出版社2011年版。

本状况，导致种种认识错误，或一叶障目不见泰山，或夸大某种类型而视为普遍。

因而，我们提出的主要问题是：在珠江三角洲，有一些什么样的劳动体制类型？哪一种或数种类型是主导类型？影响形成这些类型的基本因素是什么？这些类型对于外来工或农民工来说有着什么样的后果？

和管理学对企业管理方式的讨论不同，社会学关于劳动体制讨论的核心问题是企业管理或工厂政体的权力的合法性问题。这既涉及权力来源的合法性，也涉及权力行使的合法性。一般认为，前者来自于资本，后者来自于被管理者和社会公众的接受和认可。管理学更多讨论实际的管理权力的运作特点和机制[1]，而管理权力对工人是实行强制还是被工人接受或认可的问题，是从葛兰西到布若威所提出并研究的一个基本的社会学问题，并使用霸权（Hegemony）[2] 等独特的概念。我们接续这样的思路，对企业劳动体制类型进行社会学的、定量的研究。

---

[1] 例如，Young jin Choi 从人力资源管理的角度，对东亚在华投资企业的问卷数据进行判别分析，将企业管理方式分为三种类型：个人（规范）式、独裁式、家长式。他通过回归分析说明，企业的管理方式对劳资纠纷有显著性影响（参见 Young jin Choi. Aligning labour disputes with institutional, cultural and rational approach: evidence from East Asian - invested enterprises in China. *The International Journal of Human Resource Management*, October, 2008, Vol. 19, No. 10）。

[2] 英文 Hegemony 一词，在中文翻译中有的译成"霸权"（见安东尼奥·葛兰西：《狱中札记》，人民出版社 1983 年版；迈克尔·布若威：《制造同意——垄断资本主义劳动过程的变迁》，北京：商务印书馆 2008 年版），有的译成"支配权"（见戴维·米勒、韦农·波格丹诺编：《布莱克维尔政治学百科全书》，中国政法大学出版社 1992 年版），有的译成"领导权"（见恩斯特·拉克劳、查特尔·墨菲：《领导权与社会主义的策略——走向激进民主政治》，黑龙江人民出版社 2003 年版）。《布莱克维尔政治学百科全书》对 Hegemony 做了一个简要的解释："主要为葛兰西及其追随者所用的词汇，他们以此术语指称阶级统治的非强制方面，即统治阶级利用社会化机构把其价值观和信仰加诸其余人的能力。"（见戴维·米勒、韦农·波格丹诺，《布莱克维尔政治学百科全书》，中国政法大学出版社 1992 年版，第 319 页。）

Hegemony 一词有一个发展过程，在恩斯特·拉克劳和查特尔·墨菲看来，如果说，列宁将 Hegemony 规定为是"阶级联盟政治领导者的工人阶级"的，那么，葛兰西则将它理解为"历史集团连接的核心"（见恩斯特·拉克劳、查特尔·墨菲：《领导权与社会主义的策略—走向激进民主政治》，黑龙江人民出版社 2003 年版，第 84 页）。葛兰西拓宽了对 Hegemony 的理解，因为他强调了意识形态或价值观念的作用。在列宁那里，Hegemony 是政治性的，而葛兰西则将道德、观念和价值加入其中。政治性意味着强力和压服，道德、观念和价值则意味着说服、理解和认同。

托马斯·R·贝茨认为，领导权或"霸权"（Hegemony）一词在列宁那里的含义只是无产阶级先锋队的政治领导权。和列宁不同，葛兰西认为，人不仅受到权力的支配，而且受到观念的支配。"统治阶级的建立相当于世界观的创立。"

贝茨解释葛兰西的 Hegemony 概念时说，专政是政治统治的唯一形式，这并不正确。政治统治还有另外一种形式，即"霸权"。霸权概念事实上非常简单。它是指那种建立在被领导者同意之上的政治领导权，而统治阶级世界观的传播和流行则确保了这种同意（见托马斯·R·贝茨：《葛兰西与霸权理论》，载《马克思主义与现实》2005 年第 5 期）。

为了借用 Hegemony 的特殊含义，本书使用"霸权"，而不使用一般性的"领导权"和"支配权"的概念，尽管在中文中"霸权"的原始含义和 Hegemony 有较大区别，但我们在这里是按照葛兰西和布若威的理解使用。而且，将"霸权"理解为一种被认可的"支配权"或"领导权"，使得这个概念具有一种内在的张力：既表示一种权威，又表示一种认可或接受。

461

第一节 文献回顾

在对资本主义劳动体制的分类中，布若威作出了非常重要的经典划分。

在布若威之前，继承马克思思想的布雷弗曼认为，控制是一切管理制度的中心思想，资本主义劳动过程存在两种控制方式：工匠控制与管理控制。[①]

布雷弗曼对泰罗开创的科学管理方法[②]进行了分析。他把泰罗制管理归纳为以下3个原则：其一，劳动过程与工人的技术分离。劳动过程一点都不依靠工人的能力，而完全依靠管理部门的做法。其二，概念与执行分离（也即手与脑的分离）。对工作的"构想"必须留给管理者去做，工人的任务就是不假思索地"执行"管理者的指示。其三，管理者利用对知识的垄断来控制劳动过程的每个步骤及其执行方式。现代管理就是在这些原则的基础上产生出来的。此后，工匠的技艺遭到破坏，工人的工艺知识和自主的控制权被剥夺，工人在劳动过程中只起嵌齿和杠杆的作用，成了管理者的一个活的工具。[③]

和布雷弗曼不同，布若威则认为资本主义的劳动体制已经发生了转变，从"专制"走向了"霸权"。

布若威将资本主义的劳动体制[④]一分为二：专制和霸权。前者建立在对工人的强迫上，后者则是奠基于工人的"同意"。资本主义劳动过程中有三种制造同意或认同的机制：（1）推行计件工资制。让工人们加入到"赶工游戏"中来，

---

① 哈里·布雷弗曼：《劳动与垄断资本：二十世纪中劳动的退化》，北京：商务印书馆1978年版。

② 泰罗：《科学管理原理》，北京：中国社会科学出版社1984年版。

③ 哈里·布雷弗曼：《劳动与垄断资本：二十世纪中劳动的退化》，北京：商务印书馆1978年版，第104～114页。

④ 严格地说，在布若威那里，他使用的是生产政体的概念，而不是劳动体制。当然，他也使用劳动过程等类似的概念。李静君认为，布若威在"劳动过程"（labor process）和"生产的政治机器"（political apparatus of production）之间做了一个有意义的理论上的区分：劳动过程是指实现生产任务的技术和社会组织，生产的政治机器是指规范与塑造工作场所政治的制度。工厂政体（factory regime）是指生产的整个政治形式，包括劳动过程和生产的政治机器的政治效果（Ching Kwan Lee. Engendering the Worlds of Labor：Women Workers，Labor Markets，and Production Politicsin the South China Economic Miracle，*American Sociological Review*，Jun.，1995，Vol. 60，No. 3）。谢国雄在对台湾企业的研究中使用的是劳动体制的概念（参见谢国雄：《纯劳动：台湾劳动体制诸论》，台北："中央研究院"社会学研究所筹备处1997年版）。我们认为，生产的概念宽泛一些，它可能涉及企业与企业的市场行为。而劳动的概念更为明确地指向企业与工人的关系（包含工人之间的关系）。而在马克思那里，生产关系包含了所有权关系、生产过程中的关系、资本与市场的关系等（参见马克思：《雇佣劳动与资本》，见《马克思恩格斯选集》（第一卷），北京：人民出版社1972年版）。我们使用劳动体制的概念，是想明确地揭示资本（企业）与工人的稳定的、制度化的关系模式，或劳资关系的模式。当然，劳动体制的概念并不排斥生产政体、工厂政体的概念，只是词义上稍有差别。

把管理者与工人之间的冲突转变为工人之间的竞争和工人群体之间的斗争，将工人作为个人而不是阶级成员进入劳动过程。（2）建立内部劳动力市场。在企业内部，建立一套工人晋升和流动的制度，劳动的价格和配给由一套行政规则和程序来管理。内部劳动力市场使得工人有向上流动的机会，减少了在企业间的流动。（3）建立内部国家。即是在公司内部建立集体谈判制度和申诉机构，用以处理工人的意见和投诉。[①] 后来，布若威用"工厂政体"（factory regime）的概念取代了内部国家。[②]

对计件工资制和内部国家的理解相对明确和简单，内部劳动市场则涉及一组指标。布若威认为，内部劳动市场涉及6个方面："分化的职务结构、传布空缺信息和递交空缺申请的制度化方式、为空职选择雇员的非独裁标准、一套工作培训系统、使雇员对企业产生承诺从而使别的企业的工作缺乏吸引力的方式，最后，在雇员暂时离职后维持他们对企业的忠诚的方式。"[③]

布若威认为，所谓的霸权体制，最终结果是将工人塑造成了现代的工业公民。"通过将工人当做个体——具有权利与义务的工业公民——而不是阶级的一员来建构，它掩饰了劳动过程中资本主义生产关系。"[④]

在对东欧社会主义的匈牙利某机械厂的研究中，布若威认为，该厂的计件工资制度中没有最低工资，在制度上则是由党、工会和管理者三方联合在一起的肆无忌惮的专制生产政体。"这是一种官僚专制的生产政体，与发达资本主义的霸权体制以及早期资本主义或殖民主义的专制体制形成了鲜明对比。"[⑤]

总之，布若威对资本主义和社会主义的生产政体或劳动体制划分了3种类型：早期资本主义的专制体制，现代资本主义的霸权体制，经典社会主义的官僚专制体制。区别专制还是霸权体制的标杆是强迫还是同意。制造同意的三种机制是计件工资制、内部劳动市场和内部国家。

后来，布若威依据国家对工厂体制的干预程度以及国家和工厂二者政治规范工具的融合程度，将工厂体制作出了理论上更加细致的划分：市场专制、霸权式、科层式专制、集体自治。市场专制主要由市场经济的冲击所导致，市场在资源配置中起到决定性作用，国家主要通过外部干预的方式影响市场关系，工厂对工人的控制更多地采取强迫（coercion）的方式。进入霸权体制，国家与工厂仍

---

① 迈克尔·布若威：《制造同意——垄断资本主义劳动过程的变迁》，北京：商务印书馆2008年版。

② Michael Burawoy. *The Politics of Production*：*Factory Regimes Under Capitalism and Socialism*. The Thetford Press，1985.

③ 迈克尔·布若威：《制造同意——垄断资本主义劳动过程的变迁》，北京：商务印书馆2008年版，第103页。

④ 同上，第120页。

⑤ 同上，第17页。

然是制度上分离的,但国家通过立法等手段干预劳动过程和组织,造成工人对工厂依赖性的下降,从而促使工厂控制手段由强迫向共识(consent)的转变。[①]

作为世界工厂,中国(其中最为典型的是珠三角)的劳动体制非常复杂,布若威所描述的各种生产政体几乎都汇聚至此,展现出复杂的多样性,就像一座工厂政体的博物馆,既有传统的父权制体制,也有现代的跨国厂商治理体制[②],而“专制”与“霸权”仍然是认识中国生产政体或劳动体制中最重要的两个维度。

李静君沿用布若威的基本概念,运用比较研究方法,研究了同一所有权的企业,位于中国香港和深圳的两条相同的生产线为何造就了不同的生产规律和工作体验?这家名叫 Liton 的公司分别在香港和深圳开设了两家同样的工厂。李静君的研究发现:同一所有权的企业,在中国香港是家族式霸权体制,在深圳则是地方专制主义。当然,李静君并没有说,深圳的工厂劳动体制只有专制式的一种,她同意哈维(Harvey)的说法,在广东(主要是珠三角地区)存在着劳工控制的种种不同机制,一些部门和地区是福特式生产、依赖于“手工业”、家长制和家庭式劳动关系的传统生产体制的混合体。李静君通过对东北国有企业改革的研究,认为改革中的国有企业是一种“解组的专制主义”劳动体制,这是指“改革的不均衡实施和不同措施间的不协调性,造成了经营专制主义的制度情境。”[③]

和李静君一样,谢国雄也使用布若威的基本概念框架来分析中国台湾的劳动体制。

在谢国雄看来,劳动体制是指一套规范工作现场的实作制度,它由管制生产的规范性工具(如国家劳动法令、雇主工作规则、劳动者的劳动习惯)和劳动过程所带来的政治及意识形态效应所构成。[④]

根据布若威在《生产政治》中的分析,谢国雄认为,勾画劳动体制要在三个方面作定性分析:其一,工厂的规范性工具与国家规范性工具二者之间的关系;其二,国家对工厂体制的介入是直接还是间接;其三,国家对劳动力再生产的支持程度。

谢国雄将中国台湾的劳动体制看做一种市场专制的体制,基本特点是:在激烈的市场竞争条件下,雇主为了生存,对工人进行高压控制、强化劳动、随意解雇,而劳动者别无他法只好吞声忍气。

---

① Michael Burawoy. *The Politics of Production*:*Factory Regimes Under Capitalism and Socialism.* The Thetford Press,1985,P. 12.

② 沈原:《市场、阶级与社会:转型社会学的关键议题》,北京:社会科学文献出版社 2007 年版。

③ 李静君:《中国工人阶级的转型政治》,载李友梅、孙立平、沈原主编:《当代中国社会分层:理论与实证》,北京:社会科学文献出版社 2006 年版,第 73 页。

④ 谢国雄:《纯劳动:台湾劳动体制诸论》,台北:“中央研究院”社会学研究所筹备处 1997 年版,第148 页。

谢国雄通过对中国台湾劳资争议的经验事实来说明这种市场专制的劳动体制。在他看来,雇主使用计件制的"风险驯化机制"将产品市场的风险隐性地转嫁给劳动者,通过奖惩、解雇等"驯化风险机制"外显地对劳动者实施专制,通过"春节(年终)争议"故意拖欠工资来对抗工人在劳动力市场的流动。在观念意识方面,谢国雄认为,劳动者的权利意识是劳动体制中"专制"性要素的起点。工人的意识主要表现为四个方面:(1)"习惯性不知道"。对自己的权利不知道,这是一种对自身命运无法掌握的宿命观;(2)劳动惯行。习以为常、劳资双方相安无事的习惯;(3)素朴的权利观。对自己的权利有一些简单的认知;(4)争议中呈现出来的权利意识。这些观念,既是专制得以存在的基础,也是专制的结果。①

如果从国家对工厂体制的介入来看,谢国雄认为,从法律条文来判断,中国台湾是霸权式劳动体制,但实际上是"集体自治"(国有企业)和市场专制(民营小企业)。②

谢国雄在分析中国台湾劳动体制时,将工人意识观念列入,使得布若威关于同意或共识的判断进一步具体化,他所描述的台湾企业的经验事实和珠三角的经验事实也有类似之处,这对我们认识和判断珠三角的劳动体制具有一定的借鉴作用。

张璐根据她2004~2010年对长春、上海和广州等地7家大型的汽车组装企业的田野调查发现,中国汽车业存在两种不同的劳动控制模式:"二元精益控制"和"无差别精益控制"。在"二元精益控制"体制中,企业在生产线上使用"二元"的劳动力,即正式的合同工和劳务工(派遣工),这导致了"霸权"和"专制"两种成分相结合的"混合"生产体制。霸权关系存在于管理层和正式工之间,其基础是正式工享有高工资、丰厚的福利、良好的工作条件和相对有保障的就业,而"专制"劳动控制则表现为劳务工的低工资和无保障就业。③

张璐认为,政府对汽车业的强干预显然有利于对劳工的"霸权"控制。而她同意李静君等人的看法,许多地方当局在执行劳工和社会保险立法方面的不作为是造成经济特区和出口加工区的劳动密集型和出口导向型产业中对劳工持续的专制控制的一大主要因素。④

张璐对混合型劳动体制的理解是在同一企业中对不同群体的工人采取不同的

---

① 谢国雄:《纯劳动:台湾劳动体制诸论》,台北:"中央研究院"社会学研究所筹备处1997年版,第159~165页。

② 同上,第189页。

③ 张璐:《全球化时代中国汽车工业的劳动控制和精益生产》,见郑广怀、朱健刚主编:《公共生活评论(第二辑)》,北京:中国社会科学出版社2011年版,第14页。

④ 同上,第36页。

管理政策并导致了不同的福利待遇，这些不同的工人群体的区别主要表现为正式合同工和劳务派遣工。

将布若威、李静君、谢国雄和张璐的研究我们总结为表 15 - 1。

表 15 - 1　　　　　　　　关于劳动体制研究的总结

研究者	劳动体制的基本类型					
	专制			霸权		
	类型	基本特点	研究方法和经验地点	类型	基本特点	研究方法和经验地点
布若威	官僚专制	没有最低工资的计件工资制，党、工会和管理者三方联合	个案研究，匈牙利	现代霸权	计件工资制、内部劳动市场和内部国家	个案研究，美国
李静君	地方专制	身体上的控制、严格定时的工作和罚扣工资	个案研究，深圳	家族式霸权	弹性工作，对家庭责任的照顾	个案研究，中国香港
	解组的专制主义		个案研究，东北			
谢国雄	市场专制	高压控制、强化劳动、随意解雇，劳动者吞声忍气	个案研究和访谈，中国台湾			
	霸权和专制的混合型					
	专制：劳务派遣工			霸权：正式合同工		
张璐		低工资、无保障就业	个案研究，长春、上海和广州等地		高工资、丰厚的福利、良好的工作条件和相对有保障的就业	个案研究，长春、上海和广州等地

对布若威等人的研究，我们做出如下评论：

其一，布若威认为判断劳动体制是专制还是霸权，应该从内部劳动力市场、内部国家以及采用计件制三个方面进行。其中内部劳动力市场与内部国家并不是单一的测量指标，而是一组指标的归类，而计件制则是具体的测量指标。从这个意义上看，布若威的分类标准存在层次上的概念混乱。此外，至少在中国的语境下，计件制和内部劳动力市场可能存在矛盾，它更可能是专制体制的特征：首先，大多数的计件制是在没有底薪或底薪很低的条件下实行的，布若威将这种制度（如匈牙利）直接判定为专制；其次，实行计件制的企业往往和超时加班相联系，而工人通过计件制拿工资（或奖金）以长时间加班为代价，说明这样类型的企业不可能实行霸权式的劳动体制。总之，在中国（尤其是珠三角），计件制主要不是工人进行劳动竞赛的一种制度设计，而更可能是资本提高效率的制度安排。

其二，布若威等人将劳动体制一分为二：专制或霸权。这种划分有些简单化，至少就中国的情况看来是这样。中国企业的劳动体制还有可能存在一种混合体制，结合了霸权和专制的特点，是霸权和专制的混合物。从宏观来看，在中国企业中，存在各种类型的劳动体制，专制和霸权两类划分难以概括。从微观企业来看，混合体制也不止张璐所观察到的仅仅只是正式工和劳务派遣工的差别。对混合体制要做更为全面的理解和观察。

其三，从布若威开始，李静君、谢国雄和张璐等人的研究思路是连续的，但他们没有建立起一个指标体系使劳动体制的分类标准化，各自所总结出来的劳动体制类型的特点并不一样，所强调的指标也不一样，而只有建立起一个标准化的分类指标体系，这种类型的划分才是稳定可靠的。

其四，由于布若威等人的研究方法主要是个案研究、经验观察或理论抽象，只能划分劳动体制的基本类型，无从判断这些类型的总体分布。而一个总体性的认识，可以验证个案研究所得结论的普遍性，进而纠正个案性研究的偏颇。

第二节　指标体系和类型分布

一、指标体系

根据布若威等人划分劳动体制的基本思路，结合多年对珠三角企业的观察和调查，我们初步判定珠三角的企业存在下面的一些劳动管理体制类型：霸权、专制、霸权与专制的混合、奴役和既非霸权又非专制。

下面，我们逐一来说明这些劳动管理体制的特征和测量指标。

（一）霸权管理体制

1. 内部劳动力市场

从组织理论的角度，多依林阁和皮奥尔将内部劳动力市场定义为，一个管理

467

单位内部的劳动力市场，在那里，劳动力的定价和分配受管理规则和程序的控制。① 内部劳动力市场具有如下主要特征：①一组工作；②它被分成几等，这些等级代表着知识或技能提升；③它在较低层次上有一些"入门"，将其与更广泛的外部劳动力市场联系起来。② 弗兰克·杜宾等人用6个主要指标来测量内部劳动力市场：职位说明书、绩效评估、薪酬分类体系、职位阶梯、雇佣测试和晋升测试。③

关于内部劳动力市场的解释有新古典经济学、交易成本学派、新马克思主义学派和冲突论等理论观点。

威廉姆森从交易成本的视角出发，认为对劳动力市场类型最重要的影响是人力资本的特性。人力资本"特性"包含知识技能专门化的程度，并影响雇主对雇员的依附程度。内部劳动力市场通过有规律的职位提升，为雇员提供了向上流动的预期，同时，伴随着技能的提高，收入也会增加，从而满足了受雇者的利益。并且，由于雇主投资培养的有价值的工人不大可能转向为某个竞争者服务，雇主的利益也得到了保护。④

内部劳动力市场比之外部劳动力市场更能将雇员充分地、牢固地控制在组织内部。软合同是内部劳动力市场的特征。它假定较为完善的管理结构的存在（职位阶梯、申诉程序、工资级别）以及雇主、雇员双方更大程度的投入和信任。⑤

布若威关于内部劳动力市场的功能理解和一般的组织理论与经济学理论当然不同，但是，他对内部劳动市场的具体内容的理解则差不多，他指出了内部劳动力市场的6种情形或方面，即：分化的职务结构、传布空缺信息和递交空缺申请的制度化方式、为空职选择雇员的非独裁标准、一套工作培训系统、使雇员对企业产生承诺从而使别的企业的工作缺乏吸引力的方式，最后，在雇员暂时离职后维持他们对企业的忠诚的方式。⑥

① Doeringer and Piore. *Internal Labor Markets and Manpower Analysis.* Lexington, MA：Heath, 1971.

② Althauser and Kalleberg. Firms, Occupations, and the Structure of Labor Markets：A Conceptual Analysis and Research Agenda. in *Sociological Perspectives on Labor Markets*, ed. Ivar Berg. New York：Academic Press, 1981.

③ 弗兰克·杜宾、约翰·萨顿、约翰·迈耶、W. 理查德·斯科特：《平等机会法律和内部劳动力市场的建构》，见张永宏主编《组织社会学的新制度主义学派》，上海：世纪出版集团、上海人民出版社2007年版。

④ Williamson. The Economics of Organization：The Transaction Cost Approach. *American Journal of Sociology*, 1981, 87.

⑤ Williamson and Ouchi. The Markets and Hierarchies and Visible Hand Perspectives. *in Perspectives on Organization Design and Behavior*, ed. Andrew H. Van de Ven and William E. Joyce. New York：Wiley, 1981, P.361.

⑥ 迈克尔·布若威：《制造同意——垄断资本主义劳动过程的变迁》，北京：商务印书馆2008年版，第103页。

我们认为，对中国（珠三角）内部劳动力市场的测量应该有所不同，一些形式化的指标（如职位说明书等）可能没有实际效用，有一些指标（如薪酬分类体系）则由于我们的调查是以工人个体为对象的而测量不完全。合同可能是最能衡量内部劳动力市场特质的指标。如果一个工人签订了无固定期限劳动合同，那么这个企业更有可能具有内部劳动力市场，但不能反过来说一个工人没有签订无固定期限合同就没有内部劳动力市场，因为有的工人可能进入这个企业时间较短，还没有到签订无固定期限合同的时间。此外，是否参与劳动合同的协商则更为重要。如果合同是由企业单方面决定的，则这个合同更可能是一个形式，参与协商则表明这是一个真正的合同，因为，所谓合同就是合同双方协商的结果。和合同协商相联系，工资的集体协商也非常重要。内部劳动力市场意味着工人有稳定的工作预期，而购买保险是必需的。

2. 内部国家

内部国家是布若威所使用的特殊概念。布若威认为，内部国家是指在公司内部建立集体谈判制度和申诉机构，用以处理工人的意见和投诉。[①] 在珠三角企业，集体谈判或协商最可能的是工资协商，因而，我们用是否有工资协商作为测量内部国家的指标之一。此外，工人是否向企业反映过意见也是测量指标之一。然而，仅有这两个指标还是不够的。在西方国家，企业内工会是独立于企业和政府存在的，因此并不构成内部国家的指标，而在中国，工会则可能是国家机构的代表（如国有企业）。当然，一些企业工会可能并没有发挥作用，既没有代表工人利益，也没有代表国家意志，但是，尽管当前的工会具有形式化的特点，但也可能具有某种作用，或者至少比没有工会好，所以，我们也将具有工会作为霸权体制的一个指标。

以上内部劳动力市场和内部国家的指标是肯定性的，这是说，具有这些特征则可能是一个霸权体制。

具体说来，我们认为，对一个霸权体制来说，工会是必备条件，如果工会都没有设立，我们很难说这是一个现代法制企业；而合同协商、工资协商、意见反映和所有保险都购买（除生育保险外）四项指标中有一项，则视为霸权体制，但是霸权体制不能具有专制指标中的任何一项。

（二）专 制 体 制

专制体制和霸权体制是对立的，但是我们难以使用肯定性指标来测量，而主

---

① 迈克尔·布若威：《制造同意——垄断资本主义劳动过程的变迁》，北京：商务印书馆2008年版，第120页。

要采用一组否定性（负面）的指标，这一组指标主要不是制度性的，而是工人所体验到的劳动或管理实践及其后果，具体是：强制性加班、冒险作业、搜身搜包、扣押证件、缴纳押金、日工作时间 11 小时以上、没有购买工伤保险、拖欠工资、工资不符合最低工资标准和工作环境有危害、克扣工资、不签订劳动合同、有意见没反映等。我们将强迫加班等前 9 项指标中，有一项者视为专制；而将克扣工资等 4 项视为辅助性的指标。

（三）奴役制

如果说专制型企业是"血汗工厂"的话，那么奴役制是比专制更为残酷、落后的劳动体制，它们往往限制工人人身自由，违反现代基本人权规则。如前所举案例，在珠三角还存在少数企业采用奴役性的劳动体制，而判断这种体制相对简单，我们使用如下一组指标：强迫劳动、拘禁、殴打、罚跪、罚站。这一组指标都是严重违反人权的基本指标。

需要说明的是，我们这里所谓的奴役制，并不是严格意义上的典型奴役制，而是带有奴役特征的劳动体制，为了分类的简单明了，我们将之称为奴役制。

还需要说明的是，冒险作业和搜身搜包在一定程度上也可以看作奴役制的特征，但是，由于冒险作业在建筑等行业具有普遍性，加上中国企业和工人的职业保护意识不强，所以，我们还是将之视为专制体制的特征。搜身搜包也在很大程度上是对工人人身权益的不尊重，但是，考虑到一些企业（如贵重首饰制造）搜身搜包具有一定的合理性，我们还是将之视为专制而不是奴役的特征。

（四）混合体制

对混合体制可以有两种理解：其一，一企两制或多制。如张璐指出，中国劳动体制是一种混合体制，体现为对正式的合同工和劳务工（派遣工）之间的差别对待。[①] 其实，在一些企业中也体现为实习生和正式工人、普通工人和高级职员之间的差别，甚至还体现为中国工人和外籍工人的差别。但是，这种理解并非完全正确。首先，不同的用人制度在企业中广泛存在，乃至许多国家行政机关和事业单位都是如此。请临时工、使用劳务派遣工，是非常普遍的做法，还有一些单位有所谓 A 岗 B 岗的区分，比如一些大学，人事制度改革前的单

[①] 张璐：《全球化时代中国汽车工业的劳动控制和精益生产》，见郑广怀、朱健刚主编：《公共生活评论（第二辑）》，北京：中国社会科学出版社 2011 年版。

位职员是 A 岗，改革后的职员则是 B 岗（也有的叫人事代理）。如果就此判别为混合体制，则几乎所有的规模较大的企业都是混合体制。其次，更为重要的是，判别一个体制最主要的是看它的劳动实践及其后果，而不是文本制度。我们在珠三角的调查中，许多企业都说，尽管它们使用劳务派遣工，但都是一视同仁的。这些说法如果可信，则用工制度就不重要；如果不可信，那也要通过事实来判断。其二，霸权加专制。这是说，一个企业的管理制度及其劳动实践并不是单纯的霸权或专制，而是兼有霸权和专制的双重特征。在这里，霸权加专制混合体制的判定标准是：符合霸权定义，同时至少具有一项专制特征。我们采用这样的标准。

（五）中性体制：既非霸权也非专制

这类企业是指没有现代霸权体制企业的制度特征，但是，也没有对工人产生强迫性（专制性）的后果。在我们的样本中，上述各类企业之外的企业就是这种劳动体制，它有可能是一种人情型的企业，没有严格的契约规则，但由于企业老板和员工之间是亲朋好友，管理上比较宽松，较为人性化。

我们将上述指标总结为表 15-2。

表 15-2　　　　判断劳动体制的指标

劳动体制类型	一级指标	二级指标	百分比	说明
奴役		强迫劳动	7.3	4 项指标有 1 项即为奴役制
		拘禁	0.29	
		殴打	0.29	
		罚跪罚站	0.44	
专制		强迫加班	19.17	这 9 项指标中有 1 项，即为专制
		扣押证件	6.12	
		缴纳押金	10.78	
		冒险作业	4.9	
		搜身搜包	2.34	
		没有购买工伤保险	37.09	
		日工作时间 11 小时以上	17.3	
		基本工资不符合最低工资标准	23.85	
		拖欠工资	4.99	

471

劳动体制类型	一级指标	二级指标	百分比	说明
专制		克扣工资	13.83	辅助性指标
		环境危害	22.1	
		不签合同	33.95	
		有意见没反映	8.9	
霸权	内部劳动力市场	无固定期限合同	11.39	辅助性指标
		所有保险都购买（除了生育）	16.52	四项必须有一项，同时不能有专制特征
		合同协商	23.26	
	内部国家	工资协商	6.6	
		意见反映	17.94	
		工会	14.15	工会是必备的。30人以下的企业可以不建立工会
专制—霸权混合体制	专制特征与霸权特征			符合霸权定义，同时具有一项专制特征
既非霸权也非专制				上述体制之外的样本

注：《工会法》第十条规定：企业、事业单位、机关有会员25人以上的，应当建立基层工会委员会；不足25人的，可以单独建立基层工会委员会，也可以由两个以上单位的会员联合建立基层工会委员会，也可以选举组织员一人，组织会员开展活动。这就是说，25人以上的企业必须建立工会，而不足25人的企业可以不建立单独的工会。在我们的问卷中，对小型企业以30人为界，因而，我们将应该建立工会的企业人数调整到30人。

二、数据说明

本章数据使用我们于2010年7～8月调查的珠三角9个城市的2 046份有效问卷，这些被调查者分布在1 723家企业中。

我们的问卷调查对象是作为个体的外来工，通过询问外来工个人的情况来了解所在企业的特质。由于进入企业调查的困难，我们没有先对企业进行抽样，了解企业的基本情况后再调查企业中的工人。由于外来工只可能知道所在企业的一些基本情况，因而对企业层次的数据了解较少。这样的数据对于判断企业劳动体制的类型当然具有一定的缺陷。不过，我们认为，企业的制度特征主要不应该通过文本或其他表面的东西去了解，而应该体现在企业中的工人所实践或体验到的管理规则及其结果。而企业的一些制度性指标，通过询问一个工人也就可以了解。一些极端否定性的指标（如拘禁、殴打等）有一例就可以说明。在这样的意义上，个体数据也是可以反映企业劳动体制类型的。

三、数据分析

通过对表 15 - 2 指标体系的数据分析，我们得出表 15 - 3 的结果。

表 15 - 3　　　　　　　　**企业劳动体制分类结果**　　　　　单位：%

劳动体制 （N = 1 723）	奴役制	专制	霸权	专制— 霸权混合	中性体制 （既非专制也非霸权）
	8.53	55.48	3.31	10.68	22.00

我们发现，在珠三角 1 723 家企业中，主要存在 5 种劳动体制：奴役制占比8.53%。这说明，奴役制或带有奴役制特征的企业还有不小比例。专制体制分布最广，达 55.48%，超过半数，说明专制体制是珠三角占主导地位的劳动体制。纯粹霸权体制比例最低，仅为 3.31%，甚至比奴役制企业类型还少一半多。霸权—专制的混合体制占比为 10.6%，超过企业类型的 1 成。除以上几种体制外，我们还发现了一种既没有霸权体制特征，也没有奴役和专制后果的中性体制，且分布较为广泛，占 22%，约为全部企业类型的 1/5。

总的来说，珠三角企业劳动体制类型以专制为主导体制，既非专制也非霸权的中性体制为次，霸权与专制的混合体制居三，奴役制或带有奴役制特征的劳动体制比例不小位于第四，而具有现代法制企业特征的霸权体制最少。

中性体制在以往研究中没有被揭示，这是我们从数据中的重要发现之一。布若威等人试图以专制和霸权来对所有企业进行分类，当面对中国的现实时，这一理论框架仍然过于简单，非但没有考虑到一些具有奴役特征的企业的存在，更没有考虑到中性体制的存在。我们认为，中性体制是缺乏现代法制企业的制度设置（如工会、集体协商）但又没有造成专制的危害或后果的劳动体制。对于这种体制的内部机制，我们还需要进一步的调查与研究。

此外，霸权和专制的混合体制也值得重视。这种混合体制产生的基础一方面由于资本来源的多元和混合（合资），另一方面也由于制度、规则的不彻底、不连贯和不统一，在同一企业对不同群体采取不同的劳动政策，导致不同的劳动实践后果。混合体制中的一些企业对不同的员工群体采用不能的管理政策，比如正式工和劳务派遣工①、临时工、实习生不同②，中国工人和外籍工人不同，蓝领白领待遇差异过大等。这些不平等的管理政策往往容易引起工人的愤怒和反抗，成为冲突的来源。本田罢工事件就是很好的例证。③

混合体制塑造了处理劳资关系的矛盾逻辑。从表面来看，混合体制从制度特征来说，具有现代企业的一些制度设置，比如工会和集体协商，但是，这些制度设置往往是形式上的，不能发挥实质的作用。我们在珠三角的一些大中型企业走访时，问到企业是否有工会时，一般都有，但这些企业的工会主席往往是企业高层行政管理人员兼任的，工会的作用就可想而知。因而，在实际上，企业的管理逻辑和它的形式设置是矛盾的、脱离的，甚至可以这么说，企业以霸权的外衣行专制之实。

但是，我们不能说霸权的制度设置一点作用都没有，它至少可以成为工人抗争的一个现成的合法的组织形式，在某些条件下，这些组织形式是可以改造、利用的。例如，集体协商，刚刚开始的时候可能走过场，慢慢地则有可能转变为一种真正的协商。

第三节 影响因素和后果

一、影响劳动体制的企业类型变量

我们以劳动体制为因变量，以行业、企业所有制性质和企业规模为自变量④，建立了多项 Logit 模型（multinomial Logit），该模型以奴役体制为参照，分

---

① 据新华网深圳 2011 年 10 月 12 日专电报道，国际知名奢侈品牌古驰（gucci）涉嫌"加班黑幕"及"虐待员工"，所使用的工人就是劳务派遣的工人。深圳的古驰店铺员工虽然归属古驰管理，但与这些古驰员工签订工作合同的，又是深圳市南山区一家名为南油外服人力资源有限公司的企业。这些员工签署的都是劳务派遣合同。劳务派遣成了逃责挡箭牌（见乌梦达、王攀：《古驰虐工追踪：劳务派遣成逃责挡箭牌》，2011 年，http://www.foods1.com/content/1289928/）。

② 黄静文：《三星化或是中国化？三星电子在中国的劳动关系》，载《全球化下的亚洲跨国企业劳工：抗争的图像》，台北：台湾社会研究杂志，2010。

③ 国际工会联合会香港联络处（IHLO）：《本田及中国汽车零部件制造业罢工的政治经济学分析》，见郑广怀、朱健刚主编：《公共生活评论（第二辑）》，北京：中国社会科学出版社 2011 年版。

④ 限于篇幅，我们在这里不给出自变量的描述统计，有兴趣者可以向我们索要，下同。

析各变量对几种体制的影响。回归结果见表 15 - 4。

表 15 - 4　　　　　　　　　　企业类型对劳动体制的影响

企业类型	中性体制	专制	霸权	专制—霸权
服务业（制造业 = 0）	- 0. 199	0. 0529	0. 0850	0. 0344
	(0. 252)	(0. 226)	(0. 339)	(0. 293)
企业性质（国有 = 参照）				
股份制	0. 440	0. 0914	- 0. 608	- 1. 043 *
	(0. 490)	(0. 443)	(0. 588)	(0. 573)
外资	0. 628	0. 296	0. 566	- 0. 425
	(0. 550)	(0. 507)	(0. 587)	(0. 612)
港资	1. 092 **	0. 374	0. 123	- 1. 253 *
	(0. 503)	(0. 469)	(0. 574)	(0. 658)
台资	1. 019 *	0. 542	- 0. 683	- 0. 895
	(0. 566)	(0. 530)	(0. 749)	(0. 700)
私有	0. 750 **	0. 571 *	- 1. 375 ***	- 0. 768 **
	(0. 376)	(0. 332)	(0. 449)	(0. 391)
企业规模（1 ~ 99 人 = 0）				
100 ~ 299 人	0. 733 **	0. 293	- 0. 402	- 0. 803 **
	(0. 290)	(0. 264)	(0. 442)	(0. 385)
300 ~ 999 人	0. 254	- 0. 132	- 0. 584	- 1. 019 ***
	(0. 283)	(0. 253)	(0. 414)	(0. 371)
1 000 人以上	1. 243 ***	0. 484	0. 381	0. 314
	(0. 328)	(0. 307)	(0. 421)	(0. 374)
Constant	- 0. 0348	1. 388 ***	0. 339	0. 941 **
	(0. 416)	(0. 365)	(0. 486)	(0. 431)
Observations	1 657	1 657	1 657	1 657
模型拟合	Log likelihood = - 1937. 1886；LR chi^2（36） = 164. 58；Pseudo R^2 = 0. 0407；			

注：显著性水平： *** 表示 $p < 0.01$， ** 表示 $p < 0.05$， * 表示 $p < 0.1$。

表 15 - 4 的回归结果表明：

第一，服务业和制造业没有显著差异，企业的劳动体制类型和行业属性无关。

第二，与国有企业相比，股份制和外资企业都无显著差异；将中性体制与奴役制相比，港资和台资企业比之国有企业更有可能是中性体制，但将专制—霸权的混合体制与奴役制相比，港资企业更不可能是混合体制；私有企业在各种劳动体制上都显现出显著差异，和奴役制相比，私有企业更不可能实行霸权体制和混合体制，也更可能是中性体制和专制体制。换个角度看，港资企业和私有企业最有可能实行奴役制，私有企业最不可能实行霸权式劳动体制。

第三，企业规模对劳动体制的影响是复杂的，与100人以下的企业相比，100～299人的企业更可能是中性体制，更不可能是混合体制；300～999人的企业也更不可能是混合体制；1 000人以上的企业则更可能是中性体制。

二、个体特性和劳动体制

我们以外来工的性别、年龄、教育年限、户籍和工种作为自变量，以企业劳动体制类型为因变量，来看外来工的个体特征对企业劳动体制类型的影响，回归结果见表15-5。

表15-5　　　　个体特征与劳动体制的多项 Logit 模型（以奴役制为参照）

自变量	中性	专制	霸权	专制—霸权
男性（女=0）	-0.594 ***	-0.460 **	-0.657 **	-0.0206
	(0.202)	(0.189)	(0.276)	(0.250)
年龄	0.00270	-0.00867	0.0337 **	0.000502
	(0.0106)	(0.00978)	(0.0147)	(0.0130)
教育年限	0.0736 **	-0.0305	0.189 ***	0.0939 **
	(0.0368)	(0.0341)	(0.0521)	(0.0450)
农村户籍（城镇=0）	-0.568 *	-0.448	-0.515	-0.514
	(0.304)	(0.293)	(0.372)	(0.351)
工种（普工=0）				
技工	0.0332	-0.0423	0.449	0.153
	(0.242)	(0.223)	(0.348)	(0.291)
管理人员	0.295	-0.0207	0.797 **	0.0706
	(0.266)	(0.253)	(0.354)	(0.328)

续表

自变量	中性	专制	霸权	专制—霸权
其他	- 0.197	- 0.273	0.366	0.157
	(0.307)	(0.281)	(0.420)	(0.361)
截距	1.157*	3.255***	- 2.906***	- 0.540
	(0.650)	(0.605)	(0.920)	(0.792)
样本数	2 042			
模型拟合	Pseudo R^2 = 0.0243；Log likelihood = - 2 439.91；LR chi^2 (28) = 121.75			

注：①该处的普工包括生产工、建筑工、服务员、保安、后勤人员等，而技工包括生产技工、司机等，管理人员包括班组长、领班、文员、销售人员等。

②显著性水平 *** 表示 $p < 0.01$，** 表示 $p < 0.05$，* 表示 $p < 0.1$。

回归结果显示：

第一，男性更不可能进入实行霸权、中性和专制的劳动体制的企业中，更可能处于奴役制劳动体制的企业之中。

第二，年龄对外来工进入各种劳动体制的企业关系甚微，只是与奴役制相比，年龄较大者更易进入霸权体制企业。

第三，教育年限越长，越可能进入霸权、混合和中性体制，越不可能进入奴役制企业。

第四，农村户籍者更可能进入奴役制企业。

第五，与普工相比，管理人员更可能进入霸权企业，而技工和普工无明显差异。

三、劳动体制的后果

为进一步检验我们的分类标准，以及不同劳动体制对劳动权益与员工主观感知的影响，我们分别以月工资收入、是否使用计件制、剥削感、五年内是否想离职以及是否认为自己的权益受到了侵害等五个变量作为因变量，以劳动体制作为解释变量，同时控制了人口特征和企业特征，分别建构了模型 1 ~ 5，其中模型 1 为一般线性回归模型，模型 2 ~ 5 为二分 Logit 模型。回归结果见表 15 - 6。

表 15 - 6　　　　　劳动体制对劳动权益和员工主观感受的影响

自变量	模型 1	模型 2	模型 3	模型 4	模型 5
	月工资对数	计件制 (1 = 是, 0 = 否)	权益侵害 (1 = 是, 0 = 否)	剥削感 (1 = 是, 0 = 否)	离职意愿 (1 = 是, 0 = 否)
男性（女 = 0）	0. 166 ***	- 0. 400 ***	1. 003 ***	0. 311 ***	0. 417 ***
	(0. 0159)	(0. 112)	(0. 211)	(0. 103)	(0. 127)
年龄	0. 0509 ***	- 0. 0305 ***	- 0. 0192 *	0. 00827	- 0. 0653 ***
	(0. 00550)	(0. 00646)	(0. 0105)	(0. 00564)	(0. 00666)
年龄平方	- 0. 000725 ***				
	(8. 18e - 05)				
教育年限	0. 0180 ***	- 0. 133 ***	- 0. 0293	0. 0892 ***	0. 0297
	(0. 00303)	(0. 0213)	(0. 0350)	(0. 0194)	(0. 0229)
农村户籍（城镇 = 0）	- 0. 0901 ***	- 0. 147	- 0. 0380	0. 0187	- 0. 0214
	(0. 0217)	(0. 150)	(0. 269)	(0. 136)	(0. 161)
月工资对数		0. 854 ***	- 0. 335	0. 0854	- 0. 809 ***
		(0. 154)	(0. 256)	(0. 140)	(0. 163)
工种（普工 = 0）					
技工	0. 189 ***	- 0. 0328	0. 132	0. 152	- 0. 389 **
	(0. 0198)	(0. 138)	(0. 231)	(0. 127)	(0. 152)
管理人员	0. 232 ***	- 0. 0926	- 0. 00248	0. 173	- 0. 0722
	(0. 0212)	(0. 150)	(0. 278)	(0. 137)	(0. 168)
其他	0. 132 ***	- 0. 400 **	0. 448	- 0. 0517	- 0. 278
	(0. 0271)	(0. 199)	(0. 287)	(0. 174)	(0. 199)
服务业（制造业 = 0）	- 0. 0949 ***	0. 0898	- 0. 217	0. 0165	- 0. 267 *
	(0. 0192)	(0. 133)	(0. 230)	(0. 122)	(0. 144)
企业性质 (国有和集体 = 0)					
股份制	0. 0690 *	0. 641 **	0. 658	0. 205	0. 169
	(0. 0373)	(0. 259)	(0. 429)	(0. 238)	(0. 268)
港澳台	- 0. 0274	- 0. 182	0. 490	0. 559 ***	0. 297
	(0. 0318)	(0. 240)	(0. 394)	(0. 203)	(0. 230)

自变量	模型 1	模型 2	模型 3	模型 4	模型 5
	月工资对数	计件制 (1 = 是, 0 = 否)	权益侵害 (1 = 是, 0 = 否)	剥削感 (1 = 是, 0 = 否)	离职意愿 (1 = 是, 0 = 否)
外资	0.0570	0.0172	-0.0638	0.333	0.136
	(0.0387)	(0.283)	(0.534)	(0.247)	(0.280)
私营企业	0.0119	0.472**	0.0996	0.279	0.235
	(0.0277)	(0.203)	(0.345)	(0.178)	(0.196)
企业规模 (1~99 人 =0)					
100~299 人	0.0235	0.139	-0.157	0.502***	-0.199
	(0.0217)	(0.147)	(0.245)	(0.137)	(0.165)
300~999 人	0.0933***	0.110	-0.181	0.352**	-0.290*
	(0.0222)	(0.150)	(0.250)	(0.141)	(0.169)
1 000 人以上	0.102***	-0.106	-0.635**	0.0852	-0.160
	(0.0224)	(0.157)	(0.287)	(0.143)	(0.170)
劳动体制 (中性体制 =0)					
奴役	-0.0518	0.518**	2.614***	1.638***	0.547**
	(0.0316)	(0.208)	(0.352)	(0.220)	(0.237)
专制	-0.0636***	0.140	1.058***	0.213*	0.629***
	(0.0186)	(0.130)	(0.321)	(0.117)	(0.136)
霸权	0.00838	-0.297	1.007*	-0.351	0.183
	(0.0368)	(0.292)	(0.522)	(0.236)	(0.254)
霸权—专制 混合体制	-0.0233	0.483**	1.271***	0.0182	0.157
	(0.0314)	(0.212)	(0.415)	(0.197)	(0.222)
截距	6.367***	-5.187***	-0.882	-3.009***	8.524***
	(0.103)	(1.170)	(1.946)	(1.072)	(1.268)
样本数	1 967	1 959	1 967	1 964	1 964
R^2	0.267				

自变量	模型 1 月工资对数	模型 2 计件制(1 = 是, 0 = 否)	模型 3 权益侵害(1 = 是, 0 = 否)	模型 4 剥削感(1 = 是, 0 = 否)	模型 5 离职意愿(1 = 是, 0 = 否)
Pseudo R²		0.0586	0.1176	0.0541	0.0914
Log likelihood		− 1 117.7461	− 474.28044	− 1 274.592	− 962.27181
LR chi²		139.46	126.69	146.03	194.41

注：显著性水平：*** 表示 $p < 0.01$，** 表示 $p < 0.05$，* 表示 $p < 0.1$。

通过表 15 - 6 的回归结果主要发现：

第一，工资水平：在控制了人力资本与企业特征的情况下，处于专制、奴役和混合体制下的外来工工资皆低于中性体制，霸权体制则高于中性体制，其中，专制体制显著低于中性体制。

第二，计件制：奴役制采取计件制的可能性显著高于中性体制，混合体制也是这样。霸权体制则比之中性体制采用计件制的可能性较低，但差异并不显著。这表明，计件制并非专属于某一体制。这些数据甚至显示与布若威将计件制视为霸权体制特征的看法相反。因此，布若威将计件制视为霸权体制重要特征的看法，并不适用于珠三角地区。

第三，权益侵害：与中性体制相比，处于奴役、专制、混合甚至霸权体制之下的外来工更多地认为自身劳动权益受到了侵害。不过，霸权体制和中性体制的差异显著度较低。

第四，剥削感：依照布若威等人的理论逻辑，霸权体制下，剥削形态更为隐蔽，工人更少感受到自己受剥削。我们的数据发现支持布若威的看法，与中性体制相比，奴役、专制体制下的外来工有更强烈的被剥削感，而霸权体制下的工人则较少感受到被剥削，但没有显著差异。

第五，离职意愿：与中性体制相比，奴役、专制体制下的外来工五年内离职的意愿显著更高。

上述发现表明，奴役、专制体制下的外来工劳动权益状况更差，霸权体制较好。依照布若威的论述，在霸权体制下，企业通过内部国家、内部劳动力市场使得剥削关系变得隐蔽，从专制体制下的强制转变为同意或认可，上述数据支持这样的假设，处于奴役或专制体制下，外来工的被剥削感、权益受侵害感以及离职意愿均强于中性体制、霸权体制。

表 15 - 6 的回归结果还表明，我们关于劳动体制的划分是合理的，符合数据

480

农民工权益保护理论与实践研究

的逻辑关系。

第四节　社会基础

我们认为,珠三角劳动体制形成的社会基础和原因涉及以下几个方面。

一、粗放式经济发展阶段

显然易见,珠三角经济发展处于粗放式阶段。"粗放经济形成的原因,在于越来越多的工人从农业生产、小商品生产、服务业或者家庭经济涌向工业生产部门。"[①]

以往,人们往往注意到粗放式经济发展对环境、资源的破坏,却少有认识到它同样对劳动力也是一种破坏,即粗放式使用劳动力。我们认为,粗放式使用劳动力主要表现为4个方面:第一,吃青春饭:对外来农民工来说,很多企业基本不要35岁以上的,劳动时间过长,长期加班,只有青年人才能承受这样的工作,而且也严重损害他们的身体。第二,忽视劳动安全:工作环境有危害,冒险作业,无防护或防护不到位的情况比比皆是,最应该购买的工伤保险都落实不到位。各种安全事故频发。第三,忽视培训:使得外来工技术水平较低,劳动技能长期得不到提高。第四,低工资水平导致外来工没有足够资本培养下一代,外来工下一代的命运很难改变。

粗放式经济发展阶段和发展模式是专制型劳动体制存在的基本社会条件,粗放式的发展方式意味着可以不珍惜劳动力的价值,粗暴地使用劳动力。

二、改革进程中的过渡性与不彻底性

中国的改革进程和经济、社会转型是以渐进的方式进行的,它具有一些特点,比如实行"双轨制"和"增量改革",以经济改革为优先考虑,建立给予优惠政策支持的"经济特区",大规模引进外资和发展私有经济但同时保留国有经济在关键领域中的作用,法制建设和经济改革不同步,维持基本的政治体制不变

---

① 伊万·塞勒尼、凯瑟琳·贝克特、劳伦斯·P·金:《社会主义经济体制》,见伊万·塞勒尼等:《新古典社会学的想象力》,北京:社会科学文献出版社2010年版,第46页。

的前提下进行改革，等等。这种改革的后果导致了一种"混合体制"，就如科尔奈所说，"后社会主义社会必然将在长期内继续保持一种奇特的双轨体制。这是许多社会主义和资本主义社会要素同时并存而又彼此缠绕的一种'混合'体制……这一双轨特征将成为各种冲突的来源。"①

我们认为，宏观的混合体制导致了微观企业的混合劳动体制，成为微观企业混合劳动体制的合法性来源。因为，在宏观体制中，经济发展目标和政策与社会发展目标与政策可能是矛盾甚至冲突的，经济政策和法律规定也可能是矛盾的，这些矛盾着的宏观规则会反映到企业管理中。在一个国家实行多种制度意味着一个企业也可以实行多种制度。因人而异，因事而异，会导致规则的不连贯和不彻底。

混合体制的基本特征是体制逻辑不连贯，引起体制性混乱。在经济社会转型阶段中，由于转型的不彻底性，不是纯粹的市场逻辑起作用，也不是纯粹的国家逻辑起作用。国家和市场的作用边界没有得到很好的界定。

在维护工人权益方面，这表现为政府行为的不统一、不连贯，乃至矛盾：一方面要招商引资，另一方面要维护工人权益；一方面要效率优先，另一方面又要兼顾公平。这种矛盾既表现为政府的具体部门，如发改委、商务部门与劳动部门的矛盾，也表现为中央政府与地方政府的矛盾。

在当代中国，尤其是珠三角地区，对外来农民工来说，一方面，市场制造了不平等，但国家对这种不平等的纠正是软弱无力的；另一方面，行政制度也制造了不平等，如户籍制度和由此带来的社会服务的缺失。弱势群体对市场的利用来改善自己的境遇的能力也不强。此外，也许国家和市场力量还结合制造了不平等。这些不平等同时施加到外来农民工身上，他们的境遇可想而知。

三、资本来源的多元化

大规模引进境外资本是中国经济改革和发展中的重要现象。② 这些外资多种多样，简要地我们可以将之分为欧美资本和亚洲资本、华裔资本和非华裔资本。如果加上中国国内原有的国有资本、集体（乡镇和城市社区）资本和后来发展的私有资本，那么，和计划经济时期不同，中国的资本类型已经完全多元化了。

外资企业进入中国（珠三角）之后，它们会将原有国家和地区的法律制度、

---

① 雅诺什·科尔奈：《社会主义体制：共产主义政治经济学》，北京：中央编译出版社 2007 年版，第 538 页。
② 黄亚生：《改革时期的外国直接投资》，北京：新星出版社 2005 年版。

管理规则和习惯带入，但又会适应当地社会条件而"本土化"。一些欧美企业法制化程度高，它们的劳动体制及其管理实践可能保留了原有国家的习惯做法，其中一些可能实施霸权式劳动体制[①]。但是，亚洲资本则不同，其中韩国企业经常曝出侮辱工人的丑闻[②]，而本田罢工事件则揭示了中日两国工人待遇的惊人差异[③]，台资的富士康则实行"军事化"管理，很多台资企业"存在谩骂式管理、最糟糕的工作条件以及一触即发的冲突……导致形成极端严厉的和军阀式的劳动制度"[④]。中国的国有企业和集体企业可能保留了一些社会主义传统，但私有企业或以人情关系主导企业管理，或实施赤裸裸的专制。这样产生的管理实践会导致多种劳动体制并存。

珠江三角洲是外资最早进入的地区之一，这些境外资本以港台资本为主，它们所实施的劳动体制给后续进入的资本和国内资本提供了一个范例，其他类型的资本有可能向它们看齐[⑤]，它们中的大多数企业是专制型的劳动体制，这就是为什么在珠三角专制型劳动体制成为主导体制的基本原因。

四、国家干预的形式与力度

中国经济改革和法制化进程所产生的后果之一是：计划经济时代以行政手段调节劳资关系的做法渐渐被法律手段所取代。当然，这并不是中国独有的特点。

中国计划经济时期的国有企业受到国家的直接控制，这不仅仅表现为它有着

---

① 例如，德国之声电台网站 2010 年 7 月 4 日以《德国企业用金钱换职工的忠诚》为题报道：（1）与日本人和中国台湾人相反，只有少数德国企业聘用中国西部贫困地区的农民工，例如在为汽车生产碟形弹簧的德国慕贝尔公司中，只有来自上海及周边地区的工人；（2）厂区内没有中国通常都有的工人集体宿舍。（3）德国人在中国的管理风格也与亚洲国家竞争对手不同。过去几年，大众、西门子等公司以及越来越多的中型企业坚决安排当地人士进入领导阶层。现在许多企业的最高层甚至大多是中国人。这样大大有利于与职工交流。（4）用金钱购买了职工的忠诚。德国企业的工资比亚洲企业高 10%。按照德国模式，工人的加班时间记入工时账户，工人既可以领取加班费，也可以自由支配这些时间。德国企业大多如实缴纳工人的社会保险金。法定医疗、失业和养老保险加起来占企业工资支出的 45%。

② 万杰洋认为，在中国的韩国工厂中的劳资关系包含等级隔离、用罚扣工资规范工人行为、侮辱个人人格等特点，是一种"多维专制主义"（见 Jaeyoun Won. Post-socialist China：Labour relations in Korean-managed factories. *Journal of Contemporary Asia*. 2007，37：3.）。

③ 国际工会联合会香港联络处（IHLO）：《本田及中国汽车零部件制造业罢工的政治经济学分析》，见郑广怀、朱健刚主编《公共生活评论（第二辑）》，北京：中国社会科学出版社 2011 年版。

④ 玛丽·加拉格尔：《全球化与中国劳工政治》，杭州：浙江出版联合集团、浙江人民出版社 2010 年版，第 111 页。

⑤ 加拉格尔说："国内的小型企业在不断模仿华侨企业严格的劳动实践。在许多集体企业和国有企业，当工会（和党）的结构削弱，专制的劳动实践和权威关系就会扩展到这些企业，并实际上经常以外资企业和私营企业的竞争压力为由而得到辩护。"参见玛丽·加拉格尔：《全球化与中国劳工政治》，杭州：浙江出版联合集团、浙江人民出版社 2010 年版，第 112 页。

强有力的上级政府主管部门，而且也表现为企业内部机构的设置，比如党委的关键作用、工会的辅助性作用，在这个意义上，我们可以说，那个时期的国有企业有着布若威所说的"内部国家"机构设置。这种"内部国家"和外部国家是完全对接的，它直接执行着国家意志，当然，往往通过行政指令。

但是，改革后国有企业的体制变化和依法治国理念的实行，调节劳资关系的手段由直接变间接，由行政指令变为执法监管。对于其他所有制类型的企业，国家的管理则更为间接。

国家对劳资关系的管理与调节具体体现为劳动部门的执法形式和力度。劳动部门往往通过三种方式实行管理：其一，一年一度的检查或称年检，这往往是个形式；其二，专项的执法大检查，这往往采取运动式的方式进行；其三，处理工人的个体投诉和集体行动。一般来说，如果发生了大规模的集体行动，影响到社会稳定，政府部门就会采取强有力的措施来解决问题。

抛开资本对政府官员的收买不谈，政府对劳资关系的重视程度和宏观经济形势有关，和政府高级官员的注意力有关，和由于劳资关系所引发的事件的严重程度有关，也和新闻媒体及社会公众的关注度有关，当然也和作为执法对象的企业的实力有关。所以，政府的执法力度是不一样的，有时严厉，有时宽松。"政府摇摆不定，再加上社会偏见，这导致私人所有者和企业家内心充满了不安全感。他们经常表现出资本主义最坏的一面，而不是最好的一面。"[①] 科尔奈这一段话，尽管指的是社会主义改革时期的私有企业，但是，以我们对珠三角企业的长期观察，应该也适合其他所有制类型的企业。

国家干预对劳资关系状况、企业采用的劳动体制和工人权益保护具有直接影响。安尼塔·陈和王宏真对中越台资企业进行的国际比较研究说明，东道国立场和态度的不同，会对设在该国台资工厂中的劳资关系和工人状况产生极大的影响。台资企业在越南采用一种"软"管理模式，而在中国大陆则采用"军事"管理模式。[②]

五、珠三角地区的特点

我们认为，珠江三角洲具有如下的一些特点并相应形成处理劳资关系的模式：

---

① 雅诺什·科尔奈：《社会主义体制：共产主义政治经济学》，北京：中央编译出版社 2007 年版，第 424 页。

② Anita Chan and Hong-zen Wang. The Impact of the State on Workers' Conditions Comparing Taiwanese Factories in China and Vietnam. *Pacific Affairs*, Winter 2004/2005. Vol. 77，No 4.

（1）在多种资本中，港澳台资本在境外资本中占据主导地位，或者由于它们最先进入珠三角，形成了处理劳资关系的港台模式。在历史传统上，珠三角国有资本较少（比之上海）、乡镇集体企业也不多（比之苏南），缺乏处理劳资关系的社会主义传统和社区关系网络传统。[①]

（2）工人以外来农民工为主体，其中外省籍者占有相当比例[②]，本地工人比例较低，外来农民工一方面受到户籍等制度约束，另一方面受到缺乏本地社会关系的约束，既缺乏本地人享有的社会福利、社会保障，在维护自身权益时又缺乏社会支持，他们无法具有"地方公民身份"[③]，在劳资关系上处于明显的弱势。

（3）由于地域狭小，工业密集，工人众多，经济处于粗放式发展阶段和管理上的初级阶段，劳资冲突较多，劳资纠纷频繁，珠三角成为劳资矛盾的"火药桶"。而且，毗邻中国香港，外资较多，受到国际舆论高度关注。

（4）外来农民工不是地方政府的"选民"，地方政府对他们缺乏责任感，对劳资关系的处理主要站在资方一边，或者采取放任的立场，执法不力成为普遍现象。形成以市场调节为主的"市场型"劳资关系处理模式，市场发挥着基本的、主导的作用。[④] 珠三角在改革开放中先行一步，主要借鉴香港的市场经济模式，处于中国政治体系中的边缘，市场的力量和观念深入、普遍，政治和行政力量较弱。

因而，在珠三角形成了和其他地区不同的制度差异，这些差异更多地表现为习惯和传统等非正式制度的差异。

六、工人的价值观念和反抗性

无论哪一种劳动体制，都必须让工人有一定程度的接受，而不可能做到完全的强制。在这个意义上，我们认为，以专制为主导的珠三角企业劳动体制之所以可以较长时期和较大范围里存在，与外来工（农民工）的价值观念相关，这些观念，是专制赖以存在的社会基础之一。

---

    ① 万向东、刘林平、张永宏：《工资福利、权益保障与外部环境——珠三角与长三角外来工的比较研究》，载《管理世界》2006 年第 6 期。

    ② 在珠三角的外来工中，2010 年外省籍者为 73.69%。

    ③ Alan Smart and George C. S Lin. Local Capitalisms, Local Citizenship and Translocality: Rescaling from Below in the Pearl River Delta Region, China. *International Journal of Urban and Regional Research*, 2007, Vol. 31, No. 2.

    ④ 刘林平、郭志坚：《企业性质、政府缺位、集体协商与外来女工的权益保障》，载《社会学研究》2004 年第 6 期。万向东、刘林平、张永宏：《工资福利、权益保障与外部环境——珠三角与长三角外来工的比较研究》，载《管理世界》2006 年第 6 期。

珠三角的外来工主要是农民工（占80%以上）。农民外出打工，从农村家庭走入企业，但并没有成为或彻底转型为职业工人。纳入现在中国企业体系中的农民工，和西方古典与现代资本主义条件下的职业工人都不同：其一，他们不是彻底的、"无产阶级化"的工人，而是进为工人、退为农民的"半无产阶级化"的农民工[①]；其二，他们的参照体系更多是农民而不是城市居民，只要比农村生活有改善，只要比在农村多挣钱，他们就会干，而不论条件有多恶劣；其三，联系和组织他们的纽带主要是血缘、亲缘和地缘关系，他们缺乏现代社会的正式组织渠道和制度性机制；其四，他们带有中国农民传统的价值观念，带有中国人不同于西方的家庭责任观念，带有中国人不同于西方的人口与土地压力不同而产生的效益观念，这些观念是影响他们在现代企业体系下工作和在城市生存的基本因素之一。[②]

因而，农民工对于资本的相对剥削并不敏感而对于绝对剥削（拖欠工资和工资不足以维持基本生存）则较为敏感。他们可以接受专制体制下的加班、冒险作业以及类似的强制，但不能接受拖欠工资等绝对剥夺。[③] 他们特别能吃苦，特别能忍耐。由于制度性限制，他们在劳动力市场上是分散的、竞争性的，难以组织起来进行抗争，除非不得已，他们一般不会采取集体行动，更不太可能将这种集体行动转变为阶级行动。[④] 这样，他们对专制式的劳动体制更多的是接受，而不是反抗。

七、市场压力：民工荒——劳动力市场的变化

最近10多来年，中国的劳动力市场经历了一个从近乎无限供给到"民工荒"的巨大转变，这一转变在珠江三角洲尤为显著。

大约从2003年起，除了2009年国际金融危机导致相当一部分企业倒闭而减少了对工人的需求外，珠三角的民工荒始终存在。根据我们的调查数据，2005年有54.4%的企业缺工，2008年为60.95%，2009年为37.49%，2010年为42.65%。

劳动力市场供求关系的变化、普遍出现的民工荒现象，引发了中国的人口红

[①] Pun Ngai and Lu Huilin. Unfinished Proletarianization: Self, Anger, and Class Action among the Second Generation of Peasant-Workers in Present-Day China. *Modern China*, 2010, 36 (5).

[②③] 刘林平、张春泥、陈小娟：《农民的效益观与农民工的行动逻辑——对农民工超时加班的意愿与目的分析》，载《中国农村经济》2010年第9期。

[④] 刘林平、万向东、王翊：《二元性、半合法性、松散性和农民工问题》，载《中山大学学报》2005年第2期。

利正在丧失，"刘易斯转折点"即将到来的讨论。[①] 根据人口数量和结构的变化，一些学者预测，中国将在很长一段时间内面临劳动力供给萎缩的局面。[②] 蔡昉则进一步预测了政府公共政策将会发生更多地倾向于向社会保护的转变。[③]

根据在珠三角地区政府部门和企业的走访，我们看到，为了应对工人短缺，政府部门采取的对策是：提高最低工资标准，推行积分落户政策，和中西部地区合作招收工人等；而企业的对策则是：奖励在职工人介绍亲朋好友入职，与劳务公司、职业技术学校和包工头合作，提高工人工资待遇，和工人签订长期合同，鼓励工人夫妻同厂工作等。

工人短缺的宏观效应是迫使一些企业关闭或转移，而这些企业基本上都是劳动密集型企业，从劳动体制来说大多为专制型企业；而对企业的微观效应是迫使企业更多地使用机器、更多地提高工人的福利，长期来看会使企业从专制式的劳动体制转变为霸权体制。因而，我们预测，由于劳动力市场变化的压力，珠三角企业的劳动体制会逐渐发生变化：从专制转向霸权。这种变化的趋势甚至是不可逆的。这是非常积极的变化。

第五节 结论与讨论

一、结论

通过上述描述与分析，我们可以得出如下结论：

第一，珠三角地区存在多种劳动体制，除了专制和霸权体制之外，还有霸权和专制的混合体制、既非霸权又非专制的中性体制以及奴役制（带有奴役特征）。

第二，专制型劳动体制（55.48%）是珠三角企业中的主导体制；既非专制

---

① Cai Fang. Approaching a Triumphal Span: How Far Is China towards its Lewisian Turning Point? *UNU-WIDER Research Paper*, 2008, No. 09. Cai Fang and Dewen Wang. China's Demographic Transition: Implications for Growth. in Garnaut and Song (eds) *The China Boom and Its Discontents*. Canberra: Asia Pacific Press, 2005. 蔡昉：《人口转变、人口红利与刘易斯转折点》，载《经济研究》2010 年第 4 期。巴里·诺顿：《中国经济：转型与增长》，上海：上海人民出版社 2010 年版。

② 王峰、安德鲁·马逊（Wang Feng and Andrew Mason）：《中国经济转型过程中的人口因素》，见劳伦·勃兰特、托马斯·罗斯基《伟大的中国经济转型》，上海：格致出版社、上海人民出版社 2009 年版。

③ 蔡昉：《刘易斯转折点与公共政策方向的转变——关于中国社会保护的若干特征性事实》，载《中国社会科学》2010 年第 6 期。

也非霸权的中性体制（22%）和霸权与专制的混合体制（10.68%）都具有一定比例，是辅助性体制；奴役制（8.53%）还占有一定比例；而具有现代法制企业特征的霸权体制（3.31%）为数最少。

第三，企业的劳动体制类型和行业属性无关。港资企业和私有企业最有可能实行奴役制，私有企业最不可能实行霸权式劳动体制。企业规模对劳动体制的影响不是直线式的，但企业规模越大，越可能实行中性体制。

第四，从外来工的个体特征看，男性、农村户籍者（农民工）处于奴役式劳动体制的可能性较高，教育程度越高者越不可能进入奴役制和专制型企业、越可能进入霸权型企业，管理人员更可能进入霸权企业。

第五，劳动体制对外来工劳动权益有显著影响：将劳动体制排序为霸权、霸权—专制、既非霸权又非专制、专制、奴役，则按这一顺序，外来工的工资水平递减。处于奴役、专制体制之下的外来工更多地认为自身劳动权益受到了侵害。

第六，劳动体制对外来工的主观感受有显著影响：奴役、专制体制下的外来工更强烈地感受到自己正在受到剥削，而霸权体制下的工人则较少感受到被剥削。同样，奴役、专制体制下的外来工离职意愿更高。

第七，与布若威将计件制视为霸权体制特征的看法相反，奴役制采取计件制的可能性显著高于中性体制，霸权体制则采用计件制的概率更低。计件制并非专属于某一体制。布若威将计件制视为霸权体制的重要特征的认知，并不适用于珠三角地区。

第八，珠三角劳动体制存在和变化的社会基础涉及粗放式的经济发展阶段、改革进程中的过渡性与不彻底性、资本来源的多元化、国家干预的形式与力度、珠三角地区的特点、工人的价值观念和劳动力市场的变化等方面。

总之，我们的新贡献主要有三：其一，在分析了布若威等人所提出的劳动体制类型特征的基础上，在类似研究中首次提出了一个评估劳动体制的指标体系；其二，通过数据分析，给出了珠三角劳动体制的分布状态，发现了以往研究中未曾讨论的中性体制，并更加深入讨论了混合体制；其三，以定量方式更加全面地研究了劳动体制对外来工劳动权益及其主观感受的影响，验证和补充了以往个案研究的结论。

二、讨论

关于劳动体制讨论的核心问题是企业管理或工厂政体的权力的合法性问题。权力或权威的合法性问题既有权力来源的合法性问题，也有权力行使的合法性问题。在企业管理中，前者来自于资本，后者来自于被管理者和社会公众的接受和认可。一般而言，管理学或经济学更多讨论实际的管理权力的运作特点和机制，而管理权力对工人是实行强制还是被工人接受或认可的问题，是社会学的基本问题。因而，我们讨论企业劳动体制的类型，就是沿着这样的思路，是一个社会学的讨论。

下面，让我们再回到关于权力和权威问题基本的社会学讨论。

（一）恩格斯

作为马克思主义创始人之一的恩格斯早在1872年就写过一篇关于权威问题的著名文章——《论权威》。

开宗明义，恩格斯说："这里所说的权威，是指把别人的意志强加于我们；另一方面，权威又是以服从为前提的。"① 在这里，恩格斯认为，权威是权威施加者对被施加者的强迫，也以被施加者的接受为前提。这种接受，是自愿的呢？还是被迫的呢？恩格斯没有明说，但显然更倾向于后者。

恩格斯从作为现代资产阶级社会基础的那些经济关系，即工业关系和农业关系来论证权威的必要性。

在恩格斯看来，庞大的现代工厂，有数百个工人操纵着由蒸汽推动的复杂机器；现代交通运输体系已经由火车替代了马车，轮船替代了小型划桨船和帆船；在农业中，机器也越来越占统治地位，大资本家在缓慢地但却一贯地替代小自耕农。现代的经济活动是联合活动，互相依赖的工作过程错综复杂化，联合活动就得组织起来。而没有权威能够组织起来吗？

恩格斯具体以纺纱厂作例子，说明了由于分工导致不同的工序，必须统一工作时间，协调生产过程。"问题是靠权威来解决的。大工厂里的自动机器，比雇用工人的任何小资本家要专制得多。至少就工作时间而言，可以在这些工厂的大门上写上这样一句话：**进门者请放弃一切自治！**"②

恩格斯还以危机处理，说明了权威的重要性和必要性。"能最清楚地说明需要权威，而且是需要专断的权威的，要算是在汪洋大海上航行的船了。那里，在危急关头，大家的生命能否得救，就要看所有的人能否立即绝对服从一个人的意志。"③

恩格斯的结论是："这样，我们看到，一方面是一定的权威，不管它是怎样形成的，另一方面是一定的服从，这两者都是我们所必需的，而不管社会组织以

---

① 恩格斯：《论权威》，见《马克思恩格斯选集》（第三卷），北京：人民出版社1995年版，第224页。
② 同上，第225页。
③ 同上，第226页。

及生产和产品流通赖以进行的物质条件是怎样的。"①

恩格斯从现代工业组织的技术要求、危机处理说明了权威的必要性,他最终是要论证暴力革命使用强迫手段的合法性。"革命无疑是天下最权威的东西。革命就是一部分人用枪杆、刺刀、大炮,即用非常权威的手段强迫另一部分人接受自己的意志。"②

恩格斯更倾向于将权威看成是一种自然属性,"如果说人靠科学和创造性天才征服了自然力,那么自然力也对人进行报复,按人利用自然力的程度使人服从一种真正的专制,而不管社会组织怎样。想消灭大工业中的权威,就等于想消灭工业本身,即想消灭蒸汽纺纱机而恢复手纺车。"③

但是,权力或权威的属性主要不是自然的。按照马克思主义的观点,权威是社会性的,是社会中的人与人之间的关系属性。不错,现代工厂、交通和农业需要协调、管理,需要权威,但并不一定需要专制和任意的强迫。

从思维视角来说,权威并不是单一的,权威是有多种类型的,不同的社会结构产生了不同的权威类型,不同的权威类型又塑造了不同的管理、协调方式。

(二)韦伯

马克斯·韦伯将权威划分为三类:传统权威、法理权威和感召(魅力)权威。韦伯认为,人们对统治的服从"可能纯粹出自习俗,或者纯粹由于情绪,或者受到物质利害关系,或者受到思想动机(价值合乎理性)所约束。这类动机在很大程度上决定着统治的类型。"④ 韦伯关于权威分类的"基础是将合法性差异归于某个权威关系的信念的差别。"⑤

任何统治或权威都企图唤起并维持对它的"合法性"的信仰。或者换句话说,任何权威都必须建立在一定的合法性基础上。传统权威的基础是对古老传统的神圣性及在其之下实施权威合法性的稳固信念。法理权威的基础则是建立在相信统治者的制度和指令权利的合法性之上的。⑥

韦伯认为,只有传统和法理的权威才能够为现代企业管理结构提供长期稳定的基础。

虽然对韦伯的权威分类和有关科层制的理论提出了多种多样的批评,但这一

---

① 恩格斯:《论权威》,见《马克思恩格斯选集》(第三卷),北京:人民出版社 1995 年版,第 226 页。
② 同上,第 227 页。
③ 同上,第 225 页。
④ 马克斯·韦伯:《经济与社会》,北京:商务印书馆 1998 年版,第 238 页。
⑤ W. 理查德·斯格特:《组织理论》,北京:华夏出版社 2002 年版,第 41 页。
⑥ 马克斯·韦伯:《经济与社会》,北京:商务印书馆 1998 年版,第 241 页。

分类本身却是经典的。显而易见，韦伯认识到了权威（和权力）具有多种形式，权威必须具有其合法性基础，也就是说，权威不能仅仅依赖于强迫，而必须使得人们接受才能长期稳定，而这种接受的基础也不仅仅是物质利益，而更重要的是人们的动机或信念。韦伯提出的法理权威为布若威的霸权体制提供了理论支点。

在韦伯看来，人们对传统权威和感召（魅力）权威的接受或认可是盲目的，对法理权威的接受才是理性的。这当然涉及不同历史阶段人们价值观念和评判标准的不同。法理权威当然排斥随意性，更具有稳定性，但它并不一定是人性化的，因而，人们对法理权威的接受也未必是心甘情愿的。

（三）葛兰西

葛兰西是布若威思想的重要来源。他是欧洲有影响的马克思主义者。

在《狱中札记》一书中，葛兰西讨论了泰罗制和福特主义。

葛兰西认为，美国的福特主义产生于有可能组织计划经济的内在的必要性，而在它的发展过程中碰到了各种不同形式的抵抗。"福特主义的采用就碰上了很顽强的'精神上的'和'道德上的'反抗，而且由于使用极端的强制而采用了特别残酷和狡诈的形式。"①

以泰罗制和福特主义为代表的美国工业企业的科学管理运动和合理化过程必须将工人纳入这一体系。但是，仅仅采用强制的方法是非常困难甚至完全不可行的。"适应新的劳动和生产方法不能仅仅通过社会强制来进行。必须考虑设法使强制同说服和自愿同意配合起来。"②

葛兰西认为，与泰罗制相比，福特方法是"合理的"，也应该成为普遍的。"为了达到这一点，必须有一个漫长的过程，在这个过程之中，社会条件必定发生变化，个人的道德和习惯必定发生变化，这不能只用一种'强制性'来达到，而只能以强制的缓和（自我约束）和说服来达到，包括高工资的形式在内。"③

美国工人怎么适应福特主义管理体制的发展呢？

葛兰西深刻地指出："新的劳动方法与一定的生活方式，思想方法和世界观是分不开的。""劳动群众在这里必须通过互相劝说的方法或通过个人提出意见和个人接受意见的方法养成与新的劳动方法和新的生产方法有联系的新的心理生理的本领和习惯。"④

葛兰西进一步认为，人不仅受到权力的支配，而且受到观念的支配。"统治

① 安东尼奥·葛兰西：《狱中札记》，北京：人民出版社1983年版，第384页。
② 同上，第409页。
③ 同上，第411页。
④ 同上，第403、401页。

阶级的建立相当于世界观的创立。"

在此基础上，葛兰西提出了"霸权"概念。霸权就是指那种建立在被领导者同意之上的政治领导权，而统治阶级世界观的传播和流行则确保了这种同意。

葛兰西在对知识分子社会作用的研究中，把上层建筑一分为二："市民社会"和"政治社会"。市民社会由所有私人组织构成——学校、教会、俱乐部、杂志和政党，它们推动了社会和政治意识的形成。政治社会由那些行使"直接的统治权"的公共机构组成——政府、法庭、警察和军队，等同于国家。① 市民社会是观念的市场，是知识分子作为"竞争性文化"销售员而进入的地方。就知识分子把统治者的世界观扩展到被统治者身上而言，他们成功地创造出霸权，从而保证了群众对国家法律和制度的"自由"同意。就知识分子未能创造出霸权来说，统治阶级求助于惩罚那些不"同意"者的国家强制机器。②

限于历史条件，葛兰西没有也不可能去进行实证研究来检验自己的理论，但他在监狱中提出的霸权概念及其理论成了布若威研究的直接出发点。

（四）布若威

布若威提出现代企业生产政体或劳动体制从专制向霸权转变的问题，提出工人对权力的接受问题，实质上是资本主义企业体制的合法性问题。资本对劳动的权力的合法性来自哪里呢？一般的解释是来自对资本的所有权，就像地主对雇农的权力的合法性来自于对土地的所有权。现代社会通过国家法制来规范资本的权力，在法律框架里活动的资本及其管理权力才有合法性，但这是法律意义上的合法性。现代管理权力的合法性还来自管理的专业性，这是泰罗主义的观点，只有专业的管理才能提高生产效率。

布若威提出，只有工人接受的权力才是合法的。这是权力被认可的问题。这是从韦伯以来的关于权威的观点。从现代的观点来看，只有在国家法律框架里行使的企业权力（确立了权力的边界）才是合法的，只有制度化、规则化的权力（反对权力的随意性）才是合法的，只有被人们接受的权力（权力的被认可性）才是合法的。

我们可以进一步提出的问题是：为什么只有资本可以行使权力管理劳动，而不是劳动行使权力管理资本呢？

对这个问题的抽象回答是：一资本稀缺，劳动不稀缺；二没有资本就不可能形成有组织的大规模的劳动，就没有劳动工具和劳动对象；三资本是劳动的产物

---

① 安东尼奥·葛兰西：《狱中札记》，北京：中国社会科学出版社2000年版，第7～8页。
② 托马斯·R·贝茨：《葛兰西与霸权理论》，载《马克思主义与现实》2005年第5期。

或结果，是物化（货币化）的劳动，而劳动在没有使用时是潜在的东西，没有表现出现实性①。

资本的存在和发展，不论资本的所有人或持有者是谁，都是现代大规模工业生产和经济发展的基本前提。从现代组织管理理论的视角来看，资本对劳动的管理问题，也是一个经济组织的问题，有经济组织，就有管理，就必须有权力系统来行使管理权力。而关于经济组织起源既有的解释主要有劳动分工、规模聚集、专业化必然带来组织管理的观点，有组织取代市场可以降低交易费用的观点，有组织可以进行高效的信息处理的观点，这些观点都是从效率的角度、理性化人类行为的角度提出的。②

马克思认为，劳动创造价值。资本剥夺了工人的剩余价值。所以，工人对资本的反抗具有合法性。

布若威从工人对管理权力的接受与否的角度提出了现代企业管理的合法性问题。从现代组织社会学的视角来看，合法性不仅仅是形式上的，更应强调权力及其组织形式必须被社会"广为接受"的问题。这样的合法性问题，就不仅仅是一个法律问题，也是一个伦理道德、行为习惯、社会心理的问题。

更为重要的是，布若威等人的讨论，促使我们对中国企业劳动体制进行思考，既思考其现实性，也思考其合法性，更思考其转变的可能性和促使这种转变的力量和现实条件。

---

① 卡尔·波兰尼说："劳动力仅仅是与生俱来的人类活动的另外一个名称而已，就其本身而言，它不是为了出售，而是由于完全不同的原因而存在的，并且这种活动也不能分离于生活的其他部分而被转移或储存。"参见卡尔·波兰尼：《大转型：我们时代的政治与经济起源》，杭州：浙江人民出版社2007年版，第63页。

② 理查德·斯格特：《组织理论》，北京：华夏出版社2002年版，第143~148页。

第五编

政 策 设 想

第十六章

权益谱系[*]

本章通过对问卷调查的数据分析发现：（1）劳动权益是农民工最看重的权益。在农民工选择第一重要的权益项目中，91%的人选择劳动权益，选择市民权益的约为8.7%；（2）工资在劳动权益中占最优先的位置。将所有权益选项加权计分，第一是工资（235.72），第二是劳动安全卫生（108.46），第三是社会保险和福利（62.79）。在农民工希望迫切解决的权益问题中，工资仍然高居第一位（加权得分146.35），大大超出位居第二的住房（加权得分为87.02）。（3）农民工对权益的重要性和解决权益问题的迫切性看法并不完全一致。在农民工对权益重要性的项目选择中，工资、劳动安全与卫生、社会保险与福利、工时、住房和劳动合同排在前6位；在农民工对迫切需要地方政府解决的权益问题中，排在前6位的是工资、住房、劳动安全与卫生、社会保险与福利、子女教育和工时，其中，属于市民权益的住房居第二位、子女教育居第五位。（4）影响农民工对权益重要性选择的显著变量是年龄、是否愿意将户口迁入城市、居住方式和地区，影响对解决权益问题迫切性选择的显著变量是年龄、教育年限、是否愿意将户口迁入城市、是否放弃土地和居住方式。

我们认为，农民工的多种权益形成一个权益谱系，既可以划分为劳动权益和市民权益，也可以划分为绝对权益和相对权益，对权益划分要做动态、辩证的理解。

第一节 研究问题

农民工在"血汗工厂"从事"血汗劳动"①的事实深刻揭示了在全球化生产体系中他们所面临的社会排斥和权益被侵害的社会事实。如前所述,不管长江三角洲还是珠江三角洲,大多数农民工需要在劳动密集型企业中忍受恶劣的生产环境,接受极低的工资、极长的工时。此外,农民工在社会保障、教育与住房、公共产品供给、政治权利等方面都不能享有与城市居民同等的待遇。作为新生的社会阶层和工业社会的边缘社会群体,农民工的地位弱势和权益屡受侵害,不仅影响经济发展和社会稳定,而且迫切需要借助外在力量予以解决。

一直以来,从中央政府到地方政府相继出台了各种政策和制度对农民工权益进行保护。工资支付保障制度试图维护农民工的工资权利,工伤保险和养老保险制度试图保障农民工的社会福利,公租房和廉租房试图保障农民工在城市的居住权,公办小学向农民工子女开放,部分保障了农民工子女的受教育权,积分落户政策在一定程度上提供了农民工享有城市居民同等市民权的机会,从农民工群体中招录公务员也试图探索让农民工和大学生及其他群体一样享有向上流动的政治权利。可见,政府自上而下设计了一整套(尽管还很不完善)涵盖农民工经济利益、政治权利、市民权益的制度体系,期望改善农民工的境遇和维护其合法权益。但是政府自上而下设计的保护农民工权益的政策措施是否与农民工自下而上的权益需求相匹配呢?从农民工的立场和角度出发,他们具有怎样的权益认知以及对权益需求的先后次序?本章将自下而上地探讨农民工视角下的权益认知与权益排序情况,分清楚农民工权益需求的轻重缓急,进而为政府建立从农民工实际需求出发的政策保护体系提供借鉴和建议。

---

① 陈佩华、萧裕均:《沃尔玛的供应商工厂:血汗劳动》,载赵明华、赵炜、范璐璐主编:《中国劳动者维权问题研究——中国工会法 60 年与劳动法 15 年》,北京:社会科学文献出版社 2011 年版,第 34 页。

第二节　概念与视角

一、权益谱系概念

　　谱系在中国汉语大辞典中的基本要义是指"家谱上的系统"或"物种变化的系统"①。谱系概念强调一种多因素构成的复杂体系，在该体系中，不同子类别呈现出由基础向高级的蔓延发散，不同子系统随时空变化而进化发展。权益谱系借鉴了谱系的系统特征和进化特性，认为农民工权益是由劳动权、市民权和健康精神权等不同层次、不同内容构成的等级体系，其中劳动权是指农民工作为劳动者享受工人阶级的基本待遇，在就业、流动、培训、劳动回报等方面享有工业公民的待遇；市民权是指农民工作为城市居民享有城镇居民同等的社会保障、社会福利、教育、医疗、住房、政治和发展权益等等；健康精神权是指农民工作为社会公民应该具备躯体健康、精神健康和社会适应能力完好，在劳动生产过程和日常生活确保个人的生命、健康和精神不受侵害②。目前，农民工在流动、生存、就业、基础性社会保障等方面的劳动权益基本得到确认，但是作为完整的劳动主体和市民主体，其劳动权和市民权没有得到有效保障，而农民工的精神健康状况则少被关怀。

---

　　①　《现代汉语大词典》（第二卷），北京：汉语大词典出版社1988年版，第210页。
　　②　劳动权，简而言之，即有劳动能力的公民有获得参与社会劳动和领取相应的报酬的权利。劳动权是获得生存的必要条件。没有劳动权，生存权利也就没有保障。劳动权是由一系列权利所构成的权利系统，在这个系统中，各种劳动权按照一定的分工紧密地结合在一起，发挥出权利系统的合力。从逻辑结构来看，工作权是基础和前提，报酬权和福利权是核心，其他权利是保障。市民权来源于苏黛瑞的公民权观点，苏黛瑞回顾西方研究的结论和逻辑，并结合中国的实际情况，指出公民权是指公民权的认同、成员资格和配置因素，而不关注其政治因素。也即那些在城市拥有法定的官方身份或隶属关系并由此享受国家提供的物品的人，可以看作是完整的、由国家认可的正式居民（参见苏黛瑞：《在中国城市中争取公民权》，王春光、单丽卿译，杭州：浙江人民出版社2009年版）。健康精神权源于刘林平、郑广怀、孙中伟的观点，在他们看来，对于白领而言，劳动权益或许不是一个严重问题，他们的工作环境较好、福利待遇较高、劳动权益较少遭受侵害，在这样的状况下，其存在的精神健康问题与劳动权益保障可能关联度不高。而外来工则不同，诸多研究表明，由于制度和人力资本的约束，他们的工作环境一般较差、福利待遇较低，劳动和人身权益经常受到侵害，这直接关系到他们的生存状况，因而劳动权益与其精神健康之间可能直接相关。因此，保护农民工的权益和增进农民工的福祉就不得不考虑农民工的健康精神权益（参见刘林平、郑广怀、孙中伟：《劳动权益与精神健康——基于对长三角和珠三角外来工的问卷调查》，载《社会学研究》2011年第4期）。

499

权益谱系既包含不同层面的子系统内容，又指出子系统的发展进化趋势，是一个涵盖了静态结构和动态发展的复合体系。农民工权益谱系同样包含两重面向：静态结构的权益谱系区分了农民工从流动、进城、生存、居住到发展不同阶段的权益内容；动态结构的权益谱系指出了农民工从享有工人阶级的劳动权益，到城镇居民的市民权益，最后到国家公民的精神健康权逐步进化的变迁趋势。因此，权益谱系概念涵盖了农民工市民化过程中不同阶段的权益内容和发展走向，成为我们理解农民工权益构成、发展和制定农民工权益保护政策的基础和前提。

二、权益谱系视角

农民工权益谱系是一个复杂的体系，既受经济社会发展阶段的制约，也受政治文明和道德规范的影响，还与政府监管和公民社会发育密切相关。经济发展阶段和发展周期不同，农民工权益谱系的基本内容会存在差异，政府的治理和干预的侧重点会有所区别，学界研究农民工权益保护的立场和关注点会发生变化，农民工对自身权益保护的需求和期待也会相应调整。当前，有关农民工权益谱系的研究与实践可以区分为两大视角：一是学术的理论视角，二是政府管理的政策视角，前者讨论了农民工权益的分阶段发展过程中的基本内涵和进化历程，后者呈现了农民工权益保护过程中地方政府的干预策略和治理机制。不管是学术理论视角还是政府管理的政策视角，都带有自上而下的、外部干预的他者立场，并期望透过逐步改良的方式来实现农民工权益维护的整体目标。

（一）理论视角

陈映芳将农民工在城市中的身份与权利问题界定为"市民权"问题，"由于不具备城市户籍身份的'非市民'地位，造成农民工在城市中无法得到与本地城市居民相同的劳动、生活、医疗、社会保障、受教育、选举等的权利和待遇"。[①] 王小章则从公民权视角探讨了农民工的工业公民权问题，"作为劳动者，农民工在企业内部所应该享有的基本劳动权利受国家劳动法律的保护"[②]。此外，工业公民权分为社会生存权与政治权利，前者指与劳动者生存密切相关的劳动力再生产条件，后者指在劳资纠纷申诉和抗争方面的权利。蔡禾认为农民工权益包括"底线型权益和增长型权益，前者是指由国家法规明文规定的工资收入、工

---

① 陈映芳：《"农民工"：制度安排与身份认同》，载《社会学研究》2005 年第 3 期，第 119 页。
② 王小章：《从"生存"到"承认"：公民权视野下的农民工问题》，载《社会学研究》2009 年第 1 期，第 121 页。

作时间、社会保险、劳动保护等,后者是农民工与企业利益增长、社会发展保持同步的利益"①。农民工权益正在经历由"底线型"利益向"增长型"利益转变。陈佩华将农民工权益区分为维权与扩权,"其中维权属于一种被动行为,只有当某人的权利在法律上被侵犯时,才会需要维护"②,维权概念限制了农民工主动争取权利的诉求和表达,而扩权具有主动地寻求"体面劳动"的积极意义,并赋予农民工超越现有制度边界争取个人权益的主动权。

(二) 政策视角

农民工作为制度建构的一种社会身份,其权利实现和权益保护与国家出台的政策和法规密切相关。某种程度上,农民工的权利获取与权益保护过程可以等同为国家颁布的各种政策文件和制度规定的变迁历程。蔡禾梳理了自1978年以来国家颁布的各种农民工政策与制度指出,"农民工在城市的权利包括就业权、社会保障权和市民权。从改革开放30年来国家政策保护的历程来看,农民工权益大致经历了从就业权向职业保障权,再向市民权发展的变迁过程。"③

1993年党的十四届三中全会提出"改革劳动制度,逐步形成劳动力市场"④,标志着农民工在城市的就业权利得到承认。2003年,中共中央提出要"取消对农民进城就业的限制性规定,逐步统一城乡劳动力市场,加强引导和管理,形成城乡劳动者平等就业的制度"⑤。这些政策指向为农民工在城乡之间"平等流动"和在城市"自主择业和平等就业"奠定了坚实的基础。

农民工社会保障权始于社会保险权利。2004年6月,劳动和社会保障部在《关于农民工参加工伤保险有关问题的通知》中强调:"农民工参加工伤保险、依法享受工伤保险待遇是《工伤保险条例》赋予包括农民工在内的各类用人单位职工的基本权益,各类用人单位招用的农民工均有享受工伤保险待遇的权

① 蔡禾:《从"底线型"利益到"增长型"利益——农民工利益诉求的转变与劳资关系秩序》,载《开放时代》2010年第9期,第38页。
② 陈佩华、萧裕均:《沃尔玛的供应商工厂:血汗劳动》,载赵明华、赵炜、范璐璐主编:《中国劳动者维权问题研究——中国工会法60年与劳动法15年》,北京:社会科学文献出版社2011年版,第98页。
③ 蔡禾:《行政赋权与劳动赋权:农民工权利变迁的制度文本分析》,潘毅、卢晖临、严海蓉、陈佩华、萧裕均、蔡禾等:《农民工:未完成的无产阶级化》,载《开放时代》2009年第6期,第76页。
④ 《中共中央关于建立社会主义市场经济体制若干问题的决定》,1993年,参见 http://www.people.com.cn/GB/shizheng/252/5089/5106/5179/20010430/456592.html。
⑤ 《中共中央关于完善社会主义市场经济体制若干问题的决定》,2003年10月14日,参见编写组编:《'中共中央关于完善社会主义市场经济体制若干问题的决定'辅导读本》,北京:人民出版社2006年版。

利。"① 同月，劳动和社会保障部出台的《关于推进混合所有制企业和非公有制经济组织从业人员参加医疗保险的意见》明确要求"各地劳动保障部门把与用人单位形成劳动关系的农村进城务工人员纳入医疗保险范围"②。

农民工市民权利中最早被关注的是子女的教育权。2003 年国务院转发教育部文件规定"进城市务工就业农民流入地政府负责进城就业农民子女接受义务教育，以全日制公办中小学为主"③；2008 年中央一号文件提出"坚持以公办学校为主接受农民工子女就学，收费与当地学生平等对待"④。2008 年，中央一号文件强调，中央和地方政府要做到"提供符合农民工特点的低租金房屋，加快大中城市户籍制度改革，探索在城镇有稳定职业和固定居所的农民登记为城市居民的办法"⑤，解决好农民工的居住问题，尊重和维护好农民工在城市的居住权利。同年，正在起草制定中的《中华人民共和国社会救助法（征求意见稿）》明确提出，农民工作为中华人民共和国的公民享有"申请和获得社会救助的权利"⑥。农民工的选举权也被政策确认，2007 年第十一届全国人民代表大会代表名额和选举问题的决定草案中首次提出，"中国将首次在不断壮大的农民工队伍中产生全国人大代表"。⑦

此外，2008 年 1 月 1 日实行的《中华人民共和国劳动合同法》在明确劳动合同双方当事人的权利和义务的前提下，重在对劳动者合法权益的保护，被誉为劳动者的"保护伞"，尤其是有关无固定期限劳动合同的规定大大保护了处于弱势的劳方权益。2010 年 1 月 1 日《城镇企业职业基本养老保险关系转移接续暂行办法》规定"包括农民工在内的参加城镇企业职工基本养老保险的所有人员，基本养老保险可在跨地区就业时同时转移。"⑧

（三）权益保护变迁

学界理论研究揭示了农民工权益的内涵和保护方向，政府管理文本呈现了农

① 《关于农民工参加工伤保险有关问题的通知》，2004 年 6 月，http：//www.molss.gov.cn/gb/ywzn/2004 - 06/01/content_213986.htm。
② 《关于推进混合所有制企业和非公有制经济组织从业人员参加医疗保险的意见》，2004 年 6 月，http：//www.china.com.cn/chinese/PI - c/603502.htm。
③ 《进一步做好进城务工就业农民子女义务教育工作意见的通知》，2003 年，http：//www.gov.cn/zwgk/2005 - 08/14/content_22464.htm。
④⑤ 《关于切实加强农业基础建设进一步促进农业发展农民增收的若干意见》，2008 年中央一号文件，http：//www.gov.cn/jrzg/2009 - 02/01/content_1218759.htm。
⑥ 《中华人民共和国社会救助法（征求意见稿）》，2008 年 8 月 15 日，http：//politics.people.com.cn/GB/1026/7675225.html。
⑦ 新华网，2007 年 3 月 8 日，http：//news.xinhuanet.com/misc/2007 - 03/08/content_5818428.htm。
⑧ 国办发（2009）66 号，http：//politics.people.com.cn/GB/1027/8755594.html。

民工权益保护的政策变迁历程，理论研究和政策变迁都表明农民工权益的保护不能一蹴而就，而是与经济发展、政府管理、制度变迁、道德规范、社会舆论和公民意识等因素的综合变化密切相关。从农民工权益内容分布来看，最基础的是农民工劳动权益，包含就业权、流动权、社会保障权等；其次是市民权，包括受教育权、居住权、选举权、城市公共产品享有权等；最高层面的生命健康与精神权益，包括身心健康、生命尊严和精神状态良好等。

就劳动权益的保障进展来看，由于农民工的劳动权利是制度建构的结果，农民工的劳动权益是政策确认的过程，因此，国家政策和法律制度在保护劳动权益方面扮演着重要角色。政府在保护农民工劳动权益过程中遵循逐步推进的原则，采用先易后难的策略，并且根据情势变化不断调整和完善，建立了一条具有中国特色的劳动者行政赋权道路。此外，在政府政策和法律法规赋权给农民工的过程中，农民工也逐渐发展出各种形式的维权手段和利益表达方式。因此，农民工权益内涵伴随着农民工的产业工人化和市民化发展而不断充实和完善，农民工权益保护政策依据经济发展形式和农民工群体变迁而不断改进和调整，自上而下的行政赋权和自下而上的农民工维权构成了转型时期中国特色的社会事件。

第三节　研究思路

一、研究视角

学界有关农民工劳动权益的划分，多从学者主观角度理解和认知，通过理论分析将农民工权益进行类型区分，少有从农民工自身角度进行权益划分，容易忽略农民工的主观利益诉求，更难充分反映农民工的能动性和主体性。有关农民工劳动权与市民权的类型划分，将劳动者的一般权利与户籍身份分割开来，事实上否认了农民工的劳动力生产与再生产的统一，带有浓厚的城市主义立场来看待农民工；底线型权益与增长型权益遵循进化论精神，简单认为农民工权益保护实现从生存权益到发展权益的单向度进化，忽略了社会发展的复杂性和社会进化的曲折性；所谓维权和扩权的划分，虽指出了维权行为的消极性和扩权行为的积极性，但具有明显的个体主义立场，忽视了宏观的制度限制和结构制约。

站在农民工的利益和立场，从农民工的视角出发建立农民工的权益谱系可以解决理论视角和政策视角自上而下的局限性，通过对农民工的权益进行类型区分和等级排序可以了解农民工权益需求的轻重缓急，从而可以有效地理解哪些利益在实践上最重要，哪些迫切需要政府解决，为政府的政策制定和社会治理提供借鉴。我们认为，农民工的权益可以分为绝对权益和相对权益，相应地农民工的权益保护存在层次之分、先后之分、难易之分和轻重之分。其中，绝对权益属于基础性的权益体系，需要优先满足，并且实现也相对容易；相对权益属于高层次的权益体系，可以渐进满足，并且实现起来相对困难。当然，这种划分并不是绝对的。

二、研究思路

与理论研究和政府治理的自上而下的研究视角不同，我们利用农民工眼中的权益谱系及内容分布，将农民工权益界定为劳动权益、市民权益和其他权益三大类型，其中劳动权益列举了工资、工时、劳动安全、劳动合同、平等就业、职业培训、女工保护（仅针对女性农民工）、社会保险和福利；市民权益列举了政治权益、子女教育、住房、社会保障、公共产品和户籍；其他权益作为开放题由农民工填答①。在此基础上，我们确立了农民工权益谱系及内容分布的指标体系，并在调查中付诸实践。

理论上，农民工的劳动权益和市民权益是融为一体的，前者对应工业公民的劳动者身份，后者对应城市居民的市民身份。但在实际运作过程，由于受历史因素、现实情况、经济发展阶段、制度变迁和政府管理重心等的影响，农民工的劳动力生产和再生产之间存在着拆分，进而影响农民工只能选择性地、分散地享有劳动权益或市民权益中的部分内容或某方面内容。正因为农民工权益的分散、局部和选择性享有，研究农民工视野中的权益谱系及等级分布才具有了可行性，进而在现有的制度安排、政府治理、经济发展和农民工群体变迁之间有效区分农民工的绝对权益和相对权益，为制定有针对性的农民工政策保障机制提供新的信息和借鉴。

第四节 影响因素

农民工权益受到不同程度的侵害是众所周知的社会事实。但是，权益不是一个空泛的概念，它具有实际的内容。我们在问卷中将农民工权益界定为劳动权

---

① 农民工对其他权益的回答有：保障财产、隐私权、治安保障等。

益、市民权益和其他权益，它们又被分为众多细项，具体划分见表 16 – 1。

表 16 – 1　　　　　　　　关于农民工权益的划分

劳动权益	1. 工资	1.1　工资是否符合最低工资标准	2. 工时	2.1　超时加班
		1.2　拖欠工资		2.2　休息时间
		1.3　工资水平		
	3. 劳动安全卫生	3.1　作业环境	4. 劳动合同	4.1　签订劳动合同
		3.2　劳动保护		4.2　合同内容协商
		3.3　健康检查		4.3　劳动合同保存
		3.4　工伤、职业病赔偿		
	5. 平等就业		6. 职业培训	
	7. 女工保护	7.1　经期保护	8. 社会保险和福利	8.1　养老保险
		7.2　孕期保护		8.2　工伤保险
				8.3　生育保险
		7.3　生育休假		8.4　失业保险
				8.5　医疗保险
市民权益	9. 政治权益	9.1　选举权	10. 子女教育	10.1　免费义务教育
		9.2　被选举权		10.2　升学（中考和高考）
	11. 住房	11.1　廉租房	12. 社会保障	12.1　城市低保
		11.2　经济适用房		12.2　城市救助
				12.3　法律援助
	13. 公共产品		14. 户籍	
其他				

在表 16 – 1 中，"其他"一项被设计成为开放式问题，由被访外来工自己提出。

一、权益的重要性

我们在问卷中提出表 16 – 1 的权益项目，由被访者按照重要程度选择三项，回答结果见表 16 – 2。

表 16 - 2 农民工对权益重要性的选择 单位：%

权益类型		选择比例		
		第一	第二	第三
劳动权益	工资	65.77	14.92	8.57
	工时	2.86	14.97	9.71
	劳动安全与卫生	12.51	25.63	19.67
	劳动合同	2.76	7.16	8.36
	平等就业	1.38	2.37	2.82
	职业培训	0.48	1.15	1.15
	女工保护	0.83	2.12	2.69
	社会保险与福利	4.40	14.46	20.67
	其他劳动权益	0.10	0.02	0.00
	小计	91.09	82.80	73.64
市民权益	政治权益	0.51	0.86	1.45
	子女教育	3.73	5.51	7.06
	住房	3.21	7.77	10.56
	社会保障	0.84	2.25	5.97
	公共产品	0.02	0.15	0.10
	户籍	0.36	0.42	1.02
	小计	8.66	15.96	26.16
其他		0.24	0.24	0.20
合计		100.00	100.00	100.00
样本量		4 126	4 089	4 006

从表 16 - 2 可以看出，在农民工选择第一重要的权益项目中，劳动权益占91%，市民权益约占 8.7%；如果细分，则劳动权益中的工资约占 65.8%，劳动安全与卫生占 12.5%，社会保险与福利占 4.4%；而市民权益中的子女教育占3.7%，住房占 3.2%。在第二重要权益的选择中，劳动权益还占 82.8%，但比例相对第一项选择已经减小，在第三项重要权益的选择中，劳动权益的比例再有减小，而市民权益的比例则有所增大。

为了更加准确地评估农民工对权益项目重要性的选择，我们将第一重要权益选项赋 3 分，第二重要权益选项赋 2 分，第三重要权益选项赋 1 分，进而加总排序，可以得到表 16 - 3。

表 16 - 3   农民工对权益重要性项目选择的赋值与排序

权益选项	第一重要权益		第二重要权益		第三重要权益	得分加总	得分排序
	比例(%)	得分	比例(%)	得分	比例(%)		
工资	65.77	197.31	14.92	29.84	8.57	235.72	1
劳动安全与卫生	12.51	37.53	25.63	51.26	19.67	108.46	2
社会保险与福利	4.40	13.20	14.46	28.92	20.67	62.79	3
工时	2.86	8.58	14.97	29.94	9.71	48.23	4
住房	3.21	9.63	7.77	15.54	10.56	35.73	5
劳动合同	2.76	8.28	7.16	14.32	8.36	30.96	6
子女教育	3.73	11.19	5.51	11.02	7.06	29.27	7
社会保障	0.84	2.52	2.25	4.50	5.97	12.99	8
平等就业	1.38	4.14	2.37	4.74	2.82	11.70	9
女工保护	0.83	2.49	2.12	4.24	2.69	9.42	10
职业培训	0.48	1.44	1.15	2.3	1.15	4.89	11
政治权益	0.51	1.53	0.86	1.72	1.45	4.70	12
户籍	0.36	1.08	0.42	0.84	1.02	2.94	13
其他	0.24	0.72	0.24	0.48	0.20	1.40	14
公共产品	0.02	0.06	0.15	0.30	0.10	0.46	15
其他劳动权益	0.10	0.30	0.02	0.04	0	0.34	16

经过加权后的得分和排名情况显示工资得分最高，为 235.72 分，遥遥领先于其他项目；第二是劳动安全卫生，得分为 108.46 分；第三是社会保险和福利，得分为 62.79 分。工时（48.23）、住房（35.73）、劳动合同（30.96）、子女教育（29.27）等项得分都较高，其后的项目得分都较低。

显然，农民工眼中最重要的权益类型是工资，其次是劳动安全卫生，最后是社会保险和福利。

二、权益的迫切性

同样，我们在问卷中将表 16 - 1 的权益项目列举给被访农民工，要他们提出三项最迫切希望打工地政府解决的问题，回答结果见表 16 - 4。

表 16 – 4   农民工迫切希望解决的权益选择   单位：%

权益类型		选择比例		
		第一	第二	第三
劳动权益	工资	37.18	13.25	8.31
	工时	4.00	9.83	8.21
	劳动安全与卫生	10.85	16.62	15.41
	劳动合同	3.15	5.13	7.12
	平等就业	2.10	2.29	2.10
	职业培训	0.71	1.11	1.35
	女工保护	1.14	1.49	1.98
	社会保险与福利	8.97	17.15	18.48
	其他劳动权益	0.05	0.00	0.05
	小计	68.15	66.87	63.01
市民权益	政治权益	1.43	1.26	1.63
	子女教育	8.38	9.25	8.23
	住房	16.84	12.94	10.62
	社会保障	3.58	7.86	13.15
	公共产品	0.12	0.25	0.72
	户籍	1.23	1.34	2.43
	小计	31.58	32.90	36.78
其他		0.40	0.23	0.21
合计		100.00	100.00	100.00
样本数		4 056	3 966	3 864

从表 16 – 4 可以看出，在农民工迫切希望打工地政府解决的第一项权益问题中，劳动权益中的工资还是处于最为优先的位置，但选择人数已经较表16 – 2 显示的 65.77% 大幅下降了 28.59 个百分点；市民权益中的住房问题上升为第二位的问题，选择比例为 16.84%。与权益重要性选择相同的是，劳动权益问题还是超越了市民权益，但不同的是，市民权益的选择比例有较大上升。

为了细致地比较农民工对解决权益问题的迫切性项目的选择，我们还是和前面一样给予权益项目赋分并加总，结果见表 16 – 5。

表 16 - 5 农民工迫切希望解决的权益的赋值与排序

权益选项	第一重要权益		第二重要权益		第三重要权益	得分加总	得分排序
	比例（%）	得分	比例（%）	得分	比例（%）		
工资	37.18	111.54	13.25	26.5	8.31	146.35	1
住房	16.84	50.52	12.94	25.88	10.62	87.02	2
劳动安全与卫生	10.85	32.55	16.62	33.24	15.41	81.20	3
社会保险与福利	8.97	26.91	17.15	34.3	18.48	79.69	4
子女教育	8.38	25.14	9.25	18.50	8.23	51.87	5
工时	4.00	12.00	9.83	19.66	8.21	39.87	6
社会保障	3.58	10.74	7.86	15.72	13.15	39.61	7
劳动合同	3.15	9.45	5.13	10.26	7.12	26.83	8
平等就业	2.10	6.30	2.29	4.58	2.1	12.98	9
户籍	1.23	3.69	1.34	2.68	2.43	8.80	10
政治权益	1.43	4.29	1.26	2.52	1.63	8.44	11
女工保护	1.14	3.42	1.49	2.98	1.98	8.38	12
职业培训	0.71	2.13	1.11	2.22	1.35	5.70	13
其他	0.40	1.20	0.23	0.46	0.21	1.87	14
公共产品	0.12	0.36	0.25	0.50	0.72	1.58	15
其他劳动权益	0.05	0.15	0.00	0.00	0.05	0.20	16

表 16 - 5 显示，排在第 1 位迫切需要解决的权益问题是工资，得分为 146.35 分，大大超过其他项目的得分；第 2 位是住房；第 3 位是劳动安全与卫生，它们的得分都超过了 80 分。

将农民工选择的权益的重要性项目的得分和迫切希望解决的权益问题得分加以对比：工资问题既是最重要的权益选项，也是排位第一的迫切希望解决的权益问题选项；住房则由重要性排位第 5 上升到迫切性的排位第 2；子女教育由重要性的第 7 位，上升到迫切性的第 5 位；劳动安全与卫生、社会保险与福利和工时在重要性的排位分列第 2、3、4 位，在迫切性排位中则下降为 3、4、6 位。

上述对比告诉我们，农民工对权益选择的重要性和解决的迫切性看法并不完全一致。

三、影响因素的回归分析

我们建立回归模型，对影响农民工权益重要性项目选择和迫切需要解决的权益问题的选择的因素进行分析。

（一）因变量

权益重要性选择：在第一重要权益中，农民工的选项可能是劳动权益，也可能是市民权益，还有其他权益。由于选择其他权益的样本较少，我们以选择劳动权益还是市民权益作为二分类变量做 Logit 回归，以市民权益为参照组。

权益迫切性选择：同样，在最迫切希望打工地政府解决的第一项权益问题选择中，我们也以是选择劳动权益还是市民权益为二分类变量做 Logit 回归，以市民权益为参照组。

（二）自变量

自变量包括个人特征、工作特征、企业特征、权益侵害和地区等。

个人特征变量包括：性别（1 男，0 女）；年龄（定距变量）；婚姻状况（0 未婚，1 离婚丧偶，2 已婚，以未婚为参照）；教育年限（定距变量）；户口（1 城市户口，农村户口 0）。

工作特征：工种类型（0 普工、1 技术工人、2 中低层经营管理人员、3 其他，以普工为参照）。

企业特征：企业性质（0 国有、集体企业，1 股份制企业，2 港澳台企业，3 外资企业，4 私营个体企业，以国有、企业集体企业为参照）。

迁移意愿和舍弃土地意愿：是否愿意将户口迁入城市（1 愿意，0 不愿意），是否愿意放弃农村土地（1 愿意，0 不愿意）。

居住方式变量：居住方式（0 集体宿舍，1 租房，2 自有房，以集体宿舍为参照）。

权益受损与维护变量：权益受损（1 有，0 没有），有无参加集体行动（1 有，0 无）。

地区变量：地区（0 长江三角洲地区，1 珠江三角洲地区）。

（三）变量分布

因变量和自变量的分布情况见表 16 - 6。

表 16 - 6   因变量和自变量的分布情况

连续变量	样本量	最小值	最大值	平均值	标准差
年龄	4 152	15.03	67.07	30.4870	9.50713
教育年限	4 116	6.00	15.00	10.0357	2.60403

类别变量	选项	频数	百分比
性别	男性	2 253	54.3
	女性	1 899	45.7
户口性质	农业户口	3 494	84.2
	非农户口	658	15.8
工种	普工	1 309	31.6
	技工	738	17.8
	中低层管理人员	746	18.0
	其他	1 349	32.6
企业性质	国有集体企业	398	9.7
	股份制企业	347	8.4
	港澳台企业	433	10.5
	外资企业	295	7.2
	私营个体企业	2 648	64.3
户口迁入城市	愿意	1 330	32.2
	不愿意	2 806	67.8
是否放弃土地	愿意	1 334	52.9
	不愿意	1 190	47.1
居住形式	集体居住	1 609	39.3
	租房	2 234	54.6
	自有房	249	6.1
有无参加集体行动	有	118	2.8
	没有	4 033	97.2
是否权益受损	没有	3 902	94.0
	有	250	6.0
地区	长三角	2 106	50.7
	珠三角	2 046	49.3
第一重要权益	劳动权益	3 753	90.9
	市民权益	358	8.7

续表

类别变量	选项	频数	百分比
第一希望迫切解决权益	劳动权益	2 762	68.32
	市民权益	1 281	31.68

（四）模型统计结果

1. 权益重要性模型

权益重要性 Logit 回归模型结果见表 16 - 7。

表 16 - 7　　农民工第一重要权益选择影响因素的 Logit 回归分析结果

变量	劳动权益/市民权益（以市民权益为参照）	
	回归系数（标准误）	发生比
性别（女 = 0）	0.194（0.153）	1.213
户口（农村 = 0）	- 0.114（0.269）	0.893
年龄	- 0.258***（0.061）	0.772***
年龄平方	0.004***（0.001）	1.004***
教育年限	0.024（0.034）	1.024
工种类型（普工 = 0）		
技工	- 0.120（0.212）	0.887
中低层管理人员	0.079（0.241）	1.082
其他	0.002（0.183）	1.002
企业性质（国有集体 = 0）		
股份制企业	0.088（0.328）	1.092
港澳台企业	0.156（0.323）	1.169
外资企业	0.560（0.370）	1.750
私营个体企业	0.005（0.219）	1.005
户口迁移（不愿意 = 0）	- 0.463***（0.158）	0.630***
放弃土地（不愿意 = 0）	0.312*（0.160）	1.366*
居住方式（集体居住 = 0）		
租房	- 0.348**（0.167）	0.706**
自有房	0.222（0.388）	1.249
集体行动（没有 = 0）	0.896*（0.530）	2.450*
权益受损（没有 = 0）	0.267（0.331）	1.307

变量	劳动权益/市民权益（以市民权益为参照）	
	回归系数（标准误）	发生比
地区（长三角=0）	0.641*** （0.157）	1.898***
常数	6.250*** （1.130）	
样本量	2 484	
Pseudo R2	0.0719	
Log likelihood	−713.35312	

注：*** 表示 $p < 0.01$，** 表示 $p < 0.05$，* 表示 $p < 0.1$。

表16-7的回归结果显示，在0.05的显著水平上，农民工对于第一重要权益的认知主要受年龄、是否愿意将户口迁入城市、居住方式和地区的影响。

（1）年龄。年龄越大的农民工越倾向于将市民权益看作第一重要权益，年龄每增大1岁，将劳动权益看作第一重要权益的发生比比将市民权益看作第一重要权益低22.8%；年龄平方表明，年龄与权益选择之间呈现出倒"U"型的关系，随着年龄不断增大，农民工越来越重视市民权益，但到达一定年龄阶段后，重视劳动权益反而超过市民权益。如果将市民权益等同于农民工市民化和迁入城市，那么中年农民工市民化和迁入城市的愿望最强烈，青年农民工和老年农民工则更重视劳动权益。简单来说，中年农民工更期望获得在城市居住和生活的权利，而青年农民工和老年农民工更看重现实的劳动回报。

（2）户口迁移。愿意将户口迁入城市的农民工更倾向于将市民权益看作第一重要权益，而不愿意将户口迁入城市的农民工则更倾向于将劳动权益看作第一重要权益。愿意将户口迁入城市的农民工将劳动权益看作第一重要权益的发生比比不愿意将户口迁入城市的农民工低37%。愿意将户口迁入城市的农民工，相比较不愿意将户口迁入城市的农民工，他们更期望获得在城市的保障、住房、教育、政治等权利。

（3）居住方式。租房居住的农民工相比集体宿舍居住的农民工更倾向于将市民权益而不是劳动权益看作第一重要权益，他们将劳动权益看作第一重要权益的发生比比集体宿舍居住的农民工低29.4%。自有住房的农民工与集体宿舍居住的农民工对于权益重要性的认知没有显著差异。一般来说，初次进城务工的农民工会选择工厂或企业提供的集体宿舍，而在城市工作时间越长、有关系网络支持的农民工则倾向于选择租房居住。

（4）地区。珠三角地区农民工相比长三角地区农民工更重视劳动权益，而长三角地区农民工更加关注市民权益。两地农民工对权益选择和关注的差异，可能表现了两地不同的制度环境差异。

农民工是否遭遇过权益受损和是否参与过集体行动都对权益重要性认知有一定的影响,与权益没有受损的人相比,权益受损者更倾向于劳动权益;参与过集体行动者和没有参与过的人相比,也更倾向于劳动权益。不过,这两个变量中前一个没有显著性,后一个的显著性也仅为 0.1。也就是说,权益受损和集体行动都不是显著性变量。

2. 权益迫切性模型

权益迫切性的 Logit 回归模型结果见表 16 - 8。

表 16 - 8 农民工第一迫切需要解决的权益问题的 Logit 回归结果

变量	劳动权益/市民权益 (以市民权益为参照)	
	系数 (标准误)	发生比
性别 (女 =0)	0.190* (0.098)	1.210*
户口 (农村 =0)	- 0.017 (0.167)	0.984
年龄	- 0.123*** (0.033)	0.884***
年龄平方	0.002*** (0.000)	1.002***
教育年限	- 0.084*** (0.021)	0.920***
工种类型 (普工 =0)		
技工	0.034 (0.140)	1.035
中低层管理人员	- 0.237 (0.144)	0.789
其他	- 0.214* (0.118)	0.807*
企业性质 (国有集体 =0)		
股份制企业	0.094 (0.212)	1.098
港澳台企业	- 0.111 (0.195)	0.895
外资企业	0.320 (0.225)	1.377
私营个体企业	- 0.059 (0.144)	0.943
户口迁移 (不愿意 =0)	- 0.304*** (0.103)	0.738***
放弃土地 (不愿意 =0)	0.332*** (0.100)	1.393***
居住方式 (集体居住 =0)		
租房	- 0.464*** (0.102)	0.629***
自有房	- 0.169 (0.226)	0.844
集体行动 (没有 =0)	0.060 (0.261)	1.062
权益受损 (没有 =0)	0.272 (0.195)	1.313

变量	劳动权益/市民权益（以市民权益为参照）	
	系数（标准误）	发生比
地区（长三角 = 0）	0.184* (0.095)	1.202*
常数	3.840*** (0.614)	
样本量	2 434	
Pseudo R2	0.0432	
Log likelihood	− 1 433.5614	

注：*** 表示 $p < 0.01$，* 表示 $p < 0.1$。

表16 – 8 的回归结果显示，在 0.05 的显著水平上，农民工对于第一迫切需要解决的权益问题的选择主要受年龄、教育年限、是否愿意将户口迁入城市、是否放弃土地和居住方式的影响。

其中，年龄、户口迁移意愿和居住方式 3 个显著自变量对因变量的影响方向与权益重要性模型是一样的，只是系数值有微小差异。具体说来，年龄越大的农民工越倾向于将市民权益看做第一迫切需要解决的权益，年龄每增大 1 岁，将劳动权益看作第一重要权益的发生比降低 11.6%；年龄平方表明，年龄与迫切解决权益的选择之间呈现出倒 "U" 型的关系，随着年龄不断增大，农民工越来越迫切地希望解决市民权益，但到达一定年龄阶段后，对于劳动权益的迫切解决程度反而超过市民权益；愿意将户口迁入城市的农民工更倾向于将市民权益看作第一迫切需要解决的权益，而不愿意将户口迁入城市的农民工则更倾向于劳动权益。愿意将户口迁入城市的农民工将劳动权益看作第一迫切解决权益的发生比比不愿意将户口迁入城市的农民工的低 26.2%；租房居住的农民工相比集体宿舍居住的农民工更倾向于将市民权益而不是劳动权益看作第一迫切需要解决的权益，前者将劳动权益看作第一迫切解决权益的发生比比后者低 37.1%。

与权益重要性模型不同的是，在本模型中，教育和放弃土地意愿是显著性变量。

受教育程度越高的农民工越迫切希望解决市民权益问题，受教育程度每提高 1 年，将劳动权益看作第一迫切解决权益的发生比降低 8%。

是否愿意放弃家乡土地对迫切需要解决的权益选项也有显著性影响。愿意放弃土地者相比不愿意放弃土地者更倾向于将劳动权益看做第一迫切需要解决的权益。前者将劳动权益看做第一迫切需要解决的权益的发生比比后者高 39.3%。这可能是由于愿意放弃家乡土地的农民工，更依赖于在城市中的工作，因而对劳动权益解决的愿望更加强烈。

与权益重要性模型不同的是，在本模型中，珠三角和长三角农民工差异并不显著（显著度仅为0.1），这说明，两地农民工对解决权益问题紧迫性的选择差别不大。

第五节 结论与讨论

农民工权益保护既是一个重要的社会问题，也是一个重大的政治问题。保护农民工权益既可以改进弱势社会群体的境遇，也能够增加社会公平和维护社会正义，进而维护和增强执政党的合法性。我们从权益谱系的视角出发，将农民工的权益问题看成一个系统的有机结构，并以农民工自身对权益的重要性和解决问题的紧迫性的认知和诉求作为基本出发点，来讨论权益保护问题，基本目标是要分清权益保护的轻重缓急，从而提出政策设想。

一、基本结论

从问卷调查关于权益重要性和解决权益问题的迫切性的统计分析来看，我们可以得出如下结论：

（1）劳动权益是农民工最看重的权益。在农民工选择第一重要的权益项目中，劳动权益占91%，市民权益约占8.7%；在第二重要权益的选择中，劳动权益占82.8%，市民权益占15.96%；在第三重要权益的选择中，劳动权益占73.64%，市民权益占26.16%。

（2）工资在劳动权益中占最优先的位置。将农民工权益重要性选择细分的话，则劳动权益中的工资在第一重要权益中被65.8%的人选择。将所有权益选项加权计分，工资得分为第一（235.72）；第二是劳动安全卫生（108.46）；第三是社会保险和福利（62.79）。在农民工认为须迫切解决的权益问题中，工资仍然高居第一位（加权得分146.35），大大超出位居第二的住房（加权得分为87.02）。

（3）农民工对权益的重要性和解决权益问题的迫切性看法并不完全一致。在农民工对权益重要性的项目选择中，工资、劳动安全与卫生、社会保险与福利、工时、住房和劳动合同排在前6位，其中，只有住房属于市民权益，劳动权益占据绝对优势；在农民工对迫切需要地方政府解决的权益问题中，排在前6位的是工资、住房、劳动安全与卫生、社会保险与福利、子女教育和工时，其中，属于市民权益的住房居第 2 位、子女教育居第 5 位。

（4）影响农民工对权益重要性选择的显著变量是年龄、是否愿意将户口迁入城市、居住方式和地区，影响对解决权益问题迫切性选择的显著变量是年龄、教育年限、是否愿意将户口迁入城市、是否放弃土地和居住方式。

二、讨论：对权益的辩证理解

我们使用权益谱系的概念试图说明，对于农民工来说，权益应该是整体性的、系统性的和结构性的。这当然并不意味着各种权益密不可分，而是内含着权益问题的解决应该有一个系统性的思考。

关于权益的划分最基本的是劳动权益和市民权益。我们的调查表明，农民工高度看重劳动权益，尤其是工资。但是，他们也并不是对和城市市民同等地享有劳动权益之外的其他权益无动于衷，他们也迫切地希望解决住房问题和子女教育问题。

劳动权益的重要性和紧迫性毋庸置疑，但单纯解决劳动权益却无视市民权益的做法大有疑问。第一，市民权益中的一些内容就是对劳动权益的直接保障，比如失业救济等；第二，解决住房、子女教育等问题对于工资水平不高的外来农民工具有重要意义，既可以减少他们的生活支出从而间接提高了他们的工资或收入，又有利于劳动力的再生产；第三，更高层次的政治权利的享有，有利于农民工维护自身的包含劳动权益在内的基本权益。

从新马克思主义学派的理论逻辑来说，现代工业公民的形成和国家公民身份的落实紧密相连。伯恩斯坦最早看到这一点。"伯恩斯坦……主张通过民主化的过程工人阶级停止无产阶级化而变成公民。"[1] 恩斯特·拉克劳、查特尔·墨菲指出："工厂之内的斗争形式在何种程度上要依赖一种话语环境，这一环境要远远超过生产关系的范围……工人置身其中的其他一些社会关系将会决定他们在工厂之内的反应方式。不能为构建一个单纯的工人阶级而消除这些关系的复杂性，因此，也不能把工人的要求还原为与其他社会和政治主体根本区别开的单一的对抗。"[2]

我们认为，外来农民工争取包含政治权利的市民权的重要性在于，如果没有国家政权的民主化，除了操纵国家政权的群体外，其他人群无论是工作中的职业

---

① 伯恩斯坦：《社会主义的前提和社会民主党的任务》，北京：生活·读书·新知三联书店 1958 年版，第 94 页。

② 恩斯特·拉克劳、查特尔·墨菲：《领导权与社会主义的策略——走向激进民主政治》，哈尔滨：黑龙江人民出版社 2003 年版，第 187 页。

权利，还是作为一般公民的政治、经济和文化权利，都得不到根本的保障。在某种意义上，现代公民权利是工作职业权利的条件和基础。对农民工来说，在一定意义上，获得市民权利是保障劳动权利的条件和基础。如果用恩斯特·拉克劳、查特尔·墨菲的术语来说，中国必须"缝补"外来农民工在市民权益（权利）和劳动权益（权利）之间的"裂缝"。而这种"缝补"的基础就是国家的民主化①。当外来农民工成为了真正的城市市民（假设城市市民的权利得到完全的尊重），他们也就会成为真正的工业公民。

我们认为，农民工权益也可以划分为绝对权益和相对权益。前者是指受到法律、法规和政策保护的不容侵害的权益，后者则是在法律底线之上的相对利益分配。政府保护绝对权益，市场调节相对权益。这样，我们明确划分了政府和市场的作用边界。

但是，我们认为，对绝对权益和相对权益的分类要做动态的理解。在劳动权益和市民权益的分类中，劳动权益（除了超出最低工资标准的工资水平等问题）大多属于绝对权益，应该由政府（包含司法系统）大力保障；而市民权益则大多现行法律没有严格规定，但市场几乎对此无能为力。现实的情况是，市场尽管也进入农民工的市民权益领域，例如，民办学校解决农民工子女的教育问题，但农民工平等地享有市民权益却依赖于政府政策的改变。

---

① 恩斯特·拉克劳、查特尔·墨菲：《领导权与社会主义的策略——走向激进民主政治》，哈尔滨：黑龙江人民出版社 2003 年版。

第十七章

赋权与赋能[*]

21 世纪以来，个体赋权构成了中国劳工权益保护的主要路径。个体赋权建立在短缺经济和生存权的基础之上。随着中国商品市场从短缺到充裕、劳动市场由充裕到短缺的转型，劳工权益诉求也从"生存"转向"发展"，个体赋权面临诸多局限，已经难以适应经济社会转型、劳工结构和权益诉求变化的需要。因此，本章提出，中国劳工权益保护应当进行路径转变，从保障基本生存权调整为保障发展权，使劳工共享经济发展带来的成果，这需要同时提高工人结社能力与结构能力。为此，本章在综合以往理论以及结合劳工保护现状的基础上，尝试建立了劳工权益保护的"权—能"模型，并指出未来中国劳工权益保护的路径，应该从个体赋权迈向集体赋权与个体赋能。农民工的个体赋能应上升为国家战略，以此推动中国制造业的转型升级。

改革开放 30 多年来，中国经济取得了巨大成就，但农民工（劳工）为此付出了沉重代价，其合法权益受到严重侵害，一直没有得到有效保护。这一问题早在 20 世纪 90 年代就受到了社会各界的广泛关注，[①] 但是真正将农民工权益保护

---

[*] 本章作者：孙中伟、党曦。

[①] Anita Chan. Revolution or Corporatism？Workers and Trade Unions in Post – Mao China. *The Australian Journal of Chinese Affairs*，1993，No. 29；Dorothy J. Solinger. The Chinese Work Unit and Transient Labor in the Transition from Socialism. *Modern China*，1995，Vol. 21，No. 2；Tiejun Cheng and Mark Selden. The Origins and Social consequences of China's Hukou System. *The China Quarterly*，1994，No. 139；"外来农民工"课题组：《珠江三角洲外来农民工状况》，载《中国社会科学》1995 年第 4 期。

提升到国家战略层面还是在 2003 年之后。①

进入 21 世纪，随着中国工业化和城市化进程进一步加快，劳资矛盾不断加剧，维稳压力不断增加，国家对农民工权益保护越来越重视，陆续出台了一系列有关农民工问题的文件、法律、法规，保护力度逐步加大。2003 年 10 月，温家宝总理为重庆农村妇女熊德明的丈夫讨薪，掀起了全国范围的农民工权益保护运动。2004 年 3 月新修订的《最低工资规定》正式施行，该规定指出"最低工资标准应该每两年调整一次"，自此全国最低工资的调整次数和幅度都快速提高。以广东为例，最近 5 年来已经调整了 4 次最低工资标准，平均调整幅度达24%。② 在 2004 年的《第十届全国人大二次会议政府工作报告》中，温家宝总理又特别谈道：要切实保障农民工工资按时足额支付。2006 年国务院发布了《关于解决农民工问题的若干意见》，第一次全面、系统地提出农民工权益保护的政策规范和重大意义。2008 年 1 月 1 日，新修订的《劳动合同法》正式施行，农民工权益保护的力度进一步加大。

回顾近 10 年来的劳工政策③和学术研究，我们不难发现，农民工普遍处于无权状态（powerlessness），农民工劳动权益保护一直遵循着个体"赋权"（empowerment）的路径，即在法律、政策或制度层面上赋予或确认农民工享有某些合法权利，并通过地方政府进行监督或操作，使农民工在公共服务、权利保障、福利待遇方面与城镇职工实现平等。④ 但是，这一政策路径的目标在于保障生存权，且具有一系列局限性，一方面在赋予某些权利，另一方面也在限制某些权利，例如仅有个体劳权，缺乏集体劳权，导致结社权缺乏；只有赋权，缺乏赋能，导致权利"悬浮"等。这些局限导致近年来劳工权益保护出现瓶颈，保护

---

① 国务院：《关于解决农民工问题的若干意见》，中华人民共和国中央人民政府门户网，2006 年 3 月 27 日，http://www.gov.cn/jrzg/2006 - 03/27/content_237644.htm；岳经纶：《转型期的中国劳动问题与劳动政策》，北京：东方出版中心 2011 年版。

② 人力资源社会保障部：《全国已有 30 个省份调整最低工资标准》，经济观察网，2010 年 10 月 22 日，http://www.eeo.com.cn/Politics/by_region/2010/10/22/183479.shtml。

③ 劳工政策是保护劳动者免受市场侵害的社会保护政策，包括法律、法规、条例等。Carter Wilson. *Public Policy: Continuity and Change*. Boston：Mcgraw Hill，2006，P. 199，转引自岳经纶：《农民工的社会保护：劳动政策的视角》，载《中国人民大学学报》2006 年第 6 期。

④ 郑广怀：《伤残农民工——无法被赋权的群体》，载《社会学研究》2005 年第 5 期；余晓敏：《经济全球化背景下的劳工运动：现象、问题与理论》，载《社会学研究》2006 年第 3 期；魏文彪：《平等赋权比农民工日更重要》，载《江苏农村经济》2008 年第 1 期；王小章：《从"生存"到"承认"：公民权视野下的农民工问题》，载《社会学研究》2009 年第 1 期；苏戴瑞：《在中国城市中争取公民权》，杭州：浙江人民出版社 2009 年版；毛丹：《赋权、互动与认同：角色视角中城郊农民市民化问题》，载《社会学研究》2009 年第 4 期；黄岩：《农民工赋权与跨国网络的支持——珠三角地区农民工组织调查》，载《调研世界》2008 年第 5 期；蔡禾：《行政赋权与劳动赋权：农民工权利变迁的制度文本分析》，载《开放时代》2009 年第 6 期；潘毅、卢晖临、严海蓉、陈佩华、萧裕均、蔡禾等：《农民工：未完成的无产阶级化》，载《开放时代》2009 年第 6 期；常凯：《赋权给新产业工人》，载《中国改革》2010 年第 9 期。

水平提高缓慢。这些问题很少引起政策制定、执行者以及学术界的思考，尤其缺乏从总体上、理论上的探讨，本章主要围绕上述问题展开，旨在通过回顾与反思21世纪以来中国农民工权益保护路径的局限性，探讨中国劳工政策的未来走向。

劳工保护的政策路径是建立在社会转型、劳工权益现状以及权益保护的理论阐释之上的。基于此，本章主要回答以下几个问题：第一，作为劳工政策基础的中国经济社会发生了怎样的转变？第二，农民工权益现状及诉求发生了怎样的变化？第三，现有农民工权益保护路径是什么，其局限性在哪里？对这3个问题的回答，构成了我们提出集体赋权与个体赋能的前提及原因，最后本章将尝试建构中国劳工权益保护的"权—能"模型。

第一节　商品市场与劳动市场的逆向转型

20世纪70年代末，我国经济体制开始由计划经济向市场经济转变，至20世纪90年代中期，开始全面建设中国特色的社会主义市场经济体制。在市场转型过程中，中国劳动（工）政策也发生了重大变化。其中，主要体现在以劳动力市场替代国家分配，以劳动合同制取代终身就业制。为适应市场经济下调整劳资关系的需要，劳动政策逐渐纳入劳动法律体系。国家逐渐减少对劳资关系的行政干预，转而采用法律来调节劳资关系。[①] 21世纪的第一个10年，如何处理劳资矛盾以及保护农民工权益，开始成为调整劳资关系的主要挑战。这10年，中国劳动政策及其背景发生了重要变化，主要体现在商品市场与劳动市场的逆向转型：在商品市场中，经过30多年的改革开放，中国社会逐渐从一个物质资源极度匮乏的计划经济社会，走向了充裕社会；相应的，中国劳动力市场则从充裕，逐渐走向了短缺。这一逆向转型构成了近年来劳工权益与劳工政策转变的市场基础。

---

① 1995年《劳动法》的正式实施，标志中国劳动立法进入一个新阶段。之后，劳动保障部先后颁布了《企业最低工资规定》、《工资支付暂行规定》、《工资集体协商试行办法》等规章；进入21世纪以来，劳动立法进程进一步提速，立法机关和行政机关颁布了《安全生产法》、《职业病防治法》、《工伤保险条例》、《最低工资条例》、《就业促进法》、《劳动争议调解仲裁法》、《劳动合同法》、《社会保险法》等一系列法律法规，中国劳动法律体系已基本形成。常凯：《WTO、劳工标准与劳工权益保障》，载《中国社会科学》2002年第1期；谢增毅：《劳动法的比较与反思》，北京：社会科学文献出版社2011年版，第1页；关怀：《六十年来我国劳动法的发展与展望》，载《法学杂志》2009年第12期；岳经纶：《转型期的中国劳动问题与劳动政策》，东方出版中心2011版，第49页。

一、商品市场：从短缺到充裕

改革开放的主要目标是消除短缺，实现富裕。在改革初期，社会依然处于短缺状态，人民群众迫切需要解决温饱问题，社会的主要矛盾是"人民群众日益增长的物质文化需要同落后的生产力之间的矛盾"，这也是中央与地方政府执政压力的来源。陈云在改革初期的讲话则明显表明了这种思想。1981 年，陈云在高层会议上谈到，"我们是 10 亿人口，一年一共花多少钱，每年能给工人、农民多少，国家建设多少，要有一个通盘的筹划合理的分配，一要吃饭，二要建设"①。在这一时期，"吃饭问题"即保障生存是政府的首要任务，因此就业数量成为就业工作的核心指标，只要有工作就意味着能够生存。从中央到地方一直把"低工资、高就业"视为就业工作的主导思想。1994 年《劳动法》第 46 条规定："工资水平在经济发展的基础上逐步提高。国家对工资总量实行宏观调控。"国家调控工资总量的政策从根本上限制了工资水平的价值机制发挥作用，工资不能反映供需关系与劳动力生产率。使得许多大型国企、事业单位的工资水平设置较低，而私营企业往往以国企为标准，也制定较低的工资水平。

"低工资、高就业"的思想属于计划经济时代的遗产，把就业数量视为劳动保障的要旨，工作条件以及福利保险并不是就业政策考虑的重点。然而，经过 30 多年来改革开放与市场转型，中国经济始终保持高速增长，中国社会以及绝大多数民众已经走出了"短缺经济"（shortage economy），逐步实现了以市场经济为主体的"充裕社会"（affluent society）。② 1978～2008 年，中国实现了年平均近 10% 的 GDP 增长率和 8.6% 的人均 GDP 增长率。高速经济增长以及相伴随的产业结构变化，创造了更多的就业机会，改变了就业结构，城乡居民通过扩大劳动参与率和获得更高的工资水平而受益。在同一时期，以不变价格计算，农村居民人均纯收入提高了 6.9 倍，年平均增长率为 7.1%；城镇居民人均实际可支配收入提高了 7.2 倍，年平均增长率为 7.2%。③ 2010 年中国 GDP 已近 40 万亿元，仅次于美国，世界第二，人均 GDP 已近 4 500 美元④，尽管尚未达到富裕国

---

① 中共中央文献研究室：《陈云传》，北京：中央文献出版社 2005 年版，第 1616 页。

② ［匈］亚诺什·科尔内：《短缺经济学》，张晓光、李振宁、黄卫平等译，北京：经济科学出版社 1986 年版，第 12 页。

③ 蔡昉：《刘易斯拐点与公共政策方向的转变——关于中国社会保护的若干特征性事实》，载《中国社会科学》2010 年第 6 期。

④ 《统计局：2010 年中国国内生产总值（GDP）397 983 亿元约合 6.04 万亿美元》，中国金融网，2011 年 1 月 21 日，http://www.zgjrw.com/News/2011121/home/484173410200.shtml；《2010 年中国人均 GDP 不足 4 500 美元 排世界第 94 位》，腾讯网，2011 年 5 月 29 日，http://news.qq.com/a/20110529/000508.htm。

家的水平，但经济的发展给老百姓的生活和福利带来了诸多益处，温饱问题在全国范围内基本解决。但农民工与城镇户口劳动力、企业内普通工人与管理层之间的收入剪刀差不断扩大，[1] 官员腐败问题日益突出、群体性事件不断发生，社会的突出矛盾转变为人民群众尤其是底层群众对日益加剧的社会不公和贫富差距的不满[2]，这也成为当前中国政府执政压力的主要来源之一。

在短缺时期，国内社会矛盾主要是生产危机与生存危机，如何解决全国人民的就业和温饱问题是政府工作的首要目标，因此其赋权的目标在于保障基本的生存权。但是，随着中国社会逐步走向富裕，温饱问题逐渐解决，政府压力也已经发生了转变，从蛋糕很小的生产危机，转向了蛋糕做大之后的分配危机，如何实现全民共享发展成果，促进收入分配的公平和正义，成为政府面临的首要课题。

社会主要矛盾的转变迫使中央政府加大保护底层劳动者权益的力度，如何在实现就业数量的基础上，提高就业质量，保障劳动者拥有"体面劳动"，使人民生活得"更加幸福、更有尊严"，越来越为政府所重视。[3] 在劳工保护政策方面，显然，仅仅实现有"饭碗"并不能使他们过得更有尊严，必须从保障最低限度的生存权，走向保障劳动者享受经济发展成果增长的发展权。

二、劳动市场：从充裕到短缺

经过 30 多年高速发展的中国经济已经开始出现劳动力短缺，这构成了近年来珠三角劳动权益转变的市场背景，也是导致农民工权益状况及劳动保护政策转变的主要变量之一。

2004 年初，"民工荒"首次出现在珠三角地区，之后，愈演愈烈，至 2011 年，甚至出现了中西部地方政府截留本地农民工、企业到车站抢工人的现象。[4] 早在 2007 年，中国社会科学院和国务院发展研究中心联合发布的研究报告指出，在 75% 的农村地区已经没有青壮年劳动力可以转移了，中国将进入劳动力短缺的时代，而且这种短缺是全方位的，不单技术工人稀缺，普工工人也缺，不单是

---

① 万向东、孙中伟：《农民工工资剪刀差及其影响因素的初步探索》，载《中山大学学报（社会科学版）》2011 年第 3 期。

② 杨鹏：《中国社会当前的主要矛盾是什么》，载《中国青年报》，2005 年 11 月 16 日，http：//news. xinhuanet. com/comments/2005 – 11/16/content_3786474. htm。

③ 温家宝：《第十一届全国人大三次会议政府工作报告》，新华网，2010 年 3 月 5 日，http：//news. xinhuanet. com/politics/2010 – 03/05/content_13102646. htm；胡锦涛：《在 2010 年全国劳动模范和先进工作者表彰大会上的讲话》，中国网，2010 年 4 月 27 日，http：//www. china. com. cn/news/txt/2010 – 04/27/content_19920608. htm。

④ 陈强、孙晶：《中西部劳务大省与沿海地区展开夺人大战》，载《羊城晚报》，2011 年 2 月 18 日。

珠三角和长三角，而是全国性的。①

　　蔡昉等通过人口年龄结构变化趋势、劳动力市场供求关系变化、普遍出现的民工荒现象以及普通劳动者工资上涨等方面的新形势进行的一系列实证研究，认为中国的人口红利正在丧失，"刘易斯转折点"即将到来。② 在这一点后，农村劳动力供给不再是无限的，开始出现劳动力短缺，供求关系失衡，工人在劳动力市场中的谈判能力和选择机会都大大提高，工资开始上涨，人均收入开始实质性的增长。

　　早在 2004 年，第一波民工荒出现时，就有学者指出，民工荒其实是"权利荒"，表现为工资低、福利差、时间长、负荷重、无保障、环境差等诸多劳动权益所遭受的侵害，因此，农民工离职或换工，是农民工在迫不得已之下的"用脚投票"，③ 是农民工与企业和地方政府的博弈。而甘满堂则将"换工"阐释为一种"弱者的武器"，④ 是农民工对权利缺失的无声抗争。⑤ 近年来，随着东部沿海地区经济发展，大批劳动密集型企业迁移至中西部，这些地区的农民工外出打工的比例在下降，在省内就业的比例却在上升，⑥ 2011 年春节的截留农民工事件就是在这样的背景下发生的。也因此，如果东部沿海地区不改善劳工权益，将会有更多的农民工返回中西部，主动改善劳工权益有助于在地区之间的劳动力争夺中占得先机，广东省 2010 年和 2011 年连续两次调整最低工资标准正是基于此。⑦

　　总结来说，农民工劳动力市场的供求关系由原来的"买方市场"转变为"卖方市场"，这一转变与商品市场的转变是逆向的，表现为从"充裕"到"短缺"。这场转变一方面将提高农民工在劳动力市场中的谈判能力；另一方面，也迫使地方政府为吸引廉价劳动力提高对农民工的社会保护水平。⑧

---

　　① 李小平：《如何看待劳动力大量潜在过剩下的民工荒》，载《21 世纪经济报道》，2009 年 8 月 31 日，http：//www.21cbh.com/HTML/2009 - 8 - 31/HTML_OOV17PCJAS9E.html。

　　② Cai Fang. Approaching a Triumphal Span：How Far is China towards its Lewisian Turning Point？. *UNU - WIDER Research Paper*，2008，No. 200809；蔡昉：《劳动力无限供给时代的结束》，载《金融经济》2008 年第 2 期。

　　③ 郭加奇：《劳工权益缺保障农民工用脚投票选老板》，载《工人日报》，2004 年 10 月 21 日。

　　④ ［美］詹姆斯·C·斯科特：《弱者的武器》，郑广怀、张敏、何江穗译，南京：译林出版社 2007 年版。

　　⑤ 甘满堂：《"工荒"：高离职率与无声的抗争——对当前农民工群体阶级意识的考察》，载《中国农业大学学报（社会科学版）》2010 年第 4 期。

　　⑥ 国家统计局：《2009 年农民工监测报告》，中国国家统计局网，2010 年 3 月 19 日，http：//www.stats.gov.cn/tjfx/fxbg/t20100319_402628281.htm。

　　⑦ 孙中伟、舒玢玢：《最低工资标准与农民工工资：基于珠三角和长三角的实证研究》，载《管理世界》2011 年第 8 期。

　　⑧ 高文书、黎熙：《善待劳动者的转折点》，载蔡昉主编《刘易斯转折点及其政策挑战》，北京：社会科学文献出版社 2007 年版，第 219～242 页；蔡昉：《刘易斯拐点与公共政策方向的转变——关于中国社会保护的若干特征性事实》，载《中国社会科学》2010 年第 6 期。

第二节 劳工维权：从个体到集体

　　农民工维权运动也是导致近些年农民工权益与劳工政策发生转变的重要原因之一。经济社会发展的同时，劳工政策的微观基础也发生了转变。这种转变具体体现在劳动力市场的人口结构、农民工权益诉求以及群体性维权行动等 3 个方面。

一、人口结构：从老一代到新生代

　　劳动力人口结构的变化也是近年来劳工权益转变的背景原因。这一变化主要体现在"80 后"、"90 后"等新生代农民工成为劳动力市场的生力军。与 1980 年以前出生的老一代农民工相比，他们的教育水平较高，有更高的法律意识，在遭遇到权益侵害时，也能够利用法律和制度手段维护自身权益，这提升了他们在劳动力市场中讨价还价和自我保护的能力。此外，新生代农民工成长于改革开放后，成长环境较父辈优越，所面临的生存压力下降，他们外出打工不是因为农村生活艰难，难以维持，而是主动寻求更好的发展机会。在求职和工作过程中，他们更加注重劳动分配的公平性，对工作中的舒适度和自由度要求更高，同时也更加关注晋升、培训机会等个人发展问题。

　　这些代际差异特征决定了新一代的农民工在遭遇到利益侵害的时候，可能比他们的父辈有更强烈的利益抗争冲动和更持久的利益抗争行为。[1] 实际上，新生力量的出现往往是劳工运动的催化剂，富士康事件与南海本田罢工事件的主角皆是新生代农民工。

二、权益诉求：从生存权到发展权

　　发展权是个人、民族或国家，积极、自由、有意义地参与政治、经济、社会和文化的发展并公平享有发展所带来的利益的权利。发展权是一项基本人权，对农民工而言，发展权意味着，他们能够平等参与城市经济社会生活、共享经济发

---

　　[1] 蔡禾、李超海、冯建华：《利益受损农民工的利益抗争行为研究——基于珠三角企业的调查》，载《社会学研究》2009 年第 1 期。

展带来的收益。① 近年来，随着基本生存权逐步得到保障，农民工的权益诉求逐渐从关注自身及家庭的基本生存，转变为关注工资增长、生活质量、子女教育以及能否在城市长期立足等涉及个人与家庭发展的问题。

以期望工资为例。我们调查显示，2006 年，农民工的平均期望工资为1 520.8元，是实际工资的1.4倍，而2010 年，期望工资近3 000元，是实际工资的1.6倍。期望工资与实际工资的差距不断拉大，这一方面反映实际工资增长缓慢，另一方面表明农民工对工资水平的期望越来越高，相对剥夺感在加剧。农民工已经不再仅仅接受较低的生存工资，他们开始追求生活工资，不仅仅要满足自身的生存需要，也要满足家庭的生活需要。除工资之外，农民工最为看重的权益问题也出现了一些新的变化，教育、居住等市民权越来越受到重视。在迫切需要解决的权益问题中，14.1%的选择住房问题，还有7.5%的选择子女教育问题。这些问题与传统的工资水平、劳动合同、工作时间等生存劳权问题有所不同，但与农民工个体或家庭在城市中的生存和持续发展机会和能力密切相关。

2010 年5 月17 日，佛山南海本田罢工事件中的工人诉求也体现了这一点。南海本田厂的工资水平在整个珠三角地区而言，还是比较高的，工人平均工资相当最低工资标准的154%，但工人依然选择了罢工，其主要原因是由于中日双方员工的工资差距引起了中方工人强烈的相对剥夺感。蔡禾认为这不是传统的为保证底线型利益而展开的维权行动，而是为了获得发展权益而展开的增长型利益诉求。②

马斯洛（Abraham H. Maslow）将人的需求分为生理需求、安全需求、情感需求、尊重需求和自我实现需求5 类，生理需要和安全需要是低层次的生存需要，在低层次需要满足的情况下，个体会追求更高层次的需要。③ 在改革开放的前30 年，农民工权益保障的重点是生存权，利益诉求主要为了个体及家庭的基本生理和安全需要，基本上围绕欠薪、超时加班、伤残补贴等开展。随着生存需要逐渐满足，农民工开始渴望在温饱的基础上过上体面生活、受到社会的尊重，然而农民工在城市享受发展权益和平等市民权益的诉求却没有得到及时的政策回应。

三、劳工运动：从个体维权到集体维权

进入21 世纪以来，劳工维权的主要特征之一就是由个体维权走向集体维权，集体劳资争议越来越多，劳动维权所导致的群体性事件也越来越多。程延园研究

---

① 中国人权研究会：《什么是发展权》，载《人民日报》，2005 年5 月20 日第九版。

② 蔡禾：《从"底线型"利益到"增长型"利益——农民工利益诉求的转变与劳资关系秩序》，载《开放时代》2010 年第9 期。

③ 亚伯拉罕·马斯洛：《动机与人格》，许金生等译，北京：中国人民大学出版社2007 年版。

表明，1994～2002 年，我国劳资争议中，集体争议的数量在快速增加，平均年增长 31%，集体争议所涉及人数均已经占到总人数的一半以上。[①]

近些年农民工集体性维权事件逐年增加。在珠三角，2001～2005 年，因利益受侵害而参加集体行动的农民工从 16 万多人次增加到 25 万人次。[②]以惠州市为例，2008 年职工群体性事件 1 127 件，涉及 55 415 人次；2009 年职工群体性事件 445 件，涉及 27 434 人次，其中 100 人以上的群体性事件 36 件；2010 年（1～4 月）职工群体性事件 70 件，涉及 4 925 人次，其中 100 人以上的 4 件。[③] 在全国范围内，对 2007 年至 2010 年 7 月我国罢工事件的非正式不完全统计表明，在这三年半中，共发生罢工事件 57 起，年均发生 16.3 起，累积参加人数约 10 余万人，累积罢工时间约 170 余天，每次罢工时间平均 3.1 天。[④]

据全国总工会调查，这些群体性维权事件主要是为了提高工资待遇。[⑤] 在一般性生存权利已经得到保障的情况下，能否获得与企业和经济增长相适应的发展权是分配公平，也是实现经济包容性增长（inclusive growth）的必然要求。集体劳资争议若不能妥善处理，往往会酝酿成罢工或骚乱，影响社会秩序。因此，处理集体劳资争议必须确认工人的集体劳权，劳工运动的发展形势也迫切需要集体劳动权利的立法，将劳资争议引入到制度层面上，提供工人切实可行、制度化的集体维权途径，通过劳资之间的集体谈判予以解决。

无论是个人的权利，还是群体的权利，一切权利皆面临被侵害、被抑制的危险，世界上的一切权利都是经过斗争得来的，[⑥] 劳工运动则是争取劳动权利的最直接的推动力量。如果说市场转型构成了劳工政策转变的宏观背景和客观要求，劳工运动则在微观层面为劳工政策的转变提供了基础和动力。无论商品市场还是劳动市场均是一种外在的力量，而劳工运动作为一种工人自发组织的群体运动，一方面为满足自身对劳动权利的合理诉求，另一方面也给政府施加压力，迫使政府为了社会稳定提高劳工保护力度。

① 程延园：《集体谈判制度研究》，北京：中国人民大学出版社 2004 年版，第 24 页。

② 冯建华：《行动何以可能》，中山大学博士研究生学位论文，2008 年。

③ 惠州市总工会：《惠州市职工群体性事件情况报告》，百度网，2010 年 6 月 1 日，http：//wenku. baidu. com/view/1db2755f312b3169a451a460. html。

④ 张衔：《我国现阶段罢工的性质、原因与政策建议》，载《中国社会科学（内部文稿）》2011 年第 1 期。

⑤ 《全总：2010 年地方劳动争议案件数量呈上升趋势》，网易网，2010 年 9 月 2 日，http：//news. 163. com/10/0902/17/6FJGCIVS000146BC. html。

⑥ ［德］鲁道夫·冯·耶林：《为权利而斗争》，胡宝海译，北京：中国法制出版社 2004 年版，第 15 页。

第三节 个体赋权及其局限性

　　探讨农民工权益保护，首先应该明确，农民工具有哪些基本的劳动权利。劳动权利是指处于社会劳动关系中的劳动者在履行劳动义务的同时所享有的与劳动有关的权利。[①] 劳动权利可以分为个体劳动权利和集体劳动权利，前者主要包括劳动合同、工资福利、工作条件，以及养老、医疗保险等方面的个人权益，这类权益往往容易受到直接侵害；后者包括结社权、集体谈判权与罢工权。2003 年以来，中国农民工权益保护的重点是个体权利，集体劳权并没有得到良好的保障，这种个体层面的制度赋权正是当前中国农民工劳动权益保护的主要路径。

一、工业公民权与国家干预

　　近 20 年来，公民身份（citizenship）视角已普遍应用在劳工研究中[②]，并形成了工业公民权（industrial citizenship）的理论。所谓工业公民权是指劳动者在企业内部所应该享有的基本的劳动权利，这些劳动权利受到国家劳动法律的保护。工业公民权又可以分为社会生存权与政治权利。社会生存权主要指与劳动者生存密切相关的劳动力再生产条件；而政治权利，则主要指在劳资纠纷申诉和抗争方面的权利。[③]

　　国家干预往往是保护劳工权益的主要手段。国家干预劳资关系的方式通常可以分为外部干预（external state intervention）与内部干预（internal state intervention）。外部干预是指国家通过立法或行政的方式介入劳资关系；而内部干预则是指国家的代理机构或个人直接进驻企业，监督和干预劳资关系的进行。[④] 在现

---

　　① 常凯：《劳动关系·劳动者·劳权——当代中国的劳动问题》，北京：中国劳动出版社 1995 年版，第 21 页。

　　② 王小章：《从"生存"到"承认"：公民权视野下的农民工问题》，载《社会学研究》2009 年第 1 期；苏戴瑞：《在中国城市中争取公民权》，王春光、单丽卿译，杭州：浙江人民出版社 2009 年版；秦晖：《农民流动、城市化、劳工权益与西部开发——当代中国市场经济与公民权问题》，载《浙江学刊》2002 年第 1 期；陈映芳：《"农民工"：制度安排与身份认同》，载《社会学研究》2005 年第 3 期。

　　③ 王振寰、方孝鼎：《国家机器、劳工政策与劳工运动》，载陈信行主编：《工人开基祖》，唐山：唐山出版社 2010 年版，第 7 页。

　　④ Burawoy Michael. *The Politics of Production*. London：Verso，1985，pp. 90 – 91.

代市场经济国家，国家劳资关系的干预主要是外部干预，而外部干预的重点是应对市场竞争对劳动者的侵害，是一种社会保护。[①] 这种外部干预又主要集中在两个方面：

第一，劳动力再生产的条件：国家立法保障劳工的最低工资，劳动环境、医疗保险、失业保险等，这使得管理者不能任意决定劳工的再生产条件，从而无法利用这些条件控制劳工。换言之，劳工基本的社会生存权得到了保障。[②]

第二，劳资关系的处理方式：国家通过立法强制企业的管理者承认工会、设立申诉制度并尊重工会的谈判权，以集体协商的方式处理劳资争议。这使得管理者不能任意解雇、调离、减薪，进一步保障了劳动力再生产的条件，也使得劳工的结社权、谈判权、罢工权等基本政治权利获得保障。[③]

从上述可知，劳动力再生产的条件主要是个体劳权，而劳动者的政治权利则主要是集体权利。两种分类体系并不完全相同，但具有某些一致性。陈峰指出，当前中国劳动立法的重点是保障劳动者的个人权利，即基本的社会生存权，而没有赋予劳动者实质性的、可操作的集体权利。[④]

二、个体赋权及政策文本

20 世纪 80 年代，赋权（empowerment）作为一种重要的管理实践，首先受到企业管理学的关注，主张在工作中给予雇员更多的自主性和决策权[⑤]，这对提高员工的工作表现和满意度具有积极作用，尤其对于那些需要代表公司直接与顾客打交道的服务业员工[⑥]。然而，赋权本身具有多重含义，也在学术与实践中不断重构[⑦]。在 1990 年以前，赋权在社会学或社会工作的书籍中，几乎没有被提

---

① ［英］卡尔·波兰尼著：《大转型：我们时代的政治与经济起源》，冯钢、刘阳译，杭州：浙江人民出版社 2007 年版。

② 王振寰、方孝鼎：《国家机器、劳工政策与劳工运动》，载陈信行主编：《工人开基祖》，唐山：唐山出版社 2010 年版，第 7 页。

③ Burawoy Michael. *The Politics of Production*. London：Verso，1985，pp. 90 – 91.

④ 陈峰：《集体权利的缺位：中国工人的困境》，载《21 世纪》（双月刊）2008 年第 106 号。

⑤ Michael K. Hui，Kevin Au. Henry Fock Empowerment Effects across Cultures Source. *Journal of International Business Studies*，Jan.，2004，Vol. 35，No. 1.

⑥ Conger J. A. and Kanungo R. N.. The Empowerment Process：Integrating Theory and Practice. *Academy of Management Review*，1988，Vol. 13，No. 3；Bowen D. E. and Lawler E. E.. The Empowerment of Service Workers：What，Why，How and When. *Sloan Management Review*，1992，Vol. 33，No. 3；Spreitzer G. M.. Psychological Empowerment in the Workplace：Dimensions，Measurement，and Validation. *Academy of Management Journal*，1995，Vol. 38，No. 5.

⑦ Humphries B.（eds.）. *Critical Perspectives on Empowerment*. Birmingham：Venture，1996；Stuart Rees. *Achieving Power*：*Practice and policy in Social Welfare*. London：Allen & Unwin Australia，1991.

到，之后，这一概念作为对弱势群体生存状态进行干预的手段被引进到社会工作领域，有关著作大量出现①。

应用到劳工权益保护中，赋权是国家干预劳工权益保护的途径，是赋予权力或权威的过程，具体而言，是通过法律、制度把平等的权利赋予对象并使之具有使用某种权利的"资格"（entitlements）。蔡禾通过对近年来国内相关政策文本的分析，认为，在改革开放以来的农民工权利保护基本上是一个行政赋权的过程。② 表17-1列出了10年来，由全国人大、国务院、各部委、全总所签发的主要文件，基本反映了十年来农民工权益保护的赋权路径。③ 2003～2005年，农民工权益保护的重心是工资拖欠与就业歧视，2005～2006年，则主要是工伤保险和技能培训，2008年是劳动合同签订，2010年以来重点转向如何提高农民工工资水平，使农民工收入与经济增长同步。

总体而言，国家对农民工权益的关注逐步从以工资拖欠、工伤等涉及基本生存的方面转向了工资增长、户籍制度等发展权益，并开始关注集体合同、集体协商等集体劳权。这种个体层面的制度赋权构成了近十年来农民工权益保护的主要路径，尽管取得了一定效果，但是，个体赋权在保障农民工基本生存权利的同时，也存在一系列的局限性（见表17-1）。

表17-1　　　　　近10年来农民工权益保护的主要政策措施

年份	政策法规	主要内容
2003	《关于做好农民进城务工就业管理和服务工作的通知》	就业歧视、工资拖欠、工作条件、职业培训、子女入学
2003	《关于解决建筑业企业拖欠农民工工资问题的通知》	工资拖欠
2004	《工伤保险条例》	工伤保险、工伤认定
2004	《最低工资条例》	最低工资确定及调整
2004	《关于进一步做好改善农民进城就业环境工作的通知》	就业服务、劳动权益、劳动力市场

① ［美］罗伯特·亚当斯（Robert Adams）：《培力、参与、社会工作》，陈秋山译，北京：心理出版社股份有限公司2010年版第7页。
② 蔡禾：《行政赋权与劳动赋权：农民工权利变迁的制度文本分析》；潘毅、卢晖临、严海蓉、陈佩华、萧裕均、蔡禾等：《农民工：未完成的无产阶级化》，载《开放时代》2009年第6期。
③ 农民工权益文件汇编写组：《农民工权益文件汇编》，北京：机械工业出版社2010年版。

续表

年份	政策法规	主要内容
2004	《关于农民工参加工伤保险问题的有关通知》	工伤保险
2005	《关于加强建设等行业农民工劳动合同管理的通知》	劳动合同签订、内容、管理等
2005	《关于进一步解决拖欠农民工工资问题的通知》	工资拖欠问题
2006	《关于解决农民工问题的若干意见》	工资偏低与工资拖欠、劳动管理、就业与培训、社会保障、权益维护等
2006	《关于实施农民工"平安计划"加快推进农民工参加工伤保险工作的通知》	工伤保险
2006	《关于做好建筑施工企业农民工参加工伤保险有关工作的通知》	工伤保险
2006	《关于印发农村劳动力技能就业计划的通知》	技能培训
2008	《劳动合同法》	劳动合同、集体合同
2008	《就业促进法》	就业歧视
2008	《劳动争议仲裁法》	劳动争议
2009	《关于进一步加强农民工安全生产工作的指导意见》	人身安全
2009	《关于积极开展行业性工资集体协商工作的指导意见》	工资集体协商
2010	各地政府陆续调整最低工资标准	工资增长

三、农民工个体劳权保护现状

为说明农民工个体劳动权益保护现状以及个体赋权的政策效果，我们利用中山大学社会学与社会工作系在珠三角地区对农民工进行的三次调查数据①。调查

---

① 2006年数据是2005年国家哲学社会科学重大招标课题"城市化进程中的农民工问题（05&ZD034）"成果之一；2008年数据是广东省普通高校人文社会科学重点研究基地重大项目"流动与权益——珠三角外来工的追踪研究"（07JDXM84002）成果之一；2010年数据是教育部哲学社会科学重大攻关项目"农民工权益保护理论与实践研究（09JZD0032）"成果之一。2006年、2008年数据已经公开，感兴趣的读者可以到中山大学城市社会研究中心网站（http：//cus.sysu.edu.cn/news.asp？mm=1）申请下载。

531

分别实施于 2006 年、2008 年、2010 年的 7～8 月，每次调查均对农民工劳动权益状况进行了较为全面和详细地询问，而且统计口径基本一致，我们从中选择几项较为重要的指标进行比较（见表 17－2）。

工资是保障劳动者个人及其家庭正常生活的基础，也是反映劳动权益的核心指标。2006 年，农民工平均月工资为 1 092.8 元，2010 年则增加至 1 918.1 元，年均增长 18.8%。同时，工资拖欠的比例也较大幅度下降，从 2006 年的 8.8% 下降至 2010 年的 4.99%。从最低工资标准的执行情况来看，2006 年约有 9% 的农民工月工资不符合最低工资标准，至 2010 年，这一比例大幅度下降。众所周知，最低工资标准的首要目标就是保障劳动者的基本生存权，最低工资标准执行情况的改善，也意味着劳动者基本生存权的改善。

从劳动合同签订率来看，2006 年，仅为 42.4%；2008 年，新《劳动合同法》生效，各级政府劳动部门加大了对违法企业的惩罚力度，签订率有了较大增长，近 60%，但 2008～2010 年，劳动合同的签订率仅提升不到 5 个百分点。2010 年，劳动合同签订率已经接近 2/3，但是参与协商率仍然较低。在求职过程中，对大多数农民工而言，他们所能做的只是选择"签"还是"不签"。即使劳动合同签订率有所提高，如果农民工不能有效参与合同订立过程，所签劳动合同只是用人单位单方面开出的"霸王条款"，并不能真正起到保护农民工权利的作用。

从劳动与人身权益受侵害的情况来看，2006～2010 年，各种情况均有不同程度的好转。其中，劳动权益受侵害的比例从 2006 年的 23.6%，下降至 2010 年的 7.63%；工作环境有危害的比例，也下降了近 10 个百分点。

在保险的覆盖率方面，4 年间，各项保险均有不同幅度的提高，但前两年的增长幅度要高于后两年。其中，生育保险与失业保险增长了 1 倍以上，养老保险覆盖率增长了近 1 倍，工伤保险与医疗保险也均有较大幅度增长。尽管，社会保险的覆盖率仍然不高，即便最高的工伤保险，也仅有 54% 的农民工拥有，但从变化趋势上看，农民工社会保险的覆盖率正在不断提高。

总体来看，2006～2010 年，农民工基本劳动权益的各项指标均有不同程度的改善，工作时间下降、工资水平提高、拖欠工资和工作环境危害等现象显著降低，劳动合同签订率、保险购买比例也大幅提高。这些指标表明，基本劳权保障的状况逐步好转，农民工的生存权以及基本人权逐步得到保障。

但是，仔细对比 3 年数据可以发现，2006～2008 年，受《劳动合同法》颁布的影响，劳动权益改善幅度较大；2008 年之后，受金融危机冲击，《劳动合同法》执行受阻，农民工劳动权益改善缓慢，至 2010 年，当经济开始复苏后，原本执行情况正在改善的指标，如日工作时间、加班比例、受侵害比例，又呈现反复，甚至恶化（见表 17 - 2）。①

表 17 - 2　　　2006～2010 年珠三角农民工劳动权益变化情况

权益项目	具体指标	2006 年 (N = 3 086)	2008 年 (N = 2 072)	2010 年 (N = 1 729)
工作时间	日工作时数	9.8	9.25	9.4
	加班比例（%）	68.60	68.61	71.51
	日加班时数	3.2	3.1	2.83
工资状况	月工资收入（元）	1 092.8	1 538.2	1 854.9
	工资拖欠（%）	8.8	5.6	4.99
	低于最低工资的比例（%）	9	7.66	4.16
劳动合同	签订率（%）	42.4	59.8	64.86
	参与协商率（%）	—	30	35.81
押金和押证	缴纳押金（%）	24.4	13.6	10.79
	扣押证件（%）	12.0	8.4	6.13
权益受侵	受侵害比例（%）	23.6	7.6	7.63
人身权益	搜身、搜包（%）	3.82	2.8	2.35
	管理人员殴打（%）	0.65	0.6	0.29
	拘禁（%）	0.36	0.16	0.29
	工作环境危害（%）	30.2	26.9	21.95
社会保险	医疗保险（%）	30.3	44.1	47.75
	养老保险（%）	19.7	32	37.36
	工伤保险（%）	38.5	50.8	54.05
	失业保险（%）	7.5	11.9	18.41
	生育保险（%）	4.5	9.8	14.5

四、个体赋权的局限性

制定劳工政策的目标是要使劳方受益，以使劳工能够分享到经济发展的好处。劳工政策的制定与实施是两个连续的过程，前者关系到对劳工权益的基本保

---

① 孙中伟、雍昕：《2009 年珠三角外来工劳动权益状况调查与分析——兼与 2008 年调查相比较》，载《南方人口》2010 年第 3 期。

障，是满足其控制性的；而劳工政策的实施程度则是满足其效能性的。① 然而，我们研究发现，中央制定一些劳动保护政策均没有起到应有的效果，甚至存在多方面的局限性或不足，主要表现在以下 5 个方面：

第一，"饭碗型"权益保障。个体赋权的局限首先表现在，权利赋予主要集中在基本的生存、人身权利方面，只保障了生存权，而没有考虑农民工个体以及家人的未来发展，因此是一种"饭碗型"权利保障。在珠三角，2009 年最低工资标准相当于当地城镇职工工资的 25.7%，而国际惯例通常在 40% ~ 60%，如此之低的最低工资标准，即便得到全面执行，也难以有效保障农民工基本生活。② 近年来，虽然农民工工资水平有了较大增长，但是工资水平依然无法在城市实现正常生活。2002 年以前，珠三角农民工的工资仍然高于城镇居民月平均消费支出，但之后，农民工工资就明显低于城镇居民月均消费支出，差距逐渐拉大。③ 这意味着，按照当前工资水平，农民工是无法像一个正常的城市居民一样进行消费的，更没有能力将孩子和家庭带到城市中来。

第二，赋权的同时遭遇"剥权"。赋权是中央与地方博弈的结果，地方政府的赋权服从于地方经济增长的目标与政治稳定的需要，行政赋权的同时也遭受到行政限制。④ 郑广怀对深圳伤残农民工维权状况的研究表明，尽管有比较完善的劳工保护法律和政策体系，但伤残农民工的维权道路十分艰难，他们在获得"赋权"的同时，也遭遇着"剥权"（de-powerment）。⑤ 农民工在法律意义上具备了平等资格，并不意味着他们具备了维护自身权益的能力、条件和机会，地方政府以及企业总是想方设法将国家制定的劳动法规进行打折。现行法律法规和政策文本的具体规定发挥着"市场参考价"或者"最高限价"的作用，最后成交的价格有赖于政府机构、厂方和工人的讨价还价，当然，通常以工人作出让步而"成交"。⑥ 就最低工资而言，许多企业把最低工资制度作为企业的分配制度，把最低工资标准作为企业支付给农民工的基本工资，甚至把最低工资标准拆分若干部分，以其中的一部分来计算加班费。此外，每次提高最低工资标准，企业总是

① 佟新：《劳工政策与劳工研究的四种理论视角》，载《云南民族大学学报（哲学社会科学版）》2008 年第 5 期。

② 孙中伟、舒玢玢：《最低工资标准与农民工工资——基于珠三角的实证研究》，载《管理世界》2011 年第 8 期。

③ 万向东、孙中伟：《农民工工资剪刀差及其影响因素的初步探索》，载《中山大学学报（社会科学版）》2011 年第 3 期。

④ 蔡禾：《行政赋权与劳动赋权：农民工权利变迁的制度文本分析》，载《开放时代》2009 年第 6 期；潘毅、卢晖临、严海蓉、陈佩华、萧裕均、蔡禾等：《农民工：未完成的无产阶级化》，载《开放时代》2009 年第 6 期。

⑤ 郑广怀：《伤残农民工——无法被赋权的群体》，载《社会学研究》2005 年第 5 期。

⑥ 郑广怀：《劳工权益与安抚型国家——以珠江三角洲农民工为例》，载《开放时代》2010 年第 5 期。

农民工权益保护理论与实践研究

会设法降低成本，延长工作时间或增加工作强度，[1] 甚至调整工资制度、裁员等。在珠三角，2009 年计时工资和计件工资的比例为 33%，而 2010 年增加至 41%；2009 年每天工作 9.2 小时，而 2010 年则为 9.4 小时。这样一个冲抵的过程，最终受害的仍然是农民工，他们不得不通过大量的加班来补偿最低工资所带来的增长效应。[2]

第三，劳动法执行中的"次标准"。在劳动法规方面，个体赋权的另一局限性在于，劳动法执行中的"次标准"。郑广怀和孙中伟基于 2006～2010 年珠三角农民工调查数据的比较分析，发现劳动法并未能够有效保护大多数农民工的劳动权利。在劳动法执行过程中已经形成了"次标准"，即在劳动法规定的强制性劳动标准之外，劳动法的执行过程产生了一个资方、劳动者和政府等相关方基于默契共同遵守的标准，该标准通常低于法定劳动标准，并将违法形塑为常态和长期趋势。[3] 以最低工资为例，长期的次标准执行，虽然对农民工工资增长具有作用，但是，许多企业都是直接将基本工资设为最低工资，这样既不违反法律，也降低了劳动成本，但导致了工资增长对最低工资的高度依赖，只有提高最低工资，农民工工资才会增加。[4]

第四，"波动型"权益保障。个体赋权的又一局限在于，劳动权益状况总是随着市场状况的波动而波动，极不稳定，是一种"波动型"权利保障。2008 年底金融危机爆发，迅速席卷全球，中国也不可避免地受到了冲击，珠三角地区一直以外向型加工制造业为主，受到的冲击尤为明显。金融危机使得企业订单减少，资金链断裂，被迫停工、裁员，甚至倒闭。农民工因此受到强烈冲击，不仅收入下降，劳动权益状况也有所下滑。金融危机对外来工的影响是阶段性的，由于身份的特殊性，外来工是受市场波动影响最大的群体，对市场的反应也最为敏感。一旦企业在市场上遇到困难，就会削减或克扣工资，降低或停发福利，甚至大规模裁员等等，这些措施都在有意或无意地将经济危机的代价转嫁到外来工身上，给外来工的工作和生活带来了极大的影响。

第五，"悬浮型"权益保障。政府通过自上而下的赋权，所导致的一个后果是，权益设置没有考虑到目标群体的需求与接受能力，某些权利标准设置过高、

---

[1] Manning A.. How do we Know that Real Wages are Too High? . *Quarterly Journal of Economics*，1995，Vol. 110，No. 4.

[2] 孙中伟、舒玢玢：《最低工资标准与农民工工资——基于珠三角的实证研究》，载《管理世界》2011 年第 8 期。

[3] 郑广怀、孙中伟：《劳动法执行中的"次标准"——基于 2006～2010 年对珠江三角洲农民工的调查》，载《社会科学》2011 年第 12 期。

[4] 孙中伟、舒玢玢：《最低工资标准与农民工工资——基于珠三角的实证研究》，载《管理世界》2011 年第 8 期。

程序过于复杂，与现实不符，农民工达不到标准，造成了"悬浮型"权益的出现。以中山市户籍改革为例。2010 年初，中山市作为广东省试点城市率先推行积分落户政策，半年后，该项政策在广东省全面施行。但是，积分制落户，虽然从制度上赋予了农民工成为市民的途径或资格，却是有许多前提与限制的。"落户积分 = 基础分 + 附加分 + 扣减分"，基础分中，初中学历为零分，而大专学历者则为 55 分，仅此一项就使得绝大多数的初中学历的农民工难以达到要求。此外，积分落户中还有一些对住房、缴纳社保等限制，都无形之中将绝大多数农民工挡在了中山户口之外。

通过个体层面的制度赋权，农民工的社会生存权与个体劳权基本上得到保障，但是个体赋权同时存在诸多局限性，导致部分劳动权益状况指标改善缓慢。这意味着仅仅通过个体赋权既难以有效保障农民工个体劳权，难以再适应经济社会发展水平以及劳动力市场结构的转变，也不能适应农民工人口结构、权益诉求与劳工运动的转变。这给传统的建立在短缺经济时代和基本生存权基础之上的农民工权益保护的路径提出了新的挑战。因此，下面我们尝试发展一种新的劳工权益保护的路径模型。

第四节　集体赋权与个体赋能

著名新马克思主义学派社会学家赖特认为，工人阶级的力量主要来自于结社和结构。前者是由于集体组织所产生的力量，它包括工会与政党，也包括工人委员会以及某些社区组织；结构力量与结社力量不同，它是由经济体系中工人所占位置决定。[①] 在个体赋权已经难以适应社会转型、劳工诉求的情况下，这一理论给当前农民工权益保护提供了启发，本章将对这一理论进行发展。

一、集体层面：从个体劳权到集体劳权

2003 ~ 2010 年，经过各项劳工政策的出台以及政府保护力度的加大，个体劳权基本得到保障，但是集体劳权还没有得到应有的地位。2008 年《劳动合同法》规定了集体合同。2009 年以来，工资集体谈判作为一项促进农民工工资增

① ［美］埃里克·奥林·赖特：《工人阶级的力量、资产阶级的利益和阶级妥协》，载李友梅、孙立平、沈原主编：《当代中国社会分层：理论与实证》，北京：社会科学文献出版社 2006 年版，第 119 页。

加的机制，也逐渐被接受。但是，与劳工权益密切相关的团结权却始终没有从立法上予以确认。

团结权又称劳工组织权或劳工结社权，是市场经济下劳动者最基本的权利①。这个权利是劳动者集体享有的权利，也称集体劳权。集体劳权的特点，主要体现为这些权利并不是由劳动者个人来行使的，而主要是由劳动者集体的组织——工会来行使的。② 广义的团结权则是指劳动者运用组织的力量对抗雇主以维护自身利益的权利，其具体内容主要包括三个方面：一是团结权，即自由组织和参加工会的权利；二是集体谈判权或称团体交涉权，即由工会代表劳动者与雇主进行集体谈判签订集体合同的权利，三是集体争议权或称团体行动权，主要是指劳动者通过工会组织罢工的权利。各国的劳动法学界一般都将此称之为"劳动三权"。③

工人运动的力量来自于工人可以联合起来或者组建工会，通过集体谈判来提高待遇，或者通过集体行动（如罢工）来与资方进行对抗以达到维护自身劳动权益的目的。④ 在现代社会和市场经济的条件下，工会的主要职能应当是，工人通过工会组织，以集体谈判方式维护并改善自身的劳动权益和劳动条件。⑤ "工会的力量在于集体行动。当工人们用工会的形式联系在一起时，他们不再像一个个孤立的个人那样进行谈判。与单个雇员辞职去寻找更好的工作这种威胁相比，罢工（或怠工）的威胁给雇主造成更多的困难。"⑥ 弗里曼（Richard B. Freeman）与梅多夫（James L. Medoff）的研究表明，在美国工会工人要比那些非工会工人的工资高出 10% ~ 30%。⑦

尽管国际劳工组织 1948 年的《结社自由和保护组织权公约》（第 87 号公约）和 1949 年的《组织权和集体谈判权公约》（第 98 号公约）规定了工人结社自由，中国《宪法》第 35 条、《劳动法》第 7 条、《工会法》第 2 条和第 3 条、《外资企业法》第 13 条具体规定了工人的结社权，但中国实行单一工会制，而且工会依附于政府和企业，因此并不是真正实践意义的结社权。⑧ 即便被批评为"空壳"工会、"依附"工会，研究发现，中国工会也仍然具有改善劳工待遇的作用。胡建国与刘金伟基于 2005 年北京、四川等地的问卷调查研究发现，工会

---

① 常凯：《论中国团结权立法及其实施》，载《当代法学》2007 年第 1 期。

②③ 常凯：《WTO、劳工标准与劳工权益保障》，载《中国社会科学》2002 年第 1 期。

④ 朱柔若：《社会变迁中的劳工问题》，北京：扬智文化事业股份有限公司 1998 年版。

⑤ 吴忠民：《当前改善我国劳动政策的思路与对策》，载《教学与研究》2009 年第 2 期。

⑥ ［美］斯蒂格利茨：《经济学》（上册），北京：中国人民大学出版社 1997 年版，第 440 页。

⑦ ［美］理查德·B·弗里曼、詹姆斯·L·梅多夫：《工会是做什么的？美国经验》，陈耀波译，北京：北京大学出版社 2011 年版，第 41 页。

⑧ 黄岩：《市民社会、跨国倡议与中国劳动体制转型的新议题——以台兴工人连锁罢工事件为例分析》，载《开放时代》2011 年第 3 期。

工人身份使得传统服务业和现代服务业工人，要比制造加工业工人的工资分别高出 27% 和 53%；[1] 刘林平和孙中伟等利用珠三角 2008 年问卷调查发现，在控制了人口特征、人力资本、企业性质、工作特征以及所在城市之后，工会工人与非工会工人的工资水平并无显著差异，但是，工会会员工资水平符合最低工资标准的发生比率是非工会会员的两倍多，每周工作时间平均少 3.8 个小时，享有病假工资和带薪休假的发生比率高 70%，人身权益受侵害的发生比率降低 46%。[2]

如果说组织工会权集体劳权的前提与基础，那么集体谈判则是解决劳资争议、维护集体劳权的最主要手段；而劳动争议权是实现集体谈判的辅助性权利，一旦集体谈判破裂，为了给资本施加压力，工会则会启动争议权，采取罢工，其目的仍然是迫使资方回到集体谈判中来。[3] 因此，集体谈判又是这三项权利的核心。

集体谈判是市场经济国家调节劳动关系的重要机制，对调节劳动关系和维护劳动者权益具有重要作用。集体谈判是劳资双方进行沟通和对话的平台，一般由工会代表工人与企业进行，其主要内容是确定工作环境和就业条件，尤其是工资水平。通过集体谈判，劳资双方可以根据企业经营状况、物价水平、行业平均工资等指标就工资水平进行磋商，工人的合法诉求得以制度性传达出来，企业的经营状况也能及时为工人所了解，即可以有效避免冲突性劳资事件的发生，也可以维护农民工合法权益。

工人的集体劳权是保护个体劳权和争取新的权利的基本手段，这一权利的合法化与制度化是劳资力量达致平衡的基础。陈峰认为集体权利的缺失是工人个体无法影响劳资关系，保护个人权利的根本原因之一。[4] 2010 年 5 月 17 日，佛山南海本田罢工事件是工人采取集体行动的一次成功典范，只有工人具有了结社权，能够将个体权利通过集体的方式予以表达的时候，才可能实现劳资关系的均衡，切实维护劳动者的权益。[5]

二、个体层面：从个体赋权到个体赋能

集体赋权有助于实现集体劳权，提高结社力量，但对于劳工而言，如何提高

---

① 胡建国、刘金伟：《私营企业劳资关系治理中的工会绩效》，载《中国劳动关系学院学报》2006 年第 3 期。

② 刘林平、孙中伟等：《劳动权益：珠三角农民工状况报告》，长沙：湖南人民出版社 2011 年版，第 123～129 页。

③ 程延园：《集体谈判制度研究》，北京：中国人民大学出版社 2004 年版。

④ 陈峰：《集体权利的缺位：中国工人的困境》，载《21 世纪（双月刊）》2008 年第 106 号。

⑤ 常凯：《关于罢工合法性的法律分析——以南海本田罢工为案例的研究》，载《战略与管理》2010 年第 7/8 期。

工人的结构力量也至关重要。结构力量来自于工人在劳动力市场中的行动能力，为提高个体层面的行动能力，本章中提出"赋能"（capacity building）的路径。[1]不可否认，制度性赋权具有重要意义，但是随着市场取代计划和指令成为配置资源的主要机制，具有强制性且缺乏弹性的制度设置只能保障农民工的底线权益或生存权益，很难适应市场以及环境的变化，无法从根本上提高农民工自我维权的能力。从社会工作意义上讲，赋能是通过提高个体的表达、交往和认知能力，增加他们的自信心，激发其内在潜能，以及改善个体、团体、组织与社区相关的资源的种种方式，促进他们的个体能力、结社能力与合作能力以满足想要的目标。[2] 这一思想被广泛应用到社会工作对弱势群体的帮助和干预中。

劳工权益保护的赋能是基于社会转变、劳权转变以及赋权局限的分析之上提出的，但是，赋能也有着深厚的理论和实证基础——新古典主义人力资本理论（human capital）与阿马蒂亚·森（Amartya Sen）的人类发展理论（human development）：

第一，人力资本理论。尽管人力资本理论的政策含义在人口和就业实践中已被广泛重视和应用，但其对农民工权益政策的指导意义没有得到足够的重视。人力资本理论从供需平衡出发，认为劳动力也是一种商品，劳动力市场的供需状况决定了工人的工资。人力资本越高，越有可能在劳动力市场上得到较好的职位，获得较好的工作环境和工资水平，因此提高人力资本是提高工资、改善劳工待遇、维护劳工权益的重要路径。[3] 不言而喻，在保护劳工权益方面，政府的责任是提供培训和教育，即通过赋能提高劳动力的人力资本来间接干预劳动力市场。

第二，人类发展理论。仅仅从人力资本的角度来理解赋能的丰富含义有失狭隘。在承认人力资本的重要性和有效性之外，我们还必须超越人力资本的概念。阿玛蒂亚·森认为，人力资本理论把人类素质当做一种资本，集中关注人的生产能力，这一视角过于狭窄，应该被包含在更为丰富的人类可行能力（capability）分析视角中。可行能力理论视角则聚焦于人们去过他们珍视的生活，以及去扩展他们所拥有的真实选择的能力，也即实质自由。[4] 这种实质自由意味着，个体可

---

① 在英文中，"赋权"和"赋能"皆对应"empowerment"，但是二者含义并不相同，前者强调赋予某种资格，而后者则重于行动的能力。

② 罗伯特·亚当斯：《培力、参与、社会工作》，陈秋山译，北京：心理出版社股份有限公司2010年版。

③ Schultz T. . Investment in Human Capital. *The American Economic Review*, 1961, Vol. 51, No. 3; Schultz T. . *The Economic Value of Education*. New York: Columbia University Press, 1961, pp. 20－37; Becker G. S. . *Human Capital and the Personal Distribution of income. W. S. Woytinsky Lecture*. Ann Arbor: University of Michigan, 1967, No. 1; Mincer J. . *Schooling Experience and Earnings*. New York: Columbia University Press, 1974.

④ ［美］阿玛蒂亚·森：《以自由看待发展》，任赜、于真译，北京：中国人民大学出版社2002年版，第292页。

539

能实现的各种值得去做或多种多样的生活方式的组合，也意味着行动的空间。因此，扩展人民的实质自由就是要消除那些限制人们自由的主要因素，即贫困以及暴政，经济机会的缺乏以及系统化的社会剥夺，忽视公共设施以及压迫性政权的不宽容和过度干预。

阿玛蒂亚·森的这一区分对于社会政策（劳工保护）具有重要的启发意义，[①] 劳工赋能的重点也不再仅仅是生产能力，还要包括可行能力。从这一视角出发，保护劳工权益不仅仅是通过教育和培训提高工人的生产能力，这只是基础性工作，更为重要的是赋予工人更多的可行能力。这种能力一方面来自于教育与培训使劳动者明白什么是应该珍视的权利，一旦权利受到侵害应该如何寻求帮助，另一方面来自于消除各种歧视性的就业政策，强迫劳动，对工人的过度使用。这些严重侵害劳动权益的做法，不仅仅使得工人长期处于疲劳、紧张、焦虑之中，也剥夺了工人的可行能力，使他们没有时间、体力、金钱去实现多种功能性的生活，例如娱乐、聚会、体育、购物等，这使得劳工主体性难以体现，从而严重制约了工人的可行能力。

这一理论也同时将赋权与赋能结合了起来。二者相辅相成，个体赋能能够使得赋权取得事半功倍的效果，反之，集体劳权的实现则为赋能提供空间与可能。

三、赋权与赋能的路径比较

无论赋权还是赋能都是保护劳工权益的途径，但是个体赋权重点在于社会生存权，而赋能着眼于提升发展权。

与赋权强调制度建设以及政府直接干预不同，赋能则强调通过教育或培训提升劳工自助维权与持续发展的能力，是一种间接干预（见表17-3）。在具体的手段上，赋权强调通过立法、政策等直接作用于劳工或者雇主，例如最低工资制度立法。而赋能的性质决定了政府的最佳角色是"人力投资者"，即通过拟定相关的培训政策，通过提升其人力资本来间接保护劳工权益。当然，与赋权中政府一元主义角色不同，赋能往往需要集合社会各方的力量。不仅仅需要政府资源，还需要其他个体或社会组织，例如社会工作者、NGO、工会的积极参与，尤其需要给予农民工自主选择权。在执行方向上，赋权属于自上而下，即具有强制性，往往不会考虑到农民工个体的多样化需求；而赋能则自下而上，更加尊重劳工个人的意愿和选择权，他们可以根据自己需要来选择是否接受培训或者再教育。在

① ［英］哈特利·迪安：《社会政策学十讲》，岳经纶等译，上海：格致出版社、上海人民出版社2009年版，第12页。

效果上，赋权更加注重结果公平，而赋能更加注重机会公平。

表 17 – 3 赋权与赋能的路径比较

比较项	赋权	赋能
概念内涵	作为资格的权利	持续发展的能力
保障目标	社会生存权	发展权和行动能力
危机类型	生存危机	分配危机
商品市场	短缺社会	充裕社会
劳动市场	买方市场	卖方市场
理论基础	工业公民权	新古典主义、人类发展理论
力量来源	政府	政府、市场、社会组织
政府干预	直接干预	间接干预
主要途径	立法、政策	教育、培训
施行方向	自上而下	自下而上
政策效果	结果公平	机会公平

　　自 2003 年来，政府也逐渐意识到教育和培训对促进农民工就业的重要意义。在多份文件中均对加强农民工培训问题的意义和具体实施方案进行了详细的阐述[①]。教育、培训作为赋能的主要形式，在提升技能的同时，也在提升着他们的维权能力。已有大量的实证研究表明，人力资本是影响农民工劳动权益的显著因素，加强教育和培训有助于提高农民工的工资水平和劳动权益状况。[②]

　　如果说，赋权是"授之以鱼"，那么赋能则是"授之以渔"。在市场经济条件下，农民工来到城市，能否成功实现市民化的关键就是能否获得持续发展的能力。只有能够依靠自身条件找到较好工作，获得稳定可观的收入，他们才可能实现自身对发展权益的诉求，才能在城市站稳脚跟，从而融入城市社会。因此，从这个意义上讲，赋能不仅仅是维护劳工权益的需要，也是成功实现工业化和城市化的需要。

　　这正是赋能的理论价值与实践意义所在。而以往农民工权益保护的重点在于

　　[①] 《国务院办公厅转发农业部等部门 2003～2010 年全国农民工培训规划的通知》（国办发〔2003〕79 号）、《国务院关于解决农民工问题的若干意见》（国发〔2006〕5 号发布）、《国务院办公厅关于进一步做好农民工培训工作的指导意见》（国办发〔2010〕11 号）。

　　[②] 王美艳：《农民工工资拖欠状况研究——利用劳动力调查数据进行的实证分析》，载《中国农村观察》2006 年第 6 期；刘林平、张春泥：《农民工工资：人力资本、社会资本、企业制度还是社会环境？——珠江三角洲农民工工资的决定模型》，载《社会学研究》2007 年第 6 期；谢勇：《农民工劳动权益影响因素的实证研究——以南京市为例》，载《中国人口科学》2008 年第 4 期。

个体赋权，我们不能否认赋权的重要性，但个体赋权只是一项前提性工作，这一工作具有特定的时代背景与微观基础，一旦二者发生转变，就需要转变劳工保护的思路。维护劳工权益作为一项长远的事业，赋能更具有战略性和持久性，更有助于永久地改变个体的生存状态，扩展其可行能力。

四、未来趋势：集体赋权与个体赋能的结合

在赖特理论的启发下，我们在前面提出了集体赋权与个体赋能的劳工保护思路。个体工人的力量就是一种结构力量，它由紧缺的劳动力市场或者在一个重要工业部门中的一群特殊的工人依靠战略性位置而产生。工人的结构力量会影响到结社力量。社会学比较注重探讨工人的结社力量，而经济学往往比较关注结构力量。具体到劳工权益保护中，前者注重工人的集体劳权，而后者注重发展工人的人力资本。而本章则尝试将这两种不同的视角整合为劳工保护的"权—能"模型。

尽管我们对赋能与赋权进行了比较分析，但是二者并不是对立的，在一定意义上，二者必须相辅相成，尤其是集体赋权更为重要。"能"意味着个体的行动能力，而"权"意味着行动的空间。空间约束着行动，行动也在不断拓展空间。劳工权益保护的赋权与赋能政策路径也具有这样的关系（见表17-4）。

表17-4　　　　　　　　劳工保护的"权—能"模型

赋权＼赋能	低度赋能	高度赋能
个体赋权	A."饭碗型"权益	B. 劳工抗争多发
集体赋权	C."悬浮型"权益	D. 劳资关系的平衡

A. 个体赋权—低度赋能。这种情况下，只有个体赋权，农民工人力资本较低，往往会产生我们在前文所指出的几个问题，只注重生存，没有发展和增长，而且个体缺乏自我维权的能力，属于原子化的工人，结构力量薄弱，无法形成集体力量与资本进行谈判，属于"饭碗型"保障。中国当前的农民工权益保护模式即属于此种类型。

B. 个体赋权—高度赋能。此种情况，制度保障与劳工诉求之间存在一定差距。工人权利意识和文化素质较高，行动能力较强，但囿于仅有个人权利保障，缺乏集体权利支撑，导致劳资关系难以实现均衡，冲突较多，劳动运动与抗争多发。同时大量的劳工运动也将推进劳工赋权从个体劳权转变至集体赋权。

C. 集体赋权—低度赋能。这种情况往往会导致"悬浮型"权利的出现。我们已经在前文中指出，仅仅通过赋权是不够的，即便拥有某项权力或资格，也需要一定的能力去使用。劳工缺乏可行能力，权利就会变成一张空头支票，这是导致劳动法规执行"次标准"的原因之一。由于法律赋予的权利是一种意识形态合法性的需要，在现实中劳动法的执行往往依据地方政府经济发展的需要，因此往往难以依照法律兑现，或者设置了较为复杂、烦琐的程序，使农民工无力承受。

D. 集体赋权—高度赋能。这种情况实现了个体赋权与集体赋权，同时个体具有较高的可行能力，劳资关系实现均衡发展。在这种情况下，劳工对资本的不满可以通过集体行动的方式进行表达；同时通过个体赋能，扩展工人的可行能力，提高对其自身权利的判断和理解，一旦权利受到侵害，他们将知道选择何种方式维护自身权利。

以上 4 种理想类型，一方面来自于对以往经验事实的总结，有助于我们理解中国劳工权益的现状与演变，另一方面也是对中国劳工保护政策发展方向的预判。中国劳工政策的发展方向是从个体劳权与低度赋能逐渐迈向集体劳权与个体赋能，实现劳资关系均衡。

尽管我们指出了个体赋权路径的局限，并尝试构建一种不同的思路——个体赋能。但制度建设对于农民工权益保护具有基础性和保底性的作用，这是中国劳工低度保护的现状所决定的。在现阶段，个体赋权仍然需要进一步巩固，而集体赋权则是保障个体赋权成果的主要手段。另外，集体权利的行使需要农民工对自身劳动权利具有一定的认知，具有一定结构能力和行动能力，否则集体行动往往容易被瓦解。农民工的人力资本状况与权益意识往往是影响其是否选择制度性维权的主要内生变量。在缺乏内在接受和理解能力的情况下，制度或法律往往无法被他们利用，成为维护他们合法权益的手段。个体赋能恰恰可以将制度与个体连接起来，使制度结构与个体的心智结构相耦合，这往往是制度发挥作用的前提。因此，本章主张在下一阶段农民工权益保护的路径在于"权—能"结合，即在巩固并扩大赋权的基础上，加强农民工自身可行能力建设，通过赋能实现发展权，提高自我选择与自主维权的能力。

第五节　结　　语

如果以经济成就衡量一个国家的社会转型是否成功，毫无疑问，中国的是成功的。但是，在这一过程中，底层劳动者的基本权益并没有得到有效保护，分配公平与社会正义也远没有得到充分尊重，中国并未摆脱依靠资本和劳动力大量投入的粗放发展模式，依靠技术和人力资本提升的集约发展模式并未形成。巴里·诺顿（Barry Naughton）认为，对现阶段的中国来说，转型的挑战逐渐被发展的挑战所替代，生存压力得到缓解，持续发展与社会公平日益得到重视，中国在未来能否取得成功，取决于如何处理社会压力、升级人力技术素质的能力。[①]

为实现社会正义和包容性经济增长，从保障生存权到保障发展权是劳工权益保护的必然选择，也是适应中国经济社会发展阶段的必然结果。回顾 21 世纪以来的中国农民工权益保护状况，可以发现个体赋权构成了这一时期的主要路径。这一路径建立在短缺经济和生存劳权基础之上。前文已经指出，在改革开放初期，数量巨大的农村剩余劳动力所面临的首要问题是生存，因此施行"低工资高就业"的指导方针，并以此吸引外资，扩大就业机会，解决大多数的吃饭问题，这也必然意味着劳工权益的低度保护。而现如今，中国社会已经走出短缺经济时代，劳动力市场逐渐出现短缺，社会生存权基本得到保障，[②] 当前和未来一段时期内的诉求重点将转向对发展权和集体劳权的谋求。原有个体赋权模式，因其权利保障的"饭碗型"、"波动型"、"悬浮型"，以及赋权的同时遭遇"剥权"和执行过程中的"次标准"等问题，已经难以适应新形势下的经济社会发展、劳工结构和权益诉求的需要。在对以往理论进行综合以及对个体赋权路径反思的基础上，本章提出的"权—能"模型，揭示出劳工政策应该从侧重个体赋权转向集体赋权与个体赋能，将保护目标从保障生存调整为保障发展。集体赋权为农民工权利保护提供制度空间，而个体赋能作为承接集体赋权的微观条件，二者是相互补充，缺一不可，只有同步开展，才能够实现劳资关系的平衡发展，让广大农民工享受经济增长带来的成果。

劳工政策的转变体现了波兰尼意义上"市场—社会"双向运动[③]。劳动力市场以短缺和高度流动的形式应对劳工权益的低度保护，迫使地方政府制订一系列的劳动法规规范、纠正失衡的劳资关系，加大对劳动权益的保护力度，以限制肆无忌惮的自由市场对工人权利的漠视。与此同时，我们也看到具有马克思意义上的劳工运动正方兴未艾，尽管这些运动以利益驱动为主，但工人集体抗争的频发，将不断在底层培育能动社会和能动的公民，实现工业公民的完全身份和劳动权益的均等化。

---

① 巴里·诺顿：《中国经济：转型与增长》，安佳译，上海：上海人民出版社 2010 年版，第 5 页。

② 蔡禾：《从"底线型"利益到"增长型"利益——农民工利益诉求的转变与劳资关系秩序》，载《开放时代》2010 年第 9 期。

③ ［英］卡尔·波兰尼：《大转型：我们时代的政治与经济起源》，冯钢、刘阳译，杭州：浙江人民出版社 2007 年版。

本章旨在对 21 世纪以来中国农民工权益保护路径进行总结与反思，为未来劳工政策走向提供一种理论基础，具体应用及政策实现不在本章的探讨范围，有待进一步的研究与实践。尽管本章观点主要来自于农民工的经验研究，但是对于广大城镇职工，仍然适用，与农民工相比，他们也同样处于集体无权以及个体低能的状态，尤其是国企下岗工人，同样需要集体赋权与个体赋能。

受深圳"富士康事件"和南海"本田罢工事件"的影响，2010 年被称为中国劳资关系的转型年，这场转型体现在劳动市场持续短缺与调整集体劳资关系的紧迫①。2011 年珠三角地区产业转型升级开始加速，大量低端小工厂停工、倒闭，许多工厂正在内迁，这也意味着依靠劳动力密集投入的"中国模式"正走向穷途末路。下一步，中国经济增长的实现将依赖于人力资本的投资和产业工人队伍技能的提升，而这给个体赋能提供了必要性。通过个体赋能使农民工获得自我维权和在城市持久发展的能力，这无论对于平衡劳资关系还是农民工市民化都具有重要意义。因此，在社会政策意义上，本章进一步认为，农民工的个体赋能应该上升为国家战略，以顶层设计提升产业工人的素质，推动中国制造业的转型升级。

---

① 常凯、邱婕：《中国劳动关系转型与劳动法治重点——从〈劳动合同法〉实施三周年谈起》，载《探索与争鸣》2011 年第 10 期。

第十八章

政 策 设 想[*]

  本章主要总体性探讨关于农民工权益保护的政策设想。我们认为，农民工权益保护具有重要性、紧迫性和艰巨性。保护农民工权益的基本理念是：以人为本，平等对待，共同发展，共享幸福。保护农民工权益的基本目标是：法定权益绝对保护，相对权益市场调节。以严格执法保护劳动权益，以改革制度同享市民权益。让农民工工作稳定，生活安定，身心健康，家庭和睦。让他们对打工地社会有公平感、归属感、认同感、自豪感和幸福感。保护农民工权益要从农民工自身需求出发，将底层呼吁和顶层设计结合起来。制度设计的基本思路是：保障劳动权益，享受均等服务，参与社区事务，融入城市社会。具体说来，保障劳动权益是前提，动员社会力量是基础，解决子女教育问题是突破口，民主参与基层公共事务管理是途径，建立基层政府问责机制是关键。基于上述基本理念和思路，我们具体讨论了关于劳动权益、市民权益（户籍、子女教育和居住）、社会工作和企业社会责任、政府责任与基层民主等问题，提出了若干政策设想。

第一节　基本理念和目标

  中国社会已经进入新的发展阶段，其基本特点是：从粗放式经济发展模式向集约式发展模式转型，从单一经济增长向社会全面发展转型。粗放式经济发展模

---

  [*] 本章作者：刘林平、孙中伟、郑广杯。

式粗暴地使用劳动力，对农民工来说，其主要表现是：第一，阶段性使用：企业基本上都使用年轻人，劳动时间过长，长期加班，只有青年人才能承受这样的工作。年龄大的农民工或者被企业以各种方式辞退，或者他们自己离开，缺乏基本的退休制度和保障；第二，野蛮地使用：忽视劳动安全，工作环境有危害，冒险作业，无防护或防护不到位的情况比比皆是，各种安全事故频发，工伤、职业病高发[①]；第三，只使用，不培养：忽视培训，使得农民工技术水平较低，劳动技能长期得不到提高。第四，低工资、差生活：低工资水平一方面导致农民工自身生活水平较低，影响身体健康，另一方面导致农民工没有足够能力培养下一代，农民工下一代的命运很难改变。现在是到了改变的时候了。

粗放式经济发展模式粗暴地使用劳动力，尤其是粗暴地使用农民工，导致出现种种问题，这些问题可以概括为农民工权益保护问题。

农民工权益保护问题，或者更广泛意义上的农民工问题，有着深厚和广阔的社会背景。

农民工来自农村。他们在农村就是农民。中国农民千百年来在狭小的土地上耕作[②]，以家庭作为基本的组织形式[③]，使用近乎原始的技术（尽管近年已有改进），以美国和欧洲的标准来看，效率十分低下，收益非常微薄，维持着简单再生产。在计划经济时期，人民公社的组织形式，以农养工，以农村补贴城市和保障城市供给的基本政策，使得中国农村陷于长期的困境，中国农民在生存线上挣扎。改革开放将土地的经营权交还农民，解决了基本的温饱问题。但是，农村的发展既受限于人口、土地和技术的恶性循环，也受限于组织制度和方式的局限，仍然难于发展。中国的学术界、舆论界对三农问题进行过长时期的讨论。[④] 近年来，党中央、国务院的农村政策深受农民欢迎，对改善农民状况起了十分重要的作用。但是，毋庸讳言，农民工权益保护问题却日益突出，本报告前面的章节已经用翔实的事实说明了这一点。我们认为，农民外出打工，将农村的许多问题（如农民收入低、社会保障差等）带入城市，是形成农民工问题的基本原因之一。换句话说，农民工问题，在一定意义上，是农村问题的延续。

---

① 具体情况参见第九章：工伤问题。

② 黄宗智：《长江三角洲小农家庭与乡村发展》，北京：中华书局2000年版。赵冈、陈钟毅：《中国经济制度史论》，北京：新星出版社2006年版。

③ A. 恰亚诺夫：《农民经济组织》，北京：中央编译出版社1996年版。刘林平：《试论"家庭型经济组织"的结构及其特点》，载《社会学研究》1987年第3期。

④ 温铁军：《中国农村基本经济制度研究："三农"问题的世纪反思》，北京：中国经济出版社2000年版。吴敬琏：《农村剩余劳动力转移与三农问题》，载《宏观经济研究》2002年第6期。林毅夫：《"三农"问题与我国农村的未来发展》，载《农业经济问题》2003年第1期。陆学艺：《发展变化中的中国农业、农村与农民》，载《中国社会科学院研究生院学报》2006年第4期。蔡昉：《中国"三农"政策的60年经验与教训》，载《广东社会科学》2009年第6期。

农民工进入城市，是中国社会改革开放政策的伟大成果之一，是中国工业化、城市化的必然选择，也给农民创造了新的机会结构。进入了城市（或经济发达地区）的农民工，打工挣钱，但也产生了劳资矛盾、本地人和外地人的矛盾，乃至和政府的官民矛盾[①]。这些矛盾主要是资方对作为劳方的农民工的盘剥，是城里人或本地人对外来农民工的歧视，是地方政府对农民工的不负责任。而且，这三种矛盾错综复杂，相互缠绕，相互加强，是农民工问题发生的直接原因。如果将国际因素加入，我们会看到强势的跨国资本的身影，它们利用中国农民工的血汗制作了大量的廉价产品，成就了全球化的大业。[②]

农民工权益保护问题或农民工问题尽管具有历史的必然性和社会的现实性，但这并不是不予解决的理由。保护农民工权益问题，已经成为当代中国重大的社会、经济主题之一。

保护农民工权益是执政党合法性的重要举措之一。中国共产党是代表最广大人民利益的政党。如前所述，2 亿 5 千万农民工是中国社会最大的群体之一[③]，如果将他们所联系的家庭人口计入，也就几乎等于中国农民。对这个群体的忽视，就是对人民的忽视。这个群体的问题得不到解决，中国的问题就得不到解决。解决农民工权益保护问题的重要意义还在于，农民工是创造中国经济奇迹的主要力量之一[④]，他们的辛劳使得中国成为世界第二经济大国，而他们自身却很少享受到经济发展的成果。农民工群体的问题得不到解决，何谈社会的公平与正义。退一步说，农民工问题引发的各种群体性事件、各种社会治安事件，也使得人们必须正视。农民工问题得不到解决，城里人的问题也就得不到解决，和谐社会也无从谈起。一个简单的道理是，让别人活得好，自己才能活得好。

我们认为，解决农民工问题是可能的。其主要理由就在于：其一，劳资矛盾并不是完全对立不可调和的，在国家法制框架里解决劳资矛盾是可能的。劳资双方和谐共处，就能双赢。其二，国际、国内，尊重人的价值观念日益成为社会的主流价值观念，解决农民工问题，保护农民工权益，逐渐成为中国社会的共享价值，这奠定了解决农民工问题的社会心理基础。其三，中国经济社会的发展，已经积累了较为丰硕的物质财富，解决农民工问题的财政能力日益加强。其四，执政党对于农民工问题的认识日益加深，对农民工问题日益重视，政策思路也慢慢成形。其五，农民工问题不解决，对改革开放的大局不利，对建设和谐社会有

---

① 参见第十三章：群体事件。

② 玛丽·E·加拉格尔：《全球化与中国劳工政治》，杭州：浙江出版联合集团浙江人民出版社 2010 年版。

③ 请参见第一章：导言。

④ 徐勇：《农民理性的扩张："中国奇迹"的创造主体分析——对既有理论的挑战及新的分析进路的提出》，载《中国社会科学》2010 年第 1 期。

害，贻误中国经济社会发展。农民工问题成为改革发展绕不过的一道难关，其重要性和紧迫性日益凸显，这种重要性和紧迫性会通过各种突发和非突发的事件时刻提醒人们、提醒社会。

当然，我们也认为，解决农民工权益保护问题不可能一蹴而就。这个问题的复杂性在于：农民工问题有着深厚、广阔的社会历史条件，这些条件的消失和改变是一个长久的历史过程。其中，有一些条件比如政策壁垒和障碍相对容易改变，但有一些条件如中国人口和土地及其他资源的关系及其制约一时无法改变，还有一些条件比如农民工自身素质的提高也需要他们自身的长久努力。因而，在这个意义上，我们认为，农民工权益保护要与社会经济、政治和文化发展相适应。这就是说，农民工问题解决，既要看到重要性和紧迫性，也要看到艰巨性。既要治标，更要治本，治标不易，治本更难，标本兼治，逐步解决。

我们还认为，经济增长不是直线式上升的，而是一个周期性波动的过程，农民工权益保护力度也会随之波动。从 2009 年的金融危机，到 2012 年的经济发展，表明国际经济发展的波动性、动荡性更强，中国的经济也会随之波动。在这期间，企业经营起伏较大，工人就业状况和工资福利也随之起伏。经济发展的波动是市场的必然规律，农民工权益保护政策和实践也会有起伏。当然，这不是说要牺牲农民工的福利（他们的工资和福利水平已经很低）而适应经济起伏，而是说要看到这种起伏对农民工权益保护的影响。

我们提出，农民工权益保护要与社会经济、政治和文化发展相适应。农民工权益保护力度会随着经济周期波动而波动。更为重要的意义是，要分清农民工权益保护的轻重缓急，不要眉毛胡子一把抓。在第十六章"权益谱系"中，我们通过对农民工的直接询问，了解了农民工的权益保护需求状况，试图将各种权益类别划分清楚，并形成一个系统性的、结构性的"谱系"。这为我们自下而上地、从农民工自身利益出发来保护其权益提供了一个"指南"。这个指南的要点是：①劳动权益是农民工最看重的权益。②工资在劳动权益中占最优先的位置。③农民工对权益的重要性和解决权益问题的迫切性看法并不完全一致。除了工资外，住房和子女教育问题也是农民工迫切需要解决的问题。①

除了分清农民工权益保护的轻重缓急，我们还需要分清政府的责任和义务。我们认为，农民工权益可以划分为绝对权益和相对权益②，政府保护绝对权益，市场调节相对权益。这是对政府责任的一个原则性的说法。

在农民工权益保护问题上，为什么要有政府干预？从理论上来说，主要是由

---

① 详细了解农民工的权益需求状况参见第十六章：权益谱系。
② 关于权益概念，我们在第一章中有所界定。

于市场失灵引起的。关于市场失灵的一个基本说法是，在经济活动中，如果成本或收益没有进入生产决策所依据的核算之内，没有被生产者占用或来自生产者，那么生产者将不会考虑它们，市场也就不会对此进行调节。市场失灵还来自于市场本身的不完善。分配不公是市场失灵的一个典型例子。收入分配是一种特殊类型的公共利益，自由发挥作用的市场不会产生公平的再分配。[①] 据此，将农民工的实际状况加以比照，我们可以明显看出，企业或资本对农民工的使用有如下特点：其一，它只考虑效率问题，不会关注公平问题，当然也就不会关注分配不公的问题。其二，由于单纯考虑效率问题，企业尽可能压低农民工的工资和福利水平，也由于长时期的劳动力供过于求的市场压力，和农民工以农村农民作为参照的特殊视角，农民工也容易接受低工资和低福利。其三，由于政府干预不力，企业从效率出发，对于农民工的工伤、职业病等损害，尽可能不负责任。其四，由于农民工的高流动性和生产劳动的去技术化，企业从效率出发也不可能尽力对农民工进行职业培训和教育。其五，企业更少会关注农民工与本地人同享市民权益的问题。从更加宏观的层面来看，中国的市场是一个非常不完全的、有着严重缺陷的市场，对于农民工来说，他们被置身于分割的、次级劳动力市场，这是一个对他们有着歧视的市场。所以，对于农民工权益保护来说，市场失灵是必然的。我们前面众多章节的研究已经用经验事实证明了市场不能自动解决农民工的权益问题。当然，我们并不完全否定市场的作用。民工荒的出现和随之企业提高农民工待遇的事实就表明了市场的调节作用。但是，市场调节的波动性、随机性和不彻底性，对于维护农民工的权益尤其是绝对权益（或底线权益）是力度不足的，必须伸出政府之手去保障农民工最基本的权益。

当然，和市场失灵一样，政府也会失灵。在农民工权益维护上，屡见不鲜的群体性事件就明显地表明了一些地方政府的不作为或乱作为。但是，政府的作用也是显而易见的。例如，《劳动合同法》的制定和实施，就对农民工权益保障起了积极的作用，而且，这部法律的实施并没有像一些经济学家所预言的那样，带来大规模的失业。

市场失灵，政府也可能失灵，因而，我们也不能忽视社会的作用。所以，在本章的政策设想中，我们也要讨论社会工作和企业社会责任运动等具体表现社会对维护农民工权益发挥作用的具体形式。

我们认为，劳动权益保护是一个企业、农民工和地方政府的三方博弈过程。在这个过程中，农民工自身的力量非常重要。对于农民工怎么提升自己的力量，政府采取什么样的政策来提升农民工在劳资关系博弈中的力量和地位，是应该授

---

① 查尔斯·沃尔夫：《市场，还是政府——市场、政府失灵真相》，重庆：重庆出版集团、重庆出版社 2009 年版，第 21～31 页。

人以鱼还是授人以渔，我们在其他章节已经做了仔细的讨论，并且指出未来中国劳工权益保护的路径，应该从个体赋权走向集体赋权与个体赋能相结合的方式。[①]

保护农民工权益，要进行周密、细致的制度设计。这样的制度设计要确立和落实以人为本的基本理念，以社会公平为基本准则，同时也要建立在对经济会发生周期性波动估计的基础上，要和产业转型升级相配合，尊重市场规律，弥补市场缺陷。相关的政策设想要建立在对以往事实的因果关系分析的基础上。借鉴国外发达国家的有关政策，但要联系中国实际，考虑到中国经济、社会发展的现状，考虑其适应性和适用性。政策要具有可操作性，对政策效应的复杂性要有预测性分析，还要考虑地区性差异等。当然，政策设想也必须具有一定的前瞻性、指向性，尤其重要的是要了解外来农民工的意愿和需求，让他们参与政策讨论，表达他们的声音。总之，要从农民工自身需求出发，将底层呼吁和顶层设计结合起来。

我们认为，保护农民工权益的基本理念是：以人为本，平等对待，共同发展，共享幸福。保护农民工权益的政策设想的基本目标是：法定权益绝对保护，相对权益市场调节。以严格执法保护劳动权益，以改革制度同享市民权益。让农民工工作稳定，生活安定，身心健康，家庭和睦。让他们对打工地社会有公平感、归属感、认同感、自豪感和幸福感。

我们认为，制度设计的基本思路是：保障劳动权益，享受均等服务，参与社区事务，融入城市社会。具体说来，保障劳动权益是前提，动员社会力量是基础，解决子女教育问题是突破口，民主参与基层公共事务管理是途径，建立基层政府问责机制是关键。

农民工是中国社会经济建设不可缺少的重要力量，是社会建设和社会管理的参与者。他们对社会贡献多、索取少，劳动多、休息少，付出多、回报少，困难多，解决少。

我们期待，党和政府以更为开阔的视野，更与时俱进的理念，更强烈的责任感和使命感，更大的改革勇气，更多的财政投入，更符合人类文明准则、更人性化的制度设计来破解保护农民工权益的难题，使中国社会成为本地人和外来人平等相处、共同发展的幸福社会。

第二节 劳 动 权 益

保护农民工权益，首要的是保护劳动权益。作为劳动者，劳动权益是农民工

[①] 详细了解请参看第十七章：赋权与赋能。

最基本的社会生存权，是其生存和发展的基础。

在本报告中，我们在第四章"工资问题"、第五章"劳动时间"、第六章"劳动合同"、第七章"社会保险"、第八章"工作流动"和第九章"工伤问题"中具体讨论了劳动权益的诸多重要方面，并且在这些章节中也相应提出过一些政策设想。在这里我们对劳动权益保护的政策设想做进一步的讨论。

我们认为，保护劳动权益具体可以从劳动报酬、劳动维权、社会保险和技能培训等几个方面入手。

一、确保劳动报酬按时足额发放、调整最低工资标准制度

（1）加强对用人单位与农民工签订劳动合同的监督检查工作，要求合同中应当明确工资的支付标准、支付时间、支付方式及双方约定的其他工资支付事项。工资的支付标准不得低于省人民政府批准公布的当地最低工资标准。用人单位与农民工依法解除或者终止劳动关系的，应当明确在多少个工作日内一次结清并足额支付给农民工至劳动关系解除或者终止之日的工资和相关费用。

（2）建立"应急周转金制度"。明确要求各地人民政府利用财政资金建立应急周转金，发生因用人单位确实无能力支付或者逃避支付工资等情况后，在必要时动用应急周转金先行垫付部分工资或者基本生活费用。

（3）建立"建设领域工资准备金制度"。明确要求该领域所有用人单位在当地银行开设专门的工资准备金账户，将按合同约定支付的工程款中不低于一定比例的资金预存入账户，专门用于工资的正常支付，并由银行直接从工资准备金账户中向工人个人账户发放工资。

（4）建立欠薪黑名单，对全社会公布[①]。企业欠薪应该被列入黑名单，并向社会公布。我们在调查中了解到，一些地方也有黑名单制度，但名单只是提供给银行，并不向社会公布。究其原因，一是一些欠薪企业是国有大中型企业，二是人情关系干扰。不公布的黑名单效力大打折扣。所以，应该明确立法规定黑名单公布制度。

（5）将月最低工资标准调整为小时最低工资标准，或者强制执行小时最低工资标准。现有小时工资只针对非全日制劳动者，应该扩展至所有的劳动者。最

---

① 西方国家也有类似制度，例如，加拿大政府为雇主建立信用档案、建立雇佣标准信息系统（Employment Standards Information System，ESIS）、每年在有影响力的报刊杂志上举办"评选最佳雇主"活动、建立不良雇主黑名单并适时向社会公布等（参见危旭芳：《加拿大的劳动关系管理：经验与借鉴》，载《中国城市经济》2012 年第 12 期）。

低工资标准的调整应该更加公开、透明，要直接征求工人的意见。

二、用制度化方式调整劳资关系

（1）尽快建立集体谈判制度，为劳资对话提供制度平台。允许工人通过制度化的方式组织起来与企业就工资、工时、社保、工作环境等方面进行平等协商。这个制度的关键是：如果企业不和工人进行协商或者不尊重协商结果时，有什么样的惩罚措施。应该尽快出台规范集体协商的地方性法规，在地方性法规取得成效和经验后，再制定全国性法律或法规。

（2）以地方立法引导、规范罢工行为。罢工是工人对付企业最有力的手段，但是，社会成本也极其高昂。现在的问题是：首先要使罢工合法化；然后要区分合法的罢工和非法的罢工；引导工人合法罢工，减少罢工对社会的损害。规范罢工，有必要制定专门的法律，一些地区比如广东应该先行一步，首先制定地方性的法规。2010年由南海本田罢工事件影响而启动的制定地方性法规的进程应该继续推进。

三、积极完善外来工社会保障制度

（1）坚决落实、严格执行《中华人民共和国社会保险法》。自2011年7月1日该法实施以来，外来务工人员参与、享受城市社会保险的制度框架已经基本确立。该法第九十五条明确规定，进城务工的农村居民依照本法规定参加社会保险。现在的主要问题是要严格执行《社会保险法》的规定。建议在适当时候开展一次《社会保险法》专项执法大检查，严肃查处一批违法案例，并及时向社会公众公布。

（2）尽快提高社会保险的统筹层次。目前统筹层次基本在省以下，甚至在市、县一级，这种分而治之的管理格局不适应农民工灵活就业的需要。在当前还难以实现国家统筹的前提下，大力推进实现省级统筹。

（3）实行低门槛、广覆盖政策，适当降低农民工缴费比例。当前，外来工参与基本养老、医疗、失业三项保险的支出一般占本人月工资水平的10%左右。同时，企业的负担也较重，员工参保缴费额一般占到工资支出总额的20%～30%。可以适当降低缴费比例，并加大财政补贴力度，从而提高企业和个人参保的主动性和积极性。

（4）探讨新农合与城市医疗保险对接的问题。社会保险的最终目标是建立一个全民统一的标准和制度。应该积极开展新农合异地就医以及和城市医疗保险对接的探索。

（5）应该设立专项基金用于工伤和职业病患者。由于农民工的流动性强，一些职业病患者的患病原因和时间、单位和地点难以判断，使得企业和地区的相关部门互相推诿，应该设立全国性的基金或其他救助制度，用以治疗和帮助职业病患者的生活。

四、技能培训

加大对外来农民工的教育和技能培训，提高劳动技能和人力资本水平是使他们提升自身能力，保护劳动权益，并且获得在城市持久生存能力的必然途径。

以广东为例，目前外来工职业技能培训中存在的主要问题是：第一，接受培训的外来工比例偏低，外来工参与培训的积极性不高；第二，培训结果不理想，市场回报率不高。这反映出目前外来工培训体系在供给和需求方面存在一些结构性矛盾：培训的组织管理体制对于工人来说缺乏时间与空间上的便利性；培训内容与就业市场需求不匹配；政府补贴政策与工人实际需求不相符等。培训若要取得实际效果，政府必须在培训财政投入以及组织管理方面进行制度创新。

（1）统筹培训资源，建立多方参与、多方受益的工人培训合作体系。在中央政府的统筹安排下，进一步明确外来工（农民工）来源地和打工地政府的责任及工作重点，出台鼓励企业、社会组织参与农民工培训的政策，将社会组织力量纳入到培训工作中，并推动企业、社区与职业学校以及其他专业培训机构的交流与合作，进一步完善培训就业体制的建设。调查显示，来源地政府很少组织技能培训，而打工地政府如广东省政府虽然提供免费技能培训，但主要针对本省籍农民或农民工。

（2）把农民工纳入技术职称评级体系，鼓励农民工进行教育培训。在资助农民工参加教育培训的同时，针对不同行业的技术特点以及工作实践，制定相关技术职称评定制度，让农民工能通过自己的努力实现职称、职级的不断上升。国家应出台大力发展职业技术教育的鼓励性政策，加强职业教育与市场需求的匹配性，提升职业教育的有效性，吸引广大农民工及其子女积极参与到职业教育与职业技能培训中来。

（3）建立工人（含外来工、农民工）技能培训账户，对培训及其结果进行补贴。中央政府、来源地和打工地政府以一定比例出资，账户资金在指定的培训机构接受教育、培训或参加技书等级证书考试等方面可以全部或部分使用。账户资金使用情况必须公开、透明，接受专业机构审计和社会监督。

（4）整合培训市场，加强培训机构的专业化建设。由人力资源和教育部门评估认定专门的教育培训机构，对培训效果突出的机构进行奖励，鼓励竞争，优胜劣汰。工人可以有选择地到认定的机构接受培训，并使用培训账户的资金。

我们认为，相对来说，中国的劳动法律制度已经比较完善，《劳动法》、《劳动合同法》和其他相关法律、法规已经建构起了一个基本的制度框架，现在的问题主要是要切实执行这些法律、法规。

第三节　积分落户和居住证制度

户籍始终是造成外来农民工和城市工人、外来人和本地人各种差异的一个基本影响因素。户籍是造成外来农民工不能和本地人同等享受市民权益的基本制度安排。户籍改革牵一发而动全身，因为户籍背后涉及各种利益。在户籍及相关问题的改革上，广东已经有了一些动作，我们这里主要以在珠三角的调查资料为依据，对相关改革措施进行研究，并提出我们的一些设想。

一、积分落户和居住证制度存在的问题

2010 年初，中山市作为广东省试点城市率先推行积分落户政策，标志着广东户籍改革迈出了重要一步，半年后，该项政策在广东省全面施行。

我们认为，在现行户籍制度的情况下，积分落户政策开辟了外来务工人员永久迁入工作所在地的新通道，有利于解决一部分人工作、生活中的问题，对他们融入广东社会具有一定积极作用。同时，这也是解决户籍问题的一个新探索，有利于总结经验，更好地进行户籍制度改革。

根据我们的调查研究，现在需要对积分落户进行评估，并对相关制度予以修正、补充和改革。

积分入户制度实施以来的主要问题是：

（1）"择优落户"积分制的名额有限，口子太小，门槛较高，只能解决很少一部分人的问题，因而，积分落户制度主要具有示范意义。积分制具有强烈的选择性，落户名额有限，只选择那些优秀的外来人员。以中山为例，现有 120 万外来工，每年安排指标为 3 000 多人，如果按照这一进度，全部通过积分落户，需要 400 年才能完成。且不论落户指标多寡，单就积分制本身的设计来看，明显倾

向于高学历、高技能和有资产的人。我们在东莞的一些工厂走访中了解到，一些企业积分落户的仅有一两人，而且都是企业高管，普通工人基本没有。

（2）外来农民工对积分制了解不足。我们的调查表明，外来工对这一制度并不了解，仅有不到 0.3% 的表示非常了解，3% 的比较了解，约 16% 的听说过，近 80% 的人都没听说过。这表明对积分落户政策宣传还不到位。

（3）指标设计有待完善。现有指标体系还是显得复杂，操作起来也不便。各项指标的权重确定有较大的随意性。

（4）各个城市积分落户名额确定具有一定的随意性，不同城市吸引力不同，外来人员积分入户的积极性不一样，一些地方遭遇尴尬状况。广州、深圳等城市对外来人员吸引力较大，积分落户指标很容易用完。但其他很多地方，积分落户指标根本用不完，外来务工人员不愿意落户。顺德 2011 年仅有 18 名外来工落户。2010 年，东莞共有 10 854 名新莞人获得积分落户资格，2011 年（截至 12 月 20 日）全市积分制入户报名 8 509 人，已经发放户籍卡共 5 288 人，落户人数大为减少。以往实施的优秀农民工落户政策，在韶关、河源、梅州等地，很少有人落户。

（5）居住证问题。2010 年 1 月 1 日起，广东实行居住证制度，替代以往的暂住证。2010 年 7 月，根据我们的抽样调查，外来工中有 36.57% 的人办理了居住证，24.55% 人还是使用暂住证，38.88% 人则没有办理过此类证件。2011 年，办理居住证的人数大幅上升，如广州市共办理居住证 780 多万张。顺德办理了 100 万多张，居住证办证率达到了 90%。

但是，在办理居住证的过程中，一些地方手续还显烦琐，并有一些捆绑收费。相当一部分外来工没有办理居住证。他们觉得，居住证对他们没有任何意义。现有居住证功能简单，远不及身份证和户口本，也很少附加公共服务功能。因而，一些人认为，和暂住证差不多，只是换了一个名称。

二、外来务工人员对户籍问题的认知

（一）户籍功能

有没有本地户籍是否会给外来工的生活与工作带来麻烦呢？根据我们 2010 年的问卷调查（见第三章表 3 - 19），约 65% 的外来工认为没有本地户籍并没有麻烦，但仍有 35% 左右认为有一些麻烦。这些麻烦可分为两个方面：其一是心理感受，涉及安定感、是否感到歧视等；其二是实际事务，涉及劳动力市场的开放性、孩子入学以及证件办理与使用等。在回答有麻烦的人中，43% 的外来工首先是感到"生活没有安定感"；其次是求职限制，近 40% 的外来工表示因为没有本地户籍不能应聘一些工作岗位；再其次是不能办理一些证件、子女入学需要缴纳赞助费以及感到歧视等。

（二） 落户意愿

有落户意愿的外来工不到1/4。调查表明（见表3－20），"非常想"落户的外来工不到11%，如果加上"比较想"的，也不到1/4。绝大多数外来工都是"不敢想"、"不想"、"没想过"、"无所谓"和"说不清"，其中明确表示"不想"的人近40%，高居各个选项第一。

"90后"（1990年以后出生）落户意愿较低。一般认为，新生代农民工（1980年以后出生）的落户意愿更为普遍、更为强烈，但数据结果并不完全支持这种看法，"80前"（1980年以前出生）和"80后"（1980～1989年出生）外来工的落户意愿较为强烈，前者为26.3%，后者为25.4%，"90后"落户意愿较低，仅为16.3%，低于"80前"10个百分点，低于"80后"9个百分点。

（三） 土地与户籍

近四成的外来农民工明确表示即便可以落户打工城市，他们也"不愿意放弃家乡土地"。土地是农民的核心利益所在。对农民来说，土地不仅是非常重要的经济资源，也是他们最基本的生活保障。以土地换户籍首先要尊重农民的意愿。如果可以把户口迁入现在工作的城市，农民工是否愿意放弃家乡的土地呢？调查结果表明：近四成的外来工明确表示即便可以落户打工城市，他们也"不愿意放弃家乡土地"，"愿意放弃"的不到30%，还有近三成的态度模糊，表示"说不清"或者"无所谓"。与"80前"农民工相比，新生代农民工更加看重土地的价值。近45%的"90后"表示即便可以落户城市，他们也不愿意放弃在农村的土地，比"80前"高出5个百分点。38.4%的"80前"明确表示愿意放弃家乡土地，但"90后"仅为21.3%，远低于前者。

（四） 落户意愿的影响因素

外来工是否愿意落户、永久迁移到打工所在城市，是一个非常复杂的问题，受到多种因素的影响。我们的调查结果（见表3－21）可以总结如下：

（1）自身发展与子女教育是外来工希望落户的主要原因。在珠三角，有落户意愿外来工中的60%表示"有更多的发展机会"是他们想落户的第一位原因，其次是"子女可以接受更好的教育"和"享受城市社会保障"，均在50%以上。

557

而在长三角，"子女可以接受更好教育"是最重要的原因，60%以上的外来工都如此表示；其次才是"有更多的发展机会"，占56.7%。

（2）情感依恋、生活成本和高房价是外来工不愿落户的主要原因。首先，在不愿落户的外来工中，53.2%的表示"觉得家乡好"而不愿意落户，还有47.7%的是由于"亲人在家乡"。由此可见，对故乡和亲人的情感依恋是外来工不愿意放弃家乡户籍的主要原因。其次，约42%的外来工表示城市较高的生活成本和房价也是他们不愿落户的主要原因之一。尽管外来工向往大城市，但是大城市的高昂房价令他们望而却步。再者，城市人情淡漠，外来工对城市缺乏认同，也是他们不愿落户的原因。回归分析表明，感到"我不属于这里"的外来工落户意愿较低，发生比较归属感高的低33%；在与本地人交往时，65%的外来工表示有困难，他们落户意愿的发生比较无困难者低29%。

三、关于户籍问题的基本思考

基于上述情况以及近年的调查和研究，关于外来工落户问题及政策，我们有如下思考：

（1）户籍的城乡隔离功能仍然存在，但逐渐弱化。在以往对于农民工问题的研究中，无论国内还是国外的研究者都把户籍视为最关键的影响因素。户籍的影响主要表现为限制了劳动力市场的开放性，阻碍了城乡劳动力自由流动，但也帮助维持了中国的低劳动力成本。改革开放后，城乡二元体制虽然仍在，但城市劳动力市场逐步开放，城乡隔离逐渐被打破，农村劳动力大规模进城打工，统一的城乡劳动力市场正在逐渐形成，对户籍制度形成了较大冲击和挑战，户籍制度限制城乡劳动力流动的功能基本丧失。就目前来看，户籍作为一种隔离制度的效果已经不明显，逐渐转变为一种功能意义上的存在。户籍的功能主要体现在教育、医疗、住房等福利方面，但是对于农民工而言，土地是他们最重要的保障，户籍制度所带来的保障与土地相比没有太大吸引力；单就教育来看，只要进行改革，将教育与户籍身份剥离，那么户籍对于教育资源配置的约束功能就会大大下降。

（2）外来工迁移落户是一个长期和自然的历史过程。农民市民化是一个长期、渐进的过程，也是社会自然发展的过程。自1958年实施《户口登记条例》以来，户籍制度已经存在了半个世纪，对中国社会的影响之深，难以估量。作为一项基本制度，虽然可以废止，但长期以来形成的与户籍制度相配套的一系列社会制度也必须同时进行调整，这在短期内难以完成。当前，我国城市医疗、住房、教育、交通等公共服务的供给能力较为有限，全国统筹的社会保障制度还没有完全建立，一旦大量的农村人落户，对城市的公共服务及保障制度都是一个巨大的考验，在这些相应的配套措施尚没有完善之前，采取理性的渐进的城市化政策无疑是最为可行的。冒进的大规模城市化非但难以实现相应的目标，还可能适得其反，造成新的城市贫民阶层，增加社会负担，影响社会稳定。

四、解决户籍问题的政策建议

当前户籍制度改革迟缓，已影响到我国工业化进程，对企业用工、社会安定和城乡关系都产生了负面影响。让外来农民工成为稳定的产业工人，是解决这一大社会问题的根本所在。户籍改革的制度取向，不是取消户籍登记管理，而是逐步剔除附着在户籍上的不合理的制度，逐步剥离与户籍相联系的福利，让户口只具有标志居住地的意义。

（1）迅速将与户籍制度捆绑在一起但与重大的经济利益调整无关的功能与之剥离。户籍改革旨在将城乡分割的二元户籍制度变革为城乡统一的一元户籍制度，打破"农业人口"和"城镇人口"的户籍界限，使公民获得统一的身份，真正做到城乡居民在流动、居住、就业、入学、社保等机会面前人人平等。但受现阶段我国城市化发展水平的制约，完全放开户籍制度并不现实，因此，当务之急是将与重大的经济利益调整无关，但捆绑在户籍上的种种权利差别清除或剥离。目前，捆绑在户籍上的权利大致可以分为两大类：一类是受资源约束小、对本地人利益影响不大，但与外来务工人员生活息息相关的权利，如办理各种证照（护照、港澳通行证、驾驶证等）；另一类是受资源约束、关系到本地人切身利益的权利，如教育、住房、低保、生活补贴等。第一类权利只涉及具体事务，并不涉及重大的经济利益调整，应完全与户籍剥离，对所有公民平等对待，使外来务工人员在打工城市生活更加便利。

在证件办理方面，目前一些证件如驾照已基本与户籍脱钩。但办理港澳通行证（除某些高层人士外）、护照（签证）、婚姻登记等还与户口捆绑在一起。这是没有必要的，一方面削弱了身份证的使用功能，另一方面增加了不必要的麻烦，加大了社会的交易成本，降低了办事效率。应该修改相关法律、法规，加强身份证的异地使用功能，尽量不用使用户口本。

（2）科学测算各个城市容纳户籍人口的能力，在此基础上制定落户人口数量指标。广东的一些地方反映，积分落户指标是由省里下达的，并不十分符合当地情况。有的城市指标数量较大，根据现有积分制度很难完成。

（3）改变现有积分落户规则，设计阶梯式落户制度。我们建议将居住证制度和积分落户制度联系起来考虑，设计一个以居住（工作）年限为主的、阶梯式的落户制度①。世界许多国家和地区，在考虑移民资格的时候，都以居住（工作）年限为重要的因素②。居住（工作）年限表明居住者（工作者）对所在地的贡献，也表明了他们对居住地的适应程度。该制度的设想是：在领取居住证后，以年限时长为依据逐步享有相应待遇，达到一定年限后，无条件落户。这样，一方面可以提高外来务工人员领取居住证的积极性，另一方面又给了他们一个稳定的预期：让他们知道在工作所在地的工作年限是非常重要的，一定的年限和社会福利挂钩，而最终只要干满一定年限是可以实现落户的目标的。这同时也稳定了企业用工。

（4）在户籍改革过程中，严禁剥夺农民工土地。2011年12月27日，在中央农村工作会议上，温家宝指出，要合理引导人口流向，既要采取措施让具备条件的农民工在就业所在地逐步安家落户，又要引导产业向内地、向中小城市和小城镇转移，让更多农民就地就近转移就业。土地承包经营权、宅基地使用权、集体收益分配权等，是法律赋予农民的合法财产权利，无论他们是否还需要以此来做基本保障，也无论他们是留在农村还是进入城镇，任何人都无权剥夺。我国经济发展水平有了很大提高，不能再靠牺牲农民土地财产权利降低工业化城镇化成本，有必要、也有条件大幅度提高农民在土地增值收益中的分配比例。

基于此，我们认为，"一家两制"应是现阶段农村人口向城市转移的主要政策指针。在解决农民工落户问题上，不应采用强制手段逼迫他们"以土地换户籍"，要充分尊重他们的个人意愿。调查显示，4成以上的农民工明确表示即便可以获得城市户口，他们也不愿意放弃家乡土地，愿意放弃的不到3成。这表明，"户籍"对于农民工的吸引力是有限的，与户籍相比，他们更不愿意放弃

---

① 《广东省流动人口服务管理条例》（2010年1月1日正式施行）第二十七条规定："居住证持证人在同一居住地连续居住并依法缴纳社会保险费满五年、有稳定职业、符合计划生育政策的，其子女接受学前教育、义务教育应当与常住户口学生同等对待。具体办法由居住地地级以上市人民政府制定。居住证持证人在同一居住地连续居住并依法缴纳社会保险费满七年、有固定住所、稳定职业、符合计划生育政策、依法纳税并无犯罪记录的，可以申请常住户口。常住户口的入户实行年度总量控制、按照条件受理、人才优先、依次轮候办理，具体办法由居住地地级以上市人民政府制定。"上述《条例》中所说的入户——迁入户口，即通常所说的落户——户籍登记。这一规定只是说居住满七年可以申请落户，而且还是积分落户的思路。

② 美国规定的移民时间限制，必须连续居住满5年以上，实际居留时间至少满3年，就可以获得永久居留权，获得永久居留权后，必须再连续居住5年。加拿大也要求连续居住5年，其中，在5年内累积居住至少2年。在中国香港，对中国内地公民而言获得其永久居留权的条件则是，在香港居住连续7年或以上。

土地。

我们认为，当前应以"家庭"而非"个体"为单位，采取"一家两制"的基本模式，通过两代人的接力实现整个家庭的永久城市化。所谓"一家两制"就是青年一代农民工个人率先落户城市，但允许他们保留土地，可以将使用权转让给在农村的父母，他们可以一直享受农村的土地保障，直到父母一代自然去世，整个家庭最终与土地彻底脱离，实现完全城市化。调查表明，在不放弃土地的前提下，会有更多农民工愿意落户城市，既有效推动了农村人口的城市化，同时也给了他们一个适应城市生活过渡期，在过渡期内，一旦他们因为人力资本较低，难以在城市维持生活，还可以选择放弃城市户籍，回到农村，继续耕种自己的土地，以免流浪城市，成为新贫困人群。

第四节　子女教育和居住

一、子女教育

子女教育问题是农民工权益保护问题的重点之一，事关农民工的长远利益和国家发展的百年大计。我们在第十二章中已经对农民工子女教育问题进行过专门研究，这里主要是讨论相关政策设想。

2001 年 5 月，国务院颁布的《关于基础教育改革与发展的决定》第 12 条规定：要重视解决流动人口子女接受义务教育问题，以流入地区政府管理为主，以全日制公办中小学为主。2003 年 9 月，国务院六部委联合发文《关于进一步做好农民工子女教育工作的意见》，再次强调"两为主"方案解决这一问题，明确了流入地政府在解决流动儿童入学问题上的管理责任。在这一方针下，解决外来工子女教育问题首先要考虑是他们怎样入读公办学校，然后是在公办学校资源有限的情况下，如何发展民办教育，以作为公办教育的有力补充。

我们在调研中了解到，一些地方政府工作人员认为财政资源有限，大力发展教育不可能，而且如果只有一市单独解决外来务工人员子女教育问题会形成"洼地效应"，最终无力承担。

我们认为，外来工工作地解决他们子女教育问题，尤其是义务教育阶段子女教育问题，是理所当然的，最大的理由就是这些外来务工人员是在当地工作，他们是财富的创造者，是纳税人，所以也应享有平等的公共服务，而子女教育对他们最为重要。此外，世界各国的移民经验证明，移民是综合性决策[1]，教育当然是重要的影响因素，但不是唯一因素。认为教育会形成"洼地效应"的看法只是一种推测。

当然，教育问题不是一市或一省可以单独解决的。所以，应该在各地探索的基础上，出台全国性的解决方案。我们提出如下政策设想：

（一）扩大外来工子女入读公办学校的机会

（1）外来工子女免费入读。外来工夫妇一方只要在当地持续工作满一定年限，持居住证，子女都可以与当地孩子一样平等接受九年义务教育。在有学位的前提下，任何公办学校不得拒绝接受外来工子女。目前在广州天河区至少有13家公办小学，外地户籍学生入学不用交"捐资助学费"，每学期仅需要交85元的书本费和十几元的体检费，还有包括校服在内的其他少许费用。天河区能办到的，其他大部分地区应该都可以办到。

（2）建立积分入学制度。由于公办学校的教育资源还不能完全满足全部小孩的教育需求，因此目前还必须借鉴有些地区经验，建立、完善积分入学制度，积分更多的外来工子女有优先挑选学位的权力。

（3）试点"教育券"制度。由于国家教育经费是按照户籍制度核算与划拨的，对于接受外来工子女入学的地区来说，增加了财政负担；而对于外来工子女流出地，则变相获得了额外财政转移收益。试点教育券制度，使流入地学校可以凭借学生带来的"教育券"获得该学生的教育经费，改变以往按户籍划拨经费的传统做法，有助于把外来工子女真正纳入地方教育体系，保证他们获得公平教育的权利。

（4）在具有一定规模的工业区，配建中小学校。现在的工业区在建设时基

---

[1]　Todaro Michael P.. A model of labor migration and urban unemployment in less-developed countries. *The American Economic Review*, 1969, 59. Harris J. R. and Michael P. Todaro. Migration, unemployment, and development: A two-sector analysis. *American Economic Review*, 1970, 60. Todaro Michael P.. *Internal Migration in Developing Countries*. Geneva: International Labor Office, 1976. Todaro Michael P.. Internal migration in developing countries: A survey. in Richard A. Easterlin (ed.), *Population and Economic Change in Developing Countries*. Chicago: University of Chicago Press, . Stark Oded. Migration decision making: A review article. *Journal of Development Economics*, 1984, 14. Stark Oded. *The Migration of Labor*. Cambridge: Basil Blackwell, 1991. Lauby, Jennifer and Oded Stark. Individual migration as a family strategy: Young women in the Philippines. *Population Studies*, 1988, 42. Massey Douglas S., Joaquin Arango, Graeme Hugo, Ali Kouaouci, Adela Pellegrino, J. Edward Taylor. Theories of International Migration: A Review and Appraisal. *Population and Development Review*, 1993, 19.

本上没有考虑外来工子女的教育问题，子女不能在当地读书，他们就难以安心在当地工作。通过工业区建立学校，不仅仅有助于解决外来工子女的教育问题，也是留住外来工和吸引人才的重要手段。

（5）优先安排教育用地。在进行城市建设时，应该优先考虑教育用地。我们在东莞和广州调研发现，中小学学校建设用地非常紧张，难以满足日益增长的外来工子女的学位需求，这限制了城市教育资源的供给。

（6）全面统筹，明确流出地政府的责任。目前对流动人员子女接受义务教育的各级文件都比较强调流入地政府的职责，对流出地政府的责任不明确。建议国家层面或省层面探索流入地与流出地共同责任机制、联动机制等。降低我国适龄儿童失学的发生率。

（二）加大对民办学校的扶持力度

公办学校没有额外的经费，来承担流动儿童就学的成本，往往不愿意接收流动儿童；很多中小学校拒绝接收非本区域户籍的生源，以各种借口加收高额的借读费，这导致许多农民工子女无法进入公办学校。民办学校在解决外来工子女教育问题上扮演了重要的补充角色。民办学校是外来工与城市进行对接的桥梁，如果不是民办学校，将会有更多的未成年儿童失学，更多的农民工被迫返回家乡照顾孩子。但是，民办学校的硬件设备和师资力量与公办学校相比，均有较大的差距，需要政府和社会给予关注和帮助。当下，民办学校尤其需要在办学经费、教学设备和师资培训等方面进行援助。

（1）对民办学校进行补贴。为了弥补学校办学经费的不足，地方政府财政应建立"外来工子女义务教育专项经费"并纳入财政预算，专门用于按入学人数对民办学校予以财政补贴。

（2）由大学或相关单位对民办学校对口帮扶，向民办学校捐赠教学设备。公办学校以及一些大学都有许多陈旧的实验和教学设备，可以进行合理的再利用，将这些设备捐赠给民办学校，以缓解他们在教学设备上的不足。

（3）公办学校和大学应该为民办学校培训师资。我们调查发现，民办学校教师的学历水平普遍较低，70%左右都是大专学历，而且年龄较轻，缺乏教学经验，需要进行一定的培训和再教育。一些教学质量较好的公办学校和大学应该积极帮助民办学校，免费为他们培训师资。也可以鼓励公办学校教师到民办学校进行支教，以帮助他们提高办学质量。

（4）提高民办学校教师的待遇。我们调研发现，目前有关民办学校教师人事关系管理、职称评定、招聘和解雇程序、工资待遇、社会保障等方面，也均缺乏管理和约束机制。广州市农民工子弟学校教师平均工资每月只有2 000~2 500

元，甚至低于广州市农民工平均工资。工资低导致教师不得不寻求校外兼职，无心于教学，严重影响了教学质量。此外，有关部门应尽快出台民办学校教师管理的相关办法或指导意见，完善民办学校教师薪酬待遇，可以直接对民办教师进行补贴，也可以通过设立类似于社工的"薪酬指导价位表"，出台民办教师"薪酬指导标准"，保障民办教师基本收入和合法权益。

（5）探索委托办学模式。即利用公立学校校舍等资源，聘请退休的校长和教师，定向招收农民工子弟。

（6）加强监督管理，淘汰违规学校。北京市聘请协管员，监督学校是否有违规的操作。应该将对民办学校的财政补贴水平与其管理水平挂钩，扶持好的学校，淘汰违规学校。

（7）尽快出台异地高考办法。

二、居住问题

（1）解决外来工居住问题应该以市场为主，区别各地情况，一些地区不需要再建大量的廉租房，尽量合理开发利用现有出租屋。我们调研发现，东莞等地的出租屋基本上都可以满足外来工的租住需要，而且房租并不高。随着外来工的减少，东莞出现了大量的出租屋空置。这些地方为外来工大量建廉租房是不必要的，他们的租房问题可以通过市场的途径解决。政府可以加强对已经出租房屋的管理和整治，保障安全和卫生。

（2）建立外来工廉价公寓和综合服务中心。除了工厂工人之外，还有相当一部分零散的外来工，这部分外来工流动性更大，因此可以考虑建一些外来工公寓，可以借鉴吸收山东临沂的"一元公寓"的经验。为妥善解决临沂市临时务工人员的工作及生活难题，临沂市和兰山区共同投资 2 000 余万元建成了进城务工人员综合服务中心暨零工市场。该服务中心占地 35 亩，总建筑面积 8 700 平方米，按功能划分为办公、服务、生活、休闲四大区域。其服务区可同时容纳3 000人进行劳务交易洽谈，生活区可容纳 1 072 人居住，人均面积 2.7 平方米。服务中心还设有警务室、卫生室、超市、浴池、餐厅、多媒体功能室及休闲广场等配套设施，能为进城务工人员提供餐饮住宿、休闲娱乐、技能培训、用工求职、政策咨询、权益维护等一条龙服务，其建筑规模和服务档次均走在了全国前列。

第五节　社会工作和企业社会责任

一、社会工作

开展对农民工的社会工作也是解决农民工问题的一种手段。社会工作的基本理念是助人自助，社会工作者利用专业知识帮助农民工，对于提高农民工的自身能力、改变理念、了解信息、调节心理等都有一定的作用。目前，珠三角地区的地方政府本着推动外来工社会融合，促进劳资关系和谐稳定的总体目标，正在积极推动面向外来工的服务。例如，广州市通过社工机构承办的家庭综合服务中心在社区向外来工提供服务，东莞市政府与社工机构合作计划在企业内向外来工提供服务。还有专门针对农民工的社工服务，如广州市总工会及其下属工会主办、由广州市协和社会工作服务中心提供运营服务的"广州市工会异地务工人员活动中心凤阳站"已经于2012年5月开始服务。

尽管社工服务在改善外来工处境、缓解劳资对立等方面发挥了一定作用，但也存在覆盖面窄、与外来工需求不匹配、缺乏理念指引等问题。为解决这些问题，我们认为，当前形势下推进面向外来工的服务，应该着力践行社工"助人自助"的专业理念，即通过开展服务评估、改善外部舆论环境、整合服务机制、利用民间组织来促进外来工自我服务。

（一）开展需求评估

目前针对外来农民工的服务多遵循"刺激—反应"模式，哪个街道农民工问题比较突出，就在社工机构承办的家庭综合服务中心开辟出一块与农民工相关的服务领域，哪个镇街劳资问题比较严重，就在哪个镇街抓紧开设农民工服务中心（如增城新塘）。这就导致服务提供前并未经过系统化对农民工的需求评估，进一步导致了服务的盲目性、点缀性。我们认为，在向农民工提供服务前，不仅要以镇街为单位对农民工进行需求评估，而且要对更为广阔地区的农民工进行全面的需求评估。

（二）改善社会环境

（1）注重政策倡导。目前外部提供的农民工服务之所以难以取得明显成效的原因之一在于就服务谈服务，将服务的目的局限于解决农民工面临的一个个具体的问题。事实上，农民工面临的诸多根本性问题更多是过时和不合理的政策造成的，如户口政策及其衍生的对农民工形成各种歧视或障碍的子女教育政策、医疗政策和社会保险政策。因此，在服务农民工的过程中发现既有政策的问题，确定影响的人群和范围，向政府提出可行的解决方案是服务农民工的题中应有之义。以欧洲为例，很多向移民工人提供服务的社工越来越认识到，大多数移民工人的问题源于资源的不平等分配。尽管直接服务能够在一定程度上满足他们的需求，但不足以解决诸如就业、住房、法律地位、民族偏见、教育与健康服务及社会参与等问题。因此，社工应当扮演社会变迁的促进者和协作者角色，促进权力和资源更为平等的分配。

（2）注重公众教育。保护农民工权益不仅事关外来农民工本身，也事关广大社会公众。只有农民工所在社区的本地居民和一般社会公众真切了解到农民工的巨大贡献和深重苦难，深刻认识到他们的日常生活与农民工的工作和付出密切相关，认识到工人的问题其实是全社会的问题，保护农民工权益才真正具备了社会共识。因此，作为社会工作服务提供者，有责任将农民工的真实处境披露给社会公众，从而吸引更多社会人士关注农民工的命运，通过社会力量推动劳资关系转变。

（三）整合机制与内容

（1）机制整合。目前向农民工提供的服务既有来自民政部门的资源，如家庭综合服务中心提供的农民工服务，也有来自工青妇系统的资源，如总工会自设的工人维权站，还包括法律援助、人民调解等来自其他部门的资源。问题在于，这些资源之间缺乏有机整合和协调，我们认为，应当在基层政府（如镇、区一级）设立专门的服务管理部门，该部门在功能上类似于履行社会管理职能的"发展改革委员会"，对分散在各政府机构和群团组织的外来工服务进行统筹和管理，但自身并不直接提供服务。

（2）服务整合。一是服务方法的整合。从个案、小组到大型活动，从解决问题到提升能力，从助人到自助，从小组建设到组织孵化都需要整合起来。唯其如此，助人的服务才能真正起到促进自主的效果。二是服务场所的整合，工作场所与工人社区、服务中心与外展服务网点、实体服务与网络服务需要实现有机统一。三是服务人员的整合，农民工的服务需求多元而复杂。例如，一次工伤不仅可能引发赔偿问题，也可以引发家庭婚姻问题、心理问题，因此，社工、心理、残障康复、法律等专业人员需要进行跨专业协调，专业人员要与政府工作人员进行跨界别合作。

（四）允许草根组织开展服务

自 20 世纪 90 年代开始，在珠三角地区陆续出现了外来农民工自发成立的草根性民间组织，他们在政府和工青妇系统向农民工提供服务之前就已经向农民工提供了多样化的服务，包括法律咨询、工伤探访、文化教育、休闲娱乐、子女照顾等，在引导农民工理性维权和缓解劳资矛盾方面做出了诸多有益探索。尽管如此，这些服务农民工的草根性民间组织却因其"敏感性"而岌岌可危，不是被限制服务的类别和范围，就是被有关部门逼得四处变换办公地点。我们认为，面对农民工自发成立的此类组织，党和政府应有更大的政治勇气，给予他们更多更大的制度空间。

（1）法律上要有社会组织的地位。目前，农民工民间组织在法律上可谓"灰色"存在。由于一直以来的所谓"敏感"身份，他们至今绝大多数无法注册为民办非企业或社会团体。退而求其次，这些组织有的工商登记为个体户或企业以获得合法身份。只有在法律上真正承认他们的社会组织地位，允许他们注册为民办非企业或社会团体，才能真正促进农民工的自我服务。

（2）能力建设要有专门的支持性组织。农民工民间组织在项目申请、服务提供、服务质量监控、财务管理等方面还存在着许多问题，需要专门性的支持性民间组织予以协助。现有的政策思路过于强调对农民工民间组织的"吸纳"，忽视了他们的能力建设。且不论他们是否愿意被"吸纳"，即使他们愿意被"吸纳"，如果他们能力低下的问题不解决，也不能真正成为党和政府的帮手，也无法成为广大农民工与国家之间的沟通渠道。因此，我们主张，建立专门的支持性民间组织，帮助农民工民间组织提升自身能力。

二、提倡企业社会责任运动

（1）在国有企业中大力推动企业社会责任运动，通过行业协会制定和推行企业社会责任标准。政府应督促和鼓励各类企业积极履行社会责任，国有企业应当起到模范带头作用。国资委 2008 年《关于中央企业履行社会责任的指导意见》中明确指出积极履行社会责任，是中央企业的使命和责任，也是全社会对中央企业的殷切期望和广泛要求。政府应该为国有企业设立企业社会责任标准，强令国有企业履行社会责任。中国企业社会责任标准，应结合中国国情，既要坚持独立自主，也要吸收国际先进经验。政府可以通过行业协会把企业社会责任标准推广到各类企业。

（2）支持、鼓励国际企业社会责任运动。2011 年 11 月 29 日，习近平在会见来访的国际劳工组织总干事胡安·索马维亚一行时指出，中国一贯高度重视保护广大劳动者的合法权益。中国将积极参与国际劳工事务，进一步加强与国际劳工组织、各成员国以及工会和企业协会的合作，促进社会公平正义。我们在东莞、中山一些为国际著名品牌生产的外资企业的调研中了解到，一些国际著名品牌委托中国香港或其他地方的民间机构的查厂方式对企业管理、维护工人权益起到了积极作用，也得到了工厂方面的理解和配合。

第六节　政府责任与基层民主

一、尽快建立地方政府工人权益保障责任制

（1）加大在劳动监察、职业病和工伤防治，以及司法援助等方面的投入，加大对企业监管的执法力度，强制性地促使企业依法处理劳资关系。在劳动关系监管中，加拿大有一套三位一体的雇佣关系监督管理机制可以借鉴。这一体系是政府部门（人力资源与技能发展部和劳工部）、行业协会（工会）和第三方独立机构（NGO、大学研究机构、媒体等）三方各司其职，互为制衡。以劳工部为例，监察员（Inspector）制度是其劳动管理的一大亮点。劳工部聘用的监察员可以随时进入工作场所突击检查、针对专题专案重点检查、质询有关人员、查询备案相关记录、在工作场所利用电子设施获取信息、必要时申请司法介入等。并设立劳动关系委员会来防止监察员与雇主共谋。[①]

（2）将外来工权益保护纳入地方政府政绩考核的内容之中，建立工人权益保障的责任制，明确权益保障第一责任人和直接责任人。当出现重大的损害工人权益事件时，地方政府处置不力，应追究责任。

（3）以典型案例推动维权活动。珠三角以及其他地区工人遭受权益侵害的案例屡见不鲜，应该每年主抓一些典型案例，以引起社会重视，推动维权活动。

（4）提供信息、法律法规的服务。很多农民工反映他们在权益受到侵害时，不知道去哪些部门也不知如何投诉，为解决这一问题，建议在信访或劳动部门设立一种类似"医院导诊"的制度，为农民工维护自身权益提供咨询和指引，一旦有农民工来咨询反映，即根据其反映内容引导他们到所管部门，这可以极大地

---

① 危旭芳：《加拿大的劳动关系管理：经验与借鉴》，载《中国城市经济》2012年第12期。

方便农民工维护自身权益。

（5）完善基层劳动执法监管队伍建设，防止权力外包、出租。我们在调研中了解到，一些基层劳动监管部门人手严重不足，执法、办公条件简陋。这是一个普遍性的问题。由于外来人口大量涌入，珠三角一些镇街管理的人口相当内地的一个县，但管理体制依旧，管理能力严重不足。很多部门只能聘请合同制人员，甚至使用派遣工，从事执法工作，这些人实际没有执法权，身份尴尬，待遇低下，亟待解决。而且，这类做法不可避免地将执法权外授给了一些没有执法资格的人员，其中一些人肆意妄为，"依法施暴"，严重损害了地方政府的公信力。因此，我们认为，有关部门应考虑政府部门尤其是一些执法部门存在的力量不足现象，充实正规行政力量，限制滥用职权，防止权力外包、出租，重建地方政府公信力。

此外，一些地方如绍兴、顺德招聘了外来工来源地的人参与管理，有一定作用，值得探讨和借鉴。

二、积极推进工会改革

工会是维护职工合法权益的重要组织。为加强工会组织建设，积极发挥工会的维权作用，2010年全总十五届四次执委会议明确提出依法推动企业普遍建立工会组织、普遍开展工资集体协商的"两个普遍"工作要求。我们认为，今后的工会改革的重点应该以下几个方面：

（1）大力推进基层（企业）工会直接选举。移植和借鉴村民自治直选的经验，企业和基层工会进行直接选举。工会领导和专职干部不能由企业所有者和管理层人员担任。严格规定企业工会主席不能由企业高管担任。当工会干部不能代表工人利益时，应该罢免。现在一些地方已经试点企业工会直选，但步子太小，应积极探索。

（2）推动工会组织的社会工作化。工会应采取多种形式（如购买服务、直接招聘等）大量吸纳专业社会工作者进入，并以向农民工提供社工服务作为工作的主要内容。在东莞调研中，我们了解到，当地工会购买了数名社工，负责接待来访的工人，反响良好。

（3）健全村级、镇级工会，将工会组织和服务基层化。浙江台州成立村级工会帮助工人维权的经验值得借鉴。2011年9月，台州黄岩区院桥镇繁荣村工会联合会成立，这是台州黄岩区首家规范形式成立的村工会联合会。院桥镇繁荣村现有大小企业60余家，除了6家500万以上规模企业有工会，近80%的小企业没有设置工会。当出现劳资纠纷时，这些企业职工往往只能单打独斗，给维护自身的合法权益带来了很大难度。通过成立村工会联合会，能够吸收该村不具备条件成立工会的企业中的职工加入村工会联合会，维护好企业职工的合法权益。该村 2 000 多名职工有困难、有问题时有了解决的地方，受到了当地职工的欢迎①。

（4）积极试点在外来工密集地区设立工会维权站或类似机构。义乌市工会设立职工法律维权中心的经验值得借鉴。② 2011 年 8 月，广州市总工会也决定在全市建 30 家"工友和谐家园"。这些维权机构应该联合大学、研究机构和其他社会力量参与。

三、让外来农民工民主参与基层公共事务

（1）依法保障外来务工人员参与选举、民主决策、民主监督的权力。选举权是宪法赋予公民的神圣不可剥夺的权利，但是外来务工人员在打工地的选举权问题一直没有得到有效解决，这影响了外来工的基层参与，失去了选举自身代表的机会。2010 年浙江省十一届人大常委会第二十二次会议审议修改了《浙江省人民代表大会常务委员会关于修改"浙江省县、乡两级人民代表大会选举实施细则"的决定（草案）》。该"草案"规定，在浙江居住一年以上，并持有《浙江省临时居住证》或者《浙江省居住证》的流动人员，就将拥有人大选举权。解决外来工选举权问题，其他地方应该参照浙江的做法，赋予一定居住年限的外来工选举权和被选举权。全国人大也应该考虑修改相关法律、法规。

（2）学习宁波经验，建立"和谐促进会"。2006 年，浙江宁波慈溪市五塘新村村民为解决本地人和外来人的纠纷问题，自发成立了"和谐促进会"，目前已经在宁波全市推广和铺开，取得了较好的效果，值得学习和借鉴。和谐促进会是一个民间性质的，在镇党委或街道党工委指导下，由村党支部、村民委员会、村经济合作社管理和协调的群众组织。会员主要由村干部、优秀外来务工人员、社区保安、村民代表、出租私房房东、私营企业主等组成。和谐促进会职能主要通过设置维权、矛盾调处、文体、党团、公益、计生等 7 个委员会开展具体服务工作。和谐促进会要求村民和外来务工人员人数各占一半，一般由外来务工人员担任副会长、片组长等职务。该组织接受村党支部（总支）、村委会的领导，由村党支部（总支）书记担任会长，并根据外来人口居住分布情况设立片、组，

① 浙江工人日报，http://www.zjgrrb.com/zjzgol/system/2011/09/28/014279178.shtml。
② 杜世卫、方佩芬：《农民工维权的"义乌模式"》，载《中共浙江省委党校学报》2006 年第 5 期。
张静：《义乌外来工为什么愿意使用法律》，载《江苏行政学院学报》2010 年第 3 期。

由他们中的优秀分子担任片、组长。"和谐促进会"是一个向民政部门登记备案的社团组织。它旨在发挥外来流动人口自主自治的能力，使他们感受到政治上平等、人格上尊重、文化上包容、权益上保护，增强外来流动人口对当地的认同感和归属感。"和谐促进会"的主要工作职责是利用工余时间，在调解纠纷、技能培训、子女就学、法律援助、就业、租房等方面为外来务工人员提供服务，为他们营造一个家。①

① 赵科、王迪：《村级和谐促进会助建新家园——慈溪目前有47个村已建立或正在筹建村级和谐促进会》，载《宁波日报》，2006 年 10 月 15 日，第 A01 版。江宜航：《和谐促进会促和谐》，载《中国经济时报》，2008 年 4 月 21 日，第 007 版。蔡旭昶、严国萍、任泽涛：《社会组织在流动人口管理服务中的作用——基于浙江省慈溪市和谐促进会的研究》，载《经济社会体制比较》2011 年第 5 期。

第十八章 政策设想

附录　外来务工人员调查问卷

总　编　号＿＿＿＿＿＿＿＿＿＿　　　　　　一审＿＿＿＿＿＿＿＿＿＿＿

小组编号＿＿＿＿＿＿＿＿＿＿　　　　　　二审＿＿＿＿＿＿＿＿＿＿＿

亲爱的朋友：

　　为了了解您的工作与生活状况，进行学术研究并向政府有关部门提出改进性的政策建议，我们通过这份问卷向您进行调查。调查不涉及个人隐私，对问题的回答也无所谓对错，所有资料只进行统计汇总，同时，我们将对您的个人资料予以保密，请您不必担心。

　　谢谢您对我们的支持和协助！

　　中山大学　南京大学　上海大学　浙江工商大学课题组　　　　　2010 年 7 月

　　管理与投诉电话：广州 020 – 84110072　　　　　上海 021 – 66133785

　　　　　　　　　　南京 15850511048　　　　　　杭州 0571 – 28908115

　　调查对象甄别：

　　1. 跨县（区）域流动；2. 大专学历及以下的打工者；3. 正式在企业或单位就业者。

　　城市：

　　珠江三角洲城市：

　　1. 广州；2. 深圳；3. 珠海；4. 佛山；5. 肇庆（四会、高要、鼎湖、端州）；6. 东莞；7. 惠州（惠城、惠东、惠阳、博罗）；8. 中山；9. 江门。

　　长江三角洲城市：

　　10. 上海；11. 南京；12. 苏州；13. 无锡；14. 常州；15. 南通；16. 杭州；17. 宁波；18. 嘉兴；19. 绍兴。

访问记录	被访者情况	被访者姓名		
		联系电话	手机（固话）：	家乡电话：
		其他联系方式		QQ：
		企业（单位）名称		
		邮政编码（工作所在地）		
		访问员姓名		访问员编号
		访问日期	2010 年　　　　月　　　　日	
		访问时间	＿＿时＿＿分到＿＿时＿＿分（24 小时制）	

（A）个人基本情况

A1　出生_____年_____月。

A2　性别：1. 女；2. 男。

A3　民族：1. 汉族；2. 少数民族（请注明）：_____。

A4　您的户口所在地：_____省（自治区、直辖市）_____市（地、州）
_____县（区、县级市）。

A4.1　您的户口性质：1. 非农户口（是否农转非：a. 是；b. 否）；
2. 农业户口；3. 没有户口；4. 不清楚。

A4.2　您家乡的地貌是：
1. 平原；2. 山区；3. 丘陵；4. 湖区；5. 盆地；6. 高原；7. 其他（请注明）_____。

A4.3　您老家（居住地）在什么位置：
1. 市区（地级以上）2. 郊区；3. 县城；4. 镇；5. 农村。

A5　您家有没有耕地：
1. 没有；2. 有，_____亩。

A6　您的受教育程度：
1. 小学及以下；2. 初中；3. 高中；4. 中专；5. 技校，读几年_____；
6. 大专；7. 自考本科。

A6.1　您的小学与初中主要是在什么地方就读的（可多选）：
1. 老家的学校；2. 父母打工地的民工子弟学校；3. 父母打工地的本地学校；
4. 其他地区（请注明）_____。

A6.2　您最后学历是哪年获得的：_____年_____月。

A7　您的婚姻状况：
1. 未婚；2. 丧偶；3. 离婚；4. 已婚。→　回答 1、2、3 的都跳问 A8

A7.1　您初次结婚是哪一年：_____年。

A7.2　您的配偶现在何处：
1. 和您在同一个企业；2. 和您在同一城区（镇）；3. 和您在同一个市；4. 和您在同一个省；5. 其他地方：（1）外省；（2）港澳台；（3）外国；6. 家乡。

A8　您的宗教信仰是：
1. 佛教；2. 道教；3. 天主教；4. 基督教；5. 回教（伊斯兰教）；6. 其他宗教；7. 拜神；8. 无宗教信仰；9. 不清楚。

A9　您现在的政治面貌是：
1. 中共党员；2. 共青团员；3. 民主党派；4. 群众。

573

A10　到目前为止，您已获得过哪些国家承认的职业资格证书（专业技术等级证书）：共_____项。

請注意，如果资格证书超过 3 项，请填写被访者认为最重要的 3 项

选项	A10.1 获得证书的时间（年/月）	A10.2 证书获得地（地级市）	A10.3 证书名称	A10.4 证书等级	A10.5 认证机构	A10.6 是否得到政府补贴
1						
2						
3						

（A10.2）证书获得地：1. 家乡；2. 目前打工地；3. 其他（请注明）。

（A10.3）证书名称：1. 生产设备操作类；2. 运输设备操作类；3. 机电、仪器仪表等设备装配类；4. 机电、仪器仪表等设备维修类；5. 运输设备维修类；6. 产品化验、检验类；7. 动物检验检疫、疫病防治类；8. 电工类；9. 办公设备、家用电器、电子产品及钟表维修类；10. 烹饪类；11. 美容美发、保健按摩类；12. 营销、推销类；13. 物业管理类；14. 其他（请注明）。

（A10.4）证书等级：1. 专项技术证书；2. 初级（国家职业资格五级）；3. 中级（国家职业资格四级）；4. 高级（国家职业资格三级）；5. 技师（国家职业资格二级）；6. 高级技师（国家职业资格一级）。

（A10.5）认证机构：1. 劳动与社会保障部；2. 人事部；3. 其他政府部门（请注明）；4. 其他机构（请注明）。

（A10.6）是否得到政府补贴：1. 是；2. 否。

A11　您的家庭（指核心家庭或经济共同体）成员共有_____人，其中，目前在家务农（或生活）的有_____人，外出打工的有_____人。

A11.1　2009 年您的家庭总收入：_____元；其中，打工收入：_____元；农业收入：_____元；其他收入：_____元。

A12　请列出在如下阶段您主要是和谁生活在一起（单选）。此题只问 1980 年以后出生的外来工

阶段	父母	爷爷、奶奶/ 外公、外婆	兄弟姐妹	其他亲友	独自生活	住校	其他 （请注明）
上小学之前							
小学							
初中							
高中/技校及以上							

A13　您有没有务农的经历：

　　1. 没有；2. 有：2.1 季节性干农活（包括周末或假期）；

　　　　　　2.2 整年，几年（请注明）＿＿＿＿＿。

（B）外出经历

B1　下列陈述是否符合您第一次外出打工时的情况：

陈述	完全符合	符合	一般	不符合	完全不符合
1. 在家收入低，不得不出来打工					
2. 想出来赚更多的钱					
3. 在家里没事干					
4. 想出来学技术、长见识					
5. 我想通过打工实现创业					
6. 家乡生活条件差，打工地生活更好					
7. 我外出打工的目的主要是为了自己					
8. 我出来打工主要是自己决定的					

B2　请问您外出打工以来，有没有换过工作（指换单位或企业）：

　　1. 没有；2. 换过，＿＿＿＿＿次。

B3　请回忆一下您的打工经历（请写上或圈上对应的代码）：请注意，在

下表中，没换过工的只填"目前"

项目	第一份工作	目前工作
B3.1　工作起止时间		
B3.2　企业（或工作）地点（省、市、县［区］、镇）		
B3.3　请问您的行业（开放题）		

575

续表

项目	第一份工作	目前工作
B3.4　企业（单位）性质		
B3.5　是否上市		
B3.6　企业规模		
B3.7　是否劳务派遣		
B3.8　工种		
B3.9　月平均工资（元）		
B3.10　求职途径		

注：B3.4　企业性质：1. 国有及国有控股企业；2. 集体企业；3. 股份合作企业或股份有限公司；4. 私营企业；5. 港（澳）商投资或合资；6. 台商投资或合资；7. 日商投资或合资；8. 韩商投资或合资；9. 欧美投资或合资；10. 其他外资或合资；11. 个体户；12. 其他（请注明）。

B3.5　是否上市公司：1. 是；2. 否；3. 不清楚。

B3.6　企业规模：1. 9 人以下；2. 10～29 人；3. 30～99 人；4. 100～299 人；5. 300～999 人；6. 1 000～2 999 人；7. 3 000 人以上。

B3.7　是否由劳务公司派遣：1. 是；2. 否；3. 不清楚。

B3.8　工种：1. 流水线生产工；2. 其他生产工；3. 工厂后勤服务人员；4. 技工；5. 班组长；6. 质检员；7. 文员；8. 领班；9. 中低层管理人员；10. 服务员；11. 保安；12. 清洁工；13. 司机；14. 销售业务员；15. 建筑工人；16. 其他（请注明）。

B3.10　求职途径：1. 学校组织劳务流动；2. 政府组织劳务流动；3. 亲友介绍；4. 在劳务市场或中介找工；5. 网络应聘；6. 新闻媒体广告应聘；7. 通过街头广告应聘；8. 企业直招；9. 其他方式（请注明）。

（C）目前的工作状况

C1　您一般每周上几天班：_____；上一周您工作几天：_____。

C1.1　您一个月一般休息几天：_____；上一个月您休息了几天：_____。

C2　您平时放假的日子是：

　　1. 周六和周日；2. 周日；3. 每周或者每个月的特定日子；4. 法定节假日；5. 轮休；6. 没有假期，一直需要上班；7. 其他（请注明）_____。

C3　您一天一般工作几个小时：_____小时。

C4　2010 年 1 月 1 日以来，您是否加过班：

　　1. 没有；2. 有；3. 不适用。→ 回答 1、3，则跳问 C6

C4.1　一般一天加班_____小时；最长的一次加班_____小时/天；上个月加班_____小时。

C4.2　通常您可以接受的加班时间是_____小时/天，_____小时/月。

C5　您在目前工作的企业加班，是否自愿：

1. 是；2. 有时是，有时不是；3. 不是；4. 无所谓。

C5.1　您加班的原因是（可多选）：

1. 增加收入；2. 获得升迁的机会；3. 为企业分忧；4. 没其他事干；5. 企业规定必须加班；6. 大家都加班，我也只好加班；7. 不加班会罚款；8. 其他（请注明）：_____。

C6　请问你们企业加班有没有加班工资：

1. 有；2. 没有；3. 没有，但有补休；4. 不清楚。

→回答 2、3、4 的都跳问 C7

C6.1　您是否知道加班工资是多少：

1. 不知道；2. 知道。

C7　根据现在自身的条件，您理想的月薪是多少：_____元。

C7.1　根据现在自身的条件，您能接受的最低月薪是多少：_____元。

C8　请问您是否知道本市的最低工资标准：

1. 不知道；2. 知道：_____元/月；_____元/小时。

C9　您的工资是当月发放还是推迟发放的：

1. 当月发放；2. 次月发放；3. 其他（请注明）_____；4. 推迟发放，推迟到第_____月第_____日发放。

C10　2010 年 1 月 1 日以来，目前的企业是否拖欠您的工资：

1. 否→跳问 C11；2. 是→拖欠多少钱：_____元，补发_____元；最近一次拖欠多久：_____月。

C10.1　获得补发工资的方式（可多选）：

1. 向劳动部门等政府机构投诉；2. 向工会投诉；3. 向企业索要；4. 通过劳动仲裁；5. 通过法律诉讼；6. 媒体曝光；7. 停工、怠工、罢工；8. 企业自动补发；9. 其他（请注明）_____。

C10.2　补发工资的资金来源（可多选）：

1. 本企业补发；2. 由政府垫发；3. 由村委会垫发；4. 由（厂房）房东垫发；5. 拍卖企业资产补发；6. 其他（请注明）_____。

C11　您目前工作的企业是否有关于罚款（包括从工资里直接扣款）的"明文规定"：

1. 没有；2. 有，那么您认为这些规定合理吗：

1. 很不合理；2. 不合理；3. 一般；4. 合理；5. 很合理；6. 很难说。

C11.1　2010 年 1 月 1 日以来，在目前工作的企业，您是否有被罚款（包括从工资里直接扣款）的情况：

1. 没有；→跳问 C12　2. 有→您最多一个月被罚扣_____元。

C11.2　您被罚扣是不是按规章制度处理的：

　　　1. 是；2. 不是；3. 不清楚。

C12　您的工资计算方式是：

　　　1. 计件；2. 计时；3. 提成或底薪加提成；4. 按天计算；5. 月薪制；6. 有时计件，有时计时；7. 其他（请注明）_____。

C13　2010 年 1 月以来，您的月平均工资为_____元/月；您上个月应发工资（总额）为_____元，应扣_____元，实发_____元，其中：基本工资（底薪）为_____元；加班工资为_____元。其他收入（除本职工作外）_____元。

C13.1　您的工资标准是如何确定的（可多选）：

　　　1. 完全由企业（老板）决定；2. 工人集体（代表）和企业谈判；3. 企业工会和企业谈判；4. 其他（请注明）_____；5. 不清楚。

C14　请问您的单位发工资时有没有工资条：

　　　1. 有；2. 没有。→ 跳问 C16

C15　您实际所得工资和工资条上的总额是否一致：

　　　1. 是；2. 否；3. 不清楚。

C16　2010 年春节时，您所在的企业有没有结算清一年内的所有工资：

　　　1. 没有；2. 全部结清；3. 其他（请注明）_____；4. 不适用。

（D）目前的生活状况

D1　2010 年 1 月 1 日以来，您在企业的吃住情况是（单选）：

　　　（注明：如果吃住情况为"1、2、3"选项且不需要扣除费用的请在费用栏对应位置写上 0）

D1.1 吃住情况	D1.2 其中，单位扣除吃住等费用（元）	D1.3 补贴情况	
		补贴金额（元）	是否属于基本工资：1. 是；2. 否。
1. 包吃包住			
2. 包吃			
3. 包住			
4. 不管吃住			

D2　请问您 2010 年以来每个月自己要开支_____元（如果是家庭或集体住，则分摊到个人身上）。

　　　其中平均每月，住宿费_____元；伙食费_____元；通信费_____元；交通费_____元；请客送礼_____元；生活日用品_____元，其中化妆品/护肤品_____元；服装_____元；文化娱乐_____元，其中上网_____元；其他（请注明）_____元。

D2.1　2009 年，您总共寄回家（包括自己亲自带回家的）：_____元。

D2.2　2009 年，您花在子女身上的生活、抚养、医疗和教育等总费用大约：_____元。

D2.3　2010 年 1 月以来，您一般每个月的收入有没有节余：

　　1. 没有；2. 有，一般节余_____元；3. 不清楚。

D3　您现在和谁住在一起（可多选）：

　　1. 配偶；2. 父母；3. 子女；4. 恋人；5. 亲戚；6. 老乡；7. 朋友；8. 工友；9. 不相识的人；10. 其他（请注明）_____。

D4　您目前居住在什么地方：

　　1. 企业员工宿舍；2. 出租屋；3. 借住亲友家；4. 工作场所；5. 自购房；6. 其他（请注明）_____。

D4.1　如果您住在企业员工宿舍，企业的管理人员与普通工人是否住在一起：

　　1. 不住在一起；2. 住在一起，但是条件不一样；3. 住在一起，条件差不多。

D4.2　如果您的企业中有当地人也住企业员工宿舍，他们与您是否住在一起：

　　1. 不住在一起；2. 住在一起，但是条件不一样；3. 住在一起，条件差不多；4. 没当地人。

D4.3　如果您是在外资企业，您所在企业的外籍员工是否与您住在一起：

　　1. 不住在一起；2. 住在一起，但是条件不一样；3. 住在一起，条件差不多。

D5　请您估算一下您现在的住处面积约是_____平方米/人。

D5.1　若您居住在宿舍或出租屋，您是否知道同一房间（套）的人的名字：

　　1. 是，知道所有人的名字；2. 有些知道，有些不知道；3. 都不知道；4. 不适用。→ 跳问 D7

D6　如果您住在出租屋，所住的出租屋是：

　　1. 私人出租屋；2. 村镇集体出租屋；3. 当地政府建的廉租房；4. 其他（请注明）_____。

D6.1　您租房居住的原因是（可多选）：

　　1. 工作单位不提供宿舍；2. 离工作地点近；3. 生活便利；4. 价格比较便宜；5. 工作单位所提供的宿舍条件太差；6. 可以和家人或朋友住在一起；7. 其他（请注明）_____。

D7　您居住的地方是否有下列各项设施（如果是集体宿舍，问在同一层楼有没有冲凉房），有请打√，没有打×：

579

热水器	冲凉房	厕所	阳台	厨房	洗衣机	电视机	电风扇	衣柜	饮水机	空调	电冰箱

D7.1　您的企业是否有下列设施，有请打√，没有打×：

图书室	篮球场	乒乓球室	羽毛球场	卡拉 OK	电脑室	健身器材	其他（请注明）

D8　您是否在工作单位的食堂吃饭：

1. 是；2. 否；3. 没有食堂。→ 回答 2、3 的跳答 D9

D8.1　如果您在食堂吃饭，您觉得怎么样：

1. 非常满意；2. 满意；3. 一般；4. 不满意；5. 很不满意；6. 说不清。

D9　请问您有没有孩子：

1. 无；→ 若没有孩子，则直接跳问 E1　2. 有：_____ 个。

D9.0　如果有孩子，请您填写下表（第一个孩子必填，如果有三个以上小孩，再填写两个年龄最小的）：

项目	孩子一	孩子二	孩子三
D9.1　性别			
D9.2　出生年月			
D9.3　户口状况			
D9.4　小孩出生地			
D9.5　现在何处			
D9.6　读书或工作状况			
D9.7　学校性质			
D9.8　每学期学费多少元			
D9.9　缴纳的赞助费多少元			
D9.10　由谁照看（多选）			

注：D9.1　性别：1. 女；2. 男。

　　D9.3　户口状况：1. 还没有户口；2. 农村户口；3. 城市户口；4. 不清楚。

　　D9.4　小孩出生地：1. 老家；2. 打工地；3. 其他（请直接注明）。

　　D9.5　现在何处：1. 在老家；2. 和自己在一起；3. 和自己在同一城市；4. 在其他地方。

　　D9.6　读书或工作状况：1. 没有入幼儿园或托儿所；2. 在读幼儿园或托儿所；3. 读小学；
4. 读初中；5. 读高中；6. 读中专、技校；7. 读大学；8. 在工作；9. 没有读书，也没有工作。

　　D9.7　学校性质：1. 民办的；2. 公办的；3. 不清楚；4. 不适用。

D9.10　由谁照看：1. 本人；2. 配偶；3. 祖父母；4. 外祖父母；5. 其他亲友；6. 其他人；7. 不用照看。

若没有小孩处于失学状态，则不用回答

D10　如果您义务教育阶段的子女处于失学状态，原因是（可多选）：

1. 经济上负担不起；2. 想让孩子早点干活挣钱；3. 找不到合适的学校；4. 孩子不愿意上学；5. 孩子没有考上；6. 读书没有用；7. 其他（请注明）_____。

D11　如果您的孩子在家乡，那么您没有将他（她）们接到身边读书的主要原因是（可多选）：

1. 收入太低，负担不起；2. 工作不稳定，没法接出来；3. 家乡的学校就很好，不需要接出来；4. 工作太忙，没法照顾孩子；5. 城里的学校不接纳；6. 孩子自己不想出来；7. 学习跟不上；8. 不能参加升学考试；9. 其他（请注明）_____。

D12　如果您的孩子在打工所在城市读书，那么原因是（可多选）：

1. 农村不如城市教育质量高；2. 在老家无人监护看管；3. 情感上不舍得将孩子留在农村或家乡；4. 经济条件允许；5. 孩子到城里可以长见识、开眼界；6. 孩子自己想出来；7. 上大学；8. 其他（请注明）_____。

（E）企业（单位）管理与福利制度

访问员注意：这一部分主要是目前所在企业或单位的情况

E1　您在本企业有没有签订过书面劳动合同：

1. 有，签过次（份）；2. 没有→跳问 E3；3. 不清楚→跳问 E4。

E2　根据您与本企业签订的合同回答下列问题：

合同	（E2.1）签订时间	（E2.2）是否参与了合同内容的协商： 1. 是 2. 否	（E2.3）合同期限 1. 固定期限（注明几年） 2. 无固定期限	（E2.4）合同类型 1. 个人合同 2. 集体合同 3. 不清楚	（E2.5）自己是否保管合同 1. 是 2. 否	（E2.6）对合同的评价 1. 非常满意 2. 比较满意 3. 有些不平等，但可以接受 4. 不平等，我只能忍受 5. 说不清
第一次（份）合同	年　月					
最近一次（份）合同	年　月					

E2.7　您是否使用过劳动合同去维护您的权益：

1. 否；2. 是；体现在哪些方面（可多选）：

（1）援引劳动合同向企业投诉、理论；（2）援引劳动合同向新闻媒体投诉；（3）到劳动局投诉时，使用过劳动合同；（4）到法院进行诉讼，使用过劳动合同；（5）其他（请注明）_____。

E3　下列哪种情况使您没有签合同：

1. 企业没有和我签；只答 E3.1　2. 我不想和企业签。跳问 E3.2

E3.1　如果企业没有和你签合同，你采取过下列哪些行动（可多选）：

1. 直接找企业支付双倍工资；2. 找劳动部门仲裁；3. 找工会反映；4. 其他行动（请注明）_____；5. 不采取任何行动。

E3.2　如果是您不想和企业签合同，原因是（可多选）：

1. 我不想受到企业束缚；2. 反正签了没用；3. 大家都不签，所以我也不签；4. 和老板关系好，不用签；5. 不想买保险；6. 其他（请注明）_____。

E4　您进入本企业时，有没有交押金：

1. 没有；2. 有，要交_____元。

E5　您进本企业时，是否被扣押以下证件（可多选）：

1. 身份证；2. 毕业证；3. 暂住证/居住证；4. 其他（请注明）_____；

5. 没有扣押任何证件。

E6　您是否接受过正规的技能培训：

1. 是，有_____次；2. 否跳问 E6.9。

请注意，如果培训次数超过 3 次，请填写被访者认为最重要的 3 次培训经历

次数	E6.1 开始时间（年/月）	E6.2 类别	E6.3 时长	E6.4 机构（可多选）	E6.5 费用支付	E6.6 内容（可多选）	E6.7 是否获得证书	E6.8 评价
第一次								
第二次								
第三次								

注：（E6.2）培训类别：1. 岗前培训；2. 在岗培训；3. 失业期培训；4. 其他（请直接注明）。

（E6.3）培训时长：1. 一周以内；2. 两周以内；3. 一个月以内；4. 三个月以内；5. 三个月以上。

（E6.4）培训机构：1. 家乡政府；2. 打工地政府；3. 所在企业；4. 技工学校；5. 工会；6. 妇联；7. 共青团；8. NGO；9. 其他（请直接注明）。

（E6.5）费用支付：1. 免费；2. 自己出钱，请注明金额（元）。

582　（E6.6）培训内容：1. 工作技能；2. 职业道德；3. 法律法规；4. 企业管理制度；5. 安

全知识；6. 心理健康；7. 就业观念和职业规划；8. 其他（请直接注明）。

　　（E6.7）是否获得证书：1. 是【a. 结业证；b. 上岗证；c. 专项技术证书；d. 职业资格证书；e. 其他（请直接注明）】；2. 否。

　　（E6.8）对培训的评价：1. 效果非常好；2. 比较好；3. 一般；4. 不太好；5. 很不好；6. 很难说。

E6.9　掌握目前这份工作所需的主要技能，您花了多少时间：

　　1. 1 天以内（含 1 天）；2. 1 周以内（含 1 周）；3. 1 周以上，但不到 1 个月；4. 1～3 个月；5. 超过 3 个月但不到 1 年；6. 1 年以上；7. 3 年以上。

E6.10　您目前掌握的这些工作技能主要是从哪里获得的（可多选）：

　　1. 自己边干边学；2. 企业/单位内部培训；3. 跟师傅学；4. 普通高中及以下的教育；5. 中专；6. 技校（a. 公立；b. 私立）；7. 职业学校；8. 成人高等教育；9. 大学专科教育；10. 社会上的职业培训班；11. 其他（请注明）＿＿＿＿＿＿。

E7　2009 年 8 月 1 日以来，您在本企业打工期间是否经历过下列情况：

经历情况	有	没有	记不得或不知道	次数
1. 强迫劳动				
2. 冒险作业（未提供保护措施）				
3. 罚跪罚站				
4. 被搜身、搜包				
5. 被管理人员殴打				
6. 被管理人员拘禁				
7. 工作环境对身体有危害（接触有毒物质、噪声等）				

E8　如果您辞工的话，您所在的企业会如何处理（可多选）：

　　1. 无条件同意；2. 如提前一个月申请，企业同意；3. 如临时辞职，扣当月工资；4. 押金不退；5. 所欠工资均不退还；6. 扣证件；7. 限制人身自由；8. 不同意，要求遵守劳动合同；9. 言语威胁；10. 其他（请注明）＿＿＿＿＿＿。

E9　您现在的企业是否提供下列待遇：

企业提供待遇	有	没有	不知道	E9.1 您觉得是否有必要购买：1. 是；2. 否	E9.2 如果没必要购买，是什么原因（可多选）：1. 买了没用；2. 个人支付费用太高；3. 不知道将来能否兑现；4. 其他人都不购买；5. 保险不能转移；6. 不了解；7. 不适用；8. 其他（请注明）
a. 病假工资					
b. 带薪休假					
c. 产假工资					

583

续表

e. 养老保险			
d. 医疗保险			
f. 工伤保险			
g. 失业保险			
h. 生育保险			

E10　您对自己健康情况的评估是：

　　1. 很不好；2. 不太好；3. 一般；4. 比较好；5. 非常好。

E10.1　您在本企业有没有接受过免费体检：

　　1. 是；2. 否。

E11　您在打工期间有没有受过工伤：

　　1. 有，最严重的一次受伤的时间是 _____ 年 _____ 月；2. 没有。

跳问 E12

E11.1　如果有的话，您是否参加过工伤鉴定：

　　1. 有，几级_____；2. 没有。

E12　您是否得过职业病：

　　1. 有；最严重的一次得病的时间是 _____ 年 _____ 月；2. 没有；

跳问 E13　3. 不清楚。

E12.1　如果有的话，您是否参加过职业病鉴定：

　　1. 有，几级_____；2. 没有。

E13　您现在企业的医疗待遇是：

企业医疗待遇	全部报销	部分报销	无报销	不知道
a. 工伤费用	1	2	3	4
b. 门诊费用	1	2	3	4
c. 住院费用	1	2	3	4

E13.1　您是否在家乡参加了新型农村合作医疗：

　　1. 是；2. 否；3. 不清楚；4. 不适用。

E14　2009 年 8 月 1 日以来，您在跨市（地级）转工过程中有没有退保：

　　1. 有，多少次：_____；2. 没有；3. 没有买社保；4. 不适用。

E15　您工作的企业现在是否缺工：

　　1. 是；2. 否；→ 跳问 E16 ；3. 不清楚。 → 跳问 E16

E15.1　　如果是，缺工_____人，约占全部员工的_____%。

E15.2　　如果是，请问缺少哪种类型的工人（可多选）：

1. 技工；2. 普工；3. 文员；4. 后勤人员（保安、清洁工等）；5. 其他（请注明）_____；6. 不清楚。

E15.3　　如果是，从性别角度来说，请问所缺工人主要是：

1. 女工；2. 男工；3. 男女差不多；4. 不清楚。

E16　您通过以下哪些渠道了解与自身权益相关的信息（可多选）：

1. 读书看报；2. 看电视；3. 上网；4. 听收音机；5. 参加政府、企业和工青妇组织的宣传教育讲座；6. 参加街头咨询活动；7. 参加 NGO 组织的活动；8. 找律师咨询；9. 和周围的工友、朋友等闲聊；10. 手机；11. 其他（请注明）_____；12. 从没了解过。

E17　2009 年 8 月以来，您是否就职工劳动权益问题对企业有过意见：

1. 没有；→ 跳问 E19 ；2. 有。

E17.1　　如果您有过意见，您向企业反映过这些意见吗：

1. 所有意见都反映过；→ 不答 E18 ；2. 反映过部分意见；3. 从未反映过意见。→ 跳问 E18

E17.1.1　　如果有，您反映意见的渠道有（可多选）：

1. 意见箱；2. 投诉电话；3. 受理投诉的机构和人员；4. 企业举行的座谈会；5. 管理人员不定期征求意见；6. 由主管逐级向上反映；7. 直接找老板；8. 企业工会；9. 职工代表大会；10. 其他_____（请注明）。

E17.1.2　　您反映意见的内容有（可多选）：

1. 工资；2. 工时；3. 劳动保护和安全生产；4. 社会保险；5. 环境、卫生、健康等；6. 劳动合同；7. 管理制度；8. 其他_____（请注明）。

E18　如果有意见，您没有反映的原因是（可多选）：

1. 怕被炒掉；2. 反正说了也没用；3. 怕被刁难；4. 大家都不说；5. 其他_____（请注明）。

E19　下列保护工人权益的相关法律、法规您是否了解：

相关法律法规	很熟悉	比较熟悉	一般	不熟悉	完全不知道
1.《劳动法》	5	4	3	2	1
2.《劳动合同法》	5	4	3	2	1
3.《就业促进法》	5	4	3	2	1

续表

相关法律法规	很熟悉	比较熟悉	一般	不熟悉	完全不知道
4.《最低工资规定》	5	4	3	2	1
5.《工资支付条例》	5	4	3	2	1
6.《工伤保险条例》	5	4	3	2	1
7.《妇女权益保障法》	5	4	3	2	1

E20 2009 年 8 月 1 日以来您是否有过权益（如工资待遇、劳动保护等）受到侵害的经历：

　　1. 没有；→ 跳问 E21 　　2. 有，_____次（件）。若有，请继续回答下表（超过三次以上，填写最严重的三次）：

侵害	（1）内容	（2）时间	（3）是否本企业	（4）投诉次数	（5）参加群体性活动的次数
事件一					
事件二					
事件三					

　　注：（1）内容：1. 工资：a. 不符合最低工资标准；b. 拖欠工资；c. 工资水平过低；d. 克扣工资。

　　2. 作业环境恶劣；3. 超时加班；4. 其他（请直接注明）。

　　（2）受侵害时间：直接填写具体时间（年，月）。

　　（3）是否本企业：1. 是；2. 否。

　　（4）投诉次数：没有投诉过填"0"，投诉过则填写具体投诉次数。

　　（5）参加次数：没有参加的填"0"，参加过的填写具体参加次数。

E20.1 如果您进行过投诉（诉讼），请继续回答下表：

投诉	E20.1.1 投诉部门	E20.1.2 行动方式	E20.1.3 受理情况	E20.1.4 处理结束
事件一				
事件二				
事件三				

　　注：（E20.1.1）投诉部门（可多选）：1. 劳动局；2. 工会；3. 妇联；4. 当地政府；5. 卫生部门；6. 公安机关；7. 信访办；8. 媒体；9. 法院；10. 其他（请直接注明）。

　　（E20.1.2）行动方式：您去投诉的时候是：1. 一个人；2. 几个人一起（不超过 5 人）；3. 一群人一起去（5 人及以上）。

（E20.1.3）受理情况：有关部门对您投诉的受理情况是：1. 根本不受理；2. 受理了，却没有下文；3. 受理了，并且有处理结果。

（E20.1.4）处理结果：您对投诉的处理结果：1. 很满意；2. 基本满意；3. 一般；4. 不满意；5. 很不满意；6. 说不清。

E20.2 如果您受过权益侵害而没有投诉，原因是（可多选）：

 1. 不知道可以投诉；2. 不知道去哪里投诉；3. 怕被报复；4. 反正也没有用；5. 问题不严重；6. 其他（请注明）＿＿＿＿＿＿＿。

E21 2009 年 8 月以来，您参加过＿＿＿＿＿次群体性维权活动。

E22 如果您参加过群体性维权活动，请继续填写下表：

维权	E22.1 发生时间	E22.2 持续时间	E22.3 自身权益是否直接受损	E22.4 活动类型	E22.5 本人参与角色	E22.6 组织者	E22.7 参与动因	E22.8 处理方式	E22.9 媒体是否报道	E22.10 是否达到诉求
事件一										
事件二										
事件三										

注：（E22.1）发生时间：直接填写具体时间（年，月）。

（E22.2）持续时间：＿＿＿＿＿小时或＿＿＿＿＿天。

（E22.3）自身权益是否直接受损：1. 是；2 否。

（E22.4）活动类型（可多选）：1. 罢工；2. 游行；3. 示威；4. 静坐；5. 堵马路；6. 集体上访；7. 其他（请注明）。

（E22.5）本人参与角色：1. 一般参与者；2. 积极参与者；3. 组织者。

（E22.6）组织者（可多选）：1. 本企业的管理人员；2. 本企业普通员工；3. 律师；4. 企业工会；5. NGO；6. 其他（请注明）；7. 不清楚。

（E22.7）参与动因（可多选）：1. 维护自身权益：a. 工资；b. 工时；c. 工作环境；d. 管理制度；e. 其他（请注明）。2. 老乡同事喊去帮忙；3. 出于义愤；4. 看到别人参加所以我也去参加；5. 有人出钱动员；6. 其他（请注明）。

（E22.8）处理方式：1. 企业内部解决；2. 政府出面解决；3. 一直对峙僵化；4. 不了了之；5. 其他（请注明）。

（E22.9）媒体是否报道：1. 是；2. 否；3. 不清楚。

（E22.10）是否达到诉求：1. 完全达到（91% ~ 100%）；2. 基本达到（61% ~ 90%）；3. 部分达到（31% ~ 60%）；4. 基本没有达到（30%以下）；5. 完全没有达到（0）；6. 说不清。

E23　今后遇到下列情况，您是否愿意参加群体性维权活动：

情况	愿意	不愿意	说不清
1. 自身权益受损			
2. 亲朋好友老乡同事权益受损			
3. 其他人权益受损			
4. 只要有人出钱动员			

（F）人际关系、感受与社会参与

F1　在现在打工的地方，您有几个好朋友：_____位，其中，男_____位，女_____位。

F1.1　请您列出三位最好朋友的情况以及与您的关系

（多重身份可多选，如：您的第一位好朋友既是同学又是工友；家人和亲戚除外）：

性别（1. 女 2. 男）	年龄	教育程度	职业	关系类型									认识时间
				同学	老乡	企业内			政府人员	企业家	当地人	其他（请注册）	1. 出来打工前 2. 进本企业前 3. 进本企业后
						工友	主管	企业负责人					
一				1	2	3	4	5	6	7	8	9	
二				1	2	3	4	5	6	7	8	9	
三				1	2	3	4	5	6	7	8	9	

注：教育程度：1. 小学及以下；2. 初中；3. 高中；4. 中专；5. 技校；6. 大专；7. 本科；8. 研究生及以上。

F2　您目前的老板（雇主）是您的老乡吗：

1. 老乡：a. 同乡镇；b. 同县；c. 同市；d. 同省。

2. 不是老乡：a. 当地人（本市）；b. 本省；c. 其他省；d. 其他国家或地区。

3. 不清楚。

F2.1　您目前车间或工作场所最直接的管理人员（如车间长、领班）是哪里人：

1. 老乡：a. 同乡镇；b. 同县；c. 同市；d. 同省。

2. 不是老乡：a. 当地人（本市）；b. 本省；c. 其他省；d. 其他国家或地区。

F2.2　您目前工作的生产线（班组）的工友中，如下人群的比例有多高：

生产线工友	很多 （＞50%）	较多 （30% ~ 50%）	不多 （20% ~ 30%）	较少 （10% ~ 20%）	很少 （＜10%）	无	不清楚
跟我是同一个乡镇的人	5	4	3	2	1	0	6
跟我是同一个县的人	5	4	3	2	1	0	6
跟我是同一个省的人	5	4	3	2	1	0	6
当地人（本市）	5	4	3	2	1	0	6

F3　您打工所在企业（社区）是否有下列组织：

组织	有					没有	不清楚
	是否是 其成员	是否提 供过帮助	参加活动 情况	活动 类型	是否参加 过选举		
1. 中共党组织							
2. 工会							
3. 共青团							
4. 女工组织							
5. 其他（请注明）							
6. NGO（社区）							
7. 教会（社区）							

注：是否是其成员：1. 是；2. 否。

是否提供过帮助：1. 是；2. 否。

参加活动情况：1. 经常；2. 有时；3. 从不。

活动类型（多选）：1. 法律知识宣传；2. 健康卫生知识培训；3. 文娱活动；4. 技术培训；5. 心理辅导；6. 教会活动；7. 其他（请注明）。

是否参加过选举：1. 是；2. 否。

F4　2007 年以来，您有没有参与过村民委员会的选举：

1. 没有；2. 有：（1）回乡投票，（2）委托他人投票；3. 其他（请注明）_____；4. 不适用。

F5　您是否会有以下的感觉：

内心感受	从来没有	偶尔有	经常有	总是有	说不清
1. 我不属于这里（打工的地方）					
2. 我受到了老板的剥削					
3. 这个社会很不公平					
4. 我的收入并没有体现出我的劳动价值					
5. 城市人（本地人）很排斥我们外来打工者					
6. 我在城市里低人一等					

F6　请问您 2009 年 8 月 1 日以来，您有没有遇到过下列情形：

遭遇情形	有		没有
	次数	损失（元）	
1. 被偷			
2. 被骗			
3. 被抢劫			
4. 被性骚扰			
5. 被强暴			
6. 打架			
7. 发生交通事故			
8. 被执法人员抓			
9. 被执法人员打			
10. 被执法人员罚款			
11. 缴纳"保护费"			

F7　请根据您两周内的状况，填写下表：

健康状况	完全没有	与平时一样多	比平时多一些	比平时多很多
1. 因担忧而失眠				
2. 总是感到有压力				
3. 做事时能集中注意力				
4. 觉得在生活中是个有用的人				

健康状况	完全没有	与平时一样多	比平时多一些	比平时多很多
5. 能够面对问题				
6. 觉得对需要决策的事情能做出决定				
7. 觉得不能克服困难				
8. 总的来说心情还是愉快的				
9. 能够享受日常的生活				
10. 觉得心情不愉快和情绪低落				
11. 对自己失去信心				
12. 想到自己是一个没有价值的人				

F7.1　2010 年 1 月 1 日以来，您所在的企业有没有人发生自杀行为：

　　1. 没有；2. 有，死亡人数_____；3. 不清楚。

F8　由于没有本地户口，你在工作和生活中是否遇到过以下麻烦（可多选）：

　　1. 没感到有什么麻烦；2. 因无暂住证（居住证）而受处罚；3. 有的工作岗位不能应聘；4. 不能在打工地办理一些证件（如驾照、港澳通行证、护照等）；5. 小孩入当地学校要交高额赞助费；6. 年年要回家办计划生育证；7. 生活没有安定感；8. 不被当地人信任；9. 感到受歧视；10. 其他（请注明）_____。

F9　您目前在打工地办理的居住证件是：

　　1. 居住证；2. 暂住证；3. 没有办理此类证件。

F10　您想不想把户口迁入现在工作的城市：

　　1. 非常想；2. 比较想；3. 不敢想；4. 不想；5. 没想过；6. 无所谓；7. 说

不清。 回答 3、4 的跳答 F10.2
回答 5、6、7 的跳答 F11

F10.1　您想迁入户口的原因是什么（可多选）：

　　1. 子女可以接受更好的教育；2. 享受城市的社会保障；3. 有更多的发展机会；4. 生活条件好；5. 收入高；6. 获得城市身份；7. 为了与家人团聚；8. 已经适应当地生活；9. 觉得家乡不好；10. 办事方便；11. 其他（请注明）_____。

F10.2　您不想迁入户口的原因是什么（可多选）：

　　1. 房价高；2. 生活成本高；3. 亲人在家乡；4. 觉得家乡好；5. 城市治安不好；6. 不适应气候；7. 交通拥堵；8. 人情淡漠；9. 环境污染严重；10. 不想被限制在一个城市；11. 不愿意放弃家乡的土地；12. 不愿意放弃农村的分红；13. 城

市实行严格的计划生育政策；14. 落户手续烦琐；15. 其他（请注明）_____。

F11　您是否知道本市有关落户积分制的政策：

1. 非常了解；2. 比较了解；3. 听说过；4. 没听说过；5. 本市没有这方面的政策。

F11.1　您是否为了入户采取过行动：

1. 否；2. 是（可多选）：（1）咨询过有关政策；（2）提出过申请；（3）为了符合政策要求采取相关行动（如献血、买社保等）；（4）其他（请注明）_____。

F12　如果可以把户口迁入现在工作的城市，您愿意放弃在老家的田地吗：

1. 不愿意放弃；2. 愿意放弃；3. 无所谓；4. 没有田地；5. 说不清。

F13　您与本地人交往中的困难是什么（可多选）：

1. 语言问题；2. 观念不同；3. 生活习惯不同；4. 没有交往的机会；5. 地位差异；6. 本地人看不起外地人；7. 没有困难；8. 其他（请注明）_____。

F14　您觉得自己的身份属于：

1. 农民；2. 工人；3. 其他（请注明）_____；4. 说不清。

F15　对您来说，下列哪些权益是最重要的（请按重要程度选三项）：

第一项_____；第二项_____；第三项_____。

F15.1　您最迫切希望打工地政府解决哪几项问题（请按重要程度选三项）：

第一项_____；第二项_____；第三项_____。

劳动权益	1. 工资	1.1 工资是否符合最低工资标准	2. 工时	2.1 超时加班
		1.2 拖欠工资		2.2 休息时间
		1.3 工资水平		
	3. 劳动安全卫生	3.1 作业环境	4. 劳动合同	4.1 签订劳动合同
		3.2 劳动保护		4.2 合同内容协商
		3.3 健康检查		4.3 劳动合同保存
		3.4 工伤、职业病赔偿		
	5. 平等就业		6. 职业培训	
	7. 女工保护	7.1 经期保护	8. 社会保险和福利	8.1 养老保险
		7.2 孕期保护		8.2 工伤保险
		7.3 生育休假		8.3 生育保险
				8.4 失业保险
				8.5 医疗保险

续表

市民权益	9. 政治权益	9.1 选举权	10. 子女教育	10.1 免费义务教育
		9.2 被选举权		10.2 升学（中考和高考）
	11. 住房	11.1 廉租房	12. 社会保障	12.1 城市低保
		11.2 经济适用房		12.2 城市救助
				12.3 法律援助
	13. 公共产品		14. 户籍	
其他	15.			

（G）其他

G1 您是否在珠三角打过工（只问现在长三角的外来工）：

您是否在长三角打过工（只问现在珠三角的外来工）：

1. 是；2. 否。

G2 请您对打工所在城市进行评分（分值越高，表示情况越好）：

评价项目	0分	1分	2分	3分	4分
就业机会					
工资水平					
福利待遇					
工作环境					
生活质量					
社会治安					
交通条件					
子女教育质量					
政府管理					
公共服务					
社会公正					
生态环境					

G3 您未来5年左右有何打算：

1. 继续做这份工作；2. 换一份工作，但留在这个城市；3. 去其他城市打工；4. 在打工地或其他城市创业；5. 回家乡：5.1 务农；5.2 打工；5.3 做小生意；5.4 创办企业；5.5 养老；6. 其他（请注明）：_____。7. 不清楚。

593

G4 您在打工的过程中，碰到的最大困难是什么？您现在最大的期望是什么？

最大困难：_____

最大期望：_____

被访者签字：_____

非常感谢您帮助我们完成这次调查！

调查附记（访问对象的配合态度、现场有无特殊情况等）：

_____

_____

_____

参 考 文 献

一、中文部分

（一）中文版著作

[1] A. 曼宁：《隐性合约理论》，载大卫·桑普斯福特、泽弗里斯·桑纳托斯主编：《劳动经济学前沿问题》，中国税务出版社、北京腾图电子出版社2000年版。

[2] A. 恰亚诺夫：《农民经济组织》，中央编译出版社1996年版。

[3] 阿玛蒂亚·森：《以自由看待发展》，任赜、于真译，中国人民大学出版社2002年版。

[4] 艾伯特：《工作和职业的社会学研究》，罗教讲、张永宏等译，载斯梅尔塞、斯威德伯格主编《经济社会学手册》（第2版），华夏出版社2009年版。

[5] 埃里克·奥林·赖特：《工人阶级的力量、资产阶级的利益和阶级妥协》，载李友梅、孙立平、沈原主编：《当代中国社会分层：理论与实证》，社会科学文献出版社2006年版。

[6] 埃弗利娜·佩兰：《从工薪阶层到临时工?》，载让·卢日金内、皮埃尔·库尔－萨利、米歇尔·瓦卡卢利斯等主编：《新阶级斗争》，社会科学文献出版社2009年版。

[7] 埃米尔·迪尔凯姆：《自杀论》，商务印书馆2001年版。

[8] 安东尼奥·葛兰西：《狱中札记》，人民出版社1983年版。

[9] 安东尼奥·葛兰西：《狱中札记》，中国社会科学出版社2000年版。

[10] 奥立佛·威廉姆森、迈克尔·沃奇特、杰佛里·哈里斯：《理解雇佣关系：对专用性交换的分析》，孙经纬译，上海财经大学出版社2000年版。

[11] 巴里·诺顿：《中国经济：转型与增长》，安佳译，上海人民出版社2010年版。

[12] 鲍婉宁：《失范理论与一般压力理论》，载曹立群、任昕主编：《犯罪学》，中国人民大学出版社2008年版。

595

[13] 贝克:《自由与资本主义》,路国林译,浙江人民出版社 2001 年版。

[14] 贝克:《风险社会》,何博闻译,译林出版社 2004 年版。

[15] 彼得·杜拉克:《有效的管理者》,中华企业管理发展中心 1978 年版。

[16] 伯恩斯坦:《社会主义的前提和社会民主党的任务》,生活·读书·新知三联书店 1958 年版。

[17] 勃兰特、罗斯基:《伟大的中国经济转型》,方颖等译,上海人民出版社 2009 年版。

[18] 蔡禾、刘林平、万向东等:《城市化进程中的农民工:来自珠江三角洲的研究》,社会科学文献出版社 2009 年版。

[19] 查尔斯·蒂利:《社会运动,1768～2004》,世纪出版集团、上海人民出版社 2009 年版。

[20] 查尔斯·沃尔夫:《市场,还是政府——市场、政府失灵真相》,重庆出版集团、重庆出版社 2009 年版。

[21] 常凯:《劳动关系·劳动者·劳权——当代中国的劳动问题》,中国劳动出版社 1995 年版。

[22] 陈佩华、萧裕均:《沃尔玛的供应商工厂:血汗劳动》,载赵明华、赵炜、范璐璐主编:《中国劳动者维权问题研究——中国工会法 60 年与劳动法 15 年》,社会科学文献出版社 2011 年版。

[23] 程延园:《集体谈判制度研究》,中国人民大学出版社 2004 年版。

[24] 达摩达尔·N·古扎拉蒂:《计量经济学基础》(第四版,下册),费剑平等译,中国人民大学出版社 2005 年版。

[25] 戴维·米勒、韦农·波格丹诺编:《布莱克维尔政治学百科全书》,中国政法大学出版社 1992 年版。

[26] 丹尼尔·鲍威斯、谢宇:《分类数据分析的统计方法》,社会科学文献出版社 2009 年版。

[27] 杜赞奇:《文化、权力与国家》,江苏人民出版社 1995 年版。

[28] E.P. 汤普森:《英国工人阶级的形成》,译林出版社 2001 年版。

[29] 恩斯特·拉克劳、查特尔·墨菲:《领导权与社会主义的策略——走向激进民主政治》,黑龙江人民出版社 2003 年版。

[30] 恩格斯:《论权威》,载《马克思恩格斯选集(第三卷)》,人民出版社 1995 年版。

[31] 恩格斯:《英国工人阶级状况》,人民出版社 1956 年版。

[32] 弗兰克·道宾:《经济社会学的比较与历史分析方法》,载斯梅尔瑟、斯威德伯格主编:《经济社会学手册(第二版)》,华夏出版社 2009 年版。

[33] 弗兰克·杜宾、约翰·萨顿、约翰·迈耶、W. 理查德·斯科特:《平等机会法律和内部劳动力市场的建构》,载张永宏主编:《组织社会学的新制度主义学派》,世纪出版集团、上海人民出版社 2007 年版。

[34] 高文书、黎熙:《善待劳动者的转折点》,载蔡昉主编:《刘易斯转折点及其政策挑战》,社会科学文献出 2007 年版。

[35] 傅高义:《先行一步:改革中的广州》,广东人民出版社 1991 年版。

[36] 广东省 1% 人口抽样调查领导小组办公室:《2005 年广东省 1% 人口抽样调查资料》,中国统计出版社 2008 年版。

[37] 国际工会联合会香港联络处:《本田及中国汽车零部件制造业罢工的政治经济学分析》,载郑广怀、朱健刚主编:(IHLO)《公共生活评论(第二辑)》,中国社会科学出版社 2011 年版。

[38] 国家统计局:《2006 年中国统计年鉴》,中国统计出版社 2006 年版。

[39] 国家统计局:《2010 年中国统计年鉴》,中国统计出版社 2010 年版。

[40] 国家统计局人口和就业统计司:《2006 年中国人口统计年鉴》,中国统计出版社 2006 年版。

[41] 国家统计局人口和就业统计司:《2010 年中国人口统计年鉴》,中国统计出版社 2010 年版。

[42] 国家统计局人口和就业统计司、人力资源和社会保障部规划财务司(编):《中国劳动统计年鉴 2008》,中国统计出版社 2008 版。

[43] H. 孟德拉斯:《农民的终结》,社会科学文献出版社 2005 年版。

[44] 哈里·布雷弗曼:《劳动与垄断资本》,商务印书馆 1978 年版。

[45] 哈特利·迪安:《社会政策学十讲》,岳经纶等译,格致出版社、上海人民出版社 2009 年版。

[46] 胡锦涛:《高举中国特色社会主义伟大旗帜 为夺取全面建设小康社会新胜利而奋斗——在中国共产党第十七次全国代表大会上的报告》,人民出版社 2007 年版。

[47] 华尔德:《共产党社会的新传统主义——中国工业中的工作环境和权力结构》,龚小夏译,牛津大学出版社 1996 年版。

[48] 怀默霆:《中国的社会不平等和社会分层》,孙慧民译,载边燕杰主编:《市场转型与社会分层——美国社会学者分析中国》,生活·读书·新知三联书店 2002 年版。

[49] 黄静文:《三星化或是中国化?三星电子在中国的劳动关系》,载《全球化下的亚洲跨国企业劳工:抗争的图像》,台湾社会研究杂志 2010 年版。

[50] 黄亚生:《改革时期的外国直接投资》,新星出版社 2005 年版。

［51］黄宗智：《华北的小农经济与社会变迁》，中华书局1986年版。

［52］黄宗智：《长江三角洲小农家庭与乡村发展》，中华书局2000年版。

［53］J. 罗斯·埃什尔曼：《家庭导论》，中国社会科学出版社1991年版。

［54］吉登斯：《现代性的后果》，田禾译，译林出版社2000年版。

［55］加拉格尔：《全球化与中国劳工政治》，郁建兴、肖扬东译，浙江人民出版社2010年版。

［56］江苏省人口抽样调查领导小组办公室：《2005年江苏省1%人口抽样调查资料》，中国统计出版社2006年版。

［57］江泽民：《加快改革开放和现代化建设步伐　夺取有中国特色社会主义事业的更大胜利——在中国共产党第十四次全国代表大会上的报告》，人民出版社1992年版。

［58］江泽民：《高举邓小平理论伟大旗帜，把建设有中国特色社会主义事业全面推向二十一世纪——在中国共产党第十五次全国代表大会上的报告》，人民出版社1997年版。

［59］江泽民：《全面建设小康社会，开创中国特色社会主义事业新局面——在中国共产党第十六次全国代表大会上的报告》，人民出版社2002年版。

［60］具海根：《韩国工人——阶级形成的文化与政治》，社会科学文献出版社2004年版。

［61］卡尔·波兰尼：《大转型：我们时代的政治与经济起源》，浙江人民出版社2007年版。

［62］坎贝尔·R·麦克南、斯坦利·L·布鲁、大卫·A·麦克菲逊：《当代劳动经济学》，人民邮电出版社2006年版。

［63］赖因哈德·西德尔：《家庭的社会演变》，商务印书馆1996年版。

［64］劳伦斯·汉密尔顿：《应用STATA做统计分析》，郭志刚等译，重庆大学出版社2008年版。

［65］理查德·B·弗里曼、詹姆斯·L·梅多夫：《工会是做什么的？美国经验》，陈耀波译，北京大学出版社2011年版。

［66］理查德·斯格特：《组织理论》，华夏出版社2002年版。

［67］李丹：《理解农民中国：社会科学哲学的案例研究》，凤凰出版传媒集团、江苏人民出版社2008年版。

［68］李怀印：《华北村治——晚清和民国时期的国家与乡村》，中华书局2008年版。

［69］李静君：《中国工人阶级的转型政治》，载李友梅、孙立平、沈原主编：《当代中国社会分层：理论与实证》，社会科学文献出版社2006年版。

[70] 李中清、王丰:《人类的四分之一:马尔萨斯的神话与中国的现实(1700～2000)》,生活·读书·新知三联书店2000年版。

[71] 林南:《社会资本:关于社会结构与行动的理论》,张磊译,上海人民出版社2004年版。

[72] 林语堂:《吾国与吾民》,中国戏剧出版社1990年版。

[73] 刘林平、孙中伟等:《劳动权益:珠三角农民工状况报告》,湖南人民出版社2011年版。

[74] 刘林平、万向东:《制度短缺与劳工短缺》,社会科学文献出版社2007年版。

[75] 刘易斯:《二元经济论》,施炜、谢兵、苏玉宏译,北京经济学院出版社1989年版。

[76] 鲁道夫·冯·耶林:《为权利而斗争》,胡宝海译,中国法制出版社2004年版。

[77] 马丁·怀特:《工人作用的演变》,载张敏杰主编:《中国的第二次革命——西方学者看中国》,商务印书馆2001年版。

[78] 马克思:《德意志意识形态》,载《马克思恩格斯全集》(第三卷),人民出版社1965年版。

[79] 马克思:《雇佣劳动与资本》,载《马克思恩格斯选集》(第一卷),人民出版社1972年版。

[80] 马克思:《资本论》(第二卷),人民出版社1972年版。

[81] 马克思:《哲学的贫困》,载《马克思恩格斯全集》(第四卷),人民出版社1965年版。

[82] 马克思:《1844年经济学——哲学手稿》,人民出版社1979年版。

[83] 马克思:《资本论》(第一卷),人民出版社1975年版。

[84] 马克思:《资本论》(第一卷),人民出版社1990年版。

[85] 马克思:《资本论》(第一卷),人民出版社2004年版。

[86] 马克思、恩格斯:《共产党宣言》,载《马克思恩格斯选集》(第一卷),人民出版社1972年版。

[87] 马克斯·韦伯:《经济与社会》,商务印书馆1998年版。

[88] 马克斯·韦伯:《新教伦理与资本主义精神》,生活·读书·新知三联书店1987年版。

[89] 玛丽·E·加拉格尔:《全球化与中国劳工政治》,浙江出版联合集团、浙江人民出版社2010年版。

[90] 马若孟:《中国农民经济》,江苏人民出版社1999年版。

［91］迈可·布若威：《制造甘愿——垄断资本主义劳动过程的历史变迁》，群学出版有限公司 2005 年版。

［92］迈克尔·布若威：《制造同意——垄断资本主义劳动过程的变迁》，李荣荣译，商务印书馆 2008 年版。

［93］曼瑟尔·奥尔森：《集体行动的逻辑》，上海三联书店、上海人民出版社 1995 年版。

［94］毛泽东：《论十大关系》，《关于正确处理人民内部矛盾的问题》，载《毛泽东著作选读》（下册），人民出版社 1986 年版。

［95］倪志伟：《市场转型理论：国家社会主义由再分配到市场》，载边燕杰主编：《市场转型与社会分层——美国社会学者分析中国》，生活·读书·新知三联书店 2002 年版。

［96］农民工权益文件汇编编写组：《农民工权益文件汇编》，机械工业出版社 2010 年版。

［97］潘毅：《中国女工：新兴打工阶级的呼唤》，明报出版有限公司 2007 年版。

［98］裴宜理：《上海罢工——中国工人政治研究》，江苏人民出版社 2001 年版。

［99］彭慕兰：《大分流：欧洲、中国及现代世界经济的发展》，凤凰出版传媒集团江苏人民出版社 2008 年版。

［100］皮埃尔·卡赫克：《劳动经济学》，上海财经大学出版社 2007 年版。

［101］卜正民、格力高利·布鲁：《中国与历史资本主义》，新星出版社 2005 年版。

［102］罗伯特·亚当斯：《培力、参与、社会工作》，陈秋山译，心理出版社股份有限公司 2010 年版。

［103］罗伯特·麦克纳布和保罗·瑞安，《劳动力市场分割理论》，载大卫·桑普斯福特、泽弗里斯·桑纳托斯主编：《劳动经济学前沿问题》，中国税务出版社、北京腾图电子出版社 2000 年版。

［104］上海市统计局、国家统计局上海调查总队：《2007 年上海统计年鉴》，中国统计出版社 2008 年版。

［105］沈原：《市场、阶级与社会：转型社会学的关键议题》，社会科学文献出版社 2007 年版。

［106］施坚雅：《中国农村的市场和社会结构》，中国社会科学出版社 1998 年版。

［107］施坚雅：《中华帝国晚期的城市》，中华书局 2000 年版。

[108] 斯蒂芬·E·巴坎：《犯罪学：社会学的理解》，秦晨等译，上海人民出版社 2011 年版。

[109] 斯蒂格利茨：《经济学》（上册），中国人民大学出版社 1997 年版。

[110] 斯科特：《农民的道义经济学：东南亚的反叛与生存》，程立显等译，译林出版社 2001 年版。

[111] 斯科特：《弱者的武器》，郑广怀、张敏、何江穗译，译林出版社 2007 年版。

[112] 苏黛瑞：《在中国城市中争取公民权》，王春光、单丽卿译，浙江人民出版社 2009 年版。

[113] 泰罗：《科学管理原理》，中国社会科学出版社 1984 年版。

[114] W. 古德：《家庭》，社会科学文献出版社 1986 年版。

[115] W. 理查德·斯格特：《组织理论》，华夏出版社 2002 年版。

[116] 王锋和安德鲁.梅森，《中国经济转型过程中的人口因素》，载劳伦·勃兰特、托马斯·罗斯基编：《伟大的中国经济转型》，格致出版社、上海人民出版社 2009 年版。

[117] 王国斌：《转变的中国：历史变迁与欧洲经验的局限》，凤凰出版传媒集团、江苏人民出版社 2008 年版。

[118] 汪和建：《现代经济社会学》，南京大学出版社 1993 年版。

[119] 王振寰、方孝鼎：《国家机器、劳工政策与劳工运动》，载陈信行主编：《工人开基祖》，唐山出版社 2010 年版。

[120] 温铁军：《中国农村基本经济制度研究："三农"问题的世纪反思》，中国经济出版社 2000 年版。

[121] 沃尔夫冈·施特雷克：《劳工市场与工业社会学》，载斯梅尔瑟、斯威德柏格主编：《经济社会学手册》（第 2 版），华夏出版社 2009 年版。

[122] 谢国雄：《纯劳动：台湾劳动体制诸论》，中央研究院社会学研究所筹备处 1997 年版。

[123] 谢宇：《改革时期中国城市居民收入不平等的地区差异》，载谢宇著：《社会学方法与定量研究》，社会科学文献出版社 2006 年版。

[124] 谢增毅：《劳动法的比较与反思》，社会科学文献出版社 2011 年版。

[125] 亚伯拉罕·马斯洛：《动机与人格》，许金生等译，中国人民大学出版社 2007 年版。

[126] 亚当·斯密：《国富论》，唐日松译，华夏出版社 2005 年版。

[127] 雅诺什·科尔奈：《短缺经济学》，张晓光、李振宁、黄卫平等译，经济科学出版社 1986 年版。

[128] 雅诺什·科尔奈:《社会主义体制——共产主义政治经济学》,中央编译出版社 2007 年版。

[129] 约翰·穆勒:《政治经济学原理及其在社会哲学上的若干应用(上卷)》,朱泱、赵荣潜、桑炳彦译,商务印书馆 1991 年版。

[130] 杨小凯:《发展经济学:超边际与边际分析》,社会科学文献出版社 2003 年版。

[131] 伊万·塞勒尼、凯瑟琳·贝克特、劳伦斯·P·金:《社会主义经济体制》,载伊万·塞勒尼等著:《新古典社会学的想象力》,社会科学文献出版社 2010 年版。

[132] 岳经纶:《中国的社会保障建设回顾与前瞻》,东方出版中心 2009 年版。

[133] 岳经纶:《转型期的中国劳动问题与劳动政策》,东方出版中心 2011 年版。

[134] 詹姆斯·科尔曼:《社会理论的基础》,社会科学文献出版社 2008 年版。

[135] 赵冈:《中国传统农村的地权分配》,新星出版社 2006 年版。

[136] 赵冈、陈钟毅:《中国经济制度史论》,新星出版社 2006 年版。

[137] 赵冈、陈钟毅:《中国土地制度史》,新星出版社 2006 年版。

[138] 赵紫阳:《沿着有中国特色的社会主义道路前进——在中共十三大上的报告》,人民出版社 1988 年版。

[139] 浙江省 1% 人口抽样调查领导小组、浙江省统计局人口和社会科技统计处:《2005 年浙江省 1% 人口抽样调查资料》,中国统计出版社 2006 年版。

[140] 郑功成:《从企业保障到社会保障——中国社会保障制度变迁与发展》,中国劳动社会保障出版社 2009 年版。

[141] 中共中央文献研究室:《陈云传》,中央文献出版社 2005 年版。

[142] 周雪光:《组织社会学十讲》,社会科学文献出版社 2003 年版。

[143] 朱国宏主编:《社会学视野里的经济现象》,四川人民出版社 1998 年版。

[144] 朱柔若:《社会变迁中的劳工问题》,扬智文化事业股份有限公司 1998 年版。

(二)期刊论文

[145] 蔡昉:《劳动力无限供给时代的结束》,载《金融经济》2008 年第 2 期。

[146] 蔡昉:《人口转变、人口红利与刘易斯转折点》,载《经济研究》

2010 年第 4 期。

[147] 蔡昉：《刘易斯转折点与公共政策方向的转变——关于中国社会保护的若干特征性事实》，载《中国社会科学》2010 年第 6 期。

[148] 蔡昉：《中国"三农"政策的 60 年经验与教训》，载《广东社会科学》2009 年第 6 期。

[149] 蔡昉、都阳、王美艳：《户籍制度与劳动力市场保护》，载《经济研究》2001 年第 12 期。

[150] 蔡禾：《从"底线型"利益到"增长型"利益——农民工利益诉求的转变与劳资关系秩序》，载《开放时代》2010 年第 9 期。

[151] 蔡禾、李超海、冯建华：《利益受损农民工的利益抗争行为研究——基于珠三角企业的调查》，载《社会学研究》2009 年第 1 期。

[152] 蔡旭昶、严国萍、任泽涛：《社会组织在流动人口管理服务中的作用——基于浙江省慈溪市和谐促进会的研究》，载《经济社会体制比较》2011 年第 5 期。

[153] 常凯：《WTO、劳工标准与劳工权益保障》，载《中国社会科学》2002 年第 1 期。

[154] 常凯：《论中国团结权立法及其实施》，载《当代法学》2007 年第 1 期。

[155] 常凯：《赋权给新产业工人》，载《中国改革》2010 年第 9 期。

[156] 常凯：《关于罢工合法性的法律分析——以南海本田罢工为案例的研究》，载《战略与管理》2010 年第 7/8 期。

[157] 常凯、邱婕：《中国劳动关系转型与劳动法治重点——从〈劳动合同法〉实施三周年谈起》，载《探索与争鸣》2011 年第 10 期。

[158] 陈峰：《集体权利的缺位：中国工人的困境》，载《21 世纪》（双月刊）2008 年第 106 号。

[159] 陈维真、凌冲：《关注城市外来干涉劳务工的问题——来自深圳外来劳务工发展状况的调查报告》，载《中国青年政治学院院报》2004 年第 4 期。

[160] 陈映芳：《"农民工"：制度安排与身份认同》，载《社会学研究》2005 年第 3 期。

[161] 崔红志：《对把进城农民工纳入城市社会养老保险体制的认识》，载《中国农村经济》2003 年第 3 期。

[162] 戴卫东、王杰：《农民工权益保障的绩效与问题——基于安徽省农民工状况的调查》，载《安徽商贸职业技术学院学报》2005 年第 4 期。

[163] 邓莉雅、王金红：《中国 NGO 生存与发展的制约因素——以广东番

禺打工族文书处理服务部为例》，载《社会学研究》2004 年第 2 期。

[164] 邓曲恒：《城镇居民与流动人口的收入差异——基于 Qaxaca-Blinder 和 Quantile 方法的分解》，载《中国人口科学》2007 年第 2 期。

[165] 邓秀华：《长沙、广州两市农民工政治参与问卷调查分析》，载《政治学研究》2009 年第 2 期。

[166] 邓智平：《融入城市的仪式——麦当劳消费对青年民工的意义》，载《青年探索》2006 年第 5 期。

[167] 邸敏学：《关于现阶段我国非公有制企业劳动者地位的若干思考》，载《马克思主义研究》2007 年第 5 期。

[168] 丁守海：《最低工资管制的就业效应分析——兼论〈劳动合同法〉的交互影响》，载《中国社会科学》2010 年第 1 期。

[169] 杜世卫、方佩芬：《农民工维权的"义乌模式"》，载《中共浙江省委党校学报》2006 年第 5 期。

[170] 都阳、王美艳：《中国最低工资制度的实施及其效果》，载《中国社会科学院研究生院学报》2008 年第 6 期。

[171] 都阳、屈小博：《劳动合同法与企业劳动力成本——基于珠三角地区外向型制造业企业的调查与分析》，载《山东经济》2010 年第 3 期。

[172] 都阳、王美艳：《中国最低工资制度的实施状况及其效果》，载《中国社会科学院研究生院学报》2008 年第 6 期。

[173] 段成荣、梁宏：《我国流动儿童状况》，载《人口研究》2004 第 1 期。

[174] 段成荣、杨舸：《我国流动儿童最新状况——基于 2005 年全国 1% 人口抽样调查数据的分析》，载《人口学刊》2008 年第 6 期。

[175] 段成荣、杨舸：《中国农村留守女童状况研究》，载《妇女研究论丛》2008 年第 6 期。

[176] 费平：《深圳市农民工社会保险制度》，载《中国劳动》2006 年第 10 期。

[177] 冯钢：《企业工会的"制度性弱势"及其形成背景》，载《社会》2006 年第 3 期。

[178] 符平：《青年农民工的城市适应：实践社会学研究的发现》，载《社会》2006 年第 2 期。

[179] 符平、唐有财：《倒"U"型轨迹与新生代农民工的社会流动——新生代农民工的流动史研究》，载《浙江社会科学》2009 年第 12 期。

[180] 傅运来：《1999 年韩国工伤事故统计》，载《工业安全与防尘》2001 第 4 期。

[181] 甘满堂：《"工荒"：高离职率与无声的抗争——对当前农民工群体阶级意识的考察》，载《中国农业大学学报（社会科学版）》2010 年第 4 期。

[182] 高文书：《进城农民工就业状况及收入影响因素分析——以北京、石家庄、沈阳、无锡和东莞为例》，载《中国农村经济》2006 年第 1 期。

[183] 高颖：《农村富余劳动力的供需变动及分析》，载《人口研究》2008 年第 5 期。

[184] 共青团佛山市委员会：《沿海经济发达地区外来务工青年的特点与需求——来自广东省佛山市的调查分析》，载《广东青年干部学院学报》2004 第 2 期。

[185] 关怀：《六十年来我国劳动法的发展与展望》，载《法学杂志》2009 年第 12 期。

[186] 龚强：《最低工资制在完全与不完全市场中的影响——一个理论分析框架》，载《南开经济研究》2010 年第 1 期。

[187] 顾海英、史清华、程英、单文豪：《现阶段"新二元结构"问题缓解的制度与政策——基于上海外来农民工的调研》，载《管理世界》2011 年第 11 期。

[188] 郭良春、姚远、杨变云：《流动儿童的城市适应性研究——对北京市一所打工子弟学校的个案调查》，载《青年研究》2005 年第 3 期。

[189] 郭维家、蒋晓平、雷洪：《社会资本与新生代农民工市民化》，载《青年探索》2008 年第 2 期。

[190] 国务院中国农民工问题研究总报告起草组：《中国农民工问题研究总报告》，载《改革》2006 年第 5 期。

[191] 韩克庆：《农民工社会流动研究：以个案访谈为例》，载《中国人民大学学报》2006 年第 6 期。

[192] 何勤、王飞鹏：《劳动合同法实施后企业用工成本的增量分析与应对措施》，载《中国劳动关系学院学报》2009 年第 5 期。

[193] 何一鸣、罗必良：《政府监督博弈、企业协约权利管制与农民工雇佣权益保护——以〈劳动合同法〉为例》，载《中国农村经济》2011 年第 6 期。

[194] 洪芳：《劳动合同、劳动用工之于劳动关系建立的意义》，载《社科纵横》2011 年第 7 期。

[195] 胡建国、刘金伟：《私营企业劳资关系治理中的工会绩效》，载《中国劳动关系学院学报》2006 年第 3 期。

[196] 胡晓红：《社会记忆中的新生代农民工自我身份认同困境》，载《中国青年研究》2008 年第 9 期。

[197] 黄乾：《工作转换对城市农民工收入增长的影响》，载《中国农村经济》2010 年第 9 期。

[198] 黄岩：《代工产业中的劳工团结：以兴达公司员工委员会试验为例》，载《社会》2008 年第 4 期。

[199] 黄岩：《农民工赋权与跨国网络的支持——珠三角地区农民工组织调查》，载《调研世界》2008 年第 5 期。

[200] 黄岩：《全球化、跨国倡议网络与农民工保护》，载《经济学家》2009 年第 1 期。

[201] 黄岩：《市民社会、跨国倡议与中国劳动体制转型的新议题——以台兴工人连锁罢工事件为例分析》，载《开放时代》2011 年第 3 期。

[202] 黄子惠、陈维清：《香港建筑业工伤事故住院病人调查分析》，载《中华流行病学杂志》2002 年第 1 期。

[203] 黄祖辉、宋瑜：《对农村妇女外出务工状况的调查与分析——以在杭州市农村务工妇女为例》，载《中国农村经济》2005 年第 9 期。

[204] 黄祖辉、许昆鹏：《农民工及其子女的教育问题与对策》，载《浙江大学学报》2006 年第 4 期。

[205] 黄宗智：《制度化了的"半工半耕"过密型农业（上）》，载《读书》2006 年第 2 期。

[206] 简新华、黄锟：《中国农民工最新生存状况研究——基于 765 名农民工调查数据的分析》，载《人口研究》2007 年第 6 期。

[207] 焦亚波：《青年农民工主观生活质量满意度评价分析》，载《兰州学刊》2009 年第 6 期。

[208] 雷万鹏、杨帆：《对留守儿童问题的基本判断与政策选择》，载《教育研究与实验》2009 年第 2 期。

[209] 雷佑新、雷红：《论农民工劳动合同缺失的成因及解决思路》，载《经济体制改革》2005 年第 4 期。

[210] 李浩昇：《善待与接纳：对昆山市农民工市民化经验的解读》，载《人口研究》2008 年第 6 期。

[211] 李奎成、唐丹、卢迅文：《不同群体工伤职工流行病学及再就业情况调查》，载《中国康复医学杂志》2006 年第 1 期。

[212] 李培林：《流动民工的社会网络和社会地位》，载《社会学研究》1996 年第 4 期。

[213] 李培林、李炜：《近年来农民工的经济状况和社会态度》，载《中国社会科学》2010 年第 1 期。

［214］李培林、李炜：《农民工在中国转型中的经济地位和社会态度》，载《社会学研究》2007 年第 3 期。

［215］李强：《关于城市农民工的情绪倾向及社会冲突问题》，载《社会学研究》1995 年第 4 期。

［216］李强：《影响中国城乡流动人口的推力与拉力因素分析》，载《中国社会科学》2003 年第 1 期。

［217］李强、唐壮：《城市公民工与城市中的非正规就业》，载《社会学研究》2002 年第 6 期。

［218］李群、吴晓欢、米红：《中国沿海农民工社会保险的实证研究》，载《中国农村经济》2005 年第 3 期。

［219］李涛：《新生代农民工市民化问题的社会学分析》，载《长春理工大学学报（社会科学版）》2009 年第 9 期。

［220］李伟东：《新生代农民工的城市适应研究》，载《北京社会科学》2009 年第 4 期。

［221］李雄、刘山川：《劳动用工制度改革视野下劳动合同制度的贡献与不足》，载《西北工业大学学报》2012 年第 3 期。

［222］李轩红：《我国农民工社会养老保险困境及对策研究》，载《山东社会科学》2010 年第 4 期。

［223］李艳红：《新闻报道常规与弱势社群的公共表达——广州城市报纸（2000～2002）对"农民工"报道的量化分析》，载《中山大学学报（社会科学版）》2007 年第 2 期。

［224］梁宏、任焰：《流动，还是留守？——农民工子女流动与否的决定因素分析》，载《人口研究》2010 年第 2 期。

［225］蔺秀云、王硕、张曼云、周冀：《流动儿童学业表现的影响因素——从教育期望、教育投入和学习投入角度分析》，载《北京师范大学学报（社会科学版）》2009 年第 5 期。

［226］刘传江：《新生代农民工的特点、挑战与市民化》，载《人口研究》2009 年第 2 期。

［227］刘传江、程建林：《第二代农民工市民化：现状分析与进程测度》，载《人口研究》2008 年第 9 期。

［228］刘传江、程建林：《双重"户籍墙"对农民工市民化的影响》，载《经济学家》2009 年第 10 期。

［229］刘传江、程建林：《养老保险"便携性损失"与农民工养老保障制度研究》，载《中国人口科学》2008 年第 4 期。

[230] 刘传江、董延芳：《农民工的隐性失业——基于农民工受教育年限和职业学历要求错配的研究》，载《人口研究》2007 年第 6 期。

[231] 刘传江、赵颖智、董延芳：《不一致的意愿与行动：农民工群体性事件参与探悉》，载《中国人口科学》2012 年第 2 期。

[232] 刘传江、周玲：《社会资本与农民工的城市融合》，载《人口研究》2004 年 9 月。

[233] 刘程、邓蕾、黄春桥：《农民进城务工经历对其家庭生活消费方式的影响——来自湖北、四川、江西三省的调查》，载《青年研究》2004 年第 7 期。

[234] 刘翠霄：《进城务工人员的社会保障问题》，载《法学研究》2005 年第 2 期。

[235] 刘东：《也论权利不对称情况下的劳动契约运行机制——兼与梁东黎教授商榷》，载《探索与争鸣》2006 年第 8 期。

[236] 刘辉、周慧文：《农民工劳动合同低签订率问题的实证研究》，载《中国劳动关系学院学报》2007 年第 3 期。

[237] 刘可为：《对农民工问题的调查与思考》，载《中国青年研究》2006 年第 1 期。

[238] 刘林平：《试论"家庭型经济组织"及其特点》，载《社会学研究》1987 年第 3 期。

[239] 刘林平：《外来人群体中的关系运用——以深圳"平江村"为个案》，载《中国社会科学》2001 年第 5 期。

[240] 刘林平：《交往与态度：城市居民眼中的农民工——对广州市民的问卷调查》，载《中山大学学报（社会科学版）》2008 年第 2 期。

[241] 刘林平、陈小娟：《制度合法性压力与劳动合同签订——对珠三角农民工劳动合同的定量研究》，载《中山大学学报（社会科学版）》2010 年第 1 期。

[242] 刘林平、郭志坚：《企业性质、政府缺位、集体协商与外来女工的权益保障》，载《社会学研究》2004 年第 6 期。

[243] 刘林平、万向东、王翊：《二元性、半合法性、松散性和农民工问题》，载《中山大学学报》2005 年第 2 期。

[244] 刘林平、雍昕、舒玢玢：《劳动权益的地区差异——基于对珠三角和长三角地区外来工的问卷调查》，载《中国社会科学》2011 年第 2 期。

[245] 刘林平、张春泥：《农民工工资：人力资本、社会资本、企业制度还是社会环境？——珠江三角洲农民工工资的决定模型》，载《社会学研究》2007 年第 6 期。

[246] 刘林平、张春泥、陈小娟：《农民的效益观与农民工的行动逻辑——

对农民工超时加班的意愿与目的分析》，载《中国农村经济》2010 年第 9 期。

[247] 刘林平、郑广怀、孙中伟：《劳动权益与精神健康——基于对长三角和珠三角外来工的问卷调查》，载《社会学研究》2011 年第 4 期。

[248] 刘能：《越轨社会学视角下的青少年犯罪》，载《青年研究》2003 年第 11 期。

[249] 刘霞：《流动儿童的歧视知觉及与自尊的关系》，载《心理科学》2010 年第 3 期。

[250] 刘渝琳、刘明：《重庆市农民工生活质量现状及影响因素分析》，载《中国人口科学》2009 年第 2 期。

[251] 罗蓉、罗澍：《进城务工农民社会保险制度设计的因素分析——以成都的实践为例》，载《人口研究》2005 年第 2 期。

[252] 罗霞、王春光：《新生代农村流动人口的外出动因与行动选择》，载《浙江社会科学》，2003 年第 1 期。

[253] 罗小兰：《我国劳动力市场买方垄断条件下最低工资就业效应分析》，载《财贸研究》2007 年第 4 期。

[254] 罗小兰：《我国最低工资标准农民工就业效应分析——对全国、地区及行业的实证研究》，载《财经研究》2007 年第 11 期。

[255] 罗小兰、丛树海：《基于攀比效应的中国企业最低工资标准对其他工资水平的影响》，载《统计研究》2009 年第 6 期。

[256] 罗志辉、甘巧林：《广东省外来劳动力与 GDP 增长的互动关系研究》，载《热带地理》2006 年第 1 期。

[257] 雷佑新、雷红：《论农民工劳动合同缺失的成因及解决思路》，载《经济体制改革》2005 年第 4 期。

[258] 林毅夫：《"三农"问题与我国农村的未来发展》，载《农业经济问题》，2003 年第 1 期。

[259] 陆文聪、李元龙：《农民工健康权益问题的理论分析：基于环境公平的视角》，载《中国人口科学》2009 年第 3 期。

[260] 陆学艺：《发展变化中的中国农业、农村与农民》，载《中国社会科学院研究生院学报》2006 年第 4 期。

[261] 娄跃：《浙江省农民工调查情况》，载《浙江统计》2005 年第 4 期。

[262] 马晓波：《劳动力异质性与中国最低工资标准的就业效应分析》，载《经济与管理》2010 年第 11 期。

[263] 毛丹：《赋权、互动与认同：角色视角中城郊农民市民化问题》，载《社会学研究》2009 年第 4 期。

[264] 煤矿等高危行业农民工安全培训督查调研组：《煤矿等高危行业农民工安全培训督查调研报告》，载《调查研究》2006 第 10 期。

[265] 潘寄青、谭海燕、李娜：《新生代农民工城乡转移及就业路径探析》，载《当代青年研究》，2009 年第 2 期。

[266] 潘毅：《阶级的失语与发声——中国打工妹研究的一种理论视角》，载《开放时代》2005 年第 2 期。

[267] 潘毅、卢晖临、严海蓉、陈佩华、萧裕均、蔡禾等：《农民工：未完成的无产阶级化》，载《开放时代》2009 年第 6 期。

[268] 潘毅、任焰：《国家与农民工：无法完成的无产阶级化》，载《21 世纪双月刊》2008 年第 107 期。

[269] 庞文：《武汉市农民工的基本状况及其权益保护调查》，载《社会》2003 年第 8 期。

[270] 亓昕：《建筑业欠薪机制的形成与再生产分析》，载《社会学研究》2011 年第 5 期。

[271] 齐心：《延续与建构：新生代农民工的社会网络》，载《江苏行政学院学报》2007 年第 3 期。

[272] 齐美胜：《社会资本与农村"80 后"外出务工的动因》，载《青年研究》2008 年第 2 期。

[273] 钱雪飞：《进城农民工消费的实证研究——南京市 578 名农民工的调查与分析》，载《南京社会科学》2003 年第 9 期。

[274] 钱雪飞：《代差视角下第二代农民工城乡迁移个人风险成本的实证研究》，载《中国青年研究》2009 年第 6 期。

[275] 秦晖：《农民流动、城市化、劳工权益与西部开发——当代中国市场经济与公民权问题》，载《浙江学刊》2002 年第 1 期。

[276] 任焰、潘毅：《跨国劳动过程的空间政治：全球化时代的宿舍劳动体制》，载《社会学研究》2006 年第 4 期。

[277] 任焰、潘毅：《宿舍劳动体制：劳动控制与抗争的另类空间》，载《开放时代》2006 年第 3 期。

[278] 任焰、梁宏：《资本主导与社会主导——"珠三角"农民工居住状况分析》，载《人口研究》2009 年第 2 期。

[279] 任远、陈春林：《农民工收入的人力资本回报与加强对农民工的教育培训研究》，载《复旦学报（社会科学版）》2010 年第 6 期。

[280] 沈原：《社会转型与工人阶级的再形成》，载《社会学研究》2006 年第 2 期。

[281] 施磊磊：《青年农民工"闪婚"现象的动因探析》，载《青年研究》2008 年第 12 期。

[282] 石其昌、章健民、徐方忠、费立鹏、许毅、傅永利、顾卫、周夏江、王淑敏、张澄和俞敏：《浙江省 15 岁及以上人群精神疾病流行病学调查》，载《中华预防医学杂志》2005 年第 39 卷第 4 期。

[283] 沈小革：《广州市外来人员子女教育模式的社会学分析》，载《青年研究》2004 年第 11 期。

[284] 四川调查总队课题组：《四川农民工社会保障状况调查》，载《四川省情》2006 年第 1 期。

[285] 舒仁华：《青年农民工婚变行为的社会学解读》，载《中国青年研究》2008 年第 9 期。

[286] 宋洪远、黄华波、刘光明：《关于农村劳动力流动的政策问题分析》，载《管理世界》2002 年第 5 期。

[287] 孙中伟、舒玢玢：《最低工资标准与农民工工资——基于珠三角的实证研究》，载《管理世界》2011 年第 8 期。

[288] 孙中伟、杨肖锋：《脱嵌型雇佣关系与农民工离职意愿——基于长三角和珠三角的问卷调查》，载《社会》2012 年第 3 期。

[289] 孙中伟、雍昕：《2009 年珠三角外来工劳动权益状况调查与分析——兼与 2008 年调查相比较》，载《南方人口》2010 年第 3 期。

[290] 田丰：《城市工人与农民工的收入差距研究》，载《社会学研究》2010 年第 2 期。

[291] 谭深：《中国农村留守儿童研究述评》，载《中国社会科学》2011 年第1 期。

[292] 唐灿：《性骚扰：城市外来女民工的双重身份与歧视》，载《社会学研究》1996 年第 4 期。

[293] 佟新：《劳工政策与劳工研究的四种理论视角》，载《云南民族大学学报（哲学社会科学版）》2008 年第 5 期。

[294] 托马斯·R·贝茨：《葛兰西与霸权理论》，载《马克思主义与现实》2005 年第 5 期。

[295] "外来农民工"课题组：《珠江三角洲外来农民工状况》，载《中国社会科学》1995 年第 4 期。

[296] 万向东：《农民工非正式就业的进入条件与效果》，载《管理世界》2008 年第 1 期。

[297] 万向东、刘林平、张永宏：《工资福利、权益保障与外部环境——珠

三角与长三角外来工的比较研究》，载《管理世界》2006年第6期。

［298］万向东、孙中伟：《农民工工资剪刀差及其影响因素的初步探索》，载《中山大学学报（社会科学版）》2011年第3期。

［299］宛恬伊：《新生代农民工的居住水平与住房消费——基于代际视角的比较分析》，载《中国青年研究》2010年第5期。

［300］王春光：《新生代农村流动人口的社会认同与城乡融合的关系》，载《社会学研究》2001年第3期。

［301］王春光：《新生代农村流动人口的外出动因与行为选择》，载《中国党政干部论坛》2002年第7期。

［302］王春光：《农民工：一个正在崛起的新工人阶层》，载《学习与探索》2005年第1期。

［303］王春光：《农村流动人口的"半城市化"问题研究》，载《社会学研究》2006年第5期。

［304］王美艳：《农民工工资拖欠状况研究——利用劳动力调查数据进行的实证分析》，载《中国农村观察》2006年第6期。

［305］王美艳：《城市劳动力市场上的就业机会与工资差异——外来劳动力就业与报酬研究》，载《中国社会科学》2005年第5期。

［306］王宁：《消费与认同——对消费社会学的一个分析框架的探索》，载《社会学研究》2001年第1期。

［307］王宁、严霞：《两栖消费与两栖认同——对广州市J工业区服务业打工妹身体消费的质性研究》，载《江苏社会科学》2011年第4期。

［308］王水珍、刘成斌：《流动与留守——从社会化看农民工子女的教育选择》，载《青年研究》2007年第1期。

［309］王小章：《从"生存"到"承认"：公民权视野下的农民工问题》，载《社会学研究》2009年第1期。

［310］王兴周：《新生代农民工的群体特性探析》，载《广西民族大学学报（哲学社会科学版）》2008年第7期。

［311］王毅杰、王开庆、韩允：《市民对流动儿童的社会距离研究》，载《深圳大学学报（人文社会科学版）》2009年第6期。

［312］王毅杰、史晓浩：《流动儿童与城市社会融合：理论与现实》，载《南京农业大学学报（社会科学版）》2010年第2期。

［313］王毅杰、史秋霞：《流动儿童社会认同的策略性选择》，载《社会科学研究》2010年第1期。

［314］王元璋：《农民工待遇市民化探析》，载《人口与经济》2004年第

2 期。

[315] 王涤：《关于流动人口子女教育问题的调查》，载《中国人口科学》2004 年第 4 期。

[316] 汪和建：《就业歧视与中国城市的非正式经济部门》，载《南京大学学报》1998 年第 1 期。

[317] 汪国华：《两代农民工文化适应的逻辑比较与实证研究》，载《西北人口》2009 年第 5 期。

[318] 汪国华：《生活意义的再造：新生代农民工日常行为的仪式化研究》，载《中国青年研究》2010 年第 4 期。

[319] 汪明：《农民工子女就学问题与对策》，载《教育研究》2004 年第 2 期。

[320] 危旭芳：《加拿大的劳动关系管理：经验与借鉴》，载《中国城市经济》2012 年第 12 期。

[321] 魏晨：《新生代农民工的身份认同问题研究——以徐州地区为例》，载《经济与社会发展》2006 年第 12 期。

[322] 魏文彪：《平等赋权比农民工日更重要》，载《江苏农村经济》2008 年第 1 期。

[323] 魏立华、闫小培：《中国经济发达地区城市非正式移民聚居区——"城中村"的形成与演进：以珠江三角洲诸城市为例》，载《管理世界》2005 年第 8 期。

[324] 韦伟、傅勇：《城乡收入差距与人口流动模型》，载《中国人民大学学报》2004 年第 6 期。

[325] 文军：《农民市民化：从农民到市民的角色转型》，载《华东师范大学学报（哲学社会科学版）》2004 年第 3 期。

[326] 吴红宇、谢国强：《新生代农民工的特征、利益诉求及角色变迁——基于东莞塘厦镇的调查分析》，载《南方人口》2006 年第 2 期。

[327] 吴敬琏：《农村剩余劳动力转移与三农问题》，载《宏观经济研究》2002 年第 6 期。

[328] 吴新慧：《关注流动人口子女的社会融入状况——"社会排斥"的视角》，载《社会》2004 年第 9 期。

[329] 吴霓：《民办农民工子女学校设置标准的政策困境及解决措施》，载《教育研究》2010 年第 1 期。

[330] 吴维平：《寄居大都市：京沪两地流动人口住房现状分析》，载《社会学研究》2002 年第 3 期。

[331] 吴忠民：《当前改善我国劳动政策的思路与对策》，载《教学与研究》2009 年第 2 期。

[332] 夏纪军：《人口流动性、公共收入与支出——户籍制度变迁动因分析》，载《经济研究》2004 年第 10 期。

[333] 肖文韬：《户籍制度保护了二元劳动力市场吗》，载《中国农村经济》2004 年第 3 期。

[334] 肖云、石玉珍：《青壮年农民工社会养老保险参与倾向微观影响因素分析——对重庆市 954 名青壮年农民工的调查与分析》，载《中国农村经济》2005 年第 4 期。

[335] 谢勇：《最低工资制度在农民工就业中的落实情况及影响因素研究》，载《经济与管理》2010 年第 3 期。

[336] 谢勇：《农民工劳动权益影响因素的实证研究——以南京市为例》，载《中国人口科学》2008 年第 4 期。

[337] 谢勇、丁群晏：《农民工的劳动合同状况及其影响因素研究》，载《人口与发展》2012 年第 1 期。

[338] 信卫平：《国际金融危机与中国最低工资标准》，载《中国劳动关系学院学报》2010 年第 1 期。

[339] 许传新：《"落地未生根"——新生代农民工城市社会适应研究》，载《南方人口》2007 年第 4 期。

[340] 谢桂华：《农民工与城市劳动力市场》，载《社会学研究》2007 年第 5 期。

[341] 谢建社、牛喜霞、谢宇：《流动农民工随迁子女教育问题研究——以珠三角城镇地区为例》，载《中国人口科学》2011 年第 1 期。

[342] 谢嗣胜、姚先国：《农民工工资歧视的计量分析》，载《中国农村经济》2006 年第 4 期。

[343] 谢岳：《从"司法动员"到"街头抗议"——农民工集体行动失败的政治因素及其后果》，载《开放时代》2010 年第 9 期。

[344] 邢春冰：《农民工与城镇职工的收入差距》，载《管理世界》2008 年第 5 期。

[345] 徐印州：《珠江三角洲镇域经济初探》，载《广东商学院学报》2001 年第 4 期。

[346] 徐道稳：《农民工工伤状况及其参保意愿调查》，载《中国人口科学》2009 年第 1 期。

[347] 徐道稳：《劳动合同签订及其权益保护效应研究——基于上海等九城

市调查》，载《河北法学》2011 年第 7 期。

[348] 徐勇：《农民理性的扩张："中国奇迹"的创造主体分析——对既有理论的挑战及新的分析进路的提出》，载《中国社会科学》2010 年第 1 期。

[349] 严翅君：《长三角城市农民工消费方式的转型——对长三角江苏八城市农民工消费的调查研究》，载《江苏社会科学》2007 年第 3 期。

[350] 严维石：《劳动合同特征及其行为经济学研究》，载《中央财经大学学报》2011 年第 2 期。

[351] 严善平：《城市劳动力市场中的人员流动及其决定机制——兼析大城市的新二元结构》，载《管理世界》2006 年第 8 期。

[352] 杨立雄：《农民工社会保护问题研究》，载《中国人民大学学报》2006 年第 6 期。

[353] 杨立雄：《全球化、区位竞争与农民工社会保护》，载《经济学家》2007 年第 6 期。

[354] 杨天宇：《城市化对我国城市居民收入差距的影响》，载《中国人民大学学报》2005 年第 4 期。

[355] 杨雪冬：《风险社会理论反思：以中国为参考背景》，载《绿叶》2009 年第 8 期。

[356] 杨正喜：《珠三角以农民工为劳动者的劳资关系模式》，载《中国劳动关系学院学报》2008 年第 1 期。

[357] 杨菊华：《从隔离、选择融入到融合：流动人口社会融入问题的理论思考》，载《人口研究》2009 年第 1 期。

[358] 杨菊华：《对新生代流动人口的认识误区》，载《人口研究》2010 年第 2 期。

[359] 杨菊华：《流动人口在流入地社会融入的指标体系——基于社会融入理论的进一步研究》，载《人口与经济》2010 年第 2 期。

[360] 杨菊华、段成荣：《农村地区流动儿童、留守儿童和其他儿童教育机会比较研究》，载《人口研究》2008 年第 1 期。

[361] 杨廷忠、黄丽、吴贞一：《中文健康问卷在中国大陆人群心理障碍筛选的适宜性研究》，载《中华流行病学杂志》2003 年第 9 期。

[362] 姚建平：《农民工的社会养老保险参与问题》，载《天水行政学院学报》2008 年第 5 期。

[363] 姚俊：《农民工参加不同社会养老保险意愿及其影响因素研究——基于江苏五地的调查》，载《中国人口科学》2010 年第 3 期。

[364] 姚先国、赖普清：《中国劳资关系的城乡户籍差异》，载《经济研究》

615

2004 年第 7 期。

　　[365] 姚裕群、陆学彬：《中小企业劳动者签订书面劳动合同的影响因素研究》，载《东岳论丛》2010 年第 8 期。

　　[366] 叶静怡、周晔馨：《社会资本转换与农民工收入——来自北京农民工调查的证据》，载《管理世界》2010 年第 10 期。

　　[367] 叶敬忠、王伊欢、张克云、陆继霞：《父母外出务工对留守儿童生活的影响》，载《中国农村经济》2006 年第 1 期。

　　[368] 殷娟、姚兆余：《新生代农民工身份认同及影响因素分析——基于长沙市农民工的抽样调查》，载《湖南农业大学学报（社会科学版）》2009 年第 6 期。

　　[369] 雍岚、孙博、张冬敏：《西部地区从业农民工社会养老保险需求的影响因素分析——基于西安市农民工的调查》，载《西北人口》2007 年第 6 期。

　　[370] 俞德鹏：《外地劳动力分类管理制度的不合理性》，载《中国农村经济》2000 年第 11 期。

　　[371] 俞可平：《新移民运动、公民身份与制度变迁——对改革开放以来大规模农民工进城的一种政治学解释》，载《经济社会体制比较》2010 年第 1 期。

　　[372] 于丽敏、王国顺：《东莞农民工消费结构的灰色关联度分析》，载《当代经济研究》2010 年第 5 期。

　　[373] 余晓敏：《经济全球化背景下的劳工运动：现象、问题与理论》，载《社会学研究》2006 年第 3 期。

　　[374] 余晓敏：《跨国公司行为守则与中国外资企业劳工标准——一项"跨国-国家-地方"分析框架下的实证研究》，载《社会学研究》2007 年第 5 期。

　　[375] 余晓敏、潘毅：《消费社会与"新生代打工妹"主体性再造》，载《社会学研究》2008 年第 3 期。

　　[376] 袁晓娇、方晓义、刘杨、李芷若：《教育安置方式与流动儿童城市适应现状的关系研究》，载《北京师范大学学报（社会科学版）》2009 年第 5 期。

　　[377] 袁晓娇、方晓义、刘杨、蔺秀云、邓林园：《流动儿童社会认同的特点、影响因素及其作用》，载《教育研究》2010 年第 3 期。

　　[378] 袁志刚、封进、张红：《城市劳动力供求与外来劳动力就业政策研究——上海的例证及启示》，载《复旦学报》2005 年第 5 期。

　　[379] 原新、韩靓：《多重分割视角下外来人口就业与收入歧视分析》，载《人口研究》2009 年第 1 期。

　　[380] 岳经纶：《农民工的社会保护：劳动政策的视角》，载《中国人民大学学报》2006 年第 6 期。

农民工权益保护理论与实践研究

[381] 岳经纶、屈恒：《非政府组织与农民工权益的维护——以番禺打工族文书处理服务部为个案》，载《中山大学学报》2007年第3期。

[382] 苑会娜：《进城农民工的健康与收入——来自北京市农民工调查的证据》，载《管理世界》2009年第5期。

[383] 宗成峰、朱启臻：《农民工生存状况实证分析——对南昌市897位样本农民工的调查与分析》，载《中国农村观察》2007年第1期。

[384] 翟学伟：《社会流动与关系信任——也论关系强度与农民工的求职策略》，载《社会学研究》2003年第1期。

[385] 章元、高汉：《城市二元劳动力市场对农民工的户籍与地域歧视——以上海市为例》，载《中国人口科学》2011年第5期。

[386] 张春泥、刘林平：《网络的差异性和求职效果——农民工利用关系求职的效果研究》，载《社会学研究》2008年第4期。

[387] 张绘、龚欣、尧浩根：《流动儿童学校选择的影响因素及其政策含义》，载《人口与经济》2011年第2期。

[388] 张晶：《趋同与差异：合法性机制下的消费转变——基于北京地区青年女性农民工消费的实证研究》，载《中国青年研究》2010年第6期。

[389] 张静：《义乌外来工为什么愿意使用法律》，载《江苏行政学院学报》2010年第3期。

[390] 张文宏、雷开春：《城市新移民社会融合的结构、现状与影响因素分析》，载《社会学研究》2008年第5期。

[391] 张汝立：《社会支持网与农转工人员的再边缘化》，载《中国农村观察》2003年第4期。

[392] 张兴华：《对外来工的政策歧视：效果评价与根源探讨》，载《中国农村经济》2000年第11期。

[393] 张霞：《城市劳动力市场二元分割与外来农业户籍劳动者社会保障权益缺失》，载《中国社会科学院研究生院学报》2007年第2期。

[394] 张衔：《我国现阶段罢工的性质、原因与政策建议》，载《中国社会科学（内部文稿）》2011年第1期。

[395] 张杨、崔利军、栗克清、江琴普、孙秀丽、高良会、韩彦超、李建峰、刘永桥、严保平、吕华、杨保丽：《增补后的一般健康问卷在精神疾病流行病学调查中的应用》，载《中国心理卫生杂志》2008年第3期。

[396] 张永宏：《地方治理的政治-制度视角：以农民工保护政策执行为例》，载《中山大学学报》2009年第1期。

[397] 赵东辉、王金涛、吕晓宇、陆裕良：《高风险行业农民工社会保障现

状调查》，载《半月谈》2006 年第 15 期。

[398] 赵芳：《"新生代"，一个难以界定的概念——以湖南省青玄村为例》，载《社会学研究》2003 年第 6 期。

[399] 赵晔琴：《"居住权"与市民待遇：城市改造中的"第四方群体"》，载《社会学研究》2008 年第 2 期。

[400] 赵树凯：《边缘化的基础教育——北京外来人口子弟学校的初步调查》，载《管理世界》2000 年第 5 期。

[401] 赵西萍、刘玲、张长征：《员工离职倾向影响因素的多变量分析》，载《中国软科学》2003 年第 3 期。

[402] 赵延东、王奋宇：《城乡流动人口的经济地位获得及决定因素》，载《中国人口科学》2002 年第 4 期。

[403] 张龙、刘洪：《高管团队中垂直对人口特征差异对高管离职的影响》，载《管理世界》2009 年第 4 期。

[404] 张勉、李树苗：《雇员主动离职心理动因模型评述》，载《心理科学进展》2002 年第 3 期。

[405] 张勉、张德、李树苗：《IT 企业技术员工离职意图路径模型实证研究》，载《南开管理评论》2003 年第 4 期。

[406] 张玉波：《民营企业如何赢得忠诚经理人》，载《中国劳动》2001 年第10 期。

[407] 张正堂、赵曙明：《欠发达地区企业知识员工异地离职动因的实证研究：以苏北地区为例》，载《管理世界》2007 年第 8 期。

[408] 张志胜：《脱根与涅槃——新生代女民工的市民化释读》，载《中国青年研究》2007 年第 1 期。

[409] 张杨、崔利军、栗克清、江琴普、孙秀丽、高良会等：《增补后的一般健康问卷在精神疾病流行病学调查中的应用》，载《中国心理卫生杂志》2008 年第3 期。

[410] 张咏梅、肖敏霞：《农民工的生活与消费——对兰州市进城务工人员的调查分析》，载《西北人口》2008 年第 5 期。

[411] 郑秉文：《改革开放 30 年中国流动人口社会保障的发展与挑战》，载《中国人口科学》2008 年第 5 期。

[412] 郑功成：《中国流动人口的社会保障问题》，载《理论视野》2007 年第6 期。

[413] 郑功成、黄黎若莲：《中国农民工问题：理论判断与政策思路》，载《中国人民大学学报》2006 年第 6 期。

［414］郑广怀：《伤残农民工：无法被赋权的群体》，载《社会学研究》2005 年第 3 期。

［415］郑广怀：《劳工权益与安抚型国家——以珠江三角洲农民工为例》，载《开放时代》2010 年第 5 期。

［416］郑广怀：《迈向对员工精神健康的社会学理解》，载《社会学研究》2010 年第 6 期。

［417］郑广怀、孙中伟：《劳动法执行中的"次标准"——基于 2006 ~ 2010 年对珠江三角洲农民工的调查》，载《社会科学》2011 年第 12 期。

［418］郑思齐、廖俊平、任荣荣、曹洋：《农民工住房政策与经济增长》，载《经济研究》2011 年第 2 期。

［419］郑英隆：《中国农民工弱信息能力初探》，载《经济学家》2005 年第 5 期。

［420］郑英隆、王勇：《劳动合约：新型工业化进程中的农民工问题研究》，载《经济评论》2008 年第 1 期。

［421］郑莜婷、王珺：《关系网络与雇主机会主义行为的实证研究》，载《中国工业经济》2006 年第 5 期。

［422］钟笑寒：《劳动力流动与工资差异》，载《中国社会科学》2006 年第 1 期。

［423］中央教育科学研究所教育发展研究部课题组：《进城务工就业农民子女接受义务教育的政策措施研究》，载《教育研究》2007 年第 4 期。

［424］中央教育科学研究所课题组：《进城务工农民随迁子女教育状况调研报告》，载《教育研究》2008 年第 4 期。

［425］周大鸣：《广州"外来散工"的调查与分析》，载《社会学研究》1994 年第 4 期。

［426］周皓、巫锡炜：《流动儿童的教育绩效及其影响因素：多层次线性模型分析》，载《人口研究》2008 年第 4 期。

［427］周皓：《流动儿童的心理状况与发展——基于"流动儿童发展状况跟踪调查"的数据分析》，载《人口研究》2010 年第 2 期。

［428］周皓：《流动人口社会融合的测量及理论思考》，载《人口研究》2012 年第 3 期。

［429］周静华、赵阳：《"80 后"农民工消费意识转变探究》，载《三农问题》2009 年第 7 期。

［430］周林刚：《地位结构、制度身份与农民工集体消费——基于深圳市的实证分析》，载《中国人口科学》2007 年第 4 期。

[431] 周小虎、马莉：《企业社会资本、文化取向与离职意愿——基于本土化心理学视角的实证研究》，载《管理世界》2008年第6期。

[432] 周旭霞：《断层：新生代农民工市民化的经济架构——基于杭州新生代农民工的调研》，载《中国青年研究》2011年第9期。

[433] 朱力：《农民工阶层的特征与社会地位》，载《南京大学学报》2003年第6期。

[434] 朱力、吴炜：《农民工的社会保险状况与影响因素分析——基于江苏省调查数据》，载《学海》2012年第2期。

[435] 周国良：《劳动合同法影响用工成本实证测算》，载《中国劳动》2009年第7期。

[436] 邹泓、屈智勇、张秋凌：《中国九城市流动儿童发展与需求调查》，载《青年研究》2005年第2期。

（三）报纸

[437] 陈强、孙晶：《中西部劳务大省与沿海地区展开夺人大战》，载《羊城晚报》，2011年2月18日。

[438] 陈荣炎、胡珊霞、南公宣：《一路砍伤六女子 行凶男子坠楼亡》，载《新快报》，2010年5月17日，http：//epaper. xkb. com. cn/view. php？id = 506779。

[439] 韩长赋：《谈关于"90后"农民工》，载《人民日报》，2010年2月8日。

[440] 江宜航：《和谐促进会促和谐》，载《中国经济时报》，2008年4月21日，第007版。

[441] 李建平：《流动的孩子哪上学——流动人口子女教育探讨》，载《中国教育报》1995年1月21日。

[442] 李小平：《如何看待劳动力大量潜在过剩下的民工荒》，载《21世纪经济报道》，2009年8月31日，http：//www. 21cbh. com/HTML/2009 - 8 - 31/HTML_0OV17PCJAS9E. html。

[443] 林洁：《广州未成年人犯罪外来工子女占多数》，载《羊城晚报》2009年4月28日。

[444] 刘志毅、杨继斌：《富士康"八连跳"自杀之谜》，载《南方周末》，2010年5月12日，http：//www. infzm. com/content/44878/1。

[445] 郭加奇：《劳工权益缺保障农民工用脚投票选老板》，载《工人日报》，2004年10月21日。

[446] 古国真、粤仁宣：《广东评选百家和谐劳动关系先进企业》，载《深

圳商报》，2010 年 10 月 20 日。

［447］饶德宏、韦星、刘辉龙、黎明、寇金明、成希、卫学军：《凉山童工像白菜般在东莞买卖》，载《南方都市报》，2008 年 4 月 28 日。

［448］施晓红：《政府在劳动关系中的定位：从直接干预到间接干预》，载《中国经济时报》，2008 年 8 月 8 日。

［449］田国垒、吉玲：《他们的青春如何安放?》，载《中国青年报》，2010年 5 月 21 日，http：//zqb. cyol. com/content/2010 - 05/21/content_3242356. htm。

［450］王亚宏：《中国成功的秘诀就在中国人身上——专访诺丁汉大学当代中国学学院院长姚树洁教授》，载《参考消息》，2009 年 10 月 8 日。

［451］薛兆丰：《最低工资法不可取》，载《21 世纪经济报道》，2004 年 1 月18 日。

［452］杨进、胡键、岳宗、符信、粤仁宣：《广东隆重表彰和谐劳动关系先进企业》，载《广州日报》，2011 年 1 月 19 日。

［453］杨鹏：《中国社会当前的主要矛盾是什么》，载《中国青年报》，2005年 11 月 16 日，http：//news. xinhuanet. com/comments/2005 - 11/16/content _3786474. htm。

［454］赵科、王迪：《村级和谐促进会助建新家园——慈溪目前有 47 个村已建立或正在筹建村级和谐促进会》，载《宁波日报》，2006 年 10 月 15 日。

［455］中国人权研究会：《什么是发展权》，载《人民日报》，2005 年 5 月20 日。

（四）其他文献

［456］广州市穗港澳青少年研究所：《增城外来务工青年需求及现状调查报告》，2011 年 9 月 6 日，未刊稿。

［457］《国务院办公厅转发农业部等部门 2003～2010 年全国农民工培训规划的通知》（国办发〔2003〕79 号）。

［458］《国务院关于解决农民工问题的若干意见》（国发〔2006〕5 号发布）、《国务院办公厅关于进一步做好农民工培训工作的指导意见》（国办发〔2010〕11号）。

［459］国家统计局：《2009 年农民工监测报告》，中国国家统计局网，2010年 3 月 19 日，http：//www. stats. gov. cn/tjfx/fxbg/t20100319_402628281. htm。

［460］国家统计局：《2010 年中国国内生产总值（GDP）397 983 亿元约合6. 04 万亿美元》，中国金融网，2011 年 1 月 21 日，http：//www. zgjrw. com/News/2011121/home/484173410200. shtml。

［461］国家统计局：《2011 年我国农民工调查监测报告》，2012 年，http：//www．stats．gov．cn/tjfx/fxbg/t20120427_402801903．htm。

[462] 国家统计局：《中华人民共和国 2011 年国民经济和社会发展统计公报》，2012 年，http：//www．gov．cn/gzdt/2012 - 02/22/content_2073982．htm。

[463] 国务院：《关于解决农民工问题的若干意见》，中华人民共和国中央人民政府门户网，2006 年 3 月 27 日，http：//www．gov．cn/jrzg/2006 - 03/27/content_237644．htm。

[464] 惠州市总工会：《惠州市职工群体性事件情况报告》，百度网，2010 年 6 月 1 日，http：//wenku．baidu．com/view/1db2755f312b3169a451a460．html。

[465] 胡锦涛：《在 2010 年全国劳动模范和先进工作者表彰大会上的讲话》，中国网，2010 年 4 月 27 日，http：//www．china．com．cn/news/txt/2010 - 04/27/content_19920608．htm。

[466] 江苏省统计局：《2008 年江苏农民工现状简析》，2009 年，http：//www．jssb．gov．cn/jstj/fxxx/tjfx/200904/t20090416_109192．htm。

[467] 江苏省人力资源和社会保障厅：《关于开展 2010 年农民工劳动合同签订"春暖行动"的通知》，2010 年，http：//www．js．lss．gov．cn/wswqzx/zcfg/201003/t20100304_61065．html。

[468] 劳动和社会保障部课题组：《农民工问题调查：农民工工资和劳动保护》，2006 年，http：//politics．people．com．cn/GB/1026/4220783．html。

[469] 劳动和社会保障部法制司：《农民工维权手册（2006）》，2006 年，http：//www．cixi．gov．cn/art/2008/7/17/art_19970_174642．html。

[470] "两岸三地"高校富士康调研组：《"两岸三地"高校富士康调研总报告》，2010 年，http：//down．tech．sina．com．cn/content/49003．html。

[471] 平新乔：《民营企业中的劳工关系》，2005 年，http//www．ccer．pku．edu/download/4231 - 1．pdf。

[472] 全国总工会：《2010 年地方劳动争议案件数量呈上升趋势》，网易网，2010 年 9 月 2 日，http：//news．163．com/10/0902/17/6FJGCIVS000146BC．html。

[473] 腾讯网：《2010 年中国人均 GDP 不足 4500 美元排世界第 94 位》，2011 年 5 月 29 日，http：//news．qq．com/a/20110529/000508．htm。

[474] 人力资源社会保障部：《全国已有 30 个省份调整最低工资标准》，经济观察网，2010 年 10 月 22 日，http：//www．eeo．com．cn/Politics/by_region/2010/10/22/183479．shtml。

[475] 乌梦达、王攀：《古驰虐工追踪：劳务派遣成逃责挡箭牌》，2011 年，http：//www．foods1．com/content/1289928/。

[476] 温家宝：《第十一届全国人大三次会议政府工作报告》，新华网，2010

年 3 月 5 日，http：//news. xinhuanet. com/politics/2010 - 03/05/content_13102646. htm。

［477］中国社会科学院社会学所课题组：《农民工流动对儿童的影响课题报告》，2008 年，未出版。

［478］《中华人民共和国劳动法》http：//www. chinaacc. com/new/63/73/127/2007/7/wa880832093770026371 - 0. htm。

二、英文部分

［1］ Abelson M. A.. Examination of Avoidable and Unavoidable Turnover. *Journal of Applied Psychology*，1987，Vol. 72（3）.

［2］ Abowd J. M.，Francis K. and David M. N.. Minimum Wages and Employment in France and the United States. *CEPR Discussion Papers*，1999，No. 2159.

［3］ Agenor P. R. and Aizenman J.. Macroeconomic Adjustment with Segmented Labor Markets. *Journal of Development Economics*，1999，Vol. 58（2）.

［4］ Agnew Robert. A Revised Strain Theory of Delinquency. *Social Forces*，1985（64）.

［5］ Agnew Robert. Pressured into Crime：An Overview of General Strain Theory. *Roxbury Publishing Company*，2006.

［6］ Alan Smart and George C. S Lin. Local Capitalism，Local Citizenship and Translocality：Rescaling from Below in the Pearl River Delta Region，China. *International Journal of Urban and Regional Research*，2007，Vol. 31，No. 2.

［7］ Althauser and Kalleberg. Firms，Occupations，and the Structure of Labor Markets：A Conceptual Analysis and Research Agenda. in Ivar Berg ed.. *Sociological Perspectives on Labor Markets*. New York：Academic Press，1981.

［8］ Amparo O. et al.. The effects of organizational and individual factors on occupational accidents. *Journal of Occupational & Organizational Psychology*，2002，75（4）.

［9］ Anita Chan. Revolution or Corporatism? Workers and Trade Unions in Post - Mao China. *The Australian Journal of Chinese Affairs*，1993，No. 29.

［10］ Anita Chan and Hong-zen Wang. The Impact of the State on Workers' Conditions Comparing Taiwanese Factories in China and Vietnam. *Pacific Affairs*，Winter，2004/2005，Vol. 77，No 4.

［11］ Bao W. N.，Ain Haas and Pi Y. J.. Life Strain，Negative Emotions and Delinquency：An Empirical Test of General Strain Theory in the People's Republic of China. *International Journal of Offender Therapy and Comparative Criminology*，2004

(48).

[12] Bao W. N., Ain Haas and Pi Y. J.. Life Strain, Coping and Delinquency in the People's Republic of China: An Empirical Test of General Strain Theory from a Matching Perspective in Social Support. *International Journal of Offender Therapy and Comparative Criminology*, 2007 (51).

[13] Barrick M. R. and M. K. Mount. Effects of Impression Management and Self-deception on the Predictive Validity of Personality Constructs. *Journal of Applied Psychology*, 1996 81 (3).

[14] Baudrillard Jean. *Selected Writings*. ed. By Mark Poster. Cambridge: Polity Press, 1988.

[15] Becker G. S.. Human Capital and the Personal Distribution of Income. W. S.. *Woytinsky Lecture*. Ann Arbor: University of Michigan, 1967, No. 1.

[16] Bell L. A.. The Impact of Minimum Wages in Mexico and Colombia. *Policy Research Working Papers*, 1999.

[17] Bhaskar T.. Minimum Wages for Ronald McDonald Monopsonies: A Theory of Monopsonistic Competition. *The Economic Journal*, 1999, Vol. 109 (455).

[18] Bian Yanjie. Bringing Strong Ties Back In: Indirect Ties, Network Bridges, and Job Searches in China. *American Sociological Review*, June, 1997, Vol. 62 No. 3.

[19] Bian Yanjie and John R. Logan. Market Transition and the Persistence of Power: The Changing Stratification System in Urban China. *American Sociological Review*, 1996, 61 (5).

[20] Blau Francine D. and Lawrence M. Kahn. Gender Differences in Pay. *The Journal of Economic Perspectives*, 2000, 14.

[21] Blossfeld Hans – Peter, Katrin Golsch and Gotz Rohwer. *Event History Analysis With Stata*. Mahwah, N. J: Erlaum, 2007.

[22] Bourdieu Pierre. *Distinction: A Social Critique of the Judgement of Taste*. trans. By Richard Nice, London: Routledge, 1984.

[23] Bowen D. E. and Lawler E. E.. The Empowerment of Service Workers: What, Why, How and When. *Sloan Management Review*, 1992, Vol. 33, No. 3.

[24] Burawoy M.. The Functions and Reproduction of Migrant Labor: Comparative Material from Southern Africa and the United States. *The American Journal of Sociology*, 1976, 81 (5).

[25] Burawoy M.. *The Politics of Production*. London: Verso, 1985.

624

[26] Bridges William P. and Wayne J. Villemez. Informal Hiring and Income in the Labor Market. *American Sociological Review*, 1986, Vol. 51, No. 4.

[27] Brown G. , Gilroy G. and Kohen A. The Effect of the Minimum Wage on Employment and Unemployment. *Journal of Economic Literature*, 1982, Vol. 20 (2).

[28] C. Cindy Fan. The State, the Migrant Labor Regime and Maiden Workers in China. *Political Geography*, 2004 (23).

[29] Cai Fang. Approaching a Triumphal Span: How Far Is China towards its Lewisian Turning Point? *UNU - WIDER Research Paper*, 2008, No. 09.

[30] Cai Fang and Dewen Wang. China's Demographic Transition: Implications for Growth. in Garnaut and Song (eds). *The China Boom and Its Discontents*. Canberra: Asia Pacific Press, 2005.

[31] Cao Yang and Chiungyin Hu. Gender and Job Mobility in Postsocialist China: A Longitudinal Study of Job Change in Six Coastal Cities. *Social Forces*, 2007, Vol. 85.

[32] Card D. and Krueger A. . Minimum Wages and Employment: A Case Study of the Fast - Food Industry in New Jersey and Pennsylvania. *The American Economic Review*, 1994, Vol. 84 (4).

[33] Card, D. and Krueger, A. . Time Series Minimum - Wage Studies: A Meta analysis. *The American Economic Review*, 1995, Vol. 85 (2).

[34] Chan A. . *China's Workers under Assault*. M. E. Sharpe, Armonk, 2001.

[35] Chan A. and Zhu X. . Disciplinary Labor Regimes in Chinese Factories. *Critical Asian Studies*, 2003, 35 (4).

[36] Chao Kang. *Man and land in Chinese History: An Economic Analysis*. Stanford: Stanford University, 1986.

[37] Chen F. . Individual Rights and Collective Rights: Labor's Predicament in China. *Communist and Post - Communist Studies*, 2007, 40 (1).

[38] Chen F. . Legal Mobilization by Trade Unions: The Case of Shanghai. *The China Journal*, 2004, 52.

[39] Chen W. Q. , Wong T. W. and Yu T. S. . Mental health issues in Chinese offshore oil workers. *Occupational Medicine*, 2009, 59.

[40] Ching Kwan Lee. Engendering the Worlds of Labor: Women Workers, Labor Markets and Production Politics in the South China Economic Miracle. *American Sociological Review*, Jun. , 1995, Vol. 60, No. 3.

[41] Ching Kwan Lee. From Organized Dependence to Disorganized Despotism:

Changing Labor Regimes in Chinese Factories. *China Quarterly*, 1999, Vol. 157.

[42] Chloe Froissart. Escaping from under the Party's Thumb: A Few Examples of Migrant Workers' Strivings for Autonomy. *Social research*, Spring, 2006, Vol. 73, No 1.

[43] Chris King – Chi Chan. Strike and changing workplace relations in a Chinese global factory. *Industrial Relations Journal*, 2009, Vol. 40 (1).

[44] Cohen S. G. and D. E. . Bailey. What Makes Teams Work: Group Effectiveness Research from the Shop Floor to the Executive Suite. *Journal of Management*, 1997, Vol. 23 (3).

[45] Conger J. A. and Kanungo R. N. . The Empowerment Process: Integrating Theory and Practice. *Academy of Management Review*, 1988, Vol. 13, No. 3.

[46] Corcoran Mary, Linda Datcher and Greg Duncan. Information and Influence Network in Labor Market. In G. . J. Dunncan and J. N. Morgan. Ann Arbor (eds.). *Five Thousand American Families: Patterns of Economic Progress*. MI: Institute for Social Research, 1980.

[47] Cotton J. L. and J. M. Tuttle. Employee Turnover: A Meta – Analysis and Review with Implications for Research. *Academy of Management Review*, 1986, Vol. 11 (1).

[48] Crosnoe R. . High School Curriculum Track and Adolescent Association with Delinquent Friends. *Journal of Adolescent Research*, 2002 (17).

[49] Crossley C. D. , R. J. Bennett, et al. . Development of a Global Measure of Job Embeddedness and Integration into a Traditional Model of Voluntary Turnover. *Journal of Applied Psychology*, 2007, Vol. 92 (4).

[50] Cubitt Robin P. and Shaun P. . *Hargreaves – Heap, Minimum Wage Legislation, Investment and Human Capital*. University of East Anglia, mimeo, Economics Research Centre, University of East Anglia, Norwich, UK, 1996.

[51] Cunningham G. B. , J. S. Fink and M. Sagas. Extensions and Further Examination of the Job Embeddedness Construct. *Journal of Sport Management*, 2005, Vol. 19 (3).

[52] De Haan Arjan. 'Social Exclusion': An Alternative Concept for the Study of Deprivation? . *IDS Bulletin*, 1998, 29 (1).

[53] DiMaggio Paul and Walter Powell. The Iron Cage Revisited: Institutional Isomorphism and Collective Rationality. *American Sociological Review*, 1983, 48.

[54] Doeringer and Piore. *Internal Labour Markets and manpower Analysis*. Lex-

ington, Mass: D, C. Heath, 1971.

[55] Dorothy J. Solinger. China's Urban Transients in the Transition from Socialism and the Collapse of the Communist 'Urban Public Goods Regime'. *Comparative Politics*, Jan. , 1995, Vol. 27, No. 2.

[56] Dorothy J. Solinger. The Chinese Work Unit and Transient Labor in the Transition from Socialism. *Modern China*, 1995, Vol. 21, No. 2.

[57] Dorothy J. Solinger. Citizenship Issues in China's Internal Migration: Comparisons with Germany and Japan. *Political Science Quarterly*, Autumn, 1999, Vol. 114, No. 3.

[58] Dorothy J. Solinger. *Internal Migration in Contemporary China*. ed. by Delia Davin. New York: St. Martin's Press, 2000.

[59] Dunlop John T. . *Industrial Relation Systems*. Rev. ed. Cambridge: Harvard press, 1993.

[60] Edwards R. . *Contested Terrain: The Transformation of the Workplace in the Twentieth Century*. New York: Basic Books, Inc. , 1979.

[61] Eisinger Peter K. The Conditions of Protest Behavior in American Cities. *American Political Science Review*, 1973, 67.

[62] Elder Glen H Jr. . *Children of the Great Depression*. University of Chicago Press, 1974.

[63] Elder. Age-differentiation and the Life Course. *Annual Review of Sociology*, 1975, Vol. 1.

[64] Elder. Perspectives on the Life Course. in *Life Course Dynamics: Trajectories and Transitions*, 1968 – 1980. ed. GH Elder. Ithaca. NY: Cornell Univ. Press, 1985.

[65] Elliott D. S. , Huizinga D. and Menard S. . *Multiple Problem Youth: Delinquency. Substance Use and Mental Health Problems*. New York: Springer – Verlag, 1989.

[66] Elton Mayo. *The Human Problems of an Industrial Civilization*. Macmillan, New York, 1933.

[67] Eric Florence. Migrant Workers in the Pearl River Delta Discourse and Narratives about Work as Sites of Struggle. *Critical Asian Studies*, 2007, 39 (1).

[68] Eva Schmitt – Rodermund and Rainer K. Silbereisen. The Prediction of Delinquency among Immigrant and Non – Immigrant Youth Unwrapping the Package of Culture. *International Journal of Comparative Sociology*, 2008 (49).

[69] Fang Lee Cooke. Informal employment and gender implications in China:

the nature of work and employment relations in the community services sector. *Int. J. of Human Resource Management*, August, 2006, 17 (8).

［70］ Farrington D. P. et al.. *Criminal Careers up to Age 50 and Life Success up to Age 48: New Findings from the Cambridge Study in Delinquent Development*. Home Office, 2006.

［71］ Fligstein N.. Markets as politics: A political-cultural approach to market institutions. *American Sociological Review*, 1996, 61.

［72］ Fligstein, N.. The architecture of markets. Princeton NJ: Princeton University Press, 2001.

［73］ Fones CS, Kua EH, Ng TP et al.. Studying the mental health of a nation: a preliminary report on a population survey in Singapore. *Singapore Med J*, 1998, 39.

［74］ Fraja G. D.. Minimum wage Legislation, Productivity and Employment. *Economica*, 1999, Vol. 66 (264).

［75］ Freeman Richard B. and James L. Medoff. *What Do Unions Do?*. New York: Basic Books, 1984.

［76］ Friedman A. L.. *Industry and Labour*. London: The Macmillan Press Ltd., 1977.

［77］ Gallagher Mary E.. *Contagious Capitalism: Globalization and Politics of Labor in China*. Princeton University Press, 2005.

［78］ Gerber T. P.. Getting Paid: Wage Arrears and Stratification in Russia. *American Journal of Sociology*, 2006, Vol. 111 (6).

［79］ Gospel Howard F. and Gill Palmer. *Perspectives on Industrial Relations. in British Industrial Relations*. London & New York: Routledge, 1993.

［80］ Goldberg D. P., Gater R., Sartorius N., Ustun T. B., Piccinelli M., Gureje O. and Rutter C.. The Validity of Two Versions of the GHQ in the WHO Study of Mental Illness in General Health Care. *Psychological Medicine*, 1997, Vol. 27.

［81］ Granovetter Mark. Labor mobility, internal markets and job matching: A comparison of the sociological and economic approaches. *Res. Soc. Strat. Mobil*, 1986, 5.

［82］ Granovetter Mark. The Strength of Weak Ties. *American Journal of Sociology*, 1973, Vol. 78.

［83］ Griffeth R. W., P. W. Hom and S. Gaertner. A Meta – Analysis of Antecedents and Correlates of Employee Turnover: Update, Moderator Tests, and Research Implications for the Next Millennium. *Journal of Management*, 2000, 26 (3).

［84］ Guthrie Doug. *Dragon in a Three – Piece Suit*. Princeton, NJ: Princeton

University Press, 1999.

[85] Guo S. and D. L. Hussey. Nonprobability Sampling in Social Work Research. *Journal of Social Service Research*, 2004, 30 (3).

[86] Harris J. R. and Michael P. Todaro. Migration, unemployment, and development: A two-sector analysis. *American Economic Review*, 1970, 60.

[87] Harrison Bennett and Barry Bluestone. *The Great U – Turn: Corporate Restructuring and the Polarizing of America*. New York: Basic Books, 1998.

[88] Hausman J. A.. Specification Tests in Econometrics. *Economica*, 1978, Vol. 46.

[89] Hisrchman Albert O.. *Exit, Voice and Loyalty: Responses to Decline in Firms, Organizations and States*. Cambridge, Massachusetts: Harvard University Press, 1971.

[90] Hom P. W. and R. W. Griffeth. *Employee Turnover*. Cincinnati, OH: South – Western College Publishing, 1995.

[91] Humphries B. (eds.). *Critical Perspectives on Empowerment*. Birmingham: Venture, 1996.

[92] Ingrid Nielsen, Chris Nyland, Russell Smyth, Mingqiong Zhang and Cherrie Jiuhua Zhu. Which Rural Migrants Receive Social Insurance in Chinese Cities: Evidence from Jiangsu Survey Data. *Global Social Policy*, 2005, Vol. 5.

[93] International Labour Organization. *ILO Standards-related Activities in the Area of Occupational Safety and Health: An in-depth Study for Discussion with a View to the Elaboration of a Plan of Action for such Activities*. Geneva, International Labour Office, 2003.

[94] Isabelle Thireau and Hua Linshan. The Moral Universe of Aggrieved Chinese Workers: Workers' Appeals to Arbitration Committees and Letters and Visits Offices. *The China Journal*, 2003, No. 50.

[95] Isrel Joachim. *Alienation: From Marx to Modern Sociology*. Boston: Allyn & Bacon, 1971.

[96] Jacob Mincer. *Schooling, Experience and Earning*. New York: Columbia University Press, 1974.

[97] Jaeyoun Won. Post-socialist China: Labour relations in Korean-managed factories. *Journal of Contemporary Asia*, August, 2007, Vol. 37, No. 3.

[98] James G. March and Johan P. Olsen. The New Institutionalism: Organizational Factors in Political Life. *The American Political Science Review*, 1984, 78.

［99］ Jeff Manza and Michael A. McCarthy. The Neo – Marxist Legacy in American Sociology. *Annual Review of Sociology*, 2011, Vol. 37.

［100］ Joni Reef et al. . Predicting Adult Violent Delinquency: Gender Differences Regarding the Role of Childhood Behaviour. *European Journal of Criminology*, 2011 (8).

［101］ J. W. Creswell and V. L. Plano Clark. *Designing and Conducting Mixed Methods Research*. Sage Publications, Inc. , 2007.

［102］ Kam Wing Chan and Li Zhang. The Hukou System and Rural – Urban Migration in China: Processes and Changes. *The China Quarterly*, Dec. , 1999, No. 160.

［103］ Katz L. F. and Krueger A. B. . The Effect of the Minimum Wage on the Fast-food Industry. *Industrial and Labor Relation Review*, 1992, Vol. 46 (1).

［104］ Kaufman Bruce E. . Labor Markets and Employment Regulation: The View of the 'old' Institutionalists. In *Government Regulation of the Employment Relationship*. Kaufman, Bruce E. (ed.). Ithaca. New York: ILR Association, 1997.

［105］ Keister Lisa A. . Exchange Structures in Transition: Lending and Trade Relations in Chinese Business Groups. *American Sociological Review*, 2001, 66.

［106］ Keynes. *The Democratic Class Struggle*. London: Routledge, 1983

［107］ Knight John and Linda Yueh. Job Mobility of Residents and Migrants in Urban China. *Journal of Comparative Economics*, 2004, Vol. 32.

［108］ Korenman Sanders and Susan C. Turner. Employment Contacts and Minority – White Wage Differences. *Industrial Relations*, 1996, Vol. 35, No. 1.

［109］ Kouvonen A. , Oksanen T. , Vahtera J. , Stafford M. , Wilkinson R. , Schneider J. , Vaananen A. , Virtanen M. , Cox S. J. , Pentti J. , Elovainio M. and Kivimaki M. . Low Workplace Social Capital as a Predictor of Depression: The Finnish Public Sector Study. *American Journal of Epidemiology*, 2008, 167 (10).

［110］ Laaksone M. , Rahkonen O. , Martikainen P. and Lahelma E. . Associations of Psychosocial Working Conditions with Self-rated General Health and Mental Health among Municipal Employees. *International Archives of Occupational and Environmental Health*, 2006, 79.

［111］ Lauby Jennifer and Oded Stark. Individual migration as a family strategy: Young women in the Philippines. *Population Studies*, 1988, 42.

［112］ Lee C. K. . From the Specter of Mao to the Spirit of the Law: Labor Insurgency in China. *Theory and Society*, 2002, 31.

[113] Lee C. K.. Engendering the Worlds of Labor: Women Workers, Labor Markets and Production Politics in the South China Economic Miracle. *American Sociological Review*, 1995, 60 (3).

[114] Lee C. K.. *Gender and the South China Miracle: Two Worlds of Factory Women*. Berkeley, CA: University of California Press, 1998.

[115] Lee T. W. , T. R. Mitchell et al.. The Effects of Job Embeddedness on Organizational Citizenship, Job Performance, Volitional Absences and Voluntary Turnover. *The Academy of Management Journal*, 2004, Vol. 47, No. 5.

[116] Lei Guang. Guerrilla Workfare: Migrant Renovators, State Power and Informal Work in Urban China. *Politics & Society*, September, 2005, Vol. 33, No 3.

[117] Leslie T. Chang. *Factory girls: from village to city in a changing china*. Spiegel & Grau Press, 2008.

[118] Li L. , Wang H. , Ye X. , Jiang M. , Lou Q. and Hesketh T.. The Mental Health Status of Chinese Rural-urban Migrant Workers: Comparison with Permanent Urban and Rural Dwellers. *Social Psychiatry and Psychiatric Epidemiology*, 2007, 42.

[119] Lin Nan. Local Market Socialism: Local Corporatism in Action in Rural China. *Theory and Society*, 1995, Vol. 24, No. 3.

[120] Lin Nan. *Social Resources and Instrumental Action. Social Structure and Network Analysis*. ed. by Peter Marsden and Nan Lin. Beverly Hills, CA: Sage Publications, Inc. , 1982.

[121] Maertz C. P. and R. W. Griffeth. Eight Motivational Forces and Voluntary Turnover: A Theoretical Synthesis with Implications for Research. *Journal of Management*, 2004, 30 (5).

[122] Makowska Z. , Merecz D. , Mościcka A. and Kolasa W.. The Validity of General Health Questionnaires. in Mental Health Studies of Working People. *International Journal Of Occupational Medicine And Environmental Health*, 2002, Vol. 15 (4).

[123] Manning A.. How Do We Know that Real Wages Are too High? . *Quarterly Journal of Economics*, 1995, Vol. 110.

[124] March J. G. and H. A. Simon. *Organizations*. Oxford: Wiley, 1958.

[125] Marshall Thomas H.. *Class, Citizen and Social Development*. Garden City, N. Y. : Doubleday, 1964.

[126] Mary E Gallagher. Mobilizing the Law in China: 'informed Disenchantment' and the Development of Legal Consciousness. *Law & Society Review*, 2006, 40

（4）.

［127］ Mary E Gallagher. *Contagious Capitalism*：*Globalization and the Politics of Labour in China*. unpublished PhD dissertation. Princeton，NJ，Princeton University，2001.

［128］ Massey Douglas S.，Joaquin Arango，Graeme Hugo，Ali Kouaouci，Adela Pellegrino and J. Edward Taylor. Theories of International Migration：A Review and Appraisal. *Population and Development Review*，1993，19.

［129］ Mayer Karl Ulrich and Glenn R. Carroll. Jobs and Classes：Structural Constraints on Career Mobility. *European Sociological Review*，May，1987，Vol. 3，No. 1.

［130］ Meyer John W. and Brian Rowan. Institutionalized Organizations：Formal Structure as Myth and Ceremony. *American Journal of Sociology*，1977，83.

［131］ Michael Burawoy. The Politics of Production：Factory Regimes Under Capitalism and Socialism. The Thetford Press. 1985.

［132］ Michael K. Hui，Kevin Au. And Henry Fock. Empowerment Effects across Cultures Source. *Journal of International Business Studies*，Jan.，2004，Vol. 35，No. 1.

［133］ Michael Kearney. From the Invisible Hand to Visible Feet：Anthropological Studies of Migration and Development. *Annual Review of Anthropology*，1986，Vol. 15.

［134］ Michael Haralambos，Martin Holborn and Robin Heald. *Sociology*：*Themes and Perspectives*. London：Harper Collins Publishers Limited，2000.

［135］ Mitchell Terence. R.，Brooks C. Holtom et al.. Why People Stay：Using Job Embeddedness to Predict Voluntary Turnover. *The Academy of Management Journal*，2001，44（6）.

［136］ Mincer. Human Capital and the Labor Market：a Review of Current Research. *Educational Researcher*，1989，18（5）.

［137］ Mincer J.. *Schooling Experience and Earnings*. New York：Columbia University Press，1974.

［138］ Mkandawire – Valhmu L.. Suffering in Thought：An Analysis of the Mental Health Needs of Female Domestic Workers Living with Violence in Malawi. *Issues in Mental Health Nursing*，2010，31.

［139］ Mobley W. H.. Intermediate Linkages in the Relationship between Job Satisfaction and Employee Turnover. *Journal of Applied Psychology*，1977，Vol. 62（2）.

［140］ Muntaner C.，Eaton W. W. and Diala C. C.. Social Inequalities in Mental

Health: A Review of Concepts and Underlying Assumptions. *Health*, 2000, 4 (1).

[141] Nakao M. and Yano E.. A Comparative study of Behavioural, Physical and Mental Health Status between Term-limited and Tenure-tracking Employees in a Population of Japanese male Researchers. *Public Health*, 2006, 120.

[142] Nee Victor. Organizational Dynamics of Market Transition: Hybrid Forms, Property Rights, and Mixed Economy in China. *Administrative Science Quarterly*, 1992, 37.

[143] Neumark D. and Wascher W. L.. *Minimum Wages*. Cambridge, Massachusets: The Massachusets Institute of Technology Press, 2008.

[144] Oi Jean C.. Fiscal Reform and the Economic Foundations of Local State Corporatism in China. *World Politcis*, 1986, Vol. 45, No. 1.

[145] Olson Mancur. The Political Economy of Comparative Growth Rates. in Dennis C. Mueller ed.. *The Political Economy of Growth* . New Haven: Yale University Press, 1983.

[146] O'Rand Angela M. and Margaret L Kreker. Concepts of the Life Cycle: Their History, Meanings and Uses in the Social Sciences. *Annual Review of Sociology*, 1990, 16.

[147] Osterman P.. *Internal Labour Markets* . Cambridge, Mass: Mit Press, 1984.

[148] Paisley C. J.. Labor Union Effects on Wage Gains: a Survey of Recent Literature. *Journal of Economic Literature*, 1980, Vol. 18 (1).

[149] Parslow R. A., Jorm A. F., Christensen H., Broom D. H., Strazdins L. and Souza R. M. D.. The Impact of Employee Level and Work Stress on Mental Health and GP Service Use: an Analysis of a Sample of Australian Government Employees. *BMC Public Health*, 2004, 4 (41).

[150] Peng Yusheng. Chinese Villages and Townships as Industrial Corporations: Ownership, Governance and Market Discipline. *American Journal of Sociology*, 2001, 106.

[151] Piore M. J.. The Dual Labour Market: Theory and Applications. in R. Barringer and S. H. Beer (eds). *The State and the Poor*. Cambridge, Mass: Winthrop, 1970.

[152] Price J. L.. Reflections on the Determinants of Voluntary Turnover. *International Journal of Manpower*, 2001. Vol. 22 (7).

[153] Price J. L.. *The Study of Turnover*. Iowa State University Press, 1977.

633

[154] Plaisier I. , de Bruijn J. G. M. , de Graaf R. , ten Have M. , Beekman A. T. F. , Penninx B. W. J. H. . The Contribution of Working Conditions and Social Support to the Onset of Depressive and Anxiety Disorders among Male and Female Employees. *Social Science & Medicine*, 2007, 64.

[155] Pun Ngai. *Made In China: Women Factory Workers in a Global Workplace*. North Carolina: Duke University Press, 2005.

[156] Pun Ngai and Lu Huilin. Unfinished Proletarianization: Self, Anger and Class Action among the Second Generation of Peasant – Workers in Present – Day China. *Modern China*, 2010, 36 (5).

[157] Ralf Dahrendorf. *Class and Class Conflict in Industrial Society*. Stanford University Press, 1959.

[158] Regier DA, Boyd JH, Burke JD Jr, et al. . One-month prevalence of mental disorders in the United States: Based on five Epidemiologic Catchment Area sites. *Arch Gen Psychiatry*, 1988, 45.

[159] Reich Michael, David M. Gordon, Richard C. Edwards. A Theory of Labor Market Segmentation. *The American Economic Review*, 1973, Vol. 63.

[160] Richman J. A. , Rospenda K. M. , Nawyn S. J. , Flaherty J. A. , Fendrich M. , Drum M. L. and Johtison T. P. . Sexual Harassment and Generalized Workplace Abuse Among University Employees: Prevalence and Mental Health Correlates. *American Journal of Public Health*, 1999, 89 (3).

[161] Riley M. W. , Johnson M. E. and Foner A. . Aging and Society. *A Sociology of Age Stratification*. New York: Sage, 1972, Vol. 3.

[162] Ronald Burt. *Structural Holes: The Social Structure of Competition*. Cambridge, Mass: Harvard University Press, 1992.

[163] Rosenfeld R. A. . Job Mobility and Career Processes. *Annual Review of Sociology*, 1992, Vol. (18).

[164] Ryder Norman. The Cohort as a Concept in the Study of Social Change. *American Sociological Review*, 1965, 30: 843 – 61.

[165] Salgani M. J. and D. D. Heckathorn. Sampling and Estimation in Hidden Populations using respondent driven sampling. *Sociological Methodology*, 2004, 34.

[166] Saunders Peter. *Social Theory and the Urban Question*. London: Routledge, 1986.

[167] Schultz T. . Investment in Human Capital. *The American Economic Review*, 1961, Vol. 51, No. 3.

［168］ Schultz T. . *The Economic Value of Education*. New York： Columbia University Press，1961.

［169］ Scott James C. . *The Moral Economy of the Peasant：Rebellion and Subsistence in Southeast Asia*. New Haven： Yale University Press，1976.

［170］ Seeman. On the Meaning of Alienation. *American Sociological Review*，1959，24.

［171］ Seeman. Alienation Studies. *Annual Review of Sociology*，1975，1.

［172］ Shaw C. and H. McKay. *Juvenile Delinquency and Urban Areas*. University of Chicago Press，1942.

［173］ Shaw J. D. ，Delery J. E. et al. . An Organization – Level Analysis of Voluntary and Involuntary Turnover. *The Academy of Management Journal*，1998，Vol. 41 （5）.

［174］ Sherraden M. S. and J. J. Martin. Social Work with Immigrants：International Issues in Service Delivery. *International Social Work*，1994，Vol. 37 （4）.

［175］ Silver H. . Three paradigms of social exclusion. In Rodgers G. ，Gore C. ，Figueiredo J. B. ed. *Social Exclusion：Rhetoric，Reality，Responses*. Geneva： International Institute for Labour Studies，1995.

［176］ Silvey R. . Consuming the transnational family：Indonesian migrant domestic workers to Saudi Arabia. *Global Networks*，2006，6 （1）.

［177］ Snow D. L. ，Swan S. C. ，Raghavan C. A. ，Connell C. M. and Klein I. . The Relationship of Work Stressors，Coping and Social Support to Psychological Symptoms among Female Secretarial Employees. *Work &Stress*，2003，3.

［178］ Solinger Dorothy J. . The Chinese Work Unit and Transient Labor in the Transition from Socialism. *Modern China*，1995，Vol. 21.

［179］ Solow Robert. *The Labor Market as a Social Institution*. Cambridge： Basil Blackwell，1991.

［180］ Sфrensen A. B. and Arne L. Kalleberg. An Outline of a Theory of the Matching of Persons to Jobs. Chapter 3 in *Sociological Perspectives on Labor Markets*. Academic Press，1981.

［181］ Sфrensen A. B. Employment Sector and Unemployment Process. in *Event History Analysis in Life Course Research*. edited by Karl Ulrich Mayer and Nancy Brandon Tuma. The Univ. of Wisconsin Press，1990.

［182］ Spreitzer G. M. Psychological Empowerment in the Workplace：Dimensions，Measurement，and Validation. *Academy of Management Journal*，1995，Vol.

38，No. 5.

［183］Stark Oded. Migration decision making：A review article. *Journal of Development Economics*，1984，14.

［184］Stark Oded. *The Migration of Labor*. Cambridge：Basil Blackwell，1991.

［185］Steers R. M. ，R. T. Mowday and L. W. Porter. *Employee Turnover and Post Decision Accommodation Processes*. Eugene. Or：Oregon University Eugene Graduate School of Management and Business，1979.

［186］Stigler G. . The Economics of Minimum Wage Legislation. *The American Economic Review*，1946，Vol. 36（3）.

［187］Streeck Wolfgang. Revisiting Status and Contract：Pluralism，Corporation，and Flexibility. in *Social Institution and Economic Performance*. London：Sage，1992.

［188］Stuart Rees. *Achieving Power*：*Practice and policy in Social Welfare*. London：Allen & Unwin Australia，1991.

［189］Suresh G. ，Furr L. A. and Srikrishnan A. K. . An Assessment of the Mental Health of Street – Based Sex Workers in Chennai，India. *Journal of Contemporary Criminal Justice*，2009，25（2）.

［190］Swanson V. and Power K. . Employees Perceptions of Organizational Restructuring：the Role of Social Support. *Work & Stress*，2001，15.

［191］Szelenyi I. . Social Inequalities in State Redistributive Economies：Dilemmas for Social Policy in Contemporary Socialist Societies of Eastern Europe. *International Journal of Comparative Sociology*，1978，Vol. 19.

［192］Tam C. M. ，Zeng S. X. and Deng Z. M. . Identifying elements of poor construction safety management in China. *Safety Science*，2004，42.

［193］Thomas William I. and Florian Znaniecki. *The Polish Peasant in Europe and America*. New York：Knopf，1918 – 1920，Vols. 1 – 5.

［194］Tiejun Cheng and Mark Selden. The Origins and Social consequences of China's Hukou System. *The China Quarterly*，1994，No. 139.

［195］Tilly Chris. Capitalist Work and Labor Market. in *The Handbook of Economic Sociology*. Princeton：Princeton University Press，1994.

［196］Tamnenbaum Frank. *The True Society*：*A Philosophy of Labor*. London：Macmillian，1964.

［197］Tiejun Cheng and Mark Selden. The Origins and Social consequences of China's Hukou System. *The China Quarterly*，1994，No. 139.

[198] Todaro Michael P. A model of labor migration and urban unemployment in less-developed countries. *The American Economic Review*, 1969, 59.

[199] Todaro Michael P.. *Internal Migration in Developing Countries*. Geneva: International Labor Office, 1976.

[200] Todaro Michael P.. Internal migration in developing countries: A survey. in Richard A. Easterlin (ed.). *Population and Economic Change in Developing Countries*. Chicago: University of Chicago Press, 1980.

[201] Vaananen A, Vahtera J., Pentti J and Kivimaki M.. Sources of social support as determinants of psychiatric morbidity after severe Life events: Prospective cohort study of female employees. *Journal of Psychosomatic Research*, 2005, 58 (5).

[202] VanDaalen G., Willemsen T. M., Sanders K. and van Veldhoven M. J. P. M.. Emotional Exhaustion and Mental Health Problems among Employees Doing 'People Work': the Impact of Job Demands, Job Resources and Family-to-work Conflict. *International Archives of Occupational and Environmental Health*, 2009, 82.

[203] Van del Poel, Mart G. M.. Delineating Personal Support Networks. *Social Networks*, 1993, Vol. 15 (1).

[204] Von Korff M. and Ustun TB.. Methods of the WHO collaborative study on psychological problems in general care. In Ustun TB.. Sartorius N, eds.. *Mental Illness in General Health Care, An International Study*. Chichester: John Wiley & Sony, 1995.

[205] Walder Andrew G.. Property Rights and Stratification in Socialist Redistributive Economies. *American Sociological Review*, 1992, 57.

[206] Wang B., Li X., Stanton B., Fang X., Yang H., Zhao R. and Hong Y.. Sexual Coercion, HIV – Related Risk and Mental Health Among Female Sex Workers in China. *Health Care for Women International*, 2007, 28.

[207] Ward C. and W. C. Chang. Cultural Fit: A New Perspective on Personality and Sojourner Adjustment. *International Journal of Intercultural Relationship*, 1997 (21).

[208] Warme Barbara D., Katherina L. P. Lundy and Larry A. Lundy eds.. *Working Part – Time: Risks and Opportunities*. New York: Praeger, 1992.

[209] White Harrison C.. Where do Markets Come From? . *American Journal of Sociology*, 1981, 87.

[210] White Harrison C.. *Markets From Networks: Socioeconomic Models of Production*. Princeton: Princeton University Press, 2002.

［211］ Williamson. The Economics of Organization: The Transaction Cost Approach. *American Journal of Sociology*, 1981, 87.

［212］ Williamson and Ouchi. The Markets and Hierarchies and Visible Hand Perspectives. in *Perspectives on Organization Design and Behavior*. ed. Andrew H. Van de Ven and William E. Joyce. New York: Wiley, 1981.

［213］ Williamson Oliver E. , Michael L. Wachter and Jeffrey Harris. Understanding the Employment Relation: The Analysis of Idiosyncratic Exchange. *Bell Journal of Economics*, 1975, 6.

［214］ Wong F. K. D. , He X. , Leung G. , Lau Y. and Chang Y. . Mental Health of Migrant Workers in China: Prevalence and Correlates. *Social Psychiatry and Psychiatric Epidemiology*, 2008, Vol. 43, No. 6.

［215］ Xiaogang Wu and Donald J. Treiman. The Household Registration System and Social Stratification in China: 1955 – 1996. *Demography*, 2004, Vol. 41.

［216］ Xiaogang Wu and Yu Xie. Does the Market Pay off? Earnings Returns to Education in Urban China. *American Sociological Review*, 2003, Vol. 68.

［217］ Xiaogang Wu and Donald J. Treiman. Inequality and Equality under Chinese Socialism: The Hukou System and Intergenerational Occupational Mobility. *American Journal of Sociology*, 2007. Vol. 113 No. 2.

［218］ Yao X. , T. W. Lee et al. . Job Embeddedness: Current Research and Future Directions. in *Innovative Theory and Empirical Research on Employee Turnover*. Griffeth R. W. and Hom P. W. (ed.). Greenwich CT: Information Age Publishing, Inc. , 2004.

［219］ Youngjin Choi. Aligning labour disputes with institutional, cultural and rational approach: evidence from East Asian-invested enterprises in China. *The International Journal of Human Resource Management*, October, 2008, Vol. 19, No. 10.

［220］ Zhou Xueguang, Nancy Tuma and Phyllis Moen. Institutional Change and Job – Shift Pattern in Urban China, 1949 to 1994. *American Sociological Review*, 1997, Vol. 62.

［221］ Zhou Xueguang, Nancy Brandon Tuma and Phyllis Moen. Stratification Dynamics under State Socialism: The Case of Urban China, 1949 – 1993. *Social Forces*, 1996, 74.

［222］ Zhou Xueguang and Hou Liren. Children of the Culture Revolution: the State and the Life Course in the People's Republic of China. *American Sociological review*, February, 1999, Vol. 64.

农民工权益保护理论与实践研究

教育部哲学社會科學研究重大課題攻關項目
成果出版列表

书　名	首席专家
《马克思主义基础理论若干重大问题研究》	陈先达
《马克思主义理论学科体系建构与建设研究》	张雷声
《马克思主义整体性研究》	逄锦聚
《改革开放以来马克思主义在中国的发展》	顾钰民
《新时期　新探索　新征程 ——当代资本主义国家共产党的理论与实践研究》	聂运麟
《当代中国人精神生活研究》	童世骏
《弘扬与培育民族精神研究》	杨叔子
《当代科学哲学的发展趋势》	郭贵春
《服务型政府建设规律研究》	朱光磊
《地方政府改革与深化行政管理体制改革研究》	沈荣华
《面向知识表示与推理的自然语言逻辑》	鞠实儿
《当代宗教冲突与对话研究》	张志刚
《马克思主义文艺理论中国化研究》	朱立元
《历史题材文学创作重大问题研究》	童庆炳
《现代中西高校公共艺术教育比较研究》	曾繁仁
《西方文论中国化与中国文论建设》	王一川
《中华民族音乐文化的国际传播与推广》	王耀华
《楚地出土戰國簡册〔十四種〕》	陳　偉
《近代中国的知识与制度转型》	桑　兵
《中国抗战在世界反法西斯战争中的历史地位》	胡德坤
《近代以来日本对华认识及其行动选择研究》	杨栋梁
《京津冀都市圈的崛起与中国经济发展》	周立群
《金融市场全球化下的中国监管体系研究》	曹凤岐
《中国市场经济发展研究》	刘　伟
《全球经济调整中的中国经济增长与宏观调控体系研究》	黄　达
《中国特大都市圈与世界制造业中心研究》	李廉水
《中国产业竞争力研究》	赵彦云
《东北老工业基地资源型城市发展可持续产业问题研究》	宋冬林

书　名	首席专家
《转型时期消费需求升级与产业发展研究》	臧旭恒
《中国金融国际化中的风险防范与金融安全研究》	刘锡良
《全球新型金融危机与中国的外汇储备战略》	陈雨露
《中国民营经济制度创新与发展》	李维安
《中国现代服务经济理论与发展战略研究》，	陈　宪
《中国转型期的社会风险及公共危机管理研究》	丁烈云
《人文社会科学研究成果评价体系研究》	刘大椿
《中国工业化、城镇化进程中的农村土地问题研究》	曲福田
《东北老工业基地改造与振兴研究》	程　伟
《全面建设小康社会进程中的我国就业发展战略研究》	曾湘泉
《自主创新战略与国际竞争力研究》	吴贵生
《转轨经济中的反行政性垄断与促进竞争政策研究》	于良春
《面向公共服务的电子政务管理体系研究》	孙宝文
《产权理论比较与中国产权制度变革》	黄少安
《中国企业集团成长与重组研究》	蓝海林
《我国资源、环境、人口与经济承载能力研究》	邱　东
《“病有所医”——目标、路径与战略选择》	高建民
《税收对国民收入分配调控作用研究》	郭庆旺
《多党合作与中国共产党执政能力建设研究》	周淑真
《规范收入分配秩序研究》	杨灿明
《中国加入区域经济一体化研究》	黄卫平
《金融体制改革和货币问题研究》	王广谦
《人民币均衡汇率问题研究》	姜波克
《我国土地制度与社会经济协调发展研究》	黄祖辉
《南水北调工程与中部地区经济社会可持续发展研究》	杨云彦
《产业集聚与区域经济协调发展研究》	王　珺
《我国民法典体系问题研究》	王利明
《中国司法制度的基础理论问题研究》	陈光中
《多元化纠纷解决机制与和谐社会的构建》	范　愉
《中国和平发展的重大前沿国际法律问题研究》	曾令良
《中国法制现代化的理论与实践》	徐显明
《农村土地问题立法研究》	陈小君
《知识产权制度变革与发展研究》	吴汉东

书　名	首席专家
《中国能源安全若干法律与政策问题研究》	黄　进
《城乡统筹视角下我国城乡双向商贸流通体系研究》	任保平
《产权强度、土地流转与农民权益保护》	罗必良
《矿产资源有偿使用制度与生态补偿机制》	李国平
《巨灾风险管理制度创新研究》	卓　志
《国有资产法律保护机制研究》	李曙光
《中国与全球油气资源重点区域合作研究》	王　震
《可持续发展的中国新型农村社会养老保险制度研究》	邓大松
《农民工权益保护理论与实践研究》	刘林平
《生活质量的指标构建与现状评价》	周长城
《中国公民人文素质研究》	石亚军
《城市化进程中的重大社会问题及其对策研究》	李　强
《中国农村与农民问题前沿研究》	徐　勇
《西部开发中的人口流动与族际交往研究》	马　戎
《现代农业发展战略研究》	周应恒
《综合交通运输体系研究——认知与建构》	荣朝和
《中国独生子女问题研究》	风笑天
《我国粮食安全保障体系研究》	胡小平
《城市新移民问题及其对策研究》	周大鸣
《新农村建设与城镇化推进中农村教育布局调整研究》	史宁中
《农村公共产品供给与农村和谐社会建设》	王国华
《中国大城市户籍制度改革研究》	彭希哲
《中国边疆治理研究》	周　平
《边疆多民族地区构建社会主义和谐社会研究》	张先亮
《新疆民族文化、民族心理与社会长治久安》	高静文
《中国大众媒介的传播效果与公信力研究》	喻国明
《媒介素养：理念、认知、参与》	陆　晔
《创新型国家的知识信息服务体系研究》	胡昌平
《数字信息资源规划、管理与利用研究》	马费成
《新闻传媒发展与建构和谐社会关系研究》	罗以澄
《数字传播技术与媒体产业发展研究》	黄升民
《互联网等新媒体对社会舆论影响与利用研究》	谢新洲
《网络舆论监测与安全研究》	黄永林

书　名	首席专家
《中国文化产业发展战略论》	胡惠林
《教育投入、资源配置与人力资本收益》	闵维方
《创新人才与教育创新研究》	林崇德
《中国农村教育发展指标体系研究》	袁桂林
《高校思想政治理论课程建设研究》	顾海良
《网络思想政治教育研究》	张再兴
《高校招生考试制度改革研究》	刘海峰
《基础教育改革与中国教育学理论重建研究》	叶　澜
《公共财政框架下公共教育财政制度研究》	王善迈
《农民工子女问题研究》	袁振国
《当代大学生诚信制度建设及加强大学生思想政治工作研究》	黄蓉生
《从失衡走向平衡：素质教育课程评价体系研究》	钟启泉　崔允漷
《构建城乡一体化的教育体制机制研究》	李　玲
《高校思想政治理论课教育教学质量监测体系研究》	张耀灿
《处境不利儿童的心理发展现状与教育对策研究》	申继亮
《学习过程与机制研究》	莫　雷
《青少年心理健康素质调查研究》	沈德立
《灾后中小学生心理疏导研究》	林崇德
《民族地区教育优先发展研究》	张诗亚
《WTO 主要成员贸易政策体系与对策研究》	张汉林
《中国和平发展的国际环境分析》	叶自成
《冷战时期美国重大外交政策案例研究》	沈志华
＊《中国政治文明与宪法建设》	谢庆奎
＊《非传统安全合作与中俄关系》	冯绍雷
＊《中国的中亚区域经济与能源合作战略研究》	安尼瓦尔·阿木提
......	

＊为即将出版图书